Pacher · Ohne Kostüm und Maske

Maurus Pacher

OHNE KOSTÜM UND MASKE

Die andere Operngeschichte

Ullstein

Satz: Fotosatz-Service Weihrauch, Würzburg
Druck und Binden: Wiener Verlag, Himberg bei Wien
Printed in Austria
ISBN 3-550-06503-5

Die Deutsche Bibliothek – CIP-Einheitsaufnahme

Pacher, Maurus:
Ohne Kostüm und Maske : die andere Operngeschichte /
Maurus Pacher. – Frankfurt/M. ; Berlin : Ullstein, 1991
ISBN 3-550-06503-5

Für Toon Schets aus Terheijden, wo es nie ein Opernhaus gab und nie eines geben wird

INHALT

DANKSAGUNG

Für Diskussion, Kritik und Anregungen danke ich Klaus Laubrunn, Hans Riehl, Wolfgang Schäfer, Dr. Robert Springer und Dr. Bernhard Struckmeyer, für großzügige Hilfe bei der Beschaffung von Material Imogen Riehm, William Aguiar jr., Sandro Ravetta und Claus-Dieter Schaumkell. Das Register erstellte Monika Wöhlken.

»VIELLEICHT SEHEN WIR UNS IN EINER BESSEREN WELT WIEDER«

Können Stimmen aussterben? – Die Schrumpfung des Opern-Repertoires – Die letzte traditionelle Oper, »Die Liebe der Danae« von Strauss, bringt es 1944 nur bis zur Generalprobe – Bei Kriegsende sind nur noch vier deutsche Opernhäuser bespielbar

In Franz Werfels Roman *Verdi*, den er symbolhaft überhöht »Roman der Oper« nennt, kommt der einhunderteinjährige Marchese Gritti vor, der seinen Kammerdiener über seine täglichen Theaterbesuche Buch führen läßt – 29388 Vorstellungen von 971 verschiedenen Werken, wovon nur sieben Schau- oder Lustspiele gewesen sind. Denn des Marchese Passion, »ein geheimnisvolles Muß, wie es den Nervenärzten wohlbekannt ist«, erstreckt sich nur auf das musikalische Theater. Hier haben wir den Prototyp des Opernfetischisten, des *aficionado.*

Doch Andrea Geminiano Maria Arcangelo Leone Gritti ist zugleich der Inbegriff der Rückschau, des Kultes mit dem Gewesenen. Vincenzo Bellini (1801–1835), »dieses heilige Kind«, war für ihn der letzte wahre Komponist: »Ich bin einundzwanzig Jahre älter als er, und er starb vor bald fünfzig Jahren.« Da wird einem Gritti auf dem Marsch durch die »Neutöner«-Wüste der Opernzwang sauer. Zumal natürlich auch die Stimmen nicht mehr über die *flebile dolcezza,* die Tränenseligkeit oder trauernde Süße verfügen.

Die Grittis, die verlorenen Paradiesen nachtrauern, gab es immer und überall. Seien es nicht mehr ausübende Primadonnen aus Goldenen Zeitaltern (die seit dem 17. Jahrhundert bis in unsere Tage immer exakt eine Generation zurückliegen) oder fanatische Connaisseurs in den gefährlichen Jahren ab Ende dreißig – lediglich die geringere Lebenserwartung hindert sie daran, eine ähnlich ausgereifte apokalyptische Sicht auf die jeweilige miserable Gegenwart zu haben wie der mäkelnde Marchese.

Dennoch: In jüngster Zeit scheint es mit dem finalen Paukenschlag aus den verschiedensten Gründen endgültig ernst zu werden. Da ist zum einen der bedrohliche Schwund in bestimmten zentralen Stimmfächern: René Kollo, einer jener Tenöre, die sich Zeit zum Nachdenken nehmen, meint, daß es in zehn Jahren keine Tristans, Brünnhilden und Turandots mehr geben wird.

Das wäre zwar alarmierend, aber noch kein Anlaß, den *final curtain* zu ziehen. Auch in Bayreuth gab es schon Jahre, in denen nicht einmal ein Stolzing, der diese Rolle verdiente, seinen Gesang zum besten gab. An der Metropolitan Opera in New York wurde *Turandot* von 1930 bis 1961 kein einziges Mal aufgeführt, weil die Legende der Maria Jeritza es verbot. Und selbst für eine vermeintlich so gängige Figur wie Violetta in *La Traviata* war die Mailänder Scala von 1965 bis zum Frühjahr 1990 Sperrbezirk, weil sich nach dem Scheitern von Mirella Freni keine dem Fluch der Callas gewachsen fühlte – nicht ihrem persönlichen Fluch versteht sich, sondern dem ihrer Vollendung.

Doch Kollo meint den immer unüberhörbarer werdenden Raubbau, der von Operndirektoren, Agenten, Dirigenten und den drahtziehenden Schallplattenmultis mit der jüngeren Sängergeneration getrieben wird. »Man muß sie ganz allmählich und behutsam und, ich wage zu sagen: mit Liebe für die Zukunft aufbauen. Wenn wir zu einer solchen gemeinsamen, längerfristigen Anstrengung nicht fähig sind, wird die Oper als Kunstform bald verschwunden sein. Ich fürchte sogar, daß dieser Prozeß bereits begonnen hat, und vielleicht ist das auch einer der Gründe, weshalb die Oper heute so populär ist wie nie zuvor. Möglicherweise spüren die Menschen, daß es mit ihr zu Ende geht, und eilen herbei, um sich noch so oft wie möglich daran zu erfreuen.«

So ist es denn demnächst aus mit den ewigen Göttern? Wird es der »unmöglichen Kunstform« in der Tat unmöglich zu überleben?

Manchen geht das Ausstellen des Totenscheins nicht rasch genug. Denn was sollen ihnen neue funktionierende Stimmen, wenn es keine neuen funktionierenden Werke gibt. Für sie ist die Oper nicht mehr Museum, sondern bereits Mausoleum – nach dem Leitsatz des Musikkritikers H.H. Stuckenschmidt: »Versiegt der Strom neuer Werke, so ist die Oper ebenso zum Tod verurteilt, wie wenn man ihn ungenutzt fließen läßt.«

Nun wurde nach 1945 zumal im deutschsprachigen Raum auch nicht das kleinste Rinnsal ungenutzt fließen gelassen – es lag am Strom selbst, der nicht strömen wollte. Kurt Honolka hat in *Die Oper ist tot – die Oper lebt* eine gespenstische Rechnung über die Werke im deutschen Opernrepertoire aufgemacht, die 1907 noch das rechnerische Durchschnittsalter von zweiundvierzig Jahren hatten: »1957 trat der Durchschnitt ins damalige Pensionsalter von fünfundsechzig ein, zehn Jahre später ins biblische von fünfundachtzig Jahren. Und man kann leicht hochrechnen, daß heute jedes aufgeführte Werk, historisch von Monteverdi bis Kagel, theaterpraktisch von Mozart bis Strauss, ein Methusalem von über hundert Jahren Lebensdauer ist.«

Wem das zu mathematisch ist: Zwischen den Welten von Mozarts *Zauberflöte* 1791 und Verdis *Nabucco* und Wagners *Rienzi* 1842 lagen einundfünfzig Jahre; zwischen Alban Bergs *Wozzeck* von 1925, dem einzigen atonalen Werk, das Repertoire-Akzeptanz erfahren hat, und uns Heutigen bereits fünfundsechzig. Und *Wozzeck* ist für viele, ja für die überwiegende Mehrzahl des Opernpublikums, nach über zwei Generationen immer noch der Inbegriff der Avantgarde. Sie haben sich nicht daran gewöhnt, diese Art musikalischer Gebärde als vertraut oder gar selbstverständlich zu empfinden. Haben die Grittis in unseren Ohren den Sieg davongetragen? Oder haben wir eine *reeducation* nötig?

Pierre Boulez, der sich mit provokanten Thesen über das Musiktheater leichttut, weil er bis heute kein Werk für diese Spezies riskiert hat, verkündete 1967 in einem *Spiegel*-Interview: »Die neuen deutschen Opernhäuser sehen zwar sehr modern aus – von außen, innen sind sie äußerst altmodisch geblieben. In einem Theater, in dem vorwiegend Repertoire gespielt wird, kann man doch nur mit größten Schwierigkeiten moderne Opern bringen – das ist unglaubwürdig.«

Noch 1986 ärgert sich Kurt Honolka: »Dabei stand keinerlei

Opernkompetenz dahinter; Boulez hatte sich damals gerade erst den *Parsifal* für Bayreuth erarbeitet und vom Opernrepertoire weniger Ahnung als ein Kapellmeister-Anfänger am Stadttheater in Pforzheim.«

Dennoch ist der Nicht-einmal-Pforzheimer Boulez in die neuere Operngeschichte eingegangen – mit dem Kernsatz jenes *Spiegel*-Gesprächs: »Die teuerste Lösung wäre, die Opernhäuser in die Luft zu sprengen. Aber glauben Sie nicht auch, daß das die eleganteste wäre?«

Was Boulez da ausgespuckt hat, gilt am Vorabend der 68er-Bewegung bereits als schick. Noch werden nur aus Gesprächen Bomben gebastelt. Die teilweise heftigen Entgegnungen, die sich von Anfang an immer nur um Boulez' »Kompetenz«, um seine fehlende Lizenz zum Sprengen drehen, reißen die »musikalischen Kreise« mit. 1971 findet in einer Faschingsmatinee der Bayerischen Staatsoper im Cuvilliéstheater gar eine gelungene »Diskussion« mit Günther Rennert, Joachim Kaiser und Loriot statt, an deren Ende ein Modell des Münchner Nationaltheaters zur allgemeinen Gaudi einen GAU erleidet. Und keiner ist bereit, sich ernsthaft zu erinnern, daß Boulez' zynisch interessantmacherischer Vorschlag ein knappes Vierteljahrhundert vorher in Mitteleuropa bereits äußerst gründlich verwirklicht wurde.

Wenige Wochen nach der Landung der Amerikaner und Briten in Sizilien und dem Sturz Mussolinis wurde Mailand im August 1943 vier Nächte lang bombardiert. Der Zufallsgenerator, der die Webart der Bombenteppiche bestimmt, zeigte methodische Ansätze. Während das kostbare Zuckerbäckerfiligran des Doms keine nennenswerten Beschädigungen erleidet, wird das Teatro alla Scala, seit 1778 Europas ruhmreichstes Opernhaus, zu einem Kraterfeld, aus dem – als Ausrufungszeichen stummen Protests – nur noch das Bühnenhaus ragt.

Doch was ist mit diesem Akt der Demoralisierung gewonnen? Wie die anderen italienischen Theater eröffnet das Scala-Ensemble die neue Saison am 26. Dezember, am Tag von San Stefano, an dem der Karneval beginnt – nur eben im Teatro Sociale di Como. An diesem Abend wird Arrigo Boitos *Mefistofele* gegeben. Und Tancredi Pasero, einer der gewaltigsten Interpreten der Titelrolle, meldet dem Herrn im Prolog im Himmel mit schneidender Lakonik: »Ah! Si! Maestro divino,/In buio fondo/Crolla il padron del mondo – Ach ja, göttlicher Meister,/in dunkle Tiefen/stürzt der Herr der Welt . . .« Es ist einer der wenigen Augenblicke, in denen Oper sich unversehens für eine Schrecksekunde mit dem wirklichen Leben berührt.

Die Scala gastiert weiter im Teatro Donizetti in Bergamo und übersiedelt schließlich in das Teatro Lirico in Mailand. Gleichzeitig wird mit den Aufräumarbeiten und dem schrittweisen Wiederaufbau der geheiligten Kultstätte begonnen. Das Resultat ist nicht anders, als wenn ein Riese einen Ameisenhaufen zertrampelt. In fliegender Hast beginnen die Ameisen ihr Werk der Wiederherstellung.

Im Deutschen Reich ist das gleiche Phänomen zu beobachten. Als Goebbels nach dem Fall von Stalingrad am 18. Februar 1943 die Ausrufung des totalen Kriegs in die berauschte Versammlung gellte, vergaß er nicht, daß Theater, Kinos und Musiksäle voll in Betrieb bleiben sollten.

Wenn auch zum strategischen Bombardement der Bahnhöfe immer häufiger das psychologisch motivierte der Theater eingesetzt wird – Wirkung zeigt es nicht. Der Spielbetrieb wird immer wieder überraschend schnell aufgenommen. Teils müssen notdürftige Reparaturen genügen, teils weicht man in noch unzerstörte Häuser aus. Die NS-Presse preist das als »Ausdruck unversiegbarer seelischer Kräfte«.

Nur wenige prangern den Wahnwitz an wie auf dieser anonymen Postkarte: ». . . in Berlin bleibt kein Stein am andern und die Naziverbrecher glauben, daß das Volk noch in die Ruinen ins Theater gehen wird . . . Die Leute, die von dem Klumpbein Goebbels hinbefohlen werden in die Theater, die werden auch einen Kopf kürzer gemacht . . . Die Sänger werden für Euch Dreckbande nicht ihre Stimme riskieren und das ohnehin schon gesunkene Niveau des Theaters seit die Nazibande da ist, nicht noch tiefer sinken lassen . . .«

Die Sänger riskieren ihre Stimmen, und nicht nur, weil sie so ukgestellt bleiben und dem Fronteinsatz oder der Arbeit in den Rüstungsbetrieben entgehen können. Sie bestehen darauf, das »Niveau« zu halten – die Flucht in die »inneren Werte« ist bald die einzige, die ihnen noch freisteht. Darum bedeutet es auch eine allerletzte Desillusionierung, als der Spielbetrieb schließlich doch eingestellt wird.

Am 25. Juli 1944, fünf Tage nach dem mißglückten Attentat auf Hitler, wird Goebbels Reichsbevollmächtigter für den totalen Kriegseinsatz. In einer Rundfunkansprache verspricht er: »Der Krieg wird ein neues Gesicht erhalten und unseren Feinden das Triumphgeschrei im Halse steckenbleiben . . . Deutlicher als durch die wunderbare Errettung des Führers wird sich der Allmächtige uns nicht mehr offenbaren.« In grenzenlosem Optimismus mobilisiert er die letzten Reserven. Dazu gehört jetzt auch die Schließung sämtlicher Theater, Varietés, Kabaretts, Konservatorien und Schauspielschulen und die Überführung des Personals in die Rüstungsindustrie.

Auch in Salzburg wird am 29. Juli der für Wehrmacht und Rüstungsarbeiter vorgesehene Theater- und Musiksommer abgesagt, darunter die Uraufführung und vier weitere Vorstellungen von *Die Liebe der Danae* von Richard Strauss. Genehmigt wird jedoch eine öffentliche Generalprobe am 16. August.

Wenn es ein Sterbedatum für die Kunstform Oper zu finden gilt, dann ist es bereits dieser 16. August 1944.

An diesem Tag stirbt sie an Auszehrung und Altersschwäche, die der letzte Großmeister der Gattung ihrer jüngsten Inkarnation ankomponiert hat.

Die Liebe der Danae, bereits 1940 fertiggestellt, ist Strauss' vorletztes Werk für das Musiktheater. Aufgrund seiner Erfahrungen mit der *Frau ohne Schatten*, einem ähnlich komplizierten Werk, das seit der Wiener Uraufführung von 1919 in den Mangeljahren nach dem Ersten Weltkrieg meist unbefriedigende Produktionen erlebte, wollte Strauss diesmal den – nicht nur von Danae erträumten, sondern auch für sich selbst erhofften – Goldregen auf geordnete Friedenszeiten vertagen. Als Clemens Krauss jedoch das Werk zum 80. Geburtstag des Meisters im Rahmen der Salzburger Festspiele präsentieren möchte, stimmt Strauss zu. Wie sich die Zukunft inzwischen darstellt, ist das jedenfalls besser als die Hoffnung auf den Sankt-Nimmerleins-Tag.

Die Vorbereitungen werden zum Wettlauf mit dem Inferno. 1943 verbrennt das Notenmaterial beim Drucker in Leipzig, neues muß hergestellt werden. Krauss an Strauss am 28. Juni 1944: »Bei den verschiedenen Luftangriffen in München ist ein Teil der Schreinerarbeiten verbrannt, eine Anzahl Säulen, die für den 2. Akt bestimmt waren, und einige hundert Meter Stoff, die in der Färberei zur Bearbeitung lagen. Mit den Transporten von München nach Salzburg hatte es große Schwierigkeiten. Wir mußten versuchen, die fertigen Dekorationsteile in Möbelwagen, die mit Holzgas fahren, herüber zu schaffen.«

Auch nach dem Verbot der Aufführung macht Krauss möglich, was möglich zu machen ist, agieren die Künstler in einer Phantasmagoriewelt der Antike, während draußen die reale Welt in Schutt und Asche fällt.

Rudolf Hartmann, Adlatus von Krauss in München, besorgt die Inszenierung: »Es war etwa acht Tage vor der denkwürdigen Generalprobe, als kurz vor Beginn der Orchesterprobe Richard Strauss den verdunkelten Zuschauerraum des Festspielhauses betrat und sich nach seiner Gewohnheit zu mir an den Regietisch setzte ... Gegen Ende des vorletzten Bildes stand er auf und begab sich in die vorderste Parkettreihe. Einsam hob sich die Silhouette des markanten Kopfes vor dem hellerleuchteten Orchesterraum ab. Mit unübertrefflicher Klangschönheit spielten die Wiener die wunderbare Zwischenmusik vor dem letzten Bild – ›Jupiters Verzicht‹ nannte Strauss sie einmal –, unbeweglich, ganz in sich versunken lauschte er selbst dem Erklingen seines herrlichen Werkes ... Zutiefst berührt und im Innersten aufgewühlt, glaubte man die Gegenwart unserer Gottheit ›Kunst‹ beinahe körperlich zu fühlen und erlebte eine der kostbaren, ganz seltenen Stunden, in denen alle Mühsal im Dunkel der Vergangenheit versinkt, überstrahlt von dem unerhörten Glück reinsten geistigen Genusses. Nach dem Verklingen der letzten Töne vergingen Augenblicke tiefsten Schweigens ... Richard Strauss aber trat an die Orchesterbrüstung, grüßte die Philharmoniker mit tränenerstickter Stimme: ›Vielleicht sehen wir uns in einer besseren Welt wieder!‹ Zu weiteren Worten fehlte ihm die Fassung . . .«

Nach der Generalprobe, die vor verwundeten Soldaten stattfindet, zeigt sich auch der Komponist bei den Schlußvorhängen einige Male. Dann bleibt er verschwunden, bis ihn seine engsten Freunde endlich finden, in einer Garderobe, die Partitur im Arm. Sie schweigen beklommen. Da richtet Strauss den Blick nach oben: »Wenn ich nun bald den Weg dorthin antrete, so hoffe ich, wird mir verziehen werden, wenn ich das mitbringe.« Niemand kann entscheiden, ob Ernst oder Selbstironie seine Worte diktiert.

Selbstironie ist wohl nicht im Spiel. Strauss, der ein Komponistenleben lang um das bewunderte und immer noch verehrte Riesengebirge Richard Wagners herumgegangen ist, taumelt nun über die untersten Moränen. Und er rühmt sich dessen. Hans Hotter, dem gewaltigen Jupiter, der sich musikalisch auf einem Walkürenhügelchen abzurackern hat, sagt er stolz, den Schluß des zweiten Aktes habe er als Hommage an Wagner komponiert. Weder Hotter noch Clemens Krauss sind unbedingte Wagnerianer. Doch Krauss meint: »Wenn er ihn so liebt, müssen wir uns beugen.«

Nicht, daß Strauss ausgeschrieben wäre. In seiner letzten Oper, dem Konversationsstück für Musik *Capriccio*, 1942 in München uraufgeführt, kulminierte die Summe seiner Meisterschaft. Doch da konnte er sich freiwillig in den Elfenbeinturm köstlicher musiktheoretischer Erörterungen begeben. Und selbst die Erotik, auf Straussens Palette die schillerndste aller Sinnlichkeiten, war hier kein elementar menschliches, fleischliches Problem, sondern abstraktes Aufgewühltsein, ob dem Wort oder der Musik der Vortritt durch die geheimsten Pforten der Lust zu geben sei.

In der *Danae* jedoch kann er der Umwelt, auch wenn er sie schnöde ignoriert, nicht entkommen. Das soll humanistisch beseelt sein und tönt in hohlem Pathos wie ein hellenischer Reichsparteitag. Selbst im kompositorisch glücklichsten letzten Bild, in dem Danae, nicht mehr vom Goldregen erregt, das stille Glück eines Heimchens am Herd akzeptiert, drängt sich Nazi-Idylle in die Griechenland-Vision des einst so tollkühn »Perversen«.

Die Liebe der Danae ist der letzte leere Akkord in einer Katastrophe auch für den Künstler Richard Strauss. Trümmer sind bald

Wiedersehen in einer besseren Welt? Richard Strauss, Viorica Ursuleac, Emil Preetorius, Clemens Krauss, Horst Taubmann, Hans Hotter (v.l.) beim Schluß-Vorhang der *Liebe der Danae* in Salzburg 1944

überall, wo er früher als Dirigent und dann als Komponist gesiegt hat. Die Berliner Staatsoper Unter den Linden – die Semperoper in Dresden, wo fast alle wichtigen Strauss-Opern zum erstenmal erklangen – das Kleine Haus der Württembergischen Staatstheater, wo die erste *Ariadne auf Naxos* aufgeführt worden ist – das Nationaltheater in München – die Kunsttempel, die den Fortbestand seines Werkes garantierten, werden zerstört. Über neunzig Theatergebäude fallen allein auf dem Territorium der späteren Bundesrepublik Deutschland dem Bombenkrieg zum Opfer. Von den Opernhäusern bleiben nur noch vier soweit intakt, daß sic sofort wieder bespielbar wären: Düsseldorf, Wiesbaden, Nürnberg und das Große Haus in Stuttgart.

Als letztes der berühmten Opernhäuser fällt die Wiener Staatsoper. Nach ihrer Schließung hat sie wie die Opern-Ensembles in Berlin, Dresden und München eine Sondergenehmigung für konzertante Veranstaltungen erhalten. Außerdem finden im Musikvereinssaal unter Karl Böhm Schallplattenaufnahmen mit dem noch verbliebenen Ensemble statt.

Während einer solchen Aufnahme, am 12. März 1945, heulen die Sirenen. Die Sänger und Musiker suchen vorschriftsmäßig den Luftschutzkeller unter dem Ringstraßentrakt der Oper auf. Und hier, so will es die Überlieferung, kommt die spielerische Überlegung auf, mit welchen Requisiten man sich bewaffnen könnte, falls demnächst die geliebte Oper verteidigt werden muß.

Da gibt es fünfzig Vorderlader aus dem Jahr 1866 mit aufgepflanzten Bajonetten. Ferner – auch nicht schlecht – die mit Goldleisten und Edelsteinen verzierten Aluminiumhelme für die diversen Lohengrins, die Siegfriedhelme mit den echten Gänsefedern und die Walkürenhelme aus prima Stroh. Sodann den ältesten Theaterpanzer von ganz Wien, die Ritterrüstung aus der *Puppenfee* samt der Schmirgelmaschine. Das einzige Echte allerdings, so stellt sich nach eingehender Inventur heraus, ist der mexikanische Sattel, auf dem Maria Jeritza in *La Fanciulla del West* hoch zu Roß auf die Bühne galoppierte. In der nächsten Minute ist dieses ganze Arsenal vernichtet. Der Tenor Anton Dermota, offenbar nicht sehr ängstlich, erlebt den Fliegerangriff in seiner Wohnung in der Nähe: »Ich riß ein Fenster auf und hörte zu uns herauf den Schrei: ›Die Oper brennt!‹« Wie viele andere versucht er zu retten, was zu retten ist. »Ganz zuletzt stand ich auf der Höhe der dritten Galerie und riß eine Logentür auf. Vor mir lag die Hölle! Bühnen- und Zuschauerraum waren ein einziges Flammenmeer, in dem sich nichts mehr unterscheiden ließ. Diesen Blick ins Inferno werde ich niemals vergessen.«

Der Philharmoniker Otto Strasser hütet eine bizarrere apokalyptische Erinnerung: »Die Oper bot einen Anblick, der niederschmetternd und grotesk zugleich war. Von der Rückfront gegenüber dem Hotel Sacher war eine Hauptmauer stehengeblieben, und dort, wo einmal der große Ballettsaal gewesen war, in dem wir oft Orchesterproben gespielt hatten, hing weithin sichtbar und unbeschädigt ein Bild Adolf Hitlers.«

Für einen Augenblick scheint den Zeugen der Menschheitsdämmerung, daß auch die Welt der Oper in der Konkursmasse untergegangen ist. Doch Sieglindes Jubelmotiv »Oh hehrstes Wunder«, das am Ende der *Götterdämmerung* im Orchester noch einmal aufblüht, erklingt jenseits des großen Teichs unerschütterlich weiter . . .

DIE METROPOLITAN OPERA IST DAS BESSERE BAYREUTH

Wagner-Pflege in New York – Kirsten Flagstad trainiert ihren Körper mit Brünnhilde und Isolde – Friedrich Schorr und Lotte Lehmann: Emigranten bereichern das Ensemble – Amerikanischer »Eigenbau«: Helen Traubel sieht sich nicht als Venus – Astrid Varnay: Eine Sekretärin springt als Sieglinde und Brünnhilde ein

Beim Mittagessen am 22. April 1942 im Führerhauptquartier, in der Wolfsschanze bei Rastenburg in Ostpreußen, monologisierte Adolf Hitler über die falsche Nachricht, daß nach amerikanischen Pressemeldungen der Kulturzusammenbruch in den USA nicht mehr aufzuhalten sei. Die Schließung der Metropolitan Opera in New York erscheint ihm besonders symptomatisch, wie der Chronist Henry Picker notiert: »Da deutsche und italienische Sänger zur Zeit ausfielen, sei die amerikanische Kulturverwaltung offenbar nicht mehr in der Lage, mit den noch vorhandenen amerikanischen Sängern ein spielfähiges Ensemble aufrechtzuerhalten. Er halte es für richtig, daß die Presse sich dieser Angelegenheit besonders annehme, da sie ein Indiz für die Geistesverfassung und die kulturelle Leistungsfähigkeit der USA sei . . .«

Ein starker Beleg für die Bedeutung von »Kultur« im ideologischen Kartenhaus und für Hitlers galoppierenden Realitätsverlust. Denn die Met ist das einzige verbliebene Opernhaus der Welt, das seinen internationalen Glanz in den Kriegsjahren nicht verloren hat – nicht zuletzt dank der »Geistesverfassung« der Nazis. Anfang April 1942 wurde die Saison regulär abgeschlossen – wie immer im letzten Jahrzehnt mit zwei hochkarätigen *Parsifal*-Aufführungen. Im Gegensatz zum Ersten Weltkrieg, als der Aufsichtsrat der Met mit dem Kriegseintritt der USA 1917 alle Aufführungen deutscher

Werke untersagte, wird Wagner nunmehr dem Nationalsozialismus zum Trotz geradezu exzessiv häufig gespielt.

Der Wagnerkult in diesem besseren Bayreuth am Hudson River hat auch kommerzielle Gründe. 1934 steckte die Met in einer ihrer schlimmsten Finanzkrisen. Präsident Franklin D. Roosevelts »New Deal« und die damit verbundene Politik des *deficit spending* hatte in puncto Mäzenatentum noch nicht gegriffen. In der wirtschaftlichen Aufbruchsstimmung gab es wichtigere Dinge als Spenden für die Kultur. Rettung in höchster Not brachte die Norwegerin Kirsten Flagstad – seit ihrem ersten Auftreten im Februar 1935 war jede Vorstellung, in der sie mitwirkte, ausverkauft.

Zum Inbegriff der Wagner-Heroine ist Flagstad erst in New York geworden. Bereits 38jährig, sang sie 1933 – nach einer Isolde in Stockholm – in Bayreuth Ortlinde und dritte Norn, 1934 Sieglinde und Gutrune. Eher unwillig begab sie sich während der Festspiele zu einem Vorsingen nach St. Moritz, wo Giulio Gatti-Casazza, der General Manager der Met, gerade Station machte. Nach der *audition* im Hotel gab ihr der Dirigent Artur Bodanzky den Befehl: »Werden Sie bloß nicht fett. Lernen Sie diese Rollen so schnell wie möglich und kommen Sie dann nach Amerika. Je früher, je besser.«

»Diese Rollen« – das sind die drei Brünnhilden, Isolde ohne Striche, Kundry und – zur Entspannung – Elisabeth in *Tannhäuser* und Elsa in *Lohengrin*. Während Flagstad in Göteborg bereits vereinbarte vier *Fidelios* pro Woche absolviert und auf langen Autofahrten durch die Landschaft ganze Klavierauszüge leersingt, ereignet sich an ihr ein positiver Werwolf-Effekt. Durch das machtvolle Atmen dehnen sich die Lungen, stärkt sich die Rückenmuskulatur, weiten sich die Schultern so, daß sie aus allen Kleidern platzt, ohne ein Gramm Fett zugenommen zu haben. (Noch in höheren Jahren überrascht sie ihre Wotan-Väter bei der großen Umarmung auf dem Walkürenfelsen durch die athletische Festigkeit ihres Fleisches.)

Kirsten Flagstad ist als Ersatz für Frida Leider gedacht, die nach nur zwei Spielzeiten nicht mehr an die Met zurückkehrte und mit ihrem jüdischen Mann (nicht sehr besonnen) in Deutschland blieb. Die »Neue« erwartet eine schier unlösbare Aufgabe: stimmliche Balance mit dem Dänen Lauritz Melchior, dem größten und gewal-

»Werden Sie bloß nicht fett!«: Kirsten Flagstad trainiert ihre Muskulatur durch Atmung

tigsten Wagner-Tenor der Welt, erratisch und unverwüstlich wie ein Hinkelstein.

Als Flagstad Anfang 1935 in New York eintrifft, wird sie bei einer Orchesterprobe der *Götterdämmerung* – sie als einzige im Kostüm – getestet. Die Skeptiker erleben ein Wunder. »Ich muß es gut gemacht haben«, stellt sie in ihren Erinnerungen lakonisch fest, »denn die Herren im Orchester haben mir applaudiert.« Bodanzky sagt ihr später: »Ich wußte, daß Sie eine gute Stimme haben, aber niemals habe ich etwas Derartiges erwartet.« Und Gatti-Casazza verbeugt sich bei seinem Abschied am Ende der Spielzeit vor sich selbst: »Ich habe Amerika zwei große Geschenke gemacht – Caruso und Flagstad.« Seine »Farewell-Gala« endet mit Wotans

Abschied aus *Walküre*. Flagstads Partner ist der Emigrant Friedrich Schorr, der sein Met-Debüt als Hans Sachs bereits 1923 gegeben hat.

Schorr, als Sohn eines jüdischen Kantors in Wien aufgewachsen, ist der vollkommenste Heldenbariton seiner Epoche (und bleibt – wie spätere Exegeten feststellen werden – der größte in der Geschichte des Wagner-Gesangs). Seine eigene Erklärung klingt einfach: »Es ist gesagt worden, daß ich Wagner anders interpretiere als andere Künstler, daß ich ihn mehr singe als deklamiere ... Wenn ich Wagner singe, versuche ich, die Phrasen zu binden, wie ich es auch bei Verdi tue. So verliert oder verletzt man seine Stimme auch nicht, wenn man Wagner nämlich auf die rechte Weise singt.« Die gleiche Erfahrung hat Frida Leider gemacht, als sie 1927/28 für die Mailänder Scala die drei Brünnhilden italienisch studieren mußte: »Meine Kehle öffnete sich durch die offenen italienischen Vokale wie von selbst, mein Atem floß freier, und jetzt versuchte ich mit bestem Erfolg, die deutsche Phrase mit italienischem Sitz zu placieren.«

Beide befinden sich damit im Gegensatz zur schroffen Bayreuther Schule der Cosima Wagner, unter der Deklamation zum Konsonantenspucken wurde – oder zum *Bayreuth bark*, zum Bayreuther Gebell, wie George Bernard Shaw anmerkte. Trotz dieses »Defekts« war Schorr auf dem Grünen Hügel ein zentraler Sänger, an den Hitler sich mit Schaudern erinnert: »Daß dieser Jude Schorr den Wotan gesungen hat, das hat mich so geärgert! Für mich war das Rassenschande!«

Friedrich Schorr trifft der lange Arm des Dritten Reichs als ersten. 1934, als er in Wien den Wotan singt, werden zum erstenmal Stinkbomben geworfen. Der amtierende Direktor Clemens Krauss läßt die Oper eine Stunde lang lüften, und *Die Walküre* beginnt eine Stunde später.

Nun sollte man meinen, daß dieser Ausnahmesänger im Ausland mit offenen Armen empfangen wird. Dem ist seltsamerweise nicht so. Im Londoner Covent Garden herrscht der Stagione-Betrieb, bei dem sich jeweils für ein paar Wochen die Spitzen der deutschen und italienischen Oper versammeln. 1932, als die Weltwirtschaftskrise auch Großbritannien voll getroffen hat und eine Weiterführung dieser Zyklen höchst unwahrscheinlich war, hat Schorr seine Kollegen Frida Leider, Lotte Lehmann, Lauritz Melchior und Herbert Janssen überredet, für eine erheblich geringere Gage zu singen, und auf seine ganz verzichtet. Doch Dank erntet er nicht.

Als Thomas Beecham 1934 künstlerischer Leiter des Covent Garden wird, bestallt er mit bemerkenswerter Indifferenz den Regisseur Otto Erhardt, der in Berlin, Dresden und Wien inszeniert, als *German representative*. Schorr bedauert in einem Brief, daß seine Verbindung mit dem Haus zu Ende zu sein scheint, und merkt dezent an: »Ich möchte nur erwähnen, daß nach meiner Überzeugung einige Verabredungen für diese Saison in Covent Garden von einer ausländischen künstlerischen Persönlichkeit beeinflußt wurden.«

Noch erstaunlicher ist, was sich die Deutschen im Frühsommer 1938 »anschluß«trunken im Covent Garden gegenüber jüdischen und politischen Emigranten erlauben dürfen. Der Chronist Harold Rosenthal berichtet über »eine Reihe peinlicher Zwischenfälle, als Sänger wie Lehmann, Richard Tauber, Rose Pauly, Kerstin Thorborg und Herbert Janssen gemeinsam mit tollwütigen Nazis auftreten mußten«.

Der Emigrant Erich Kleiber dirigiert den *Rosenkavalier* mit Lotte Lehmann. Octavian ist Tiana Lemnitz, die bei den Proben mit strammem Hitlergruß zu erscheinen pflegt. Die Aufführung wird im Rundfunk übertragen. Im Radio ist deutlich zu hören, wie Lehmann in ihrem Monolog nach der Lever-Szene des ersten Aktes plötzlich abbricht und murmelt: »Ich kann nicht mehr ... aufhören!« Voller Panik verläßt sie im Kostüm das Theater. Zufällig ist Hilde Konetzni, die am nächsten Abend als Chrysothemis ihr Debüt geben soll, im Zuschauerraum. Nach wenigen Minuten kann Walter Legge, Beechams assistierender Direktor, verkünden, daß die Vorstellung mit Konetzni (im Cape einer Dame aus dem Publikum) weitergehen wird.

Der Eklat wird vertuscht. Offiziell heißt es, daß sich Lotte Lehmann von einer fünftägigen Seekrankheit noch nicht erholt habe; inoffiziell, daß sie vor der Vorstellung schlechte Nachrichten über ihre Familie erhalten habe, die an der ehemaligen österreichischen Grenze vom Zoll festgehalten worden ist. Indizien sprechen dafür, daß Tiana Lemnitz genug Kaltblütigkeit besaß, um zwischen dem Liebesgeplauder einen auf die Hiobsbotschaft anspielenden Subtext einzubauen, der nicht von Hofmannsthal stammte. Nachdem sich Lehmann wenige Abende darauf noch einmal der Tortur einer Vorstellung mit der militanten Partnerin unterzogen hat (diesmal abendfüllend), bittet sie Beecham, sie aus ihrem Vertrag zu entlassen. London wird sie nie mehr auf der Opernbühne erleben.

Doch all diese Mißhelligkeiten, die auch auf der Opernbühne unterstreichen, wie wenig Emigrantenlos interessiert und wie wenig man sich des drohenden Weltenbrandes bewußt ist, sind Lappalien gegenüber der kosmopolitischen Delikatesse, die Beecham am 1. Mai 1939 serviert: Smetanas *Verkaufte Braut*, die tschechische Nationaloper, anderthalb Monate nach dem deutschen Einmarsch in Prag in deutscher Sprache. Der Kritiker Richard Capell merkt an: »Das Prinzip der Produktion folgt der – richtigen oder falschen – Moral, daß Kunst keine Grenzen kennt ... aber falls in künftigen Jahren die Menschheit beschließt, sich zu vereinigen, können viele nur hoffen, daß die Sprache, die geeignet ist, alle anderen zu verdrängen, irgendeine sein wird – bloß nicht die deutsche.« Im Dezember 1939, vier Monate nach Kriegsbeginn, ist auch Covent Garden verkauft, oder vielmehr verpachtet – als Dance Hall für Heimaturlauber.

Mit dem Beginn des Zweiten Weltkriegs flüchten viele, die nicht schon vorher aus Europa hinausgeekelt worden sind, in die Vereinigten Staaten. Für die Sänger und Dirigenten führt der Weg von der Freiheitsstatue direkt in die Met. Herbert Janssen debütiert als Wolfram, und der Wiener Jude Emanuel List wechselt sich nun als Gurnemanz mit dem russischen Juden Alexander Kipnis ab – wie zuletzt 1933 in Bayreuth.

In der Saison 1938/39 hat es von 124 Abonnementvorstellungen 41 Wagner-Aufführungen gegeben, sowie als Sonderbeitrag zur New Yorker Weltausstellung eine ganze Wagner-Woche – der höchste Prozentsatz seit 1890/91. Im ersten Kriegsjahr 1939/40 wird ein Rekord aufgestellt: 45 von 123 Vorstellungen bringen den kompletten Zyklus aller Wagner-Opern vom *Fliegenden Holländer* bis zum *Parsifal*. Walhall herrscht in Manhattan – nicht in der Wallstreet, wie Wieland Wagner propagieren wird, aber immerhin über das große

Gebäude unterhalb des Times Square. Und die jüdischen Opernfreunde aus Deutschland und Österreich kommen an, gehen als zweites in die *Meistersinger* und weinen sich vor Heimweh die Augen aus.

Einer der ihren, Erich Leinsdorf, ist der Dirigent aller dieser Aufführungen. Er diente Arturo Toscanini bei den Salzburger Festspielen als *maestro suggeritore* (der Mann, der nach italienischer Gepflogenheit den Sängern aus dem Souffleurkasten den Einsatz gibt oder auch vorsingt). Anfang 1938 wird dem New Yorker Neuankömmling, der in untergeordneter Stellung an der Met assistiert, schlicht per Telefon mitgeteilt, daß er in sechs Wochen *Walküre* dirigieren wird. »Nur in Amerika ist das möglich«, ruft er aus. »Und wenn ich in Wien bis an mein Sterbensende geblieben wäre, nie, nie hätte sich so etwas ereignet!«

In Mitteleuropa legt doch selbst der Intendant des entlegensten Stadttheaters die Stirn in Sorgenfalten, wenn er einer Anfängerin den vierten Edelknaben im *Tannhäuser* anvertraut – skeptisch, ob sie sich des in sie gesetzten Vertrauens auch würdig erweisen wird. (Bis heute hat sich am kümmerlichen Schattendasein, das spätere Weltstars an deutschen Provinzbühnen fristen, allenfalls zum Schlechteren etwas geändert.) Die Risikofreudigkeit der Met-Direktion ist in der Tat singulär – hier wird nicht nur mit prominenten Namen spekuliert, hier entdeckt man die großen Talente oft genug quasi vor der Haustür.

Der Kanadier Edward Johnson, Gatti-Casazzas Nachfolger, hat selbst eine stattliche Tenor-Karriere hinter sich. Bei seinem Met-Debüt 1922, in einer Spielzeit, in der Gigli, Martinelli und Lauri-Volpi zur Verfügung standen, sang er Des Grieux, Cavaradossi, Pinkerton, Faust, Romeo, Don José und Canio. Am erfolgreichsten war er als romantischer Liebhaber – als Avito in Montemezzis *L'Amore dei tre re* und als Pelléas.

Der eigentliche Leiter aber ist Edward Ziegler, der schon unter Gatti-Casazza die Fäden gezogen hat. Er erstellt die Wochenplanung und hat dafür alle möglichen Tabellen an seinen Bürowänden hängen mit wichtigen Daten wie die Monatszyklen der Sängerinnen in verschlüsseltem Code. Und er ist rund um den Globus informiert. Ein Brief aus dem Jahr 1929 an den Bankier und Mäzen Otto

Kahn: »Sie schrieben mir von Eugen Jochum. Er ist 27 Jahre alt, hat bereits in Kiel und Mannheim dirigiert und hat derzeit ein Engagement für Konzerte in Duisburg. Bodanzky hörte ihn diesen Sommer und war begeistert . . .« Jochum kommt zwar nicht an die Met, aber immerhin . . .

Johnson und Ziegler ergänzen einander ohne größere Machtkämpfe – wie in dem besonders schwierigen Fall einer starrköpfigen Südstaatlerin.

Helen Traubel, »so amerikanisch wie Mark Twain«, doch mit deutschem Erbe, ist 1903 in St. Louis geboren, in dem Stadtteil, in dem es Turnverein, Liederkranz-Clubs und *German beer* gibt. Sie nennt sich selbst ein *krautgirl* und verfügt über ein eigenes »Schimpflexikon«. Ihre Stimme ist im Kirchenchor bereits so entwickelt, daß einige Gemeindemitglieder Angst um die schönen bunten Glasfenster haben. Auch ihrer Leidenschaft für die *nickelodeons*, die frühen Stummfilmkinos, kann sie nicht unbemerkt frönen: »Meine Mutter machte mir nie Vorwürfe über das späte Nachhausekommen. Sie schaute bloß betrübt und murmelte: ›Man hat dich schon wieder im Kino lachen gehört, Helena.‹«

Mit siebzehn beginnt sie für hundert Dollar im Monat in der Congregational Church zu singen, mit neunzehn kommt die örtliche Synagoge dazu. »Was Religion betraf, war ich völlig unparteiisch.« Mit dreißig fühlt sie sich noch immer nicht reif für große Aufgaben. 1937 endlich kann sie Walter Damrosch überreden, eine eigens für sie hineingeschriebene Rolle in seiner Oper *The Man Without a Country* zu singen, die an der Met uraufgeführt wird: »Das einzige, woran ich mich erinnere, ist, daß der Tenor wesentlich kleiner war als ich. In einer Szene mußte ich über eine Laufplanke balancieren. Es waren einige grausame Sekunden für alle im Haus. Wenn ich ausgerutscht und auf den Kerl draufgefallen wäre, dann wäre aus dem *Mann ohne Land* ein Land ohne Mann geworden.«

Die Met ist ihr nicht geheuer, es kommt ihr vor, als ob sie in einem Wolfsrachen singen müßte. »Die roten Plüschsessel, die roten Tapeten, die Logenhöhlen – das alles erinnert dich an eine geifernde Bestie, die dich verschlingen will.« Doch nicht deshalb lehnt sie ein Angebot von Edward Johnson ab und geht für weitere zwei Jahre zurück nach St. Louis. Sie hat mit der Met ihre eigenen Pläne.

1939 endlich fühlt sie sich reif genug, und es beginnt, was sie ihre »Saga der drei Sonntage« nennt, der Schnellspurt zum Ruhm. Am 8. Oktober 1939 gibt sie ihr erstes Konzert in der Town Hall auf eigene Kosten (lediglich Walter Damrosch, zu teuer für ein angemessenes Honorar, begleitet sie gratis). Am nächsten Vormittag, nach der Lektüre der Kritiken, bittet Johnson sie wie erwartet in sein Büro. »Meine Liebe«, sagt er behutsam, »wir würden Sie gerne als Venus in *Tannhäuser* haben.« Traubel ist schockiert. In ihrer altmodischen Auffassung hat die Venus durchscheinende Gewänder zu tragen und muß von überirdischer Schönheit sein, die Sirene aller Sirenen – und nicht eine überdimensionale Venus von Willendorf. »Nein«, sagt sie und geht.

Nach einem Konzert in Detroit am folgenden Sonntag bleibt die Met stumm. Am 22. Oktober, dem dritten Sonntag, erlebt Helen Traubel einen Triumph in der Carnegie Hall, diesmal mit dem New York Philharmonic Orchestra unter John Barbirolli. Am Montag ist wieder Met-Tag. Jetzt könne er ihr, meint Johnson, die Rolle der Venus mit noch größerem Enthusiasmus anbieten. Nun rückt sie mit ihrem Gegenvorschlag heraus. Sie will mit der einzigen Wagner-Rolle, die sie studiert hat, anfangen – mit der Sieglinde. Johnson lächelt: »Ich muß nur auf diesen Knopf drücken und schon habe ich sechs Sieglinden. Warum sollten Sie die siebente sein?«

Er blufft. Er hat nur fünf. Darunter allerdings die Inkarnation der Sieglinde, Lotte Lehmann, die so intensiv ist, daß sie die gutherzige, in sich ruhende Kirsten Flagstad zu der spitzen Bemerkung reizte: »Sie beträgt sich, wie es eine Frau nur mit ihrem Ehemann tun sollte.« (Walter Legge ist ähnlicher Meinung: »Lehmanns Stimme war nicht riesig, aber es war quasi eine ›Doppelbett‹-Stimme, voll der einladendsten, vielversprechendsten, zärtlichsten, allesumarmenden Wärme.«)

Doch Helen Traubel läßt sich so nicht abspeisen. »Mr. Edward Johnson,« sagt sie angemessen wütend, »Sie können Ihr Opernhaus Backstein für Backstein auseinandernehmen und –!« Wo er sich die Backsteine hineinschieben kann, bleibt ein Geheimnis zwischen den beiden.

Statt der Backsteine tritt nun allerdings Ziegler in Aktion und gibt nach wenigen Tagen für Johnson nach, der so nur das halbe Gesicht verliert. »An Zieglers Arm fuhr ich mit dem Lift in den Probenraum. Als ich eintrat, standen die Musiker auf – mehr als hundert, mit denen allen ich entweder im Radio oder im Philharmonic Symphony Orchestra gesungen hatte – und applaudierten. Ich hatte meine Schlacht gewonnen.«

Am 28. Dezember 1939 singt Helen Traubel mit Lauritz Melchior und Kirsten Flagstad die erste ihrer zahllosen Wagner-Vorstellungen. Und die Fama, die sich bisher auf St. Louis und New York beschränkte, bekommt Flügel von Küste zu Küste – neben Flagstad und der Australierin Marjorie Lawrence besitzt die Met nun die erste überlebensgroße Hochdramatische, die ein amerikanisches Eigengewächs ist.

Mit der Norwegerin verbindet Helen Traubel auch eine gemeinsame Schwäche. Beide hätten mit der Vollhöhe Probleme . . . wenn sie sich welche machen würden. Kirsten Flagstad, die in ihrem *Tristan*-Klavierauszug über die hohen Cs der Isolde fein säuberlich Totenköpfe mit Rufzeichen gemalt hat, schenkt sich seit 1938 diese Spitzentöne ebenso wie das Schluß-C der *Siegfried*-Brünnhilde.

Traubel, die schon beim H der Hallenarie in *Tannhäuser* nicht schwindelfrei ist, beschließt beim Studium der Isolde salomonisch: »Ich wollte das Liebesduett im zweiten Akt um seiner selbst singen, und nicht als akrobatisches Kunststück, wie es das Treffen eines hohen Cs bedeutet. Mir war immer aufgefallen, daß sich nach einer Vorstellung die Diskussion fast jedesmal darum drehte, ob ein hohes C getroffen und gehalten wurde, ob schlecht oder lang genug oder was der Teufel. Ich fand, daß das Herauspulen einer einzigen Note aus Tausenden – jede von ihnen extrem wichtig wie die Pausen dazwischen – einfach albern war. Ich beschloß also, die hohen Cs weniger auffällig zu machen, indem ich sie wegließ.«

Der Verzicht wird allenfalls registriert, aber (bei aller Opernfexerei, die Traubel da erlebt haben mag) nicht getadelt. Zu vollkommen sind die Ausnahme-Stimmen in den restlichen Tausenden Tönen und – mit zunehmender gestalterischer Reife – auch in den Pausen . . .

Nun stünde alles zum allerbesten, doch die Nornen kappen bereits ihre Seile. Als am 9. April 1940 Dänemark besetzt wird und ein deutsches Gebirgsjägerregiment in Narvik landet, ist die Met auf ihrer Frühjahrstournee in Cleveland. Leinsdorf drückt Flagstad und Melchior vor der *Tannhäuser*-Vorstellung sein Mitgefühl aus: »Aber bedenken Sie, wir sind sechs Nationen, die in dieser wunderbaren Oper eines deutschen Komponisten auftreten, während diese schrecklichen Dinge unseren Ländern in Europa widerfahren.«

Doch Kirsten Flagstad ist erschöpft, »bis an den Rand der Hysterie«. Allein in den vier Monaten der regulären Saison hat sie 28 Vorstellungen bestritten (eine weniger als Melchior, der Unverwüstliche), davon siebenmal Isolde. Nichts wünscht sie sich lange schon sehnlicher als ein Leben als Hausfrau. Nun kommt die Sorge um ihren Mann hinzu. Pflichtbewußt erfüllt sie alle Kontrakte der kommenden Saison und fiebert doch nur der letzten *Tristan*-Vorstellung an der Met am 14. April 1941 entgegen.

Der frühere amerikanische Präsident Herbert Hoover warnt sie: »Norwegen ist zur Zeit übler dran als irgendein anderes europäisches Land. Es wartet große Bedrängnis auf Sie, wenn Sie zurückkehren.« Doch das bestärkt sie nur: »Wenn meine Leute das ertragen können, kann ich es auch.« Von dem eigentlichen Schlamassel, in das sie sich durch ihre Heimkehr begeben wird, ahnt sie noch nichts.

Einen weiteren tragischen Verlust gibt es im Juni 1941. Bei einem Gastspiel in Mexico City erkrankt Marjorie Lawrence in der Blüte ihrer Kraft an Kinderlähmung. Ende 1942 ist sie soweit wiederhergestellt, daß sie am 27. Dezember in einem »Welcome home«-Konzert mit Melchior das Venusberg-Duett vorträgt. Obwohl sie gelähmt ist, hat ihre Stimme nicht an Schönheit verloren. In sieben Vorstellungen von *Tannhäuser* wirkt sie als liegende Venus mit. Im März 1943 wird für sie die Isolde als Sitzpartie arrangiert. Das läßt sich in den ersten beiden Akten machen. Aber als Julius Huehn als Kurwenal sie im dritten hereinträgt, bleibt ihm nichts übrig, als sie unbeholfen auf Tristans Lager abzusetzen. Die Begeisterung des überfüllten Hauses für ihre makellose gesangliche Leistung ist zwar außerordentlich, doch einige Mitglieder des Aufsichtsrats empfinden die Zurschaustellung als ausgesprochen »unschön«. Sie bekommt an der Met keine weitere Chance mehr, widmet sich mit ungebrochener Energie der Truppenbetreuung und singt nach dem Krieg an der Pariser Oper Amneris – in einem Tragsessel.

Gelähmte Venus: Marjorie Lawrence und Lauritz Melchior in *Tannhäuser* 1943 an der Met

Unversehens ist der Überfluß dem Mangel gewichen. Helen Traubel rückt zwar – wie geplant – in die Brünnhilden auf, aber für ihr Rollendebüt in der Matinee-*Walküre* am 6. Dezember 1941 sind Johnson alle Sieglinden abhanden gekommen, auf die er noch vor kurzem so stolz war. Lehmann sagt wegen Krankheit ab, Irene Jessner ist auf Konzertreise, Elisabeth Rethberg singt in der Abendvorstellung die *Figaro*-Gräfin, und Rose Bampton am Vortag Donna Anna (ihre erste Sieglinde soll sie am 12. Dezember absolvieren).

Wieder ist Johnsons und Zieglers tollkühner Wagemut zu bestaunen. Da gibt es eine 23jährige Sekretärin, Tochter eines ungarischen Sängerpaars, in Stockholm geboren. Sie heißt Astrid Varnay, studiert Gesang bei ihrer Mutter und bei Herman Weigert, dem Studienleiter der Met für das Wagnerfach. Als sie nach einem ersten Vorsingen Johnson ihr Repertoire eingereicht hat, gab es erst einmal tosendes Gelächter. Auf der Liste fehlte von den großen Wagner-Partien nur Kundry, und hinter Isolde stand in aller Unschuld »in preparation«. In einer erbarmungslosen zweistündigen Prüfung konnte sie allerdings mühelos beweisen, daß sie wirklich sämtliche Partien drauf hat. Nun soll sie ihr Bühnendebüt im nächsten Monat als Elsa geben.

»Ich kam zu einer obligaten Probe mit Erich Leinsdorf. Er schlug vor, zur Abwechslung einmal die Sieglinde zu probieren und bat mich, nur zu markieren. Am Ende der Probestunde war es günstig, daß ich noch im Stuhl saß, denn er eröffnete mir, daß ich am nächsten Tag für die erkrankte Lotte Lehmann einspringen müsse. Es war einer der wenigen Momente in meinem Leben, in denen ich sprachlos und tonlos war. Mit einem großen Rosenstrauß in der Hand überfiel ich meine Mutter mit der Neuigkeit, die so reagierte: Schnell ein handfestes Steak kaufen, damit das Kind den richtigen Marschproviant hat. Als mich am nächsten Tag der Maskenbildner Papa Senz schminkte, wurde ich ruhig. Und so blieb es auch in der ganzen Aufführung. Am Schluß meiner Partie fiel es mir ein, daß ja Radio-Übertragung war. Da wurden mir die Knie weich, aber es war geschafft.«

Am 7. Dezember ist der japanische Überfall auf Pearl Harbor. Es dauert einige Tage nach diesem »Dies ater«, bis die Zeitungen wieder über Kultur berichten. Dann aber heißt es: »Zehn Minuten nach Aufgehen des Vorhangs war es klar, daß ein neuer Stern am Opernhimmel aufzuleuchten begonnen hat: Astrid Varnay. Sie ist eine von diesen großartigen Skandinavierinnen, die sich überall durchzusetzen vermögen.« Virgil Thompson bescheinigt ihrer Stimme »jungfräuliche Reinheit«. Und der Met-Chronist Irving Kolodin nennt ihr Debüt »das unwahrscheinlichste und in seinem Ergebnis denkwürdigste in der langen Geschichte der Met«. Die ungeheure Leistung verdunkelt sogar Traubels erste Brünnhilde, die darüber gewiß nicht allzu glücklich ist.

Vor der *Walküre* am 12. Dezember wird Traubel leider krank, während Rose Bampton als Sieglinde in den Startlöchern steht. Die tolle ungarische Schwedin Varnay übernimmt, als ob nichts wäre, diesmal die Brünnhilde – nur sechs Tage nach ihrem Debüt. Das imponiert nicht bloß, das macht rasend vor Bewunderung. »Ich kann mir nur denken, daß Astrid im Galopp auf der Bühne geboren sein muß«, sagt sogar Lauritz Melchior mit größtem Respekt. Ein Kritiker wird gar schulterklopfend familiär, nennt die »Baby-Brünnhilde« einen »crackerjack musician«, eine »dufte Musikerin«.

Ein Wunder, gewiß. Aber ist es ein Wunder, daß der stimmkundige Noel Strauss in der *New York Times* bereits nach der Sieglinde gewarnt hat, daß ihr die tiefe *tessitura* im ersten Akt zu schaffen macht: ». . . wo die Stimme nicht genug ›Körper‹ hatte, um in der mittleren und tiefen Lage hörbar zu bleiben, und wo außerdem die Ansätze nicht immer absolut sicher waren. Ihre schönen Anlagen wären zweckdienlicher in Rollen eingesetzt, die weniger schwere Anforderungen an ihre Stimme stellen, eine Stimme von so angeborener Schönheit, daß sie nicht in Partien wie dieser eingesetzt werden sollte, die leicht ihre Qualität beeinträchtigen könnten.«

Goldene Worte. Doch das *wear and tear*, der in Kauf genommene Verschleiß, die gewissenlose Ausbeutung von Stimmen ist nicht erst ein Verbrechen unserer Tage. Und viele junge Sänger, betäubt von Triumphen, beherzigen bereits in jenen Zeiten nicht mehr, was Erich Kleiber auf die Formel bringt: »Das Timbre einer Stimme ist wie der Staub auf den Flügeln eines Schmetterlings. Fängt man den Schmetterling und bleibt der Staub zwischen den Fingern haften, dann ist der Schmelz der Farben dahin. Ähnlich ist es mit der menschlichen Singstimme. Wird sie überanstrengt, so geht ihr Timbre verloren und ihr Schmelz, das Persönliche ist für immer dahin.«

Was andere Stimmen zugrunde richtet, bringt Astrid Varnay jedoch nicht um. Der »Schmetterlingsstaub« ist zwar schon nach wenigen Jahren abgewetzt – 1947 im *Tannhäuser* singt sie bereits eine »schrille« Elisabeth –, doch das Persönliche ihres Timbres sucht sich anderen Ausdruck, und sei es nach dem Vorbild der Färberin aus der *Frau ohne Schatten*: »Bitternis will ich tragen im Mund . . .«

Anfang und Abschied liegen nur wenige Minuten auseinander

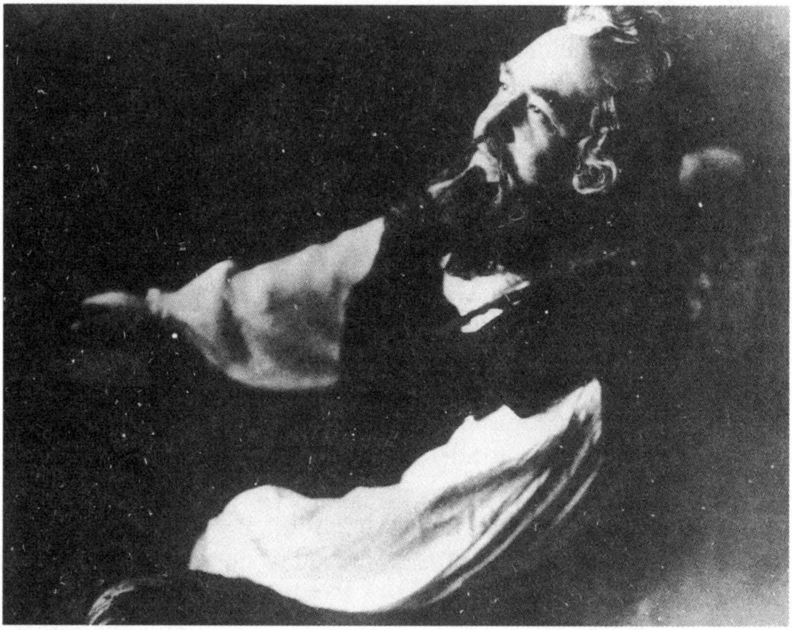

»America forever!« Friedrich Schorr als Hans Sachs in den *Meistersingern von Nürnberg*

am 2. März 1943. Als Helen Traubel bei ihrem Debüt als *Siegfried*-Brünnhilde im letzten Bild auf dem Walkürenfelsen erwacht, hat Friedrich Schorr in der Rolle des Wanderers seine Abschiedsvorstellung bereits hinter sich – nach zwanzig Jahren ununterbrochener Zugehörigkeit zur Met. Ein bißchen ironisch haben die Musen seinen letzten Abgang gestaltet. Denn der Speer, mit dem er Siegfried hindern will, das Flammenmeer zum Felsen zu durchschreiten, ist in Stücken, bevor Melchior sein Schwert auch nur heben kann. Als Schorr von der Bühne schreitet, können einige hören, wie er die Trümmer mit Abscheu zu Boden schleudert. Doch dann endet der Abend in tränenreicher Glückseligkeit, als er vor dem Vorhang seine Abschiedsrede hält, beginnend mit den Anfangsworten der Ansprache des Sachs: »Euch macht ihr's leicht, mir macht ihr's schwer . . .« und endend mit dem Toast des Konsuls Sharpless aus *Butterfly*: »America forever!«

BRUNO WALTER SCHICKT DON GIOVANNI ZUR HÖLLE

Der große Verführer Ezio Pinza – Jarmila Novotna will als Traviata allein sterben – Grace Moore nagelt Jan Kiepura den Stuhl fest – Lawrence Tibbett: Der ›good guy‹ aus dem Wilden Westen mit Verdi-Stimme – Jüdisch-amerikanische Sänger der ersten Generation und ihre verschlungenen Wege zum Ruhm: Leonard Warren, Jan Peerce, Richard Tucker, Robert Merrill

Der Krieg bereichert den Spielplan der Met – mit einer Ausnahme. *Madama Butterfly* wird zuletzt am 28. November 1941 gegeben, als sich die japanische Flotte bereits in Bewegung gesetzt hat. Danach verzichtet man auf das Zugstück, weil die arme Japanerin, die von einem amerikanischen Marineoffizier so schuftig behandelt wird, möglicherweise nicht mehr mit dem nötigen Mitgefühl rechnen kann. Ansonsten beschränken sich die Zugeständnisse an die Zeit auf nicht ganz geglückte Verbeugungen. Als Tribut für den Waffenbruder Sowjetunion wird als *opening night* der Saison 1943/44 *Boris Godunow* gegeben – traditionell in italienischer Sprache.

Als Folge des Krieges aber und der Stagnation des Musiklebens in Europa kommt eine Fülle bedeutender Dirigenten nach New York, wie sie die Met vorher und nachher nicht versammeln konnte – George Szell, Fritz Reiner und Jonel Perlea polieren das Repertoire. Und auch Freund Beecham stellt sich ein, dem es in England zu dumm geworden ist. Zunächst hat er es in Australien versucht und dem ersten Journalisten, der ihn bei seiner Ankunft fragte, warum er England verlassen habe, das doch im Kriegszustand sei, geantwortet: »Die Regierung hat den Ausnahmezustand erklärt und ich habe mich gehorsamst ausgenommen.« Weniger bekannt, aber noch charmanter ist seine Bemerkung bei der Ausreise auf die

Frage, wann er nach Australien zurückzukehren gedenke: »Kehrt überhaupt jemals jemand nach Australien zurück?« An der Met dirigiert er Werke, von denen Johnson weiß, daß er sie liebt: französische Opern.

Den wichtigsten Beitrag zur Erweiterung des Spielplans aber leistet Bruno Walter mit seiner Mozart-Renaissance. Jahrzehntelang hatten die Mozartopern geringen Stellenwert. Nun, anläßlich des 150. Todestages, präsentiert die Met 1941/42 zum erstenmal seit 1902 in einer Saison *Le Nozze di Figaro, Don Giovanni* und *Zauberflöte* (diese in englischer Übersetzung, was nicht auf einhelliges Entzücken stößt, denn für die Sänger aus aller Herren Länder werden die Dialoge zu härteren Prüfungen als die Feuer- und Wasserprobe).

Am meisten beeindruckt Walters *Don Giovanni*, dem er Weiten erschließt, wie sie die New Yorker bisher nicht erlebt haben. Das Erscheinen des Steinernen Gastes im letzten Bild öffnet gleichsam die vierte Dimension, Giovannis Höllenfahrt wird zum Pandämonium der Triebbestrafung. Bruno Walter hat auch persönlich Ursache, diesen Wüstling zur Hölle zu schicken. Denn der fast fünfzigjährige Ezio Pinza ist die Verkörperung des Don Juan auf der Bühne wie in der Wirklichkeit.

Pinza, Sohn eines römischen Zimmermanns, in ärmlichen Verhältnissen aufgewachsen, begann den dornigen Weg zu Ruhm und Reichtum als Radrennfahrer. Mit der üppigen Pracht seines *basso cantante*, unverschämtem komödiantischem Naturtalent und ebenso unverschämt gutem Aussehen hat er selbst die Kritiker verführt. Was ihnen beim ersten Mal mißfiel, ist im Lauf der Zeit Gütezeichen der Pinza-Aufführungen geworden; so etwa, daß er im 4. Akt von *Le Nozze di Figaro* den Fuß auf den Souffleurkasten setzt, um sich bei seinen Zuhörern über die Unbeständigkeit der Frauen zu beschweren: »Ach öffnet eure Augen, blinde, betörte Männer . . .«

Beständig an seiner eigenen Unbeständigkeit ist eine leidenschaftliche Affäre mit einer nicht minder berühmten Kollegin. Seit 1935 beschäftigt seine Ehefrau die Gerichte mit der »Entfremdung seiner Zuneigung durch einen führenden Sopran der Met, begonnen im April 1934, und seither weiterbetrieben an diversen anderen Ta-

Salzburger Höllenfahrt: Ezio Pinza als Don Giovanni 1938

gen und zu anderen Zeiten, und vor diesem Prozeß an wechselnden Orten in Europa, auf dem Atlantischen Ozean und in den Vereinigten Staaten«.

Das meint (verklausuliert in Juristensprache) auch die Auftritte bei den Salzburger Festspielen. Von 1934 bis 1937 ist Pinza hier unter Bruno Walter zur Legende Don Giovanni geworden. 1938, nach dem »Anschluß«, dirigiert Karl Böhm die Vorstellungen. Anton Dermota, der in diesem Jahr seinen ersten Don Ottavio in Salzburg singt, erlebt die tragische Zuspitzung: »Elisabeth Rethberg, die dramatischeste Donna Anna, die ich je erlebte, war mit Ezio Pinza eng befreundet. Ganz Salzburg wußte davon, und das gab der erotischen Spannung zwischen Don Giovanni und Donna Anna zusätzlichen Reiz. Bei einer der Reprisen entstand plötzlich Unruhe hinter den Kulissen – die jüngere Tochter Bruno Walters habe sich in der Schweiz das Leben genommen. Wegen Ezio Pinza! Nach dem Fallen des Vorhangs stürzte Pinza wie von Furien gehetzt zu seinem Wagen, der vor dem Bühnentürl bereitstand, und brauste ab in die Schweiz. Wenige Tage später stand er wieder als Verführer auf der Bühne und sang seine Partie in gewohnter Perfektion, als ob nichts geschehen wäre. Die Illusion der Bühne überwältigte die Realität des Lebens.« (In Wahrheit wurde Walters Lieblingstochter von ihrem eifersüchtigen Ehemann erschossen, der sich danach selbst tötete.)

Elisabeth Rethbergs Silberstimme (»die schönste, die ich je gehört habe«, sagt Kirsten Flagstad) bekommen die Aufregungen auf Dauer nicht. Im Februar 1942 blamiert sie sich mit dem »lamentablen Versuch«, die *Siegfried*-Brünnhilde zu singen. Am 6. März 1942 verabschiedet sie sich 47jährig mit Aida, mit der sie 1922 an der Met debütiert hatte.

Eine Woche später wird Ezio Pinza vom FBI in Gewahrsam genommen, weil er angeblich mit seiner Freundschaft mit Mussolini geprahlt hat, und auf Ellis Island interniert. Am 4. Juni 1942 wird er wieder freigelassen, ganz ohne Hilfestellung des Met-Managements, das zur Affäre lediglich einen Gag beitrug. Der Besetzungschef Frank St. Leger hat nach einer Beschwerde von Rundfunkhörern über Thomas Beechams Tempo beim Dirigieren der amerikanischen Nationalhymne einen Gefangenenaustausch zwischen Beecham und Pinza angeregt.

Die Verführungen, die dem Publikum im *Don Giovanni* geboten werden, bleiben mannigfaltig. Da wechselt sich der Erzkomiker Salvatore Baccaloni als Leporello ab mit Alexander Kipnis, der seiner Baßorgel für die Buffopartie ganz eigene Register abverlangt, fähig, »auf seiner Stimme zu spielen wie Rubinstein auf dem Klavier oder Heifetz auf der Geige« (Kolodin). Und da ist die Tschechin Jarmila Novotna, von der Pinza sagt: »Sie als Donna Elvira zu besetzen, ist ein grundlegender Fehler. Sie ist so unglaublich schön, daß die Zuschauer völlig zu recht nicht begreifen, warum ich dauernd vor ihr davonlaufe.«

Novotnas durch Charme und Noblesse beseelte Schönheit hat viele Große bezaubert. In Berlin war sie die *Schöne Helena* von Max Reinhardt, im Film von Max Ophüls die Marie in der *Verkauften Braut.* An der Wiener Staatsoper hat sie mit Richard Tauber die Uraufführung von Lehárs *Giuditta* aus dem Feuer geholt. Und in Hosenrollen wird sie vollends zum Rätsel. Der ja eigentlich kompetente Gustaf Gründgens hat nie wieder einen Cherubino wie den ihren erlebt. Als sie 50jährig 1953 ihren letzten Octavian singt, ist sie immer noch der siebzehnjährige lausbübische Aristokrat, der vor den Augen der Zuschauer zum Mann reift. Und Jan Peerce, dessen erste Violetta sie 1941 war, schreibt Jahrzehnte später: »Ich habe *La Traviata* noch siebenundsechzigmal an der Met gesungen – aber die, an die ich als Violetta denke, ist Novotna an jenem Nachmittag. Daß sie eine bessere Sängerin als die anderen war, würde ich nicht sagen, doch ich glaube, daß sie eine der besten Gestalterinnen dieser Rolle war, die es jemals gab. Als ihr Alfredo im dritten Akt übel mitzuspielen hatte, ertappte ich mich dabei, daß ich ihn haßte – und das heißt, daß ich mich selbst haßte.«

Bei so viel träumerischer Verzückung ist es beruhigend, daß Richard Tucker eine eher ernüchternde Erinnerung an die einzige gemeinsame *Traviata* hat. Als er sie bei der Probe in der Sterbeszene umarmen will, verbittet sie sich das mit allem Nachdruck.

»Tu das nie wieder, Richard! Wenn *ich* sterbe, sterbe ich *allein*!«

»Keine Sorge, Mädel«, murmelt Tucker, »du stirbst allein – ich steh dafür grade.« Und das, meint er, dürfte die einzige *Traviata* an der Met gewesen sein, in der Alfredo sieben Meter von der sterbenden Violetta entfernt stand.

Primadonnen dürfen ein wenig exzentrisch sein, und Tenöre eitel. Aber da gibt es Grenzen. Eine Legende, die sich bei uns Jahrzehnte gehalten hat (aus der gleichen interessierten Ecke stammend wie das Märchen, daß Robert Stolz in Hollywood zwei Oscars verliehen bekam), besagt, daß auch Jan Kiepura ein Liebling der Met war. Spät erst, 1938, als der knabenhafte Charme bereits dem strahlenden Filmgebiß-Lächeln gewichen ist, debütiert er als Rodolfo in *La Bohème*. Noel Strauss, in dieser Zeit noch hoffnungsvoller Nachwuchskritiker und beeindruckt von Kiepuras »magnetischer Persönlichkeit«, lobt auch die ungewöhnlich reine und ebenmäßige Stimme. Bloß hat er diese Reinheit und dieses Ebenmaß nur an einer einzigen Stelle erlebt, im Abschiedsduett des dritten Aktes: »Hier wurde die Stimme weitgehend frei von der zugeschnürten, weißen, gepreßten Tongebung, die sonst häufig vorkam.« Eine eigenartige Hymne. Doch Kiepura läßt selbst diesen Bonus für die nächsten Vorstellungen verfallen.

Über *Carmen*, vier Tage später, notiert Kolodin: »Der José am 14. Februar war Jan Kiepura, ein mehr als nur normal eitel-selbstgefälliger Tenor, der seine harte, unsinnliche Stimme zum erstenmal am 10. Februar als Rodolfo vorgeführt hatte. In der letzteren Oper beantwortete er Bidu Sayâos einleitende Worte als Mimi mit einem selbstgefälligen Grinsen und heftigem Reiben seiner Hände.«

Affereien sind an der Met verpönt. Es gibt dafür einen hübschen Beleg, in dem sich Otto Kahn bei der Direktion schriftlich über Giovanni Martinelli beschwert: »Haben Sie gestern gesehen, was sich Martinelli im 2. Akt geleistet hat? Nach der Blumenarie kniet er, wie Sie wissen, sich am Ende nieder und legt seinen Kopf in Carmens Schoß. Es gibt Applaus; Martinelli steht auf, verbeugt sich, kniet sich wieder hin und bettet seinen Kopf wieder in ihren Schoß. Noch mehr Applaus, gefolgt von dem gleichen Vorgang wie oben geschildert. Stimmen Sie nicht mit mir überein, daß solche Vorstadtpossen auf der Bühne der Met nichts zu suchen haben?«

Und nun also die Provinzpossen von Kiepura. Übel bekommt ihm, was er mit seiner zweiten Mimi treibt. Grace Moore ist selbst ein Filmstar *à la bonheur*, hat ein eigenes Radioprogramm und verdient Unsummen mit ihren Konzerten, die überall in wenigen Stunden ausverkauft sind. Zu ihrem Met-Debüt 1928 als Mimi kam eine hundertköpfige Delegation aus ihrer Heimat Tennessee angereist, darunter die beiden Senatoren des Bundesstaats. Sie sieht so prächtig aus, daß die Leute erst glauben, daß sie das riesige Haus mit ihrer Stimme füllen kann, wenn sie den Mund aufmacht. Was Kiepura und seine Frau Marta Eggerth im europäischen Rahmen unternahmen, hat bei ihr amerikanische Dimensionen. Verständlich, daß er ihr nicht wohlwill.

Lanfranco Rasponi erinnert sich mit Wonne an das erste gemeinsame Auftreten der beiden: »Als sie mit ›Mi chiamano Mimi‹ begann, stellte er sich so, daß er sie praktisch verdeckte. Alle, die an diesem Abend anwesend waren, werden nie vergessen, wie eindrucksvoll sie ihn zur Seite schob.« Doch nun wird Kiepura erst richtig tückisch. Im Café Momus sind die Tische mit echtem Obst dekoriert. Er nimmt eine Zitrone, schneidet sie auf und saugt daran. Ihre Lippen kräuseln sich hilflos, die Töne werden sauer.

Das war am 18. Februar 1938. Fast ein Jahr muß Grace Moore auf die Revanche warten. Am 10. Februar 1939 singt Kiepura mit ihr wieder *La Bohème*. Diesmal mit dem Handicap, daß wenige Wochen vorher Jussi Björling sein Debüt als Rodolfo gegeben hat. Das schlimmere Handicap aber ist Moores Rache. Bevor er mit »Che gelida manina« beginnt, hat er einen Stuhl nach vorne zu ziehen, um sich neben Mimi zu setzen. Und diesen Stuhl hat sie festnageln lassen. »Es ruinierte die ganze Arie. Er zog und zerrte daran und fluchte auf die Bühnenarbeiter. Denn er konnte sich nicht vorstellen, daß eine Lady wie ich etwas Derartiges aushecken könnte.«

Nach sieben Vorstellungen in dieser Saison wird er erst wieder im Februar 1942, zum letztenmal, für drei Abende engagiert. Einmal *Carmen*, zweimal *Tosca* – wobei von seinem Cavaradossi vor allem in Erinnerung bleibt, daß er im ersten Akt auf dem Malgerüst im Staatsfrack mit Spitzenmanschetten hantiert. Später tritt er mit Marta Eggerth bei der New Opera Company in einer englischsprachigen Produktion der *Lustigen Witwe* auf. Der Akzent seines Danilo klingt nicht nach dem eleganten Phantasieland Pontevedro, sondern schlicht polnisch. Und das haben die Besucher zwischen Bronx, Brooklyn und Lower Manhattan jeden Tag zu Hause und um die Ecke. Und genau aus dieser Gegend kommen nun die Sänger, welche die Kiepuras überflüssig machen.

1942/43 weist die Personalliste der Met 51 amerikanische Sänger aus, mehr als die Hälfte des Ensembles.

Der ruhmreichste unter ihnen ist der Bariton Lawrence Tibbett, geboren 1896 in Kalifornien, Inbegriff des amerikanischen Traums von Pionier- und Draufgängertum. Mit 1,85 Meter Gardemaß und über neunzig Kilo sieht er aus wie der brave Sheriff aus einem Western. Und in der Tat waren Großvater, Onkel und Vater Sheriffs in Kalifornien. Sein Vater wurde bei einer Schießerei mit einem Banditen getötet, der auf den romantischen Namen Wild Jim McKinney hörte.

Tibbett hat als erster zwei eherne Regeln der Met gebrochen – daß ein amerikanischer Sänger erst im Ausland Karriere machen muß, und daß keiner, der als *Comprimario* anfängt, jemals zu Hauptrollen kommt. Begonnen hat er 1923 in *Boris Godunow* als einer der beiden Jesuiten, die im Volksbild am Ende beinahe gelyncht werden. Am 2. Januar 1925 sang er bereits den Ford in *Falstaff,* der für Antonio Scotti wiederaufgenommen wurde (mit Benjamino Gigli als Fenton). Doch nicht der Protagonist, sondern Tibbett mit seiner Eifersuchtsarie war die Sensation. Tullio Serafin, der Dirigent der Vorstellung, war überwältigt von der Schönheit seiner perfekt geführten *mezzavoce.*

Seither ist Tibbett einer der Lieblinge des Met-Publikums. Es gibt Uraufführungen, wie Gruenbergs *Emperor Jones* nach dem Theaterstück von Eugene O'Neill, nur aus dem Grund, weil eine Bombenrolle für Tibbett drin ist. Er ist einer der ersten Allround-Medienstars und beherrscht auch das Repertoire der *popular songs* wie kein anderer. Das ist kein Zugeständnis des Opernsängers an Trivialmusik wie meist in Europa – die Amerikaner sind der Ansicht, daß sie in vertrauten Liedern Charakter und Qualität einer Stimme am besten kennenlernen können. (So wie Toscanini beim Vorsingen auf einer italienischen Arie besteht, um dem Kandidaten auf die Schliche zu kommen.) 1945 steht Tibbett im Radio-Renner *Your Hit Parade* an zweiter Stelle hinter dem Teenie-Liebling Frank Sinatra.

Doch zu dieser Zeit ist sein sieghaftes Naturburschentum nur noch Fassade. Die zweite Ehe mit einer Dame der New Yorker Gesellschaft hat den verunsicherten *country boy* zum Alkoholiker gemacht, zum »versoffenen Penner«, wie im Besetzungsbüro der Met geflucht wird, wenn er wieder eine Vorstellung wegen plötzlicher »Indisposition« absagt. In der Matinee des 18. Dezember 1943 springt Leonard Warren für ihn ein und singt seinen ersten Rigoletto, nachdem er am Abend zuvor als Renato auf der Bühne gestanden hat. (»Warrens Erfolg«, meint Kolodin ohne genaueren Durchblick, »war seinen reichen Mitteln zu danken und nicht einer vorausschauenden Planung.«)

Warren hat am 13. Januar 1939 neben Tibbett als Paolo in *Simon Boccanegra* debütiert. Gegen sein Auftreten als Ford fünf Tage später legte Tibbett, nunmehr selbst Falstaff, mit entwaffnender Offenheit Einspruch ein: »Ich möchte nicht, daß er mir das antut, was ich Scotti angetan habe.« Mag sein, daß ihm nun auch der jüngere Rivale auf der Seele liegt, den aufzuhalten er nicht mehr die Kraft hat.

Mit Leonard Warren beginnt die Reihe jener Amerikaner der ersten Generation, deren Eltern noch vor den zaristischen Pogromen über Mitteleuropa in das Gelobte Land der USA geflüchtet sind. Er ist 1911 als Sohn eines eingewanderten russisch-jüdischen Kürschners in Lower Manhattan geboren, arbeitete in der Textilindustrie und begann mit dem Gesangstudium erst, als ihm ein Engagement beim Chor der Radio City Music Hall die finanziellen Mittel dazu bot.

1937 gab es den ersten Rundfunkwettbewerb der NBC in Zusammenarbeit mit der Met – »Auditions of the Air« –, eine der ersten Radioserien, die sich die Vorliebe der Zuhörer für einen echten, live gesendeten Wettbewerb zunutze machte. Im nächsten Jahr wurde Leonard Warren entdeckt. Der prachtvolle Resonanzreichtum seiner Stimme war bereits so entwickelt, daß Wilfred Pelletier, der Hausdirigent der Met, der die Probe im Kontrollraum über Lautsprecher verfolgte, an einen Scherz der Technik glaubte. »Ich dachte, sie ließen diesen jungen Mann zu einer Platte Mundbewegungen machen, um mich zum Narren zu halten. Schließlich ging ich hinunter zur Bühne und hörte, daß die Stimme echt war.« Zweieinhalb Oktaven mit einem mühelosen hohen Gis, obwohl Warren behauptet, daß jede Stimme in Wirklichkeit nur neun Tonstufen umfasse – eine These, mit der er sich vor Partien drückt, die er nicht singen mag, wie die vier Bösewichter in *Les contes d'Hoffmann.*

Der nächste der *magnificent four* von der East Side New Yorks ist der Tenor Jacob Pincus Perelmuth, Jahrgang 1904. Er kommt an die Met erst über eine Karriere, die Woody Allen und Blake Edwards gemeinsam ersonnen haben könnten. Als Pinky Pearl geigt er bei jüdischen Hochzeiten; ein Kantor bildet seine Stimme aus; in den Monaten nach der Eröffnung der Radio City Music Hall 1932 singt er hinter einem Vorhang zur Orgel (als Trostpflaster, weil seine Nummer in der Generalprobe gestrichen wurde), und gefällt dem Publikum als *the Phantom Voice*; nach einem Jahr kriegt der »kleine Fette« sein erstes sichtbares Solo »Ah! Moon of My Delight«, eine Haremsnummer mit Fes; und der Mann, der ihn für John D. Rockefellers neunundvierzigsten Geburtstag als Attraktion engagiert, wieder mit Fes, heißt auch noch ausgerechnet W.G. van Schmus.

Dirigent der Music Hall ist Ernö Rappee, als ehemaliger Magier der Stummfilmmusik immer noch dem Dramatischen zugeneigt. Und so gibt es Anfang 1938 als Rundfunkübertragung den ersten Akt *Walküre*. Mr. Jan Peerce (so heißt der frühere Pinky Pearl inzwischen) braucht zum erstenmal keinen Schmus zu machen. Den Hörern als Lieferant populärer Balladen wie »The Bluebird of Happiness« vertraut, singt er nun aus heiterem Himmel den Siegmund. Am Radio sitzt Arturo Toscanini, findet, daß endlich einer die Partie angemessen lyrisch gestaltet, bestellt ihn, prüft ihn auf Herz und Nieren und läßt ihn am 6. Februar 1938 das Tenorsolo in der *Neunten* von Beethoven singen. *Il tenore di Toscanini* ist geboren.

Länger dauert es, bis das auch Edward Johnson bemerkt. »Obwohl er mich über den Äther gehört hatte, muß ihm einer gesagt haben: ›Peerce hat eine tolle Stimme, o.k., aber haben Sie ihn je gesehen? Also, er ist kurz, er ist so blind, daß man ihn führen muß, er ist bucklig und hat einen Klumpfuß.‹ Es war genug, um ihn so zu verschrecken, daß er die nächsten Jahre keinen zweiten Gedanken an mich verschwendete.«

Doch Johnson informiert sich über Talente auch in den Synagogen. Und irgendwann sieht er den vermeintlichen *hunchback of Brooklyn* auch und meint, daß man seinen Anblick sehr wohl dem Met-Publikum zumuten könne. In der Matinee (wie immer im Radio übertragen) am 29. November 1941 debütiert Jan Peerce 37jährig als Alfredo in *La Traviata*. Zwei Tage vorher singt er um zehn Uhr vormittags seine Arie im zweiten Akt voll aus. »Wie kann er das um diese Uhrzeit?« wundert sich Johnson. Peerces Frau gibt ihm mit leisem Vorwurf die Antwort: »Das macht er seit acht Jahren in der Music Hall, und da beginnen die Proben um acht Uhr früh!«

Eine Stunde vor Beginn der Vorstellung fällt der Dirigent Gennaro Papi in seinem Badezimmer tot um. Um die Hörer nicht zu deprimieren und dem Debütanten nicht die Nerven zu rauben, wird die Nachricht zurückgehalten. »Es war eine Überraschung, als ich bei meinem ersten Einsatz merkte, daß nicht Papi, sondern Ettore Panizza am Pult stand. Dem war ich zwar schon begegnet, hatte aber noch nicht mit ihm gearbeitet. Schön, das also ist die Met, dachte ich, und bereitete mich auf eine lange Karriere mit vielen Überraschungen vor. Unmittelbar vor meinem Auftritt im 2. Akt sagte mir der Bassist Norman Cordon, daß er leider nachher nicht auf meine Party kommen könne, er sei ›viel zu gebrochen durch Papis Tod‹. In einem solchen Augenblick muß man der selbstsüchtigste Kerl der Welt sein . . .«

Die Zuhörerschaft ist entzückt von seiner ansprechenden Stimme und seiner Musikalität, »welche dafür entschädigen, daß er körperlich zu kurz geraten ist«. Mit einer gesunden Technik und leichter, doch metallischer Höhe (und einigen Unarten wie eigenmächtigen *portamenti* und draufgängerischem *tenorismo*) bleibt Jan Peerce für sechsundzwanzig Jahre ein wichtiges Mitglied des Ensembles. Doch nur bis zum 25. Januar 1945 kann er sich seines so spät errungenen Bühnenruhms ohne Bitterkeit freuen. Denn an diesem Tag debütiert sein Schwager Richard Tucker.

Obwohl sie nur dem Gesetz nach verwandt sind, haben sie verblüffende Ähnlichkeit miteinander, könnten mit ihren Henkelohren brüderliche Abkommen des netten Grandpa aus *The Munsters* sein. Aber Tucker ist nicht nur jünger und höher gewachsen – er wird einer der größten »italienischen« Tenöre. Noch Luciano Pavarotti verbeugt sich vor ihm: »Was machte Tucker zu einem Phänomen? Seine Stimme war nicht nur schön – schimmernd, silbrig und ungemein kraftvoll –, sondern auch unglaublich dauerhaft. Über drei Jahrzehnte lang blieb sie jugendlich und vibrierend, und seine Technik war so perfekt, wie man der Perfektion überhaupt nur nahekommen kann.«

Geboren als Reuben Ticker 1913 in Brooklyn, hat auch er dort die Kantorenschule durchlaufen. Als er vierzehn Jahre alt war, verbot ihm sein Lehrer das Singen. »Als ich mit achtzehn wieder anfing und die Töne ausprobierte, war ich wie ein ungebärdiges Hengstfüllen.« Er bringt sich als Verkäufer für Seidenstoffe mit 30 Dollar pro Woche durch und verliebt sich in einer U-Bahn-Station in Sarah Perelmuth, die Schwester von Jan Peerce. »Alle in meiner Familie mochten Ruby«, sagt Sarah, »das Problem war bloß, daß er arm war.«

Mutter Perelmuth mag den Jammer nicht mit ansehen, marschiert zu einer jüdischen Radiostation und läßt sich nicht abwimmeln, bis sie einen Job für Ruby in einem Sonntagvormittagsprogramm hat. »Das waren die ersten zehn Mäuse, die ich außerhalb der Synagoge mit Singen verdiente.«

Eines Abends vertraut Ruby seiner Sarah an, daß er beschlossen hat, Opernstar zu werden. Nicht bloß irgendein Opernsänger, sondern ein Star. »Ruby«, fragt sie ungläubig, »hast du schon irgendwann einmal eine Oper gesehen?« Er schüttelt den Kopf. »Schön«, sagt sie, »wenn du so fest entschlossen bist, wäre es nicht ein guter Anfang, daß wir in ein paar Opern *gehen*?«

Ruby geht bei dem amerikanischen Heldentenor Paul Althouse in die Lehre. Sein höchster Ton ist ein A. Althouse benutzt einen alten Trick, schlägt ein A an und sagt ihm, daß es ein As ist. So hangelt er ihn mit der Zeit höher, und allmählich kommen sie bei einem guten soliden C an. Althouse erzählt später gern, daß der Schüler in sein Studio kam, den Hut abnahm, sang, den Hut wieder aufsetzte und heimging. Er wollte lernen, also lernte er – ebenso systematisch, wie er Stoffe verkauft hatte.

Als Ruby dreißig ist, ist er Richard Tucker geworden und hält ein einziges Mal in seinem Leben alles für sinnlos – er ist im Radiowettbewerb der Met nur Zweiter geworden. Bevor er sich schlüssig wird, ob er die Schande überleben kann, bestellt ihn Edward Johnson zu sich. Tucker fragt ein letztes Mal Jan Peerce um Rat. Der sagt grämlich: »Wenn du an die Met willst, dann geh an die Met. Du tust sowieso, was du willst.«

Tucker ist bisher nur einmal in einer Oper aufgetreten, mit der Salmaggi Company im Al Jolson Theatre in Brooklyn als Alfredo. Als ihm Johnson aber den Sänger im *Rosenkavalier* anbietet, sagt er nein: »Wenn ich in die Met komme, dann durch die Vordertür.« Schließlich sitzt Jussi Björling in Schweden und kommt wegen der Kriegsumstände nicht raus. Und das wissen auch die Met-Oberen und geben wieder einmal nach.

Nach dem Tod von Edward Ziegler ist Frank St. Leger der gute Geist, der nicht verneint. »Richard«, sagt er, »Sie werden zwei Opern pro Jahr für uns studieren und jetzt gleich mit dem Enzo in *La Gioconda* beginnen. Und Sie werden so lang auf Ihrem Hintern sitzen, bis wir Ihnen sagen, daß Sie soweit sind, um auftreten zu können. Und Sie werden sich nicht verheizen lassen.«

Als der Tag gekommen ist, macht sich Richard Bonelli, der als

»Einige Tenöre können lauter singen als Tucker, aber keiner singt besser«: Nach dem Debüt in *La Gioconda* 1945 – Dirigent Emil Cooper, Richard Tucker, sein Lehrer Paul Althouse, Schwager Jan Peerce, General Manager Edward Johnson (v.l.)

Barnaba selbst eine der letzten Vorstellungen vor seinem Abschied singt, große Sorgen um den jungen, unerfahrenen Kollegen. Der muß durchdrehen, stellt er sich vor, wo er doch seine gesamte Zukunft mit einer Partie riskiert, die selbst Veteranen das Fürchten lehrt. Der Richard Tucker, den er dann hinter dem Vorhang trifft, ist nicht der, den er vor seinem geistigen Auge hatte. »Er stand auf den Zehen und schaute durch das Loch im Vorhang, ob er nicht ein bekanntes Gesicht entdeckte. Gleich darauf schüttelte er einem Bühnenarbeiter die Hand. Dann kam er zu jedem von uns und wünschte uns Glück. Man stelle sich vor, uns wünschte er Glück!«

Der Dirigent Emil Cooper erhält die alarmierende Nachricht und eilt auf die Bühne. »Sind Sie nervös, Richard? Natürlich sind Sie nervös. Wir sind alle nervös, bis sich der Vorhang hebt.« »Warum, Maestro«, jauchzt Tucker, »ich fühle mich fabelhaft! Ich kann es gar nicht erwarten, endlich aufzutreten!« »Seien Sie nervös«, fleht ihn Cooper an, »ein nervöser Sänger gibt eine bessere Vorstellung!« Es geht auch so. Spätestens nach der exponierten, verflixt schwierigen Arie »Cielo e mar« wissen die Zuhörer, daß die neue Stimme »pures Gold« ist.

Tucker folgt auch in Zukunft dem Rat seines Lehrers Paul Althouse: »Laß die anderen brüllen, bis die Stimme in Fetzen ist. Du wirst sie überleben.« Er ist nicht besessen von der Größe seiner Stimme und macht seine Witze darüber. Als PR-Gag verteilen seine jungen Söhne öfter handgeschriebene Zettel hinter der Bühne: *Einige Tenöre können lauter singen als Tucker, aber keiner singt besser.*

Er lebt in der Wärme seines orthodoxen jüdischen Glaubens. Er trägt den *tzizit*, den rituellen Gebetsschal, der einer Weste ähnelt, immer unter seinem Hemd und unter dem Kostüm. Nichtjüdische Besucher in seiner Garderobe rätseln, ob die »Weste« vor Erkältung schützen soll – oder ob sie kugelsicher ist. Er macht nie das Kreuzzeichen in einer Vorstellung, sondern dreht sich so, daß die Hand verdeckt ist. In *Boris Godunow* trägt er als Dimitri statt einem Kreuz ein großes Messing-Emblem auf der Brust, das nichts bedeutet. Doch er singt am Freitagabend, dem hebräischen Sabbat. »Singen ist nicht wirklich Arbeit – es ist meine Freude.«

Der Krieg ist zu Ende. In der *opening night* der neuen Saison am 29. November 1945 mit *Lohengrin* werden wieder Pelze und weiße Fliegen getragen. Und bezeichnend für ein neues und breitgestreutes Interesse an der Oper: Es wird erstmals eine Abendvorstellung übertragen – bemerkenswerterweise in deutscher Sprache.

Die allererste Rundfunkübertragung Weihnachten 1931 galt

ebenfalls einer deutschen Oper. Beide Sender von NBC strahlten eine Aufführung von *Hänsel und Gretel* aus, die via Kurzwelle bis England und Australien empfangen werden konnte. Der Opernkritiker und Komponist Deems Taylor las für die Hörer leise eine Simultanübersetzung des Textes mit, was der NBC empörte Hörerbriefe einbrachte, daß »da ständig so ein Idiot dazwischenquatscht«.

Diese Kinderkrankheiten sind inzwischen ausgestanden. Und die Besetzung des *Lohengrin* hat zwei besondere Debütanten aufzuweisen. Fritz Busch wird bei seinem ersten Auftreten an der Met besonders herzlich gefeiert. Neben Helen Traubel, Herbert Janssen und Kerstin Thorborg singt erstmals Torsten Ralf die Titelrolle. Diese Kombination, merkt Kolodin dezent an, gibt der Vorstellung »mehr musikalischen Wert, als ihn irgendeine der letzten Jahre aufzuweisen hatte«.

Denn Lauritz Melchiors Schwanenritter ist – abgesehen vom buffonesken Anblick in der silbernen Wehr – keine seiner Glanzrollen. Die hohe *tessitura* liegt für ihn, der auf dem »granitenen Fundament« seiner ursprünglichen Baritonstimme aufbaute, alles andere als angenehm. Der Schwan muß mit einer *voix mixte* bedankt werden, und die altväterischen *portamenti* biegen sich bei ihm wie das Schilf an den Ufern der Schelde bei Sturm. (Nicht von ungefähr zitieren Melchiors bedenkenlose Verfechter aus dem *Lohengrin* immer nur die perfekt gebundene und empfundene Phrase »Sie vor den König zu geleiten, schmückt Elsa, meine süße Frau«.)

Ursprünglich sollte in dieser stilistisch verjüngten und verfeinerten Aufführung noch ein dritter Debütant auf dem Programmzettel stehen – Robert Merrill als Heerrufer. Aber der hat in guter Brooklyn-Tradition abgelehnt. »Schließlich war ich noch immer jede Woche der Star in der *Voice of Firestone*-Show mit einer Zuhörerschaft von rund zehn Millionen und konnte nicht an irgendwelchen Statistenrollen interessiert sein. Ich war immerhin schon sechsundzwanzig.«

Robert Merrill, Jahrgang 1919, ist in einem eigenen Schmelztiegelchen im riesigen Schmelztiegel New York »geläutert« worden. Sein Vater, Abe Millstein, wurde durch das Versehen eines Beamten der

Einwanderungsbehörde auf Ellis Island zu Abe Miller. Seine Mutter Lotza Balaban, Tochter eines Warschauer Schneiders, bekam den Vornamen Lillian. Er selbst wurde Morris genannt, hieß im Block aber Fatso. Die Mutter war bereits seit seiner Geburt wild entschlossen, aus ihm einen Opernsänger zu machen. Und was eine richtige jiddische Momme sich in den Kopf setzt . . .

»Was ich wollte, war Baseball spielen. Doch als ich Zeitungen verkaufen wollte, um Geld für einen Ball und Handschuhe zu beschaffen, sagte sie: ›Nein, so fangen Gangster an.‹« Er hat immer wiederkehrende Alpträume, daß die Jungs aus der Nachbarschaft ihm die Rücken zukehren und sich dreckig zublinzeln, wenn sie beim Baseball die Seiten auslosen. Denn Lillian zwingt ihn, sich wieder und wieder Carusoplatten anzuhören – und das bei offenem Fenster. Eine solche Musik aber ist nur was für *sissies*, für weibische Weichlinge.

Zum Fanatismus, mit dem seine Zukunft betrieben wird, gehört neben Caruso auch kräftiges Futter. »Iß, iß, mein Genie!« Mit zwölf ist er ein kleines Ungeheuer und trägt Hosen Größe sechsundfünfzig. Außerdem entwickelt er einen allergischen Heuschnupfen, obwohl in der Asphalt- und Betonwüste nicht einmal Unkraut richtig gedeiht. Und irgendwie schafft er es auch noch, in Momenten der Anspannung zu stottern. »Mommas Reaktion war typisch: ›Du schneidest dir noch die Kehle durch, nur um mich zu kränken. Schon gut, eine Mutter zu sein, bedeutet zu leiden.‹ Dabei war ich der Leidtragende. Ich war der stotternde Fatso, der die Sticheleien rund um den Block aushalten mußte.«

Allmählich freundet er sich jedoch mit den Gesangsstunden an. Denn er stellt fest: Wenn er singt, stottert er nicht. Und das ist die erste Stufe von der häßlichen Mastgans zum Schwan. Unter seinem ersten Pseudonym Merrill Miller gewinnt er Preise bei kleineren Wettbewerben, setzt sich im Radio durch und rasselt 1944 – bereits als Robert Merrill – beim Met-Wettbewerb durch, weil er bei »Largo al factotum« größenwahnsinnig Titta Ruffo zu kopieren versuchte.

Da kommt der Anruf eines Agenten, der Gigs vermittelt, nicht Einzelauftritte, sondern gleich ganze Opern. Er bietet ihm den Amonasro in einer *Aida*-Vorstellung in Newark, New Jersey, für

250 Dollar an. Es klingt, als ob ihn einer der Notenwarte des Radio City Orchestra verarschen will. »Was ist los?« sagt der Agent, »Sie haben die Chance, mit einem der größten Tenöre der Welt aufzutreten – mit Giovanni Martinelli. Er ist an der Met seit 1913.« Das war sechs Jahre vor Merrills Geburt. »Hö-hören Sie«, stottert er, »das ist m-meine erste Oper . . . er m-m-muß sechzig sein. Wie k-k-kann er Ai-Ai-Aida lieben, meine T-tochter? Ich bin fünfundzwanzig!« »Keine Sorge, wir haben einen tollen Maskenbildner.«

Mutter Lillian ist überzeugt, daß nun der nächste Schritt die Met ist. »Ein Mann wie Martinelli, eine Stimme vom Himmel! Du glaubst doch nicht, daß der mit irgendeinem Nebbich singt, den sie vor einem Dropsladen aufgabeln? O nein! Aber hab keine Angst vor ihm. Denk dran, er steht auf zwei Beinen, genauso wie du.« Vater Abe nimmt die Sache gelassener. »Ein Caruso ist er nicht – aber Caruso ist tot.«

Keiner aus der Familie hat sich jemals bis nach Newark gewagt. Mit einem Picknickkorb unternehmen sie die gefährliche Fahrt mit der Untergrundbahn durch den Tunnel unter dem Hudson (»sehr schlechte Luft für die Stimme«). Nach einer kurzen Probe wird Robert Merrill geschminkt und bekommt einen gekräuselten Bart sowie einen herunterhängenden Schnurrbart geklebt, der sofort zu jucken beginnt.

Endlich reiht er sich in das hintere Ende des nicht sehr langen Triumphzugs ein. Vor ihm wird Radames auf einem Podest von vier latschigen Statisten unterschiedlicher Größe getragen. Martinelli flucht aufs lebhafteste in englisch und italienisch, droht ihnen ewige Verdammnis an, wenn sie ihn fallen lassen. Merrill ist schockiert, daß die Leute auf der Opernbühne *sotto voce* miteinander plaudern. Bei Radiosendungen herrscht absolute Stille.

Nach kurzem Zögern erkennt ihn Aida als ihren Vater, und er umarmt sie inbrünstig. Als er einen Schritt zurücktritt, um mit seiner noblen Arie »Ma tu, Re, tu signore possente« anzuheben, hört er Gekicher. Der Schnurrbart hat sich, durch sein Kratzen gelokkert, auf Aidas Hals festgesetzt. Während Merrill singt, deutet er verzweifelt auf ihren Hals, doch er wird nur mit einem eisigen Blick der Verachtung gewürdigt für das, was sie für übles Schmierantentum hält. Endlich streift ihr Martinelli das Anklebsel ab, und Merrill endet in einer Applaussalve. Nach dem Ende der Vorstellung sagt Martinelli auf dem Weg zur Garderobe: »Nicht so schlecht für den Anfang, mein Junge. Du hast es.«

Der nächste Gig ist *Carmen* in Hartford, Connecticut, mit den Met-Stars Gladys Swarthout und Armand Tokatyan. Da viele Truppen mit *Carmen* auf die Dörfer gehen, sieht es im Kostümverleih schlecht aus mit einem Toreador-Kostüm – sehr schlecht sogar. Als Tokatyan den neuen Escamillo in der Garderobe in seiner Vogelscheuchen-Verkleidung erblickt, bricht er zusammen. »Es ist besser, daß Gladys Swarthout dich jetzt sieht. Wenn du aus heiterem Himmel auf die Bühne kommst, könnte sie der Schlag treffen.« Zumal ja behauptet wird, daß ihre Carmen nie den Country Club verlassen hat.

Merrill macht sich bang auf den Weg. »Ich klopfte vorsichtig an ihre Tür und hörte ein fröhliches ›Herein‹. Sie war eine Vision von Schlagsahne, verpackt in ein schillerndes Gewand aus einem Technicolorfilm, Schicht um Schicht aus vielfarbiger Spitze aufgetürmt.« »Die Chor-Garderobe ist einen Stock tiefer auf der linken Seite«, sagt die Vision freundlich. In der Vorstellung allerdings entfaltet sie dann die große Allüre, die ihr internationale Anerkennung verschafft hat. Sie umarmt ihn in seinen zusammengeflickten Sächelchen, als ob ihr Herz nur nach ihm begehrte.

So weit sind die Dinge also gediehen, als Merrill noch einmal den Met-Wettbewerb riskiert. Diesmal weiß er, daß er Robert Merrill und nicht Titta Ruffo ist. Für das Finale wählt er Jagos »Credo«. »Nach den ersten Takten wurde ich von einem mächtigen Strom der Freude vorwärtsgetrieben. Ich wußte, daß ich es geschafft hatte. Als ich fertig war, war mein erster Gedanke: Ich werfe die ganze Einrichtung weg und ziehe mit meiner Familie in ein Penthouse in der Nähe der Met, damit ich zu Fuß zur Arbeit gehen kann.«

Nach der Preisverleihung gibt es einen Empfang im Sherry's, dem Opernrestaurant. Martinelli umarmt ihn: »Roberto! Also werden wir wieder was zusammen machen, eh!« Gladys Swarthout meint augenzwinkernd: »Ich baue darauf, daß Sie Escamillos Kostüm verbrannt haben.«

Außer einem 1000-Dollar-Scheck der Sponsoren bekommt er einen Met-Vertrag mit 125 Dollar die Woche, für so viele Vorstellungen, wie das Management für richtig hält. Nach seiner Weigerung, »diesen komischen Heerrufer« zu singen, hält das Management überhaupt keine Vorstellung für richtig und ist offenbar fest entschlossen, ihn an der vollen Krippe verhungern zu lassen. Merrill streicht an einem sehr kalten Dezembertag um das Met-Gebäude, als Edward Johnson vorbeikommt und ihn auffordert, ihm in sein Büro zu folgen. Er würde nicht nachgeben, hämmert sich Merrill ein, niemals!

»Ich habe lang über Sie nachgedacht«, sagt Johnson. »Wir geben *Traviata*, und ich möchte, daß Sie den Germont singen.«

Merrill schluckt: »Ich schaffe es! Ich weiß, daß ich es schaffe!«

»Wir haben in der Rolle noch nie einen so jungen Sänger gehabt.«

»Sie haben doch einen ganz tollen Maskenbildner. Ich habe die Partie studiert. Ich bin reif dafür!«

»Also gut. *Traviata* ist für den 15. Dezember angesetzt – heute in einer Woche.«

»Oh, mein Gott!«

Bob Merrill ist überzeugt: Das ist eine dieser großen Fügungen, wie sie nur in der Oper vorkommen können. Richard Bonellis letzte Vorstellung im Frühjahr war Germont in *La Traviata*. Und nun wird er seine Karriere als Germont beginnen – nur acht Jahre, nachdem er bei seinem ersten Opernbesuch Bonelli hörte und nur noch einen Wunsch hatte – das einmal zu erreichen.

Vater Abe gleitet unter Zuckungen vom Stuhl, als er die Freudenbotschaft hört. Der Notarzt diagnostiziert eine Herzattacke. Im Hospital lösen sich allmählich die Krämpfe. Er öffnet die Augen: »Mach dir keine Sorgen ... die Oper ... ich werde dasein.« Nach einer Nacht und einem Tag der Angst stellt sich heraus, daß die Diagnose falsch war. Es war ein diabetischer Schock.

Jan Peerce soll den Alfredo singen. Doch er wird krank. Und Richard Tucker kommt früher als geplant zu seinem Rollendebüt. Er und Bob Merrill sind einander nie begegnet, bevor sie auf der Probe miteinander bekannt gemacht wurden. Aber sie haben so vieles gemeinsam. Auch Reuben Ticker hat einmal Faustball auf den Straßen gespielt, später dann Football auf der New Utrecht High School. Und beide hatten sie irgendwann davon geträumt, bei den

Baseball-Kämpfen in der Nachbarschaft die Stars des ganzen Viertels zu werden. Und Tucker ist nur fünf Jahre älter.

Unmittelbar vor dem Vorspiel spürt ihn Tucker in der Kulisse auf und schlägt ihm auf die Schulter. »Zum Teufel, Bob – laß es uns für den Block tun!« Und Merrill fühlt sich geborgen. Am Ende, zwischen einem der vielen Schlußvorhänge, fragt er ganz aufgeregt: »Zum Teufel, Ruby, war ich *so* gut?« »Verbeug dich noch mal«, sagt Tucker und gibt ihm einen Klaps auf den Rücken, »sie können nicht alle aus Brooklyn sein – ich glaube fast, sie meinen es so.«

Bleibt nach all diesen wundersamen, märchenhaften und wie für tränentreibende Hollywoodfilme ersonnenen Debüts das wundersamste, märchenhafteste und unglaublichste nachzutragen, das erst später für die Oper Früchte tragen wird – das Debüt des 25jährigen Leonard Bernstein als Dirigent der New Yorker Philharmoniker am 14. November 1943.

Der Weg dahin war nur auf den ersten Blick einfach. Serge Koussevitzky, dessen Dirigierkurse in Tanglewood Bernstein belegt, empfiehlt seinen Lieblingsschüler an Artur Rodzinski, der mit Beginn der Saison 1943/44 die New Yorker Philharmoniker übernimmt und einen Zweiten Dirigenten sucht. Doch Koussevitzkys Wort mußte erst in Gottes Ohr gelangen. Denn Rodzinski ist seit kurzem Anhänger des von Frank Buchman gegründeten Oxford Movement, einer religiösen Bewegung, in der man dreimal am Tag mit Gott spricht und der »stillen kleinen Stimme« lauscht. Und die hat vernehmlich gesprochen, wie Rodzinski dem verblüfften Leonard Bernstein erklärt: »Ich habe mir alle Dirigenten durch den Kopf gehen lassen, von denen ich weiß, und schließlich habe ich Gott gefragt, wen ich nehmen soll, und Gott sagte: Nimm Bernstein.«

Nun ist die Stelle des Zweiten Dirigenten, wie der Assistentenposten würdig umschrieben wird, nichts, womit man Gott versuchen sollte. Und daß einer in diesem Job zum Dirigieren eines richtigen, echten Konzerts kam, ist noch nie vorgekommen. Trotzdem muß Rodzinski hart kämpfen, um Bernstein durchzuboxen. Denn ein junger Dirigent amerikanischer Herkunft ist eine der chancenlosesten Kreaturen auf Gottes ureigenem Erdboden.

Große Dirigenten haben nach amerikanischen Vorstellungen aus Europa zu stammen und würdige ältere Herren zu sein, sonst sind sie fragwürdig. Als Dimitri Mitropoulos mit dem Boston Symphony Orchestra 1936 sein US-Debüt gab, war er einundvierzig, aber die Presse kaprizierte sich auf seine »extreme Jugend«. Und nun dieser 25jährige, in einem hauptsächlich von Armen bewohnten Vorort von Boston geboren, auch noch Jude und nicht einmal zum Christentum konvertiert. Es ist schon eine Art Wunder, daß Lennie Bernstein schließlich als besserer Laufbursche akzeptiert wird.

Am 13. November 1943 gibt die aus St. Petersburg stammende Jennie Tourel ihr New Yorker Debüt als Liedersängerin in der Town Hall. Im Jahr zuvor sang sie unter Toscanini ihr erstes amerikanisches Konzert in *Romeo und Julia* von Berlioz und gilt nach Auftritten an der Pariser Oper als bedeutende Interpretin der Carmen. Die pikante 43jährige hat auf den mit überwältigendem Charme begabten Lennie mehr als ein Auge geworfen und bringt in ihrem seriösen Programm deshalb seinen jazzigen Zyklus »I Hate Music«, am Flügel begleitet vom Komponisten. Eine Mutprobe vor konservativ-anspruchsvollem Publikum, aber auch ein Grund, die Eltern Bernstein und den jüngeren Bruder Burton aus Sharon anreisen zu lassen, wo Vater Sam eine Kosmetikfirma betreibt und sich nichts sehnlicher wünscht, als daß der Älteste sich endlich auf die Gediegenheit von Cremetöpfen und Trockenhauben besinnt und mit der brotlosen Musik aufhört.

Leonard Bernsteins neuer Rang macht sich indes bezahlt. Das Publikum jubelt und stampft, daß der Zweite Dirigent der Philharmoniker so etwas aus den Fingern schnipst, und er muß sich sogar verbeugen. Anschließend gibt es eine Party bei der Künstlerin, und Lennie genießt in vollen Zügen: »Ich saß am Klavier und trank und sang Blues, und so feierten wir wie die Wilden bis zum frühen Morgen weiter. Ich war gerade zu Bett gegangen, als das Telefon schrillte und mir den Schädel schier zerspringen ließ.«

Es ist nichts weiter, als daß er für Bruno Walter, der mit Grippe darniederliegt, die Sonntagsmatinee um 3 Uhr nachmittag in der Carnegie Hall übernehmen muß, denn auch Rodzinski kann wegen des hohen Schnees vor seinem Haus in Stockbridge nicht rechtzeitig da sein. Für eine Probe ist ebenfalls keine Zeit mehr.

»Außer von Gott will ich mir von niemandem helfen lassen«: Leonard Bernstein nach seinem Debüt mit den New Yorker Philharmonikern am 14. November 1943 mit seinen Eltern

Nun in der Reihenfolge:

Bernstein sucht den in Decken gehüllten Bruno Walter auf, der ihm vor allem die schwierigen Passagen des *Don Quixote* von Richard Strauss ans Herz legt – da braucht die Klarinette einen zusätzlichen Auftakt, dort muß der Tuba ein Extra-Einsatz gegeben werden. Bernstein erinnert sich, daß er noch so verkatert war, daß er kaum verstanden hat, was Walter ihm an Tips mitgab.

Bernstein geht in den Drugstore, in dem er morgens immer Kaffee trinkt. Der Apotheker, über das bevorstehende gravierende Ereignis aufgeklärt, drückt ihm zwei Pillen in die Hand, ein Sedativum und ein Aufputschmittel, und gibt ihm den Rat, sie erst kurz vor dem Auftritt einzunehmen.

Bernstein geht im Central Park spazieren.

Bernstein ruft seine Eltern kurz vor ihrer Abreise im Hotel an und teilt ihnen mit, daß sie noch eine Nacht bleiben müssen und daß drei Karten in der Dirigentenloge in der Carnegie Hall für sie bereits hinterlegt sind. »Oy, Gewalt!« sagen die Eltern fast unisono und halten sich den Kopf, als ob sie verhindern wollten, daß er platzt.

Bernstein steht in der Kulisse, hört, wie das Publikum bei der Mitteilung des bedauerlichen Dirigentenwechsels aufstöhnt, und beschließt, die Pillen nicht zu nehmen. »Außer von Gott will ich mir von niemandem helfen lassen.«

Bernstein spaziert aufs Podium (Burton Bernstein: »Er trug einen grauen Anzug und sah viel weniger elegant aus als die Orchestermitglieder«), gibt den komplizierten Einsatz zur *Manfred*-Ouvertüre von Robert Schumann, merkt, daß die Musiker »wie die Engel einsetzen«. Danach verschwimmt alles wie im Nebel.

Das nächste, woran er sich erinnert, ist der folgende Morgen, an dem er feststellt, daß er ein Tabu abgeschafft hat: »Ich nahm die *New York Times* in die Hand und fand mich auf der ersten Seite. Ich konnte es nicht glauben ... Plötzlich war ich berühmt, noch dazu in ganz Amerika, da das Konzert im Rundfunk übertragen worden war. Da fing es an. So einfach war das.«

Sam Bernstein aber hat bereits nach dem Unisono-Beifallsschrei am Ende des *Meistersinger*-Vorspiels seine Sprache wiedergefunden. »Ich bin so stolz auf ihn«, sagt er der Presse. »Gerade neulich sagte ich zu Lennie: ›Wenn du doch einmal den *Don Quixote* dirigieren könntest!‹ Und er antwortete: ›Papa, darauf wirst du zehn Jahre warten müssen.‹« Ein taffes Statement, denn bis zu diesem Nachmittag hat der alte Sam noch nie etwas von diesem *Don Quixote* gehört. Aber er kann eben nicht nur Haarlocken, sondern auch Reporter um die Finger wickeln.

TOSCANINIS VERMÄCHTNIS

»Man muß nicht sehen, man muß hören können« – Der Maestro klopft Vater Germont die Synkopen auf die Hirnschale – Ramon Vinay lernt Otellos Toben vom Dirigenten – Live-Aufnahmen als »eine Art Aufklärung für die Jungen«

Opernhäuser mit Tradition haben ihre Gespenster. Das Phantom der Pariser Oper lauert in den unterirdischen Labyrinthen, das der Met, ehrfürchtig erschauernd *The Old Man* genannt, lastet überlebensgroß über der ganzen Stadt. Arturo Toscanini beherrscht als Orchesterdirigent und Dirigent konzertanter Opernaufführungen entscheidend das New Yorker Musikgeschehen bis in die fünfziger Jahre. Von der Met redet er nur als »that place«, ausgesprochen mit scharfem Zischen. Dennoch hängt er Samstagnachmittag für Samstagnachmittag am Radiogerät und hört sich die Übertragungen an.

Als Gatti-Casazza ihn 1908 von der Mailänder Scala mitbrachte, brach für sieben Spielzeiten das Goldene Zeitalter an. Doch 1915 schied Toscanini in heiligem Zorn über die »Probenbedingungen und die Knauserei der Geschäftsführung«. Manche atmeten auf, fürchteten sie doch nichts mehr als »seine schreckliche Reizbarkeit und seine Gewohnheit, während der Proben die Künstler, den Chor und das Orchester fortgesetzt zu beschimpfen und keine Gelegenheit auszulassen, dem armen Gatti-Casazza Beleidigungen an den Kopf zu werfen, wo immer er ihm begegnete, ob auf der Bühne oder in den Kulissen – das Ergebnis war, daß am Ende der Spielzeit die Hälfte des Ensembles vor einem Nervenzusammenbruch stand.«

Eigentlicher Auslöser aber waren offenbar die aktuellen Folgen seiner sexuellen Bravour. Geraldine Farrar, regierende Primadonna der Met und besonders umjubelt als Gänsemagd in Humperdincks *Königskinder*, wo sie eine Herde lebender Gänse vor sich hertrieb, war aus ihrer Berliner Zeit durch die Zuneigung des Kronprinzen verwöhnt. Nun forderte sie ultimativ als Beweis von Toscaninis Liebe die Trennung von seiner Familie. Für ihn ein unerträglicher Gedanke – aber ebenso unerträglich war die Aussicht, sie tagtäglich in einer reinen Arbeitsbeziehung wiedersehen zu müssen. Er floh aus New York. Selbst die größten Überredungskünste haben ihn auch später nicht mehr für die Met zurückgewinnen können.

Referenzen für seine meisterliche Ausübung der *ars amatoria* werden ihm bis ins hohe Alter zuteil. Selbst die schauerlichsten seiner Verwünschungen kreisen um diese Obsession. Als ihn seine Musiker wieder einmal in den Wahnsinn treiben, speit er ihnen entgegen: »Wir alle müssen sterben! Und ich werde als Puffbesitzer wiedergeboren werden, mit einem Puff, in dem es die schönsten Frauen der Welt gibt. Und von euch lasse ich keinen einzigen herein!«

Toscaninis Autorität ist so gewaltig, daß neue Orchestermitglieder ihren Kindern sein finsteres Bild auf den Aushängeschildern der Carnegie Hall zeigen und sie warnen: wenn sie nicht artig wären, würde Toscanini kommen und sie holen. Der finstere Blick kommt wohl von seiner extremen Kurzsichtigkeit. Weil er aus Eitelkeit keine Brille trägt, mußte er sich bereits in der Jugend besondere Fertigkeiten wie das Auswendiglernen der Partituren aneignen, um die Schwäche auszugleichen.

Rudolf Bockelmann erinnert sich an eine *Tristan*-Probe 1930 in Bayreuth, wo er als Kurwenal im 1. Akt weit hinten auf der Bühne stand: »Als Toscanini das Tempo meines ›Spottliedes‹ auf Isolde moniert hatte, das ihm rhythmisch nicht exakt genug war, ging ich in der Pause zu ihm und machte ihn auf meine Kurzsichtigkeit aufmerksam, in der Meinung, gerade er würde diese meine Schwäche gut verstehen. Toscanini sagte sehr freundlich: ›My dear Kurwenal, you must not see! You must think and hear, so do I!‹«

Und in der Tat benutzt er seine Ohren auch, um das zu sehen, was er sehen muß. Wenn einer falsch spielt, und sei es auf dem hintersten Platz der Mittelsektion, deutet Toscanini immer auf den Richtigen, obwohl er ihn unmöglich mit den Augen ausgemacht haben kann.

Unerbittlich ist er aber auch gegenüber sich selbst. Robert Merrill geht einmal nach einer Probe an seinem kleinen Büro vorbei, hört durch die angelehnte Tür die Flüche des Maestro und wagt einen Blick durch den offenen Spalt. Toscanini sitzt am Klavier, spielt eine Passage durch, während das Metronom tickt, und schreit: »Idiot! Schwein!« Das Metronom zeigt ihm an, daß er in einem falschen Tempo probiert hat.

Zur Würde der Kunst gehört auch die Würde des Auftritts. Nach den letzten Ermahnungen vor dem Konzert, wenn die Mannschaft sein Büro verlassen hat, springt er immer wieder auf das Sofa – damit es elegant aussieht, wenn er gleich auf das Podium federt.

Aber da oben, so beschreibt es Jan Peerce, ist er ein anderer Mensch: »Er war ein Schauspieler, das auch, aber er drückte nur das aus, was er wirklich empfand. Als wir die Rundfunkübertragung von *La Bohème* machten, strömten Tränen über sein Gesicht. Das war kein Theater. Niemand sah sie, nur wir Sänger.«

Diese Empfindsamkeit steht in krassem Widerspruch zu der Geschichte, die in der NBC kursiert: Als er sich für die Versicherung einer Herzuntersuchung unterziehen mußte und ihm anschließend mitgeteilt wurde, daß sich sein Herz in tadellosem Zustand befinde, schnaubte er: »Warum auch nicht? Es ist nie benutzt worden.«

Alles, was er tut, geschieht indes aus übervollem Herzen. Sein Vater war einer von Garibaldis Soldaten. Das verpflichtet. Als Antifaschist brach er blutenden Herzens mit Italien, als Antinazi dirigierte er 1933 nicht mehr in Bayreuth – nicht minder blutenden Herzens. Und 1938, nach dem »Anschluß« Österreichs, gab er Salzburg auf. Patriotismus und feurige Freiheitsliebe bestimmen ihn 1943 sogar, Verdi zum Komponisten der *amerikanischen Nationalhymne* zu machen.

Da gibt es den *Inno delle Nationi*, die Hymne der Völker, eine Kantate, die Verdi 1862 für die Londoner Weltausstellung komponierte – auf einen Text des 20jährigen Arrigo Boito, mit dem er ein Vierteljahrhundert später *Otello* schuf. Im Schlußteil verwob er *God save the Queen*, die Marseillaise und die Hymne des erst halb befreiten Italien in beethovenhaften Aufschwüngen. Es war kein großer Erfolg, denn schließlich war der Anlaß eine Weltausstellung, und Verdis Kuß galt ganz eindeutig nicht der ganzen Welt, lediglich irrtümlich den Franzosen, die sich bald darauf wieder an Rom vergriffen, und schon gar nicht den österreichischen Unterdrückern.

Toscanini hat den *Inno* das letztemal 1915 dirigiert, als Italien aus dem Dreibund ausgetreten war und Österreich den Krieg erklärt hatte. Nach der Landung der Briten und Amerikaner in Sizilien im Juni 1943 scheint ihm die Zeit wieder gekommen. Das Ende für die verhaßte Faschisten-Hymne *Giovinezza* zeichnet sich ab, das alte patriotische Lied wird seinen Platz wieder erhalten. Doch mit großer pathetischer Kraft ändert er Boitos Worte über das herrliche Vaterland Italien in »Italia, patria mia tradita – mein verratenes Vaterland« und sorgt dafür, daß Jan Peerce auch begreift und mit Nachdruck interpretiert, was er da singt.

Das Studio-Konzert, das von der NBC übertragen und mitgefilmt wird, beginnt mit der Ouvertüre zu *La Forza del Destino* und wild vorwärtsgejagten Schicksalschlägen des Orchesters. Während des Konzerts – so jedenfalls überliefert es Jan Peerce – kommt die Meldung über den Sturz Mussolinis über den Äther. Nun greift Toscaninis allumfassendes Pathos total und jagt einem noch beim späten Betrachten seines funkensprühenden Berührtseins Schauer über den Rücken.

Selbst die musikalischen Hinzufügungen, von deren Existenz Verdi ja noch nichts ahnen konnte, folgen naht- und bruchlos dem Verdischen Opus. Hymnen sind einander im Charakter ja ähnlich und meist mitreißend. Nur die Anlässe, bei denen sie gespielt werden, sind oft genug katastrophal. Dieser Augenblick aber ist ekstatisch, ohne schwitzig zu sein. Als ob es von Verdi ersonnen wäre, schmettert der 200köpfige Westminster College Choir das *Star-Spangled Banner*. Die Orchestermusiker erheben sich und absolvieren das Finale der Apotheose im Stehen.

Der 30minütige Film über das Konzert, »das die Erde zum Beben brachte«, wird vom State Department in seinem Informationsprogramm in fünfzig Ländern rund um den Erdball gezeigt.

Doch Toscaninis sieghafte Euphorie äußert sich nur im musikalischen Erleben. Politisch und menschlich bleibt es beim »patria mia tradita«. Daß am Tag nach dem Sturz Mussolinis die Mailänder Scala mit Plakaten beklebt ist: »Ritorna, Toscanini!« ist nur ein Tropfen Balsam, dessen Einnahme er verweigert.

Im Grunde bleibt er in seinem Inneren ein Vertriebener, seine Bilanz ist resignierende Härte: »Im Lauf meiner Karriere habe ich Kummer und schwere Enttäuschungen auch von Menschen hinnehmen müssen, die mir teuer waren und auf deren Zuneigung und Loyalität ich geschworen hätte. Ich habe verziehen, um in Frieden mit mir zu sein und mich an ihrem Haß nicht anzustecken. Aber ich wollte sie nicht mehr um mich sehen. Ich habe sie für immer aus meinem Leben ausgeschlossen, auch wenn der eine oder andere als reuiger Sünder gekommen ist, mit Asche auf seinem Haupt . . .«

Toscaninis einzige wirkliche Heimat im Alter ist das NBC-Orchestra, mit dem er seit 1938 musiziert und mit dem Aufnahmen entstehen, die bis in unsere Zeit ihren prägenden Einfluß nicht verloren haben.

Harold C. Schonberg stellt 1967 in seinem Buch *Die großen Dirigenten* fest: ». . . daß Toscanini, der keine eigentlichen Schüler und wenige Protegés hatte – sein hoffnungsvollster, Guido Cantelli, starb mit 36 Jahren bei einem Flugzeugunglück –, den größten Einfluß auf die Dirigierkunst seiner Zeit ausübte und entscheidend dazu beitrug, daß sich eine von allen Musikern adoptierte Art von Werktreue herauskristallisierte . . . Fast alle jungen Dirigenten versuchten ihn nachzuahmen, verzichteten vor dem Publikum auf die Partitur, bemühten sich, Toscaninis Art von linearer Unabhängigkeit zu erreichen, notengetreu zu dirigieren, Romantizismen zu vermeiden. Die Welt schien voll von kleinen Toscaninis, die sich alle vergeblich mühten, das Unmögliche zu schaffen. Oft wurde auf diese Weise Werktreue ad absurdum geführt; es gab Bewegung ohne Phantasie; Musik, bei der die Technik wichtiger war als der überspringende Funke . . . sein Einfluß bleibt kräftig zu spüren.« Und die Muti sprechen bis heute beredt seine Sprache.

Toscanini, der eherne Hüter des Willens der Komponisten – in seinem Altersstil ist davon wenig zu finden, um so mehr Willkür und Veruntreuung des Notentextes. Signifikant ist die Methode, mit der er 1946 bei *La Traviata* Robert Merrill die Synkopen von »Siate l'angiol consolator« im Duett mit Violetta eintrichtert. Er gibt ihm das korrekte *timing*, indem er mit dem Taktstock auf seine

Hirnschale klopft. »Wann immer ich nachher den Germont sang, spürte ich Toscaninis übernatürliche Hand auf mir.«

Und das ist nicht die einzige Stelle, die so klingt. Im Grunde ist die ganze Interpretation gleichsam auf die Hirnschalen geklopft. Toscanini hält sich an kaum eine von Verdis dynamischen und agogischen Vorschriften, beachtet schon im Vorspiel zum 1. Akt kein *ppp* und kein *allargando*. Die Lautstärke der Sänger bewegt sich zwischen *mezzoforte* und *forte*. Noch absurder: das dem *buon canto* verbundene *melodramma* des mittleren Verdi wird durch Licia Albanese zur veristischen Fallstudie. Ihre Violetta befindet sich in einem fortwährenden Paroxysmus, als ob sie unter schwersten Aufputschmitteln stünde (was – im Namen der Naturtreue – in der von Violetta ausgeübten Profession ja üblich sein soll).

Wie erklärt sich dieser Widerspruch zwischen Legende und »Beweismaterial«? Theodor W. Adorno macht es sich soziologisch leicht. Für ihn ist Toscanini »die Apotheose, die äußerste Vervollkommnung eines im Grunde vorgeistigen, ja vorkünstlerischen Typus: der Theaterdirigent, der einmal im Kampf mit der Maschine nicht ermüdet und unterliegt, sondern sie sich zu Willen macht, um den Preis, ihr selber dabei ähnlich zu werden.«

Toscanini ist zur Zeit der *Traviata*-Aufnahme neunundsiebzig. Etwas mehr als vierzig Jahre später wird sich bei Herbert von Karajan ein ähnliches Problem einstellen – zumindest, was sein starrsinniges Faible für Stimmen betrifft, die auch bescheidenen Ansprüchen nicht mehr genügen. Nun wäre es denkbar, daß Karajan und vor ihm Toscanini in ihrem abgehobenen Bewußtseinsstand in diese Stimmen etwas ganz unirdisch Aufregendes und Schlüssiges hineingehört haben, das sich unseren diesseitigen Ohren mit ihren bescheidenen Wahrnehmungsmöglichkeiten verschließt.

Davon unbeschadet bleibt die Summe der Erfahrung eines langen Musikerlebens, die der treue Paladin Giuseppe Valdengo seit dem *Otello* von 1947 aufgezeichnet hat. Da ist die Geschichte von der Mailänder Uraufführung 1887, die wegen ein paar Takten beinahe durchgefallen wäre. Die Sängerin der Emilia, eine gute *Comprimaria*, war im letzten Akt mit den hohen Gs in der Phrase »Otello ucise Desdemona« überfordert. Ein dramatischer Moment – das

Publikum begann bereits mißbilligend zu murmeln. Arrigo Boito, der Librettist und selbst effektsicherer Komponist, bekannte, daß er in seinem Leben noch nie einen solchen Schrecken erlebt habe. Keiner, auch Verdi nicht, hatte daran gedacht, diese Emilia auszuwechseln, die beinahe die Ursache eines Mißerfolgs war. Toscaninis Emilia ist Nan Merriman. Und sie singt die Entsetzensbotschaft so, daß sie durch Mark und Bein geht.

In wochenlangen Einzelproben formt Toscanini Valdengos Jago, einen Jago, der nicht aus der *scuola del muggito*, aus der Schule des Brüllens, kommt. Keinen Brunnenvergifter, sondern einen spitzfindigen Dialektiker. »Wann arbeiten wir am ›Credo?‹ fragt Valdengo einmal schüchtern an.

»Es sind die Rezitative, auf die es ankommt«, weist ihn der Maestro zurecht, »besonders in den Verdi-Opern. Eine Arie können mehr oder weniger alle singen, aber in den Rezitativen stolpern die Esel. Sing mir das Rezitativ aus *Forza del Destino*: ›Invano Alvaro ti celasti al mondo‹, und ich werde dir sofort sagen, wie du die Rolle singst.« (Die Beherrschung des Rezitativs wird auch eines von Callas' Geheimnissen werden.)

Auch bühnenpraktische Tricks gibt er weiter: »Das ›Credo‹ mußt du immer zu deiner Rechten auf der Seite der Geigen beenden. Hör nicht auf die Regisseure, denn von solchen Sachen haben sie natürlich keine Ahnung. Nur so kommst du mit der Stimme über das Fortissimo des Orchesters.«

Doch auch durch Massaker erreicht Toscanini manche rollendeckenden Interpretationen. Zu einer Ensemble-Probe des 1. Akts kann Valdengo erst zwei Stunden später kommen. Gewiß, daß Toscaninis Sohn Walter die Verzögerung weitergegeben hat, begrüßt er lächelnd den Maestro. Als Erwiderung zieht der eine häßliche Grimasse, begleitet von einer Art Grunzen.

»Ich schaute mir die Mienen der anderen an. Moscona war blaß und sein Gesichtszucken heftiger als sonst. Assandri war rot im Gesicht wie ein Hummer aus Maine. Die Nelli stand mit geneigtem Kopf und betrachtete die Spitzen ihrer Schuhe, während Ramon Vinays gigantischer Körper starr und versteinert an einen Zyklopen denken ließ. Die anderen, alle Amerikaner, schienen sich die Sache nicht so zu Herzen zu nehmen, weil sie den Maestro nicht verstanden, der seine Wut im parmensischen Dialekt auszutoben pflegte.«

»Was für eine Schande! Was für eine Schande! Noch einmal!«, hadert Toscanini mit seinen Sängern: »Nein, nein, so geht das nicht, ihr singt falsch ...« Nach dem soundsovielten »Nein!« schweigt er. Eisige Stille. Alle scheinen zu Salzsäulen erstarrt zu sein. Toscanini, in einen Parkettsitz gesunken, den Daumen der rechten Hand gegen die Nasenflügel gepreßt, starrt kurzsichtig ins Leere. »Jago, kommen Sie nach vorne«, befiehlt er nach endlosen Minuten.

»Ich begriff, daß der Augenblick jetzt auch für mich gekommen war. Der Maestro hatte Trucco vom Klavier aufstehen lassen und sich selbst hingesetzt. Er schlug die letzten Takte des Chors an: ›Vorbei das Ungewitter‹. Ich war mir meiner Sache sicher und setzte prompt ein: ›Roderigo, ebben, che pensi? – Rodrigo, sag, was denkst du?‹ Ich hatte die kurze Phrase kaum beendet, als Toscanini wie eine Furie die Partitur des *Otello* in der Luft zerriß, und brüllte: ›Was ich denke? Ich denke, daß du ein streunender Hund bist, ein Gewissenloser.‹ Und wie von einem Dämon befallen, fuhr er fort, vor allen auf mich loszugehen. Er war außer sich. ›Ich habe geglaubt, daß du ein guter Junge bist, ein ernster Arbeiter, aber in Wirklichkeit bist du wie alle anderen.‹ ... Ich stand da, unbeweglich, vernichtet, mit gespannten Kinnladen, gewärtig, daß mir der rasende Maestro einen Kinnhaken verpassen würde. So hatte ich ihn noch nie erlebt. Er machte mir echt angst.«

Die anderen haben sich bereits alle in die Nähe des Ausgangs geflüchtet, für den Fall, daß der Sturm größere Ausmaße annehmen würde. Aber es folgt nur eine Reihe neuer wüster Beleidigungen, auf deren Höhepunkt Toscanini wie ein Berserker alle aus dem Saal treibt. »Weißt du, Valdengo«, sagt Vinay nachher in seiner gutmütigen Art, »jetzt weiß ich, wie ich am Ende des dritten Akts mein ›Tutti fuggite Otello!‹ anlegen muß.«

Vinay hat die Lektion offenbar zu gut gelernt. Valdengo singt noch oft mit ihm *Otello*. »Wenn er sich im zweiten Akt auf mich stürzte, machte er mir wirklich angst. Einmal bei einer Bühnenprobe hob mich dieser Gigant wie einen Halm hoch und schleuderte mich von sich. Ich hatte einen Monat lang blaue Flecken.«

Der Chilene Ramon Vinay, geboren 1912, ist ursprünglich Bariton und sattelt erst 1943 auf Tenor um. Keine zu saloppe Bezeichnung für seine imponierend rüde Art des Singens, die ihm allerdings (verbunden mit einem gargantuesken Sexualleben) bereits im besten Heldentenor-Alter den Garaus macht. Er ist *der* Otello seiner Epoche, auch für Fritz Busch und Furtwängler. Toscanini, der auch ein *tifoso* von Ring- und Boxkämpfen ist, vergöttert ihn: »Er ist ein vollendeter Künstler, wirklich grandios und unübertrefflich in den Rollen, in denen die Kraft und die Gewalttätigkeit triumphiert. Zur Zeit kann sich kein Künstler mit ihm in der Gestaltung des Otello messen.«

1949 glaubt Toscanini, sich bei *Aida* einen weiteren Herzenswunsch erfüllen zu können. »Seit Jahren sehne ich mich danach, eine Oper zu dirigieren, in der Jussi Björling der Tenor ist. Er singt nicht nur vorbildlich *sul fiato,* er hat auch eine perfekte Emission.«

Björling formuliert das plastisch so: »Wenn ich in guter Verfassung bin, scheint die Stimme überhaupt nicht in meinem Körper zu sein – sie schwebt in der Luft – ungefähr dreißig Zentimeter vor mir.«

Doch seine Verfassung wird immer labiler. Er wird von Ängsten gefoltert, die er im Schutz der Bühne noch überwinden kann. Doch Konzertpodium und Plattenstudio sind immer unüberwindlichere Barrieren. Die berühmten Duett-Aufnahmen mit Robert Merrill entstehen nach wahren Straßenkämpfen, bis die Phobie des bloßen Betretens des Studios endlich besiegt ist.

Für ihn übernimmt Richard Tucker, der die Partie – vorsichtig, weil er seinen lyrischen Schmelz nicht gefährden will – nur für Toscanini einstudiert und noch fünfzehn Jahre warten wird, bis er sie auf der Bühne singt. Toscanini ist hoch zufrieden. »Dieser Tucker hat eine gesunde Stimme, und dann ist sein Italienisch wie bei Peerce wirklich perfekt.« Hoch lebe Brooklyn und seine Akzente!

Tucker versucht den Schluß von »Celeste Aida«, wie notiert, *pianissimo* zu singen. Da kommt Toscaninis echte Überraschung: »Welcher Tenor singt so eine hohe Note *morendo*? Das ist nicht, was Verdi will!« In den *Carteggi verdiani* hat er einen Brief gefunden, der auf die Beschwerden des ersten Radames, Giuseppe Capponi, eingeht.

»Ich begreife«, schreibt Verdi, »daß es Schwierigkeiten bringt, das B zu lassen, wie es geschrieben ist. Ich habe meinerseits versucht, das zu reparieren, indem ich für Capponi drei Noten hinzugefügt habe.« Die drei Noten sind eine Wiederholung der letzten Phrase »Vicino al sol« auf dem B eine Oktave tiefer, so daß die dynamische Vorschrift mühelos ausgeführt werden kann.

»Ich weiß nicht, warum Ricordi das in der gedruckten Ausgabe nicht verändert hat«, sagt Toscanini.

Wohl, weil es spannender ist zu verfolgen, ob der Tenor die hohe Note trifft und hält, möglicherweise sogar mit einer *messa di voce*, einem An- und Abschwellen des Tons. Und darum gibt es bis in die jüngste Zeit Verdis Alternativvorschlag nur bei Toscanini zu hören. Und jedem Radames bleibt die Angst des Tenors vor den ersten zehn Minuten. Erst Placido Domingo leistet sich die Variante in der *opening night* der Met-Saison 1989/90. Und siehe da, die *aficionados* brechen nicht in ein Geheul der Enttäuschung aus.

Bei den Proben zu *Aida* gibt es keine *Otello*-Stürme. Toscanini zeigt sich launig. Als Valdengo im Nilakt, zwischen Aida und Radames tretend, bei »D'Aida il padre e degli Etiopi il Re!« das hohe E mit Stentorstimme ansetzt und zu lange aushält, bricht Toscanini ab: »Wenn die Äthiopier einen solchen Kulissenreißerkönig wie dich gehabt hätten, hätten sie sich zu Tode erschreckt und wären alle geflohen, und du wärst allein geblieben und hättest den König spielen können.«

Und nach der ersten Orchesterprobe sagt er zu Tucker und Eva Gustavson, der Amneris: »Ihr werdet jetzt einige Tage nichts mehr essen, denn ihr habt mir eben so viele Konsonanten verschluckt, daß ihr davon – dezent ausgedrückt – fürchterliche Leibschmerzen bekommen werdet.«

Aida wird am 26. März und am 2. April 1949 im Fernsehen übertragen – historische Daten. Die NBC schätzt, daß vor den 3,2 Millionen Fernsehgeräten, die es bereits in den USA gibt, mindestens zehn Millionen Zuschauer die Sendung verfolgen. Als Toscanini entdeckt, daß die Sänger televisionsgerechte Schminke verpaßt kriegen, schimpft er: »Was, diese Schweinerei schmiert ihr euch ins Gesicht? Die sind verrückt, wenn sie glauben, daß ich mir das gefallen lasse!« Er macht sich aus dem Staub und erklärt sich erst bereit, auf dem Bildschirm zu erscheinen, als die Drohung des Geschminktwerdens von ihm genommen wird.

Valdengo hat schreckliches Lampenfieber. Toscanini öffnet ihm ein einziges Mal seine Seele: »Schau dir diesen Alten vor dir an. Mehr als sechzig Jahre hat er schon Angst ... aber er hält sie eifersüchtig verborgen. Was würde geschehen, wenn das Orchester draufkäme, daß ich Angst habe? Weißt du, wie ich mich gegen die Angst verteidige? Ich werde unleidlich ... und, glaub mir, ich muß mich dafür anstrengen ... Keiner in dieser Masse Menschen, die kommen, um mich zu hören, würde glauben, daß man nach so vielen Jahren noch Angst vor der Konfrontation mit dem Publikum haben kann ... jedoch – je weiter du vorwärts kommst, je mehr du dir einen Namen machst, je mehr dieser Name überall bekannt ist, um so größer wird die Angst.«

Mehr als sechzig Jahre. Angefangen hat es, ebenfalls mit *Aida*, am 25. Juni 1886 im Teatro Imperial in Rio de Janeiro. Vor vollem Haus weigerte sich der Maestro Leopoldo Miguez zu dirigieren – die bedrohliche Unruhe des Publikums, das für und gegen ihn votierte, war ihm nicht geheuer. Man versuchte es mit einem Ersatzmann, der im allgemeinen Tumult gleichfalls das Podium quittieren mußte. Als letzter Einspringer suchte der Chordirektor das Weite.

Die Vorstellung schien zu platzen, als gegen das tosende Gejohle des Publikums eine Stimme im Orchester ankämpfte: »Toscanini kennt *Aida* auswendig, Toscanini soll dirigieren!« Die ganze Compagnie stimmte in den Ruf ein. Der Cellist Toscanini, der während der langen Überfahrt mit den Sängern ihre Partien am Klavier korrepetiert hatte, wurde trotz seines Widerstrebens bis zum Pult vorwärtsgestoßen. Das Publikum beruhigte sich, neugierig und auch verblüfft, als es den schmächtigen Neunzehnjährigen auf das Podium klettern sah. Noch größere Verblüffung, als er die Partitur, die vor ihm lag, zuklappte, mit großer Entschiedenheit den Einsatz zum Vorspiel gab und mit dem deutlichen Schlag und der klaren Zeichengebung eines erfahrenen Orchesterleiters den Abend exekutierte. Es war ein Triumph.

Die Magie seiner Stabführung in der Aufzeichnung der Fernsehübertragung von 1949 überwältigt auch heute. Wie er die Wogen teilt (auch ohne Fernsehschminke mit gemeißelter Miene), ist von einer frühen Kameratechnik, die noch nichts von Henri Clouzot und seiner Bilddramaturgie zum höheren Preis des Magiers Karajan wußte, in aller Unschuld und um so eindrucksvoller eingefangen worden. Der Perfektionismus des audiovisuellen Zeitalters hat es schwer gegen ein solches Monument.

Das dritte von Toscaninis *capolavori* nach *Otello* und *Aida* ist 1950 *Falstaff* und beginnt mit einer Peinlichkeit. Leonard Warren hat 1944 im Madison Square Garden unter Toscanini den 4. Akt *Rigoletto* gesungen. Jago und Amonasro unter der Stabführung des Maestro sind jedoch an ihm vorübergegangen, Partien, die an der Met zu seinen gefeiertsten zählen. Seit 1944 ist er auch Met-Inhaber des Falstaff (während Valdengo seit 1949 »bloß« den Ford singt). Als er von dem neuen Projekt hört, ist seine Geduld am Ende. Er nötigt Toscanini, ihn als Falstaff anzuhören. Als er fertig ist, dankt ihm der Maestro und komplimentiert ihn hinaus. Als publik wird, daß Valdengo Toscaninis Falstaff sein wird, sammelt Warren glühende Kohlen auf dem Haupt des unauffälligeren Kollegen. Valdengo hat an der Met nichts zu lachen.

Ein fatales Mißverständnis. Warren, idealer Interpret der bohrenden Eifersucht, der Racheschwüre und des personifizierten Schuldbewußtseins in Verdis breitflächigen Gemälden der Leidenschaft, kann in Falstaffs fein ziseliertes Wesen nicht eindringen. Valdengo, der den Ford singen wollte und seinerseits von Toscanini zu seinem Glück gezwungen werden mußte, bringt alle Voraussetzungen mit.

In einer der zahllosen Proben, in denen Toscanini an jeder Silbe feilt, um alle Valeurs der *commedia musicale* zum Klingen zu bringen, kommen sie zu der Stelle, wo der in die Themse gekippte Schwerenöter beim Glühwein seine Laune wiederfindet: »Ber del vin dolce e sbottonarsi al sole, dolce cosa – Gut ist's, süßen Wein zu trinken und sich in der Sonne die Weste aufzuknöpfen.«

»Du bist doch Piemonteser, und im Piemont habt ihr diesen großen Wein, den Nebbiolo. Wenn du die Phrase singst, denk an den

Nebbiolo. Aus dem Wort ›dolce‹ muß das ganze Aroma des Weins hervorquellen. Denk an den Genuß des Säufers in dem Augenblick, in dem ihm der Wein in die Kehle fließt.«

Über das Ergebnis schreibt eine Generation danach Rodolfo Celetti, der unerbittlichste unter den heutigen Auguren: »Dieser *Falstaff* ist auch heute ein unübertroffener Modellfall. Wahrscheinlich hat Toscanini auf Platte niemals ein solches Maß an Präzision, Rhythmus, Spontaneität und Fluß in der Abfolge der Erzählung erreicht ... Tatsache ist, daß Valdengos Wortbehandlung (was der ausländischen Kritik wohl entgehen dürfte) unter allen Konkurrenten die richtigste, klarste, natürlichste und einfachste ist. Auch das ein Verdienst Toscaninis, der notorisch nicht wußte, wie man singen lehrt, aber wohl beibringen konnte, wie man auf die richtigste Weise akzentuiert.«

Als der Mitschnitt veröffentlicht wird, zieht Toscanini Bilanz: »*Falstaff* wird noch mehr Erfolg haben als *Otello*. Ich bin sehr befriedigt, daß diese beiden Aufführungen bleiben werden – als eine Art Aufklärung für die Jungen. Alle Platten müßten so gemacht werden, vor Publikum, weil sich der Künstler viel mehr in die Pflicht genommen fühlt und alles gibt, was er hat. Wenn man weiß, daß man einen Fehler durch Wiederholung ausbügeln kann, kommt weniger Herz, weniger Wärme ... Aber in *Otello*, in *Aida* und im *Falstaff* ist diese Wärme da, und das Publikum hat mitgewirkt, sie zu schaffen.«

Toscaninis letztes Konzert findet am 4. April 1954 statt. Zehn Tage vorher, an seinem 87. Geburtstag, hat er der NBC seinen Rückritt eingereicht. Während der Radioübertragung setzt beim Bacchanale aus *Tannhäuser* sein Gedächtnis aus – wahrscheinlich das einzige Mal in seiner Laufbahn. Die Tempi werden immer langsamer, er hat so gut wie aufgehört, den Takt zu schlagen, und steht mit abwesendem Gesichtsausdruck da. Es ist, als ob auf dem Kontroll-Monitor neben dem Bett eines Sterbenden die Ausschläge immer schwächer werden und schließlich in einer geraden Linie auslaufen.

Frank Miller, der erste Cellist, versucht die Einsätze zu geben. Im Senderaum bricht Panik aus. Nach einer kurzen Unterbrechung kommen die Klänge von Brahms' Erster Symphonie über den

Äther. Wie es heißt, hat Guido Cantelli den Ingenieuren empfohlen, Toscanini abzustellen und die Brahms-Platte aufzulegen. Innerhalb von dreißig Sekunden erholt sich Toscanini einigermaßen, und das Bacchanale sowie ein sehr seltsames *Meistersinger*-Vorspiel werden weiter übertragen. Als die Sendung vorüber ist, geht der Maestro stumm in sein Studio zurück – zum letzten Mal. Drei Jahre später stirbt er im Alter von neunzig Jahren.

»DIE WIENER OPER IST KEIN GEBÄUDE«

In der Stunde Null formiert sich das Mozart-Ensemble – Russische Offiziere requirieren Theaterkostüme für ihre Freundinnen – »Fidelio« vor der Brandmauer – Ljuba Welitsch: »Küß mir den Busen« – Anton Dermota und Elisabeth Höngen delektieren sich an den Buffets der Besatzer – Anny Konetzni verprügelt den 17jährigen Eberhard Waechter

Zurück in die Zukunft. Wien 1946. Am 13. Januar leitet Herbert von Karajan sein erstes philharmonisches Abonnementkonzert. Nach dem *Don Juan* von Richard Strauss bricht ungeheurer Jubel aus. Der amtierende Philharmoniker-Vorstand Fritz Sedlak verpflichtet Karajan darauf für eine Matthäuspassion am 2. März. Anton Dermota, der die Tenor-Arien singt, steht nach einer Probe mit ihm auf der rückwärtigen Plattform der Straßenbahn: »Wir kamen auf die bevorstehende Salzburger Festspielpremiere von *Don Giovanni* zu sprechen, bei der ich wieder den Don Ottavio singen sollte. Karajan war für die musikalische Leitung vorgesehen und legte mir in völlig entspanntem, legerem Gespräch die Besetzung dar, die für ihn bereits feststand, bis auf die Donna Anna, die später mit Ljuba Welitsch besetzt wurde.«

Am Vormittag des 2. März wird Karajan von den Russen verboten, in einer dramatischen Aktion, wie er selbst beschreibt: »Die Russen haben einen richtigen militärischen Kordon hingestellt, mit Gewehren, und haben niemand ins Konzert gelassen ... Professor Sedlak war über das Dirigierverbot ganz entsetzt und fragte mich, was ich tun würde. Da sagte ich ihm: ›Herr Professor, eines garantier' ich Ihnen: Ich werde noch dirigieren, wenn die Besatzungsmacht längst weg ist ... Was ich jetzt tun werde? Ich geh' essen. Dazu wär' ich nicht gekommen, wenn ich dieses Nachmittagskonzert dirigiert hätte.‹ – Aufs Essen komme ich deshalb, weil man seither vergessen hat, daß das Essen damals ein Problem war. Denn während meines Aufenthalts in Wien habe ich, wie fast alle Leute dort, richtiggehend gehungert.«

Die Vorbereitungen für die ersten kompletten Salzburger Nachkriegsfestspiele laufen dessenungeachtet weiter. Die Direktion seiner Geburtsstadt, repräsentiert durch Baron Puthon, hat Karajan mit der schwierigen Organisation betraut. »Ich erinnere mich, daß ich in dieser Zeit der Vorbereitungen mindestens fünfzehnmal zwischen Wien und Salzburg gependelt bin, stehend in einem Zug, der für diese Strecke 16 Stunden brauchte. Aber diese Dinge hat man seltsamerweise überhaupt nicht als störend empfunden.«

Ljuba Welitsch überfällt er in ihrem kleinen Zimmer, wo sie zur Untermiete wohnt. »Es klingelt, es kommt ein Mann, nicht sehr großer Mann, sagt: ›Ich bin Karajan.‹ Gut! Sein Hut war voll Speck und voll Fett, der war dreihundert Jahre alt, wahrscheinlich. Er schmeißt den Hut auf die Couch: ›Kommen Sie ans Klavier! Sie sind in einem Monat in Salzburg mit Donna Anna in Italienisch.‹ Ich hab gesagt: ›Gott im Himmel – Italienisch! Hab keine Ahnung von Italienisch!‹ ›Dann lernen Sie Italienisch.‹ Und nahm den Hut. ›Auf Wiedersehen. Am 1. Juli erwarte ich Sie in Salzburg!‹ Man kann mir alles nachsagen, aber daß ich nicht fleißig war, kann mir keiner nachsagen! Ich kam nach Salzburg fix und fertig! Und dann war der Herbert von der amerikanischen Besatzungsmacht verboten.«

Für den *Don Giovanni*, den Josef Krips leitet, war Karajan nur Vorbereiter. Er selbst sollte *Le Nozze di Figaro* und *Rosenkavalier* dirigieren. Das übernehmen nun Felix Prohaska und Hans Swarowsky.

Und Karajan muß die Geschicke der Festspiele aus dem Souffleurkasten lenken. Der Schriftsteller und Regisseur Ernst Lothar, mit seiner Frau Adrienne Gessner aus der Emigration zurückgekehrt, ist der zuständige Theater- und Musikoffizier der Amerikaner. In einem Memorandum empfiehlt er, »das im Falle Karajan ausgesprochene Verbot nur noch so lange aufrechtzuerhalten, bis die Alliierte Kommission seine Wiederzulassung beschlossen haben wird«. Aus Punkt 7 spricht dann der erfahrene Theaterpraktiker: »Bis dahin halte ich es im Interesse des Stattfindens der Salzburger Festspiele für geboten, Herrn von Karajan, der sich bereits seit Wochen ihrer Vorbereitung widmet, daran nicht zu hindern, sondern ihm einen politisch unbelasteten Musiker von Rang zur Seite zu geben, der nominell als Dirigent erscheint.«

Doch seinen Empfehlungen wird nicht entsprochen. Und so muß »die bei den Schlußproben im verdunkelten Zuschauerraum auftauchende, ihn rastlos umkreisende Ephebengestalt, die unten mitdirigierte, während es oben der ›Nominelle‹ tat«, Lothars offizielles Mißfallen erregen. In einem weiteren Memorandum an den »sehr geehrten Baron Puthon« erhebt er Protest, daß Karajan nicht nur als Zuschauer anwesend ist, »sondern als Bühnenregisseur, dessen Anweisungen von Assistenten niedergeschrieben wurden . . .« Und schließt mit der brüsken Aufforderung: »Ich habe Anweisung, Sie zu bitten, diese bedauerlichen Vorfälle sofort zu beenden.«

Karajan taucht also im Souffleurkasten unter. »Es spielte keine Rolle mehr. Ich hatte bereits alles getan. Wenn nicht dieses Jahr, dann das nächste, sagte ich mir, und wenn nicht nächstes Jahr, dann das übernächste. Es ist egal. Ich kann warten.« Keiner ahnt, daß dieses Schattenboxen Karajan in Salzburg und Wien noch fast ein Jahrzehnt beschäftigen wird – und daß dafür nicht die Besatzungsmächte zuständig sein werden . . .

Bis zu diesem Zeitpunkt aber ist der Fall Karajan typisch für die erste Nachkriegszeit – für die Unsicherheit der Verhältnisse, die sich von Tag zu Tag ändern können, und für die ungeahnte und rückblickend fast unvorstellbare Schnelligkeit, mit der sich das kulturelle Leben wieder erholt.

Die Präzision der musikalischen Einsätze erfolgt allerdings nicht von ungefähr. Wilhelm Furtwängler hat Otto Strasser, dem Geschäftsführer der Wiener Philharmoniker, Ende 1944 noch Verhaltensmaßregeln für den erwarteten Einmarsch der Russen ans Herz gelegt. »Er meinte, daß sie Kunstverständnis besäßen und uns nicht schaden würden, daß wir aber unter allen Umständen beisammenbleiben und das Orchester nicht durch Flucht spielunfähig machen sollten.«

Am 1. und 2. April 1945, als die Russen schon Baden besetzt hatten, gab es in Wien noch Konzerte unter Clemens Krauss, der sich als einer der wenigen aus der künstlerischen Prominenz nicht nach

Krips, der Mann der ersten Stunde, oder nachträglich gestellt? Das Wiener *Figaro*-Ensemble 1945: Alois Pernerstorfer (Figaro), Regisseur Oscar Fritz Schuh, Sena Jurinac (Cherubino), Dirigent Josef Krips, Alfred Poell (Graf) (o.R.v.l.); Irmgard Seefried (Susanna), Hilde Konetzni (Gräfin) (u.R.)

dem Westen abgesetzt hatte. Um nicht auseinandergerissen zu werden, zog im Verlauf der letzten Kämpfe eine »Volkssturmeinheit Wiener Philharmoniker« vom Musikvereinsgebäude, wo sie von deutschen Truppen vertrieben wurden, in das weitverzweigte Kellersystem unter dem Burgtheater. Notenmaterial, Kostbarkeiten aus dem Archiv und Instrumente wurden auf Handwagen transportiert, wobei zumal die Kästen für die Kontrabässe Anlaß zu glossierenden Bemerkungen gaben, wer sich denn in solchen Zeiten derart luxuriöse Särge leisten könne.

Am 11. April 1945 gehen die Kämpfe um Wien zu Ende. Der sowjetische Stadtkommandant, General Alexej Blagodatow, erläßt den Befehl Nr. 1 »Zwecks Aufrechterhaltung des normalen Lebens und der Ordnung im Weichbild der Stadt«. Am 13. April verläßt der letzte Soldat der Wehrmacht Wien am anderen Ende. Die Philharmoniker besitzen nun zwar eine von der sowjetischen Kommandantur ausgestellte Legitimation, die sie vor »Beschlagnahme« bewahren soll. Aber immer wieder müssen sie sich durch rasche Flucht den Patrouillen von »Menschenfängern« entziehen, die Arbeitskräfte für die ersten Aufräumarbeiten requirieren.

Am 27. April geben die Wiener Philharmoniker unter Clemens Krauss im Großen Konzerthaussaal ihr erstes Nachkriegskonzert – Schuberts *Unvollendete* und, als Tribut an die Besatzungsmacht, Tschaikowskys Fünfte. Mit Tränen in den Augen empfängt das Publikum sein Orchester, als ob eine Ewigkeit vergangen wäre. Am 29. April wird die erste Sendung der RAVAG ausgestrahlt. Und am gleichen Tag wird der »Adolf-Hitler-Platz« wieder in Rathausplatz umbenannt. Das Burgtheater findet ein Ausweichquartier im Varieté Ronacher und eröffnet die Saison am 30. April mit Grillparzers *Sappho* mit Maria Eis in der Titelrolle.

Bereits am 20. April haben die Reste des Staatsopern-Ensembles in der Volksoper, dem früheren Opernhaus der Stadt Wien, eine erste Heimstatt gefunden – nicht einmal sechs Wochen nach dem apokalyptischen Ende des Hauses am Ring, in dem auch der gesamte Fundus und mehr als 180000 Kostüme ein Raub der Flammen geworden sind. Auf Befehl des russischen Stadtkommandanten muß am 1. Mai mit dem Spielbetrieb begonnen werden. Der Bariton Alfred Jerger, seit Jahrzehnten eine Staatsopern-Institution, bringt als kommissarischer Leiter tatsächlich zum diktierten Termin eine *Figaro*-Aufführung auf die Beine. Eine Leistung! Nur ein Drittel des in den letzten Monaten in Fabriken eingesetzten Personals ist in Wien. Auch das bald so berühmte Mozart-Ensemble ist nicht vollzählig. Nicht Josef Krips (wie die Überlieferung will) dirigiert, sondern Anton Paulik, als Kálmáns Uraufführungsdirigent seit *Gräfin Mariza* aus einer etwas anderen Tradition stammend. Doch Irmgard Seefried singt hier bereits die erste ihrer 135 Wiener Susannas nach dem Krieg. Und Sena Jurinac gibt ihr – durch Goebbels' Theatersperre verzögertes – Wiener Debüt als ebenso unvergleichlicher Cherubino, eine Rolle, die sie in Wien noch 130mal bis in die späten fünfziger Jahre und nicht unbedingt zu ihrer Freude verfolgen wird.

Es wird wie besessen gearbeitet, denn die Arbeit ist die einzige

Ablenkung von der Härte des Lebens. Es fehlt am Essen. Es gibt keine Straßenbahn und kein Licht auf den Straßen. Die Vorstellungen beginnen um drei Uhr nachmittags. Denn auch ohne die nächtliche Ausgangssperre wäre es nicht unbedingt ratsam, nach Einbruch der Dunkelheit noch auf der Straße zu sein.

Das Publikum besteht am Anfang zum großen Teil aus Besatzungssoldaten, die während der Vorstellung essen, trinken und grölen, mitunter auch ihre Maschinengewehre auf die Bühne richten und die Sänger als Zielscheiben benützen, zum Glück aber ohne abzudrücken. Die 25jährige Irmgard Seefried, bereits so gut wie im Brautstand mit dem Konzertmeister Wolfgang Schneiderhan und zum Anbeißen entzückend, ist speziell gefährdet: »Nach der Vorstellung ist gelegentlich ein russischer Soldat in die Garderobe gekommen und hat gesagt: ›Du Frau kommen mit!‹ Wenn der Wolfgang nicht gespielt hat, hat's dann nur etwas gegeben ... laufen, laufen, laufen!«

Harmloser geht es zu, wenn ein Offizier das Kleid einer Sängerin für seine Frau beschlagnahmt und man in aller Eile ein neues Kostüm beschaffen muß, damit die Vorstellung weitergeht. Auch die vergoldeten Stühle im *Figaro* gefallen sehr und müssen nach offiziellen Verwendungen mit viel Überredungskunst wieder ihrer Bestimmung zugeführt werden. (Das bessert sich, als am 31. Juli 1945 die Amerikaner, Engländer und Franzosen in Wien einziehen. Von diesem Zeitpunkt an teilen sich die vier Besatzungsmächte die in vier Zonen gegliederte Stadt, was wesentlich zur Erhöhung der Sicherheit im täglichen Leben beiträgt.)

Hauptproblem aber ist die »Entsorgung« der Parteigenossen bei den Philharmonikern, deren komplette Entfernung das Orchester in seiner so mühsam über die Runden geretteten künstlerischen Substanz schwer treffen würde. Ernst Fischer, Kommunist und zuständiger Staatssekretär für Unterricht in der provisorischen österreichischen Staatsregierung, beurteilt die Situation »relativ emotionslos«. Zum Glück gibt es einen Vorzeigekommunisten auch in den Reihen des Orchesters, der in eine ad hoc zusammengestellte »Entnazifizierungskommission« berufen wird und Milde walten läßt.

Auch Josef Krips, der nach dem »Anschluß« aus rassischen

Gründen nicht mehr dirigieren durfte und in einer Sektfabrik dienstverpflichtet war, stellt sich schützend vor das Orchester: »Man hat von mir zuerst verlangt, ich soll 52 Mitglieder der Philharmoniker, die mit roter Tinte angestrichen waren auf der Liste, fristlos entlassen. Ich habe mich geweigert und gesagt: ›Ich gehe nicht als Zertrümmerer der Wiener Philharmoniker in die Musikgeschichte Wiens ein.‹ Die meisten sind sehr klein und furchtsam gewesen. Einer ist gekommen, der hat gesagt: ›Herr Professor, i war ein Nazi! Ich habe dran geglaubt. Soll ich nicht mehr kommen?‹ Hab ich gesagt: ›Sie sind der erste, der wiederkommt. Sie sind der Anständigste, den ich bis jetzt gesehn hab.‹« Schließlich werden dreizehn Musiker wegen ihrer Zugehörigkeit zur Partei pensioniert. (Übrigens ist Krips – auch das eine Wiener Pointe – trotz seiner Verdienste um die unversehrte Existenz der Wiener Philharmoniker später niemals eingeladen worden, eines ihrer Abonnementkonzerte zu dirigieren.)

Josef Krips ist der Kapellmeister-Typus der alten Schule. An der Volksoper hatte er unter Felix von Weingartner zunächst als Geiger und dann als Korrepetitor und Dirigent seine Laufbahn begonnen. In den zwanziger Jahren war er als Chef der Karlsruher Oper einer der jüngsten Generalmusikdirektoren Deutschlands, bis ihn Clemens Krauss 1931 an die Wiener Staatsoper holte.

Auch nach 1938 hat er illegal mit vielen Sängern gearbeitet. Nun kehrt er als Retter ans Dirigentenpult zurück: »Ich habe im Monat bis zu achtundzwanzigmal dirigiert, die ersten Monate mit einem Gummiplastron über dem nackten Körper und zwei Gummikragen. Honorar pro Monat der Gegenwert von zwei Kilo Schmalz.« Soweit die Statistik. Den künstlerischen Stellenwert liefert Anton Dermota: »Ohne ihn ist der Wiederbeginn der Wiener Staatsoper, ja des Wiener Musiklebens überhaupt, nach 1945 undenkbar. Er hat die von Karl Böhm begründete Mozart-Pflege fortgesetzt und hat mit dem Böhm-Ensemble, das er vorfand, leidenschaftlich weitergearbeitet. In den ersten Tagen und Wochen der Zweiten Republik war er fast ununterbrochen im Einsatz. Er war damals der einzig Verfügbare ... Und so dirigierte er an manchen Tagen beinahe pausenlos durch: um 9 Uhr die Messe in der Hofburgkapelle, um 11 Uhr ein Konzert, abends Oper und zwischendurch eine Probe.«

Die Wiener Mozart-Pflege – das ist in den Annalen ein wenig untergegangen – hat Karl Böhm 1941 mit *Figaro* im Redoutensaal und der *Entführung* in der Staatsoper begonnen. Höhepunkt dieses neuen Stils in Gemeinschaft mit dem Regisseur Oscar Fritz Schuh und dem Bühnenbildner Caspar Neher war dann 1943 *Così fan tutte*, ebenfalls im Redoutensaal. Eine Inszenierung, die, aus dem Mangel der letzten Kriegsjahre geboren, mit zwei Bänken, vier Stühlen und zwei Tischchen aus weißem Eisengeflecht auskam und Jahrzehnte überdauern sollte. Ebenso wie vier der Sänger der Premiere vom 29. September 1943 – Anton Dermota, Erich Kunz, Paul Schöffler und Irmgard Seefried.

Die Seefried, deren leuchtender Stern für die Wiener mitten im Krieg aufgegangen ist, stammt aus Köngetried bei Bad Wörishofen. Eine Jeanne d'Arc aus dem Allgäu, enthusiastisch, jauchzend und die Seele immer ein wenig auf Heimaterde bettend. Unvergeßlich, wie sie als Pamina dem Sarastro treuherzig beichtet: »Der böise Mohr verlangte Liebe . . .«

Bei ihrem Wiener Debüt am 2. Mai 1943 als Eva in den *Meistersingern* hat sie sich, 22jährig, gleich eine Tapferkeitsmedaille verdient. Es war auch ein Rollendebüt. Paul Schöffler, der Hans Sachs, stöhnte nach der Verständigungsprobe: »Das ist aber eine! Hat mich mit ihrer Intensität einfach aufgefressen. Wollen es gleich nochmals machen!« Bei der Vorstellung mußte er nach dem ersten Akt passen. Karl Kamann, der im Zuschauerraum saß, machte sich bereit. Und Max Lorenz, wie immer reizend, teilte seinem Evchen in seiner Garderobe bei einem Glas Sekt schonend mit, daß sie nun gleich auf der Bühne einem ihr völlig unbekannten Sachs begegnen würde. »Ich bin eigentlich wie in Trance auf der Bühne spazierengegangen. Echt in Trance!«

Das Schlimmste aber erwartet sie auf der Festwiese. Denn Erich Kunz als Beckmesser auf dem Werberpodest hat sie auch noch nie erlebt. »Den letzten Akt, den hab' ich nie probiert gehabt, den habe ich auf der Bühne zum erstenmal gemacht! Und da sah ich den Kunz dann, wie er das gesungen hat. Ich mußte mich ja so zusammennehmen, daß ich nicht gelacht habe. Ich durfte ja nicht lachen, das war nicht im Stück drin!« Eine Tortur. Denn Kunz ist berüchtigt dafür, daß er alle aus der Fassung bringt. Aber wehe dem Neuling, der seinen Anschlägen nicht gewachsen ist. Dann wird er bös: »Sie müssen schon aufpassen, was Sie machen!« Irmgard Seefried besteht den Härtetest: ». . . und dann dieses Gefühl, wie die Vorstellung zu Ende war – da bin ich einfach zusammengebrochen. Es hört sich komisch an, aber ich hab's einfach nicht glauben können . . . Wie ich da als junger Mensch vor den Vorhang gekommen bin, und zum erstenmal Wien mir zugejubelt hat – das ging über mein Maß hinaus!«

Ein gutgelaunter Kritiker meinte, Wien habe nun endlich wieder eine k.u.k.-Sängerin, eine mit Kehle und Köpfchen. Und die Opernmonarchisten ernannten Irmgard Seefried gleich taxfrei zur Enkelin von Kaiser Franz Joseph. Weil es ja Habsburger-Nachkommen gegeben hatte, die den Namen »Graf Seefried« angenommen hatten.

Così fan tutte steht am 9. August 1945 wieder auf dem Spielplan. Diesmal unter Josef Krips. Was gar nicht so geplant war. Denn im Mai hat Ernst Fischer einen Emissär an den Attersee geschickt, wo sich Karl Böhm aufhält, und hat anfragen lassen, ob Böhm wieder die Leitung der Staatsoper übernehmen wolle. Und Böhm hat abgelehnt. Denn wenige Tage vorher hatte eine Sopranistin in einem Brief an einen Freund am Attersee geschildert, wie sie »von fünf Russen und einem Offizier« (die feine Unterscheidung erhellt die ungebrochene k.u.k.-Tradition) vergewaltigt worden war.

Ein wenig ironisch entschuldigt Heinz Fischer-Karwin, der Doyen unter den Wiener Nachkriegspublizisten, Böhms Reaktion: »Man hat damals wenig von den Zuständen in Wien gewußt, und sicher war Böhm nicht der rechte Mann, um in dieser trostlosen Situation die Geschicke der Oper zu leiten. Beschaffung von Wohnungen und Nahrungsmitteln, Bittgänge zu sowjetischen Offizieren, das alles wäre bestimmt nichts für diesen sensiblen Künstler gewesen!«

Es hätt' eh nix g'nutzt. Denn Karl Böhm wird gesperrt, als er sich anschickt, bei den ersten Notfestspielen im weit weniger unsicheren Salzburg die *Entführung* zu dirigieren. Clemens Krauss hat seit Ende Mai 1945 Auftrittsverbot. Und auch Furtwängler und der von den Nazis gemaßregelte Hans Knappertsbusch dürfen ihren Beruf bis zum Abschluß des Entnazifizierungsverfahrens nicht ausüben. Und das zieht sich hin ...

Neuer Operndirektor wird ein Außenseiter. Franz Salmhofer ist in Gersten, in der südwestlichen Ecke von Niederösterreich, »in Dekkung« gegangen. Anfang Juni 1945 kehrt er nach Wien zurück, um sich um das Burgtheater zu kümmern, dessen Hauskomponist und Kapellmeister er seit 1929 ist. Mit Rucksack und in kurzen Lederhosen erscheint er im Ronacher, wo Raoul Aslan, der Charakterheld der Burg, die Geschäfte führt. Als er Salmhofer erblickt, sagt er im schönsten Burgtheaterton: »Salmi, du bist ja *Operndirektor*, du bist *treulos* geworden!«

»Nein, Raouli, ich bin nicht treulos geworden. Ich weiß davon gar nix. Das ist ausgeschlossen!«

»Geeeh nur ins Rathaus, dann wirst du schon seeehen!« (»Raoulis« Sinn für dramatische Pointen wird ihn wenige Jahre später, nachdem Käthe Dorsch den Kritiker Hans Weigel auf der Straße gewatscht hat, dazu verleiten, im Zeugenstand die »Tooodesstraaafe« für alle Kritiker zu fordern.)

Was befähigt nun diesen Franz Salmhofer, Jahrgang 1900, zum hohen Amte, außer daß er ein lieber Mensch, ein Original und ein Theaterpraktiker ist? Er ist auch Opernkomponist, Schüler von Franz Schreker, bevorzugt selbst aber mehr den naheliegenden als den fernen Klang. 1935 ist an der Wiener Staatsoper – unter der Leitung von Josef Krips und mit Vera Schwarz in der Titelrolle – seine erste Oper, *Dame im Traum*, uraufgeführt worden. Nach Franz Lehárs *Giuditta* konnte dem Ruf des Hauses offenbar nichts mehr schaden.

Das Werk ist ein operettiger Traum, der vom Gebirge an die Riviera führt. Nicht beim »Frühling in San Remo«, sondern beim Karneval in Nizza trifft der Traumheld der Heldin dann eine andere, zwar nicht die Juliska aus Buda-Budapest, aber auch eine Tänzerin: »... ach, daß mir der Blick schimmernd verriete/dein Ja oder Nein, Frau Aphrodite!« Man ist baff, wieviel sich auf »Frau Aphrodite« reimen läßt. Die Musik ist entsprechend wollüstig im Stil der in puncto Operettenerotik schon recht angefaulten dreißiger Jahre.

Glücklichere Inspiration war Salmhofer mit der veristisch inspirierten Revolutionsoper *Iwan Tarassenko* 1938 beschieden. Und 1943, als es kein Österreich mehr gab, wurde am Salzburger Landestheater *Das Werbekleid* uraufgeführt, das Unikum einer österreichischen Dialektoper. Das war nun aber beileibe kein gefahrbringendes vaterländisches Fanal, wie es später interpretiert wird. Dazu ist Salmhofer zu wendig. Ebenso brav hat er im September 1939 am Burgtheater seinen Beitrag zur »Arisierung« der *Sommernachtstraum*-Musik geliefert.

Carl Merz führt Salmhofer in seinem Schlüsselroman *Der Opernnarr* unter dem Decknamen Stollreiter: »Stollreiter, einer der wenigen für das Dritte Reich akzeptablen Komponisten, der tatsächlich ein Musiker von einigem Verdienst war . . ., hatte es als arischer Kulturschaffender verstanden, recht geschickt mit dem Naziregime auszukommen und seine verhältnismäßig brauchbare, wenn auch keineswegs bedeutende Musik gewinnbringend zu verwerten.«

Nun hat er seine Jugendsünden und seine Hauptwerke bereits hinter sich, ist es zufrieden, daß die beiden letzteren in exzellenten Aufführungen seine Amtszeit begleiten und betrachtet sich im übrigen als »dienenden« Direktor. »Wenn Sie wüßten, was damals der Direktor war, würden Sie's verstehen! Nur als Beispiel: Wann's segn, der Direktor erholt si und fahrt weg, ja, was soll da das Personal machen? Das müssen Sie beobachten, bei der Vorstellung müssen's fortwährend erscheinen. Immer müssen Sie erscheinen, bei den Proben müssen Sie erscheinen, alles müssen Sie kontrollieren. Wie soll es denn gehen? Schaun Sie, man muß sich zum Opfer bringen. Das, glauben Sie mir, ist das Geheimnis.«

Am 15. Juni hält Franz Salmhofer seine Antrittsrede im Foyer des ausgebrannten Hauses am Ring, damit alle daran erinnert werden, daß sie noch zu diesem Haus gehören (Otto Strasser, Chronist der Philharmoniker und leider kein Pathetiker, meint allerdings, es war im Foyer der Volksoper). Er erklärt, daß er sich nur als Platzhalter für den Mann betrachte, der nach der Wiederherstellung des großen Opernhauses dessen Leitung übernehmen werde. Und da sich in Österreich nur die Provisorien lange halten, ist ihm eine Amtszeit von elf Jahren beschert. Das hat nach ihm keiner mehr geschafft, und vor ihm zuletzt Franz Schalk (und der mußte sich fünf Jahre davon mit seinem Co-Direktor Richard Strauss herumstreiten).

Als erstes muß ein würdigeres Ausweichquartier für die seriöseren Opern gefunden werden, das gleichzeitig näher am Zentrum liegt. Da gibt es das Theater an der Wien mit seiner ruhmreichen Vergangenheit. *Fidelio* ist hier uraufgeführt worden, Kleists *Käthchen von Heilbronn*, Grillparzers *Ahnfrau* und die beiden zentralen Werke der Operette – *Fledermaus* und *Lustige Witwe*. Seine letzte Blüte erlebte das Haus 1936 bis 1938 unter Arthur Hellmer mit zwei Skandinavierinnen – mit Zarah Leander, die ihr mitteleuropäisches Debüt in Ralph Benatzkys musikalischem Lustspiel *Axel an der Himmelstür* gab, und danach mit der Norwegerin Kirsten Heiberg. Nach dem »Anschluß« fehlten dem Amüsiertheater mit Esprit die schöpferischen Kräfte und das kundige jüdische Publikum. Zudem war durch die Errichtung eines fünfstöckigen Hauses an der Linken Wienzeile der Haupteingang an der heutigen Millökkergasse verbaut. Für das Publikum war der Zuschauerraum nur noch durch einen im Neubau vorgesehenen Durchgang zu erreichen. Der Schlauch schien feuerpolizeilich so gefährlich, daß zum 31. Mai 1939 die Schließung des Theaters verordnet wurde.

Das Theater an der Wien ist inzwischen abbruchreif, ein Wrack – es gibt keine Fenster, keine Scheinwerfer, keine Beleuchterbrücke, auf der Bühne werden Champignons gezüchtet, der Orchesterraum ist vermorscht, selbst den Rundhorizont hat der letzte Besitzer beim Ausschlachten »mitgehen lassen«. Leben in die verfallenen Garderoben bringen unzählige Rattenfamilien. Man erklärt Salmhofer für verrückt, aber er läßt sich nicht beirren und macht das Haus in wenigen Monaten spielreif – »dank dem beispiellosen Einsatz der gesamten Opernfamilie«. Ein ergreifender Akt der Solidarität, der von Anton Dermota allerdings relativiert wird: »Da es heißt, daß bei der Wiederinstandsetzung die ganze Opernfamilie mit Hand angelegt haben soll, möchte ich dieses Märchen dahingehend berichtigen, daß sich zumindest die ›Sängerfamilie‹ daran nicht beteiligt hat.«

Der abhandengekommene Rundhorizont verschafft Salmhofer

eine Vision: »Die Bühne bleibt so, wird nicht abgestaubt. Ich spiele hier *Fidelio.* Wir haben hier diese wunderbare Eisenschließtüre. Wenn die zufällt, glaubt man, man ist in einem Gefängnis!« Krips liefert den kunstästhetischen Unterbau: »Die Wiener Oper ist ja kein Gebäude, die Wiener Oper ist ein geistiges Gebilde. Und mit dem richtigen Animo und mit der richtigen Hingabe kann man in einem Kuhstall besser Theater spielen als in einem Palast. Und das haben wir auch gemacht. Es war unglaublich. Es war ein Zauber über dem Ganzen, etwas, was es nachher eben doch nicht mehr gegeben hat.« Ganz ohne Kulissen, nur mit den kahlen Mauern des Bühnenhauses kommt man allerdings doch nicht aus – einige Versatzstücke stammen aus der Volksopern-*Aida* ...

(Interessanterweise hat die Bombardierung Wiens im Zweiten Weltkrieg das Trauma des Ringtheater-Brandes von 1881 relativiert. Denn seit Salmhofers Wiedereröffnung wird das Theater an der Wien regelmäßig bespielt. Daß der Ausgang im Fall einer Panik zur Todesfalle werden könnte, scheint niemanden ernsthaft zu beunruhigen.)

Am Premierentag, dem 6. Oktober 1945, bittet Salmhofer per Anschlag am Schwarzen Brett die Sänger vor der Vorstellung in sein Büro, wo Tee und Brot ausgeteilt werden. Und das hätte Max Lorenz wissen müssen. Denn in den ersten Vorstellungen singt nicht er den Florestan, sondern in heldenhafter Selbstaufopferung der sonst in Nebenrollen eingesetzte Willi Franter.

Lorenz, so heißt es, habe keine Passiererlaubnis über die Enns-Brücke bekommen, die von den Russen strengstens kontrolliert wird. Die Wahrheit ist etwas kalorienhaltiger. Er sitzt am Attersee in der Villa von Käthe Dorsch und will – durchaus verständlich – erst einmal abwarten, bis seine Ernährung auch in Wien sichergestellt ist. Angeblich soll seine Frau dann in einem amerikanischen Transport einen lebenden Ochsen nach Wien transportiert haben. Und einer der letzten großen Heldentenöre ist damit der Kunst wiedergegeben.

Über die Eröffnungspremiere der Ära im Theater an der Wien schreibt Joseph Marx: »Zehnfache Mühe steckt jetzt in jeder Leistung, das muß man immer wieder betonen. Unter welchen Schwierigkeiten wird geprobt, studiert, aufgeführt! Die Tücke des

Objekts triumphiert über den besten Willen. Umstände der Materialbeschaffung, des Verkehrs, der Witterung hindern die besten Absichten. Kommen noch alle Folgen des geistigen Zusammenbruchs dazu, die jeder Lumperei Tür und Tor öffnen.«

Unter die »Lumpereien« zählt auch die später von Helmut Qualtinger im *Herrn Karl* zusammengefaßte Anpassungsfreudigkeit des Wieners. Die Anreißer-Meldung *Sowjetregierung bereit, zwei Millionen Schilling für den Wiederaufbau der Wiener Staatsoper zu spenden und auch für die nötigen Baumaterialien zu sorgen* kommentiert die *Wiener Zeitung* am 14. Oktober 1945 blumig so: »Aus dem Osten kommt auch dieses Licht zu uns, über uns! Jene alliierte Macht, die Wien aus den mörderischen Naziklauen entriß, jene Macht, die zuerst Wien beistand, die Stadt vor Raub, Brand, Vernichtung aus entfesseltem Hasse, angeborener Bestialität des ›deutschen Bruders‹ zu schützen, gibt uns Wienern einen herrlichen, hochsinnigen Beweis von Hochherzigkeit, Schätzung und Großmut.«

Und die *Wiener Zeitung* gibt den schwachsinnigen Beweis, daß sie inzwischen nur den Adressaten geändert hat. Im April 1938 hieß es über die Heimkehr von zweitausend Wiener Arbeitern nach einer Fahrt durch das »Altreich« im nämlichen Blatt: »Alle Waggons bekränzt, mit Fähnchen geschmückt. Die hellste, jubelndste Freude glänzt aus den tausend Augen, die in den letzten Tagen sehen und kennenlernen durften, wovon die meisten von ihnen vor kurzem höchstens träumten!« Der ins Auge springende Unterschied: Russen geben keine Fähnchen.

Zum Teil Folge von »Lumpereien« ist auch die Hungersnot, die in diesen Tagen ihren Höhepunkt erreicht. Mit dem Ende der Kämpfe im April setzte in Wien noch einmal eine unglaubliche Plünderungswelle ein, die weder von der eilig gebildeten Hilfspolizei, noch von der Besatzungsmacht unter Kontrolle gebracht werden konnte. Die von den deutschen Truppen hinterlassenen Depots wurden gestürmt, beim Plündern wurde sinnlos zerstört, Hunderte Tonnen Lebensmittel gingen verloren, die nun in den Wintermonaten bitter fehlen. (Man hat nicht nur aus Hunger geplündert, auch aus blinder Raffgier wurden leerstehende Wohnungen ausgeräumt – wie die von Robert Stolz. Nicht die Nazis haben nach seiner Emigration sein Archiv verwüstet und bündelweise auf die Straße geworfen, sondern die lieben Landsleute nach der Befreiung – wütend, daß die kostbaren Original-Partituren »eh nix wert« waren.)

Salmhofer nutzt die Hungerhilfe zu einem weiteren symbolischen Akt. Im unzerstört gebliebenen Stiegenhaus am Ring organisiert er eine Art Mittags-Eintopf. Jedes Opernmitglied bringt sein Gefäß mit und erhält ein paar Schöpflöffel voll »Drahtverhau«, wie das Dörrgemüse genannt wird. Verfeinern kann man das Grundgericht mit Zutaten aus dem Schleichhandel. Zu merken ist, daß es mit der Oper wieder aufwärts geht: Für zwei Abendhonorare gibt es bereits ein Kilo Butter.

Und dann gibt es die Einladungen bei den Besatzungsmächten. Die Amerikaner nehmen es bei den von Hitler »überfallenen« Österreichern mit der *non-fraternisation* nicht so genau. Dermota schwelgt: »Einziger Lichtblick in dieser düsteren Zeit waren die Amerikaner mit ihren üppigen Einladungen. Die erste erreichte das Solisten-Ensemble nach der Eröffnungsvorstellung im Theater an der Wien, an die sich sonst keine Nachfeier angeschlossen hätte. Sie kam von einem amerikanischen Brigadegeneral, der in Grinzing eine Herrschaftsvilla bezogen hatte und dort ein ebenso gastfreundliches wie kunstsinniges Haus führte ... Eine solche Fülle erlesener Delikatessen hatten wir seit Jahren nicht mehr gesehen. Endlich konnten wir uns wieder einmal gründlich satt essen! Wir bedankten uns dafür mit unserer Kunst.«

Die mit Eiswasser gefüllten Badewannen, in denen Batterien von Coca-Cola schwimmen, können die Russen nicht bieten. Aber ansonsten lassen sie sich erst recht nicht lumpen, zumal wenn russische Opern aufgeführt werden. Elisabeth Höngen erinnert sich an eine Einladung bei der russischen Stadtkommandantur nach einer Vorstellung von *Pique Dame*, in der sie die alte Gräfin singt, die bessere Zeiten gesehen hat: »Wir kriegten alle Stielaugen, als wir vor dem erlesenen Büffet standen, das uns die Eroberer offerierten ...«

Franz Salmhofer ist für weibliche Reize nicht unempfänglich. Als eine entzückende junge Dame beim Vorsingen in der ersten Arie alle hohen Töne schmeißt, läßt er sich als einziger nicht irritieren: »Weitersingen! Ein Stimmfachmann versteht, ob ein Spitzenton kommen kann, auch wenn er nicht kommt!« Nach dem Abschluß dreier weiterer Marternarien klettert er auf die Bühne und taxiert die Schöne aus der Nähe: »Alles großartig! Gsichterl prima, Halserl erstklassig, alles andere auch, Embonpointscherl in Ordnung ... Stimmerl is a Scherbn. Habe die Ehre!«

Anfang Februar 1946 sucht ihn eine 32jährige Künstlerin auf, die nicht nur mit ihrem Embonpoint Ehre einlegen kann. Die Bulgarin Ljuba Welitsch hat 1944 in der Volksoper unter Richard Strauss *Salome* gesungen, damals allerdings, ohne besonders aufzufallen. Inzwischen ist sie in München engagiert, will dort aber nicht bleiben. Sie wird in Salmhofers Zimmer geführt. »Saß da ein Mann im Mantel. ›Sie sind die Welitsch?‹ – ›Ja. Wer sind Sie?‹ – ›Ich bin Ihr Direktor!‹«

Am 7. Februar 1946 gibt sie ihr Staatsoperndebüt als Musetta. Am 9. Juli ist Premiere von *Salome*, und diesmal soll sogar die Zisterne vor Begeisterung rotiert haben. Der immer etwas reservierte Anton Dermota fällt Ljuba Welitschs schrankenlosem Temperament mehrfach zum Opfer: »Sie war die Primadonna schlechthin, mit allen ihren Attributen, extrovertiert und impulsiv als Künstlerin wie als Mensch. Wenn ich als Narraboth tot auf der Bühne lag, dann hatte ich jedesmal Angst, daß sie mir in ihrem Furioso ins Gesicht tritt. Als Giulietta drängte sie sich mir nach dem großen Duett – wir spielten uns ganz vorne an die Rampe – stürmisch entgegen, riß mich an sich und flüsterte: ›Küß mir den Busen!‹ Ich war so verblüfft, daß ich beinahe in den Orchestergraben fiel. Nach der Szene traf sie hinter der Bühne auf meine Frau, strahlte sie an und sagte triumphierend: ›Waren wir heute nicht großartig? *Das* war Theater!‹«

Im Herbst 1946 wird die Staatsoper von einem weiteren Wirbelsturm heimgesucht. Und diesmal geht es nicht ohne Flurschäden ab. Dr. Egon Hilbert tritt seinen Posten als Leiter der Bundestheaterverwaltung an. Er begann seine administrative Laufbahn in den zwanziger Jahren als Außendienstler der Sittenpolizei, wurde dann – seinen Passionen gemäßer – Theateroffizier und schließlich Atta-

»Extrovertiert und impulsiv als Künstlerin wie als Mensch«: Ljuba Welitsch als Salome

ché an der österreichischen Botschaft in Prag. Von dort lieferte er Informationen über Konrad Henleins Sudetendeutsche Heimatfront nach Wien, die in Auszügen in österreichischen Zeitungen erschienen und so treffsicher waren, daß ihnen regelmäßig wütende Dementis in deutschen Blättern folgten.

Offenbar war er sich der Brisanz seiner Mittlerdienste nicht bewußt, sonst hätte er sich nach dem »Anschluß« nicht so willenlos nach Wien zurückbeordern lassen. Wenige Stunden nach seiner Ankunft wurde er verhaftet und verbrachte die nächsten sieben Jahre im Konzentrationslager Dachau – anfangs unter den schauerlichsten Bedingungen und nur durch österreichische Mithäftlinge vor dem Tod bewahrt. Zu diesen Leidensgefährten gehörten der zukünftige Bundeskanzler Leopold Figl, der zukünftige Unterrichtsminister Dr. Felix Hurdes und der zukünftige kommunistische Stadtrat Viktor Matejka.

Als sich das Ende des Dritten Reichs abzuzeichnen begann und die Internierten der obersten politischen Spitze Österreichs in Dachau an das Verteilen der künftigen Macht und der künftigen Ämter gingen, wurde auch er nach seinen Wünschen gefragt. »Die Oper« – das war für ihn gar keine Frage.

»Die kannst du haben. A Theater will hier eh keiner . . .«

Die erste Station der Freiheit war für ihn das Salzburger Landestheater, wo ihm für »Bunte Abende« ein göttliches Aufgebot aller Stars zur Verfügung stand, die sich in den Westen Österreichs hatten absetzen können. Sein Aufenthalt in Salzburg war trotzdem nicht ganz freiwillig so lang. Denn er hat aus Dankbarkeit (seine Mithäftlinge billigen ihm dafür den mildernden Umstand einer Haftpsychose zu) eine Deutsche geheiratet, die in einem Außenlager von Dachau tätig war und nach dem Ende in die Sowjetzone nach Plauen »repatriiert« werden sollte – was für eine Angestellte der SS nichts Gutes bedeutet hätte. Über die Ennsbrücke aber kann sie ihm auch nicht folgen.

Als er – nach Wahrung des Dekorums – endlich allein nach Wien kommt, ist der Posten des Operndirektors bereits vergeben. Und Hilbert kann wieder bloß ein »Administrativer« werden, mit einer Machtbefugnis allerdings und Beziehungen zu Politikern jeder Couleur, die dem »Usurpator« Salmhofer seine Grenzen bald schmerzlich bewußt machen. Mit einem Arbeitseifer und einem Enthusiasmus, die an Besessenheit mahnen, versucht Hilbert alle Zuständigkeiten an sich zu reißen. Er trennt – *divide et impera* – die Administration der beiden Häuser, ernennt Hermann Juch zum Direktor der »Staatsoper in der Volksoper« mit eigenem Orchester und konzentriert die Philharmoniker auf das Theater an der Wien.

Das ist eine vernünftige Entscheidung. Doch kann er seinen ursprünglichen Plan, das Repertoire strikt nach Oper und Operette zu trennen, nicht verwirklichen. Zu verzahnt sind die Aufgaben der Solisten beider Häuser.

Anstrengender für Hilberts Schutzbefohlene ist, daß er sich von Anfang an als verhinderter Operndirektor fühlt, womit er subjektiv ja absolut recht hat. Die Rastlosigkeit, mit der er seinen »25-Stunden-Tag« absolviert, verbreitet Hektik und Nervosität. Vor jeder Aufführung eilt er von Garderobe zu Garderobe, um sich persönlich zu überzeugen, daß alle Sänger rechtzeitig eingetroffen sind. Klar, daß er, der fanatische Nichtfachmann, und Salmhofer, der eher gemütliche Pragmatiker, einander nicht ausstehen können. Beide verfügen über eine laute und hohe Stimme und bekeifen sich im Diskant, ohne daß einer dem anderen zuhört. Das wiederum verhindert Schlimmeres.

Und schließlich, meint Carl Merz (sein »Opernnarr« ist natürlich Hilbert), löst die Topographie das Problem mit Salmhofer: »Mit der Zeit zog er sich immer mehr in seine im fünften Stock des Theaters an der Wien gelegene Direktion zurück, die schon deshalb nicht leicht zu erreichen war, weil der Lift in dem Hause nicht gerichtet werden konnte: die Hausinhabung weigerte sich, es zu tun, und die Bundestheaterverwaltung lehnte es ebenfalls ab. Das Resultat war, daß Stollreiter, der nie ein übertrieben fleißiger Mensch gewesen war, immer häufiger übergangen wurde, weil die meisten Personen, die ein Anliegen hatten, es vorzogen, gleich zu der Bundestheaterverwaltung zu gehen, als fünf Stockwerke zu ersteigen ...« Salmhofers *message* eines Operndirektors – »Man muß sich zum Opfer bringen« – gewinnt dadurch eine etwas unfreiwillige tiefere Bedeutung.

Es müssen auch so genug diplomatische Hürden genommen werden, zumal was die Sonderwünsche und die Empfindlichkeiten der russischen Besatzer betrifft. Bei einer Live-Übertragung von *Rigoletto* können auch die Hörer an einem mittleren Skandal teilnehmen, verursacht durch die 60jährige Polin Ada Sari, deren Gastspiel als Gilda dem Theater aufgezwungen wurde. Zischen und Pfiffe begleiten ihre unzureichenden Versuche, der verführten Unschuld

Töne zu geben. Die Verlautbarung vor dem dritten Akt, Frau Sari könne wegen plötzlicher Indisposition nicht fortsetzen, wird stürmisch akklamiert. Emmy Loose rettet den Abend vor dem Infarkt. Denn Ada Sari sterbend im Sack – das wäre das Ende gewesen.

Auch die Wahl einer Oper kann im besetzten Wien unversehens zum Politikum werden. Bei der Premiere von *Fürst Igor* singt Paul Schöffler als Gefangener im Lager der Polowetzer in der zentralen Arie statt »O gebt mir, gebt mir meine Freiheit« die Worte »O gebt uns, gebt uns unsere Freiheit«. Das Publikum bereitet ihm demonstrativ Ovationen. Schöffler wird am nächsten Morgen zum russischen Stadtkommandanten zitiert, der ihn dringend ersucht, sich doch genau an den vorgeschriebenen Text halten zu wollen.

Bei Salmhofers *Iwan Tarassenko* droht der Einspruch der russischen Besatzer schon in der Generalprobe. Im Rahmen der dargestellten Kämpfe zwischen den »Weißen« und den »Roten« hat ein Angehöriger der Roten Armee die Nadja auf offener Bühne zu vergewaltigen. Originalton Ljuba Welitsch: »Die Nadja bin ich – tolle Partie, interessante Partie. Der Salmhofer kommt zu mir: ›In der Zuschauerraum sind drei Majore und ein Leutnant von russischer Armee. Du mußt phantastisch sein, sonst verbieten die die Oper, weil ein russischer Soldat vergewaltigt keine Frau.‹ Also ich auf die Bühne, Rosvaenge kommt bei mir, ich wehre mich, ich verschwinde von der Bühne. Und dann in der Pause kommen die drei Generäle und sagt: ›Welitschkowa, charascho, Opera bleibt!‹« Fehlt in der allmählichen Steigerung der Ränge nur noch als Finale der Auftritt von Väterchen Stalin ...

Ein Problem können die Alliierten nur gemeinsam lösen – das des Dirigierverbots für die österreichischen und deutschen Pultstars. Inzwischen wächst die Unzufriedenheit mit dem Dirigenten-»Einheitsmenü«. Die Weihnachtspremiere 1946 von *Aida* wird vor allem wegen Ljuba Welitsch ein Erfolg. Aber manche Besucher fragen sich, ob Krips der rechte Verdi-Dirigent ist. Beim nächsten *Fidelio* artikuliert der Stehplatz, dem auch der 17jährige Eberhard Waechter angehört, seinen Unmut: »Krips war zweifellos ein ganz erster und hervorragender Operndirigent, und wir haben ihn auch sehr geliebt, nur – es hat dann nur noch er dirigiert! Und das war uns ein bissel zuviel. Und da haben wir ein – für heutige Begriffe unhörbares – Pfui losgelassen. Es ist auch gar nicht besonders aufgenommen worden.«

Das dicke Ende aber kommt, als der junge Waechter wie immer zum Bühnentürl geht und auf die Sänger wartet. Um die folgende Szene würdigen zu können, muß man wissen, daß Anny Konetzni, die Sängerin der Leonore, wie ihre Schwester Hilde einmal Rekordschwimmerin war und über einen gigantischen Thorax verfügt. Ferner, daß Anny im Gegensatz zur sanften Hilde ein wahrer Drachen ist, so giftig, daß sie die jüngere Schwester daran gehindert hat, ihr Isolde und Brünnhilde nachzusingen. Und daß sie sich auch sonst nichts bieten läßt.

»Es kommt also heraus die Anny Konetzni mit ihrem Mann – ein berühmter Hautarzt – und stürzt auf mich zu und schmiert mir links und rechts eine. Aber eine kräftige, muß ich sagen. Und ich hab' ihr eine zurückgeschmiert. Na ja, das war aber nicht so lustig, weil jetzt hat sie mich nämlich mit ihrem Gewicht, mit ihrem ganzen, gegen die Wand gedrückt, mit ihrer Tasche hat sie mir auf den Kopf gehaut, und zusätzlich ist noch ihr Mann auf mich losgegangen! Nachdem ich also etliche Minuten durchgehaut worden bin, kam zu meinem Glück Max Lorenz heraus, hat das gesehen und sich mit seinem breiten Rücken schützend vor mich gestellt und hat mich also so gerettet. Dann wurden wir auf die Polizei zitiert und als Nazi-Randalierer festgehalten. Da wurde effektiv nachgeforscht, ob man Nazi war, und da ich keiner war, bin ich nicht in den Häfen gewandert, andere sind effektiv ein paar Tage gesessen wegen dieser Sache.«

Die Vergangenheit läßt sich noch lange nicht bewältigen. 1947 können Karl Böhm, Clemens Krauss und Hans Knappertsbusch ans Pult der Staatsoper zurückkehren. Böhm hat Drohungen verschiedener Art erhalten und gesteht freimütig, daß er vor dem Wiederauftreten große Angst gehabt hat. Es hätte auch wahrscheinlich einen Affront gegeben, wäre Hilbert nicht so besessen von seiner Vision, die immer wieder in dem Kampfruf gipfelt »Über uns die Oper!« Er, der noch alle Spuren seiner siebenjährigen KZ-Haft trägt, heftet sich seinen roten KZ-Winkel ans Revers und geleitet Böhm unangefochten vorbei an den feindseligen Bühnenarbeitern in den Orchestergraben bis zum Dirigentenpult. Der Abend ist gerettet.

Die unbelastete Freude des Publikums über die Wiederbegegnung mit Knappertsbusch wird von den neuen Tausendprozentigen unter den Kommentatoren dafür als nackte Provokation empfunden: »Orkanartige Sympathiekundgebungen wurden Knappertsbusch schon bei seinem Erscheinen entgegengebracht und konnten nur durch den plötzlichen Beginn der Vorstellung in ihrer demonstrativen Nebenwirkung zum Schweigen gebracht werden. Unverantwortliche Elemente sind hier am Werk und drohen neuerdings politischen Zündstoff in die Oper zu tragen. Im Wiederholungsfall würde dadurch künstlich ein Fall Knappertsbusch erzeugt werden, der nur zu unliebsamen Weiterungen führen müßte.«

Der Schreibtischtäter weiß offenbar nicht, daß Knappertsbusch in jeder Vorstellung den Applaus durch »plötzlichen Beginn« der Vorstellung zum Schweigen bringt. Heinz Fischer-Karwin meint dazu lakonisch: »So war das also damals. Von allen Verboten großer Dirigenten war das gegen Knappertsbusch eine krasse Fehlentscheidung, die durch nichts zu rechtfertigen war. Dann kommt er wieder, und seine Anhänger sind Neonazis ... Wahrscheinlich ist das gestörte Verhältnis, das einige namhafte Dirigenten zu Wien hatten (oder haben), auf die ersten Nachkriegsjahre zurückzuführen.«

DIE »MUSS-NAZIS« UND DER DRITTE MANN

Lügen haben lange Beine, die über Jahrzehnte noch wachsen – Die Dirigenten-Elite wird aus dem Verkehr gezogen – Der englische Produzent Walter Legge als Spürhund – Stellvertretende »Sünderin« für alle: Elisabeth Schwarzkopf – Wilhelm Furtwängler vertreibt Herbert von Karajan aus Salzburg

Über die negativ besetzte Rolle des Künstlers in einer Diktatur, den Grad seiner Schuld durch bloßes »Mitmachen«, wird sich Einigkeit nicht erzielen lassen. Die Künstler, die nach dem Ende des Dritten Reichs an den Pranger gestellt wurden, fühlten sich jedenfalls alle ungerecht behandelt. Oft waren es ja Zufallsfunde, über die sie stolperten, oder auch Denunziationen von Rivalinnen und Rivalen. Und viele, die nicht bloß »mitgemacht« hatten, kamen ungeschoren davon, weil der größte Teil der Dokumente erst nach dem Abschluß der Entnazifizierungsverfahren gesichtet werden konnte.

Bereits im Frühjahr 1946 stellte der Exil-Wiener Henry Alter, als US-Theateroffizier in seine Vaterstadt zurückgekehrt, resigniert fest: »(Während der vergangenen neun Monate) ist es uns nicht gelungen, den Einfluß der Nationalsozialisten auszuschalten; dafür aber haben wir durch wahllose Entnazifizierungsmaßnahmen das kulturelle Leben praktisch zum Erliegen gebracht . . . Europäische Künstler haben es schon immer als ihr Privileg betrachtet, von den jeweiligen Regierungen umworben und geehrt zu werden, ohne ihnen ihrerseits zu huldigen oder auch nur ein politisches Bewußtsein zu entwickeln . . . Geht man davon aus, daß die Künstler unter den Nationalsozialisten jede Betätigung hätten einstellen müssen, dann sollte keine Unterscheidung getroffen werden, dann müßte man jeden an den Pranger stellen, der ein Gehalt bezog, während die Nationalsozialisten an der Macht waren . . . Als mögliche Lösung dieses Problems wäre denkbar, nur diejenigen Künstler zur Rechenschaft zu ziehen, denen Verbrechen gegen die Rechtsstaatlichkeit vorgeworfen werden können.«

Die Reaktion der Beschuldigten auf die Verfahren war, daß sie nach der Amnestie den Rest von Einsicht über begangene Irrtümer rasch unter den Teppich kehrten. Es begann das große Vergessen. Karl Böhms Autobiographie *Ich erinnere mich ganz genau*, von Hans Weigel herausgegeben, hätte besser geheißen: »Ich erinnere mich an gar nichts mehr.«

Fred K. Prieberg beschreibt dieses Phänomen in seiner Untersuchung *Musik im NS-Staat* als zwanghaft: »So ist es kein bißchen verwunderlich, wenn namhafte Persönlichkeiten, und zwar je entschiedener, desto mehr ihr Name nach 1945 wog, an Aufklärung oder Geschichtsforschung gar nicht interessiert sind . . . Der Drang, Erfolg zu haben und zu behalten, braucht ein makelloses, Selbstzufriedenheit schaffendes Image jenseits aller Realität, sozusagen ein imaginäres Denkmal schon zu Lebzeiten.«

Es wäre andererseits aber auch blauäugig einzufordern, daß Künstler, die ihre gesamte Karriere mit einem Maximum an Ehrgeiz und einem Minimum an Skrupeln erkämpft haben, ausgerechnet im Dritten Reich auf diese Methode hätten verzichten sollen.

1978 bringt *Die Zeit* ein Interview mit dem 84jährigen Karl Böhm, in dem ihm die Kränkungen des Arbeitsverbots nach dem Krieg nochmals hochkommen: »Nur zu deutlich hatte ich noch im Ohr, was mich die Engländer, Amerikaner und die Russen kaltlächelnd gefragt hatten: ›Wenn Sie ein Gegner des Nazitums waren, Herr Böhm, warum sind Sie denn dann nicht emigriert?‹ Die hatten gut reden. Schließlich hatte ich eine Familie zu ernähren und keinerlei Verbindungen nach London oder nach Amerika. Wie sollte ich dort Geld verdienen? Die anderen, die in die Emigration gegangen sind, hatten es ja eigentlich besser als ich, der ich zu Hause geblieben bin. Sie hatten keine Bombenangriffe zu überstehen; sie hatten Arbeit.«

Nun könnte man es dem musikalisch noch immer so präsenten alten Herrn nachsehen, daß er auf anderen Gebieten schwer nachgelassen hat. Doch als der Wiener *Kurier* das Statement nachdruckt, meint der Dramatiker Adolf Opel in einem empörten Leserbrief, Böhms Auslassungen überträfen »die Argumente des legendären ›Herrn Karl‹ von Qualtinger/Merz, jener wohl bösartigsten und daher treffenden Charakterisierung des Österreichers und seines wetterwendischen Verhaltens in Kriegs- und Nachkriegszeit«. Böhm klagt auf Beleidigung, Opel wird zu 8000 Schilling Geldbuße verurteilt, und die Wiener *Arbeiter-Zeitung* meint spöttisch: »Hoffentlich wird Böhms Ansehen in der Öffentlichkeit, das herabzusetzen Opels Brief laut Gesetz geeignet war, dadurch wiederhergestellt.«

Indessen ist Böhm 1945 nicht darüber gestrauchelt, daß er nicht emigriert ist (was man im Ernst wohl nicht verlangen konnte), sondern über einen Passus in dem Buch *Künstler plaudern* von Harry Erwin Weinschenk aus dem Jahre 1941: »Es war an jenem denkwürdigen 9. November 1923, da die braunen Kolonnen Adolf Hitlers zum Marsch nach der Feldherrnhalle antraten. Ich hatte am Vormittag Orchesterprobe, und zwar im Foyer des Nationaltheaters, dessen Fenster auf den Max-Josefs-Platz hinausgehen. In unmittelbarer Nähe liegt die Feldherrnhalle, und dort spielten sich die erschütternden Ereignisse ab, die einen Markstein in der deutschen Geschichte bilden. Fieberhafte Spannung lag in jenen Tagen über München, man ahnte, daß große Begebenheiten bevorstanden. Und so war keine rechte Konzentration für das Musizieren möglich. Plötzlich hallten Schüsse über den Platz, wir eilten zum Fenster und sahen die vor den mörderischen Kugeln zurückweichenden Nationalsozialisten. Unter ungeheurer Aufregung erlebten wir den Abtransport der Verwundeten, sahen Blut, das für die Idee vergossen wurde, die siegreich geworden ist.«

Es ist damals viel in solche Porträts hineinredigiert worden. Glauben wir also Karl Böhm, daß seine Erinnerung an den 9. November 1923 hauptsächlich in dem Satz bestand: »Ja, ja, ich hatte gerade zwei Stücke probiert, die später auf die ›kulturbolschewistische Liste‹ gesetzt wurden.« Das konnte Weinschenk in einem Braunbuch natürlich nicht brauchen. Und glauben wir (allerdings mit etwas weniger Überzeugung), daß er die Äußerung über das »siegreich vergossene Blut« schon deshalb nicht getan haben kann, weil »dieser Satz so dumm ist, daß ich ihn ganz sicher nie gesagt habe«.

Auch Böhms Ergebenheitsadresse als Direktor der Dresdener Staatsoper zur Farce der Reichstagswahl am 29. März 1936, die in der *Musik-Woche* erschien, mag als Lippenbekenntnis hingehen (obwohl dergleichen ja nicht erzwungen wurde): »Man darf getrost behaupten, daß die Krise, in der sich das musikalische Schaffen in Deutschland und die deutsche Kunst überhaupt befand, durch die umsichtige Fürsorge und das tiefe Verständnis des Führers für künstlerische Fragen . . . gebannt ist.«

Schließlich war er nicht der einzige Österreicher, der über die »Heimkehr Österreichs« vor Glück überströmte. Und nur die Mitteilung über dieses Glücksgefühl ließ er am 10. April 1938 über das Gaupropagandaamt der NSDAP Wien verbreiten: »Wer dieser Tat unseres Führers nicht mit einem hundertprozentigen JA zustimmt, verdient nicht, den Ehrennamen Deutscher zu tragen.«

Warum allerdings speziell er sich so freute, erhellen zwei Briefe, die er Jahre zuvor von Dresden in kurzem Abstand an das Reichspropagandaministerium in Berlin schickte. Am 13. August 1935: »Von der Wiener Konzerthausgesellschaft (ein Privatunternehmen) erhielt ich das Angebot, im kommenden Winter drei Sinfoniekonzerte in Wien zu dirigieren. Es ist sicher im Sinne der Regierung gelegen, wenn ich als deutscher Dirigent nach Wien gehe, um dort den zahlreichen Anhängern der nationalsozialistischen Idee neue Anregung zu geben, um so mehr als ich gebürtiger Österreicher bin. Ich bitte daher offiziell um Genehmigung.«

Zwei Wochen später hakte er ungeduldig nach: »Da ich von Geburt aus Österreicher bin, jetzt seit zwölf Jahren reichsdeutscher Staatsangehöriger, und natürlich in Wien viele Anhänger, besonders im nationalsozialistischen Lager habe, glaube ich, daß diese Konzerte propagandistisch von größtem Vorteil für Deutschland sein können . . .«

Diese Dokumente lagen den Engländern, Amerikanern und Russen nicht vor, sonst hätten sie ihn gewiß noch viel kälter lächelnd befragt.

Der Karl Böhm jener Jahre war noch nicht der große alte Mann, dessen Künstlerschaft zu bewundern ist. Er stand noch im Schatten der überragenden Dirigenten seiner Generation und der Generation davor. Ein Schatten, der auch auf die Honorare fiel. 1941 bekam er bei den Salzburger Festspielen 1000 Mark pro Abend, Knappertsbusch hingegen 1500, und Clemens Krauss gar 2000 Mark. Das muß man erst mal wegstecken. Esther Rethy hat damals oft unter ihm gesungen: »Er war sehr präzise, aber kalt wie Eis. Kein sehr sympathischer Mensch.« Auch das wird später anders. Da ist er ein meist gütiger Vater für seine Sänger und sekkiert nur noch regelmäßig bei jeder neuen *Figaro*-Produktion (und er macht viele) mit Hochgenuß die Nachwuchssängerinnen, die beim Hochzeitsmarsch ihrem kleinen Duetterl entgegenzittern . . .

Clemens Krauss mußte sich nicht anbiedern und um Anerkennung buhlen. Ihm haben die Wiener seine diplomatischen Kunststücke als Direktor der Wiener Staatsoper im Jahr 1934 nicht vergessen. Nach dem mißglückten Juliputsch der österreichischen Nationalsozialisten, bei dem der Bundeskanzler Engelbert Dollfuß ermordet wurde, sagte Richard Strauss seine Teilnahme an den Salzburger Festspielen überraschend ab, offenbar auf Weisung von oben. Krauss wollte nicht auf ihn verzichten. Viorica Ursuleac, seine Lebensgefährtin und damals bereits preußische Kammersängerin, rief aus einer Telefonzelle des Hotel Bristol Göring in Berlin an. Trotz der Vorsichtsmaßnahme war das Telefongespräch polizeilich abgehört worden, die guten Beziehungen zu den Nationalsozialisten waren evident – und Krauss' Tage in Wien gezählt.

Anfang Dezember 1934 demissionierte Furtwängler als Chef der Berliner Staatsoper aus Protest gegen die Ächtung Hindemiths. Am 10. Dezember unterschrieb Clemens Krauss in Berlin seinen neuen Vertrag als Furtwänglers Nachfolger, um dem Wiener Hinausschmiß zuvorzukommen. Am nächsten Tag dirigierte er in Wien *Falstaff*. Marcel Prawy war in der Vorstellung: »Die Empörung des Publikums darüber, daß ein österreichischer Staatsoperndirektor im Jahr des Dollfuß-Mordes – der es so besonders deutlich gemacht hatte, welch tödliche Feindschaft die deutschen Nationalsozialisten gegen Österreich hegten – nach Deutschland ging, um dort Karriere zu machen, war grenzenlos . . . Als Krauss ans Pult trat, empfing ihn ein Zisch- und Pfeifkonzert. Ich bereue es nicht, damals mitgezischt zu haben (obwohl ich heute verzeihender über die Konjunkturritter von damals denke).«

In Salzburg macht sich Clemens Krauss weitere »Freunde fürs Leben«. 1938 wird die Struktur der Festspiele völlig geändert. Es gibt keine Festspielhausgemeinde mehr, Veranstalter ist nunmehr der Staat. Zum »Direktor« des Unternehmens wird 1939 Krauss bestellt, was ihm der bisherige Festspielpräsident Baron Puthon nicht vergessen wird. Außerdem übernimmt er die Leitung des Mozarteums, aus der Bernhard Paumgartner, schon in den Dreißigern eine »Salzburger Kulturinstitution«, gewaltsam entfernt wurde. Sieben Jahre muß er dafür nach dem Krieg warten, bis sich 1952 die Tore des Salzburger Festspielhauses wieder für ihn öffnen.

Die Münchner Oper, der Clemens Krauss von 1937 bis 1944 die vielleicht glanzvollste Zeit ihrer Geschichte beschert hat und in der er seine Vorstellung von Ensemble-Drill am gelungensten vewirklichen konnte, hält ihn sich dafür bis zu seinem Tod als Sündenbock. Das Sinfonieorchester des Bayerischen Rundfunks lädt ihn wieder ein, nachdem er sich in London und sonstwo »bewährt« hat, das Prinzregententheater, Nachkriegsausweichquartier der Bayerischen Staatsoper, bleibt ihm verschlossen.

1952 wird der amtierende Generalmusikdirektor Georg Solti aus München hinausgeekelt, und der Posten ist unbesetzt. Doch als Rudolf Hartmann zu Beginn seiner Intendantenzeit 1953 den Versuch macht, Krauss wenigstens als Gastdirigenten zurückzuholen, stößt er »auf erbitterte Feindschaft und blanken Haß, vor allem von seiten des damaligen Orchestervorstandes und Betriebsrates«. (Bei Hans-Joachim Nösselt, dem Chronisten des Bayerischen Staatsorchesters, der Hartmanns Version »richtigstellt«, ». . . stemmt sich im Gegensatz zu einer sich erneut zu Krauss bekennenden Mehrheit im Orchester eine winzige politisierte Schar um einen eigensinnigen Vorstand gegen den Klangzauberer«.)

Clemens Krauss schweigt zu allen Unbilden, während Viorica Ursuleac noch als 85jährige ihren Haß gegen die ungerechte Welt blank scheuert. Daß Lotte Lehmann aufrecht Görings Angebot ausschlug, sie zur preußischen Kammersängerin zu machen, und dafür eine Menge Unannehmlichkeiten hatte, darüber liefert Ursuleac 1979 Lanfranco Rasponi ihre eigene Version: »Sie machte zur Bedingung, daß Chrysothemis, Arabella und Sieglinde nur von ihr gesungen werden dürften. Es war nun aber so, daß in meinem Kontrakt auch diese Rollen aufgeführt waren. Als sie das hörte, bekam sie einen hysterischen Anfall und kehrte nach Wien zurück. Von da an hatte sie nichts Wichtigeres zu tun, als zu verbreiten, daß ich ein eingefleischter Nazi sei. Nichts hätte weiter von der Wahrheit entfernt sein können ... Jedenfalls kam der Krieg mit all seinen Schrecken, Lehmann wurde zur tapferen Antinazi-Heroine, und ich zahlte schwer für meinen Mangel an politischer Urteilsfähigkeit. Aber ich war nicht die einzige – ich war in sehr guter Gesellschaft!« Es ist zu hoffen, daß Viorica Ursuleac für diese Infamie inzwischen im Fegefeuer rund um die Uhr mit erstklassigem *heavy-metal-sound* gemartert wird ...

Wenn es um wirkliche Ungerechtigkeit bei den alliierten Entscheidungen über Verbot oder Nichtverbot geht, wird gern der Fall Knappertsbusch angeführt. Der aufrechte westfälische Dickschädel, der mit seiner Meinung nicht zurückhielt, hatte aus seiner Abneigung gegen Hitler und sein System kein Hehl gemacht und war daraufhin 1935 als Generalmusikdirektor der Bayerischen Staatsoper, obwohl noch nicht 50 Jahre alt, zwangspensioniert worden. Überdies verhängte der Gauleiter und stellvertretende bayerische Ministerpräsident Adolf Wagner ein Dirigierverbot für ganz Bayern über ihn.

Auch Hitler ließ sich über Knappertsbusch aus, der – wie Henry Picker in den *Tischgesprächen* zitiert – *mit seinen blonden Haaren und seinen blauen Augen zwar ein Germane sei, aber nur mit Temperament und ohne jedes musikalische Gehör Musik machen zu können glaube. Sich eine Opernaufführung Knappertsbuschs anzuhören sei eine Strafe.*

Das fand man in Wien gar nicht, wo er sich rasch eine begeisterte Anhängerschaft erwarb und wo Geschichten über seine außermusikalischen Extempores kursierten. Auch an der Wiener Oper mußten nach 1938 die Führerreden über Lautsprecher übertragen werden. Dafür wurden die Proben unterbrochen. Bei einer solchen Gelegenheit schleuderte Knappertsbusch einen Aschenbecher gegen die Lautsprecheranlage – mit einem »im Druck nicht wiederzugebenden« Fluch.

Es wird über so viel Zivilcourage vergessen, daß auch Knappersbusch den törichten sogenannten Protest der Richard-Wagner-Stadt München gegen Thomas Mann mit unterschrieb, der am 16. und 17. April 1933 in den *Münchner Neuesten Nachrichten* veröffentlicht wurde. Der Protest richtete sich gegen Vorträge Thomas Manns in verschiedenen europäischen Städten über »Leiden und Größe Richard Wagners« und war im Stil des Kampfbunds für deutsche Kultur abgefaßt:

»Nachdem die nationale Erhebung Deutschlands festes Gefüge angenommen hat, kann es nicht mehr als Ablenkung empfunden werden, wenn wir uns an die Öffentlichkeit wenden, um das Andenken an den großen deutschen Meister Richard Wagner vor Verunglimpfung zu schützen... Herr Mann, der das Unglück erlitten hat, seine früher nationale Gesinnung bei der Errichtung der Republik einzubüßen und mit einer kosmopolitisch demokratischen Auffassung zu vertauschen, ... hat in Brüssel und Amsterdam und an anderen Orten Wagners Gestalten als eine Fundgrube für die Freud'sche Psychoanalyse und sein Werk als einen mit höchster Willenskraft ins Monumentale getriebenen Dilettantismus bezeichnet...«

Nahezu alle Honoratioren von München unterschrieben damals dieses Pamphlet, nach dessen Veröffentlichung Thomas Mann nicht mehr nach Deutschland zurückkehren konnte (und auch nicht wollte). Die Namensliste ist bedrückend: Richard Strauss, Hans Pfitzner, Hans Knappertsbusch im trauten Verein mit Adolf Wagner und Christian Weber, dem Partei-Schläger und Fraktionsvorsitzenden der NSDAP im Münchner Rathaus.

Zwei Jahre später traf es Knappertsbusch selbst. Die Münchner gastierten im Januar 1935 mit *Figaro* in Den Haag. Nach einer Plauderei in der deutschen Gesandtschaft wurde vom Attaché höchsten Orts Meldung erstattet:

»... erklärte mir K. auf meine Frage nach der Stimmung zu Hause, ›In Bayern haben wir ja den reinen Nationalbolschewismus. Das Volk ist damit zufrieden, denn damit hat die Masse ja, was sie wollte ... In der Regierung sitzen ja Phantasten, die nicht wissen, was um sie vorgeht, da sie von allen Seiten belogen werden.‹ Meine Erwiderung, daß ich diese Auffassung für abwegig erachte, quittierte K. mit der Frage: ›Sind Sie Nazi?‹ Auf meine bestätigende Antwort machte er die sarkastische Bemerkung ›Muß-Nazi?‹ ... Mit meiner richtigstellenden Antwort, daß es keine Muß-Nazi gäbe ..., schloß ich die unerfreuliche Unterhaltung, aus der ich schon aus dem Ton, in dem sie geführt wurde, entnehmen mußte, daß K. kein Freund des neuen Deutschland ist und zweifellos Ausländern gegenüber noch weniger Hehl aus seiner Einstellung machen würde als mir gegenüber.«

Das ist nun nicht ganz das, was gemeinhin als Antifaschismus angesehen wird. Der Denunziationsbrief belegt zum einen, daß auch Knappertsbusch in den Anfangsjahren an das Märchen vom ahnungslosen guten »Führer« glaubte. Und zum anderen äußert sich hier lediglich die Verachtung eines Herrn der alten Schule gegenüber der Primitivität der selbsternannten Herrenmenschen (ein häufiges Phänomen der Abwehr in den »gebildeten Ständen«).

Doch selbst wenn die Entnazifizierungskommission zu solchen Differenzierungen in der Lage gewesen wäre – es geht bei den Arbeitsverboten der Großen um anderes, es geht um die Bestrafung einer kulturellen Kontinuität. In seiner Fallstudie *Kraftprobe – Wilhelm Furtwängler im Dritten Reich* stellt Fred K. Prieberg die Diagnose: »Auch die 1933 und danach emigrierten oder hinausgewiesenen Musiker hielten sich für unentbehrlich. Deswegen glaubten sie ganz fest, das Deutschland Hitlers werde mit ihrem Abzug öde und leer werden, kulturelle Wüstenei werde sich ausbreiten, und, so prompt bestraft, müsse das Regime zusammenbrechen.«

Eine Parallele also zu Hitlers Traum vom in die Steinzeit zurücksinkenden Amerika. Daß die Prognosen so nicht eintrafen, erzeugte Haß. Und wenn die Bombardements der Städte zur Demoralisierung der Bevölkerung dienen sollten, ist es wohl nicht ganz abwegig, die zielsichere Zerstörung der Opernhäuser für keine bloßen Versehen, sondern für eine kleine Nachhilfe zu halten.

Die Person, auf die sich aller Haß versammelte (und der bis heute noch nachbrodelt), war Wilhelm Furtwängler, für die Weltöffentlichkeit die Inkarnation deutscher Tonkunst und damit im totemistischen Denken der Hasser der magische Verhinderer des Zusammenbruchs dieser hassenswert gewordenen Kultur.

Die erste Großkampagne gegen ihn gab es bereits 1936. Auf Empfehlung von Arturo Toscanini, der seinen Posten als Musikdirektor bei den New Yorker Philharmonikern niedergelegt hatte, war nach längeren Verhandlungen eine Vereinbarung mit Furtwängler für die kommende Saison zustande gekommen – unter der Bedingung, daß er weder in Deutschland noch sonstwo eine feste Dirigentenstellung bekleide. Ein Vertragspassus ohne politischen Hintergrund. Die Berufung wurde am 28. Februar 1936 in der amerikanischen Presse gemeldet.

Das provozierte eine »konzertierte Aktion«, in der sich die wunderlichsten Verbündeten trafen. Prieberg ging den Spuren nach: »Initiator des Protests war ein 29jähriger Geschäftsmann ... namens Ira Hirschmann, ein aus Baltimore gebürtiger Jude, Aufsteigernatur, maßlos ehrgeizig und von jenem Typus, der über Leichen geht ... Hirschmann verschmähte bei seiner Kampagne nicht die seltsamsten Bundesgenossen; außer den Gewerkschaftsorganisationen der Musiker und der Lehrer protestierte auch die American Federation of Labor ... und der Deutsch-Amerikanische Bund ... eine Einheitsfront von Kapitalisten, linken Verbandsfunktionären, Juden und amerikanischen Faschisten!«

Der Deutsch-Amerikanische Bund, das ist die besondere Delikatesse in dieser unheiligen Allianz, trägt schwarzgraue Uniform und Rassenideologie, unterhält Kontakte zum Ku-Klux-Klan und erhält hohe Dollar-Subventionen aus dem Deutschen Reich, die zur Hetze gegen Kommunisten und Juden und zur Werbung um Verständnis für das NS-Regime verwendet werden.

Die Kampagne hat großen Erfolg. Die amerikanische Öffentlichkeit erbebt vor moralischer Entrüstung über den »Nazi« Furtwängler. Und alle sind glücklich: diejenigen unter den amerikanischen Juden, welche am liebsten die deutsche Musik generell mit ewigem Boykott belegen würden, die rechtsradikalen amerikanischen Berufsrandalierer – und das Dritte Reich, das auf diese Weise dem unsicheren Kantonisten Furtwängler das Ausbüxen vermasselt hat.

Nur Furtwängler ist nicht glücklich. Zum Ausgleich hat er in Berlin einen Gegner, der die Schurkenrolle ebenfalls vortrefflich darzustellen imstande ist. Er heißt Rudolf Vedder, war Leiter der Konzertabteilung der Firma Steinway & Sons und wurde 1927 überführt, Künstlergagen von über 10000 RM in die eigene Tasche gewirtschaftet zu haben. Die Firma verzichtete aus ökonomischen Gründen auf eine Strafanzeige. Vedder bekam vielmehr mit neutralem Zeugnis die Chance, als nunmehr selbständiger Agent die Summe ratenweise abzustottern. Das wurde mit dem Beginn der Weltwirtschaftskrise schwierig. Daß Furtwängler – neben dem Don-Kosaken-Chor und den Comedian Harmonists mit seinen Berliner Philharmonikern die einzige noch intakte Goldgrube – ihn damals abblitzen ließ, als er seine Vermittlerdienste anbot, vergaß er ihm nie.

Im Dritten Reich wird Rudolf Vedder 1934 Leiter der Konzert-Abteilung der Reichsmusikerschaft und hilft erst einmal bei der »Entjudung« des Musiklebens in der Provinz, indem er keine jüdischen Künstler dorthin vermittelt. Doch wieder stolpert er über seine »Mißwirtschaft« – die Eingänge decken nicht einmal die Gehälter und Sozialabgaben seiner Abteilung. Und wieder ist die einzige Folge seine Entlassung. Als die Abteilung im Oktober 1935 ganz aufgelöst wird, wechseln Dutzende Künstler, die er bisher »staatlich« betreut hat, in seine neu gegründete private Firma. Dann begegnet er dem aufstrebenden Herbert von Karajan – und hat damit endlich die Waffe gegen Furtwängler.

In der Grauzone des Kompetenzgerangels und der Bandenkriege zwischen den Nazibonzen läßt es sich gut munkeln. Göring, Oberherr der Preußischen Staatstheater und damit der Berliner Staatsoper, kann die Lücke nicht schließen, die Furtwängler nach seinem Abschied als Generalmusikdirektor hinterlassen hat. Goebbels, in dessen Zuständigkeit die Berliner Philharmoniker fallen, hat mit seinem störrischen Chefdirigenten ebenfalls immer wieder Ärger.

Im Oktober 1938 wird dem »schwierigen Alten« in einer »Kunstbetrachtung« empfindlich auf die Zehen getreten. Am 21. Oktober dirigiert Karajan in der Staatsoper *Tristan und Isolde*. In der *BZ am Mittag* schreibt Edwin von der Nüll unter der vierspaltigen Balkenüberschrift »In der Staatsoper: Das Wunder Karajan«: »Was er gestern zeigte, grenzt ans Unbegreifliche. Ein Mensch von dreißig Jahren stellt eine Leistung hin, um die ihn unsere großen Fünfzigjährigen mit Recht beneiden dürfen.« Zur Verdeutlichung, wer mit den großen Fünfzigjährigen gemeint ist, kommt Furtwängler mit Foto in einem anderen Beitrag auf der gleichen Seite ebenfalls blickgreifend vor.

Furtwängler beschwert sich. Goebbels notiert in sein Tagebuch den Satz, den er in dieser Angelegenheit noch öfter brauchen wird: »Ich stelle das ab.« Ein Kunstbetrachter-Kollege kritisiert am 2. November von der Nülls Kritik: »Auch eine gute Kritik kann viel Unheil anrichten, wenn ihr die Mache auf dem Gesicht geschrieben steht. Sie kann den Besten in den Ruf bringen, daß er ›durchgepaukt‹ werden soll... Wenn zwischen... einem dirigierenden Neuling und einem Wilhelm Furtwängler keine Gradunterschiede für den Leser mehr erkennbar werden, verliert die Kunstbetrachtung ihren letzten Kredit.«

Das ist der Anfang eines Titanenkampfes der Rivalen. Um voll einsatzfähig zu sein, nimmt Rudolf Vedder noch einige Arrondierungen in eigener Sache vor. Daß er bislang noch nicht Parteigenosse war, stellt er per Antrag vom 1. März 1940 seinerseits ab. 1941 läßt er sich von seiner Frau scheiden und heiratet eine 29jährige Referentin der Kulturabteilung der Reichsjugendführung. Denn die bisherige Frau Vedder ist gegen die HJ. Der HJ-begeisterte 16jährige Sohn Walter hat sie darum für staatsfeindlich erklärt.

Damit nicht genug. Edwin von der Nüll ist seit Kriegsbeginn in der musikalischen Wehrbetreuung der Luftwaffe, der Vedder nun die Künstler zur Verfügung stellt. Das schmeckt nach mehr. Am 14. November 1941 schreibt Ludolf von Alvensleben, Himmlers Chefadjutant, an das SS-Hauptamt in Berlin: »Vedder ist für die Luftwaffe auf dem Gebiet der Wehrmachtsbetreuung ehrenamtlich mit großem Erfolg tätig. Sein Wissen und seine entsprechend großen Verbindungen bei den höchsten Stellen im Kulturleben kann auch für die Schutzstaffel in entsprechender Weise eingesetzt werden.« Und so wird Vedder am 27. November 1941 Sonderführer beim SS- und Polizeiführer SS-Brigadeführer von Alvensleben und hat damit »bezüglich der Konzertgestaltung und des Nachwuchses in Europa« ein kulturpolitisches Monopol.

Nun aber wird der frischgebackene Untersturmführer übermütig. 1942 macht er sich an den 18jährigen Geiger Gerhard Taschner heran, den Furtwängler entdeckt und spontan als Konzertmeister bei den Philharmonikern aufgenommen hat. Geiger dieses Kalibers sind selten und im Krieg erst recht. Vedder versucht mit rosigen Verheißungen auf Karajans und Taschners Zukunft, ihn für die von Karajan dirigierte Staatskapelle abzuwerben und damit den Philharmonikern einen empfindlichen Verlust zuzufügen. Taschner informiert Furtwängler. Vedder wird daraufhin auf persönliche Weisung von Goebbels zum 30. Juli 1942 endgültig aus der Reichskulturkammer ausgeschlossen. Aber das schert ihn wenig, denn er steht ja unter dem Schutz Himmlers und verfügt europaweit über die SS-Kanäle. Bis zum Ende ...

Was hat Karajan über seinen zwielichtigen Agenten und dessen »Veddernwirtschaft« gewußt? Dem Biographen Roger Vaughan erzählt er freimütig: »Vedder war ein persönlicher Freund. Gegen Ende des Krieges erfuhr ich plötzlich, daß er SS-Angehöriger war, und ich verstand auch warum. Seine Künstler waren für ihn wie seine Kinder, und es war seine Pflicht, sie zu beschützen. ›Wenn alles glattgeht, braucht ihr mich nicht, nur wenn es Schwierigkeiten gibt‹, pflegte er zu sagen ... Als SS-Angehöriger konnte Vedder diese Dinge unterbinden und seine Klientel beschützen.«

Karajan hält der Sippe später die Treue. Nachdem er sich 1958 einvernehmlich von seiner Frau Anita scheiden läßt, wird ein Teil der finanziellen Vereinbarungen über die inzwischen in München ansässige Konzertdirektion Vedder abgewickelt, die nun der Sohn Walter Vedder führt, während seine Stiefmutter, die frühere Referentin der Kulturabteilung der Reichsjugendführung, die Buchhaltung besorgt.

Prieberg widerspricht Karajans rührendem »Kindchenschema« allerdings: »Fraglos hat Karajan den Vernichtungsfeldzug gegen seinen älteren Rivalen nicht ausgelöst; aber er nahm daran teil.« (In der Tat gerät Furtwängler in den letzten Monaten der NS-Götterdämmerung als »Symbol« des seines Führers unwerten deutschen Volks in höchste Lebensgefahr. Entsprechende Hinweise liefert die Hausärztin von Frau Himmler: »Sie betonte dabei, daß vorgesorgt wäre, daß Leute wie ich, die man von jeher für ›Verräter‹ hielt, nicht entkommen könnten.« Furtwängler kann sich Anfang Februar 1945 in die Schweiz absetzen, wo die Kampagnen gegen ihn wenigstens nicht lebensbedrohend sind.)

Karajan hat selbst nicht allzuviel von den Attacken gegen den Älteren. Daß ihn Furtwängler seit April 1939 nicht mehr ans Pult der Berliner Philharmoniker gelassen hat, kann er etwa im Dezember 1942 geschickt unterwandern – mit drei Konzerten als Gast der Philharmoniker zugunsten des Winterhilfswerks. Gegen den nationalen Zweck kann keiner querschießen.

Aber das sind alles nur frustrierende Teilerfolge. Zudem schafft seine 1942 geschlossene Ehe mit eben jener Anita Gütermann Komplikationen. Sie ist als »Vierteljüdin« nach dem Gesetz gerade noch »arisch«, doch in der Elite der Parteigenossen gilt eine solche Eheschließung als »ehrenrührige Handlung«. Daß Karajan ungeschoren davonkommt, ist für Prieberg nur durch ein Machtwort Hitlers möglich gewesen. Allerdings: »Dieser allerhöchste Gnadenerweis ist noch nicht dokumentiert ... Aber ein anderer Weg existierte damals nicht ... Ohne persönliche Entscheidung Hitlers ließ sich die Mitgliedschaft in der NSDAP unter diesen Umständen nicht retten; sie wurde aber gerettet, denn noch im Juli 1943 rief Goebbels einige Eiferer zur Ordnung, die sich zu angelegentlich um den Stammbaum der Frau von Karajan kümmerten.«

Nun haben wir das alles ja ganz anders gehört. Gerade Hitler, so wurde immer posaunt, habe von Karajan rein gar nichts gehalten. Anlaß ist eine Berliner *Meistersinger*-Aufführung vom 2. Juni 1939, die Karajan, wie alles, auswendig dirigierte. Rudolf Bockelmann, leicht alkoholisiert, kam als Sachs allerdings so ins Schwimmen, daß der Dirigent den Abend nur mit größter Umsicht über die Runden bekommen konnte. Hitler aber gab Karajan die Schuld: »Der österreichische Fant soll doch die Partitur nehmen, wenn er Wagner dirigiert.«

Das ist fast so gut wie ein Persilschein. Bislang ist jedoch unbeachtet geblieben, daß Hitlers Meinung sich bald in ihr Gegenteil verkehrte. Unter dem 30. April 1942 vermerkt Henry Picker in *Hitlers Tischgesprächen*: »Von den Nachwuchsdirigenten schätzte Hitler am meisten Herbert von Karajan ... Ihn freute deshalb besonders ein Dankwort in der Festspielschrift der Römischen Oper vom April 1941, daß er die Römer ›bei einem unvergeßlichen Gastspiel mit dem kaum dreißigjährigen, überragend begabten Dirigenten Herbert von Karajan bekannt‹ gemacht habe. Denn das Urteil der musiksachverständigen Römer hatte für ihn Weltgeltung.« (Es handelte sich um ein Gesamtgastspiel der Berliner Staatsoper im März 1941, bei dem Karajan *Meistersinger* dirigierte – diesmal mit einem offenbar nüchternen Bockelmann.)

Ist Karajan bloß auch ein »Mann ohne Gedächtnis«, oder lenkt er taktisch überlegen auf Nebenschauplätze ab? Daß ihm bei dem langwierigen Entnazifizierungsverfahren die Franzosen möglicherweise übelnehmen, daß er 1941 bei einem Gastspiel in der Pariser Oper zur Einleitung das Horst-Wessel-Lied spielen ließ – nicht der Erwähnung wert.

Starrsinnig kapriziert er sich darauf, daß er erst 1935 in die NSDAP eingetreten ist – gezwungenermaßen, als er zum Aachener Generalmusikdirektor ernannt wurde. 1957 wird in *High Fidelity* in dem Artikel »The Operator« sein zweimaliger Eintritt in die Partei, am 8. April 1933 in Salzburg und – zu aller Sicherheit – am 1. Mai 1933 in Ulm, zum erstenmal nachgewiesen (was wiederum von Karajans Umsicht zeugt, weil am nächsten Tag eine von Hitler verfügte Sperrzeit für »Trittbrettfahrer« begann). Bald wächst Gras über die Sache, die, gemessen am Gesamtrahmen, eigentlich nur durch das hartnäckige Leugnen ein Politikum bleibt.

Als 1982 die Dokumente von Fred K. Prieberg für sein Buch *Musik im NS-Staat* nochmals ausgegraben werden, ist Karajan zutiefst empört: »Das ist die reine Erfindung!« Roger Vaughan genießt die Szene: »Er spie diese Worte mit Verachtung aus und wedelte mit der Hand, als wollte er ein Orchester zum Schweigen bringen, das völlig außer Kontrolle geraten ist. ›Ich weigere mich, darüber auch nur zu sprechen. Es ist einfach lächerlich. Prieberg hat diese Dinge nur gesagt, um eine Menge Geld zu verdienen.‹« Als Vaughan sich einige Monate später die Unterlagen aus dem Berliner Document Center besorgt hat, ist der Maestro »verärgert darüber, daß solche Dinge der Allgemeinheit zugänglich gemacht würden«, und meint weiter, sie seien eine glatte Fälschung.

In diesem Punkt kann er seinen unbequemen Biographen nicht beschwatzen. Doch daß nicht das zweijährige Dirigierverbot durch die Alliierten, sondern daran anschließend Furtwänglers Revanche Karajans Karriere für fast ein Jahrzehnt gebremst und in andere Bahnen gedrängt hat, mag auch Vaughan nicht als ausgleichende

Nemesis begreifen: »Furtwängler scheint in der Tat der einzige Mensch gewesen zu sein, der sich gegen Karajan stellte und dem dieser nicht Gleiches mit Gleichem vergalt.« Eine Edelmut-Schnulze a posteriori . . .

Diese Erkenntnisse haben sich erst nach und nach eingestellt. Bei den Entnazifizierungsverfahren spielen sie eine äußerst geringe Rolle. Basieren die Arbeitsverbote für prominente Dirigenten auf der »Mittäterschaft« an der Aufrechterhaltung der deutschen Kultur (einer Kultur, die andererseits von allen vier Alliierten so rasch wie irgend möglich wieder zum Funktionieren gebracht wird), so sind die Verbote gegen Sänger völlig willkürlich. Gerade die, die sich besonders bekleckert haben, kommen völlig ungeschoren davon. Eine der ersten Schandtaten im Dritten Reich war die Behandlung, die Fritz Busch, dem künstlerisch und menschlich integren Generalmusikdirektor der Dresdner Staatsoper, im März 1933 zuteil wurde.

Nach der Wahl zum 8. Reichstag, die der NSDAP 288 Sitze beschert hatte, beschloß man, abseits der Reichshauptstadt ein erstes Exempel zu statuieren. Am 7. März wurde Busch bei einer Probe zu *Rigoletto* durch einen SA-Sturm unterbrochen. Der Schauspieler Alexis Posse präsentierte sich als Gaukunstwart der NSDAP und Bevollmächtigter des Gauleiters und setzte Busch ab, gestattete ihm aber großmütig, noch die Abendvorstellung zu dirigieren. Als er ausgepfiffen wurde, verließ Busch während der Vorstellung das Haus für immer.

Posse begründet die Austreibung des »deutschblütigen« Dirigenten in einem Brief an Göring, der den Künstler Busch sehr schätzt: ». . . Jedenfalls ist Busch Mitglied des Rotary-Clubs und nach seinen eigenen Äußerungen ausgesprochener Pazifist und Demokrat . . . Busch verkehrte ausschließlich in den Kreisen von Juden, Demokraten und Warenhaus-Besitzern.«

Weil das ein bißchen mager ist, wird eine Entschließung der Vorstände und »fast sämtlicher« Solomitglieder der Staatsoper mitgeliefert: »Wir halten Herrn Busch weder künstlerisch noch menschlich für qualifiziert, an der Staatsoper zu wirken. Durch seine Rückkehr würden Ruhe und künstlerische Arbeiten der Oper schwer gefährdet werden.«

Dieses bestürzend miese Schriftstück – Parallele zum Münchner Pamphlet gegen Thomas Mann – mit Datum vom 12. März 1933 unterzeichnen unter anderem die engelreine Maria Cebotari und Tino Pattiera. Zwei abwesende Sänger – Erna Berger und Max Lorenz – erklären ihr Einverständnis mündlich. Als letzter bekräftigt den handgeschriebenen Text mit seiner Unterschrift Paul Schöffler.

Schöffler ist zu diesem Zeitpunkt bereits fünfunddreißig und kein verblendeter Jüngling mehr. 1924 ist der junge Lehrer von Busch in die Gesangskarriere förmlich hineingezwungen worden und – so sein Biograph Hans Christian 1967 – »bekennt immer wieder, daß er Fritz Busch die ersten entscheidenden künstlerischen Impulse verdankt«. Also ein glatter Vatermord, wie er ja häufiger vorkommt.

Ungeduldig wird man allerdings, wenn der Biograph in Schöfflers Sinn die Vergangenheit fälscht: ». . . sein Beispiel mag allen jenen recht unangenehm sein, die ›nachher‹ treuherzig behaupteten, als prominenter Künstler ›mußte‹ man einfach dabeisein . . . er blieb unerschütterlich und integer, was sogar von den Nazis respektiert werden mußte. Eines der leider nicht allzu häufigen Beispiele, daß sogar Künstlertum durchaus nicht mit menschlicher und politischer Charakterlosigkeit Hand in Hand zu gehen braucht.«

Es wird wohl nicht die reinste Wiedersehensfreude gewesen sein, als Fritz Busch Ende der vierziger Jahre in Wien *Figaro, Meistersinger* und *Otello* dirigiert. Sena Jurinac, die in Glyndebourne eine der letzten Freuden seines Lebens war, deutet das in einer Gedenksendung des ORF zu Fritz Buschs 100. Geburtstag an: »Der Mann ist an seiner Emigration, glaube ich, zerbrochen. Er war im besten Sinne ein Deutscher. Er war so heimatverbunden. Als er zum erstenmal wieder in Deutschland, in Köln dirigierte, kam er nach Glyndebourne so glücklich und selig. Er kam dann ja auch nach Wien und hat hier Leute getroffen, die alles mögliche gegen ihn getan haben, bevor er Dresden verließ . . .«

Doch 1945 ist es so, als ob sie sich im Dritten Reich überhaupt nicht »verhalten« hätten. Paul Schöffler singt seine erste Wiener Premiere am 20. Juni 1945 als Sharpless in *Butterfly*. In Berlin bestreitet am 30. Juni Erna Berger (gemeinsam mit Tiana Lemnitz) das feierliche Eröffnungskonzert der Staatsoper im Deutschen Theater. Maria Cebotari ist am 15. August die erste Nachkriegs-Konstanze in Salzburg. Und als sie bei Gastspielen in der Schweiz wegen ihrer »guten Beziehungen« zu den Herren des Dritten Reiches denunziert wird, erweist sich die Anschuldigung alsbald als »völlig grundlos«. Nur Tino Pattiera singt nicht mehr – aus Altersgründen.

Elisabeth Schwarzkopf aber gerät wegen »Beziehungen« in das Räderwerk der Maschinerie. Anton Dermota erinnert sich, warum: »Sie hatte einmal, mitten im Krieg, am Ring als Blondchen in einer Repertoire-Vorstellung der *Entführung* gastiert. Damals war sie ein adrettes blondes Mädchen und wurde – wie es hieß – von allerhöchsten Stellen in Berlin protegiert . . . Ich habe sie als eine große und wahrhaft besessene Künstlerin kennen- und schätzengelernt, die kein Mittel verschmähte, in ihrer Karriere voranzukommen, die sich aber sehr hohe Ziele steckte und höchste Ansprüche an sich selbst stellte.«

Nun hat sie einen großen Fehler begangen: Sie hat ihre Parteizugehörigkeit zur NSDAP verschwiegen. Dabei hätte sie erklären können, daß sie siebzehn war, als ihr Vater am Beginn des Dritten Reichs als einer der ersten Mittelschullehrer vom Dienst suspendiert wurde. Und daß sie später der Partei beigetreten ist, um besser geschützt zu sein.

Ob es viel genützt hätte, ist die Frage. Dafür, daß eine schöne und ehrgeizige junge Frau es mit der Protektion einfacher hat, wird nicht so leicht Pardon gegeben – vor allem nicht in den eigenen Reihen. Anfang 1946 kann sie in Wien als Rosina auftreten. Dann wird sie wieder verboten. Die Premiere der *Entführung* im Oktober 1946 – sie singt inzwischen die Konstanze –, muß um eine Woche verschoben werden, bis sie wieder erlaubt ist. Und wie es scheint, ereignet sich das Hin und Her nicht zum Kummer der Kollegen.

Ein halbes Jahrhundert später erinnert sich der damalige Intelligence Officer Richard H. Goldstone in einem Interview mit der *New York Times*, was ihm der *temporary intendant*, der »zeitweilige Verwalter« der Staatsoper (es wird wohl nicht »Salmi«, sondern

Hilbert gewesen sein) seinerzeit anvertraut hat: ». . . that, even had Allied policy permitted the hiring of Elisabeth Schwarzkopf, the presence of a Nazi sympathizer ›would have demoralized the company‹« (daß, auch wenn die Politik der Alliierten die Verpflichtung von Elisabeth Schwarzkopf gestattet hätte, die Gegenwart einer Nazi-Sympathisantin ›die Truppe demoralisiert hätte‹). Ein schönes Beispiel von Heuchelei.

Am längsten – beispiellos lang – halten sich die Aversionen an der Met. Rudolf Bing streift seinen späten »Gnadenakt« in seinen Erinnerungen nur kurz: ». . . für viele war das wichtigste Ereignis der Spielzeit das Debüt von Elisabeth Schwarzkopf als Marschallin im *Rosenkavalier*. Sie war nicht die erste der Sängerinnen und Sänger, bei denen ich mein anfängliches politisches Veto zurückzog – Gottlob Frick hatte schon ein paar Jahre vorher bei uns gesungen –, aber bis dahin sicherlich die bedeutendste Künstlerin. 1964 waren alle, die im letzten Kriegsjahr das Wahlalter erreicht hatten, vierzig Jahre alt; es war Zeit zu vergessen. Als sehr schöne Frau, welche die ersten Spuren des herannahenden Alters zeigte, verkörperte Frau Schwarzkopf eine ideale Marschallin.«

Das etwas konfuse Jonglieren mit dem Alter – die Künstlerin begeht zwischen der siebenten und der letzten *Rosenkavalier*-Vorstellung dieser ihrer ersten Met-Saison ihren neunundvierzigsten Geburtstag – deutet an, daß Elisabeth Schwarzkopf nur der Nebenschauplatz ist, auf dem ein Krieg mit verdeckten Waffen ausgetragen wird. Den wahrscheinlicheren Grund für Bings fünfzehn Jahre währendes Veto plaudert Martha Mödl bei ihrem Interview mit Lanfranco Rasponi aus: »Rudolf Bing amüsierte mich. Ich erinnere mich, daß er die Verpflichtung einer berühmten Sopranistin erörterte, die für ihn lange Zeit *persona non grata* gewesen war. Mit seinem trockenen Witz sagte er: ›Ich kann ihr vergeben, daß sie eine Naziuniform trug und sich gleich nach dem Krieg einen amerikanichen Colonel als Boyfriend nahm, aber ich kann die Tatsache nicht schlucken, daß sie anschließend einen Juden geheiratet hat.‹«

Es ist also nicht ganz abwegig anzunehmen, daß Walter Legge der Stein des Anstoßes war. Bing und Legge sind einander zum erstenmal begegnet, als die Plattenfirma His Masters Voice 1934 bis

1936 die Glyndebourner Modellaufführungen von Mozarts Da-Ponte-Opern unter Fritz Busch aufnahm. Bing, Jahrgang 1902, aufgewachsen im assimilierten Wiener Großbürgertum und im Wesen »very British«, kämpfte in England um eine neue Existenz – erst als Verbindungsmann zwischen Glyndebourne und den Sängern vom Kontinent, dann als Manager des dreiwöchigen Sommerfestivals. Der Engländer Walter Legge, vier Jahre jünger, aus sogenannten einfachen Verhältnissen stammend und lebensprall wie eine Figur von Sholem Aleichem, war bereits der Wunder-Producer von HMV. Sie mochten einander wohl nicht. Vielleicht, weil Legges Witz noch viel, viel trockener ist und nicht einmal vor dem haltmacht, was ihm selbst am heiligsten ist, vor der Kunst des deutschen Liedes. So meint er ganz ernst: »Brahms' Problem lag darin, daß er sich keine Syphilis holte – alle guten Lieder-Komponisten haben es getan. Ich schlage die Gründung einer ›Gesellschaft zur Syphilisierung Brahms'‹ vor.« Das ist Legge.

Fuchsteufelswild wird Walter Legge allerdings – und deshalb kann er Bing erst recht nicht ausstehen –, wenn von ihm gesagt wird, er sei Jude. Sein Vater wurde Schneider, weil er ein durch Kinderlähmung verkürztes Bein hatte und bei der Ausübung seines Berufs nicht zu stehen brauchte. Eine wohlerwogene Begründung, auf die man in *Anatevka* nicht gekommen wäre. Der Vater hatte sich das Klavierspielen selbst beigebracht und übertrug seine Liebe zur Musik und seinen besessenen Hang zur Perfektion auf den Sohn. Eigenschaften, wie sie englische Landschneider auch nicht alle Tage vererben.

Im Herbst 1931, mit fünfundzwanzig, erfand Walter Legge die Schallplatten-Subskription für weniger bekannte Kostbarkeiten der Musikliteratur. Mitten in der Weltwirtschaftskrise, in der auch die Plattenumsätze allgemein katastrophal zurückgingen, gründete er als erste Unternehmung die »Hugo-Wolf-Gesellschaft« für ein Album mit sechs Platten der Liedersängerin Elena Gerhardt. Ein Wahnsinn. Doch der kommerzielle Erfolg übertraf alle Erwartungen, der künstlerische gab dem Selfmademan traumwandlerisches Selbstbewußtsein in der Verwirklichung seiner Träume. Welcher andere Producer wäre in jenen Zeiten auf die Idee gekommen, mit

Albert Schweitzer drei Bände Bachsche Orgelmusik aufzunehmen...

Legge schreckte auch nicht vor ausgesprochenen Husarenstükken zurück. Während andere aus dem Dritten Reich flüchteten, zog es ihn immer wieder geradezu magisch in die deutsche Reichshauptstadt und in die Berliner Electrola-Studios. 1937 realisiert er seine erste eigene Operngesamtaufnahme, *Die Zauberflöte* mit den Berliner Philharmonikern unter Thomas Beecham, im Schatten der Reichskanzlei. Er probt sogar mit den Sängern in Berlin, damit die Besetzung bei Beechams Eintreffen schon genügend auf ihn vorbereitet ist. (Und macht das so exzellent, daß Beecham ihn am Covent Garden mit dem bereits erwähnten Posten des *Assistant Artistic Director* betraut.) Wie fanatisch und ausschließlich er den Geboten der Kunst gehorcht, schildert er ohne Bedenken: »Kipnis, meine erste Wahl für den Sarastro, und Richard Tauber, Wunschdarsteller des Tamino, waren beide Juden, und man konnte nicht erwarten, daß sie sich den offensichtlichen Gefahren in Berlin aussetzen wollten. Herbert Janssen, als Sprecher vorgesehen, war politischer Flüchtling.« Schicksale, die er in seinem Produzenten-Ehrgeiz als störend empfindet. Aber mit Wilhelm Strienz, Helge Rosvaenge und Walter Großmann als Ersatz ist er dann auch ganz zufrieden.

Der Zweite Weltkrieg als ultimativer Störfaktor in Sachen Musik läßt ihn zutiefst unbefriedigt, zumal Beecham sich auch noch aus England abgesetzt hat. Er kann das Ende kaum erwarten, hegt er in seinem Busen doch nur einen Gedanken: »Mein sehnlichster Wunsch war es, die Verträge zu erneuern, die wir mit Künstlern vor dem Krieg geschlossen hatten, die aber inzwischen abgelaufen waren; dazu wollte ich die Besten der neuen Künstlergeneration, die in den Kriegsjahren hervorgetreten waren, für meine Firma engagieren.«

Da britische Staatsbürger keine direkte »Feindberührung« haben dürfen, läßt er die Fäden über die Schweizer Firma Turicaphon laufen, bei der die EMI bedeutende Minoritätsanteile hat. In der Schweiz erneuert er auch rasch noch die Verträge mit Edwin Fischer und Wilhelm Backhaus. Dann macht er sich 1946 auf einen »Einkaufsbummel nach neuen Talenten«, wie Elisabeth Schwarzkopf sein Erscheinen in Wien charakterisiert – ein Stimmen- und Taktstockfänger in der Ruinenstadt, der Dritte Mann der klassischen Musik.

Harry Limes Lebensphilosophie unter dem Riesenrad könnte auch sein Motto sein: »Denk dran, was Mussolini gesagt hat: ›In den dreißig Jahren unter den Borgias hat es nur Krieg gegeben, Terror, Mord und Blut. Aber dafür gab es Michelangelo, Leonardo da Vinci und die Renaissance. In der Schweiz herrschte brüderliche Liebe, fünfhundert Jahre Demokratie und Frieden. Und was haben wir davon? Die Kuckucksuhr.‹«

Walter Legges Ausbeute ist gewaltig. Am ersten Abend gleich läuft ihm Furtwängler über den Weg. Am nächsten Tag beginnen die Vertragsverhandlungen, die sich über mehrere Monate hinziehen und schließlich im Restaurant des Luzerner Hauptbahnhofs abgeschlossen werden. Die anderen aber drängeln sich, als ob's um eine Stange *Lucky Strike* ginge. In weniger als zwei Wochen hat er exklusive Schallplattenverträge mit den Wiener Philharmonikern, Josef Krips, Irmgard Seefried, Ljuba Welitsch, Maria Cebotari, Hilde Konetzni, Walther Ludwig, Max Lorenz, Hans Hotter, Ludwig Weber und Wolfgang Schneiderhan. »Alle verfolgten mich mit gezücktem Füllfederhalter, um alles zu unterschreiben, was ich ihnen vorlegen würde.«

Elisabeth Schwarzkopf ist ihm bereits im November 1937 in Berlin bei den Aufnahmen der *Zauberflöte* als Mitglied des Waldo-Favre-Chors begegnet, der als Zusatzchor engagiert war (ein Allround-Chor, den kurz darauf Michael Jary bei der Erstaufnahme von »Sing, Nachtigall, sing« als effektvollen Kontrast zu Evelyn Künnekes schräger Stimme einsetzte). Nun, als sie gerade wieder erlaubt ist, kann Legge sie als Rosina hören und hat die große Witterung. Doch sie ist »aus besserem Holz geschnitzt« und ergreift nicht seinen gezückten Füllfederhalter, besteht vielmehr auf einem Vorsingen: »Ich will nicht, daß Sie die Katze im Sack kaufen, um es dann zu bereuen; und ich möchte auch nicht, daß Sie mir weniger anbieten, als Sie glauben, daß ich wert bin.« Das ist mitten in der üblen Bedrängnis, in der sie steckt, mehr als smart und ausgekocht – das ist genial.

Als Test wählt Walter Legge Hugo Wolfs Lied »Wer rief Dich

denn? Wer hat Dich herbestellt?« Nicht minder anspielungsreich wäre vom gleichen Komponisten »Herr, was trägt der Boden hier?« in des Wortes vielfältigster Bedeutung gewesen. Denn das Ringen, das hier ausgetragen wird, ist für beide Teile ein *big deal* und außerdem epochemachend. Der besessene Perfektionist läßt sein Opfer, das auf besessener Suche nach Perfektion ist, die letzte Zeile auf »ungezählte verschiedene Arten, Farben und Ausdrucksweisen« singen. Bis nach einer Stunde Herbert von Karajan, der bislang stummer Zuhörer war, mit der gemurmelten Bemerkung entflieht: »Ich gehe. Du bist ein Sadist. Kreuzige das Mädchen nicht.« Walter Legge aber »poliert« noch fast eine Stunde an diesem einen Satz: »Wer rief Dich denn? Wer hat Dich herbestellt?« Und weiß am Ende, daß der Eros des Liedgesangs sie gesandt hat, und daß er aus Elisabeth Schwarzkopf die Hugo-Wolf-Interpretin kneten kann, die er seit zwanzig Jahren sucht. Und – vor allem –, daß sie die Nerven dazu hat ...

Daß Karajan sich ebenfalls nicht drängen läßt, versetzt Legge noch mehr in Erstaunen: »Er lebte unter unbequemsten Umständen im achten Stockwerk eines Wohnblocks, wo er sein Zimmer mit Leuten teilen mußte, die er nicht einmal kannte ... Ich wußte, wie schwierig es damals war, in Wien irgend etwas zu bekommen, und so brachte ich ihm eine Flasche Whisky, eine Flasche Gin und eine Flasche Sherry mit. Jahre später erzählte er mir, er habe am Abend, nachdem ich gegangen war, jede dieser Flaschen in dreißig Portionen aufgeteilt, um sich in den folgenden neunzig Tagen jeweils ein Gläschen genehmigen zu können, aber während meines Besuches rührte er die Flaschen nicht an ... So eisern ist sein Wille.«

Legge will über Geschäfte reden, Karajan ist auf ein ernsthaftes Gespräch aus. »Es eilte ihm durchaus nicht mit der Unterzeichnung, obwohl er weder Arbeit noch Geld hatte – und auch keine Möglichkeit zu arbeiten –; aber er besaß eine derartige innere Gelassenheit, wie ich sie nie mehr bei einem Menschen in ähnlichen äußeren Umständen erlebt habe.«

Nach monatelangen »guten Gesprächen« unterzeichnet Karajan endlich den Exklusivvertrag mit der EMI. Die ersten Aufnahmen – Beethovens 8. Symphonie mit den Wiener Philharmonikern

»Eiserner Wille«: Herbert von Karajan und der englische Produzent Walter Legge

– finden vom 13. bis zum 15. August 1946 im Musikvereinssaal statt, obwohl die Amerikaner keine Erlaubnis erteilt haben. Da kennen sie Legge aber schlecht. »Ich rief das Britische Militärkommando an, um sie darüber zu informieren, daß das Verbot sich nur auf öffentliche Auftritte Karajans bezog; dann telefonierte ich mit dem amerikanischen Offizier, der versucht hatte, die Aufnahme zu untersagen, und teilte ihm mit, daß sie stattfinden würde. Sie fand statt.«

Karajans erstes öffentliches Konzert nach der Entnazifizierung ist erst am 26. Oktober 1947. In die Partitur der Achten von Bruckner schreibt er für Legge die Zeilen: »Meinem zweiten musikalischen Ich und lieben Freund zur Erinnerung an einen lang ersehnten Tag.«

Mit Karajan und Furtwängler im EMI-Stall könnte sich Legge

nun gelassen zurücklehnen – wäre da nicht diese kleine dumme Unversöhnlichkeit, die seinem eigenen Credo konträr ist: »Weder Liebe, Freundschaft, Geld, Ehrgeiz, Feindschaft oder Haß können meine künstlerischen Werturteile beeinflussen.« Furtwänglers Animosität müsse sich doch, meint er, aus der Welt schaffen lassen.

Eine günstige Gelegenheit bietet sich bei den Salzburger Festspielen von 1948, wo Furtwängler *Fidelio* und ein Konzert, Karajan *Orpheus und Eurydike, Figaro* und zwei Konzerte dirigiert. Legge lädt beide mit ihren Damen zum Abendessen in das »Chambre séparée« eines Hotels, und die beiden Rivalen geloben sich »ewige Treue«.

Früh am nächsten Morgen ruft Furtwängler Egon Hilbert zu sich, der – »Schnittlauch auf jeder Suppe« – auch Mitglied des Festspielkuratoriums ist und Entscheidungsbefugnis besitzt. Hilbert läßt sich eilfertig ein Vertragerl diktieren, in dem sich Furtwängler bereit erklärt, jedes Jahr in Salzburg zu dirigieren – unter der Bedingung, daß Karajan zu Furtwänglers Lebzeiten von den Salzburger Festspielen ausgeschlossen bleibt. Und Furtwängler ist ein ranker Zweiundsechziger. Immerhin akzeptiert er, daß man Karajan die beiden Konzerte im nächsten Jahr dirigieren läßt, für die er bereits unter Vertrag ist.

Es dauert etliche Tage, bis Karajan entdeckt, wie man ihn düpiert hat, und daß er in seinem ureigenen Salzburg verraten und auf die Straße gesetzt worden ist – und wer da mit dran gedreht hat. Er weiß aber auch, daß sein Weg nicht nur in Salzburg verstellt ist, solange Furtwängler lebt, und sagt öfter: »Wir sorgen uns nicht, wir haben Zeit.« Und er hat Walter Legge, der Karajans Karriere mit Hilfe der gerade rechtzeitig ausgereiften Langspielplatte aufbaut – ein Weg zum Ruhm, der heute eher üblich ist. In jenen Zeiten jedoch hat nur noch Leopold Stokowski seine Popularität fast ausschließlich dem Medium Schallplatte zu verdanken.

Das hat Furtwängler nicht bedacht. Er wird, was die seinem Einflußbereich entzogene Schallplatte betrifft, in geradezu Shakespeareschem Sinne vom Geist des von ihm »ermordeten« Karajan gefoltert. Der Philharmoniker Otto Strasser erinnert sich mit Unbehagen an ein solches Gespräch im Verlauf einer Aufnahmesitzung:

»In einer Pause nahm er mich im Gang vor dem Kammersaal des Musikvereins beim Arm und fragte, was denn an den Schallplatten Karajans so Besonderes sei, daß sie solchen Erfolg hätten. Ich war zunächst über diese direkte Frage etwas erschrocken, besann mich aber rasch und sagte ihm, daß gerade seine, Furtwänglers, Stärke, die Intensität der Empfindung, die Herrlichkeit des Klangs, die Großartigkeit der Steigerungen, auf der Platte nur mangelhaft zum Ausdruck käme, daß hingegen Karajans Positivum, die Brillanz und die Präzision, hundertprozentig von der Platte wiedergegeben würde. Er war, wie mir schien, mit dieser Auskunft zufrieden; ich aber dachte mir, wie schwer er sich das Leben mache und wie grundlos noch dazu . . .«

Möglicherweise ist Strassers Gedächtnis im Detail nicht ganz zuverlässig. Denn Elisabeth Schwarzkopf behauptet, daß Furtwängler der Name des Nachtmahrs überhaupt nicht mehr über die Lippen ging – er sprach nur von »diesem Mann K!«. So zischeln die Schlangen auf den Häuptern der Erinnyen . . .

TU, FELIX AUSTRIA, LUDE

Mit Mozart als Botschafter in Nizza und Paris – Germaine Lubin: Ihre Wunden bleiben offen wie die des Amfortas – Bruno Walter, Kathleen Ferrier und die »Entnazifizierung« der Wiener Philharmoniker – Das Teatro San Carlo Neapel und die Wiener Staatsoper helfen Covent Garden über die Startschwierigkeiten hinweg – Der todkranke Richard Tauber als vollendeter Mozart-Sänger

Jahrhunderte richtete sich Österreich nach einem Wahlspruch aus der Zeit Maximilians I. (1459–1519), der die Großmacht des Habsburgerreiches durch seine Heiratspolitik begründete, während er in seinen Kriegen weniger glücklich war: »Bella gerant alii! Tu, felix Austria, nube – Kriege führen mögen die andern! du, glückliches Österreich, heirate!« Die magische Formel nahm bereits durch das unglückliche Ende der Marie Antoinette einigen Schaden. Seit der Abschaffung der Monarchie im November 1918, mit der sich die Österreicher unvorsichtigerweise auch ihrer Erzherzoginnen entblößten, geht in dieser Beziehung gar nichts mehr.

Einen gefragten Exportartikel aber gibt es immer noch – die Wiener Philharmoniker und die Wiener Oper. Den Reigen der Einladungen eröffnen 1947 die Franzosen. Es trifft sich, daß die Pariser Oper mit Debussys *Pelléas et Mélisande* im Theater an der Wien gastiert. Ihr Dirigent Roger Désormière ist von den Wiener Mozart-Aufführungen derart angetan, daß er seinen Landsleuten ein Gegengastspiel des Wiener Ensembles empfiehlt.

Ein solches Unternehmen, das durch die verschiedenen Besatzungszonen führt, ist 1947 allerdings ein riskantes Abenteuer. Wird das Publikum der Siegermacht das Gastspiel als ersten Schritt zur Normalisierung begreifen oder sich von der »Kriegsbeute« lediglich etwas vorkaspern lassen?

Das Abenteuer muß gewagt werden, denn zu Hause steckt man bereits in der ersten Krise. Im Januar 1947 klagen die Wiener Theater vielfach über ein Nachlassen des Besuchs und müssen die Eintrittspreise ermäßigen. Im Zuge der dringenden Stromeinsparungsmaßnahmen würde es sich da geradezu anbieten, die Häuser nur noch turnusweise spielen zu lassen. Und das wäre der Anfang vom Ende.

Die Contessa noch in der Rolle der Susanna: Elisabeth Schwarzkopf und Erich Kunz in *Le Nozze di Figaro* 1949 im Théâtre de Champs-Elysées in Paris

Josef Krips, nach wie vor nur de facto und nicht nominell Chefdirigent der Staatsoper, hört sich in seiner Erinnerung warnen: »Kinder, das, was wir jetzt erreichen müssen, ist, daß wir ins Ausland kommen. Wir müssen einen solchen Erfolg im Ausland haben, daß sich niemand in unserem Land traut, die Oper zuzusperren – daß sie das Geld zusammenkratzen müssen, von wo sie's nur bekommen können!«

Solisten, Chor, Orchester und Bühnentechniker machen sich also auf die Reise. Für die Beförderung der Dekoration zu *Così fan tutte* würde notfalls ein Handwagen reichen. Doch für die Kulissen des *Don Giovanni* muß ein französischer Militärtransport organisiert werden.

Erste Station ist am 5. März 1947 Nizza, wo die Wiener gerade rechtzeitig zum Blumenfest ankommen. Die wechselseitigen Eindrücke sind überwältigend. Der einhellige Erfolg wiederholt sich im Théâtre des Champs Elysées in Paris, wo die Gäste zum erstenmal wieder ein Theater erleben, das geheizt ist – ein unerhörter Luxus. Das Publikum bejubelt den fein abgestimmten Zusammenklang von Orchester, Sängern und Inszenierung. Die französische Presse feiert das Gastspiel als ein historisches Fest der Versöhnung. Und Anton Dermota unterstreicht nach der Rückkehr in einem Interview, »daß es unserer Oper im Bewußtsein ihrer großen Tradition gelang, die Sendung zu erfüllen, die das österreichische Genie Mozart uns in seiner Musik hinterlassen hat«.

Frau Musica als Generaltrösterin? So ist es nun beileibe nicht. Die Franzosen engagieren sich bei den österreichischen Entnazifizierungs-Problemen nicht sehr, weil die Lage im eigenen Land kompliziert genug ist. Kollaborateure und waschechte Nazis auf der einen Seite, Widerstandskämpfer auf der anderen – eine »Bewältigung« der jüngsten Vergangenheit würde die Nation in eine Identitätskrise stürzen, wie es sie seit den Hugenotten-Kriegen im 16. Jahrhundert nicht mehr gegeben hat. (Als zu Beginn der siebziger Jahre im französischen Fernsehen die Serie »Français, si vous savais! – Franzosen, wenn ihr wüßtet!« gezeigt wird, die sich mit der Mittäterschaft im Zweiten Weltkrieg beschäftigt, geht ein Aufschrei der Fassungslosigkeit durch das Land.)

Nach der Vertreibung des deutschen Feindes hat sich Frankreich eine Generalamnesie verordnet. Doch der Sündenbock ist kein Herdentier. Während die Connaisseurs in Nizza und Paris den völkerverbindenden Klängen des göttlichen Wolfgang Amadé lauschen, schmachtet Frankreichs größte lebende Opernsängerin in den Klauen einer Inquisition, wie sie Dumas der Ältere nicht perfider hätte ersinnen können.

Welche Schmach hat Germaine Lubin, seit den zwanziger Jahren einsam strahlender Stern an der Pariser Oper und die einzige echte französische Hochdramatische unseres Jahrhunderts, der Nation angetan?

Spät, erst auf Empfehlung von Lauritz Melchior, ist man in Deutschland auf sie aufmerksam geworden. (Wer wäre schon auf die Idee gekommen, daß weit hinten in Paris jemand in der Lage ist, Wagner zu singen?) Germaine Lubin gibt ihr Bayreuth-Debüt 1938 mit achtundvierzig als Kundry. In der Villa Wahnfried drängt ihr Hitler das Kompliment auf: »Sie sind eine Verführerin.« Sie ist gallischen Esprit gewöhnt und wundert sich, daß ein Staatschef zu keiner geistreicheren Konversation fähig ist. Doch mit Winifred Wagner, die sie auf dem Grünen Hügel wie eine Königin empfangen hat, verbindet sie bald enge Freundschaft.

Gehört Germaine Lubin zu den unpolitischen Törinnen, weil sie in Hitler-Deutschland auftritt? Immerhin gibt es im Sommer 1938 in Paris eine höchst offizielle deutsch-französische Filmwoche. Was also darf sein, und was wäre im nachhinein zu unterlassen gewesen?

Nach der Besetzung der Tschechoslowakei will Germaine Lubin ihre Mitwirkung als Isolde am Bayreuther Sommer 1939 absagen. Doch am Quai d'Orsay meint man: »Gehen Sie auf jeden Fall. Wir brauchen eine Botschafterin von Ihrem Prestige auf dem Gebiet der Kunst . . .«

Als die Deutschen 1940 in Frankreich einmarschieren, kehrt sie von ihrem Schloß bei Tours nach Paris zurück, um die Oper zusammen mit dem Direktor Jacques Rouché vor dem totalen Zugriff der Besatzer zu bewahren. Durch ihre Verbindung zu Winifred Wagner gelingt es ihr, ihren Sohn aus der Gefangenschaft zu befreien. Doch nicht nur ihn. Sie hilft nach Kräften, versteckt Flüchtlinge in ihrem Schloß.

1941 wirkt sie bei einem *Tristan*-Gastspiel der Berliner Staatsoper mit. Es ist die gleiche Besetzung wie 1939 in Bayreuth, nur dirigiert nicht Victor de Sabata, sondern Herbert von Karajan (der die Vorstellung, wie bereits erwähnt, mit dem Horst-Wessel-Lied eröffnet).

Ansonsten aber ist sie Patriotin. Im *SD-Bericht* vom 25. Oktober 1943 wird Klage über die Widerstände gegen die Aufführung deutscher Werke geführt: »Die Ursache für diese Entwicklung wird hauptsächlich in der deutschfeindlichen Einstellung des Leiters der Großen Oper und der Komischen Oper, J. Rouché, gesehen . . . Nach außen hin tritt bei vielen Künstlern das politische Moment, nicht zuletzt aus Verdienstrücksichten, in den Hintergrund. In ihrer Grundeinstellung ist jedoch fast immer eine antideutsche Haltung

Erst Botschafterin Frankreichs, dann »Verräterin«: Germaine Lubin 1939 in Bayreuth mit den Dirigenten Franz von Hoeßlin (*Parsifal*) und Victor de Sabata (*Tristan und Isolde*)

vorhanden. Als bezeichnendes Beispiel wird auf die bekannte Sängerin Germaine Lubin hingewiesen, die wegen ihrer vermeintlichen Deutschfreundlichkeit auf deutscher Seite sehr großes Ansehen und Entgegenkommen findet, aber vor kurzem die Aufführung einer deutschen Oper unmöglich machte und dazu in demonstrativer Weise erklärte, daß sie sich als Französin für französische Werke einzusetzen habe . . .«

Ihre Landsleute sehen das nach der Befreiung völlig anders. Daß sie wie Rouché aus der Oper entlassen wird, ohne Recht auf Pension, ist der Anfang. Man sperrt sie ein, doch konkrete Anschuldigungen erweisen sich als haltlos. Aber braucht man das? Rufmord macht sie zur Mätresse von Ribbentrop bis Hitler, zur Spionin und schließlich noch zur Patin von Görings Tochter. Und für die Gerüchte muß sie drakonisch bestraft werden. Für fünf Jahre geht sie der bürgerlichen Ehrenrechte verlustig. Ein Teil ihres Vermögens wird konfisziert. Kein Konservatorium darf sie als Lehrerin anstellen. Und als das Ausland sie zu Gastspielen einladen will, wird ihr der Reisepaß verweigert.

Erst 1950, drei Jahre nach dem umjubelten Gastspiel der Wiener Staatsoper, hat der Sündenbock ausgedient. Am 29. März 1950 gibt Germain Lubin, zwei Monate nach ihrem sechzigsten Geburtstag, ein bejubeltes Konzert. Doch ihr Sohn kann die langjährige Schande nicht verwinden und bringt sich um. »Wie bei Amfortas«, sagt sie Lanfranco Rasponi 1978, »sind meine Wunden dazu bestimmt, offen zu bleiben . . . Obwohl die Jahre meine Unschuld erwiesen haben, werde ich keinen Frieden finden, bis ich sterbe, und vielleicht nicht einmal dann. Die Mißgunst, Eifersucht, Niedrigkeit, Grausamkeit und Barbarei der menschlichen Rasse ist erschreckend.«

Als sie im Oktober 1979 stirbt, feiert sie die französische Presse als Legende und als Denkmal . . .

Das nächste Gastspiel der Wiener, für das Egon Hilbert die Oper im Herbst 1947 für vier Wochen »zusperrt«, führt nach Edinburgh und London.

Am Anfang der Ereignisse stand Rudolf Bings Vision von einem schottischen Salzburg. Noch im Krieg, als er bei nächtlichem Alarm auf dem Dach eines Londoner Kaufhauses mit der Feuerpatsche Wache hielt, hat sie Gestalt angenommen. Nach Kriegsende sucht er neue Beschäftigung. Denn Glyndebourne könnte schon wegen seiner Abgelegenheit und der Benzinrationierung vorläufig nicht an die Vorkriegsverhältnisse anknüpfen. Doch da ist die Erinnerung an einen kurzen Aufenthalt in Edinburgh: »Ich mußte immer wieder an das Schloß auf dem Felsen ... denken, das zwar nicht mit der Feste Hohensalzburg verglichen werden kann, aber ebenso eindrucksvoll ist.«

Der Statistik entnimmt er, daß die Stadt eigentlich etwas zu groß für ein Festival ist. Aber es gibt eine traditionsreiche einheimische Kultur und genügend Theater, darunter eines, das zur Not als Opernhaus dienen kann – und vor allem gute Eisenbahnverbindungen und viele Hotels.

Sein zähes Verhandlungsgeschick ist schließlich von Erfolg gekrönt. Der Oberbürgermeister von Edinburgh kann sich als Schotte einem Argument nicht verschließen: »... daß nämlich die berühmten kontinentalen Festspiele wie Salzburg, Bayreuth und München sicherlich noch ein paar Jahre aus dem Geschäft wären; und daß es dem Ruf und vielleicht auch der Wirtschaft von Edinburgh sehr zum Vorteil gereichen würde, wenn die Stadt ihre Stelle einnähme.«

Ein erfolgversprechender Start ist erst für 1947 möglich. Denn Bing plant in großen Dimensionen. Als Krönung des ersten Festivals zieht er ein Gastspiel der Wiener Philharmoniker in Erwägung. Ein heikles Unterfangen, denn es gibt viel Spott und Hohn über die Entscheidung der Alliierten, Österreich als Land zu betrachten, das sie »befreit« und nicht erobert haben.

Nur ein großer Dirigent mit dem Stigma der Verfolgung kann das Orchester international rehabilitieren und gleichzeitig politische Demonstrationen verhindern. Bing fragt bei Bruno Walter in New York an, ob er diese Rolle übernehmen würde. Walter beweist einmal mehr seine unendliche Güte; er freut sich nach zehn Jahren Zwangspause von Herzen auf eine neue Zusammenarbeit mit den Wienern.

Für den Wiener Bing ist der *deal* weniger Herzensangelegenheit als Angelpunkt der Kalkulation. Er erwartet, daß sich Österreich die Politur etwas kosten läßt. Doch er hat sich verrechnet: »... Die

Verhandlungen gestalteten sich kompliziert und schwierig, und meine Hypothese erwies sich als falsch: Die Österreicher wollten oder konnten wahrscheinlich die Teilnahme der Wiener Philharmoniker nicht finanzieren. Aber es gelang, eine Vereinbarung zu treffen, die für Edinburgh tragbar war.«

Daß Bing sich über die Art der Vereinbarung ausschweigt, hat seinen Grund. Es handelt sich um ein anschließendes Gesamtgastspiel der Wiener Staatsoper im Covent Garden in London. Und für die Wiedereröffnung dieses Hauses als Opern- und Ballettbühne war auch er für kurze Zeit als künstlerischer Leiter im öffentlichen Gespräch, bevor man sich für eine eher absurde Lösung entschied.

Seit Dezember 1944 fungieren die Musikverleger Leslie Boosey und Ralph Hawkes als Pächter von Covent Garden. Rascher Zugriff war nötig, da sich der Vertrag mit dem Unternehmen, das hier seit Dezember 1939 eine Dance Hall betrieb, automatisch um fünf weitere Jahre verlängert hätte. Zwar gab es den ganzen Krieg über die Sadler's Wells Opera. Doch die ist »für das Volk«, und Covent Garden »für die Snobs«.

Und die sollen auch wieder zu ihrem Recht kommen, wie ein erstes Statement der neuen Herren verheißt: »Unser Hauptanliegen wird es sein, Covent Garden eine unabhängige Position als internationales Opernhaus mit ausreichenden finanziellen Mitteln zu sichern, um ein Langzeitprogramm zu gewährleisten, das London das ganze Jahr das Beste an englischer Oper und englischem Ballett bietet, zusammen mit dem Besten aus der ganzen Welt.«

In die Tat umgesetzt wird vorerst nur die Idee des Langzeitprogramms. Ein »Committee« gründet sich, zusammengesetzt aus Respektabilitäten, die auch schon mal in einer Opernvorstellung gewesen sind. Und die halten fast ein Jahr lang *meetings* ab, was immerhin zur Gründung des schon viel verheißungsvoller klingenden »Covent Garden Opera Trust« führt. Unterdessen spekuliert die Presse, ob Thomas Beecham eingeladen wird, in seine frühere Position zurückzukehren, oder ob Rudolf Bing in einer ähnlichen Position wie im Vorkriegs-Glyndebourne eingesetzt wird.

Während die Herren grübeln, findet ein epochales Ereignis statt, welches das Beste an englischer Oper bietet – die Uraufführung von

Benjamin Brittens *Peter Grimes* am 7. Juni 1945 durch die Sadler's Wells Company. Ein Vierteljahrtausend nach Henry Purcells Tod, mehr als zweihundert Jahre nach der letzten Händel-Oper (wenn man Händel, wie er selbst sich verstand, zu den »englischen« Komponisten zählt) ist erstmals wieder eine englische Oper von Weltrang entstanden, eine Nationaloper noch dazu – und das einen Monat nach der siegreichen Beendigung des Krieges.

Kurz darauf kommt es zu einer internen Krise. Joan Cross, die Opernchefin von Sadler's Wells, und Peter Pears, Brittens Lebensgefährte und Titelheld des *Peter Grimes*, verlassen die Truppe. Und keiner von Covent Garden steht mit dem Schmetterlingsnetz da. Statt dessen gründen die Dissidenten die English Opera Group und bereiten für 1946 die Uraufführung von Brittens nächster Erfolgsoper *The Rape of Lucretia* in Glyndebourne vor – mit der Altistin Kathleen Ferrier, Englands größter Nachwuchssängerin, die damit erstmals in einer Oper auftritt. Covent Garden aber harrt seiner eigenen Zukunft entgegen.

Einer ist ganz sicher, daß er dabei sein wird – Walter Legge. Zu seinen Kriegs-Aufgaben gehörte es, Konzerte für die Streitkräfte zu organisieren, was ihm Gelegenheit gab, in vorausschauender Planung die besten Musiker zu versammeln. Um zu verhindern, daß sie sich wieder in alle Winde verstreuten – und das stellt sich später als taktischer Fehler heraus –, drängte er David Webster, einen Geschäftsmann aus Liverpool und Vorsitzenden des Liverpool Philharmonic Orchestra, die meisten dieser Spieler »zur Führung und Stärkung seines sehr provinziellen Orchesters« zu übernehmen.

Nun hat Legge sich entschieden, aus den Musikern, die zu sechzig Prozent offiziell noch bei den Fahnen sind, sein eigenes erstklassiges Orchester für Oper, Konzerte und Plattenaufnahmen nach dem Vorbild der Wiener Philharmoniker zu formen – das Philharmonia Orchestra. Im Vertrauen darauf, daß Beecham und er wieder »die Kontrolle von Covent Garden« bekommen, scheint das eine sichere Trumpfkarte. Denn schließlich verfügt der »Opera Trust« noch nicht einmal über einen Triangelspieler.

Doch Legges kompromißloses Beharren auf Qualität und Perfektion verschreckt die, welche schon schwer genug an ihrer Verantwortung tragen: »Boosey sagte mir, daß ich zwar das nötige Wissen und auch die Erfahrung hätte, die man mitbringen müßte, um Covent Garden zu leiten; daß ich aber auf einen Standard hinzielte, der notorisch zu hoch sei für das, was sie anstrebten ... Beecham würde ihnen nicht ins Haus kommen.«

Wenige Tage später wird das Ergebnis des monatelangen Brütens bekanntgegeben. Der neue *General Administrator* ist David Webster (hat er nicht aus einem mediokren Provinzorchester mit bloßem administrativem Geschick einen erstklassigen Klangkörper gezaubert?). Als musikalischer Leiter wird der Österreicher Karl Rankl berufen, der 1939 nach England emigrierte und als typischer zuverlässiger Kapellmeister dazu berufen scheint, ohne »notorisch zu hohe« Ansprüche ein eigenes Orchester und einen Chor aufzubauen.

Nicht nur Walter Legge (»zwei grobe Fehler, die sowohl Thomas Beecham als auch mir das Leben vergällt haben«) sieht die Folgen voraus. Der Kritiker Desmond Shawe-Taylor malt ebenso schwarz: »Wie können wir dem Fluch ewiger Mittelmäßigkeit und Provinzialität entrinnen?« Für die nächsten zehn Jahre wird sich die Frage oft genug stellen.

David Webster hingegen ist gewiß, daß er über die rechte Qualifikation für den Posten des *General Administrator* verfügt: »Ich habe nicht die Absicht zu dirigieren, ich habe nicht die Absicht zu inszenieren, und ich habe keine Mätresse, die auftreten will.«

Hätte er nur eine! Zu den offiziellen Breitseiten, die Thomas Beecham in Zeitungsartikeln gegen die »Schwachköpfe« des »Opera Trust« und ihre erkorenen Geschöpfe abfeuert, legt er in privaten *Cercles* quer durch die Stadt auch Stinkbömbchen gegen den »homosexuellen Kurzwarenhändler« Webster. Und obwohl Webster jede Entscheidung scheu erwägt und lieber abwartet, wer in kritischen Fällen von sich aus den Sieg davonträgt (oder gerade weil er so reizend und ohne Konsequenzen verbindlich ist), kursieren ungreifbare Gerüchte, daß Homosexualität im Covent Garden häufig sei und ziemlich notwendig, um sich Hoffnung auf einen Aufstieg machen zu können.

Der spätere Lord Waverly, der Vorsitzende des Aufsichtsrats, hält die Situation für so brisant, daß er jenseits aller Etikette Web-

»Ich denke, er war eine verhinderte Primadonna«: Richard Bonynge und Joan Sutherland

ster aufsucht und seiner vollen Unterstützung versichert, ihn gleichzeitig aber in aller Deutlichkeit vor »Handlungen« warnt, welche die Gerüchte bestätigen könnten. Man wünscht nicht, daß Covent Garden Mittelpunkt eines jener Skandale wird, wie sie die *guards* des Buckingham Palace im Zehn-Jahres-Rhythmus erschüttern, nur weil wieder jemand ein Notizbuch mit Namen und einschlägigen Absteigen hat herumliegen lassen.

Für David Webster ist die peinliche Unterredung gewiß keine Ermunterung, seine Entscheidungsangst abzulegen. Es wäre durchaus denkbar, daß es auch deshalb so lange dauert, bis Joan Sutherland ihre Chance erhält. Denn da ist – vorläufig noch im Hintergrund – ihr Mann Richard Bonynge, außergewöhnlich gutaussehend, von melancholischer Schönheit wie Miltons gefallener Engel. »Ich denke«, sagt Bonynges Jugendfreund Terry McEwen, »er war eine verhinderte Primadonna.« Der Verlust seines Knabensoprans muß eine einschneidende Erfahrung gewesen sein. Nun formt Bonynge Sutherland gleichsam stellvertretend zur Diva. Und Webster scheut wohl nicht nur das Risiko eines »hausgemachten«

Stars, sondern auch die hämische Unterstellung, daß er in Wahrheit den vielseitig orientierten Bonynge protegiere.

Am Anfang ist an »Hausgemachtes« in vorzeigbarer Qualität noch gar nicht zu denken. Webster indes wünscht sich einen Start, der dem Publikum vorführt, was »richtige« Oper eigentlich bedeutet. Und damit beginnt er exakt da, wo Beecham 1939 aufhörte – bei der ausländischen *stagione*. Gesamtgastspiele der Stockholmer Oper, des Bolshoi-Theaters, der Pariser Grand Opéra und der Opéra Comique scheitern aus finanziellen Gründen, ein Konzert des Orchesters der Mailänder Scala aus politischen (obwohl Toscanini dirigieren würde!).

Von den verbleibenden Möglichkeiten scheint Webster politisch am unverfänglichsten das Teatro San Carlo in Neapel, das immerhin 1943 von der britischen Besatzung wiedereröffnet wurde. Seit Anfang 1945 ist es britischen Soldaten sogar erlaubt, als Statisten mitzuwirken. Das Erschießungskommando in *Tosca* wird üblicherweise von einem britischen Offizier befehligt.

Das San Carlo gastiert sieben Wochen im September und Oktober und nach einer kurzen Tournee durch die Provinz noch vier Tage im November 1946 in London. Mit dabei ist der 31jährige Mario del Monaco, der Rodolfo (!), Canio und Cavaradossi singt (»der stattlichste und romantischste Cavaradossi, den Covent Garden jemals erlebt hat«, findet Shawe-Taylor, »mit einer mächtig lauten, heldischen Stimme«).

Chaos im *box office* aber bricht erst aus, als bekannt wird, daß der 56jährige Benjamino Gigli nach sieben Jahren wieder nach London zurückkehrt – als Rodolfo sowie als Turiddu und Canio (beide an einem Abend). Websters Einschätzung der Hauptattraktion läßt rührend durchblicken, daß er einigen guten Willen zur kritischen Betrachtung mitbringt, wie sie sein Amt ihm abringt:

»Gigli ist natürlich kein Darsteller, und die Aufführungen mit ihm unterscheiden sich wenig, wenn überhaupt, von Konzertauftritten und haben wahrscheinlich wenig mit der Kunst der Oper zu tun, doch sein Gesang ist ungeheuer. Ich glaube, Tenöre dieser Sorte haben mehr mit der größten Tomate in der Ausstellung oder einem preisgekrönten Kürbis zu tun als mit irgend etwas anderem, aber sie sind nichtsdestoweniger erfreulich.«

Die Chroniken über die erste Spielzeit der *resident company* von Januar bis Anfang Juli 1947 mit sechs Eigen-Produktionen melden hingegen kaum Erfreuliches. Wäre da nicht Dame Eva Turner, die 55jährig noch acht Vorstellungen als Turandot gibt, in der Rolle, in der sie dank der trompetenhaften, durch Mark und Bein gehenden Brillanz der Spitzentöne in den Zwanzigern weltberühmt wurde. Franco Alfano, der den letzten Akt von *Turandot* aus Puccinis Skizzen komplettierte, hielt sie für die ideale Interpretin der Rolle.

(1978 zieht sie im Gespräch mit Lanfranco Rasponi Bilanz über Turandot, die nun von Wagner- und Strauss-Sopranen gesungen wird und nicht mehr von Vertreterinnen des italienischen Fachs: »Ich glaube, es liegt daran, daß es keine echten dramatischen Soprane mehr gibt. Caballé singt die Partie heute, aber bei all meiner enormen Bewunderung für sie – das ist sicher nichts für sie. Für die chinesische Prinzessin muß man einen Biß in der Stimme haben, eine ganz spezielle Dimensionierung des Gesangsapparats, und wenn man nicht über die richtigen Stimmbänder verfügt, kann sie einen k.o. schlagen. Ich habe über 200 Aufführungen gesungen und denke, daß ich aus Erfahrung sprechen kann.«)

Nach fünf letzten Turandots am Covent Garden tritt Eva Turner 1948 von der Bühne ab und übernimmt eine Professur in Oklahoma. Bis ins hohe Alter – sie stirbt 98jährig 1990 – sprüht sie vor Energie und Schalk. Sie, so berichtet sie mit Hochgenuß in Robert Merrills Fernseh-Feature über die Toscas des Jahrhunderts, sei in ihren Anfängen auf Wanderbühnen jene legendäre Tosca gewesen, die nach dem Sprung von der Engelsburg wieder hochwippte, weil die Dekoration zu niedrig und der Matratzenberg zu hoch war.

Auf ähnlichem Level spielt sich der Rest der ersten Londoner Nachkriegssaison ab. Die *aficionados* erleben einen Frühling ihres Mißvergnügens. Einen (höchst zweifelhaften) Fortschritt allerdings gibt es bei *Il Trovatore*. Der Tenor Arthur Carron war bereits 1939 als Manrico die zweite Besetzung hinter Jussi Björling. Nun ist er die erste und wird ausgebuht.

Die ersten Buhs in Deutschland gibt es erst nach Wieland Wagners Bayreuther *Meistersingern von Nürnberg* am 24. Juli 1956. Die ersten organisierten Proteste folgen gleich anschließend in der Städtischen Oper Berlin bei der Uraufführung von Hans Werner Henzes *König Hirsch* am 23. September 1956, als Jugendliche »von offenbar mitgebrachten Pfeifen« Gebrauch machen. Das dokumentiert noch lediglich heftige Anteilnahme an einem Werk der Moderne, wie sie sich später nicht einmal mehr in diesem negativen Sinn artikulieren wird.

Die ersten Hamburger Buhs gibt es bei der Uraufführung von Henzes *Prinz von Homburg* am 22. Mai 1960, wobei »Kenner behaupten, daß einige der Demonstranten (die bereits angekündigt waren!) aus dem Osten herübergeschickt worden seien«. Wenn man indes hinzuaddiert, daß die Römer bereits am 5. April 1954 höchstpersönlich ihre Trillerpfeifen zu Henzes *Boulevard Solitude* mitgebracht hatten, spricht einiges dafür, daß der Komponist sein Metier hervorragend versteht. Denn nichts heizt Beifallsstürme so an wie Protest im rechten Augenblick.

Die ersten ehrlichen deutschen Buhs gegen deutsche Gesangskunst erheben sich – ebenfalls in der Charlottenburger Oper – am 28. April 1960 in den *Vespri Siciliani*. H.H. Stuckenschmidt vermerkt: »Rudolf Schock mußte im vierten Akt, bei dem sacht entgleitenden Schluß-H seiner Arie, erleben, daß die Besucher des dritten Rangs ihren aufgestauten Unmut über seine tenoralen Mühen auf italienische Art abreagierten. Es war im Widerstreit zwischen Zischen, Buhrufen und Applaus eine der peinlichsten Minuten, die ich im Theater erlebt habe.«

Das Gastspiel der Wiener Staatsoper im Covent Garden vom 16. September bis zum 4. Oktober 1947 mit fünf Spitzenproduktionen (*Don Giovanni, Figaro, Così fan tutte, Fidelio* und *Salome*) und erlesenen Künstlern hat nach Websters und Rankls ersten Versuchen die günstigste Startposition. Als Hans Hotter wenige Wochen vorher zu Aufnahmen an die Themse kommt, scheint die ganze Stadt bereits im Fieber der Erwartung zu liegen. Auf den Straßen knallen ihm Schlagzeilen entgegen: *Hotter in London – and more to come*. Gemeint ist allerdings die Hitze – und daß es noch heißer werden wird.

Der Empfang des Ensembles bei seiner Ankunft auf der Victoria Station ist dann auch eher trist. Der Redakteur der Nachrichtenagentur Reuter wundert sich sehr, als das fahrende Völkchen sich in einer Reihe aufstellt und abgezählt wird, ob auch ja keiner unterwegs verlorengegangen ist. Mehr Zeremoniell wird nicht geboten.

Dann gibt es Ärger mit der britischen Musikergewerkschaft, die dagegen protestiert, daß die Wiener Philharmoniker in ihrer Eigenschaft als Staatsopernorchester auftreten, und daß BBC diese Aufführungen auch noch überträgt. Vor dem Opernhaus werden Streikposten aufgestellt, die Flugblätter an die Premierenbesucher verteilen.

Doch das sind Lappalien, gemessen an dem Politikum, daß am 16. September 1947, am Premierentag, anläßlich des Gastspiels der Kriegszustand zwischen Großbritannien und Österreich aufgehoben wird. Die Briten sind in Protokollfragen sehr gewissenhaft. Und schließlich kann der Premierminister nicht eine Opernvorstellung eines Landes besuchen, mit dem man sich noch im Krieg befindet. Dennoch ist ein Operngastspiel ein höchst ungewöhnlicher Anlaß für einen Friedensschluß. »Man könnte sagen, daß es gar keinen Anlaß gibt, der österreichischer wäre«, meint Heinz Fischer-Karwin.

Einer Aufführung wird dennoch mit Hangen und Bangen entgegengesehen – der *Salome.* Denn Richard Strauss ist extra zu dieser Aufführung nach London gekommen. Und da drängt sich eine fatale Parallele zum *Rosenkavalier*-Gastspiel der Staatsoper Dresden am 2. November 1936 unter Karl Böhm auf. Joachim von Ribbentrop, der frischgebackene und wegen seiner Überheblichkeit bereits verhaßte deutsche Botschafter, betrat seine Loge an der Seite von Strauss und nutzte die Gelegenheit, um dem Publikum einen strammen Hitlergruß zu servieren.

Doch alle berechtigte Sorge ist unbegründet. Als Richard Strauss diesmal seine Loge betritt, erhebt sich das Publikum wie ein Mann von seinen Plätzen. Heinz Fischer-Karwin vermerkt: »Selten in meinem Leben hat mich die Geste eines Opernpublikums mehr beeindruckt. Man hat einem musikalischen Genie seine Reverenz erwiesen. Was man von seiner politischen Haltung dachte, stand nicht zur Debatte.«

Und Richard Strauss hat die Genugtuung, daß er sein egozentrisches Weltbild, dem er am 7. Juni 1935 in einem Brief an Stefan

Zweig im Rahmen der Affäre um die Uraufführung der *Schweigsamen Frau* drastischen Ausdruck gab, einmal mehr bestätigt sieht: »... für mich existiert das Volk erst in dem Moment, wo es Publikum wird. Ob dasselbe aus Chinesen, Oberbayern, Neuseeländern oder Berlinern besteht, ist mir ganz gleichgültig, wenn die Leute nur den vollen Kassenpreis bezahlt haben.«

Clemens Krauss (»vielleicht der größte aller Strauss-Dirigenten« schreibt Harold Rosenthal) und Ljuba Welitsch (»sie fegte alles weg, was vor ihr dagewesen war«) machen den Abend zum entscheidendsten Erfolg des Gastspiels.

Das bewegendste Ereignis aber findet fünf Tage später statt, am 27. September, als Richard Tauber – Emigrant in London seit 1938 – in der letzten Vorstellung seines Lebens den Don Ottavio singt. »Und er hat nicht zwischen den Koloraturen geatmet, obwohl er nur noch einen Lungenflügel hatte«, erinnert sich Elisabeth Schwarzkopf, die Donna Elvira jener Aufführung. Soweit die Legende.

Seit 1945 leidet Richard Tauber unter erst nicht diagnostizierbaren Atembeschwerden. Erst eine Röntgenuntersuchung im August 1947 ergibt, daß sich am linken Lungenflügel ein »Abszeß« gebildet hat, das schnellstens entfernt werden muß. Doch Taubers sehnlichster Wunsch ist es, noch einmal mit dem Wiener Ensemble in seiner Lieblingspartie aufzutreten – ein knappes Jahrzehnt, nachdem auch er aus der Wiener Staatsoper vertrieben worden war. Die Ärzte versuchen vergeblich, ihm die Idee auszureden. Außer ihnen weiß keiner, wie es wirklich um ihn steht.

Ein medizinisches und künstlerisches Wunder ereignet sich. Die Kultur und die Kraft seines Mozart-Gesangs (erhalten in Fragmenten eines Mitschnitts) haben nichts von ihrem Ebenmaß eingebüßt. Am nächsten Tag, einem Sonntag, singt er in der BBC seine übliche halbe Tauber-Stunde live und eine weitere halbe Stunde als Aufzeichnung für den 2. Oktober, den Tag seiner Operation. Diese Operation ergibt, daß auch der andere Flügel bereits krebsbefallen und sein Leben nicht zu retten ist. Am 8. Januar 1948 stirbt Richard Tauber, der Sänger, dem das einzigartige Kunststück gelang, die Musik des späten Lehár durch seine Interpretation zu adeln und dennoch ein Mozart-Tenor von höchsten Graden zu bleiben.

Die Schottland- und England-Reise hat den Wienern und Österreich noch mehr Prestige gebracht als das Gastspiel in Frankreich. Die Philharmoniker bergen in ihren stolzgeschwellten Hemdbrüsten vor allem eine Erinnerung, die sie nicht mit dem Ensemble teilen müssen. Am Ende ihrer Konzerte in Edinburgh, die ihre Krönung in zwei Aufführungen von Mahlers *Lied von der Erde* mit Kathleen Ferrier fanden, hat Bruno Walter eine Ansprache gehalten: »Wissen Sie, was in diesen Wochen geschehen ist? Was Sie gemacht haben? Ein Stück Weltgeschichte . . . Denn Sie haben Edinburgh und der Welt gezeigt, daß dieses Wien lebt und nicht vergehen kann.« Nach der Heimkehr lassen sie fix eine kleine Broschüre drucken: »Die Wiener Philharmoniker – ein Stück Weltgeschichte«. Nur die Lumpe sind bescheiden . . .

DON JUAN OSSIA HANS VON SCHWÄNKEREICH

Ensemble als Zwangsjacke – Sena Jurinac wird ausgebeutet – Helge Rosvaenge stillt den Heißhunger nach »italienischen« Stimmen – Maria Cebotaris tragischer Tod – Welitsch kontra Schwarzkopf: »Ziss time will win Musetta!« – Schalk auf der Bühne: Irmgard Seefried, Erich Kunz, Paul Schöffler – Der Wiener Mozart-Stil: eine Legende?

Die Wiener Staatsoper in der Zeit des »Exils« im Theater an der Wien zwischen 1945 und 1955 gilt als Idealfall eines Ensembles, in dem die Welt der Oper noch in Ordnung war. Sänger-Biographien künden wie eine *legenda aurea* von den vollkommenen Tugenden, den selbstlosen Entsagungen und dem unbedingten Opferwillen jener letzten Christen, die den Namen Kunst hochhielten gegen die Götzen Mammon, Vanitas und was dergleichen mehr einen Künstler auf die schiefe Bahn bringen kann. Und wie ihre kirchlichen Vorläufer von den brutalen Römern gesotten, gespießt und gebraten wurden, sind diese Heiligen – so wird berichtet – letztlich nur dem tückischen italienischen *stagione*-Betrieb zum Opfer gefallen.

Überlebende jener Zeit, so sie in Interviews mit dem Reizwort »Wiener Ensemble« angestachelt werden, halten für einen Augenblick ehrfürchtig den Atem an. Darauf folgt ein seelenvoller Augenaufschlag zum Himmel, und danach ertönt meist eine Aufeinanderfolge von Vokalen, die Begeisterung, Hingabe und vor allem Demut ausdrücken (war jeder doch nur ein kleines Steinchen in dem strahlenden Mosaik). Von Ljuba Welitsch, die ihr Herzblut gern auf der Zunge trägt, erfährt man immerhin einen zusammenhängenden Satz: »Es ist das höchste und das größte und das schönste Ensemble der Welt überhaupt gewesen!« Da fällt es nicht leicht, einige Retuschen an dem Heiligenbild wieder zu entfernen, die Proportionen ins rechte Lot zu bringen.

Gewiß kann die Wiener Oper in jenen Jahren Modellcharakter für sich beanspruchen. Berlin wird mehr und mehr auch geteilte Opernstadt und reibt seine Besten im Hickhack des kalten Opernkriegs zwischen Ost und West auf. Dresden wird bei jeder erstbesten sich bietenden Gelegenheit von den noch verbliebenen Künstlern verlassen. Die Häuser in Hamburg und München, in Köln, Frankfurt und Stuttgart bauen zwar alle auch ein Ensemble wieder auf, das mehr oder weniger zufällig von den Nachkriegswirren zusammengeweht wurde. Doch nirgendwo findet sich auch annähernd diese *Anzahl* besonderer Stimmen, beeindruckender Sängerpersönlichkeiten wie in Wien, das allein durch diese Glücksfälle und Zugewinne die Tradition und den Rang einer Opernmetropole aufrecht hält.

Dazu – behaupten die Nostalgiker unter den Chronisten – kommt das Extra-Glück, daß Wien in den ersten Nachkriegsjahren isoliert und der Flughafen Schwechat die natürliche Grenze für den Expansionsdrang der Sängerstars ist. Daß ihnen also gar nichts übrigbleibt, als sich im trauten Verein des Ensembles jeden Tag neu zu bewähren.

Dieses Modell einer »Geschlossenen Gesellschaft« gilt indes nur für die ersten anderthalb Jahre. In einer Zeit, in der für den Normalbürger die Fahrt in die nächste Kreisstadt ein Unternehmen ist, herrscht für die Wiener Oper dank ihres Rufs und ihrer relativen politischen Unverfänglichkeit bald absolute Reisefreiheit. Bereits in der Spielzeit 1948/49 sorgt Egon Hilberts Unrast für vier Vorstellungen in Mailand, sieben in Florenz, drei in Rom, sieben in Paris, drei in Amsterdam, zwei in Den Haag (und – um die Statistik zu komplettieren – zwei in Wiener Neustadt). Alle unter dem Aspekt, das Ansehen Österreichs zu stärken. Währenddessen muß man in Wien auf die meisten Spitzenkräfte verzichten.

Und diese Spitzenkräfte reisen nicht nur im Treck des Ensembles. Vor dem allerersten Gesamtgastspiel in Nizza flitzt Paul Schöffler im Februar 1947 mal kurz nach Mailand, um unter Victor de Sabata dreimal den Kurwenal im *Tristan* zu singen. Im Herbst 1947 verabschiedet sich Max Lorenz für ein halbes Jahr von seinen Wiener Fans, um in Amerika zu gastieren. (Er und Erna Schlüter sind am 26. November 1947 im *Tristan* die ersten Nachkriegsdeutschen, die an der Met in Gnaden wieder aufgenommen werden.)

Und das sind erst die bescheidenen Anfänge des Reise-Karussells. Dennoch läßt sich im intimen Rahmen des Theaters an der Wien, der a priori familiäre Atmosphäre schafft, die Fiktion des Ensemble-Gedankens aufrechterhalten. Bis zu jenem Schreckensabend im Frühjahr 1953, als Erich Kunz – eben von seiner ersten Saison an der Met zurückgekehrt – als Beckmesser in der Schusterstube den Ausgang nicht mehr findet, und das in einer Produktion, in der er seit 1949 bereits an die dreißigmal gesungen hat. Als er gegen die geschlossene Wand läuft, zeigen sich an dieser Wand symbolisch zum erstenmal die unheimlichen Zeichen, die den drohenden Untergang des Ensembles und damit der Opernkultur schlechthin anzeigen.

Wenn man die Entwicklung weniger melodramatisch betrachtet, hat sich seit Gustav Mahlers Zeiten eigentlich nichts geändert. Schon damals war die Wiener Staatsoper ein Ensemble mit reiselustigen Stars, Mahler selbst eingeschlossen. Und auch die Autorität, die den Flohzirkus doch irgendwie zusammenhält, hat Tradition – eine Autorität, die oft genug jener der väterlichen Intendanten-Tyrannen an den Stadttheatern von Mährisch-Ostrau oder Bunzlau zum Verwechseln ähnlich ist. Denn Sänger sind Kinder und bedürfen zuweilen der gütigen oder der strafenden Hand des Herrn Direktor.

Es gibt da einen Präzedenzfall anläßlich der Wiener Erstaufführung des *Rosenkavalier* im Jahre 1911. Selma Kurz, Wiens berühmtester Koloratur-Sopran (mit dem Markenzeichen des endlosen Kurz-Trillers), war für die Sophie ausersehen. Da die Generalprobe nicht öffentlich war, forderte die Sängerin – verheiratet mit dem prominenten Gynäkologen Josef Halban, Geburtshelfer der kaiserlichen Familie – für ihre Angehörigen eine Ausnahmegenehmigung. Direktor Hans Gregor lehnte ab. Als Kurz drohte, die Rolle niederzulegen, rief Gregor noch in ihrer Gegenwart Gertrude Förstel an, die zweite Besetzung, und eröffnete ihr, daß sie die Premiere singen werde. Und so geschah es.

Das Ensembletheater folgt also Gesetzmäßigkeiten, über die zu schweigen seinen Verfechtern aus gutem Grund ratsam erscheint.

Erste Regel: Disziplin hat absoluten Vorrang vor künstlerischen Gesichtspunken.

Zweite Regel: Je größer ein Ensemble ist, desto besser können die Sänger diszipliniert werden.

Dritte Regel: Gesungen wird, was auf den Tisch kommt.

Vierte Regel: Wer protegiert wird, bestimmt der Direktor oder der Chefdirigent oder der Chef der Bundestheaterverwaltung – in selteneren Fällen alle drei gegeneinander.

Mit diesem fein abgestimmten Instrumentarium bleibt auch ein Star-Ensemble ein Ensemble. Daß aber die jeweiligen Chefs mit diesem Instrumentarium auch die Möglichkeit genutzt hätten, mit den ihnen anvertrauten Stimmen pfleglich umzugehen, die zarten Pflänzchen behutsam wachsen zu lassen, ist leider fast durchwegs nur ein Gerücht. Es gibt auch im Ensemble Sieger und Leidtragende, Überlebende und Ausgeschlachtete.

Die Anfängerin Sena Jurinac, als italienischer *soprano lirico* erzogen, ist von Alfred Jerger, dem kommissarischen ersten Nachkriegsdirektor, im entsprechenden Fach eingesetzt worden und hat in *La Bohème*, der zweiten Premiere im Mai 1945, die Mimi gesungen. Irmgard Seefried mußte sich mit der Musetta zufriedengeben. Diese Protektion im eigenen Fach schadet Jurinac offenbar.

Unter Salmhofer und Krips wird sie über Nacht zur Allround-Sängerin, immer dort eingesetzt, wo jemand gebraucht wird. Hochmusikalisch und sprachbegabt, lernt sie rasch und wird bedenkenlos ausgenutzt. In *Così fan tutte* fehlt neben Seefrieds alleinregierender Fiordiligi für die Dorabella eine zweite Besetzung hinter Elisabeth Höngen. Jurinac hat die Partie, die für einen Sopran sehr in der Mitte der Stimme liegt und für den Erhalt einer intakten Höhe nicht ungefährlich ist, in drei Tagen zu lernen. In den Dimensionen des Theaters an der Wien schafft sie es, nicht forcieren zu müssen.

Als sie 1947 den Komponisten in *Ariadne auf Naxos*, eine von Seefrieds Glanzrollen, auch einmal zu singen kriegt, nimmt Krips sie nach der Vorstellung beiseite und sagt väterlich: »Weil du so brav den Komponisten gesungen hast, darfst du heuer in Salzburg mit mir die Dorabella singen!« Wobei von *dürfen* in diesem Fall nicht die Rede sein kann. Doch weil sie die vier Vorstellungen in

Salzburg so *brav* singt, wird sie auch nach London mitgenommen und darf dort hinter Höngen eine weitere Dorabella abliefern (und sonst nichts, weil inzwischen aus München über die Salzburger Festspiele die ihrerseits unvergleichliche Wienerin Hilde Güden zum Ensemble gestoßen ist und Sena Jurinacs Cherubino eingesackt hat, der ihrer verführerischen Weiblichkeit eigentlich weniger liegt als etwa eine gurrende und schnurrende Zerlina).

In der ersten Nachkriegsspielzeit bringt es Sena Jurinac auf insgesamt 150 Abende (»was von den Verantwortlichen natürlich völlig unverantwortlich war, aber ich war nicht in der Position, um mit ihnen zu rechten – man war froh, daß man Arbeit hatte und nicht hungern mußte, eine Erfahrung, die ich schon öfter hatte durchmachen müssen«). Im zweiten Jahr sind es dreiundneunzig, im dritten dreiundachtzig Vorstellungen, fast immer in die Stimme fordernden Partien.

Im Herbst 1948 macht sich der Raubbau langsam bemerkbar. Der Laryngologe Dr. Kriso, Ehemann der stabilen Koloratur-Soubrette Emmy Loose, empfiehlt ihr, für fünf Wochen eine absolute Schweigepause einzulegen – sonst könne er für nichts mehr garantieren. Sie gehorcht, geht auf eine Almhütte in die Einsamkeit.

Kaum wieder daheim, soll sie für die schwer erkrankte Maria Cebotari die Laura im *Bettelstudent* übernehmen. Gestützt auf den Rat von Dr. Kriso weigert sie sich standhaft, obwohl Hilbert sie mit Anrufen und Wutausbrüchen überschüttet, mit Disziplinarstrafe droht und sogar mit Kündigung. Die »kleine« Jurinac läßt sich diesmal nicht einschüchtern. Mit Erfolg – auch für die Stimme. »Der tragischste Fall der Wiener Staatsoper«, eine Äußerung, zu der sich ein prominenter Dirigent etwas voreilig hat hinreißen lassen (man möchte wetten, daß es von der Aussagekraft nur Karl Böhm gewesen sein kann), ist auf dem Wege zur emanzipierten Vernunft. Also, weg von der Operette, weg von den Mezzorollen, zurück zum lyrischen Sopranfach – Margiana im *Barbier von Bagdad*, Manon von Massenet.

Das ist nun gar nicht ensemblegerecht gehandelt. Denn im Ensemble sind die Allesfresser vonnöten. Und da kommen wir zu den sogenannten Stützen des Ensembles, die zahllose Vorstellungen sowohl ermöglichen wie auch im Niveau senken. Unter den Tenören etwa ist das der 1905 geborene Karl Friedrich, der seit 1938 für drei Jahrzehnte in seiner Heimatstadt die Geschicke des Repertoire-Betriebs mitbestimmt und allein im Jahrzehnt des Theaters an der Wien in 34 Partien 470 Vorstellungen bestreitet. Ob Tamino oder Lohengrin, ob Alfredo oder Canio - er schafft sie alle.

Darstellerisch fällt Karl Friedrich zwar auch seinen Fans durch »eine geradezu naive Unbeholfenheit« auf. Doch verfügt er - und nur das zählt - über eine sichere Höhe, die er durch *scooping*, das Angleiten der hohen Töne, noch sicherer gestaltet. Auch wird seinem Timbre gewisse Ähnlichkeit mit Tauber nachgesagt, eine Ähnlichkeit allerdings, wie sie einst die Refrainsänger in den Tanzcafés mit gaumiger Tonbildung und öliger Einfärbung der Vokale erzwingen wollten - »Läib woul, Minjong!« Zumal im italienischen und französischen Repertoire führt an Karl Friedrich kein Weg vorbei. Mindestens einmal pro Woche steht er zur Verfügung (und im wiederaufgebauten Haus am Ring noch immer nicht »zur Disposition«).

Kein Wunder, daß die Ankunft des 49jährigen Helge Rosvaenge wie ein Wunder erscheint. In der Weihnachtspremiere von *Turandot* 1948 bricht nach »Keiner schlafe« (»Nessun dorma«) im dritten Akt orkanartiger Beifall los, der die Vorstellung minutenlang unterbricht. Eine in dieser Form ungewöhnliche Demonstration südländischer Begeisterung, aber so ausgehungert nach einem »italienischen« Tenor sind die Wiener inzwischen.

Rosvaenge war nach dem Krieg einige Wochen in einem russischen Lager und wurde danach als »Deutschenfreund« in Skandinavien wie ein Paria behandelt - sein Vaterland Dänemark verweigerte ihm sogar die Einreise. Basel gibt ihm am 8. April 1948 - unmittelbar bevor er nach Venezuela ins Exil gehen will - ein Comeback als Radames. Im Sommer singt er in Bregenz den Herzog in der *Nacht in Venedig* (die Bühnengewerkschaft protestiert gegen sein Auftreten). Über die Ennsbrücke nach Wien kommt er mit einem Paß, den Hilbert auf den Namen »Helge Rosvaenge, Kaufmann« organisiert hat.

Gleich in seiner ersten Saison singt er 102 Vorstellungen. Als ihn der stets besorgte Dr. Kriso fragt: »Wie schaffen Sie das eigentlich,

Herr Kammersänger?«, erwidert der leicht erstaunt: »Ich tue ja sonst nichts außer singen.« In ihm ist – nach der erzwungenen Abstinenz nicht verwunderlich – eine »Hoppla-jetzt-komm-ich«-Fröhlichkeit, die auf das Publikum ansteckend wirkt.

In jener Weihnachtspremiere 1948 führt Maria Cebotari als Turandot »an den Grenzen ihrer Stimme« einen Kampf, den sie bereits verloren hat. Am 19. März ist ihr Mann, der düstere Filmliebling Gustav Dießl, seinem zweiten Schlaganfall erlegen. Allein mit ihren beiden kleinen Söhnen, gedrückt von den Schulden für den Bau eines neuen standesgemäßen Hauses, erlegt sie sich ein mörderisches Pensum auf. An der Volksoper ist sie 29mal Saffi im *Zigeunerbaron* und 18mal Frau Fluth in den *Lustigen Weibern von Windsor*, dazwischen liegen die Salzburger Festspiele, Gastspiele in Graz, Bern, Zürich, Wiesbaden – und nach der ersten Turandot (die sie noch achtmal singen wird) Ende Dezember 1948 die Mailänder Scala mit der *Figaro*-Gräfin unter Karajan.

Zu einer rätselhaften dauernden Müdigkeit gesellen sich kaum erträgliche Schmerzanfälle. Am 27. März 1949 singt sie die Laura in der Premiere des *Bettelstudent* in der Volksoper. Am 31. März steht sie in der gleichen Rolle, fiebernd und von Schmerzen gepeinigt, das letzte Mal auf der Bühne. Eine Operation am 4. April ergibt den Befund Pankreas-Leber-Karzinom. Die Kunst der Ärzte kann nur noch darin bestehen, ihr die Wahrheit zu verschweigen und die letzten Wochen mit Morphium erträglicher zu machen.

Salmhofer und Anton Dermota besuchen sie an ihrem Sterbebett: »Als ich die Todkranke sah, erschrak ich zutiefst und sank unwillkürlich in die Knie. Das also war sie, meine Traviata, die ich so oft auf der Bühne als Sterbende in den Armen gehalten hatte. Ich war erschüttert und hörte kaum die tröstlichen Worte, die Direktor Salmhofer zu ihr sagte, während er die schmale, blasse Hand der Kranken streichelte: ›Na, da hast du deinen Alfred! Jetzt werdet ihr bald wieder miteinander auf der Bühne stehen!‹«

Am 9. Juni 1949 stirbt Maria Cebotari in Agonie im Alter von 39 Jahren. Dießls und ihr tragischer Tod, das Schicksal der Söhne (die von dem englischen Pianisten Clifford Curzon adoptiert und damit aus den Klauen des »öffentlichen Interesses« gerettet werden) sind noch jahrelang ein Dauerthema für die Illustrierten. Denn nichts reizt die Sensationsgier in jenen Jahren der Schuldverdrängung mehr als eine prominente Persönlichkeit, die ganz eindeutig *schuldlos* vom Schicksal so grausam gefällt wurde.

Darüber kommt ein wenig in Vergessenheit, daß das Wiener Ensemble eine seiner profiliertesten und vielseitigsten Künstlerinnen verloren hat, die den dramatischen und den virtuosen Mozart-Partien ebenso gewachsen war wie den technischen Fallgruben der klassischen Operette, die den großen Bögen der Strauss-Heldinnen klare Kontur gab und die Passion der kleinen Frau Schmetterling nicht – wie damals üblich – niedlich verkitschte. Gewiß nicht, wie der Nachruhm es will, ein seither ausgestorbener Stimmtypus oder eine »Vorstufe« zu Maria Callas, aber der Idealfall eines Ensemblestars.

Maria Cebotaris Tod ist bereits der zweite einschneidende Verlust im Ensemble, denn noch vor der Tragödie hat ein Satyrspiel stattgefunden, in dem Anfang 1948 ein Mitglied die Truppe freiwillig verließ.

Elisabeth Schwarzkopf hat beim Londoner Gastspiel im Herbst 1947 als Donna Elvira besonderen Eindruck hinterlassen. Covent Garden wittert in ihr eine dringend benötigte *box-office attraction* und bietet ihr ein Engagement an. Egon Hilbert und Josef Krips erklären, daß sie mit Sicherheit ihre Stimme einbüßen würde, wenn sie Wien auch nur für drei Monate im Jahr verließe. Ein Bruch ist die Folge. Am 3. Februar 1948 tritt Elisabeth Schwarzkopf als Pamina ihr »Exil« in London an und kehrt erst ein Jahrzehnt später an die Wiener Staatsoper zurück, als Herbert von Karajan die künstlerische Leitung übernommen hat.

Walter Legge dürfte sich sehr über die inkompetente Prognose amüsiert haben, die aus dem Mund von Hilbert nicht verwundert, den Experten Krips indes in wenig schmeichelhaftem Licht zeigt. Denn just das Gegenteil ereignet sich. Erst durch die Trennung von Wien wird Elisabeth Schwarzkopf sie selbst.

Bisher hat sie, Schülerin der Koloratur-Virtuosa Maria Ivogün, vor allem Koloratur-Fachpartien gesungen, am Anfang in Berlin auch Zerbinetta und Königin der Nacht: »Ich hab das große Glück gehabt, Koloraturen singen zu können, nur hab ich nie eine sehr hohe Stimme gehabt, bin übers E gar nicht hinausgekommen. Mit drei Tönen über dem hohen C die Zerbinetta singen, das war sowieso ... ich weiß nicht ... aber total verrückt. Aber ich hab's halt gemacht!«

In Wien bleibt sie im für sie falschen Fach, wird vor allem für Rosina, Konstanze, Gilda und Violetta eingesetzt. Walter Legge sieht ihren Weg anders: »Als Konstanze in der *Entführung* demonstrierte sie haarsträubende Agilität, aber ihre Stimme war von Natur aus ein lyrischer Sopran. Auf mein Drängen sang sie bald schon die Agathe im *Freischütz* und die Gräfin im *Figaro*; die jüngere Rosina war ein Mädchen, das der Vergangenheit angehörte.«

Aufnahmen aus der Frühzeit bestätigen sein angedeutetes Urteil. In dem Loewe-Lied »Die verliebte Schäferin Scapine« mit dem Begleiter Michael Raucheisen von 1943 etwa oder in der österreichischen Funkfassung der *Entführung* von 1945 ist Elisabeth Schwarzkopf sich noch nicht sehr ähnlich – gleich einer sehr schönen Frau, die erst mit dem Schminken begonnen hat. (Eine Einzelplatte der Marternarie konnte lange Jahre unter dem Namen von Maria Cebotari veröffentlicht werden.) Erst nach der Befreiung aus dem Zwang zum Extremvirtuosen gewinnt ihre Stimme eigene Identität und unverwechselbares Timbre.

Legge erweist sich als wahrer Hexenmeister. Zu seiner Verblüffung stellt er fest, daß sie noch nie ein Grammophon besessen hat, während bereits sein erstes und liebstes Spielzeug ein uraltes Zylindermodell gewesen ist. Seine »Alchimie kreativer Stimulierung« basiert also vor allem auf der Formel Schellack:

»Ich begann, mit Hilfe von Plattenbeispielen ihre Vorstellungen von den Möglichkeiten des stimmlichen Klanges zu erweitern. Rosa Ponselles Stimme – das Timbre wie der Spitzenjahrgang eines Portweins mit Schlagrahm – dazu die noble Linie; die slawische Brillanz von Nina Koshetz; einige Phrasen aus Farrars Carmen, deren nur angedeutete Verlockung später in Schwarzkopfs ›Im chambre séparée‹ wieder auftauchte; ein einziges Wort der Melba, ›Bada‹ in ›Donde lieta‹; etwas von Rethberg; und große Portionen von Meta Seinemeyer, um ihr zu demonstrieren, wie vom Wesen her deutsche Stimmen auf brillante Weise einen italienischen

Klang produzieren können. Dann (Lotte) Lehmanns allumarmende Großherzigkeit, (Elisabeth) Schumanns Charme und Leichtigkeit, McCormacks unglaublicher Oktavensprung in ›Care selve‹, Frida Leiders dramatische Spannung – sie alle waren Nektar und Ambrosia für den musikalischen Appetit der Schwarzkopf ... Aus der Analyse dessen, was wir in den verschiedenartigen Modellen am bewundernswertesten gefunden hatten, machten wir unsere eigene Synthese ...«

Das Besondere ist, daß Legge als Ergebnis seiner Fütterung keine dressierte Drossel bekommt, daß seine »Gazza ladra«, seine »diebische Elster«, wie er sie nennt, alles Vereinnahmte in eigenes Gold umschmilzt: »Mein Mann hat mir aus einer Art Silberstimme eine Klangphantasie erweckt, die ich vorher nicht gehabt hab'.«

Elisabeth Schwarzkopf hat für sich die Tugenden der Belcantisten der Barockzeit wiederentdeckt. Deren Töne hatten »nicht nur drei, vier oder fünf verschiedene Farben, sondern mindestens deren zehn, zwanzig, dreißig; die Stimme mußte ständig moduliert werden, während man sie sämtliche Farben des Klangprismas streifen ließ.« Die »Petit-point«-Stickerei, die akustischen Figurinen, die sie in ihren Liedern »malt«, können sich auf eine Ästhetik berufen, wie sie am Anfang des 17. Jahrhunderts in den Geburtswehen der Oper formuliert wurde: daß der Gesang mit der kunstvollen »Imitation« von Gefühlen oder »Affekten« beim Hörer Emotionen hervorzurufen habe, nicht durch eine alltägliche oder realistische Vokalsprache. Absonderlich ist nicht, daß ihre Kunst als manieristisch bezeichnet wird, sondern daß ihr Manierismus zum *Vorwurf* gemacht wird.

»Her Master's Voice« wird Schwarzkopf genannt. Doch ist es mit dem Gehorchen nicht so weit her. Schwierig und bisweilen unmöglich ist es, sie von neuen unvernünftigen Abenteuern abzuhalten. Daß sie partout Butterfly singen will, führt noch vor der Hochzeit mit Walter Legge beinahe zu ewiger Trennung. (Harold Rosenthal bescheinigt ihr in dieser Rolle »eigenartigen Mangel an Zartheit«, was wohl heißen soll, daß sie höllisch forcieren muß, um durchzukommen.)

Auch als Violetta bewegt sie sich nicht auf eigenem Terrain.

Viele Leute, notiert Rosenthal, halten sie schlicht für fehlbesetzt, andere finden sie gesanglich zu kalt. (Eine Aufnahme des Duetts aus dem 2. Akt mit Rolando Panerai von 1953 hat Legge aus gutem Grund zu seinen Lebzeiten nicht veröffentlicht – die kunstvolle Imitation von Gefühlen geht hier nicht auf.)

Doch hat Miss Schwarzkopf auch in dieser Partie einen unerschütterlichen Fan. Der 25jährige Geraint Evans genießt in jeder Vorstellung mit ihr seine Comprimario-Rolle als Marquis d'Obigny: »Sie trug ein Kleid mit Fischbein-verstärktem Mieder. Am Ende des zweiten Aktes, wenn Alfredo ihr voll Verachtung Geld vor die Füße wirft, und sie in einem Stuhl zusammenbricht, waren wir immer begierig, uns trostspendend um sie zu drängen, wie es von uns erwartet wurde – so konnten wir einen flüchtigen Blick auf diesen wundervollen Busen werfen, wenn sie nach Atem rang, und das Mieder abstand.«

Sein Hang zu galanter Ritterlichkeit bekommt Evans bald darauf schlecht. Seine erste Hauptrolle ist Mozarts Figaro mit Schwarzkopf als Susanne. Ob es ihm was ausmachen würde, meint sie eines Tages, ihre gemeinsamen Szenen mit Walter Legge zu arbeiten.

»Ich hatte damals keine Ahnung, wer er war, aber ich war für alles dankbar, wo ich Fortschritte machen konnte. So führte mich an einem finsteren Abend mein Weg in ein altes viktorianisches Haus in der Abbey Road. Naiv, wie ich war, merkte ich erst beim nächstenmal, daß das die berühmten EMI-Aufnahmestudios waren. Genauso wenig konnte ich anfangs Legges Position in der Plattenbranche einschätzen sowie den Stand seiner Beziehungen zur Schwarzkopf, die er später heiratete. Es schien mir nur, daß die Art, in der er manchmal in meiner Gegenwart mit ihr redete, nicht die Art war, in der man mit einer Lady umgeht. Und eines Tages, als sie aus dem Zimmer war, deutete ich das an. Ich wagte zu sagen, daß ich dächte, daß er sie demütigte und mich außerdem in eine peinliche Situation brächte. Was Plattenaufnahmen betrifft, denke ich, daß ich meine Chancen bei Legge, noch bevor ich sie bekam, in diesem Augenblick verspielte.«

Bleibt ein kleines Bedauern, daß im Hugo-Wolf-Katalog von Schwarzkopf/Legge der dritte Gesang des Harfners nicht vertreten ist: »Wer nie sein Brot mit Tränen aß«. Leider ist das ein Lied für einen Mann.

Ihren schwersten Strauß hat Elisabeth Schwarzkopf im Oktober 1948 zu bestehen, als die »redhaired Bulgarian bombshell« in Covent Garden eintrudelt – Ljuba Welitsch in der Rolle der übermütigen Diva, bei der sich Bühne und Leben bereits unentwirrbar ineinander verheddert haben. David Webster, der sonst so Übervorsichtige, ist von ihrer impulsiven Kraft überwältigt. In der verborgensten Ecke eines psychologischen Konflikts, meint sein Biograph Montague Haltrecht, ist er glücklich, sich gegenüber dem allesverschlingenden Weiblichen unterwürfig zu zeigen.

Darf er es wagen, ihr nach Aida die Musetta anzutragen – eine kleine Partie hinter der Mimi der Schwarzkopf? Aber gewiß, läßt Welitsch genüßlich durchblicken, nichts wünsche sie sich sehnlicher, als mit der alten Freundin von der Wiener Staatsoper wieder vereint zu sein. Auch daß für eine Star-Musetta kein Extra-Budget vorhanden ist, stört sie nicht. Sie wird es für ganz wenig Geld tun, für gar kein Geld. Eigentlich nur für den köstlichen Walzer. Und dann verkündet sie da und dort: »Ziss time Musetta is going to sing Mimi off ze stage – diesmal wird Musetta Mimi von der Bühne fegen!«

Die Produktion wäre auch so schon »völlig albern«, wie Rosenthal sich ausdrückt. Denn im Gegensatz zur Tradition von Covent Garden werden seit dem Neubeginn alle Opern englisch gesungen – so weit das bei dem andauernden Bedarf an ausländischen Gästen möglich ist. Da gibt es eine italienisch klagende Gilda neben einem englisch wütenden Rigoletto. Set Svanholm umwirbt als Stolzing auf deutsch Schwarzkopfs Eva, die ihm englisch antworten muß, obwohl sie es mindestens genausogut in ihrer eigenen Sprache könnte. In *La Bohème* nun wird auf strikte Einheitlichkeit geachtet. Rudolf Schock als Rodolfo und Paolo Silveri als Marcello komplettieren ein disparates Quartett, in dem jeder seine eigene Vorstellung davon einbringt, wie die englische Sprache klingen könnte.

Daß Welitsch sich bereits bei den Proben »zügellose und Aufmerksamkeit heischende derbe Scherze« erlaubt, ist nichts gegen ihre Abendform. Einige Kritiker mißbilligen zwar ihre »Mätzchen«

(*Naughty Musetta,* Unartige Musetta lautet die Überschrift in der *Times*), doch das Publikum rast. Schon mit dem Walzer bringt sie die Vorstellung für einige Minuten zum Stillstand. Dann reitet sie auf den Schultern von Silveri und beleidigt den *good taste* der Gentlemen an den Ersten Geigen – unter dem Kokottenfummel trägt sie keine Höschen.

Schwarzkopf verzichtet an diesem ersten Abend indigniert auf die Vorhänge. Doch auch Paolo Silveri ist von der Drastik seiner Partnerin nicht restlos angetan. Als nach dem zweiten Akt die Meute nach Welitsch ruft, springt er im letzten Moment vor sie, um sie vor den Vorhang zu ziehen. Sie, wild wie der Teufel, macht ihm klar, daß sie zur nächsten Verbeugung als erste hinausmarschieren wird. Doch nun packt er sie an der anderen Hand, so daß es aussieht, als ob *sie* nun den Widerstrebenden hinausziehen würde.

In der nächsten Vorstellung hat Schwarzkopf ihre Fassung wiedergefunden. Und wieder – wie bei der Revanche von Grace Moore an Jan Kiepura – ist ein Stuhl im Spiel, den sich Welitsch an die Rampe geschoben hat, um nach dem Riesenerfolg des Walzers draufzusteigen. Doch nun steht der Stuhl nicht mehr da, ist auf mysteriöse Weise hinten bei den Buden gelandet. Dort kracht er zusammen, als sich jemand draufsetzt. »Die Elisabeth, die Schwarzkopf, hat mich gerettet. Hat vorher den Stuhl weggenommen, damit ich nicht im Orchester lande. Nicht sehr kameradschaftlich, aber sehr nett.«

Das ist nun wahrlich Künstlerpech. Doch dauert es keine dreieinhalb Jahre, und Welitsch wird sich in der Blüte ihrer Zügellosigkeit an der Met – wie wir noch sehen werden – mit dem gleichen Spektakel das Rückgrat brechen. Bildlich gesprochen . . .

Die vielbeschworene Harmonie im »Familienbetrieb« des Theaters an der Wien ist also Glück- oder Ansichtssache. Doch erst 1950 gibt es den ersten offiziellen Riesenknatsch. Josef Krips ist in eine »hochpolitische Angelegenheit« zwischen der UdSSR und den USA verstrickt und erwartet vergebens Rückhalt durch die österreichische Regierung. Er verläßt die Oper, die Stadt und Österreich.

Im Grund ist der »hochpolitische« Anlaß lächerlich. Krips wurde

1947 eingeladen, in Moskau zu dirigieren. Seither ist zwischen den ehemaligen Alliierten die Eiszeit ausgebrochen und das freie Amerika hat sich von der McCarthy-Ära knebeln lassen. Als Krips zu seinem ersten Gastspiel in den USA eintrifft, wird er in Ellis Island wegen dieses noch nicht verjährten Gastspiels verhört und postwendend ausgewiesen. Klar, daß er annehmen muß, die diesbezüglichen Informationen konnten nur aus Wien kommen, von Leuten, die darüber genau informiert waren.

Doch ist dieser Fall, was Wien betrifft, nicht ganz so klar und beschämend, wie er sich auf den ersten Blick darstellt. Die »hiesige« Kommunistenpresse, zumal die *Österreichische Zeitung*, läßt es an Lobhudeleien über die Errungenschaften des Sozialismus nicht mangeln. Und immer wieder finden sich willfährige Reiselustige, die bereit sind, das auch an Ort und Stelle nachzuprüfen.

In seiner Zeitschrift *Forum* beschäftigt sich Friedrich Torberg anläßlich einer Reise österreichischer Wissenschaftler mit diesem Phänomen der »fröhlichen Ostlandfahrer«, die sich vor Staunen unter anderem über das echt ausverkaufte Bolshoi-Theater nicht zu fassen wissen:

»Wir bezweifeln keinen Augenblick lang, daß die Oper, die von den acht Österreichern besucht wurde, wirklich ausverkauft war. Wir möchten nur ... gar zu gerne wissen, was ein ausverkauftes Opernhaus gegen das Grauen der Diktatur beweist ...? Auch der Wechselfälscher ist, wenn er nicht gerade Wechsel fälscht, vom ehrbaren Bürger kaum zu unterscheiden, auch der Messerstecher sticht nicht ununterbrochen mit dem Messer, sondern nimmt zwischendurch seine Mahlzeiten ein, und es soll sogar schon Mörder gegeben haben, die in die Oper gegangen sind.«

Ob auch Krips den von Torberg in diesem Zusammenhang verliehenen Titel »Potemkinscher Dorftrottel« verdient hätte, ist nicht mehr zu klären.

Überprüft werden kann hingegen, was es denn mit dem legendären Mozartstil auf sich hat, den Krips in unendlich vielen Ensemble-Proben zurechtschliff. Dieser Stil gilt bis heute als Glücksfall. Stolzester Beleg für die Fülle des Ensembles, aus der geschöpft werden konnte, ist jene *Zauberflöte*-Premiere vom 13. Januar 1948 mit Ludwig Weber (Sarastro), Dermota (Tamino), Seefried (Pamina), Kunz (Papageno), Loose (Papagena) – und als die drei Damen: Welitsch, Jurinac und Höngen. Die Königin der Nacht ist erstmals die 22jährige Wienerin Wilma Lipp, die diese Rolle öfter als jede andere Sängerin rund um den Globus singen wird. Keiner kann ahnen, daß sie eine der letzten geborenen Wienerinnen ist, die Opernkarriere macht.

Nun ist andererseits bekannt, daß die Wiener Tradition sich im Lauf von hundertfünfzig Jahren sehr weit vom originalen Mozart entfernt hatte und einer vorbildlichen Interpretation eher hinderlich war. In Frage steht zumal der Umgang mit den drei Da-Ponte-Opern *Le Nozze di Figaro, Don Giovanni* und *Così fan tutte* und ihre Beschädigung durch die deutsche Sprache. Als Mozart 1783 bemerkte: »Ich möchte gar zu gerne mich auch in einer Welschen opera zeigen«, bewies er kulturellen Ehrgeiz. Die Sprache der Wiener Hofoper war kunstvollstes Italienisch, und Lorenzo Da Ponte hatte als »poeta cesareo« das höchste Amt unter den Hofpoeten inne. Wie hoch der Komponist die Virtuosität der Sprache Da Pontes einschätzte, zeigt, daß er vor der Komposition des *Figaro* ein vierbändiges deutsch-italienisches und italienisch-deutsches Wörterbuch erstand – sein Gebrauchs-Italienisch schien ihm für die Nuancen nicht ausreichend.

Nun war es aber beileibe nicht so, daß ein derartig textbezogener Stoff wie der des *Figaro* nur einem elitären, des Italienischen mächtigen Publikum verständlich war (anders ließe sich auch der ganz breite Erfolg des »italienischen« Mozart in Prag nicht erklären). Der Theaterzettel der ersten Aufführung im kaiserl. königl. National-Hof-Theater zu Wien am 1. Mai 1786 zeigt an: »Die Bücher sind italienisch und deutsch, jedes für 20 kr. beym Logenmeister zu haben.« Was – da der Zuschauerraum nicht wie heute verdunkelt war – den Wißbegierigen ein Mitlesen während der Vorstellung ermöglichte.

In der Vorstadt – man denke an die hohe Zahl der Analphabeten – war dagegen die deutsche Sprache geboten. Bereits 1788, ein Jahr nach der Prager Uraufführung und der Wiener Erstaufführung des *Don Giovanni*, wurde eine possenhafte Fassung unter dem Titel *Hans von Schwänkereich* gegeben. Und Da Ponte vermerkte 1789 in seinen Anweisungen für den Theaterbetrieb: »In einem Land, wo die italienische Sprache eine Fremdsprache ist, ist es äußerst nötig, die Oper ins Deutsche zu übersetzen ...«

Ähnliche Überlegungen stellte Jean-Pierre Ponnelle fast zwei Jahrhunderte später an: »Soll man ein Stück, das italienisch gedacht ist, italienisch spielen oder soll man es für Seeleute in Cuxhaven auf plattdeutsch aufführen? Ein echtes Dilemma, mit dem ich mich sehr schwer tat, bis ich mich dazu entschlossen habe, die italienischen Opern so zu spielen, wie sie gedacht wurden. Gerade auch, weil ich das Glück habe, sie nicht in Cuxhaven inszenieren zu müssen, sondern zum Beispiel in Salzburg.«

Im 19. Jahrhundert wurde Mozart nicht nur in Cuxhaven deutsch gegeben. Das hing mit dem idealistischen nationalen Aufbruch und dem Wunsch nach der *deutschen* Oper zusammen. In Wien kam Animosität dazu. Kurz nach Beginn des Jahrhunderts war das Gerücht aufgekommen, daß Mozart von Salieri vergiftet worden sei (was trotz des smarten *Amadeus* von Peter Shaffer Unsinn ist, denn wie hätte dann die Witwe Constanze ihren Sohn zu Salieri in die Lehre geschickt?). Und nun mußte das göttliche Kind Wolferl wenigstens von dem welschen Unrat befreit werden, in welchen es hineinvergewaltigt worden war. *Don Giovanni* hieß nun besserwisserisch *Don Juan*, schließlich spielt die Handlung ja in Spanien. Gegenüber der Posse hatte sich nichts Wesentliches geändert. Denn die Übersetzungen spielten im schwänkereichen Unsinn ihres Tuns nicht nur Da Ponte einen Possen, sondern vor allem Mozarts Musik.

Denn Da Ponte ist nicht ohne ungeheure Einbußen der Semantik zu übersetzen. Und diese Valeurs sind von Mozart komponiert. Da gibt es entlarvende Finessen des Reims (die »Stichworte«, die sich die etwas ungeübten beiden Liebhaber in *Così fan tutte* zuwerfen); Klangmalereien, die Stimmungen beschwören; die Häufung bestimmter Vokale oder Diphtonge, um den Seelenzustand deutlich zu machen – die höchste Verfeinerung der »Imitation der Gefühle« im sprachlichen Duktus, die durch jede Übersetzung ins Neandertal zurückgeworfen werden muß.

Ein winziges Beispiel möge erläutern, was bei Übertragungen verloren geht. Im 1. Akt von *Le Nozze di Figaro* erklärt Figaro

Susanna die Vorteile des neuen Zimmers, in dem sie auf das Klingeln von Graf und Gräfin viel schneller reagieren können: »Vien poi l'occasione/che vuol mi il padrone/don, don! in tre salti lo vado a servir.« Auf das »don, don!«, die Glocke des Grafen, antworten die Hörner ebenfalls mit *don, don.* Auf deutsch heißt das: »Und will nun der Graf mir/Geschäfte bestellen,/husch, husch! in drei Sprüngen erreich ich die Tür.« Figaro singt also »husch, husch« (so man die Emission einer Konsonanten-Ballung als Singen bezeichnen will), die Hörner jedoch antworten nach wie vor *don, don.* Konsequenterweise müßte also auch die lautmalerische Instrumentation geändert werden, indem man etwa unter die entsprechenden Cembalo-Saiten ein Stück Papier klemmt. *Diesen* Schwachsinn hat noch keiner gewagt ...

Als Hauptargument für die Übersetzung wird bis heute angeführt, daß in deutschsprachigen Ländern bei der Originalfassung nicht gelacht wird. Muß oder soll überhaupt bei Mozart gelacht werden? Die Heiterkeit des Publikums, die etwa auf dem Mitschnitt von Furtwänglers deutschem *Figaro* in Salzburg 1953 bei Cherubinos Verkleidung im 2. Akt zu hören ist, deutet an, daß da darstellerisch wohl ein wenig »geschmiert« wurde. Aber hätten sich die Leute weniger amüsiert, wenn dieser *optische* Gag von italienischen Lauten begleitet worden wäre?

Umgekehrt ist auch gefahren. Ich erinnere mich noch an meine Verblüffung als altkluger 13jähriger, als 1954 bei den Münchner Festspielen die hauseigene *Don Giovanni*-Produktion zu Ehren der Gäste Jerome Hines und Léopold Simoneau erstmals in italienischer Sprache gegeben wurde. Jahrelang hatte Benno Kusche, ein gestalterisch famoser Leporello, beim »Non più andrai«-Zitat aus *Figaro* in der Gastmahlszene gesungen: »Die Musik kommt mir äußerst bekannt vor.« Und »keine Sau« (wie man in Bayern sagt) hatte auch nur geschmunzelt. Nun kam er verschmitzt mit »Questa poi là conosco purtroppo«. Und allgemeinste Fröhlichkeit kicherte hoch und signalisierte, daß die Pointe diesmal wahrhaftig verstanden worden war.

Wien, die Metropole des Mozart-Stils, hängt zäher am Cuxhavener Modell. Original gibt es die Da-Ponte-Opern in den ganzen Jahren des »Exils« nicht. Die Wiederherstellung beginnt erst 1956 unter Böhm mit *Così fan tutte* im Redoutensaal, 1957 folgt unter Karajan *Don Giovanni*, 1958 *Figaro*.

Die Eindeutschung ist jedoch nur eine der Entstellungen, die einer steinalten »Tradition« entstammen. Die gröbsten Aufräumarbeiten besorgte Gustav Mahler in seiner Ära als Wiener Operndirektor von 1897 bis 1907. Bereits im ersten Jahr befreite er im *Figaro* die Stimmen von den vielen willkürlich eingelegten Kadenzen und Trillern – das heißt, die er für willkürlich hielt.

Eine Übereinkunft, die von der Barockoper bis zum frühen Verdi gegolten hatte, war in Vergessenheit geraten – daß nämlich die Sänger gewisse nur markierte Passagen selbst auszuzieren hatten. Appoggiaturen etwa waren obligatorisch, wenn eine *corona* (eine Fermate als Zeilenendzeichen) notiert war, bei weiblichen Endungen im Rezitativ und bei Wiederholungen von Strophen – als »Allheilmittel gegen schläfrige Ausführung«. Das galt nun alles als purer Mutwille größenwahnsinniger Gesangsstars, als Gestrüpp, das die edle Einfalt und stille Größe der Musik überwucherte und auszumerzen war – ein Kahlschlag, der für über ein Dreivierteljahrhundert ein puritanisches Klangbild der Klassik schuf.

So spottete Walter Legge über Fritz Buschs Glyndebourner Modell-Aufführungen Mitte der dreißiger Jahre: »Buschs Verbot von Appoggiaturen in Mozarts italienischen Opern ließ mich das Gerücht verbreiten, am Künstlereingang des Glyndebourner Theaters hinge ein Schild mit der Aufschrift: ›Vor dem Eintreten müssen alle Damen ihre Appoggiaturen ablegen.‹«

Erst recht waren die *abbellimenti* im deutschen Singspiel verpönt. Hatte Mozart doch selbst bei der Arbeit an der *Entführung aus dem Serail* angemerkt: »Die aria von der konstanze habe ich ein wenig der geläufigen gurgel der Mad^elle^ Cavallieri aufgeopfert.« Damit meinte er allerdings nicht, wie zumeist angenommen, die Marternarie, sondern die Auftrittsarie »Ach ich liebte, war so glücklich« – wahrscheinlich, weil er die schwindelnden Koloraturen für den Zustand höchster Erregung vorbehalten wollte. Möglicherweise kokettierte er auch nur mit dem »ein wenig«, denn er berichtet ja nicht, daß die Diva einen hysterischen Anfall erlitten oder gedroht hätte, die Rolle hinzuschmeißen, wenn sie nicht mehr aufgemotzt würde.

War der aufgeopferten Konstanze schon nichts mehr abzuknapsen, so konnten die Reformer wenigstens den deutschen Jüngling Belmonte von den vokalen Girlanden befreien, mit denen er wie ein Weihnachtsbaum behängt war. Die Baumeister-Arie im 3. Akt (so genannt nach ihrem Anfang »Ich baue ganz auf deine Stärke«, und weil Belmonte dem Bassa als Baumeister vorgestellt ist) wurde meist ganz gestrichen oder allenfalls verstümmelt gebracht.

Da Koloraturfertigkeit zumal bei Männern nun eher als Gebrest galt, mußte diese Kunst auch nicht mehr wirklich bis zur Beherrschung erlernt werden (ein Verlust an Professionalität, der von Händel bis Rossini *Stil* unmöglich machte). Die Aufnahmen der Baumeister-Arie seit der Jahrhundertwende zeichnen sich durch schlampige Andeutungen der virtuosen Linie aus, als ob die Sänger über die Zumutung gleichsam verärgert wären. Anton Dermota streicht aus der gereinigten Fassung noch ein weiteres Drittel – warum dann nicht gleich alles?

Wie viele Juwelen aus irrtümlicher »Werktreue« auf den Abfallhaufen gekehrt wurden, stellt sich erst 1989 heraus, als Nikolaus Harnoncourt im Rahmen der Wiener Festwochen mit dem virtuos geschulten Amerikaner Kurt Streit einen unverstümmelten Belmonte präsentieren kann. Da wird auch deutlich, daß die *allegretto*-Coda der Arie »Wenn der Freude Tränen fließen« aus dem 2. Akt ursprünglich kein merkwürdiges Anhängsel von 58 Takten war – mit den wieder eingefügten Koloraturen freudig-gespannter Erwartung macht sie ungleich mehr Sinn.

Gustav Mahlers Nachbesserungen beschränkten sich indes nicht auf Verzierungen. Daß Da Ponte in seinem Libretto zum *Figaro* aus Beaumarchais' Vorlage die Prozeßszene im 3. Akt nicht übernommen hat, sondern das berichtende Rezitativ und das Sextett erst nach der Verhandlung beginnen läßt, empfand er als Unterlassungssünde. Nun hatten da Ponte und Mozart (der sein Wörterbuch gewiß nutzte, um den Librettisten bis in die kleinste Verästelung zu sekkieren) guten Grund, auf diese Szene mit ihren Wortspielen und verbalen Spitzfindigkeiten in einem *musikalischen* Werk zu verzichten. Nichtsdestotrotz fügte Mahler 1906 im Rahmen seines Mozart-Zyklus die Gerichtsszene aus Beaumarchais ein – mit neu komponierten Secco-Rezitativen, die er selbst auf dem Cembalo begleitete ...

Am schlimmsten jedoch wurde mit *Così fan tutte* verfahren. Für das 19. Jahrhundert, in dem sich das deutsche Theater als »moralische Anstalt« verstand, war dieses Werk der Moralisten Da Ponte und Mozart ein Ärgernis. Richard Wagner, der mit Betrug, Blutschande und Brudermord frei verfuhr, sah in der Illusionslosigkeit und dem Zynismus des Zeitalters der Aufklärung, wie sie sich in dieser Oper manifestieren, eine »Entwürdigung der heiligen Kunst«. Mildere Moralapostel billigten Da Ponte eine geschmackliche Entgleisung zu, einen unbegreiflichen Fehltritt, den es zu beheben galt, um wenigstens die Musik zu retten.

So erschien *Così fan tutte* unter 33 verschiedenen Titeln mit entsprechend »bearbeitetem« Inhalt – selbst als bloßer Ulk, bei dem alle von vornherein in die Verkleidungskomödie eingeweiht sind. Im Zuge der Mozart-Renaissance wurde das Meisterwerk als solches wieder erkannt, jedoch *ad usum delphini* (schließlich ist das Publikum ein riesengroßes Kind) zurechtgeschnipselt. Ein brillanter Spaß, dieser Partnertausch aufgrund einer Wette – da mußte Tempo gemacht und gestrichen werden: die zweite und dritte Arie des Ferrando, die zweiten Arien der Dorabella und des Guglielmo, und auch kräftig in den Ensembles.

Jean-Pierre Ponnelles Meinung dazu ist drastisch, aber gerecht: »Es gibt sogenannte Musiktraditionen, die für Musiker als heilig und unveränderlich gelten ... Ich denke an die sogenannte Wiener Tradition der Mozart-Interpretation. Ihre Ahnen sind Mahler und Strauss, geniale Musiker. Warum und wie sie strichen, weiß ich nicht. Auf dieser Grundlage werden aber Stücke so aufgeführt, daß sie im Grunde nur Verstümmelungen sind. Die traditionellen Striche in *Così fan tutte* z.B. sind kriminell, barbarisch, amusisch. Ein Dirigent, der sie akzeptiert, müßte eigentlich mit schwerem Kerker bestraft werden.«

Schon aus diesen Gründen kann ein sogenannter Mozart-Stil, wie ihn das Wien der zweiten Nachkriegszeit für sich behauptet, nicht die Verwirklichung eines Ideals sein. Wie verhält es sich aber nun mit der Forderung von Josef Krips, daß Mozart *instrumental* gesungen werden müsse? Mozart, der Vollender einer Epoche, in der die Instrumente von der Flexibilität und dem Farbenreichtum der menschlichen Stimme lernten, und der selbst die Kadenzen seiner Konzerte den Improvisationen der Arien-Schlüsse nachbaute ...

Ist das nur ein weiterer Schritt in eine kahle Klassik – vergleichbar dem Ergriffenheitsrausch über die marmorweiße Vollkommenheit antiker Statuen, die ursprünglich ganz schön bunt waren? Es spricht viel dafür, daß Krips damit nur aus der Not eine Tugend macht.

Über Fiordiligi meint Irmgard Seefried: »Sie ist schwer zu singen, aber nach meiner Einschätzung muß man bei ihr an eine Violine denken.« Das hilft zwar nicht der Partie, aber der Sängerin. In ihren Aachener Anfängen ist sie nach der kindlich-lyrischen Nuri in *Tiefland* von Karajan zur Donna Anna gezwungen worden – ein traumatisches Erlebnis, aus dem sie schlauer hervorgegangen ist.

Die Arien der Fiordiligi sind für einen dramatischen *soprano d'agilità* in der Tradition der Opera seria des 18. Jahrhunderts komponiert. In dem Salzburger Mitschnitt von 1954 läßt sich studieren, wie bewundernswert geschickt Irmgard Seefried sich die Partie in ihren Grenzen zurechtlegt – mit einem »Abfälschen« sowohl der *grande aria agitata* wie der *grande aria patetica* in eine innige Nettheit, an den heiklen Stellen die Noten vorsichtig aufsetzend, wie ein Tier seine verletzte Pfote. (Elisabeth Schwarzkopf – auch sie in diesen Passagen überfordert – riskiert mehr an Verve und nimmt dafür eine gewisse Schärfe und selbst Schrillheit in Kauf.)

Dieses Antippen und Säuseln wird bei Irmgard Seefried allerdings bald zur Manier auch in Rollen, wo sie solche Schonung nicht nötig hätte. Karajan, der ja gezwungen ist, sich von Furtwängler völlig zu unterscheiden, nimmt 1950 einen *Figaro* im Geschwindtempo auf, in dem ihre Susanna vor lauter schwebender Leichtigkeit nur noch gluckst – *minimal music* längst vor ihrer Erfindung. In der Arie »Venite, ingi*no*cchiatevi« bei Cherubinos Verkleidung kommt vor lauter Antupfen das unbegleitete mittlere C auf die Silbe »no« überhaupt nicht – in der Melodielinie ist ein Loch. Desmond Shawe-Taylor prägt über sie darum wohl nicht zu Unrecht das Wort von »einer Art *petit style*« des Mozart-Gesangs.

Sie ist sich wohl selbst über die Problematik dieser geschmäcklerischen Gratwanderungen im klaren. Sonst hätte sie nicht Rasponi anvertraut: »Ich hatte das Vergnügen, Pamina in Salzburg unter Furtwängler zu singen. Und es war eine Freude, die Partitur so zu hören, wie sie komponiert ist.«

Auf der anderen Seite des Spektrums gibt es die wilden Stimm-Verschwenderinnen, die Krips in den Griff bekommen muß – in vorderster Reihe wiederum Ljuba Welitsch. Hier gelingt ihm bei seinen Domestizierungs-Versuchen nun offenbar wenig. Überliefert ist nur eine barsche Zurechtweisung, als sie bei einer Vormittagsprobe streikt: »Ich kann heute nicht singen, habe gestern Salome gesungen.« Worauf er brüsk meint: »Dann hast du sie schlecht gesungen, wenn du heut' nicht anständig singst!«

Sie macht eben, was sie will – auch als Donna Anna. Im Mitschnitt des italienischen *Don Giovanni* 1950 in Salzburg unter Furtwängler ist zu hören, daß Krips' Zucht bei ihr keine Spuren hinterlassen hat. Am Ende des Rondos in »Non mi dir« setzt sie das *ritardando* nicht auf den vorletzten Takt, sondern auf die Auszierung einen Takt vorher – und eigentlich auch kein *ritardando*. Es ist, als ob ein Vollblutpferd mitten im Galopp seine Hinterhufe in den Boden rammt, daß die Funken stieben, und der Dirigent beinahe abgeworfen wird.

Noch aufschlußreicher, auch was das Gefühl für die italienische Sprache betrifft, ist der Larghetto-Anfang – deutsch »Sag mir nicht, o Heißgeliebter« –, der in einem Atem gesungen gehört. Da sie nicht *mezza voce*, sondern aus voller Kehle beginnt, reicht die Luft nicht aus. In der deutschen Fassung läßt sich zur Not zwischen »Heiß« und »geliebter« Atem holen. Im Italienischen aber heißt es »Non mi dir, bell' idol mio« – und da klingt es schauerlich, wie sie zwischen »i« und »dol« einen tiefen Schnaufer macht.

Ein halbes Jahr vorher hat sie mit der gleichen Partie die Met in Angst und Schrecken versetzt. Es ist der erste *Don Giovanni*, seit Ezio Pinza sich am 5. März 1948 in seiner Glanzrolle von der Met und von der Opernbühne überhaupt verabschiedete, um am Broadway in *South Pacific* seinem ausgeprägten Erwerbstrieb noch gründlicher nachgehen zu können. Keine leichte Aufgabe für Paul

Schöffler, nach dem wandelnden mediterranen Erotikon als eher derber teutonischer Verführer bestehen zu können.

Fritz Reiner probt sechs lange Wochen peinlichst genau mit der durchwegs neuen Besetzung – aber ohne Welitsch, deren internationaler Terminplan solche Aufenthalte nicht erlaubt. Erst zwei Tage vor der ersten Vorstellung kommt sie an. Zwei Generalproben sind angesetzt, die erste läßt sie aus.

»Vor der zweiten«, schreibt Jan Peerce, »setzte Reiner eine Extraprobe an, damit der Rest von uns – Schöffler, Salvatore Baccaloni, Regina Resnik und ich – mit Welitsch auf ein Level kommen konnten, und sie auf ein Level mit der Oper. Regina, Schöffler und ich begannen zu singen, wie wir von Reiner geschult, korrigiert, gedrillt und geprobt waren. Welitsch aber sang Mozart auf *ihre* Art. Sie hatte eine völlig andere Auffassung als Reiner, gab sich nicht die geringste Mühe, die Stimme im Quartett des ersten Akts zu drosseln. Im Gegenteil, sie sang aus vollem Hals ... Bei einer Unterbrechung sagte Regina Resnik zu Reiner: ›Fritzl, hast du dafür sechs Wochen geprobt und gefeilt? Und jetzt läßt du zu, daß die Lady ankommt und macht, was ihr paßt?‹ Reiner antwortete ihr sehr ehrlich: ›Wenn du willst, daß morgen der Vorhang aufgeht, dann mußt du die Dame machen lassen, was sie will.‹«

Reiners ohnmächtige Wut auf die Diva, die sich alles erlauben darf, entlädt sich am nächsten Abend an einem unschuldigen Opfer. Nach der großen Arie »Or sai chi l'onore« (»für die Welitschs Management eine womöglich noch größere Claque organisiert hatte«) wartet Jan Peerce in der Kulisse. Nach der -zigsten Verbeugung von Welitsch gibt ihm Reiner mit einem Cembalo-Akkord das Zeichen für seine nächste Szene. Doch abermals branden »Brava, Ljuba!«-Schreie auf. Der Regisseur Herbert Graf zieht Peerce zurück, bis sich der Jubel endlich gelegt hat.

In der Pause zitiert ihn Reiner in seine Garderobe und brüllt vor allen Leuten: »Wie können Sie es wagen! Ist Ihnen nicht klar, daß Sie mich beleidigt haben. Und das vor dem Publikum! Sie hören meinen Akkord ... Haben Sie denn überhaupt keinen Respekt? Wenn Sie jemals wieder wagen sollten, so etwas ... in den ganzen Jahren meiner Berufserfahrung hat noch niemals jemand ...« Fast ein Jahr lang sprechen sie nicht mehr miteinander, bis zu der RCA-*Carmen* mit Risë Stevens 1951.

Die Begeisterung für Ljuba Welitsch ist indes nicht einhellig. Irving Kolodin rühmt den »metallischen Druck der Tongebung« in der ersten Arie, notiert jedoch, daß sie »ganz und gar nicht in der Lage war, die verzierten Passagen in ›Non mi dir‹ zu bewältigen«.

Bei allem Wildwuchs ist sie jedoch für Wien nicht zu ersetzen. Nachdem Maria Cebotari gestorben ist und Welitschs Stimme ihr allzufrüh nachfolgt, geht die Donna Anna an Hilde Zadek und Christel Goltz – zwei typische dramatische Soprane eines »deutschen« Nachkriegsstils, der den harten, steifen, schneidenden Ton kultiviert und in den nächsten zwanzig Jahren zahlreiche Adeptinnen findet. (Die Salzburger Donna Anna bis 1956, Elisabeth Grümmer, wird mit gutem Grund aus Berlin geholt. 1960 folgt ihr Leontyne Price.)

Die Homogenität eines *instrumentalen* Mozart wird also bereits unter Krips zum bloßen Schlagwort, allenfalls nützlich, um asynchrone Individualisten einigermaßen zu bändigen. Einige der Stars sperren sich, weil sie nicht anders können. Schöfflers Almaviva bleibt allen Beschwörungskünsten zum Trotz stimmlich und stilistisch ein Polterer, wie er heute nur bei der Rolle des Gärtners Antonio geduldet würde. Erich Kunz wiederum wird von Schallplattenkritikern gern schon bei den ersten Gesamtaufnahmen ab 1950 ein stimmlicher *Abstieg* attestiert. Die heutigen Enzyklopädisten können sich einfach nicht vorstellen, daß da nie mehr war, daß Kunz der Typ des singenden Erzkomödianten, weniger des komödiantischen *Sängers* ist – der Girardi der Opernbühne.

Wie uneben das »längst zur Legende gewordene« Mozart-Ensemble als *Ensemble* wirklich ist, belegt höchst eindrucksvoll das Septett aus dem Finale des 2. Akts *Figaro* von den Salzburger Festspielen 1953. Da holpert und stolpert alles unartikuliert durcheinander – nicht Furtwänglers Schuld, er hat die Sänger ja nicht jahrelang dressiert.

Dann gibt es die Stimmen, die sich für keinen wie immer gearteten Mozartstil eignen. Immerhin singt Hilde Zadek 81mal die Erste Dame, 21mal die Donna Anna. Und in 75 von 90 *Entführungen* gibt

Peter Klein den Pedrillo mit unschön gutturaler Bruststimme und nicht einmal einem Anflug von Höhe. Ab dem hohen G muß er bereits in die Fistel – ein 75faches Desaster schon vor der Arie »Auf zum Kampfe, auf zum Streite«, in der nur ein Mini-Heldentenor siegen kann. Auch das ist eine unvermeidliche Deformation im Ensemble-Betrieb – Partien als »Besitztümer«. Denn es gäbe sehr wohl Alternativen.

Da ist den Wienern in den ersten Nachkriegswirren aus der Gefangenschaft der Italiener Giuseppe Taddei zugelaufen, der Idealfall eines Figaro, stimmkräftig *und* eloquent – aber eben ein Italiener. Viermal darf er die Partie singen. Taddei ist überdies ein witziger Mensch, der auch auf diesem Gebiet mit Kunz mühelos Schritt halten kann. Bei einer seiner *Rigoletto*-Vorstellungen – er italienisch, die anderen deutsch – beschließen die Höflinge, ihn hereinzulegen, als er im dritten Akt gebrochen hereinwankt. »Ch' hai di nuovo, buffon!« erkundigt sich der Erste Comprimario Alfred Muzzarelli überraschend. Und Taddei äfft schlagfertig zurück: »Was gibt's Neues, du Narr?« 1948 entschwindet er an die Scala.

Als die Wiener Staatsoper 1949 in Brüssel gastiert, wird bei einem Vorsingen der 30jährige kanadische Baßbariton George London entdeckt, Sohn eingewanderter russischer Juden, der vorher mit Mario Lanza und Frances Yeend als *Bel-Canto Trio* durch Amerika gereist ist. Im September 1949 debütiert er im Theater an der Wien als Amonasro. 1950 ist er in Karajans Studio-*Figaro* als Almaviva neben Elisabeth Schwarzkopf inmitten des allgemeinen Gehauches und Gehetzes ein aristokratischer Fels mit eleganter, noch nicht durch Wagner aufgerauhter Stimmführung und gefährlich erotischem Timbre. Im Theater an der Wien singt er die Rolle nicht ein einziges Mal.

Nun kann auch bei London die mangelnde Geläufigkeit in der deutschen Sprache als Hemmnis für eine *ideale* Besetzungspolitik gelten. Bei Sena Jurinac trifft das nicht zu. Und doch muß gerade sie ihre Lorbeeren im Ausland sammeln. Von 1949 bis 1956 vertauscht sie die frustrierenden Salzburger Sommer mit Glyndebourne, wo sie »über die Maßen glücklich ist«. 1950 singt sie dort Fiordiligi, 1951 Ilia in *Idomeneo* – mit Birgit Nilsson bei ihrem ersten Auslandsgastspiel als Elettra. Es sind die beiden letzten Som-

Vom »himmlischen Vater« für ihre Rollen auserwählt? Irmgard Seefried (Susanna), Elisabeth Schwarzkopf (Contessa) und Sena Jurinac (Cherubino) in *Le Nozze di Figaro* 1948 in Salzburg

mer von Fritz Busch. Kurz darauf erliegt er einem Herzinfarkt.

Grete Busch schreibt in ihrem Erinnerungsbuch: »In der Jurinac ... erlebte man eine Naturbegabung, wie sie Gott nur ganz selten einmal verschenkt. Verschwenderisch hatte er eine frische, junge Schönheit und einen Bühneninstinkt von naiver Untrüglichkeit hinzugefügt. Er gab Glyndebourne seinen strahlendsten Stern, er gewährte dem kritischsten, zumeist enttäuschten, nie befriedigten Dirigenten am Ausgang seines Lebens unendliche Freude.«

Was sich da weit hinten in England zwischen Äckern und Wiesen abspielt, darum kann man sich in Wien nun wirklich nicht kümmern. Darum wird es hier nichts mit der Fiordiligi. »Sie fanden immer Ausreden, um mir die Rolle nicht zu geben.«

Nun hat Irmgard Seefried, die Alleinbesitzerin der Partie, ihre eigene Philosophie: »Es ist mir viel zum Vorwurf gemacht worden, daß ich so maßlos war auf der Bühne. Aber ich glaube daran, daß nur der Mensch, der auf der Bühne sich ganz hergibt, das Recht hat, auf der Bühne zu stehen. Dazu sind wir auserwählt worden – nicht vom Publikum und auch nicht von Menschen, sondern vom himmlischen Vater. Denn manchmal braucht er Aussagen, die aus dem Herzen irgendeines Menschen kommen, und er verteilt sie unvorbereitet. Er gibt ihnen die Gebote – egal, in welchem Beruf –, und mein Wunsch war immer nur, der *Mensch* zu sein, der sich vollkommen verschenkende Mensch. Und das laß' ich mir von niemandem nehmen! Denn dieser Verschenkungsmoment ist der Schöpfung ähnlich.«

Wir lernen daraus, daß es mit dem Monotheismus nicht so ganz stimmen kann. Denn der himmlische Vater in Glyndebourne und der in Wien oder Salzburg sind zwei gütige Herren mit völlig verschiedenen Ansichten.

Es kann aber auch sein, daß – rein irdisch gesehen – der sich in einer prekären Partie »vollkommen verschenkende Mensch« nicht dem Vergleich mit einer auch stimmlich kraftvoll ausagierten Darstellung ausgesetzt werden soll. Wie man ja auch ein hingetupftes Aquarell nicht unbedingt neben ein Gemälde in warmen Ölfarben hängen sollte – es sei denn wegen des Kontrasts.

Wenn es denn nicht werkkritisches Bemühen um den originalen Text und Kontext ist, das den Wiener »Mozart-Stil« auszeichnet, und auch nicht wirklich eine *Verschmelzung* der Stimmen im Ensemble – dann bleibt eigentlich nur die Lebendigkeit der Aufführung, die den Funken immer wieder überspringen läßt, auch nach der fünfzigsten oder hundertsten Aufführung. Und da hilft uns Irmgard Seefried wesentlich weiter als mit ihrer Verschenkungs-Urkunde: »Es war trotz echter, gesunder Rivalität auch ein echter Spaß dabei – nicht nur ein Spaß, sich zu sagen: ›Ich will's besser machen!‹, manchmal auch der Gedanke: ›Jetzt werd' ich dem einmal ein Haxl stellen! Wollen einmal sehen, wie der drüberhupft!‹«

Es ist der Spaß, den die Akteure selbst haben. Daß etwa Paul Schöffler im 2. Akt *Figaro* auch schon mal seinen Degen vergißt, mit dem er Cherubino in der Besenkammer erledigen will, und das Instrument aus der Kulisse nachgereicht bekommt, wird ja wohl kein Zufall sein. So etwas lockert auf.

Und wie in *Così fan tutte* musikalisch das Ernstgemeinte heiter genommen wird, geschieht es auch im Szenischen. Nicht die zunehmende Verwirrung der Gefühle darf zum Vorschein kommen – handelt es sich doch nach dem allgemeinen Konsens um vorgetäuschte Empfindungen, um ein Rokoko-Schachbrett, dessen Figuren nie vom eingelegten Tischchen in Seelentiefen stürzen dürfen. Die Leute könnten sich ja immer noch über die Mozartschen antiethischen Abgründe erschrecken.

Erich Kunz, der Oberspielmacher, hat da eine wichtige Funktion. Schafft er es doch immer wieder durch mimische *a parts*, seine Partner – und Anton Dermota ist als Darsteller ja nicht gerade ein Springinsfeld – gerade soweit aus der Fassung zu bringen, daß das Umkippen wie kunstvoll arrangierte »Verfremdung« erscheint.

Wie ein Motto könnte über dieser Produktion, die sich im großen und ganzen dreiundzwanzig Jahre im Spielplan hält, Dermotas liebste Erinnerung daran stehen: »Im ersten Bild der legendären *Così* hatten wir beide Kniehosen und weiße Strümpfe zu tragen. Da der gute Erich über keine üppigen Waden verfügt, ließ er sich von seiner Mutter in die Strümpfe eine kleine Auflage hineinstricken. Damit erschien er dann bei der ersten Kostümprobe, streckte mir eines seiner wohlgeformten Beine entgegen und sagte triumphierend: ›Da, schau dir meine Füß' an. Na, was sagst du jetzt dazu!‹«

Zu ergänzen wäre, daß die ausgestopften Waden im übertragenen Sinn Schule machen, daß *Così fan tutte*-Produktionen auf der Bühne und auf Platte Jahrzehnte vom Wiener Modell inspiriert werden. Rodolfo Celletti ist darüber sehr ärgerlich: »Ich finde, daß dieser Mozart ... allzu oft albern und überzuckert ist, augenzwinkernd, mit Piepsern und Seufzerchen versehen. Die Männer singen weibisch schmachtend, und die Frauen wirken in ihren Versuchen, Aufwallungen von Erotik vorzugaukeln, fürchterlich frigide. Das alles ist das Resultat einer Mozart-Schule der äußersten Mäßigung, des sublimierten Raffinements und einer Keuschheit im Quadrat, gepredigt von Rebhuhn-Genießern in einem Kult der Festival-Galanterie ... Und die Kritiker spenden natürlich ihr Lob, um ihrerseits als verfeinert durchzugehen.«

Womit nicht generell heutigen Inszenierungen das Wort geredet werden soll, bei denen sich die Regisseure allzu häufig nicht zu fassen kriegen über die unglückselige, gnadenlose Verstrickung dieser Menschen auf der Bühne und sich schlaflose Nächte bereiten bei dem Gedanken, wie es denn mit den Unglückswürmern nach dem Finale weitergehen wird. Aber offenbar verführt *Così fan tutte* zu Extremen ...

SCHLUCHZE, BAJAZZO

Das Teatro alla Scala als Konzertsaal – Renata Tebaldi: Eine Stimme, in der die Sonne aufgeht – Elf Jahre Aschenbrödel: Giulietta Simionato – Der Verismo ruiniert den Stil des Belcanto und des »buon canto« – Der »malcantismo feminile« von den zwanziger bis zu den vierziger Jahren – Stimme für drei Generationen: Magda Olivero – Mario del Monaco: Eine Kehle wie die Trompeten von Jericho

Die Mailänder Scala kurz vor ihrer Wiedereröffnung an einem Samstag im Mai 1946, zehn Uhr vormittags. Ein Theaterdiener öffnet die Tür zur *sala rossa*, in der traditionell das Vorsingen stattfindet: »Der Signore Renato Tebaldi soll hereinkommen.« Die 24jährige Sängerin, als einzige im Vorzimmer, errötet: »Das dürfte ein Irrtum sein. Wahrscheinlich meinen Sie mich, aber mein Name ist Renata Tebaldi.« »Macht nichts. Kommen Sie.«

Vor der mit rotem Atlas bespannten Wand, am Kopfende des mit rotem Atlas bespannten Tisches sitzt Arturo Toscanini, ihm zur Seite sein Sohn Walter, der *sovrintendente* Antonio Ghiringhelli und der Betriebsdirektor Oldani. Mit gesenktem Kopf, über die Brille hinweg mustert der Maestro die Delinquentin, deren Gardemaß von 1,74 Meter unter seinem Blick vergeblich zu schrumpfen versucht. Und diesmal ist nicht ihre Lehrerin Carmen Melis dabei wie 1944 bei ihrem Debüt in Rovigo, wo sie, als der Vorhang sich öffnete, als Elena in *Mefistofele* von ihrem Thron nur deshalb nicht Reißaus nahm, weil der fürchterliche Blick der Maestra aus der Kulisse sie festnagelte.

Doch wie damals vergißt sie auch nun alles um sich, sobald sie zu singen anfängt. Beim rezitativischen Anfang von »La mamma morta« aus *Andrea Chénier* spürt sie, wie die eisige Erstarrung von ihr weicht, wie Toscaninis Gegenwart verschwindet, wie der Atem ruhig wird für die großen Bögen, in denen sie ihre Gaben unter Beweis stellen kann ...

»Am Ende der Arie war langes Schweigen. Ich fing wieder an zu zittern. Wenn er wünscht, daß ich noch ein Stück singe, dann bedeutet das, daß ich ihm gefallen habe, dachte ich. Ich lauschte, und er schwieg. Nach Ewigkeiten kam die Frage: ›Und jetzt, was läßt du uns jetzt hören?‹ In einer Anwandlung von Unzurechnungsfähigkeit, die ich mir bis heute nicht erklären kann, sagte ich: ›Maestro, wenn Sie es wünschen, *Otello.*‹ ›*Otello?*‹, er fixierte mich mit seinen schrecklichen Augen, ›die ganze Szene mit dem *Lied von der Weide* und dem *Ave Maria*? Also schön, fang an.‹«

Und nun wird der hochnotpeinliche Vormittag doch noch ganz heiter. Denn schon bald beginnt Toscanini, dem das Tempo des Pianisten nicht gefällt, den Takt zu schlagen. Tebaldi folgt ihm unvermittelt. Nicht so der pflichtbewußte Begleiter, der ihn nicht sehen kann, aber aus Erfahrung weiß, welche gräßlichen Dinge Toscanini mit Sängern anstellt, die den Takt nicht halten können. Er ruckt mit dem Kopf, rollt mit den Augen, um sie aufmerksam zu machen, daß sie immer mehr auseinandergeraten. Sie sendet verzweifelte Blicksignale zurück. Endlich begreift er, daß da etwas Grundsätzliches nicht stimmen kann, ändert die Sitzposition und muß erkennen, daß er der schuldige Teil ist ...

Nach dem hohen As im *Ave Maria*, angesetzt und lange gehalten mit dem *fil di voce*, abermals Grabesschweigen. Dann gibt Toscanini seinem Sohn ein Zeichen, den Namen der jungen Sängerin zu notieren. Und an sie selbst richtet er, bevor sie entlassen wird, die ebenso schlichten wie denkwürdigen Worte: »Brava! Brava!«

Daß die Scala, nationales Heiligtum und internationale Legende, so rasch wieder aufgebaut werden konnte, ist vielen Helfern zu danken, nicht zuletzt den in Italien stationierten britischen und amerikanischen Truppen, die Spendenlisten gezeichnet haben. Toscanini hat selbst einen stattlichen Betrag gestiftet, der – eine weitere noble Geste – auf der Spendentafel im Foyer unter »N.N.« aufgeführt ist.

Mit »offenem Visier« leitet der 79jährige dagegen die Vorbereitungen für die Eröffnungskonzerte (die Opernaufführungen finden, da das Bühnenhaus noch nicht bespielbar ist, vorläufig im Palazzo dello Sport statt). Gründlich wie immer, wünscht Toscanini auch alle neuen Stimmen zu hören. So gewinnt Renata Tebaldi den Lorbeer. Wenige Tage nach dem Vorsingen erhält sie die Benachrichtigung, daß sie beim Eröffnungskonzert mitwirken wird. Es ist wie ein Versprechen an die Zukunft.

Am Abend des 11. Mai 1946 ist der original wiederhergestellte Zuschauerraum lebensgefährlich überfüllt. Selbst in den Gängen drängen sich die Menschen Kopf an Kopf. Die frühere Königsloge ist für die Insassen der Casa Verdi reserviert, des Altersheims für bedürftige ehemalige Sängerinnen und Sänger – auch das auf ausdrücklichen Wunsch von Toscanini. Als er das Podium betritt, begrüßt ihn unendlicher Jubel. Viele brechen in Tränen darüber aus, daß sie ihn nach so vielen Jahren und dem schrecklichen Krieg wiedersehen dürfen.

Toscanini läßt die Emotionen Programm werden. Mit ernstem Bedacht und hohem Pathos hat er zwischen die Ouvertüre zu *La Gazza ladra* und den Gefangenenchor aus *Nabucco* die Preghiera aus Rossinis *Mosè* gestellt. Es ist das Gebet unmittelbar vor Ende der Oper, in dem der Gott Israels angerufen wird, die Fluten des Roten Meeres zu teilen und sein Volk vor den nachstürmenden Rotten zu retten. Keine Frage, daß unter Toscaninis gebieterischer Stabführung nicht die Ägypter, sondern die Faschisten mit Mann und Maus untergehen.

In dem kurzen, aber in seiner fließenden Klarheit überaus eindringlichen Satz singt Renata Tebaldi nach Tancredi Pasero und Giovanni Malipiero die dritte Solostrophe. In Verdis *Tedeum* wird sie noch einmal benötigt. Am Schluß antwortet auf das piano angesetzte zweigestrichene E der Trompeten auf demselben Ton ein psalmodierendes Sopran-Solo: »In te, Domine, in te speravi« und schwingt sich im allgemeinen fortissimo mit den Chorsopranen zum hohen H auf. Ganze acht gesungene Takte, keine sehr dankbare, aber unter Toscanini eine schwierige Aufgabe. Denn er möchte, daß die Gesangsstimme die Klangfarbe der piano-Trompeten übernimmt, gleichsam »wie eine Stimme vom Himmel« klingt. Die Stelle wird geprobt und geprobt, der Maestro bleibt unzufrieden. Bis er Tebaldi *über* dem Chor postiert, wie den Engel im Weihnachtsmärchen. Daraus entsteht dann die Legende, daß er ihre Stimme als »voce d'angelo«, als Engelsstimme, bezeichnet habe.

Nun gibt es indes eine echte – und noch ehrenvollere – Aussage Toscaninis, die merkwürdigerweise nicht einmal in Carlamaria Casanovas Tebaldi-Biographie erwähnt wird. Während der vorbereitenden Klavierproben zur NBC-*Aida* 1949 – so notiert sein getreuer Paladin Giuseppe Valdengo – kommt der Maestro unvermittelt ins Schwärmen: »Die Stimme der Tebaldi ist paradiesisch, das ist eine von den Stimmen, die in die Seele dringen, die ans Herz greifen – eine reine, klare, leuchtende Stimme. Wenn die Tebaldi singt, ist alles heiter, leuchtet die Sonne, es ist, als ob aus ihr der Duft des Frühlings strömt.«

Dieser Hymnus kommt ihm in den Sinn, während er gleichzeitig hingebungsvoll mit der nicht sehr stimmprächtigen, gestalterisch ein wenig hausbackenen Herva Nelli arbeitet, einer sogenannten zuverlässigen Sängerin, die 1947 bereits seine Desdemona war. 1948 hat er Nelli der Scala für fünf *Aida*-Vorstellungen angehängt. Elena Nicolai, Amneris in dieser Serie, ist verdutzt: »Ohne ihn war sie nichts, worüber man heimschreiben würde. Ich konnte ebenso wenig wie irgend jemand anders begreifen, warum da so viel Aufhebens gemacht wurde. Soweit ich mich erinnern kann, glaube ich nicht, daß ihre mediokren Auftritte sie an ein anderes Theater in Italien führten.«

Es ist indes nicht so, daß Toscanini Renata Tebaldi die Aida nicht zutrauen würde. Im Gegenteil – kurz nach seiner konzertanten Aufführung drängt er sie, die Partie zu studieren, die sie bisher für ihre Stimme als zu dramatisch befunden hat: »Das ist eine Oper für dich. Aida ist keine feurig leidenschaftliche Frau. Im Grund ist sie ein braves Mädchen. Bis zum heutigen Tag hat in Italien noch niemand die Aida so interpretiert, wie Verdi sie komponiert hat. Alle versteifen sich auf eine dramatische Intensität, brüllen und körpern sich ab. Sehnsüchtig muß sie sein, ausdrucksvoll und klar in der Diktion! Aida ist kein heroisches, sondern ein menschliches Wesen. Wenn du das begriffen hast, wirst du eine Aida sein, wie sie sein muß.«

Nur er selbst zieht aus seinen Erkenntnissen seltsamerweise keinen Nutzen. Und es ist auch nicht unbedingt seine Protektion, die

Tebaldi allmählich an der Scala etabliert. Nachdrücklicher setzt sich Liduino Bonardi ein, der in Mailand die Einmann-Agentur Alci führt. Nur mit Telefon, Notizblock und Bleistift greift er in das Operngeschehen der halben Welt ein. Berühmt und berüchtigt ist seine Taktik, mit der er den Nachwuchs im Paket verkauft: »Ich gebe euch Prandelli bloß, wenn ihr einmal den di Stefano singen laßt. Der ist jung, hat aber eine herrliche Stimme. Der macht seinen Weg, braucht nur eine Chance ... Ihr wollt die Fineschi? Dann müßt ihr mir aber auch die Tebaldi für zwei Wiederholungs-Vorstellungen nehmen ...«

Elf Jahre auf das Erste Fach gewartet: Giulietta Simionato als Carmen

Und so dient sich Renata Tebaldi hoch, singt an der Scala hinter Onelia Fineschi die Margherita in *Mefistofele* und die Elsa, hinter Mafalda Favero die Mimi und wird am 2. Mai 1947 als Eva in den *Meistersingern* erstmals *titolare*, die erste Besetzung in einer Hauptpartie. Bis zur nächsten Premiere als Madeleine in *Andrea Chénier* vergehen dann noch einmal sechzehn Monate. Dabei geht es mit ihrer Karriere noch verhältnismäßig rasch vorwärts.

Giulietta Simionato, seit 1936 Mitglied der Scala, war bis dato fast nur als Comprimaria eingesetzt und bekommt, nach einem überwältigenden Erfolg als Mignon in Genua, an der Scala in der gleichen Partie am 2. Oktober 1947 ihre erste wirkliche Chance – mit 37 Jahren. Das zeugt nicht etwa von einer besonderen Borniertheit der Hohepriesterschaft der Scala. In jedem anderen italienischen Theater wäre es ihr wohl ebenso ergangen. Was sie bisher als unbrauchbar für höhere Aufgaben erscheinen ließ und nun für anderthalb Jahrzehnte über alle anderen hinausheben wird, hat mit Gesangsmoden und ihrem Wechsel zu tun.

Um das nachzuschmecken, müssen wir uns noch einmal in das Jahr 1882 zu dem einhunderteinjährigen Marchese Gritti aus Franz Werfels *Verdi*-Roman begeben. Was er, der aus der Zeit Gefallene, seit fünfzig Jahren erdulden mußte, war nicht so sehr der Verfall des Belcanto als seine schrittweise Beseitigung.

Den ersten Sündenfall hatte bereits Rossini begangen, als er 1816 zum erstenmal vom obligaten Happy-End in der Weiterführung der Apotheose der frühbarocken Oper abwich – aber ein *Otello* konnte schlecht ohne den finalen Würgegriff auskommen. Immerhin wurde der Komponist genötigt, für empfindlichere Theater doch noch einen fröhlichen Schluß bereitzustellen. Im Bayerischen gibt es für diese Art Rettungs-Dramaturgie bis heute die Formel »Ja, hast denn du mein Briaf net kriagt?« (Cherubinis todbringende *Medea*, 1797 in Paris uraufgeführt, hatte aus diesen Gründen erst am 30. Dezember 1909 an der Scala ihre italienische Uraufführung, nach hundertzwölf Jahren, als Blutbäder aller Art bereits zum liebgewordenen Verismo-Repertoire gehörten.)

Härter traf Rossini, daß die Kastraten verschwanden, teils weil der Eingriff allmählich verboten wurde, teils weil der Zeitgeschmack über sie hinwegging. Der Interpretations-Verlust, der mit dem Verzicht auf den abnormen Stimmapparat der Kastraten (aber welches virtuose Singen ist nicht »abnorm«?) in der für sie komponierten Literatur eintrat, wird heute gering gerechnet – gemessen an der Barbarei, die solche Kunst erzeugte.

Es handelte sich allerdings nicht, wie meist behauptet, um Kastration, sondern um das Abbinden, in seltenen Fällen die Entfernung der Samenleiter, einen Eingriff, der beim noch nicht reifen Knaben das Hodengewebe verkümmern ließ, die Ausschüttung von Testosteron zum Teil oder ganz verhinderte und zu Unfruchtbarkeit führte. Daher der Begriff *evirati* – die Entmannten, weil Fruchtbarkeitskult Zeugungsunfähigkeit mit Impotenz gleichsetzt(e). Gleichwohl sind galante Abenteuer einiger berühmter Kastraten überliefert.

Angenehm war der Zustand trotzdem nicht, denn der Entzug von Testosteron führte zu verfrühtem Altern, zu vorzeitiger Erektionsschwäche und einer Art Altersmelancholie bei verhältnismäßig jungen Menschen, womit sich auch das berüchtigte Diva-Gehabe der *casti divi* wenigstens zum Teil erklärt.

Daß die »Mode« ausartete und Barbierläden in Neapel als spezielle Dienstleistung besonders wohlfeile Eingriffe anboten, steht auf einem anderen Blatt. Entrüstung unter uns Nachgeborenen ist indes nicht angebracht. Ehrliche Statistiken könnten mit großer Wahrscheinlichkeit belegen, daß in den Jahren um 1970 sich mehr Inder dieser Prozedur unterzogen haben, als es jemals Gesangskastraten gegeben hat – und das für ein Transistorradio, finanziert aus Spendenaktionen europäischer Staaten. (Ebenfalls ein musikalischer, aber musikalisch wenig kreativer *background*.)

Doch kehren wir zu Rossini zurück, der als Geschöpf seiner Zeit das Messer gegen die Kunst des Belcanto wetzen hörte. Die Tenöre, die er nolens volens statt der Kastraten einsetzte, waren ab dem hohen A aus der Bruststimme in das Falsett umgestiegen, in einen Kopfklang freilich, dem es im Gegensatz zu heutigem Gefistel nicht an Vibranz und Durchschlagskraft fehlte und der der geschmeidigen Eleganz der Rossinischen Melodien keinen Abbruch tat.

Da kommt 1837 der französische Tenor Gilbert Louis Duprez und führt bei seinem Debüt in *Guillaume Tell* an der Pariser Grand Opéra das *do di petto* ein, das hohe C, das den Brustkorb als zusätzlichen Verstärker nutzt. Für Rossini klingt das »wie der Schrei eines Kapauns, dem der Hals durchgeschnitten wird« (eine Empfindung, die für manche bis heute nachvollziehbar geblieben ist). Als ihn der nächste Stimmrecke besucht – Enrico Tamberlik, der sogar das Cis aus der Brust stemmt –, bedeutet ihm der Komponist mißbilligend, er möge sein Cis im Vorzimmer abstellen und beim Hinausgehen wieder mitnehmen.

Gewiß ist Rossinis frühes Verstummen auch Reaktion auf die

»Vermännlichung« des Zwittergeschöpfs Oper. Dem aus dem *baritenore,* dem tiefen Tenor, neu entstandenen Fach des romantischen Baritons wachsen seit Bellinis *I Puritani* und bei Donizetti immer bedeutendere Funktionen zu, quasi als Antithese zur »Verweichlichung« des schönen Klangs. Nur, wenn sich die kämpferische Konstellation zwischen den neuen Rivalen Tenor und Bariton zur blanken Aggression steigert, werden ihnen noch Koloraturpassagen zugebilligt, bleibt die traditionelle musikalische Affektgebärde gewahrt, die einen ritterlichen und erhabenen Ton wahrt. Was aber kaum verlangt wird, muß auch nicht gelernt werden. So ist das Ergebnis ein Verlust an technischem Können. Aus dem Belcanto ist der *buon canto* geworden.

Warum den Frauenstimmen, zumal dem Sopran, bis zum mittleren Verdi auch in den dramatischen Partien weiterhin virtuose Koloraturfähigkeit abverlangt wird, dafür liefert Rodolfo Celletti in seiner *Storia del belcanto* eine originelle Begründung. Das habe sich, meint er, aus dem puritanischen Klima zwischen 1830 und 1860 ergeben, das seinerseits Reaktion auf die Freizügigkeit des Directoire und des Ersten Kaiserreichs war. Die Idealisierung der Frau, der Kult mit der Jungfräulichkeit, verträgt sich zwar bestens mit den fordernden, leidenschaftlichen oder selbst bösartigen Heldinnen, die auf der romantischen Opernbühne auftauchen. Denn prüde Zeiten sind der ideale Nährboden für lasterhafte Phantasien. Doch werden sie nur akzeptiert, wenn sie stilisiert erscheinen.

Die unkeusche Priesterin Norma, die inzestlüsterne Giftmischerin Lucretia Borgia (»maestro orgasmo« wird Donizetti für seine klimaktischen Zuspitzungen der Leidenschaft genannt), die macht- und mordbesessene Abigaille in *Nabucco* – ihnen allen vermag der verzierte Gesang einen Anstrich von Haltung, von Noblesse, von Idealisierung zu geben: »In dieser Beziehung«, sagt Celletti, »dekken sich Bellini, Donizetti und Verdi (bis zu *I Vespri siciliani*). Es ist deutlich, daß es ihnen widerstrebt, die Frau auch in verwerflichen Situationen zu zeigen, ohne daß sie von Zeit zu Zeit mit dem Schleier des allegorischen Gesangs verhüllt wird.«

Verdi öffnet 1853 eine verbotene Tür, die sich danach nicht mehr schließen läßt. Er öffnet sie zwischen dem ersten und dem zweiten Akt von *La Traviata.* Die Heldin, die eben noch ihre nicht ehrbare

Profession mit *abbellimenti* geschönt hat, tritt aus der Welt des Kunstgesangs wie des Künstlichen ab und widmet sich dem Menschlichen. Das ist der erste Schritt zum Verismo. Nach 1855, nach den *Vespri siciliani*, schreibt Verdi keine Koloraturen mehr. Seine Frauengestalten sind ab jetzt Leidende ohne kalligraphische Entschuldigung.

Als am 17. Mai 1890 der 26jährige Pietro Mascagni, Preisträger eines Einakter-Wettbewerbs des Mailänder Verlags Sonzogno, im Teatro Costanzi in Rom mit seiner *Cavalleria rusticana* einen triumphalen Uraufführungserfolg hat, ereignet sich ein weiterer Sündenfall – eine »Katastrophe«, die der Marchese Gritti, er wäre jetzt hundertneun, hoffentlich nicht mehr erleben muße. Die Heldinnen und Helden aus fernster Druidenvergangenheit, vom Pharaonenhof und anderen höfischen Schauplätzen müssen einer neuen Vitalität Platz machen, die das Leben auf dem Hinterhof und dem Marktplatz aufspürt.

Dem Stilwechsel im Sujet entspricht der Wandel der musikalischen Sprache. Sie »verschleiert« nicht mehr, sie enthüllt. An die Stelle des *Affekts* tritt der naturalistische, der aktuelle *Effekt*, der umgehend Bannflüche und geringschätzige Spötteleien der Kulturhüter aus dem gediegenen und kühleren Norden provoziert.

Selbst eine gewisse Großzügigkeit in der Bewertung des Phänomens klingt eher nach Schadenfreude in Richtung Bayreuth: »Es wurde eine brutale Erholung von Wagner«, schreibt Oskar Bie 1913, »der letzte große Schlag Italiens in einer Manier, die ... die krasse Anwendung musikalischer Ekstase sowohl, wie Illustration auf Stoffe des modernen Lebens durchsetzte: man nannte es Verismus. Traviata stieg aus dem Kleide alter Formen und warf sich die Fetzen eines Stils um, den sie für Wahrheit hielt.«

Doch die Mäkler werden von der Zeitströmung ersäuft. Als 1892 die zweiaktige Oper *I Pagliacci* des 34jährigen Ruggero Leoncavallo sich mit der *Cavalleria* zu einem kompletten Abend vereint, ist der Welterfolg nicht mehr aufzuhalten. Leoncavallo hatte noch dazu das unwahrscheinliche Glück, den Eifersuchtsmord eines fahrenden Komödianten an seiner ungetreuen Ehefrau persönlich miterlebt zu haben. Wahrhafter und näher am Leben und Sterben kann der Verismo nicht mehr werden. Die folkloristisch getönte

Volkstragödie hat darum auch kein langes Leben. Sehr bald setzt die »junge italienische Schule«, wie man die Gruppe um Mascagni, Leoncavallo, Cilèa und Giordano nennt, die feineren Kreise wieder in Amt und Unwürden ein, um das Raffinement zu steigern. Auch Puccini bedient sich seit *Tosca* mit größtem Erfolg veristischer Elemente in der Behandlung der Gesangsstimmen und in seinen szenischen Effekten. Ein Baron Scarpia hat nun einmal eine wesentlich größere und dankbarere Palette in schlechtem Benehmen als etwa ein Lohnkutscher.

Diese zeitgemäße Spielart des italienischen Musiktheaters ist nicht unbedingt der »Fortschritt«, für den sie von ihren Propagandisten gehalten wird, aber in ihrer Vielfalt und Breitenwirkung ein attraktiver Repertoire-Zuwachs.

Verhängnisvoll ist jedoch der schädliche Einfluß, den der veristische Stil auf die Interpreten der *tragedia plebea* hat. Sie fühlen sich ihrerseits zu plebeischem Tun animiert, wettert Celletti, »indem sie nach und nach ihre eigene Rhetorik schufen – aus schreiendem Tonfall, geräuschvollen Schluchzern, Sich-auf-die-Brust-Schlagen, abgefeimtem Gelächter, krankhaften Ausbrüchen und in hysterische Krisen umschlagendem leidenschaftlichem Gewimmer«. Besonders kultiviert werden die endlosen Todeskämpfe, »in denen die angenommene Wirkung des Gifts oder des tödlichen Messerstichs in ungemein vielfältiges Fratzenschneiden übersetzt wurde, um den Ausdruck herzzerreißender Qual zu gewährleisten«.

Das bedeutet, an zwei einfachen Beispielen beschrieben: Ein Canio, der nach »Vesti la giubba« nicht das ganze Nachspiel Rotz und Wasser heult, hat den Aktschluß verpatzt; eine Tosca, deren »Mario, Mario«-Schreie nicht jedem das Mark im Gebein erfrieren lassen, läßt in der Erinnerung auch eine vollendete Gestaltung der »Vissi d'arte«-Arie verblassen.

Diese Entwicklung in der Interpretation wäre zu vergleichen mit einer Aufführung von Haydns *Symphonie mit dem Paukenschlag*, in der nicht mehr die Pauke die alten Londoner Ladys aus dem Schlaf reißt, sondern im entscheidenden Moment der vorher präparierte Stuhl des ersten Geigers oder das angesägte Podest des Maestro zusammenkracht – nicht lustig und erwartet wie in den Konzerten von Gerald Hoffnung, sondern als unverhoffte Schocktherapie.

Gesangstechnisch bedeutet das zumal bei den Frauenstimmen eine weitere Einbuße an Qualität. Leidenschaftliches Gefühl wird im tiefen Bereich der Stimme angesiedelt, hat gleichsam aus dem Bauch, aus den Eingeweiden zu dringen. Die Sängerinnen beginnen, in der Mittellage den Ton abzudunkeln und zu vergrößern, regelrecht zu mästen. Da die ausgepichtesten Veristen die heftigsten Ausbrüche zudem in den *passaggio*-Bereich setzen, an die Sollbruchstelle, in der ein Registerwechsel unumgänglich wäre, wird die Bruststimme zugunsten des kompakten Ausdrucks sozusagen übertourig hochgeschraubt – bei den Sopranen bisweilen bis zum hohen A. Das zwingt zum »offenen« Singen, einer ruinösen Praktik, die bislang Kennzeichen der Dilettanten war.

Dieses neue Schönheitsideal (in seiner Pervertierung nicht dem Virtuosentum der Kastraten zu vergleichen, sondern den eingebundenen Füßen der Chinesinnen oder den »Einlegearbeiten« in Nase, Lippen und Ohren bei afrikanischen Stämmen) beschränkt sich nicht auf die Veristen. Woher konnten Bellini, Donizetti und der frühe bis mittlere Verdi in der Beschränktheit ihrer Ausdrucksmittel denn auch ahnen, wohin die Entwicklung gehen würde? Also müssen sie aus den seither gewonnenen Erkenntnissen korrigiert werden.

Noch einmal Celletti: »Die Eigenarten des romantischen Gesangs, wie *rubati* oder den Koloraturgesang in Opern wie *Norma, Ernani* und *Il Trovatore*, hielt man für ein lediglich zerstreuendes, minderwertiges Element, weshalb sich die Sopranistinnen – bis auf wenige wirklich außergewöhnliche Ausnahmen – autorisiert glaubten, mit ihren in der Mittellage aufgeblähten und in der Höhe schrillen Röhren Hackfleisch daraus zu machen.«

Aus dem *buon canto* wird in den zwanziger und dreißiger Jahren unseres Jahrhunderts in Italien der *malcantismo feminile*. Ein Musterexemplar dieser Gattung ist Bianca Scacciati (ihr Nachname könnte Omen sein, er bedeutet »die Verscheuchten«). Unter den wenigen Aufnahmen, die von ihr existieren, gibt es einen kompletten *Trovatore* in Scala-Besetzung von 1930. Ihre Leonora besingt schon die »notte placida«, als ob sie sich für ihr Stelldichein unter dem Sternenhimmel einen Vollbart umgebunden hätte.

Bemerkenswerterweise ist diese Bianca Scacciati in Toscaninis letzten Jahren an der Scala einer seiner Lieblinge. Von 1926 bis 1929 singt sie unter seiner Stabführung Elisabetta in *Don Carlo*, Tosca, Asteria in *Nerone*, Desdemona, Stephana in *Siberia* von Giordano, Santuzza, Leonora in *Forza* und ist nach acht Vorstellungen der Uraufführungs-Turandot Rosa Raisa die Turandot vom Dienst.

Auch Toscanini, der zahlreiche Opern des Verismo aus der Taufe gehoben hat, ist eben Kind seiner Zeit und zeitlichen Klangvorstellungen unterworfen, die er für allgemeingültig hält. Unter diesem Aspekt nun lassen sich seine »Korrekturen« an der *Traviata* eher begreifen, von deren Werktreue er subjektiv überzeugt ist, wird deutlicher, warum er die qualvollen Quetschungen einer Licia Albanese als unbedingten Willen zum Ausdruck schätzt. Und es erklärt sich, daß er in Herva Nellis Aida endlich das »brave Mädchen« gefunden hat, das ihm die furiosen Heroinen bisher verweigerten.

Und selbst seine legendären Wutausbrüche, das Zerbrechen des Taktstocks, das Zerfetzen von Klavierauszügen und Partituren, die Kaskaden von Kutscherflüchen – was sind sie anderes als veristisches Theater, das ihm derart in Fleisch und Blut übergegangen ist?

Die Männer sind von dieser Seuche der Unbedingtheit ansonsten kaum befallen, was ein weiterer Beweis ist, daß nicht der Verismo an sich die Katastrophe ist, sondern das Schindluder, das mit ihm getrieben wird.

Man muß sich nach dieser Horrorszenerie ins Gedächtnis rufen, daß Enrico Caruso, der vollkommenste Sänger des Jahrhunderts, im Zeitalter des Verismo aufgestiegen ist. Und doch singt er auch die veristischen Partien mit der Technik der Belcantisten. Als da sind der *canto sul fiato*, die Bildung des Tons auf der Atemsäule ohne allzu starken Druck auf den Kehlkopf, und das Singen *in maschera*, die intensive Nutzung der oberen Hohlräume des Kopfes zur Verstärkung der Resonanz. Beides ergibt den runden, vollen und – je nach Stärke der Atemzufuhr – weichen oder metallisch rotglühenden Ton und trägt auch in den größten Häusern bis in die höchsten Ränge.

Noch am Ende seiner Laufbahn ist es Caruso möglich, neben den schweren Helden den Nemorino in *L'Elisir d'amore*, die Partie für einen *tenore di grazia*, mit vollendeter Leichtigkeit zu singen. Paradoxerweise scheint gerade diese Leichtigkeit seinen Tod mit achtundvierzig Jahren stimuliert zu haben. Wo die Stentorstimmen, die Spezialisten der *aria d'urlo*, der Arie mit Gebrüll, aussetzen müssen, weil sich gleichsam der überhitzte Kolben im Hubraum festgefressen hat, kann seine überlegene Technik auch über schlimmste Indispositionen mit Hilfe eines Doktor Mirakel triumphieren.

Toscanini hat seine Erinnerung an eine Vorstellung von *La Gioconda* an der Met am 17. November 1913 festgehalten: »Kurz vor der Vorstellung suchte ich Caruso in seiner Garderobe auf. Durch die Tür hörte ich den Theaterarzt entsetzt ausrufen: ›Aber Commendatore, mit einer solchen Kehle können Sie absolut nicht singen!‹ Und Caruso: ›Dottore, machen Sie mir eine Pinselung mit Jod und Glyzerin und machen Sie sich nicht in die Hosen.‹ Ich trat ein. Der Arzt wandte sich zu mir: ›Maestro, schauen Sie in diesen Hals und sagen Sie mir, ob man in einem solchen Zustand singen kann.‹ Ich selbst, der ich von Kehlköpfen herzlich wenig verstehe, erschrak zutiefst. Das Gaumensegel war so groß und entzündet, daß es den ganzen Rachenraum ausfüllte – eine wirklich eindrucksvolle Sache. ›In diesem Zustand kannst du nicht singen‹, stimmte ich ein. Aber er: ›Dottore, pinseln Sie, und dann wirst du schon sehen.‹ Der Arzt gab angesichts dieser Hartnäckigkeit nach und begann mit der Prozedur. Ich ging in höchster Aufregung in das Orchester hinunter und befahl Gott meine Seele an. Als Caruso dann auf der Bühne den Mund zur ersten Phrase öffnete: ›Assassini, quel crin venerando rispettate – Mörder! Habt Ehrfurcht vor diesem ehrwürdigen Haupt‹, da kam die Stimme noch schöner und strahlender als sonst. Ich schwöre, daß ich ihn noch nie so wunderbar makellos singen gehört hatte.«

Stationen eines Verglühenden, dem einzig die Stimme noch gehorchte, als der übrige Körper keine Abwehr mehr hatte. Was sind gegen diese Doktor-Eisenbart-Methoden schon Cortison-Injektionen, mit denen heutige Champions des hohen C fitgespritzt werden?

Überraschender als Carusos früher Tod 1921 ist – meint der Met-Chronist Martin Mayer –, daß er sich überhaupt so lange am Leben hielt. Das Rauchen von mehreren Päckchen ägyptischer Zigaretten am Tag, das spätere Einsprühen des Kehlkopfs mit Äther war ein Zerstörungswerk, das viele Jahre ohne Einfluß auf die Schönheit der Stimme blieb. Über seinen Eleazar jedoch in der *opening night* am 15. November 1920 – der sechzehnten, die Caruso an der Met bestritt – notierte der Kritiker W.J. Henderson besorgt, daß er »noch nie in einer Eröffnungsvorstellung in so beklagenswerter stimmlicher Verfassung war« (auch auf der Studio-Aufnahme von »Rachel, quand du seigneur« ist röchelndes Atemholen zu hören).

Caruso sang unbeirrt weiter. Schließlich war die Met von seiner Zugkraft abhängig. Am 8. Dezember zog er sich in *I Pagliacci* einen Muskelriß in der Seite zu, dem er mit einem Stützkorsett trotzte. Drei Tage später begann er auf der Bühne der Brooklyn Academy of Music im ersten Akt von *L'Elisir d'amore* Blut zu spucken. Doch er bestand darauf, die Vorstellung zu beenden, und scherzte über die Blutspuren auf den Taschentüchern, die ihm von Hand zu Hand immer wieder gereicht werden mußten. Drei weitere Male trat er noch auf, bis er am ersten Weihnachtstag von einer qualvollen Brustfellentzündung niedergeworfen wurde. Er hat nie wieder gesungen.

Caruso bleibt das unerreichte Vorbild. Die Ausnahme-Erscheinungen unter den italienischen Sängerinnen der Epoche aber setzen sich eher als Außenseiterinnen durch. Claudia Muzio (1889 bis 1936), deren Stimme Giacomo Lauri-Volpi als »geschaffen aus Tränen, Seufzern und verhaltenem inneren Feuer« definiert, wird die »Duse des Gesangs« genannt. Das beschreibt nicht nur ihren Rang als Sänger-Darstellerin, sondern grenzt ihn gleichzeitig ein. Denn Eleonora Duse hat die Proklamationen vom Staatsbalkon der Riesenbusen herab abgeschafft zugunsten eines nuancierten psychologischen, eines »impressionistischen« Ausdrucks. Muzio, ebenfalls hoch gerühmt für die seelenvolle Durchdringung ihrer Gestalten, wird häufig gerügt, daß sie zu viel piano singe.

Personifizierter Widerspruch gegen den Verismo und zugleich seine Erfüllung ist die 1912 geborene Magda Olivero. Sie macht (um ein Wort Alfred Polgars über Fritzi Massary zu variieren) der veristischen Oper den Sublimierungsprozeß, indem sie sie mit den

Techniken der vorveristischen Ära veredelt. Was der Stimme an Fülle fehlt, macht eine verschwenderische Palette von Farben und Schattierungen wett – die Darstellung der unterschiedlichsten Gefühle durch rein gesangliche Mittel, ermöglicht durch den *canto sul fiato* und *in maschera*.

Der Tenor Mirto Picchi, der 1951 mit ihr in Florenz singt, beschreibt ihre unglaubliche Atemkontrolle: »Wir setzten uns beide ans Klavier und holten die nötige Luft für die *Vokalisen*. Ein Atem muß obligatorisch ausreichen für die Skala aller fünf Vokale. Ich mache das regelmäßig, wenigstens zwanzigmal am Tag. Die Signora Olivero konzentrierte sich in einem abgrundtiefen Atemzug: ich sah, wie sich die Brusträume füllten, als ob sie Fausto Coppi gehörten. Dann begann sie alle Vokale einmal zu skandieren, darauf zweimal, und in der dritten Runde stoppte sie auf der *Vokalise* ›a‹. Elf *Vokalisen* in einem Atem. Ich glaubte, meinen Ohren nicht trauen zu dürfen.«

Beinahe wäre er um den Genuß dieser Sensation gekommen. Denn 1941 hat sie sich, nach nur acht Jahren einer stetigen Karriere, mit Francesco Cilèas *Adriana Lecouvreur* in Ravenna von der Bühne verabschiedet und in eine glückliche Ehe zurückgezogen. Was von ihr bleibt, ist die erste Gesamtaufnahme von *Turandot* 1938, in der sie neben Gina Cigna und Francesco Merli eine reich mit *messa di voce*-Effekten ausgestattete, wiewohl im Risiko noch etwas zittrige Liù singt (eine Interpretation, die Elisabeth Schwarzkopf offenbar aufs genaueste für ihre Liù 1956 bei Columbia studiert hat).

Noch wesentlicher sind acht Plattenseiten mit Arien, die sie 1940 für Cetra aufgenommen hat. Darunter die beiden Arien aus *Adriana Lecouvreur* und »L'altra notte in fondo al mare« aus *Mefistofele* (alle drei Modelle für die erste Arienplatte von Maria Callas) sowie die Arie der Violetta aus dem ersten Akt von *La Traviata*. Nun sind wir von einigen Kameliendamen gewöhnt, daß sie nach dem hohen Des des »gioir« (so sie es haben und nicht die ganze Arie – wie etwa Tebaldi – einen Ton tiefer singen) vor dem *allegro-brillante*-Teil in leicht gequältes oder geschnattertes Gelächter ausbrechen. Oliveros eingelegter *éclat de rire* ist eine Koloratur, beginnend mit dem hohen Es.

Die Aufnahme gelingt erst im zweiten Anlauf. Denn beim Abhören des Mitschnitts stellen die Techniker fest, daß an drei Stellen das Pedal der Harfe zu hören ist. Der neue Termin liegt eine Stunde vor der Herzensverabredung, die sie bereits getroffen hat. Leicht gereizt betritt Olivero das Studio, wirft Hut und Mantel auf einen Stuhl, sieht, daß der Dirigent Tansini bereits auf seinem Podest steht: »Maestro, ich bin so weit!« Mag sein, daß die Ähnlichkeit der privaten und der Rollen-Situation zusätzlich beflügelnd wirkt – die tausend Facetten sind in einem Durchlauf hingezaubert, und sie saust zu ihrem Rendezvous. 1965 wird ihr dafür, 25 Jahre danach, der *Disco d'oro* verliehen.

Celletti meint, diese Aufnahme der Arie käme in der Plattengeschichte der *Traviata* der Vollendung am nächsten. Und Geschichte scheint Magda Olivero bereits zu sein. Schon 1950 empfiehlt Celletti in der Zeitschrift *La Scala* ihren Bewunderern, die Cetra-Serie zu kaufen und genau zu studieren. Ein Tip wohl auch für die aktiven Kolleginnen, bei denen er zumindest für die Wiederherstellung des *buon canto* Chancen sieht.

Am bekümmertsten ist der inzwischen todkranke Francesco Cilèa, der nur noch einen Wunsch hat – jene Künstlerin, die »über die Noten hinaus in die Seele Adrianas eingedrungen ist«, noch einmal auf der Bühne zu erleben. Er stirbt über ihren Skrupeln und den endlichen Vorbereitungen. Doch am 3. Februar 1951, nachdem sie sich in Rom mit einigen *Bohème*-Vorstellungen »eingesungen« hat, beginnt Magda Olivero ihre zweite Karriere in Brescia mit der Schicksals-Partie, in der sie sich zehn Jahre vorher für immer verabschiedet hatte. Und nun beginnt ihre eigentliche Karriere, die bis weit in die siebziger Jahre reicht, wird sie *Una voce per tre generazioni*, wie der Titel ihrer Biographie heißt.

Es ist *fashionable*, über das »Machwerk« *Adriana Lecouvreur* zu spötteln. Aber es ist eine herrliche Partie für eine Primadonna in der Rolle einer Primadonna. Nicht so lästig wie Floria Tosca zu singen, mit einem ebenso todsicheren ersten Auftritt und einer First-Class-Arie, die nicht über das As hinausgeht und gleichzeitig Credo richtig verkauften Primadonnentums ist: »Io son l'umile ancella del genio creator – ich bin die demütige Magd des schöpferischen Geistes . . .« Des weiteren zwei aufregende Auseinandersetzungen mit der vor Eifersucht entmenschten Rivalin; optimale Plazierung bei den Aktschlüssen; und schließlich nicht bloß eine Sterbeszene, sondern einen kompletten Akt des langsamen Sterbens durch die »poveri fiori«, die vergifteten Veilchen von der unerbittlichen Konkurrenz.

Nur bedarf es einer Spezialistin, die Cilèas gewiß nicht erstrangige Musik durch die genaueste Kalkulation jeder gesanglichen Nuance – und nicht durch herz- und ohrenzerreißende Aufrichtigkeit der Tongebung – unter Strom setzt und gleichzeitig die Kruditäten der Dramaturgie gerade durch extremen Manierismus veredelt. *Imitation der Gefühle* auch hier also, ohne die der Verismo alter Gefühlsplunder ist.

Von Tebaldi bis Freni, von Sutherland bis Margaret Price ist seither keiner Nachfolgerin die überragende Interpretation ganz gelungen, entweder weil es an den stimmlichen Valeurs oder am Exhibitionismus fehlte – oder an beidem. Auch der einzige Mitschnitt von Olivero vom 28. November 1959 aus dem Teatro San Carlo in Neapel – mit der spektakulären Besetzung Simionato, Corelli, Bastianini – ist kein getreues Vokalogramm ihrer singulären Differenzierungsmöglichkeiten. Sechs Wochen vorher hat sie sich einer Leberoperation unterziehen müssen. Der Arzt verbot ihr jeden Auftritt bis Anfang des nächsten Jahres. Dann wird Tebaldi krank, und sie springt ein. Wenigstens ihren Sturz im letzten Akt solle sie auslassen, ist der letzte ärztliche Rat. Aber den hat sie, als es soweit ist, natürlich vergessen.

Wie sehr gerade die *azione teatrale* nach der alten, der altmodischen Art auch die skeptische jüngere Generation elektrisieren kann, schildert Ethan Mordden, der 1970 ihr Debüt in den Oststaaten der USA in Hartford, Connecticut, erlebt hat. Im Finale des dritten Akts wird Adriana von der Principessa di Bouillon, ihrer mächtigen Gegnerin, bei einem Fest öffentlich gedemütigt und zieht sich üblicherweise sang- und klanglos zurück. Was aber macht Olivero anstelle des Abgangs? »Mignon Dunn (als Principessa) heischte Aufmerksamkeit, indem sie rüde ein Veilchenbouquet zwischen ihren Händen zermalmte. Aber wer schaute schon auf Dunn? Aller Augen waren auf Olivero: wie sie wankte, nach Luft rang, einknickte, strauchelte, schmachtete, abschlaffte, stöhnte,

Die Diva und die dritte Partner-Generation: Magda Olivero und Placido Domingo 1970 in *Manon Lescaut* in der Arena von Verona hinsank, den Geist aufgab – und doch nie wirklich den Boden berührte, bevor der Vorhang über ihr hinwegfegte.«

Marilyn Horne erlebt sie 1967 als Tosca in Chicago, als eine Tosca, die im ersten Akt nicht einmal auf den traditionellen mit Blumen, Früchten und Bändern dekorierten Stab (ein modisches, längst aus den Inszenierungen verschwundenes Accessoire des Empire) verzichten mag, und ist von ihrem emotionalen Pathos tief bewegt. Als Olivero am 2. November 1972 ihr New Yorker Debüt in der Philharmonic Hall gibt (veristische Arien und im zweiten Teil Poulencs *La Voix Humaine*), ist am nächsten Tag das musikalische Leben New Yorks in Aufruhr. Die einen bemängeln ihre rhythmischen Freizügigkeiten (Folge der sich allmählich ja langsamer ausspinnenden *fil di voce*-Effekte) und die ebenfalls altersbedingten Überspitzungen der Spitzentöne in einen kleinen Schrei, die anderen haben eine lebendige Überlebende aus Verismo-Vorzeiten erlebt.

Als Olivero 1975 mit 63 Jahren an der Met ihr Debüt als Tosca gibt (vermutlich das einzige Mal, daß sie auf den Stab verzichtet), bricht anschließend – wie Harold C. Schonberg berichtet – ein »Pandämonium« aus. Die Menschen drängen nach vorne, um sie sehen und spüren zu können – wie einen fossil geglaubten Quastenflosser in Gestalt einer quicklebendigen Diva.

Sie strahlt diese Magie aus, obwohl sie kurz vorher wieder von einer körperlichen Prüfung ereilt wurde, als sich eine ebenfalls hoch veristische Rolle widerborstig gegen ihren Zugriff sperrte. Im April 1974, als sie an der Scala neben Grace Bumbrys Jenufa die Küsterin sang, hat sie sich am Rücken verletzt, als sie versuchte – wie schon so oft auf dem Höhepunkt dramatischer Schürzungen –, diesmal auf einem ungehobelten tschechischen Bauerntisch mit dem Kopf nach unten zu singen.

Doch auch diese Beschwerden gehen vorüber. Und als James Levine sie 1983 bittet, zum hundertjährigen Jubiläum der Met doch wenigstens die Auftrittsarie der Adriana zu singen, sagt sie wohl nur deshalb ab, weil sie ahnt, daß da Mumien, die viel jünger sind als sie, etwas zum besten geben werden. So bleibt sie die Primadonna aus dem Märchen.

Einen außergesanglichen Effekt, um diesen Exkurs über den Verismo weiblicher Prägung abzuschließen, hat sie allerdings nicht eingesetzt. Iris Adami Corradetti, die Lehrerin von Katia Ricciarelli, beschwert sich bitterlich über diesen Mangel bei den heutigen Sängerinnen. »Wenn ich manchmal Vorstellungen meiner Schülerinnen besuche und am Ende hinter die Bühne gehe, bin ich immer wieder überrascht, daß ihre Kostüme niemals mit Wimperntusche verschmiert sind, wie es meine waren – von den Tränen, die ich vergossen hatte. Sie versichern mir, daß sie geweint haben, aber ich bin da skeptisch. Hat die Wimperntusche wirklich solchen Fortschritt gemacht?«

Renata Tebaldi strapaziert das Mascara aus gutem Grund jedenfalls nicht. Denn sie hat ihre Erfahrungen schon früh gemacht.

1949 *Otello* in der Arena. In einer Probe des dritten Akts wirft sich Ramon Vinay bei den Worten »Giura e ti danna! – Schwör's und verdamm dich!« mit solcher Wucht auf sie, daß sie wie vom Blitz gefällt auf eine Treppenkante stürzt. Vor Schmerz bleibt ihr die Replik »Bestürzt seh ich deinen schrecklichen Blick«, obwohl nun besonders passend, in der Kehle stecken. Als Vinay erkennt, was er wieder einmal angerichtet hat, ist er zutiefst beschämt und in den folgenden Vorstellungen besonders zuvorkommend. Er besteht darauf, daß im vierten Akt auf dem Bett ein Seil befestigt wird, an dem sich die auf dem Rücken liegende Erdrosselte festhalten kann und nicht Gefahr läuft, aus dem glatten Atlasnachthemd zu rutschen. Und kaum ist er mit seinem wilden Würgen fertig, flüstert er ihr aufmunternd zu: »Renata, du hast wie ein Engel gesungen . . .«

Bei Tebaldi paart sich die schmerzliche Erfahrung mit der eigenen Angst, sich von einer wie auch immer gearteten Darstellung treiben zu lassen und dabei die Kontrolle über die Ton-Emission zu verlieren. So wird sie etwa zu einer Tosca, bei deren Verfolgung um das Sofa Scarpia jeweils zwei Schritte vor und einen zurück machen und ihr dann noch ausweichen muß, um sie nicht über den Haufen zu rennen. Seele und Gestaltung sitzen bei ihr einzig in der Stimme, während die Männer um sie herum »sich einen Wolf spielen«.

Denn interessanterweise hat der Dämon des Verismo, der in den vierziger Jahren die Frauen aus seinen Klauen entlassen hat, nun die Männer gepackt – auch an der Kehle. Sogar das Datum ist bekannt. Der Wechsel im Zugriff findet in Mailand im April 1940 statt.

Der 25jährige Florentiner Mario del Monaco hat Glück gehabt. Seine Kompanie ist an die Front abkommandiert worden, ihn hat ein musikliebender Colonello ausgemustert: »Du wirst für das Vaterland mit deiner Stimme wichtiger sein als mit dem Gewehr.«

Del Monacos spätere Frau Rina geht für ihn in den fünf Mailänder Theatern, die es neben der Scala gibt, Klinken putzen. Man lacht sie aus, weil er ihr Verlobter ist und Soldat dazu. Im Teatro Puccini, wo eine neue *stagione* zusammengestellt wird, findet sie endlich Gehör. Nicht so der Sänger selbst, als er sich zum Vorsingen einfindet und die Bühne besteigt. Er beginnt mit »E lucevan le stelle« und ist sehr mit sich zufrieden. Doch die Veranstalter nehmen seine Anwesenheit nicht einmal zur Kenntnis. Auch eine zweite Romanze kann sie nicht aus ihren Diskussionen reißen. Da packt ihn die Wut und er setzt seine »Geheimwaffen« ein, als da sind »das Wunder« eines langen Atems und eine Lautstärke, die klingt »wie ein Chor von Tenören, nicht wie einer allein« (del Monaco über del Monaco).

»Ich attackierte ›Addio fiorito asil‹ aus *Madama Butterfly*. Als ich bei den Worten ›Ah! non reggo al tuo squallor‹ (›Ich ertrag dein Elend nicht‹) angekommen war, drückte ich bei einer langen Note aufs Gas und arbeitete mich – ohne Atem zu holen – vor bis zum hohen B, das ich lange und mit gesteigerter Kraft hielt: ich klang wie eine Alarmsirene. Alle drehten sich wie von der Tarantel gestochen zu mir und hörten mir mit aufgesperrtem Mund zu. Ich fuhr fort, das B zu halten, mindestens fünfundzwanzig Sekunden. Als ich endlich fertig war, stürzten sie sich auf mich wie die wilden Tiere. ›Wer bist denn du?‹ fragten sie aufgelöst.«

Und das ist die wahre Geschichte, wie Mario del Monaco erstmals der Welt seinen Gesangsstil offenbarte, wie er daraufhin im Teatro Puccini in Mailand am 26. April 1940 als Pinkerton sein Bühnendebüt gab und anschließend mehr als dreißig Jahre lang mit seinem »Gasgeben« unzähligen Menschen schwer imponierte und einigen wenigen mit empfindlichen Ohren einigen Schaden zufügte.

Del Monaco, der seine Stimme für eine bisher noch nie dagewe-

sene ausgibt, liefert gleichzeitig eine Entschuldigung dafür: »Als ich zu singen anfing, war Gigli der König der Oper. Das Publikum hing an seinen Lippen, und es war absurd, sich auf der Bühne mit andersgeartetem Gesang zu präsentieren. Damals kam Ferruccio Tagliavini nach oben und sang à la Gigli. Dann erschien di Stefano und sang à la Gigli. Um Erfolg zu haben, mußte man à la Gigli singen. Und ich, was sollte ich machen? Ich begann Gigli zu imitieren. Bald allerdings wurde mir bewußt, daß ich damit einen schweren Fehler beging. Giglis Stimme war eine Violine, meine eine Trompete.«

Das ist in der Argumentation etwas dünn. Selbst die Geschichte mit der Trompete ist geborgt. »Wenn er die Ventile zum hohen Register öffnete, dann brach er los wie ein Chor von Silbertrompeten«, meint Toscanini über Francesco Tamagno, den ersten Otello. Doch könnte del Monaco, wenn es um Unarten geht, auf ein unmittelbares Vorbild verweisen, das sich die Mätzchen allerdings inzwischen aus Alters-Schlamperei und Alters-Prahlsucht zugelegt hat. Giacomo Lauri-Volpi, noch immer im Zu-sehr-Besitz seiner Stim-

Zum Stimm-Machismo zeigt der Tenor der fünfziger und sechziger Jahre Körper: Mario del Monaco, Jess Thomas und Jon Vickers als Samson

me, kann als Kalaf den Schlußton des »Vincerò«, das hohe A, so endlos halten, daß das Orchester, wenn es schließlich gezwungen ist, mit einer neuen Harmonie aufzuwarten, gräßlich verstimmt klingt.

Doch Mario del Monaco stilisiert sich lieber zum Erst- und Einzeltäter vor dem Jericho der Oper. Sehr bald aber bekommt er Kampfgefährten aus anderen Lagern. Die Saat der Gewalt geht auf. Auch die Baritone und Bässe, die ja nun wirklich nicht gegen Giglis Schatten antreten müßten, wenden sich von der Beschäftigung mit technischen und stilistischen Details ab und zwingen nun ihrerseits Bellini, Donizetti und dem frühen bis mittleren Verdi den veristischen Effekt auf.

Das hängt ursächlich mit dem Siegeszug der Langspielplatte zusammen. Sie verlangt, meint J.B. Steane, »the art of invisible acting«. Ein völlig neuer Vorgang in der Geschichte der Oper: Das neue Medium diktiert den Sängertyp. Lange vor der Erfindung der Stereophonie, die ihrerseits das »unsichtbare Theater« für sich reklamiert, ist bereits der akustische Tragöde gefordert. Und das funktioniert nicht, wie leicht zu begreifen ist, ohne ein gewisses Quantum an vokalem Mummenschanz.

Dazu kommt eine besondere Passion der federführenden angelsächsischen Produzenten und Kritiker für einen italienischen Machismo, den sie für den Inbegriff von *italianità* ausgeben. Sie, die alle *aficionados* der Schellack-Ära sind, müßten es eigentlich besser wissen. Die Generation aber, die ahnungslos mit den letzten Novitäten des Acrylzeitalters aufwächst, wird zur Generation der akustisch Verführten, denen später – selbst als das Jahrhundert auf Platte wieder umfassend verfügbar gemacht wird – ein »Um«hören schwerfällt, wenn nicht gar unmöglich ist. Legge heißt das Gesetz, unter dem sie angetreten sind.

Merkwürdig genug: Walter Legges alchimistisches Laboratorium, in dem er all die schillernden Tinkturen, die berückenden Duftkombinationen, die Zaubermittelchen für die Verwandlung von Elisabeth Schwarzkopf braute, wird, sobald er die italienischen Supermänner hineinbittet, durch kleine, mittlere und größere Explosionen beschädigt. Aber der Zeitgeist stört sich nicht daran.

Wer heiße Ohren hat, muß zum Exempel in den fünfziger Jahren von Tito Gobbis suggestiv abbildender Musik-Gebärde aufs äußerste gepackt sein. Von seinem unvergleichlich abgründigen Scarpia zumal, doch ebenso von seinem – ganz eindeutig nicht für veristische Verunstaltung komponierten – Rigoletto. Die Grimasse, das Leiden, die Dämonie des zutiefst Verzweifelten, der Aufschrei der Rache, ja selbst der Buckel – das alles wirkt auch mono total dreidimensional.

Um Gobbis Stellenwert, der zumal im angelsächsischen Raum ein Idol ohnegleichen ist, richtig einschätzen zu können, müssen wir einen kurzen Abstecher in die Vergangenheit machen. Unter den Bariton-Stimmen des Jahrhunderts gilt Titta Ruffo, der »singende Löwe«, Jahrgang 1877, im Konsens der Stimm-Historiker als unerreicht. Auch er ein Kind des Verismo: »In den ersten Dekaden dieses Jahrhunderts brachte Ruffo einen intensiven, passionierten, oft gewalttätigen Stil auf die Opernbühne; aber die Gewalt war erfüllt mit Grandeur«, beschreibt ihn Celletti.

Enrico Caruso hat nach gemeinsamen Gastspielen in Paris und Wien solchen Bammel vor dem Konkurrenten in der anderen

Stimmlage, daß Ruffo erst nach Carusos Tod 1922 an der Met debütieren kann. Und da ist er bereits über die besten Jahre hinaus. Die Naturgewalt seiner Stimme, beklagt Toscanini, habe er sich bereits vor dem fünfzigsten Lebensjahr mit marktschreierischen Effekten ruiniert: »Titta Ruffo hat immer aus vollem Hals gesungen, hat nie gespart, noch einmal, ein drittesmal! Wenn er im Prolog der *Pagliacci* bei ›Andiam, incominciate – Das Spiel kann beginnen‹ angekommen war, erzeugte er mit dem gehaltenen hohen G einen Effekt, der dem Publikum größten Eindruck machte, während er gleichzeitig mit aller Macht gegen den Vorhang schlug. Mit diesem Unfug war er rasch am Ende. Und es war jammerschade um ihn!«

In seiner Glanzzeit aber – man studiere die Aufnahme-Serie von 1906 bis 1912 – ist dieser Prolog in der kraftvollen Brillanz wie in den Schattierungen der *mezza voce*-Klage ein Denkmal. Und wenn Rossini über die Vehemenz von Figaros »Largo al factotum«-Auftritt wohl ebenso schockiert gewesen wäre wie über den Todesschrei des Kapauns – an der mühelosen Beweglichkeit der Stimme, der virtuosen Behandlung der Geschwindstellen hätte er nichts aussetzen können. Zwei konträre Bravourstücke – in beiden kann Titta Ruffo scheinbar mühelos die genaue Kontrolle mit der Emphase vereinen.

Besonders gut dokumentiert ist sein Rigoletto, von dem sieben Ausschnitte aus den Jahren 1907 und 1908 verfügbar sind. Nun lesen wir bei Richard Osborne zu diesem Rigoletto: »Nur ein einziger Bariton hat, nach meiner Erfahrung, Ruffo erreicht – dies allerdings im Sinne einer ganz andersartigen, komplementären Darstellung, die weicher und menschlicher ist – und das ist Tito Gobbi.«

Sobald es in Analysen »menschelt«, ist Mißtrauen angebracht. Die Steigerung ist die »Persönlichkeit«, die als Tarnkappe über Defekte gestülpt wird. Im dritten Grad der Verschleierung (oder, wenn man so will, der Beleidigung) heißt es etwa über eine Sängerin, sie sei eine »intelligente« Künstlerin. Was dechiffriert bedeutet, daß sie von ihrer scheußlichen Stimme oder desaströsen Technik durch außergesangliche Maßnahmen abzulenken vermag.

Die Erfahrung, die Osborne gemacht hat, ist indes kein Geheimwissen, das hingenommen werden müßte, weil die akustischen

Quellen inzwischen unwiederbringlich versiegt wären. Der Plattenteller ist nach wie vor rund. Und so kann jeder für sich selbst überprüfen, was Rodolfo Celletti von Legges Columbia-Einspielung des *Rigoletto* mit Tito Gobbi von 1955 hält:

»Gewiß haben nicht wenige andere Titelhelden des *Rigoletto* vor und nach Gobbi im Theater wie auf der Platte, wenn auch seltener, sich ähnliche Exzesse geleistet. Hier allerdings vereint sich der schlechte Geschmack mit dem miserabelsten Gesang. Bemerkenswerte technische Schwächen und besonders die typisch veristische Anmaßung, beim Aufstieg in die Höhe den Ton nicht zu ›maskieren‹, sondern statt dessen die ›offene‹ Emission anzuwenden (eben die typischen ›geschrienen‹ Ansätze unbehauener Stimmen), führen dazu, daß die hohen Noten bisweilen schon beim D und beim E stumpf und hart klingen . . ., während bei F und G sich die Anstrengung logischerweise vergrößert.«

Es gibt auch eindrucksvolle Passagen. Im *più lento*-Teil des Duetts mit der geschändeten Tochter am Ende des zweiten Akts – »Piangi, fanciulla, piangi« – berührt Gobbi wohl mit einem (auch aufnahmetechnisch glücklich gelösten) innigen *mezzavoce*, im abschließenden gefürchteten *allegro vivo* aber wird der Rächer selbst gewürgt, klingt die Höhe »erdrosselt«. Ruffo beginnt die Rache-Stretta mit einer famosen *messa di voce* auf dem Es in »Un vindice avrai« und beendet sie mit einem perfekt fokussierten hohen As. Was die Qualität seines Singens betrifft, ist sie gewiß weniger »menschlich«. Osbornes Erkenntnis der »komplementären Darstellung« Gobbis läßt sich als Variante im reichen Arsenal der Tarnbegriffe verstehen – es handelt sich um das Menschlich-Allzumenschliche.

Gnadenlose Gerechtigkeit läßt hingegen Celletti die Chance, zwischen Rigoletto und Herzog zu differenzieren: »Gobbi mag der schlechteste Rigoletto sein, aber er ist Rigoletto. Bei di Stefano indessen finden wir lediglich die irritierende Demonstration eines absoluten Nichtvorhandenseins technischer Grundlagen und stilistischer und gestalterischer Feinfühligkeit . . . es ist unerträglich, daß systematisch alle erdenklichen Feinheiten Verdis . . . plattgewalzt werden . . .«

Harte Urteile, die jedem Sänger-Verehrer das Herz zerschneiden.

Äußerste Konzentration oder kurz eingenickt? Maestro Tullio Serafin und Nicola Rossi-Lemeni beim Abhören eines *play-back*

Wieviel härter noch trifft Cellettis generelle Schelte, daß in dem »totalen stilistischen Chaos« dieser Zeit Nemorino wie Turridu klingt, Renato in *Un Ballo in maschera* wie Jago und der Conte in *La Sonnambula* wie König Philipp: »Wenn ich mir die Sänger, die ich in jener Periode hörte, vergegenwärtige, kann ich mich nur an zwei wirklich aufregende erinnern, die jedoch beide nur eine kurze Blüte hatten: der Tenor Cesare Valletti und der Baß Nicola Rossi-Lemeni. Des weiteren waren da einige elektrisierende Phrasierungen von Mario del Monaco, Sesto Bruscantini im Buffo- und im geistreich witzigen Genre und – in Fragmenten – Giuseppe Taddei und Gino Penno. Die anderen sind in meiner Erinnerung platt, monoton, langweilig und praktisch mit Robotern vergleichbar.«

In diese Welt der Schablonisierung tritt nun jene individuellste aller Sängerinnen ein, welche die Wende vom Eintopf-Verismo in die köstlich abwechslungsreiche Vergangenheit des *buon canto* und des *belcanto* vollziehen wird – Maria Callas.

CALLAS ANTE PORTAS

»Ich hörte wilde Klangkaskaden . . .!« – Kein Durchbruch in der Arena di Verona – Norma und Isolde im fliegenden Wechsel: Was denkt sich Tullio Serafin dabei? – Wie ärgert man einen Radames? – Im Clinch mit Renata Tebaldi: Zankapfel Traviata Die Scala hat Maria Callas nötiger als sie die Scala

Am 27. Juni 1947 legt die von New York kommende *SS Rossia* im Hafen von Neapel an. Die 23jährige Cecilia Sophia Anna Maria Callas hat zwei beschwerliche Wochen in einer Dreier-Kabine hinter sich. Beim Ausschiffen wird ihr einziges Gepäckstück, ein mit einer Schnur zusammengehaltener Pappkoffer, gestohlen. Die Bahnfahrt nach Verona muß sie auf angeschwollenen Beinen stehend verbringen – kein sehr verheißungsvoller Neubeginn. Dabei war es eine unerwartete Chance, daß sie überhaupt für das zweite Nachkriegsfestival in Verona engagiert wurde . . .

Schon zum viertenmal hat Maria Callas den Atlantik auf der Jagd nach dem Glück überquert. Das erste Mal, 1923, als ihre Eltern Georg und Evangelia Kalogeropoulos von Griechenland in die Vereinigten Staaten auswanderten, war sie noch im Mutterleib.

1937 kehrt Evangelia mit den beiden Töchtern nach Athen zurück, verbittert über die mangelnde Tüchtigkeit ihres Mannes, dem auch die Naturalisierung seines Namens nicht zu Erfolg verholfen hat. Um am Nationalen Konservatorium in Athen aufgenommen zu werden, wird die 13jährige Maria drei Jahre älter gemacht. Zwei Jahre später singt sie in einer Schulaufführung von *Cavalleria rusticana* die Santuzza. Kurz darauf wird sie Schülerin von Elvira de Hidalgo, die durch den Beginn des Zweiten Weltkriegs in Griechenland festgehalten ist.

Die 47jährige spanische Koloratursopranistin, selbst rundlich und lebhaft, ist bei der ersten Begegnung schockiert: »Schon die Idee, daß dieses Mädchen Sängerin werden wollte, wirkte unsagbar lächerlich. Sie war groß und fett und trug eine Brille mit dicken Gläsern. Ihr ganzes Auftreten wirkte häßlich. Sie steckte in einem zu weiten und formlosen Kleid und kaute, weil sie mit ihren Händen nichts anfangen konnte, an den Nägeln. Doch dann sang sie die Ozean-Arie aus Webers *Oberon*, und ich hörte wilde Klangkaskaden, zwar nicht kontrolliert, aber voller Dramatik und Emotion. Ich lauschte mit geschlossenen Augen und malte mir aus, was für eine Freude es sein müßte, mit solchem Material zu arbeiten und es in eine vollkommene Form zu bringen.«

In fünfjährigem heißem Bemühen lernt Maria Callas alles, was ihr Wissen und technische Schulung vermitteln können: »Ich war wie ein Athlet, dem es Spaß macht, seine Muskeln zu gebrauchen, und der sie dabei gleichzeitig entwickelt . . .« Eine verheißungsvolle nationale Karriere – 1944 singt sie an der Athener Oper Marta in *Tiefland* und Leonore in *Fidelio* – wird jäh unterbrochen, als die deutschen Besatzer abziehen und Griechenland im Bürgerkrieg versinkt. Die Auflösung des Vertrags wird damit begründet, sie habe »während der letzten Monate der Besatzung eine allzu aktive Rolle gespielt«. Das bedeutet wohl, sie hat Rollen gesungen, die andere gern gehabt hätten, die in den Wirren jetzt das Sagen haben. Im September 1945 überquert sie den Ozean zum drittenmal – zurück nach New York.

Ab hier trüben sich die Quellen. Die anderthalb verlorenen Jahre in New York bedürfen in den Biographien offenbar gewisser Auszierungen. Hartnäckig wird ein Vorsingen an der Met im Herbst 1946 kolportiert, nach dem ihr Edward Johnson spontan *Fidelio* und *Madama Butterfly* anbietet, was sie brüsk ablehnt. Noch rätselhafter als ihre Weigerung wäre indes Johnsons Vorschlag. Für die nach Hiroshima gnädig »entnipponisierte« Butterfly hat er Licia Albanese, Dorothy Kirsten und Regina Resnik. Wozu also noch einen Schmetterling von zwischen 80 und 90 Kilo Lebendgewicht? *Fidelio* wiederum, die Freiheitsoper für alle Wechselfälle, hat ihre Schuldigkeit in den letzten Jahren getan – die letzten vier Vorstellungen hat Resnik zwischen November 1945 und Februar 1946 gesungen – und wird erst 1951 für Kirsten Flagstad wiederaufgenommen.

Nun gibt es in der Tat in der Met eine Karteikarte über ein stattgehabtes Vorsingen, aber auch eine weniger apokryphe Version des Hergangs. Danach soll Johnson ihrer New Yorker Trainerin Louise Taylor den Rat gegeben haben: »Wenn Sie ihre Lehrerin sind, dann sorgen Sie dafür, daß sie ihr oberes und unteres Register in Ausgleich bringt. Wenn Sie diese Probleme beseitigen können, kommen Sie wieder und ich gebe ihr noch eine Chance.« (Eine Kritik, die so lange immer wieder auftauchen wird, bis sie von den Botschaften über Anzeichen des stimmlichen Verfalls abgelöst wird.) Callas kocht jedenfalls vor Wut über »that bastard«, der sie abgelehnt hat, obwohl sie sogar angeboten habe, ohne Gage zu singen.

Zwielichtig ist auch die Rolle, die der Anwalt Eddie Bagarozy spielt, Bruder des Musikkritikers Robert Bagar und im Januar 1947 von der Vision erfüllt, die Chicago Opera mit einer eigenen *stagione* rund um seine Entdeckung »Marie Calas« wiederzubeleben. Die Callas-Autorin Arianna Stassinopoulos läßt ihn in ihrer Biographie der Mutmaßungen und falschen Fakten zu diesem Behufe auch Max Lorenz engagieren, der sich erst im Herbst 1947 in den Staaten einfinden wird. Wie auch immer – die Sache scheitert an einer Bürgschaft, die die Chor-Gewerkschaft verlangt. Bagarozy bleibt von dem Abenteuer ein Berg von Schulden.

Trotz eines eilig anberaumten Benefizkonzerts können auch die Ansprüche der geschädigten Künstler nicht beglichen werden. Acht Jahre später wird Maria Callas Bagarozy öffentlich vorwerfen, daß nicht einmal drei Betrugsdelikte aus seinem Strafregister getilgt sind. Vorläufig, in diesem Frühjahr 1947, profitiert sie von seinem Überlebenswillen. Ein bloßer Blender scheint er nicht zu sein, oder zumindest ein ganz ausgekochter. Denn nun gelingt ihm jener Coup, der für Callas die erste kleine Stufe zum Weltruhm bedeutet.

Auf der Szene erscheint als *deus ex machina* der 70jährige Giovanni Zenatello, der Begründer der Festspiele von Verona. Am 10. August 1913 hat er sie mit *Aida* eröffnet. Er selbst sang Radames. Des weiteren gab es 120 Mann Orchester, zweihundert Choristen, fünfhundert Statisten, zwanzigtausend Zuschauer – unter ihnen die Prinzessin Laetitia von Savoyen, die Prinzen Borghese, Colonna,

Potenziani, Torlonia, Ruspoli, aber auch die berühmtesten Komponisten der Epoche: Puccini, Mascagni, Boito, Zandonai, Pizzetti, Montemezzi, die Verleger Ricordi, Sonzogno, Illica sowie (was man eigentlich nicht von ihnen erwartet hätte) die Schriftsteller Maxim Gorki und Franz Kafka.

Diese glorreiche Vergangenheit scheint sich laut Stassinopoulos nun in einer Apotheose der Gegenwart zu wiederholen, als Maria Callas ihm »Suicidio« aus *La Gioconda* vorsingt: »Kaum hatte sie angefangen, so stürzte Zenatello zum Klavier. Was da an seine Ohren klang, schien ihm ganz und gar unglaublich. Vor Erregung wie von Sinnen, wendete er die Notenblätter und kam zu jener Stelle, wo das leidenschaftliche Duett zwischen Enzo und Gioconda einsetzt. Trotz seiner siebzig Jahre sang er dieses Duett mit Maria, sang es mit einer Leidenschaft und Hingabe, deren er sich selbst nicht mehr für fähig gehalten hatte . . . Was er soeben gehört habe, so betonte er, sei weniger ein Vorsingen gewesen als vielmehr eine Offenbarung.« So steht das da, wie eine Passage aus einem Lore-Roman mit ausgewechselten Namen.

Das wirkliche Leben ist etwas nüchterner. Zenatello muß vor allem sparen. Die *Aida*-Ausstattung mit Mario del Monaco zum Wiederbeginn 1946 war eine vage Andeutung der Schauplätze mit Sphinxen, Obelisken und Palmen aus bemaltem Papiermaché. Die Prognosen für 1947 sind nicht verheißungsvoller. Arrivierte italienische Sänger sind teuer und zudem nicht unbedingt erpicht, in der frischen Luft aufzutreten. Die Arena ist mit ihren hohen Mauern zwar relativ geschützt, aber auch hier wird der gefürchtete *garbino*, ein feuchtheißer Südwind, als Gift für die Stimmbänder empfunden.

Also hat sich Giovanni Zenatello nach New York aufgemacht, um geeignete Sänger für *La Gioconda* billig einzukaufen. Sein früherer Mentor Toscanini dürfte bei der Suche wenig hilfreich gewesen sein. Denn dessen Meinung ist dezidiert: »Freiluft-Aufführungen – das ist Unfug (*nonsenso*). Im Freien spielt man Fußball!« Trotzdem trifft Zenatello seine erste Wahl unter Toscaninis gewesenen und künftigen Protegés. Zinka Milanov läßt ihn abblitzen, Herva Nelli sagt ja.

Da tritt Eddie Bagarozy auf den Plan und überredet Zenatello, sich Maria Callas anzuhören. Zenatello ist beeindruckt (was mit Nelli im Ohr nicht allzu unwahrscheinlich sein dürfte), bedauert aber, weil er schon abgeschlossen hat. Es gibt Hinweise, daß der gerissene Anwalt Herva Nelli daraufhin zweitausend Dollar dafür bietet, daß sie den Kontrakt annulliert – eine Wahnsinns-Summe auch ohne das finanzielle Debakel, in dem er steckt. Ob er sie auch bezahlt, oder welche anderen Tricks er anwendet, ist nicht überliefert – Herva Nelli jedenfalls sagt ab. Der Weg für Maria Callas ist frei.

In ihrer Erinnerung setzt sich allerdings nicht sein Husarenstück fest, sondern daß er ihr einen Teil der Summe umgehend wieder abgeknöpft hat. Tausend Dollar hat sie nach ihrer Version von ihrem Vater für die vierte Ozeanüberquerung bekommen. Unter dem Vorwand, daß er durch seine Beziehungen einen viel günstigeren Umtauschkurs erzielen kann, kassiert Bagarozy den Scheck (und nicht etwa Geld aus dem Sparstrumpf), kauft dafür die billigsten Tickets für sie und seine Frau, die auf die Beute aufpassen soll, sowie eine dritte Dame, deren Aufgabenbereich im dunkeln bleibt, und überläßt die drei Unglücklichen ohne Taschengeld ihrem Schicksal. Nicht ohne allerdings Maria Callas im letzten Moment zur Unterschrift unter einen Vertrag überredet zu haben, der ihm für die nächsten zehn Jahre zehn Prozent all ihrer Bruttoeinnahmen sichern soll.

Der eigentliche Gewinner bei diesem *deal* aber ist Zenatello, und Callas ist für ihn in der Tat eine Offenbarung. Herva Nelli hätte sich mit einer Pauschale von 1500 Dollar für Proben und sechs Aufführungen und einem Flug in der Touristenklasse zufrieden gegeben. Maria Callas kriegt er für insgesamt 360 Dollar.

Die Differenz ist Balsam für sein wundes Budget. Denn Richard Tucker, der neue Enzo der Met, läßt sich nicht über den Tisch ziehen. Er freut sich zwar sehr über sein erstes Engagement im Ausland, doch seine Verkaufspsychologie aus den Zeiten mit dem Musterkoffer hat er nicht verlernt. Nach zähen Verhandlungen schließt er für 2500 Dollar ab plus zwei Flüge erster Klasse für sich und seine Frau Sara.

Als die Tuckers in Rom eintreffen, wo sie sich fünf Tage erholen und an die Zeitdifferenz gewöhnen wollen, erwartet sie im Hotel

Flora bereits ein Willkommens-Telegramm von Zenatello und ein Paket mit Lirescheinen, die ihnen den Aufenthalt angenehm machen sollen. Von den lächerlich hohen Zahlen für lächerlich geringen Geldwert lassen sie sich weltmännisch nicht irritieren. Das dikke Ende kommt, als die Hotelrechnung präsentiert wird. Da stellt sich heraus, daß ein Gläschen Orangensaft – und Richard hatte bei jedem Frühstück mindestens drei davon – den Gegenwert von fünf Dollar kostet. Zenatello überweist für die Bahnfahrt telegrafisch abermals Geld, von dem ein Teil für den Rest der Hotelrechnung abgezwackt werden muß.

»Als wir zusammenzählten, was übriggeblieben war«, erinnert sich Sara, »konnten wir uns nur noch die billigsten Fahrkarten leisten. Wir landeten in etwas, das wie ein ausgeschlachteter U-Bahn-Wagen aussah. Keine Sitze, nur Handgurte von der Decke, an die man sich hängen konnte. Richard stand die ganze Fahrt bis Verona, und ich saß obenauf auf unserem Kofferstapel.« Das Schicksal hat wenigstens auf der Zielgeraden für Chancengleichheit gesorgt.

Das Verona von 1947 trägt noch die Wunden des Krieges. Zum Abschied haben die Deutschen alle Brücken gesprengt, selbst den nicht mehr ernstlich belastbaren Ponte Pietra, über den Julius Caesar in die Gallischen Kriege zog. Auch beim Essen gibt es Nachschub-Schwierigkeiten. Im Ristorante Pedavena an der Piazza Bra, dem Treffpunkt der Arena-Leute, gibt es an einem Tag ein zierliches Stück Fleisch und ein paar Böhnchen, am nächsten nur gekochtes Gemüse und etwas Obst. Immerhin chauffiert ein Capitano der Polizei Tucker nach heißen Proben schon mal zu einem Straßenmarkt, wo er die größte Wassermelone ersteht, die er dann für die Gruppe nach allen Regeln der Kunst zerlegt wie einen Festtagsbraten. Selbst die scheue Renata Tebaldi läßt sich da anlocken.

Um die Nahrungsmittel-Knappheit rankt sich auch die Geschichte der ersten Begegnung zwischen Maria Callas und dem 52jährigen Veroneser Geschäftsmann Giovanni Battista Meneghini am Abend des 30. Juni 1947. Sie treffen sich im Pedavena über einem Kalbskotelett, welches das letzte ist, und das sie ihm, dem zu spät Gekommenen, unberührt darbietet.

Dank Arianna Stassinopoulos, über deren Jägerlatein er sich

sehr aufregte, hat Meneghini unmittelbar vor seinem Tod am 20. Januar 1981 noch dem Journalisten Renzo Allegri seine eigenen Erinnerungen diktiert. Da blickt er in ein rundliches Gesicht mit weichen, sanften Zügen: »Solange sie saß, machte sie, wiewohl massig und fett, ziemlich gute Figur. Aber als sie aufstand, tat sie einem leid. Von der Hüfte nach unten war sie entstellt. Die Knöchel waren geschwollen und dick wie die Waden. Sie bewegte sich plump, wie unter großer Anstrengung. Ich war betroffen, auch weil mir bei einigen der Anwesenden ironisches Lächeln und verächtliche Blicke auffielen. Auch sie war sich dessen bewußt, hielt den Blick gesenkt und stand schweigend abseits.«

Elena Nicolai, die Laura in *La Gioconda*, ist beim ersten Mal ebenfalls sprachlos über die Callas-Dimensionen. »Nicht einmal Lina Paliughi, die Nachtigall im Körper eines Tanks, hatte so ausladend gewirkt. Bei unserer ersten Begegnung – irgendwie spürte ich, daß sie eine Tigerin war – sagte ich lachend: ›In Bulgarien heißt es: Wenn ein Grieche und ein Wolf gleichzeitig an die Tür klopfen, ist es besser, den Griechen auszusperren und den Wolf reinzulassen.‹ Sie antwortete schnell wie der Blitz: ›In meinem Land dagegen sagt man: Während Gott einem Griechen, wenn er ihn trifft, nur ein Geschenk gibt, gibt er dem Bulgaren zwei, denn der hat sie nötig.‹ Aber ich hatte doch das letzte Wort: ›Ich kenne die Geschichte, aber Sie haben ausgelassen, was der Bulgare Gott antwortete – ›Nimm eines von meinen beiden Augen, denn ich kann ganz gut mit einem allein auskommen.‹ Das begründete eine spezielle Beziehung zwischen uns, und wir hatten nie Krach miteinander – und der Himmel weiß, sie hatte viele Kräche.«

Dann geschieht der Unfall bei den Proben, der Maria Callas beinahe außer Gefecht setzt und über den es verschiedene Versionen gibt. Die drastischste ist, daß sie bei der Generalprobe im ersten Akt über eine Stufe stolpert und ihre hundert Kilo gegen die Basilica von San Marco rammt, welche ihnen standhält (nach den Papiermaché-Dekorationen des Vorjahres eher unwahrscheinlich). In Wahrheit stürzt sie wohl schon bei einer frühen Probe – sie ist blind wie ein Maulwurf – in die Mündung eines der zahlreichen unterirdischen Gänge, zieht sich eine äußerst schmerzhafte Bänderzerrung zu und schleppt sich mit äußerster Willensanstrengung bis zur Premiere, in der angeschlagen wird, daß die Protagonistin »durch höhere Gewalt« zum Humpeln gezwungen ist.

Ein Leidensweg seit New York, der sich indes erst auf lange Sicht lohnen wird. Denn von den drei jungen Verona-Debütanten 1947 machen Tucker und Renata Tebaldi (als Marguerite in Gounods *Faust*) Furore, Maria Callas hat – im Gegensatz zu dem, was die Hagiographen später behaupten werden – einen netten Erfolg, aus dem sich nicht die geringsten Konsequenzen ergeben.

Der Held von *La Gioconda* ist Richard Tucker, seit er bei einer späten Probe »Cielo e mar«, die große Arie im zweiten Akt, zum erstenmal ausgesungen hat. Der Dirigent Tullio Serafin, beglückt auch über sein tadelloses Italienisch, fragt ihn, wo er das denn gelernt habe. »In Brooklyn«, meint Tucker lächelnd. Über den Text seiner Rolle hinaus versteht er kaum ein Wort. Das beschert ihm in der Premiere einige Schrecksekunden. Bereits während »Cielo e mar« werden auf der *gradinata*, auf den endlosen Stufenreihen der Arena, die Kerzen angezündet. »Plötzlich stand ich vor einem riesigen Leuchter. Ich hatte keine Ahnung, was das war. Als ich fertig war, gab es einen stürmischen Aufschrei. Keinen Applaus, ein Geschrei. ›Bis! Bis!‹ Für eine oder zwei Sekunden dachte ich, daß sie mich als ›beast‹ beschimpften.«

Daß er im Heimatland der Oper so gefeiert wird, hat entscheidenden Einfluß auf seine Bühnenpräsenz und sein Selbstvertrauen. »Ich hatte einen anderen Zugang gefunden. Die italienischen Menschen zeigten uns in ihrer Sachkundigkeit und Wertschätzung, was Oper wirklich bedeutet. Du fühlst dich anders, weil du spürst, daß die Leute wissen, was du da anstellst – so wie ein Baseballspieler in der oberen Liga sich darauf verlassen kann, daß die Leute auf der Tribüne was von Baseball verstehen.«

Der einzige unverbrüchliche Fan von Maria Callas ist Meneghini. Eines Nachmittags zeigt sie Sara auf ihrem Zimmer das Blumenarrangement, das er ihr geschickt hat. »Ich glaube nicht, daß ich ihn liebe«, sagt sie, »aber er möchte, daß ich hierbleibe. Er möchte, daß ich ihn heirate.« »Und Sie?« »Ich möchte zurück in die Staaten und dort singen. Mir gefällt es hier nicht, und ich glaube, daß ich viel besser in Amerika klarkomme.« Sara gibt ihr den guten Rat, nicht nach Amerika zurückzugehen, wenigstens vorläufig noch nicht.

Am 20. August 1947 schreibt Callas über Meneghini an Bagarozy: »Er ist etwas älter als ich, um die Wahrheit zu sagen, sehr viel älter, aber er hat sich in jeder Beziehung gut gehalten. Er ist mein Selbst ... Zum erstenmal habe ich *meinen* Typ gefunden. Soll ich ihn sausen lassen und ein Leben lang unglücklich sein? Er hat alles, was ich mir wünschen kann, und er betet mich an, das ist alles. Es ist nicht Liebe, es ist etwas, was mehr ist. Schreib mir bitte und sag mir, was ich tun soll ...«

Am 2. September schreibt sie, ohne Bagarozys Antwort abzuwarten, noch einmal: »Ich habe alles wieder und wieder überdacht und bin zu dem Entschluß gekommen, nicht zu heiraten. Im Augenblick wäre ich verrückt, wenn ich es täte, auch wenn ich ihn liebe. Wie auch immer – ich habe einen reichen und einflußreichen Mann an der Hand und kann mir aussuchen zu singen, wo ich will ... Darling, was treibst du? ... Auch wenn du mich sehr häßlich behandelt hast in den Monaten vor meiner Abreise, habe ich nichts gesagt und stehe auch weiterhin in Treue zu dir ... Entschuldige die Veränderung in meinem Charakter, aber Battista wünscht nicht, daß ich Witze erzähle. Mir geht deine Schlagfertigkeit ab!«

Auszüge aus Protokollen der unfreiwilligen Doppelzüngigkeit, eine arme Haut am Scheideweg, in welche Richtung sie sich zu Markte tragen soll – nicht eiskalt, eher verzweifelt berechnend, verschlagen im vielfachen Sinn des Wortes. Denn noch hat sie die Winkelzüge des Szenarios, in dem sie sich bald perfekt bewegen wird, erst skizziert.

Das zentrale Problem ist vorderhand, daß Maria Callas – ganz im Gegensatz zu ihrer Prahlerei im zweiten Brief an Bagarozy – nach der *Gioconda* in der Arena keine einzige Anfrage bekommt. Zu einig sind sich alle, selbst die Kritik. *Il Gazzettino* findet sie »dramatisch bezwingend, aber zu offensichtlich durch eine unfertige Technik behindert«.

Tullio Serafin, der sie kraft seiner Autorität und seiner Verbindungen engagieren oder weiterempfehlen könnte, schreibt statt dessen dem drängelnden Meneghini einen Brief, in dem er einräumt, daß sie sehr gute musikalische Anlagen habe, mit denen sie jegliches Repertoire in Angriff nehmen könne, daß sie aber keine

»italienische Stimme« habe und noch viel lernen müsse. Was heißt, daß er, der sublime Stimmenkenner, mit dem Phänomen, als dessen Entdecker er später gefeiert wird, nichts anfangen kann. Weshalb nicht?

Um uns dem Rätsel zu nähern, müssen wir noch einmal die Ohrenzeugin Elena Nicolai bemühen: »Maria war nicht im geringsten fabelhaft. Während die Höhe brillant schien, war die Mittellage praktisch nicht existent.« Keine sehr glückliche Voraussetzung für eine Partie wie die Gioconda. Ester Mazzoleni, zu Beginn des Jahrhunderts als Medea und als Julia in *La Vestale* an der Scala eine Art Callas-Vorläuferin, hatte ähnliche Schwierigkeiten: »Die Gioconda ist heikel. Denn um das Drama vorzuführen, muß man auf die Mittellage drücken. Ich lernte damit umzugehen, indem ich den Nachdruck auf die Phrasierung und nicht in die Stimmbänder legte.«

Es stellt sich die Frage, warum Maria Callas sich überhaupt auf eine solche Partie einläßt, und – noch dringlicher – was sie denn nun eigentlich bei Elvira de Hidalgo gelernt hat. Die Antwort liegt unter der neuen Pfründenverteilung der veristischen und nachveristischen Ära begraben. Die Lehrerin – in ihrer aktiven Zeit keine überwältigende Stimmschönheit, aber eine versierte Technikerin – hat wohl rasch erkannt, daß sie in ihrer Lieblingsschülerin einen authentischen dramatischen *soprano d'agilità* entdeckt hat und führte sie ein in die alten Techniken, die inzwischen zur Geheimlehre geworden waren.

Eine Schulung, die klug Kapital aus einem physischen »Defekt« schlägt. Sänger mit großen, starken, stabilen Stimmen haben fast durchwegs ein breitflächiges Gesicht (wichtig für die Resonanz der oberen Kopfpartien) und einen relativ kurzen Hals. Als Maria Callas sich nach Abwurf der Fettschichten in den Schwan verwandeln wird, wird auch optisch deutlich, wie schmal ihr Gesicht, wie lang ihr Hals ist. Dazu, wenn es denn sein soll, der »gotisch« geformte Gaumen, den Walter Legge feststellt – die Natur hat sie nicht für die kraftvollen Bögen des späteren Verdi, für die »aus dem Bauch« kommenden Ausbrüche des Verismo ausgestattet.

Daß diese mangelnde Kraft durch Phrasierung ausgeglichen werden kann, auch dafür schafft Elvira de Hidalgo die Grundlagen. Ihre Aufnahme der Schatten-Arie aus Meyerbeers *Dinorah*, getreues Vorbild der Callas-Einspielung 1954, verrät einiges über ihre Kunst nicht nur der Schattierungen, auch des souveränen *timing*. Callas wird in der Gliederung etwa der Verdischen Rezitative unerreichte Meisterin werden – vergleichbar einem Schachspieler, der seine Taktik viele Züge voraus berechnet.

Gefördert wird diese Intuition durch eine wirkliche Schwäche: »Ich sehe nicht weiter als eine Nasenspanne und habe immer gesungen, ohne den Dirigenten auch nur schemenhaft zu erkennen. Deshalb hatte ich die doppelte Verantwortung, auf der Bühne ein Kunststück zu vollbringen, ohne das ich musikalisch auf Krücken gegangen wäre. Ich habe die Partituren bis ins kleinste Detail studiert, um zu wissen, wann die einzelnen Instrumente einsetzen.«

Doch diese außergewöhnliche Zurüstung kümmert keinen. Fazit: Die fertige Maria Callas hat eine sogenannte lange Stimme, jedoch »lang«, was ihre Entfaltung nach oben betrifft. Und mit diesem in mühevollen Jahren erworbenen Können kann sie nichts anfangen. Ihr Fach ist aus der musikalischen Überlieferung getilgt, die entsprechenden Partien – falls das alte Zeug überhaupt noch aufgeführt wird – aufgeteilt zwischen schwerfälligen Stentorstimmen und Zwitschervögeln. Und als Zwitschervogel ließe sich eine Callas selbst bei größter Verstellung nicht verkaufen – das hindert der kräftige Schuß Amaretto in ihrem Timbre. Bereits die hochdramatischen Rollen an der Athener Oper wie Marta in *Tiefland* zeigen die groteske Diskrepanz zwischen den Höhenflügen der Gesangsstunden und dem Boden der Opernrealität der vierziger Jahre, der sie sich ausliefern muß.

Nun hat Maria Callas von Elvira de Hidalgo noch etwas gelernt – wie man die Tiefe bis zu den ersten Tönen der Mitte anfügen kann, ohne die leichte und virtuose Höhe zu gefährden. Auch dies eine Technik, die außer Gebrauch ist. Rodolfo Celletti weist darauf hin, daß sie noch von Emilia Corsi angewendet wurde, einer Bologneserin aus berühmter Sänger-Dynastie, die sich – ähnlich wie später Maria Callas – 1910 mit vierzig nach 24jähriger Laufbahn von der Bühne zurückzog.

Es handelt sich um eine spezielle Aktivierung der Brustresonanz, ein bis zur äußersten Konsequenz getriebenes »In-die-Maske«-Singen. De Hidalgo hat diesen etwas drastischen Effekt selbst allerdings nur bei ihren spanischen Folklore-Liedern angewendet (besonders anschaulich in »Tus ojillos negros« von de Falla). Callas ist aus den erwähnten Gründen erst einmal darauf angewiesen. Legge hält diese Lage für ihren höchstpersönlichen Klang, »oftmals, als sänge sie in eine Flasche hinein«. Man könnte vornehmer auch sagen, sie bläst in ein Tritonshorn. In der deutschen Gesangstradition heißt das Verfahren allerdings »Gurkenglas-Technik«.

Die italienische Fachwelt von 1947 macht sich um das Warum der gelinden Enttäuschung über eine extra aus den USA geholte Debütantin natürlich keine Gedanken. Maria Callas ist für das Fach Gioconda eingeteilt und damit basta. Da war eine Tebaldi im für sie – bis auf die Juwelenarie – richtigen Fach zu hören, eine begnadete *voce spontanea.* Und daneben die Griechin, gezwungen zur künstlichen Herstellung einer Tiefe, die bei aller Bemühung nicht spontan klingen kann – eine *voce fabbricata.* Keine Referenz für das italienische Fach auf italienischen Bühnen.

Was statt dessen auf sie zukommt, dafür hätte Elvira de Hidalgo kein Rezept gewußt, im Gegenteil – sie hätte ihrer Schutzbefohlenen bei einem solchen Ansinnen vermutlich den Klavierauszug über den Schädel gehauen.

Nino Cattozzo, *sovrintendente* des Teatro La Fenice in Venedig, will die nächste Stagione mit *Tristan und Isolde* eröffnen, einem in Italien unglaublich populären Werk, das seit der Erstaufführung 1888 in Bologna bereits fünfundneunzig Produktionen erlebt hat – die vorletzte im Februar 1947 mit Kirsten Flagstad an der Scala in deutscher Sprache. Übertroffen wird *Tristan* in der italienischen Wagner-Begeisterung nur von *Lohengrin* (345 Serien seit 1871) und *Walküre* (102 Serien seit 1883).

Cattozzo sucht seine des Italienischen mächtige Isolde noch. Er trifft sie Anfang Oktober in Mailand, als ihm Meneghini – wutentbrannt, daß er bei Liduino Bonardi vergeblich antichambriert hat – beim Hinausstürmen die Eingangstür der Agenzia Alci gegen die Nase schlägt. Beim Verarzten stellen die Herren fest, daß sie einander kennen. Cattozzo hat Maria Callas in der Arena gehört und fragt angelegentlich, ob sie denn auch die Isolde drauf hat. »Aber selbstverständlich«, blufft Meneghini. (Zwar unglaublich, aber einer muß es ja gewesen sein.)

Tullio Serafin, Dirigent der Produktion, hat, als er konsultiert wird, nichts dagegen und bestellt Maria Callas für eine Woche Klavierproben Ende Oktober nach Rom, assistiert von seiner Frau, der polnischen Sopranistin Elena Rakowska. »Sie hat mir«, meldet Callas bereits am zweiten Tag nach Verona, »viele Komplimente gemacht. Sie sagt, daß die Partie mir auf den Leib geschrieben sei, sowohl vom Gesanglichen wie vom Aussehen.« Das Urteil einer Frau »mit wirklicher Kompetenz«, die selbst einmal glänzende Wagner-Interpretin gewesen ist – meint Meneghini stolz in seinen Erinnerungen.

Er fällt auf eine Namensähnlichkeit herein. Die Karriere, die ihm geschildert wird, gehört zur ruhmreicheren Hälfte der polnischen Sopranistin Elena Ruszkowska (1877–1948), die seit 1919 Polen nicht verlassen und keine Ahnung hat, daß sich eine andere mit ihren Federn schmückt. Kompliziert wird das Verwirrspiel noch dadurch, daß Elena Ruszkowska die Elena in *Mefistofele* 1908 an der Scala unter Toscanini gesungen hat, Elena Rakowska (1876–1964) die nämliche Elena an der Scala ebenfalls unter Toscanini zehn Jahre später, drei Jahre nach ihrer Eheschließung mit Serafin. Zustände wie in der Mär von der *Ägyptischen Helena*, in der die Götter den Trojanern ein Phantom vorgaukeln, während die echte Helena die zehn Jahre Kampf um Troja in Ehren am Nil übersommert.

Was indes die Wagner-Kompetenz des Phantoms Elena Rakowska betrifft, scheinen Mißverständnisse nicht zu bestehen. Irving Kolodin notiert spitz über ihre Brünnhilde in *Siegfried*, die sie 52jährig (zweieinhalb Monate nach ihrem Met-Debüt!) am 7. März 1928 erstmals an der Met singt: »In Ergänzung zu einer limitierten Stimme und geringem Stilgefühl war sie die Gattin des Dirigenten ... später sang sie Santuzza achtbar, aber für größere Wagner-Rollen war sie schlecht gerüstet.« Es wäre Serafin also zuzubilligen, daß sein untrügliches Wissen um Stimmen sich unter dem Pantoffel ab und an verdunkelt.

Es paßt zu der Posse, daß die inzwischen 71jährige ihrer jungen Kollegin sogar die Perücke schenken will, in der sie einst als Isolde das Publikum des Teatro Colón in Buenos Aires beglückte – eine alte Perücke zwar, aber immer noch wunderschön und wertvoll, weil sie aus echten Haaren gefertigt ist. Was den lokalen Erfolg betrifft, behält sie auch noch recht und kanzelt Serafin nach der Premiere am 30. Dezember 1947 mit erhobener Stimme ab: »Ich habe dir gesagt, daß es ein Triumph wird. Du warst nicht überzeugt, aber man weiß ja: du bist wie gewohnt der Idiot, der nichts begreift.« Und Serafin, seit 1915 im Übermaß an die Gemahlin gewöhnt, schweigt und lächelt selig.

Die dritte Elena, Elena Nicolai, die Brangäne neben Callas 1948 in Genua und 1950 in Rom singt – jeweils wieder unter Serafin –, hat ihre Sinne beisammen: »Sie war kein Wagner-Sopran, und intelligent, wie sie war, wußte sie das auch. Die Stimme war zu unausgeglichen, und für Wagner braucht man dieses unerschütterliche *legato* für die unendlich langen Phrasen. Sie zeichnete ein interessantes Porträt der irischen Königstochter, aber die Mitte war nicht stark genug, und deshalb mußte sie forcieren.«

War die erste Isolde in Venedig lediglich ein Prestige-Erfolg, weil, wie Meneghini anmerkt, nur die *intenditori*, die »Kenner«, die Leistung wirklich beurteilen konnten, so macht Maria Callas im Teatro La Fenice wenige Wochen später am 29. Januar 1948 als Turandot unter Nino Sanzogno auch dem »gemeinen Publikum« Eindruck.

Nun kommen auch andere Angebote. Sie singt *Turandot* in den Caracalla-Thermen in Rom und gleich darauf in der Arena von Verona und in Genua, dazwischen abermals *Tristan* in Genua, Leonora in *La Forza del destino* in Triest – bisweilen unter lausigen Umständen. Aus Triest schreibt sie im April 1948 an Meneghini: »...und dann muß ich dir sagen (entschuldige, wenn ich mich als Zimperliese aufführe), daß die Kostüme so nach Schweiß stinken (nicht nach Desinfektionsmittel), daß ich beinahe ohnmächtig werde. Wie ich es schaffen werde, sie anzuziehen, weiß nur Gott allein. Sie stinken dermaßen, daß mich heute abend die Kollegen, die mich in der Garderobe besucht haben, auf den scharfen Geruch im Zimmer aufmerksam gemacht haben. Was für ein Horror!«

Das dramatische bis hochdramatische Fach scheint ihr unausweichliches Schicksal zu sein. Eine Kritik, die sinnigerweise in *La Voce libera* (Die freie Stimme) erscheint, beschreibt, welchen gefährlichen Weg sie inzwischen beschritten hat, um die vermeintlichen Defizite zu korrigieren: »Maria Callas hat eine durchdringende Stimme, nicht immer sehr glücklich timbriert, aber bemerkenswert in ihrer Robustheit und Widerstandskraft.«

Serafin allerdings ist inzwischen zu der Meinung gelangt, daß er vielleicht doch eine bedeutende Sängerin entdeckt haben könnte, und präsentiert sie Francesco Siciliani, dem neuen künstlerischen Leiter des *Maggio Musicale Fiorentino* und zweiten Mann am Teatro Communale in Florenz. Und nun ereignet sich das Unerwartete: Siciliani stellt als erster die Frage, »woher sie kam der Fahrt«. Als er erfährt, daß sie bei de Hidalgo studiert hat, ist die zweite Frage, ob sie denn auch koloraturfähig sei. Wohl zur eigenen Verwunderung sieht sich Serafin am Flügel »Qui la voce« begleitend, die Wahnsinns-Szene der Elvira aus *I Puritani*, eine typische Partie für die Zwitschervögel. Siciliani aber setzt sich ein Denkmal, als er nach der Kostprobe beschließt, Maria Callas für zwei Vorstellungen von *Norma* zu engagieren.

Auch das bedeutet ein Risiko. Rodolfo Celletti beschreibt sehr drastisch, wie die Normas der letzten Jahrzehnte gesungen haben: ». . . mit völliger Verachtung der Kunst des verzierten Gesangs; mit forciertem und ungeschlachtem Röhren in der Mittellage . . . dadurch ungeeignet für die Höhenflüge, die Zurücknahme des Tons, die Schattierungen. Maria Callas, reich an Varianten und Farben, offen für lyrische Hingabe und lustvollen Schwung auch in den Koloraturen und chromatischen Skalen, schien ein Wunder zu sein. Sie setzte den ›sublim-tragischen‹ Stil wieder in seine Rechte ein, wie ihn Bellini für die Priesterin verlangt hatte, die in den vorausgegangenen Generationen zu einem Mannweib verkommen war.«

Die Überraschung im Teatro Communale in Florenz am 11. November 1948 ist vollkommen. Gualtiero Frangini schreibt in *La Nazione*: »Schon nach ihrem Auftritt im 1. Akt war man sich bewußt, einen Sopran von wirklich bedeutender Qualität zu erleben. Eine machtvolle Stimme, beständig, angenehm im Timbre, leuchtend im forte, von äußerster Weichheit in den Abstufungen; perfekt beherrschte Technik, mit einer nur ihr eigenen Stimmfarbe und einer Schulung, die – wiewohl sie völlig verschieden ist von dem, was wir zu hören gewohnt sind – ihre unbestreitbaren Vorzüge hat. Die Callas hat eine Gestalt kreiert, die mit feinen und rührenden Zügen von Weiblichkeit ausgestattet ist, und zeigt statt der bis zum Schluß unversöhnlichen Priesterin die liebende und betrogene Frau, die Mutter, die Freundin.«

Das wäre ja nun endlich die treffende Zusammenfassung all dessen, was Maria Callas ausmacht. Was aber lernt Tullio Serafin aus der unvermutet erteilten Lektion? Er produziert mit ihr unbeirrt am 8. Januar 1949 in Venedig einen weiteren »Prestige«-Erfolg – Brünnhilde in der *Walküre*. Doch nun eilt der in Permanenz stimmlich Genotzüchtigten der aberwitzigste Zufall zu Hilfe. Am 19. Januar, noch während der Wiederholungs-Vorstellungen der *Walküre*, sollen *I Puritani* mit Margherita Carosio zur Aufführung kommen. Am Abend des 10. Januar erreicht das Theater die Nachricht, daß sie ernsthaft erkrankt ist. Kurz vor Mitternacht werden Signora Callas und Signor Meneghini aus den Betten gescheucht und treffen auf ein Trauermienen-Trio – das Ehepaar Serafin und den *sovrintendente* Cattozzo.

Serafin selbst ist zwar der Meinung, daß Brünnhilde und Elvira zur gleichen Zeit eine unmögliche Kombination sind. Doch Elena Rakowska, die Maria Callas inzwischen auch durch brennende Reifen springen lassen würde, unterbricht ihn mit dem üblichen Überschwang: »Wetten wir, daß sie es machen wird?« Und wieder behält sie recht. Zwischen dem 12. und dem 23. Januar 1949 finden im Teatro La Fenice sechs Callas-Vorstellungen statt, dreimal *Walküre* und dreimal *I Puritani*!

Nun wäre Elvira, gemessen am Schwierigkeitsgrad der Norma, für Maria Callas ein Spaziergang – aber nicht als nette Erholung von einer hochdramatischen Wagner-Partie, die sich in der *tessitura* zur Partie der Bellini-Heldin verhält wie der Blocksberg zum Montblanc. Aber man hätte sie diesen Weg unter regulären Umständen niemals gehen lassen. War Norma schon ein Wagnis, so ist Elvira ein dreister Anschlag auf festgeschriebene Regeln.

»Der Koloraturgesang« fährt Celletti in seiner *Storia del Belcanto* fort, »den man ausschließlich als Mittel leeren Virtuosentums betrachtete, wurde nur bei den sogenannten *soprani leggeri* akzeptiert, deren künstlich gebleichte und ausgedünnte Stimmen den Heroinen in *Rigoletto, La Sonnambula* und *Lucia* das treuherzige und kläglich greinende Timbre der Vollwaise aus dem Fortsetzungsroman geben sollten.«

Die Sensation, die Maria Callas mit ihrer ersten Elvira macht, ist also einem Paradox zu danken. Das Publikum gerät nicht aus dem Häuschen, weil es zu seiner äußersten Verblüffung feststellen kann, daß sie für dieses Fach und dieses Fach für sie geschaffen ist, sondern es bewundert, daß da eine vermeintliche Brünnhilde beweist, daß sie in einer Notsituation sogar Bellini drauf hat.

Vorläufig herrscht im übrigen Lande blankes Entsetzen über die Schändung eines Bellinischen Unschuldsengels. Ein Zeitungskommentar aus Mailand liefert eine ätzende Ferndiagnose: »Es ist uns zu Ohren gekommen, daß Serafin sich im La Fenice in Venedig breitschlagen ließ, *I Puritani* mit einem dramatischen Sopran zu dirigieren, um präzis zu sein, mit der Callas. Ein Hoch auf diese alten Männer ohne künstlerisches Gewissen, die in ihrer Gehirnerweichung fröhlich die Opernkunst zugrunde richten. Wie wär's mit einer neuen Version der *Traviata* mit Gino Bechi in der Rolle der Violetta?«

Es wird noch einige Zeit dauern, bis dieser 19. Januar 1948 als säkulares Ereignis, als fundamentaler Einschnitt in der Stil-Geschichte des Operngesangs begriffen wird. Nicht weniger ist geschehen, als daß Maria Callas mit ihrer Norma und ihrer Elvira die romantischen Heldinnen des 19. Jahrhunderts, die in Virago und Seelchen gespalten waren, wieder in *einer* Stimme vereint hat. Noch mehr: Der Schleier von Trauer, den sie über die Läufe und Triller legt, enthüllt die profunde Melancholie der belächelten »Leierkasten«-Melodien, die man bei ihrem ersten Auftauchen *nenia* genannt hatte – nach den Nänien, den Klagegesängen der alten Römer.

Dieser sublimierte Schmerz, verbunden mit einer Aura der Erhabenheit, hat keine Vorbilder – weder die kräftige, geheimnislose Norma von Rosa Ponselle noch die als besonders leidensfähig gerühmte Claudia Muzio, die der Partie schon technisch nicht gewachsen war. Er ist auch nicht erst das Ergebnis reifen Raffinements. Die ersten Aufnahmen bei Cetra vom 8. bis 10. November 1949 – »Casta diva« aus *Norma* und die Wahnsinns-Szene aus *I Puritani* – sind bereits Modell (während der »Liebestod« aus *Tristan* selbst unter Mikrofon-Bedingungen dem »ertrinken, versinken« eine von Wagner nicht beabsichtigte Deutung gibt).

Fast ist man versucht, einen exemplarischen Fall von Seelenwanderung anzunehmen (die dann im Bellini-Fach allen Ernstes Renata Scotto für sich reklamieren wird). Doch finden sich auch weniger mystische Erklärungen.

Lanfranco Rasponi stellt einen hübschen Vergleich an: »Andere Sängerinnen, wie Beverly Sills, als sie die drei Donizetti-Opern *Maria Stuarda, Roberto Devereux* und *Anna Bolena* vorbereitete, sind dafür bekannt, daß sie alles lesen, was sie in die Finger bekommen können, um sich mit dem historischen Hintergrund vertraut zu machen. Callas hat das nie gemacht. Als ich sie fragte, wie sie an *Anna Bolena* herangegangen sei – nach meiner Auffassung ihre vollendetste Leistung –, sagte sie, das sei für sie ein Melodram des 19. Jahrhunderts, gesetzt in reizende Musik, und die Donizetti-Heroine und die wirkliche Anne Boleyn hätten wenig gemeinsam. Sie wußte nicht einmal, wie viele andere Frauen Heinrich VIII. gehabt hatte. Sie interessierten sie nicht. Es war einzig die Musik, die ihr den richtigen Blick auf die Rolle gab, die sie darzustellen hatte.«

Augusta Oltrabella, die im Zweiten Weltkrieg bei ihren Konzerten in Athen Maria Callas auf Empfehlung von Elvira de Hidalgo als *warming up* eingesetzt hatte, sagt über sie in ihrem Interview mit Rasponi: »Warum nur, warum ist sie nicht beim Koloratur-Repertoire geblieben? Darin war sie wirklich sensationell . . . Verismo war nichts für sie, denn sie war – im Gegensatz zu dem, was alle sagen – eine Tragödin durch den musikalischen Ausdruck und nicht umgekehrt.«

Diesen rein musikalisch ausgerichteten Instinkt, der die seelischen und psychologischen Valeurs aus der melodischen Linie gewinnt, empfinden die meisten alten Kolleginnen aus der Verismo-Ära hingegen als Kälte. Callas »jagt ihnen keinen Schauer über den Rücken«, weil sie die Träne in der Stimme hat – und nicht am Ende der Vorstellung die Wimperntusche auf dem Kostüm.

Doch untersuchen wir den Seufzer von Oltrabella. Wäre Maria Callas länger im Besitz ihrer Stimme geblieben, wenn sie sich – bestärkt von kundigen und verantwortungsvollen Beratern – auf das ihr gemäße Fach beschränkt hätte? Die Unmöglichkeit einer positiven Antwort liegt bereits in der »Beschränkung«. Der Dämon, der sie leitet (im Griechischen wird der *daimon* – die Einwirkung der Gottheit – ja als ambivalente Kraft empfunden), treibt sie zu vielen kleinen und größeren Akten des Wahnsinns. Doch dieser »Todestrieb« führt in die eisigen Regionen eines Ruhms, mit dem sich keine andere Sängerin unseres Jahrhunderts vergleichen kann.

Die Rolle, die Giovanni Battista Meneghini in diesem Poker mit dem Schicksal zugewiesen ist, wird meist mit Häme geschildert – ein alter Provinz-Casanova, ein Don Pasquale, der auf der Balz lächerliche Figur macht. Doch Verona ist weit weniger »Provinz« als die Wohnorte vieler Biographen, und Maria Callas verfügt in den ersten sieben Jahren der Beziehung allenfalls über die Gerissenheit der Norina.

Franco Zeffirelli, der sie im Februar 1949 in Rom als Kundry in *Parsifal* bewundert, entwirft ein pittoreskes Porträt von der ersten privaten Begegnung: ». . . sie sprach mit einem grauenhaften New Yorker Akzent und wirkte im übrigen reichlich steif und matronenhaft. Es war eine Qual, ihr zuzuhören – aber noch schlimmer war es, sie anzusehen. Sie trug ein schwarzes Schneiderkostüm, das so eng saß, daß sich ihre ausladenden Hüften und Brüste abzeichneten. Das Ganze war gekrönt von einem Samthut im Stil Raffaels . . . und zu allem Überfluß hatte sie unglaublich behaarte Beine.«

Der soignierte Fünfziger Meneghini kann sich also neben ihr sehen lassen (ihre Ausstaffierung ist übrigens nicht *sein* Geschmack, sondern noch Prägung durch Mutter Evangelia, die darunter wahre Eleganz versteht). Und überdies brauchen wir uns nur in Erinnerung zu rufen, daß sich über Sophia Loren, das Idol majestätischer Erotik, und den ebenfalls viel älteren und kleineren Carlo Ponti niemand das Maul zerreißt. Es hat mit der irrationalen Aura zu tun, die Maria Callas zuwächst, daß man ihr auch im Privatleben die keusche Kühle einer *casta diva* anzudichten beginnt.

Die Belege sprechen allerdings dafür, daß sie sich auch ihre Ehe perfekt imaginiert, solange Bedarf dafür da ist. Und diese Ehe muß nach ihrem Willen Hals über Kopf geschlossen werden. Am 21. April 1949 um Mitternacht tritt sie mit Serafin und einigen italienischen Sängerkollegen von Genua aus eine erste Seereise nach

»Solange sie saß, machte sie ziemlich gute Figur«: Maria Callas und Giovanni Battista Meneghini nach ihrer Trauung am 21. April 1949

Südamerika an. Acht Stunden vorher findet die Trauung mit Meneghini mit Hilfe einer Sonderdispens in der Chiesa dei Filippini in Verona statt – eine Rückversicherung mit dem Schicksal.

Am 7. Mai schreibt sie von Bord des Dampfers *Argentina*: »Ich werde weitersingen, gewiß, aber nicht wie im letzten Winter und in diesem verdammten Sommer! Wir müssen zusammen leben, glücklich, bewundert, beneidet von der ganzen Welt für unser Glück.« Und aus Buenos Aires: »Nicht Gesang, nicht Ruhm, nichts bringt Zufriedenheit und Trost. Fern von deiner Liebe fühle ich mich verloren und am Ende.« »Ich bin unendlich angewidert von den Schweinereien, die ich unter meinen Kollegen sehe. Mit angstvoller Unruhe erwarte ich die Stunde, in der ich Zuflucht in unserer reinen, sauberen und so sehr würdigen Liebe finden werde.«

Nun kann man häufiger die Beobachtung machen, daß gerade extrem ehrgeizige Frauen, die ein zwangsneurotisches Verhältnis zum Erfolg haben, davon träumen, wie leicht sie für ein stilles Glück auf alles verzichten könnten. Maria Callas fügt dem noch ein magisches Ritual hinzu: »Zuhause hatte sie die Gewohnheit, neben dem Bett, auf dem Schreibtisch, in einem Blumenstrauß für mich Kärtchen zu hinterlassen – wenige Sätze oder ein einziges Wort, um mich ihrer Liebe zu versichern.« Meneghini irrt dabei wohl in einem Punkt: *Sie* muß *sich* immer wieder ihrer Liebe versichern.

Dies alles widerspricht noch nicht der hartnäckigen Behauptung, daß es sich um eine sogenannte Josefs-Ehe gehandelt habe, was auch der notorische Frauenfreund Walter Legge andeutet: »Er ließ mich in ihre Suite ein, wo sie beide aufrecht in ihren Betten saßen – sie trugen sichtlich wollene Leibchen, die aus ihren Nachthemden hervorschauten (sehr italienisch!) – lasen italienische Illustrierte und warteten nur darauf, mich über die Vorstellung zu verhören.«

Die Beobachtung findet statt nach dem Triumph mit *Lucia di Lammermoor* unter Karajan am 29. September 1955 in Berlin, in einer schönen, aber kalten Nacht, in der sich die Kartenjäger für die zweite Vorstellung am 2. Oktober in ihren Zelten rund um das Theater des Westens einiges abfrieren. Es dürfte also nicht verwundern, daß zumindest die Sängerin übervorsichtig ist.

Knapp sechs Jahre früher ist die Ehe noch nicht erkaltet. Da schreibt Maria Callas aus Neapel: »Ich teile dir mit, es ist auch diesmal nix mit dem Baby (anche questa volta niente bambino!)... Wir müssen noch Geduld haben.« Ihre große Sehnsucht nach einem gemeinsamen Kind ist auch die Sehnsucht einer Verwunschenen: »Ich glaube, daß es auch meiner Stimme guttun wird und meiner unglückseligen Haut (la mia disgraziata pelle).« Solange, bis festgestellt wird, daß sie unfruchtbar ist.

Das Gastspiel im Teatro Colón in Buenos Aires im Sommer 1949 porträtiert ebenso die andere, die schillernde Hälfte des Januskopfs Callas, die Kampfmaske. »Alle Faschisten des Universums sind hier versammelt. Und das Theater kommandiert ganz offensichtlich die Evita!« Die ersten Wochen wird sie nur als Turandot eingesetzt, die sie hier zum letztenmal auf der Bühne singt: »Du siehst, in der *Turandot* können die Leute meine Kunst nicht würdigen.«

Den Rest der Zeit sinnt sie über die Schnödigkeit der Welt, bekommt ihre Aggressivität überreichlich Nahrung. Denn trotz Serafins Intervention ist und bleibt auf *Aida* für Wochen die Argentinierin Delia Rigal abonniert. In diesem »feindlichen Klima« ortet Maria Callas sogleich die eigentlichen Gegner:

»Meine Kollegen hatten das Glück, nicht mit mir zu singen, sondern mit dieser grauenhaften Rigal. Sie haben triumphiert und enorm wichtig getan ... Sie waren alle heilfroh, weil ich nicht gesungen habe. Sie haben Angst, die armen Würstchen. Sie wissen, daß sie neben mir verblassen.« Unter den »Angsthasen« befinden sich übrigens Mario del Monaco und Nicola Rossi-Lemeni.

Nach fast einem Monat kommt dann am 17. Juni 1949 »der Tag der großen Lektion über Gesang«, die sie als Norma nun allen erteilen kann. Als Delia Rigal in ihrer letzten Vorstellung von *Aida* auch noch das C der Nil-Arie schmeißt, ist die Genugtuung fast noch größer: »Und jetzt, wenn Gott mir beisteht, werde ich eine andere Lektion mit Aida erteilen.« Das Endergebnis nach ihrer einzigen Aida am 2. Juli meldet sie lakonisch: »Hier habe ich reinen Tisch mit allen gemacht.« Maria gegen den Rest der Welt, oder rein gesangstechnisch betrachtet: »Oh, wie will ich triumphieren, wenn sie euch zum Richtplatz führen und die Hälse schnüren zu ...«

Die Kunst der Callas braucht das Feindbild. Und Tullio Serafin, der »vecchio lupo«, der alte Wolf, wie Callas ihn nennt, schürt weiter mit. Für den 71jährigen Maestro hat sich ein unmöglicher Traum erfüllt. Er ist Schöpfer der ersten *primadonna assoluta* des Jahrhunderts, der Sängerin, die alles singen kann, das lyrische, das dramatische und das Koloratur-Fach – und das möglichst gleichzeitig. Da gibt es etwa in Rom unter seiner Stabführung am 19. Februar 1950 *Tristan*, am 23. *Norma*, am 25. *Tristan*, am nächsten (!) Abend *Norma* und am 28. wieder *Tristan*. Serafin beweist dabei seinerseits unglaubliche Kondition, aber der Verstand des Gesangsexperten hat offensichtlich gelitten.

Doch zu verlockend ist es, die anstrengendste hochdramatische und die anstrengendste verzierte Partie im Kopf-an-Kopf-Rennen vorzuführen – und das einmal sogar mit nur achtzehn Stunden Pause in verkehrter Reihenfolge. Denn abgesehen von der gegensätzlichen *tessitura* wäre eine weniger aggressive Selbstmörderin noch in der Lage, aus der extremen Geläufigkeit der Druidenpriesterin auf die großen Bögen der irischen Wilden zu wechseln, aber nicht vice versa.

Daß übrigens Isolde schwerer zu singen sei als Norma, weil sie gegen das dreifach stärkere Wagner-Orchester anzutreten hat, sind nicht einmal fünfzig Prozent der Wahrheit. Denn ein großes Orchester, zumal geführt von einem ausgefuchsten Dirigenten, vermag viel zu verbergen. Bellinis sparsame und durchsichtige Instrumentation aber präsentiert die Stimme nackt, wie Gott und die Gesangslehrerin sie schufen, und enthüllt auch die kleinste Unebenheit. Darum gibt es selbst heute, obwohl die Hochdramatischen so gut wie ausgestorben sind, immer noch mehr Isolde- als Norma-ähnliche Sängerinnen.

Während Maria Callas sich in Rom im schonungslosen Ungestüm ihrer siebenundzwanzig Lenze abrackert, singt Renata Tebaldi am 12. Februar 1950 – gemäß dem Ratschlag Toscaninis – an der Scala ihre erste *Aida*. Es ist eine Offenbarung für die Mailänder, die als letzte Aidas 1948 die ausgesungene Maria Caniglia und das Toscanini-Phantom Herva Nelli erlebten.

An der Scala ist es üblich, eine erfolgreiche Produktion noch einen Monat zu übernehmen – aber nicht länger. Tebaldi hat in sechs weiteren Vorstellungen jedoch so großen Erfolg, daß Antonio Ghiringhelli *Aida* auch für die Gala-Vorstellung am 2. April ansetzt, mit der die *fiera*, die Mailänder Industrie-Messe, eröffnet wird.

Dem kommunikationsarmen Scala-Despoten – *il tenno* wird er für seine Taktik der hermetischen Abschottung genannt – ist dabei entgangen, daß seine Protagonistin für diesen Termin bereits mit Lissabon abgeschlossen hat, wo sie Marguerite, Alice Ford und Violatta singt. Es übersteigt wohl auch sein Vorstellungsvermögen, daß man solche Kinkerlitzchen nicht absagen kann angesichts der nationalen Verpflichtung, vor dem Präsidenten der Republik, dem diplomatischen Corps und der Großindustrie aufzutreten.

Deshalb (und nicht, weil Renata Tebaldi erkrankt ist, wie vorgeschützt wird) muß er um des Spektakels willen etwas tun, was ihm ganz und gar zuwider ist – er muß Maria Callas engagieren, Protegé seines Intimfeindes Tullio Serafin. Den hat er in der ersten *stagione* der wiedereröffneten Scala, als um die Kompetenzen noch gerangelt werden mußte, so hassen gelernt, daß Serafin nie wieder an der Scala dirigieren wird (wiewohl er zahlreiche Studio-Produktionen mit Chor und Orchester der Scala für EMI macht).

Deshalb auch heißt Ghiringhelli die ungewollte Einspringerin nicht willkommen und geht nach der Vorstellung demonstrativ unhöflich an ihrer Garderobe vorbei, um nebenan deutlich vernehmlich den Bariton Raffaele de Falchi zu seiner Leistung zu beglückwünschen.

Daß Maria Callas am ersten Abend nicht annähernd den bereits gewohnten Erfolg hat, mag an seinem offiziellen Charakter liegen. Doch auch zwei weitere Vorstellungen bleiben ohne nennenswerte Resonanz. Sie hat das zentrale Haus ihrer Wünsche nicht erobern können. Warum nicht?

Um das spezielle Klima der Scala zu definieren – ein Klima, in dem sich bald die *Callasiani* und die *Tebaldiani* Blumen- und Gemüseschlachten liefern werden –, müssen wir uns mit einer Besonderheit jener Jahre beschäftigen, die erst verschwindet, als um 1965 die Bedingungen dafür abgeschafft werden.

Auf der ersten und zweiten Galerie, die neben den Sitz- und Partiturplätzen über rund achtzig Stehplätze verfügen, werden – ob man es nun mag oder nicht – die Signale gesetzt, ob ein Star geboren ist oder nicht. Nun hat es sich gefügt, daß in der Regel drei- bis vierhundert dieser Stehplatzkarten ausgegeben werden – ursprünglich wohl, um die jeweilige Claque ein wenig zu verstärken. Alsbald entwickelt sich daraus ein schwuler Treff, durch die Flaniermöglichkeiten als *inside cruising* noch geeigneter als die Kinos der Stadt. (Vergleichbares Amüsierbedürfnis war ja auch einer der Gründe für die Erfindung des Logentheaters.)

Es ist denkbar, daß sich diese meinungsmachenden *aficionados* von der Aida der Callas nicht allzusehr ablenken lassen – zumal nach den aufregenden Tebaldi-Abenden. Und sie liegen da gar nicht so falsch. Vom 30. Mai 1950, also knapp zwei Monate nach ihrer ersten Scala-*Aida*, ist ein Mitschnitt in schlechter Tonqualität erhalten. Doch deutlich genug ist zu hören, daß sie der Partie der Aida auch in ihrer jugendlichen Kraftphase nicht ganz gerecht wird.

Die Nil-Arie, der Nachweis zur Rollen-Berechtigung, beginnt mit einem Übermaß der bereits erwähnten »Gurkenglas«-Töne. Da gurgelt »des Niles dunkle Tiefe« in voller Länge zwischen Memphis und den Schluchten von Napata. In den ruhigen Bögen der oberen Mittellage, wo Verdi immer wieder bedenkenlos ein *sfumato*, ein *dolcissimo* oder ein *pianissimo* fordert, ist eine gewisse Härte der Tongebung nicht zu überhören.

Bei dem unangenehmen Aufstieg zum hohen C (unangenehm, weil es keine plazierte Endnote, sondern eine gebundene Übergangsnote ist) wendet Callas schließlich einen Trick an. Beim A der Legato-Phrase, bei dem traditionell geatmet wird, bricht sie das *crescendo* ab, setzt mit halber Stimme neu an und erzielt schließlich ein C, das ebenso eng und dürftig klingt wie das A am Ende.

Dieser Mitschnitt stammt aus dem Palacio de las Bellas Artes in Mexico City. Es wäre also zu bedenken, daß für andere Sänger in der ungewohnten Höhe von 2265 Metern in der Kulisse Sauerstoffgeräte bereitgehalten werden müssen, damit sie wieder zu Atem kommen. Doch ist diese *Aida* berühmt geworden, weil Maria Callas sich einen *stunt* erlaubt, der eines kräftigen Atems bedarf: Am Ende des Triumph-Aktes interpoliert sie ein hohes Es.

Es gibt verschiedene Versionen, wie und warum dieser Effekt zustande kam. Plausibel ist, daß Antonio Caraza-Campos, der Manager des Opernhauses, der die frenetische Begeisterung seines Publikums für hohe Töne aller Art kennt, sie um die Einlage gebeten hat. Ob nach der Überlieferung die mexikanische Nachtigall Angela Peralta (1845–1883) als Vorbild dient oder Luisa Tetrazzini (1871–1940), ist nicht von Belang. Beide waren kräftige Koloratursoprane, und die Partie der Aida konnte ihnen sonst nicht viel bieten.

Als auserkorenes Opfer wird allgemein der tschechische Tenor Kurt Baum angesehen, der 1938 von Wien nach Amerika emigrierte und sich seither an der Met als zweite Garnitur für die schweren italienischen Helden nützlich macht. Er entnervt seine Kollegen durch das zwar nicht schöne, aber lange Aushalten hoher Töne. Giulietta Simionato, die er schon in *Norma* verdrießlich gemacht hat, soll ihre Freundin Callas am Nachmittag vor der Vorstellung angespornt haben, ihm eins auszuwischen: »Cara, tu es mir zuliebe!«

Arianna Stassinopoulos weiß es noch besser. Da gerät Nicola Moscona, der den Ramphis singt, in Rage, als Baum am Ende des Tempelbildes abermals kein Ende finden will: »Nun, in der ersten Pause der *Aida*, taten sich Maria und Moscona zusammen. In ihrer Garderobe heckten sie einen Racheplan aus. Statt der üblichen Triumphszene am Schluß der Oper (sic!) sollte Maria . . . eine ganze Oktave höher springen und diesen hohen Ton dann praktisch bis zum Orchesterfinale durchhalten.«

Abgesehen davon, daß Stassinopoulos *Aida* offenbar kaum vom Hörensagen kennt (ebenso wie der deutsche Übersetzer und der verantwortliche Lektor), ist die spontane Verschwörung ein Kolportage-Märchen. So etwas riskiert auch eine Callas nicht zum erstenmal aus einer bloßen Laune heraus.

Wahrscheinlich ist, daß die »kleine Lektion«, die Baum erteilt wird, lediglich als Nebeneffekt dient. Maria Callas ist klug genug, um selbst zu wissen, daß die Nil-Arie zu Beginn des 3. Akts für sie eine Zitterpartie ist. Und schlau, wie sie ist, weiß sie auch, daß sich die Ohren dieses auf sportliche Leistungen erpichten Publikums anästhesieren lassen, wenn sie am Ende des 2. Akts mit einer Sensation aufwartet, die ihr leichtfällt. Da dies die ausgehaltene letzte Note von Solisten und Chor ist, schneidet sie mit ihrer durchdringenden Höhe mühelos durch das allgemeine Gebrüll.

Am 1. Juni schreibt sie an Meneghini: »Baum ist schlimmer als ein eifersüchtiges Weib. Er beschimpft mich fortwährend und ist außer sich, weil ich am Ende des *concertato* der *Aida* ein hohes Es gesungen habe. Das Publikum ist in ein Delirium verfallen, und Baum ist vor Neid geplatzt.« Es handelte sich also nicht um die Bestrafung eines unkollegialen Kollegen, sondern um ein Auftrumpfen in eigener Sache.

Die »große Lektion«, die sie Baum erteilt, folgt danach. Sie weigert sich, mit ihm die nächste Vorstellung zu singen, so daß er gezwungen ist, sich bei ihr in aller Form zu entschuldigen. Doch die Rangelei geht weiter. Und in der nächsten Runde gelingt es dem schwerfälligen Baum beinahe gleichzuziehen.

Am 20. Juni steht *Il Trovatore* auf dem Programm. Maria Callas singt zum erstenmal Leonora und serviert im 1. Akt am Ende der Caballetta wieder ein hohes Es. Das Publikum deliriert ein weiteres Mal. Als sie jedoch das folgende Terzett mit einem einsamen hohen Des beschließen will, schwingt sich Baum ebenfalls und überraschend sicher zu der Effektnote auf und hält mit, solange ihm das musikalisch sinnvoll erscheint. Das ist sein Fehler. Denn Callas hält den Ton noch für den Bruchteil einer Sekunde länger.

Als der Bariton Enzo Sordello sich das 1956 in *Lucia di Lammermoor* an der Met ihr gegenüber erlaubt, wird er auf ihr Ultimatum hin gefeuert. Schließlich hätte er wissen müssen, daß sie mit einem anderen Maß gemessen werden muß als die gemeinen Sterblichen.

Freundschaftlicher geht es bei Karajans *Il Trovatore* 1962 in Salzburg zwischen Leontyne Price und Franco Corelli zu. Beide pausieren einträchtig die letzten vier Takte des Terzetts, um das Des besser katapultieren zu können. Der höhensichere Corelli siegt trotzdem nach Längen.

Hier fügt sich der vom Komponisten nicht notierte hohe Ton brillant in den Kontext. In *Aida* dagegen ist er ein billiger stilwidriger Effekt. An diesem vermeintlichen Widerspruch läßt sich der strapazierte Begriff der »Werktreue« vorzüglich differenzieren. Der frühe bis mittlere Verdi erlaubt in der Tradition des *buon canto* fähigen Sängern zusätzliche Ausschmückungen der ohnehin verzierten Notation, ja, er fordert sie geradezu heraus. Der späte Verdi schreibt auch das kleinste Detail des Klangbilds präzise vor. Alle Abweichungen – ob es sich nun um den Zirkuseffekt der Callas-Aida in Mexico handelt oder um Mario del Monacos schmerzgebeutelte Tonanhebungen am Anfang von Otellos Monolog »Dio! mi potevi scagliar . . .« – sind bloße Mätzchen.

Il Trovatore hat Maria Callas nur höchst ungern neu in ihr Repertoire aufgenommen. *La Traviata,* die Antonio Caraza-Campos ebenfalls von ihr wünscht, verweigert sie. Denn Tullio Serafin, der nach Mexico City nicht mitengagiert wurde, hat es abgelehnt, die neuen Partien mit ihr einzustudieren und die Kärrner-Arbeit für andere Dirigenten zu leisten.

Doch bald bietet sich die rechte Gelegenheit für das Rollen-Debüt. Italien begeht 1951 das 50. Todesjahr von Giuseppe Verdi. Unter Serafins Leitung singt Maria Callas am 14. Januar in Florenz ihre erste Violetta. Am 3. Februar – für die Zukunft ein noch wichtigeres Datum – bricht Renata Tebaldi in der gleichen Partie an der Scala ein.

Um die kommenden Kontroversen besser verfolgen zu können, müssen wir uns kurz mit den zwei verschiedenen Fassungen der Arie der Violetta am Ende des 1. Akts befassen. Callas singt im originalen Schlüssel, Tebaldi muß – wie viele andere – um einen Ganzton nach unten transponieren. Das fällt allerdings den meisten nicht auf. Denn das »Scharnier«, an dem umgestiegen wird, ist raffiniert an unauffälliger Stelle verborgen.

Der ganze Andantino-Teil (»Ah fors'è lui«) bleibt wie notiert, ebenso der Anfang des *quasi recitativo*. Im zwölften Takt dieser Passage bei »Che far degg'io?« wird aus Es-F-Ges-Es dann Es-Es-Es-Des, der Ganzton nach unten hat sich unbemerkt eingemogelt, und das gefürchtete hohe Des in »Gioir« ist zu einem erheblich pflegeleichteren Ces geworden.

Daß das *allegro brillante* nun statt in As-Dur in Ges-Dur steht, ändert nichts an seiner Brillanz. Und Richard Wagner, der die sogenannte *Tonartencharakteristik* – die Lehre, die bestimmten Tonarten nur ihnen eigene seelische Valeurs zuschreibt – als »Chimäre« abgetan hat, obwohl er sie selbst ausgiebig einsetzte, wäre auch in diesem Fall sein eigener Widerspruch. Wenn man noch weiter bedenkt, daß das Scala-Orchester eine für Sänger ekelhaft hohe Stimmung hat, wäre der Unterschied ohnehin nicht mehr gravierend. Falls er nicht an die große Glocke gehängt wird ...

Dieser 3. Februar 1951 aber steht unter einem Unstern. Es beginnt damit, daß Renata Tebaldi, die Violetta seit 1947 zu ihren besonders erfolgreichen Partien zählt, nicht disponiert ist. Sie hat eben in Neapel die Madeleine in *Andrea Chénier* gesungen, wobei ihr aufgrund einiger veristischer Drücker die Stimme »in den Hals gerutscht« ist. Die Premiere muß zwei Tage verschoben werden.

Von Beginn der Vorstellung an herrscht Nervosität. Hinter der Bühne wimmelt es von Polizei, denn Tebaldi trägt eine Parure echter Juwelen: ein Diadem, ein Collier und ein Bracelet aus Brillanten und Rubinen aus dem ehemaligen Romanow-Schatz. Zwei Dekorationsteile fallen in der Hektik auf zwei Bühnenarbeiter, deren Zustand zu Besorgnis Anlaß gibt. Beim Brindisi schießen einige Champagnerkorken in das Orchester. Heiterkeit im Auditorium. In der großen Arie verfehlt Tebaldi beide Male das Ces im bereits nach unten transponierten »gioir«. Im Tanz der Zigeunerinnen im 3. Akt fällt die Primaballerina Gilda Majocchi gleich beim Auftritt auf ihren Derrière. Und zum schlechten Ende mißlingt der Tebaldi selbst der *fil di voce*-Effekt auf dem letzten hohen A in »Addio del passato«, ein Ton, auf dem sie sonst schlafwandlerisch sicher ist.

Es gibt keine Pfiffe und kein Zischen, nur überraschtes und enttäuschtes Gemurmel. »Für mich«, sagt sie, »war das noch schlimmer – als ob ich das Publikum verraten hätte, und dieses aus Zuneigung nicht wagte, mir daraus einen Vorwurf zu machen.« Sie sagt alle weiteren Vorstellungen von *La Traviata* sowie die geplanten *Aida*-Reprisen an der Scala ab. Erst im März singt sie wieder – *La Traviata* in Neapel: »Und es war die beste Violetta, die ich jemals gesungen habe.«

La Traviata ist durch das kleine Unglück nun jedoch auch für Maria Callas eine besonders interessante Oper geworden, zumal sie bei einer Brasilien-Tournee mit Tullio Serafin im September 1951 die fabelhafte Gelegenheit hat, in São Paolo und Rio de Janeiro mit der Rivalin in direkten Wettbewerb zu treten.

Bislang haben sich ihre Kreise kaum berührt. Im Januar 1948 hat Renata Tebaldi sogar nach einer *Tristan*-Vorstellung im La Fenice in Venedig, wo sie für *La Traviata* engagiert war, Maria Callas in ihrer Garderobe besucht und ihrer Bewunderung Ausdruck gegeben: »Wenn ich eine solche Oper singen müßte, dann könnte man mich nachher mit dem Löffel aufsammeln.«

Nun aber sind sie Konkurrentinnen. Und es ist müßig, daß Serafin seiner zänkischen Gattin erklärt: »Du siehst doch, es sind zwei verschiedene Stimmen, und alle beide verstehen sich auf Effekte, die das Publikum in Entzücken versetzen.« Elena Rakowska

Nach der fatalen *Traviata* am 3. Februar 1951: Renata Tebaldi mit Giacinto Prandelli und Victor de Sabata vor dem Vorhang der Scala

schürt nun erst recht die Emotionen. »Wenn du ein Ehrenmann wärest«, kanzelt sie ihn ab, »müßtest du die Courage haben, dich vor der Vorstellung von Maria zum Publikum zu wenden und zu sagen: ›Meine Herrschaften, heute abend wird *La Traviata* in der richtigen Tonart gesungen.‹«

(Merkwürdigerweise stört sich niemand daran, daß Maria Callas das Duett »Mira, o Norma« im 2. Akt *Norma* mit jeder Partnerin, ob auf der Bühne oder im Studio, einen halben Ton tiefer singt – wie vor ihr Rosa Ponselle mit Marion Telva und Zinka Milanov mit Margaret Harshaw. Erst Joan Sutherland und Marilyn Horne werden das originale F-Dur restituieren.)

Bei einem Konzert am 14. September 1951 im Teatro Municipal in Rio, bei dem die Damen Callas und Tebaldi zum einzigen Mal in ihrer Karriere am gleichen Abend auftreten, staut sich weitere Animosität an, weil Renata Tebaldi zwei *encores* singt, obwohl angeblich abgesprochen war, auf jede Zugabe zu verzichten.

Beim anschließenden Essen in einem nahegelegenen Restaurant ist Maria Callas ein wenig erregt, wie ihre Kontrahentin sich erinnert: »Sie begann, Anmerkungen über meine Traviata an der Scala zu machen, erklärte, wie betroffen sie über den Vorfall gewesen sei, und gab mir Ratschläge über das Singen. Überdies gab sie mir den Rat, die Finger von Traviata zu lassen und überhaupt weniger zu singen, weil man sich beim Publikum rar machen müsse. Sie erhob ihre Stimme so sehr, daß Meneghini sie anstieß, um sie zu beruhigen, aber es war umsonst.«

Gerüchte schwirren durch die Gazetten, wer was über wen gesagt hat. Parteien bilden sich. Maria Callas hat die schlechteren Karten, weil sie bereits die angekündigten *Aida*-Vorstellungen absagen mußte. Während Renata Tebaldi in São Paolo in *Andrea Chénier* singt, präsentiert sie am 24. September in Rio ihre *Tosca* in nicht sehr guter Verfassung. Das Publikum lärmt und ruft nach Elisabetta Barbato, der dritten Italienerin, einer grobschlächtigen Sängerin, die gleichwohl in Brasilien ältere Rechte und Platzvorteil genießt.

Nun schreitet der Impresario Barreto Pinto ein, Sproß einer der fünf reichsten Familien, Besitzer verschiedener brasilianischer Theater, Diktator der jeweiligen Opern-*stagione* und entsprechend von oben herab. Er teilt Maria Callas brüsk mit, daß sie von allen weiteren Aufgaben entbunden sei. Nur unter Aufbietung ihrer ganzen Energie kann sie ihm wenigstens zwei bereits fixierte Vorstellungen von *La Traviata* abringen, der große Beweis, *wer* die größere Künstlerin ist.

Beide Abende sind ein stürmischer Erfolg. Um so unbeherrschter ist ihre Wut, als sie auf den Plakaten entdecken muß, daß die nächste *Tosca* die aus São Paolo herbeigerufene Tebaldi singen wird. Der kommt die zusätzliche Vorstellung sehr gelegen, denn sie hat ein paar entzückende kleine Ohrringe entdeckt, die ihr zu teuer erschienen und die sie sich jetzt leisten kann.

Maria Callas aber läuft Amok. Sie stürmt Pintos Büro, ergreift wie in einer Schmierentragödie von seinem Schreibtisch ein Tintenfaß aus massiver Bronze, das ihr entwunden wird, bevor sie es ihm an den Kopf werfen kann. Pinto kreischt: »Und jetzt rufe ich die Polizei und lasse dich wegen körperlicher Bedrohung festnehmen.« Worauf sie ihm mit dem Schub ihrer neunzig Kilo ihr Knie in den Magen rammt. Während Pinto nach Luft ringt, kann Meneghini die Tobende zurück ins Hotel schaffen. Er hat schreckliche Angst, daß der einflußreiche Impresario sie beide wirklich in geheimen Kerkern verschwinden lassen wird.

Doch Pinto ist seinerseits froh, daß er die gräßliche Griechin – *La Greca atroce*, wie sie bald an der Scala genannt werden wird – endgültig los ist. Nach zwei Stunden läßt er im Hotel die Rückflug-Tikkets für den gleichen Nachmittag abgeben sowie in einem Umschlag die Gage für die Vorstellungen, die sie nun nicht mehr singen wird. Das ist eine großzügige Geste, die dennoch nicht darüber hinwegtäuschen kann, daß das Ehepaar aus Brasilien auf kaltem Weg ausgewiesen wird. Meneghini zieht am Ende seines Lebens eine eigentlich rührende Bilanz: »Ich bin der festen Überzeugung, daß, wenn Maria diese Tournee ohne Renata Tebaldi gemacht hätte, alles glattgegangen wäre, wie sonst auch.«

Die erste direkte Konfrontation hat den »Kampf der Primadonnen« polarisiert, von dem behauptet wird, daß er von den jeweiligen Fans angeheizt und von der Presse hochgespielt worden sei. Für die an sich sanftmütige Tebaldi gilt das durchaus. Was Maria Callas betrifft, ist die Hypothese absurd. Denn Renata Tebaldi ist das ideale Feindbild, und zwar in jeder Beziehung.

Da ist nicht nur der Unterschied der *voce fabbricata* und der *voce spontanea*, es ist auch der Gegensatz einer *vita fabbricata* und einer *vita spontanea*. Was die Wahrheit über die angeblich lieblose Kindheit der Callas angeht, muß selbst Meneghini passen: »Das Verhalten Marias in der Auseinandersetzung mit ihrer Familie ist mir immer ein Geheimnis geblieben. Es ist mir nie gelungen, ihre wahren Gefühle wirklich zu begreifen.«

Dabei geht sie ihm gegenüber in ihren Offenbarungen weiter als in dem drastischen Zeitungs-Krieg mit ihrer Mutter. »Während der schrecklichen Kriegsjahre«, referiert er ihre Erzählungen, »war Maria dauernd zu erniedrigenden und gefährlichen Arbeiten gezwungen, um Essen für die Mutter und die Schwester zu organisieren, die im sicheren Haus blieben.« Aschenputtel an der Front und gleichzeitig vom verzehrenden Ehrgeiz der Mutter zur Gesangskarriere gezwungen. Wie sie zwischen den Frondiensten die vielen Stunden täglich bei Elvira de Hidalgo absolvierte, hat er nicht nachgefragt.

Renata Tebaldi hat, gemessen an ihrer Ausgeglichenheit, eine glückliche Kindheit und Jugend gehabt. Als sie ein halbes Jahr alt war, machte sich ihr Vater, ein Cellist, aus dem Staub (»è andato a comprare un pacchetto di sigarette«, sagt man dazu in Italien). Mit drei bekommt sie Polio, mit acht ist sie nach quälendem Training körperlich wieder einigermaßen in Ordnung, aber schwierig. Als sie zehn ist, kehrt der Vater gerührt in den Schoß seiner Familie zurück, nachdem ihn eine Zeitung mit einem Bild der verstörten Tochter zur Heimkehr aufgerufen hatte. Doch kurz darauf gehen ihm abermals »die Zigaretten« aus. Er kehrt nicht wieder.

Als Renata vom Klavierstudium, das zumindest ein kleines Auskommen als Klavierlehrerin verheißt, zum Gesang wechseln will, verbringt ihre Mutter, um das zusätzliche Geld aufzubringen, die Nächte mit Handarbeiten. Dafür allerdings wird ihr nicht erst »Lohn in bessern Welten«. Während Maria Callas ihrer Mutter, die sie wieder einmal um Geld angeht, angeblich empfiehlt, zu arbeiten oder aus dem Fenster zu springen, steht Giuseppina Tebaldi Vorstellung für Vorstellung in der Kulisse, in der einen Hand den Rosenkranz, in der anderen den Schlüssel zur Garderobe und den *corno rosso*, das Horn aus Koralle, gegen die *jettatura*, den bösen Blick. Keine Frage, wer da besser beschirmt ist.

Der Haß der Callas zielt darum auch unter die Gürtellinie. In einem Interview stellt sie fest, daß der armen Renata »ein guter Mann fehlt«, und wünscht ihr »von ganzem Herzen«, daß sie möglichst bald einen auftreibt. (Das hat die Tebaldi nun davon, daß sie ihr Liebesleben so geschickt vor der Öffentlichkeit abschirmt.)

Das Interview erscheint im November 1956 im *Time Magazine*. Kernstück ist der Absolutheits-Anspruch der Callas: »Der Tag, an dem meine teure Freundin Renata Tebaldi an einem Abend *Norma* oder *Lucia* oder *Anna Bolena* singen wird und am nächsten *Traviata, Gioconda* oder *Medea*, an diesem Tag, und nur dann werde ich sie als Rivalin in Erwägung ziehen können. Ansonsten wäre es, als ob man Champagner mit Cognac vergleichen würde – oder besser mit Coca-Cola.« Das *Time Magazine* nimmt den Vergleich mit Genuß auf: »Wenn es wahr ist, daß die Callas eine Champagner-Stimme hat, dann trifft es auch zu, daß der Champagner leicht zu Essig wird, was mehr als ein *aficionado*, der die Callas mehrere Male hintereinander gehört hat, bezeugen können wird.«

Es ist Galle im Essig. Denn zweifellos weiß Maria Callas, daß Renata Tebaldi ihr im makellosen, flutenden *legato* der Partien des späten Verdi, Puccinis und des Verismo überlegen ist. Und in eben diesen Partien hätte sie sich ohne die unerträgliche Konkurrenz Tebaldis vermutlich nicht aufgerieben und ihrer Stimme allzu früh das eigene Grab bereitet.

In ihrer eigenen Domäne aber befindet sich Maria Callas fast durchwegs in einer *splendid isolation*. Nicht die vielen mittelmäßigen bis miserablen Sänger, mit denen sie oft genug auftreten muß, gerade die berühmten und gefeierten Kollegen dokumentieren das krasse Mißverhältnis zwischen ihrer zugleich vergangenheitsorientierten wie zukunftsweisenden Kunst und den Gesangs-Standards der Zeit.

Kehren wir zu *Nabucco* im November 1949 in Neapel zurück. Die Abigaille, die sie nur in diesen drei Vorstellungen singt, gilt als mörderische Partie. »Leichen« pflastern ihren Weg. Bereits Giuseppina Strepponi, die Sängerin der Uraufführung und spätere Lebensgefährtin Verdis, hat sich damit die Stimme ruiniert. Die enormen Intervall-Sprünge, Ausdruck der Bösartigkeit der Babylonierin, verleiten zu hochdramatischen Aufschreien.

Maria Callas orientiert ihre Gesangslinie instinktiv am Vorbild des dramatischen *soprano d'agilità* des 18. Jahrhunderts, macht Abigaille zu einer späten Schwester etwa der ebenso rachsüchtigen Elettra in *Idomeneo* oder der nicht minder intriganten Vitellia in *La Clemenza di Tito*.

Ihr zur Seite als Nabucco aber brüllt der 36jährige Gino Bechi, als ob es gälte, einen vollen Abend lang den nemeischen Löwen, von

Herakles in den Schwitzkasten genommen, akustisch zu vergegenwärtigen.

Gino Bechi ist nun nicht ein x-beliebiger, austauschbarer Interpret der Partie. Er steht zumindest statistisch in der Tradition. 1913, nach 46 Jahren Pause, war an der Scala *Nabucco* wieder aufgeführt worden, mit Carlo Galeffi (1884–1961) in der Titelrolle, dem »Caruso der Baritone«. 1933 sang Galeffi seine berühmteste Partie hier zum letztenmal. Am 26. Dezember 1946 hat Gino Bechi mit *Nabucco* unter Serafin die Scala szenisch wiedereröffnet.

Doch läßt sich die Verbindung eben nur statistisch herstellen. Zwischen den Jahren 1933 und 1946 hat sich ein gesanglicher Sankt-Andreas-Graben geöffnet, in dessen Schlund selbst die Erinnerung an den *buon canto maschile* verschwunden ist. Zwar bemängelt Jürgen Kesting an den beiden Szenen aus *Nabucco*, die Carlo Galeffi 1916 aufnahm, »die emphatisch zugespitzte, oft von Schluchzern und Effekten durchsetzte Artikulation und Diktion« und findet, daß sie die Grenzen zur Larmoyanz überschreiten. Rodolfo Celletti hingegen legt in seinem jüngsten fundamentalen Werk über die Technik des Singens, *Il canto*, gerade an diesen beiden Aufnahmen dar, wie exzellent Galeffi – über den deklamatorischen Nachdruck des *attore-cantante* hinaus – etwa die Behandlung der *mezzavoce* in der hohen Lage beherrscht: »Verdi schreibt in seinem gesamten Schaffen den Baritonen viele solcher Töne vor, aber rund dreißig Jahre lang wird kein Bariton mehr in der Lage sein, sie von sich zu geben.«

Galeffi war Autodidakt, wie er bei einem Wiener Gastspiel 1924 dem *Neuen Wiener Journal* verriet: »Die Methode war sehr einfach. Wie ich so als ganz gewöhnlicher Komparse Opernvorstellung um Opernvorstellung mitmachte, hörte ich genau zu, wie man singt. Ich versuchte, genau den Tonansatz nachzumachen, achtete auf die Atemgebung, und als ich alles, was meiner Ansicht nach zum Singen gehört, begriffen hatte, begann ich mit dem Studium von Opernpartien. Korrepetitordienste leistete mir der Klavierspieler eines römischen Kaffeehauses, das keineswegs zu den ersten Unternehmungen dieser Art gehörte. Und als ich die ersten Partien beherrschte, wagte ich eines schönen Tages bei einem Kapellmeister vorzusingen – und seither gehöre ich der Bühne an.«

Es ist nicht allzu schwer sich vorzustellen, was aus Galeffi geworden wäre, wenn er die »einfache Methode« des bloßen Zuhörens vierzig Jahre später hätte anwenden müssen. Gino Bechi hat in seinen Lehrjahren nicht mehr »hingehört«. Er ist der Verbindungsmann zwischen den Generationen vor ihm, in denen sich ein Autodidakt auf seine Ohren verlassen durfte, und den nuancen- und modulationsarmen Stentorstimmen, die nach ihm kommen. Die Frage, ob Verdi seinem Nabucco eine empfindsame Seele mit auf den Weg gegeben hat, wird von den künftigen Interpreten glattweg verneint – ob sie nun Tito Gobbi heißen oder Ettore Bastianini oder Giangiacomo Guelfi.

Ein besonders erfolgreicher »Vereinfacher« ist auch der bulgarische Baß Boris Christoff. Seine Legende beginnt, als er 37jährig im November 1949 in London seinen ersten Boris Godunow singt. Daß er es in russischer Sprache in einem englisch singenden Ensemble tut, macht David Webster die größten Probleme. Denn babylonische Sprachverwirrung herrschte bisher nicht vorsätzlich, sondern nur in Notfällen oder aufgrund von *force majeure*. Doch das Risiko lohnt sich: »Ein unseliger, aber nicht bedeutender Preis, der für solch eine schöne Interpretation gezahlt werden mußte«, kommentiert die *Times*.

Die Vorbereitungen zu dem Ereignis sind indes chaotisch. Erst im Mai 1949 hat der 24jährige Regie-Heißsporn Peter Brook die Produktion in Szene gesetzt, und schon muß er gegen ihre »Verstümmelung« ankämpfen. Musikalische Basis war eine Einrichtung der sogenannten Originalfassung, doch Christoff beherrscht nur die für ihn weit effektvollere von Rimsky-Korssakoff.

Daß bei Brook nicht der Tod des Boris, sondern die Volksszene am Schluß der Oper steht, versteht sich von selbst. Nun ist es die Frage, ob *Boris Godunow* als präsozialistisches Manifest verstanden werden will oder als russischer Bilderbogen mit einer der effektvollsten männlichen Hauptrollen der Opernliteratur. Pragmatisch ist sie einfach zu beantworten: wenn der Zar schwach ist und der Blödsinnige grandios (denn er hat die letzten Worte, er ist »das Volk«), dann bietet sich die in Maßen revolutionäre Anordnung an.

»Warum können wir nicht zwei Uhren haben?« Boris Christoff als Boris Godunow

Ein potenter Boris aber verschenkt sein Sterben nicht an ein dialektisches Manöver.

Muß Brook nun in dieser Hinsicht klein beigeben, so kämpft er wie ein Löwe um die liebevoll arrangierten Details. Da gibt es im Kreml gleitende Türen (der KGB läßt grüßen, wenn auch »Kim« Philby noch nicht um die Ecke lugt, denn der ist ja noch nicht enttarnt) und in der Wahnsinnsszene des Boris am Ende des 2. Akts eine riesenhafte Uhr, welche die Erdenzeit des Herrschers hinwegtickt und seinem visionären Horror mit einem Glockenspiel lebensgroßer Geister aufhilft.

Christoff protestiert gegen dieses Monster, das seiner gewiß nicht schmächtigen Darstellung den Effekt zu stehlen droht, und fordert ultimativ die übliche, nur als Dekoration fungierende Uhr. Webster spielt wieder einmal »die Queen, nach allen Seiten lächelnd«. »Warum«, fragt er, »können wir – äh – nicht beide haben?«

Heimtückisch bringt Brook zur nächsten Probe die kleinste Uhr mit, die er auftreiben konnte, eine Art historischen Reisewecker, und hängt sie, als ob nichts wäre, auf der Bühne auf – ohne allerdings die geringsten Anstalten zu machen, die Uhr des Anstoßes zu entfernen. Christoff stürmt von der Bühne und verbarrikadiert sich in der Garderobe. Webster bittet pfiffig Marian Nowakowski weiterzumachen, der schon als zweite Besetzung nach Paolo Silveri fungiert hat, und läßt die Lautsprecheranlage anstellen, die die Probe in jede Garderobe überträgt. Nach wenigen Minuten ist Christoff zurück auf der Bühne und probt weiter – vor *beiden* Uhren.

Weltweit berühmt wird Boris Christoff auf Schallplatte, zur Legende vollends mit der ersten westlichen Gesamtaufnahme des *Boris Godunow* 1952 unter Issay Dobrowen, in der er – in Walter Legges verkaufsträchtiger Dramaturgie der Schallplatte als imaginärer Bühne – neben Boris auch Pimen und Warlaam singt. Dieser Ruhm verschafft ihm allerdings Probleme an den Häusern, an denen er erst nachher debütiert. Denn das Publikum, das nach dem Hör-Erlebnis eine riesige Stimme erwartet, ist einigermaßen enttäuscht, daß sein Organ eher bescheidene Dimensionen hat. Doch im russischen Fach bleibt er die oberste Autorität seiner Generation.

Frag-würdiger ist seine Wertschätzung im italienischen und französischen Fach. Lauri-Volpi schreibt in seinen *Voci paralleli* über die »rostige bulgarische Stimme, welcher der slawische Tonfall einen Wohlklang gibt, welcher der italienischen Sprache fremd ist« und meint ebenso sibyllinisch: »Er hat für seine Töne den roten Faden gefunden und folgt ihm wie ein Zug seinem Geleise.«

Es handelt sich um eine Berg- und Talbahn, bei der die Töne durch absichtliche und gnadenlose *portamenti* miteinander verbunden werden. Woher das kommt, untersucht Rodolfo Celletti anhand der Partie des König Philipp in *Don Carlo*: »Die Wahrheit ist, daß Christoff eine Eigenart hat, die an die liturgischen Gesänge der Ostkirche erinnert. Und ist denn nicht dieser liturgische Gesang eine der Quellen für den Deklamationsstil von Mussorgski und Dargomyschski? ... Vor allem diese Artikulation Christoffs ist weit vom italienischen Gesangsstil entfernt.«

Es entspricht jedoch dem Zeitgeschmack, daß Boris Christoff auch in Italien höchst erfolgreich wird. Im Januar 1949 singt er neben Maria Callas in *I Puritani* eine Baßrolle, die erhebliche *agilità* verlangt – verlangen würde. Über die aber verfügt er nun überhaupt nicht. Das ist auch nach dem bisher Vorgetragenen erstaunlich, denn er ist Schüler von Riccardo Stracciari, einem der virtuosesten und differenziertesten Baritone des ersten Jahrhundertviertels.

Doch wo Boris Christoff antritt, haben die ekligen kurzen schwarzen Noten, die sich wie eine Fliegenplage über die Textur einiger seiner Rollen legen, ausgespielt. Ratsch – ein kühner Strich tilgt alle Unbilden. Der absolute Höhepunkt in der Kunst des Skelettierens ist im Mai 1968 in Florenz eine Ausgrabung von Meyerbeers erster Erfolgsoper *Robert le Diable,* in der Christoff neben Renata Scotto die zentrale Rolle des teuflischen Bertrand singt, eine Rolle für einen Koloraturbaß, dessen Verzierungen das Infernalische unterstreichen sollen.

Doch während auch in Italien die endgültige Kultivierung des verzierten Gesangs unmittelbar bevorsteht (im April 1969 wird eine rein amerikanische Riege an der Scala mit Rossinis *L'Assedio di Corinto* auch die Renaissance des »ernsten« Rossini verkünden), wird Meyerbeer in Florenz für Boris Christoff in Trümmer geschlagen. Man stelle sich eine Bearbeitung der *Zauberflöte* vor, in der im zweiten Akt der Dialog zwischen Pamina und der Königin der Nacht stattfindet, die anschließende Arie »Der Hölle Rache« aber aus Gründen stimmlicher Ökonomie gestrichen ist. So geschieht es mit Bertram in der Christoff-Version. Und es liegt nicht an Meyerbeer, daß die Ausgrabung wegen evidenter musikalischer Leere umgehend wieder eingebuddelt wird und seither kommender Schatzgräber harrt . . .

Im Rahmen des Verdi-Jahres 1951 singt Boris Christoff neben Maria Callas beim *Maggio Musicale Fiorentino* den Procida in *I Vespri siciliani* unter der Leitung von Erich Kleiber. Auch dies ist ein Pionier-Projekt. Denn Verdis letzte Oper im alten Stil, gemäß ihrer Bestimmung für Paris mit zusätzlichen Effekten der *grand-opéra* versehen, wurde von den Bühnen Jahrzehnte vernachlässigt.

Der Mitschnitt vom 26. Mai 1951 dokumentiert ein weiteres Mal, wie gewaltig die Distanz zwischen Callas und gerade ihren namhaften Kollegen ist, was Stilsicherheit und technische Bewältigung angeht.

Daß der griechische Tenor Giorgios Kokolois, der besser bei seiner Debütrolle, dem Boten in *Aida,* geblieben wäre, und der einschichtige Bariton Enzo Mascherini den Anforderungen nicht gewachsen sind, ist eine klägliche Fehldisposition der Festival-Führung.

Wie aber Boris Christoff »O tu Palermo«, Verdis blühenden Hymnus auf die Heimat und Glanznummer italienischer Bässe der vorigen Generation, plattwalzt und dafür bejubelt wird, weist ihn als Rattenfänger aus, der sich stilistische Indifferenz zum Prinzip gemacht hat. Auf die prächtige anschließende Cabaletta »Ai nostri fidi«, die Geläufigkeit verlangt, verzichtet er ganz.

Nun wird bei diesem Werk, das ohnehin keiner mehr so recht kennt, überhaupt radikal gestrichen – auch für die Callas, die sich mit der Partie der Elena eine weitere hochdramatische Koloratur-Rolle erobert. Der *allegro giusto*-Teil ihrer ersten Arie endet, wo der kraftzehrende Totaleinsatz beginnen würde. (Aus heutiger Perspektive eine ökonomische Entscheidung, wenn man sich ins Gedächtnis ruft, wie eine Cheryl Studer sich unter Riccardo Muti 1989 an der Scala über die volle Länge quälte).

Auch sonst gelingt Maria Callas diesmal nicht alles. Die fallende chromatische Skala vom hohen C bis zum Fis unter dem Notensystem im 4. Akt, die infamste, die Verdi ersonnen hat, vergurgelt in leichtem Brechreiz. Das interpolierte hohe E, mit dem sie den Bolero im 5. Akt furios beschließt, ist – wie Celletti anmerkt – »erschlichen und wird nur durch ein pures Wunder gehalten«. Doch das sind kleine Schlacken in ihrer Hingabe an ein wiederentdecktes Meisterwerk.

Einer ist allerdings von dem neuen Triumph der Callas nicht sehr beeindruckt. Rudolf Bing, der neue *general manager* der Met, hat ihr zwar schon 1950 über den Agenten Liduino Bonardi die Königin der Nacht anbieten lassen. »Er muß verrückt sein«, war ihr Kommentar. Nun hört Bing sie zum erstenmal und schreibt an Bonardi: »Zweifellos ist ihr Stimmaterial bemerkenswert, aber sie muß noch eine Menge lernen, bevor sie an der Met ein Star werden kann.« (Statt die Spuren dieses blamablen Urteils zu verwischen, zitiert er den Brief auch noch stolz in seiner ersten Autobiographie von 1972).

Ghiringhelli dagegen ist inzwischen ganz anderer Meinung geworden. Er schickt ein Glückwunsch-Telegramm, kommt am 2. Juni nach Florenz, entpuppt sich als Callas-Bewunderer der ersten Stunde und bietet ihr gleich nach der Vorstellung an, die nächste *stagione* mit *I Vespri* zu eröffnen, die an der Scala seit 1909 nicht mehr gegeben worden sind. Maria Callas ist an ihrem Ziel, aber sie weiß auch, daß Ghiringhelli sie nach dem temporären Rückzug von Renata Tebaldi dringender braucht als sie ihn. Seinem Hause fehlt die regierende Primadonna. »Wenn er dich braucht«, wird sie 1958 schreiben, »verwandelt er sich in den devotesten Schuhputzer; wenn er dich nicht braucht, schiebt er dich weg, flegelhaft und ohne Mitleid.«

Schon bei diesem ersten Gespräch interessiert es sie nur am Rande, daß er ihr für die gleiche Spielzeit auch noch *Norma, Entführung* und *Don Carlo* offeriert. Sie fordert *La Traviata* – wie Salome den Kopf des Jochanaan. Sie will dem Scala-Publikum in dieser Oper ein für allemal demonstrieren, wer die wahre Primadonna ist. Je mehr Ghiringhelli sich windet, um so hartnäckiger besteht sie auf ihrer Forderung – erst recht ab Oktober 1951, nach der »außerplanmäßigen« Rückkehr aus Rio. *La Traviata* oder gar nichts. Schließlich verspricht Ghiringhelli, als er die Saison-Eröffnung in Gefahr sieht, hoch und heilig, daß er alles daransetzen will, ihren Wunsch zu erfüllen.

Wie bekannt, wird das Versprechen erst im Januar 1955 eingelöst. Doch Ghiringhelli muß für seine gebrochenen Eide schwer löhnen und schließlich die Gage für die entgangenen *Traviata*-Vorstellungen voll bezahlen. Die unsinnige Abrechnung mit Renata Tebaldi, die in der ersten Callas-*stagione* ohnehin nur Margherita in *Mefistofele* und Alice Ford in *Falstaff* singt, ist noch einmal aufgeschoben.

Der endgültige Einzug von Maria Callas in der Scala aber ist gerettet. Geradezu symbolisch findet die Eröffnungsvorstellung mit *I Vespri siciliani* erstmals seit zwanzig Jahren wieder am 7. Dezember statt, am Tag des Sant'Ambrogio, des Stadtheiligen von Mailand. Und diesmal schleudert sie auch das hohe E im Bolero mit »mörderischer Tragfähigkeit« in das Auditorium. Das Publikum gerät in Verzückung. Der Kritikerpapst Franco Abbiati schreibt im *Corriere della Sera*: »Nicht gezittert hat die wundertätige Kehle der Maria Meneghini Callas in all ihrem verschwenderischen Um-

Liegend so schön wie eine Film-Diva: Maria Callas als Violetta 1952 in Mexico City

fang und bei Tönen, die speziell in der tiefen und mittleren Lage von phosphoreszierender Schönheit waren und von einer uhrwerkgleichen *agilità*, die einzigartig, nicht nur außergewöhnlich ist.«

Abbiati hat beim Abfassen seiner Kritik gewiß keine Ahnung, daß er prophetische Worte formuliert, daß auch Stimmbänder sich am »Phosphoreszieren« verätzen und vergiften können. Doch noch liegen weitere einundzwanzig Rollen und einhundertzweiundsiebzig Abende vor Maria Callas und ihrer Ära an der Scala ...

RUDOLF BING ALS REINEMACHEFRAU

Durch Zufall an die Met – »Wandelndes rotes Plüschsofa« mit Heldenstimme: Lauritz Melchior – Jussi Björling bequemt sich zu Proben – Visum-Zwänge: Cesare Siepi ersetzt Boris Christoff – Risë Stevens wird der Prinz Orlofsky mit einer Zigarettenpitze schmackhaft gemacht – An Zinka Milanov kommt keine vorbei – Bing büßt für die Beseitigung des »Parsifal«

Wie wird man Intendant eines Opernhauses? Sänger und Musiker müssen ihre Qualifikation unter Beweis stellen, *bevor* sie engagiert werden; Tänzer dürfen nicht zu oft über ihre Füße fallen; die Schneiderei muß schneidern können; die Werkstätten haben über die Herstellung von Kulissen Bescheid zu wissen. Der Allvater aber, der über dem Ganzen schwebt, braucht bei seinem ersten Amtsantritt meist nichts vorzuweisen als interessante Absichtserklärungen. Denn eine Intendantenschule mit Abgangszeugnis gibt es nicht.

Die vor allem in Mitteleuropa bevorzugte Variante stellt an die Spitze der großen Häuser namhafte Dirigenten und Regisseure. Das hat den Nachteil, daß sie meist zu Gastdirigaten oder Gastinszenierungen unterwegs sind, aber auch den unbestreitbaren Vorteil, daß sie herumkommen und über den Tellerrand hinausschauen. Denn Reisen bildet.

So gab es 1960 im Münchner Prinzregententheater ein Gesamtgastspiel des Teatro Massimo »Bellini« aus Catania, bei dem für Deutschland so unbekannte Größen wie Renata Scotto, Gianni Raimondi und Giuseppe Taddei auftraten. Wie war es zu diesem ungewöhnlichen Ereignis gekommen? »Entdeckt«, berichtete die *Süddeutsche Zeitung*, »wurde Catania für München von Staatsintendant Rudolf Hartmann. Er inszenierte gastweise in Sizilien. So kam die Einladung an das Opernhaus im fernen Süden zustande.«

Und das bereits neun Jahre vor der ersten bemannten Mondlandung.

Der dirigierende Operndirektor Wolfgang Sawallisch war dagegen schon in jungen Jahren so im Druck, daß ihm das eine oder andere entgehen mußte. »Im Interesse der Deutlichkeit« (so der Titel seines 1988 erschienenen Buches) teilt er mit: »Maria Callas habe ich nicht ein einziges Mal auf der Bühne erlebt. Ich habe immer nur Sensationelles über sie sagen hören. Ihre heute technisch veralteten (!) Aufnahmen können nur bedingt einen Eindruck von ihrer Einmaligkeit vermitteln. Das Phänomen Callas kann nicht allein ihre Stimme gewesen sein, sondern ihre Gesamterscheinung, ihre faszinierende Persönlichkeit, ihre Darstellungskunst.« Im Interesse der Deutlichkeit?

Doch auch Direktoren, die sich nicht auf das eigene Rampenlicht konzentrieren müssen und dem eigenen Hause dienstbar und ganzjährig zur Verfügung stehen, sind nicht schon aus diesem Grund ein Gewinn. Bei Franz Salmhofer, der eben diese Verfügbarkeit als einziges Kriterium gelten ließ, haben wir bereits erleben müssen, daß er allmählich im fünften Stock des Theaters an der Wien vereinsamte wie Friedrich Barbarossa im Kyffhäuser (wo's auch keinen Lift gibt).

Zu einem guten Intendanten gehört ein gewisses Maß an Selbstdarstellung und Arroganz (wie es etwa Antonio Ghiringhelli auszeichnet), der Rest findet sich dann zuweilen. Und wem die Ernennung von Rudolf Bing zum *general manager* der Metropolitan Opera in New York im Jahr 1950 seltsam vorkommt, der sollte sich die Ernennung von Gérard Mortier zum Künstlerischen Leiter der Salzburger Festspiele im Jahr 1990 ins Gedächtnis rufen. In beiden Fällen kommt zu den erwähnten Eigenschaften ein drittes wesentliches Kriterium: Wenn in das entstandene Vakuum keine zwingende Persönlichkeit nachdrängt, die Diadochen die Institution in Grabenkämpfen noch mehr zu unterminieren drohen, dann erscheint ein Außenseiter wie vom Gral daher gesandt ...

Edward Johnson, seit 1935 *general manager* der Met (und damals seinerseits nach dem plötzlichen Tod des designierten Gatti-Casazza-Nachfolgers Herbert Witherspoon nachgerückt), ist 1949 amtsmüde. Da sind die aufreibenden Auseinandersetzungen mit den Gewerkschaften einerseits, deren es an der Met allein neun gibt, und dem Aufsichtsrat andererseits, der nur an künstlerischer Effektivität interessiert ist, für die allein die Gentlemen das jährliche Defizit zu tragen bereit sind. Johnson werden nicht nur die Verluste der Spielzeit 1947/48 zur Last gelegt, sondern auch künstlerische Fehlentscheidungen.

Die bitterste ist die Neuproduktion des *Ring des Nibelungen*, dessen Ausstattung seit Wagners Zentenarium 1913 vor sich hin staubte – 34 Jahre im Dämmerschein, just ebenso lange, wie sich Karajans *Ring* von 1957/58 als *Walküre*-Rudiment in Wien dahinfretten wird. Die Mäzenatin Eleanor Belmont hat mit ihrer Metropolitan Opera Guild speziell dafür eine von den üblichen Aufsichtsrats-Aktivitäten unabhängige Spendenaktion durchgeführt und die – für die Zeit gigantische – Summe von 166000 Dollar aufgebracht.

Und die hat der Bühnenbildner Lee Simonson wenn nicht in den Sand gesetzt, so doch im Hudson versenkt. Die Projektion von Walhall gleicht dem Medical Center am oberen Riverside Drive, der Walkürenfelsen ist im Fort Tryon Park angesiedelt, und vor der Gibichungenhalle sieht es aus wie in den Palisades.

Nun hat Bernard Shaw bereits 1898 in *The perfect Wagnerite* den *Ring* schlüssig als frühkapitalistische Parabel gedeutet und den Tarnhelm als Zylinder, unter dem sich der Ausbeuter Alberich heuchlerisch verbirgt. (Wieland Wagners weitergehende Formel »Walhall = Wallstreet« mißdeutet Shaw – allenfalls müßte sie lauten: »Walhall = Vatikan-Bank«.)

Die New Yorker Wagner-Verehrer, die Shaws Untersuchung wie die übrige Welt nicht zur Kenntnis genommen haben, sind von den desillusionierenden Modernismen befremdet.

Spätere Generationen werden zwar fortschrittlicher denken. So ist *tout* Washington 1989 selig, als es bei einem Gastspiel der Deutschen Oper Berlin mit dem *Ring* erleben darf, daß Götz Friedrichs »Zeittunnel« den Metro-Stationen der US-Kapitale nachgebildet ist. Doch Simonson ist an seinem Scheitern selber schuld, weil er auf die Proteste hin erklärt, daß er absolut nicht den leisesten Schimmer hat, wie es am Rhein aussieht, und deshalb für seine Entwürfe das Hudson Valley zum Vorbild nahm. Er hätte wie künftige Exegeten dreist behaupten sollen, daß er den *Ring* eben so sieht.

Wenn auch die krassesten Ähnlichkeiten mit Motiven vor der Haustür bald beseitigt werden, so hält sich doch eine neue Errungenschaft, die sich – von ihm nicht beabsichtigt – aus Simonsons Farb-Dramaturgie entwickelte. Im Vorspiel der *Götterdämmerung* rüstet Brünnhilde Siegfried nicht nur mit dem Ring und ihrem Roß Grane aus, sie behängt ihn auch noch mit ihrem prachtvollen roten Cape. Im Verlauf der Proben weigert sich Helen Traubel, ohne dieses Cape, das ihre Formen so gottvoll verbirgt, weiterzumachen. Also wird ein zweites rotes Cape angefertigt. Und beim Speereid prallen diese beiden wandelnden Capes Traubel und Melchior nun gegeneinander (fast eine Vorahnung von Harry Kupfers Bayreuther *Ring*, in dem er Wotan und seine wilden Wälsungen durch Rothaarigkeit kenntlich macht). Die beiden Capes verschwinden erst, als Helen Traubel sich 1953 von der Met verabschiedet.

Eine andere von Traubel initiierte Tradition aber hält sich. »Niemand wird sich unbefugt an einer Wagner-Aufführung zu schaffen machen«, blickt sie zurück, »aber ich schaffte es, meinen Beitrag zur Dekoration zu liefern, das heißt zur Dekoration unter mir. Ich konnte das Management der Metropolitan überreden, den furchtbar unbequemen Walkürenfelsen aus Papiermaché, auf dem ich lag, umzumodeln, um meine fülligen Formen zu verbergen. Ich habe mich oft gefragt, wie viele Soprane seither in jener Kuhle gelegen haben, die speziell für meinen umfänglichen Popo ausgebaggert wurde.«

Das ist ein echter Gewinn. Wie viele schlafende Brünnhilden mußten wir erleben, die Bauch und Busen auf brettebener Fläche Scheinwerfern entgegenreckten, die sie gnadenlos anstrahlten! Und Traubels kleines Geheimnis beweist auch, daß Bing flunkert, wenn er behauptet, daß es vor seiner Zeit an der Met nur Hänger und Prospekte gab, und daß eine auf die Rückwand gemalte Burg zu erzittern begann, wenn der Sopran einen lauten Ton ausstieß. *Ein* praktikables Dekorationsstück zumindest hat er unterschlagen.

Johnsons Lage nach dem *Ring*-Debakel wird nicht rosiger, als sich der Nachtclubbesitzer, Theaterproducer und Zeitungskolumnist

Billy Rose zu Wort meldet und behauptet, daß er die Met ein Jahr lang ohne Verlust führen kann, wenn ihm nur freie Hand gegeben wird.

Das hört sich typisch amerikanisch an, ist aber bereits 1930 in Berlin versucht worden. Die Theaterspekulanten Alfred und Fritz Rotter wollten den Trick in der abgewirtschafteten Städtischen Oper in Charlottenburg vorführen, ein Jahr bevor Rudolf Bing dann als künstlerischer Betriebsleiter wenigstens Ordnung in die Probenpläne brachte. Klaus Pringsheim wetterte damals: »Diese Rotters, in Operndingen von barbarischer Ahnungslosigkeit, mögen sich einbilden, daß man die *Meistersinger* in Berlin mit 25 Musikern spielen kann, und in der zehnten Aufführung sind es nur noch 10, und die Chöre werden hinter der Szene per Grammophon exekutiert . . .«

Aus ähnlichen Erwägungen wird auch Billy Rose abschlägig beschieden. Seinen giftigen Kommentar dazu muß er in Form einer bezahlten Anzeige in den *Daily News* veröffentlichen, weil ihm die *Herald Tribune* den Abdruck in seiner eigenen Kolumne verweigert. Er ist also sehr verärgert über die Met.

Es werden weitere Namen gehandelt. Da ist der Dirigent László Hálász, der 1944 auf Wunsch des New Yorker Bürgermeisters Fiorello La Guardia im Mecca Temple die City Opera aus dem Nichts erschuf und beachtliche Erfolge vorweisen kann. Indes wäre es eine moralische Bankrotterklärung, wenn der Chef eines für die Met-Oberen nicht existenten Konkurrenz-Unternehmens in das »Goldene Hufeisen« einziehen würde.

Spekuliert wird auch über Lauritz Melchior, Richard Bonelli und Frank St. Leger, den Leiter des künstlerischen Betriebsbüros. Die Parteigänger von Lawrence Tibbett haben für den Feldzug zugunsten ihres trunksüchtigen Favoriten ihr Hauptquartier bereits in einem Büro der Met aufgeschlagen – komplett mit Telefon und Schreibtisch.

In diese undurchsichtige, von Cliquen und Clubfreundschaften dominierte Situation platzt Anfang 1949 in aller Unschuld Rudolf Bing. Er soll für John Christie, der noch immer keine Mittel für eine reguläre Spielzeit in Glyndebourne aufbringen kann, erkunden, ob das Angebot einer amerikanischen Gruppe seriös ist, die ein Glyndebourne-Festival im Universitätsstädtchen Princeton veranstalten will. Bing findet schnell heraus, daß die Herren über große Worte, aber kein Geld verfügen, und nutzt die verbleibende Zeit, indem er den Dirigenten Fritz Stiedry besucht, seinen alten Freund aus Berliner Tagen.

Stiedry bringt Bing mit Eward Johnson und Mrs. Belmont zusammen. Und irgendwann im Lauf des Gesprächs fragt Johnson in gespielter Verzweiflung: »Hätten Sie Lust, mein Nachfolger zu werden?« »Mr. Johnson, machen Sie Witze?« Falls es ein Scherz war, kommt Johnson nun der Gedanke, daß es jedenfalls kein schlechter gewesen ist. Für den nächsten Tag bereits arrangiert er ein Treffen mit dem Aufsichtsratsvorsitzenden George A. Sloan, einem aus Bings Sicht »höflichen, ziemlich steifen Mann mit Südstaatler-Akzent«. Sloan hingegen findet an Bing Gefallen wegen seiner Herkunft und seiner Umgangsformen und macht die Zusage, daß die Angelegenheit innerhalb von sechs Wochen geregelt wird.

Bing reist nach England zurück und schreibt, als die Frist sich dem Ende nähert, an Stiedry einen Brief: »Die sechs Wochen sind um und keine Nachricht. Hallelujah!« Am Ende ist ein Postskriptum angefügt: »Während ich diesen Brief unterzeichne, habe ich ein Telegramm erhalten: ›Kommen Sie sofort nach New York. Sloan.‹«

Die Überlegungen des Aufsichtsrats kann Irving Kolodin nachvollziehen: »Gewiß hätten die anderen Kandidaten mehr Durchblick für die örtlichen Gegebenheiten mitgebracht als Bing ... Aber selbst in der Welt der Oper ist es leichter, Erfahrung aufzubauen als sich von vorgefaßten Meinungen zu lösen, geschweige denn von Freundschaften.«

Bing wird vor die Vollversammlung des Aufsichtsrats geladen und antwortet auf die Frage, was er als Generaldirektor der Met zu tun gedächte, wahrheitsgemäß: »Ich habe nicht die leiseste Ahnung.« Das macht Eindruck. Als Mrs. Belmont, der gute Geist des Aufsichtsrats, auf Kundschaft in London nur das Beste und Überschwenglichste über Mr. Bing hört – fast möchte man meinen, daß er weggelobt werden soll –, ist die Sache gelaufen.

Rudolf Bing kommt allerdings nicht völlig unvorbereitet an die Met: »Vor meiner Abreise aus England hatte Beecham mir erzählt, wie er während des Krieges, als er an der Met arbeitete, einmal ein Taxi heranwinkte und den Chauffeur bat, ihn zur Metropolitan Opera zu fahren. ›Tut mir leid, Sir‹, sagte der Chauffeur, ›aber wir haben jetzt Benzinrationierung, und laut Vorschrift darf ich keine Fahrgäste zu einer Vergnügungsstätte bringen.‹ Sir Thomas setzte sich bequem zurecht und winkte gebieterisch mit einer Hand. ›Die Metropolitan Opera‹, sagte er zum Fahrer, ›ist keine Vergnügungsstätte, sondern ein Ort, wo man Buße tut.‹«

Bing findet sehr bald heraus, daß ihm Beecham die Geschichte nicht aus bloßer Bosheit erzählt hat. Edward Johnson und der Aufsichtsrat haben es für eine gute Idee gehalten, daß er vor Amtsantritt bereits in der Spielzeit 1949/50 als stiller Beobachter fungiert. Es wird für den »preußisch« peniblen und präzisen Engländer aus Wien ein Jahr der Prüfungen: »Was ich an der Metropolitan vorfand, übertraf meine schlimmsten Erwartungen – sowohl die Räumlichkeiten als auch die künstlerische Integrität, die Arbeitsmoral und die Unterstützung durch den Aufsichtsrat waren samt und sonders schlechter als alles, was ich bisher erlebt hatte . . . was ich so alles sah, war eine Lektion darin, wie man ein Opernhaus nicht leiten soll.«

Was die mangelnde Arbeitsmoral betrifft, so ist Lauritz Melchior auch in dieser Sparte Weltmeister. Bereits 1941 ist er für sein unkünstlerisches Verhalten in *Parsifal*, der traditionell die Spielzeit beschließt, heftig kritisiert worden. Da watschelte er im ersten Gralsbild, in dem Parsifal nur zu staunen, nicht zu singen hat, von der Bühne ab – um seine Kondition zu schonen, wie er behauptete. Wahrscheinlicher ist, daß er sich bodenlos langweilte.

»Meine große Konkurrenz«, sagt Helen Traubel, »und eine, vor der ich einen Knicks machen muß, war nicht eigentlich Kirsten Flagstad. Es war Melchior.« Gags, für die Wagner-Parodisten ihr Leben geben würden, liefert er am laufenden Band. Wenn er bei ihren Soloszenen in der Seitengasse erscheint, mal mit einem Damenhütchen, mal als Dudelsackpfeifer, mal als Hulamädchen im Baströckchen – immer ist ihre Zwerchfellkontrolle gefährdet. Als sie sich in *Götterdämmerung* vor dem Schlußgesang über seinen Leichnam beugt, murmelt er: »Um Gottes willen, Helena, mach's kurz! Ich bin hungrig und ich brauche ein Bier!«

Fun for the Funds: Lily Pons als Don José und Lauritz Melchior als Carmen bei einer Spenden-Gala der Met in den dreißiger Jahren

Doch Helen Traubel weiß sich auch zu revanchieren. Der Augenblick, in dem Tristan und Isolde im zweiten Akt einander in die Arme eilen, wird für sie zu einer Frage der Knautschzone: »Es war genauso, wie wenn mitten auf dem Broadway zwei Zweitonner einen Zusammenstoß haben.« Sie lernt es, ihm auszuweichen. Und einige Male kann Melchior nicht bremsen und rutscht fast bis in die gegenüberliegende Kulisse.

Da er nach wie vor über unerschöpfliche stimmliche Reserven verfügt, bringt er die Dirigenten zum Wahnsinn, indem er hohe Noten nur so aus Jux endlos hält. Bei diesem Wettbewerb verliert Traubel. »Er schlug mich immer, denn es gefiel ihm ganz offensichtlich, wenn er violett anlief. Meine Begrüßung bei unseren gemeinsamen Abenden im Opernhaus war gewöhnlich ein joviales ›Und wie lange heute, Lauritz?‹«

Allerdings kann er sich diese Mätzchen nur bei schwachen Dirigenten leisten. Toscanini, mit dem er und Traubel mehrere Ausschnitte aufnehmen, ist auf Wagners Seite. Als Melchior ansetzt, eine Note über die vorgeschriebenen Takte zu halten, vollführt der Maestro mit seinem Stab eine zischende Bewegung – als ob er ihm die Kehle durchschneiden wollte. Melchior läuft violett an, ohne daß ihm diesmal der Atem ausgegangen wäre.

Melchiors singuläres Problem ist, daß er ausschließlich die schweren Wagner-Helden zu singen kriegt und nie Angst haben muß, wie er stimmlich über die Runden kommt. Darstellerisch kann er ihnen schon wegen seiner immer unförmiger werdenden Gestalt keine Facetten abgewinnen. Sehnsüchtig würde er sich als Abwechslung von dem eintönig gewordenen Dauerjob den *Otello* wünschen. Einmal – bei der Abschieds-Gala von Gatti-Casazza 1935 – hat er den ganzen 4. Akt singen dürfen. »Da konnten die Kollegen dann nichts mehr sagen«, erinnert er sich mit Genugtuung. Mußten sie auch nicht. Denn obwohl Melchior zweifellos dazu imstande wäre, die ganze Rolle auf die Bühne der Met zu wuchten, läßt ihn keiner.

Wie oft er zwischen 1925 und 1950 an der Met an der Wagner-Front und in der Wagner-Fron stand, darüber gibt es die abenteuerlichsten Vermutungen. Jürgen Kesting schreibt in *Die großen Sänger*: »In den 25 Jahren, die er an der Met unter Vertrag war, wurden

515 Wagner-Aufführungen gegeben; er sang in 512 die Hauptrolle.« Das klingt fast nach Melchiors eigener Prahlerei und kann schon deshalb nicht stimmen, weil der Unersetzliche an der Met weder Walther von Stolzing noch Loge gesungen hat und auch nicht die für ihn zu geringfügige Partie des Erik.

Die tatsächliche Statistik ist indes immer noch spektakulär, sowohl was New Yorks Wagner-Appetit wie Melchiors Standfestigkeit betrifft. In den 25 Spielzeiten zwischen 1925/26 und 1949/50 gab es (ohne die Frühjahrs-Tourneen) insgesamt 789 Wagner-Aufführungen. Melchior, der nur 1927/28 nicht auftrat, hat davon 382 absolviert – allein die zentrale Partie des Tristan (die Kesting gar nicht aufzählt) 88mal.

Diese gigantische Zahl relativiert sich allerdings, wenn man René Kollo folgt. Der meint, die Bewältigung dieser mörderischen Partie sei damals einfacher gewesen, weil soviel gestrichen war. Warum bekam dann jedoch Kirsten Flagstad 1935 von Arthur Bodanzky den ausdrücklichen Auftrag, auch Isolde ungestrichen zu studieren? Wenn sich aber immer wieder Striche eingeschlichen haben sollten, dann, um das Publikum zu schonen, nicht Melchior – oder allenfalls, um ihm früher zu seinem Bier zu verhelfen. Am Jahrhundert-Kaliber dieses einsamen Recken ist nicht zu rütteln.

In den späten vierziger Jahren aber wird er als Ensemble-Mitglied unerträglich. Wenn er überhaupt zu Proben erscheint, dann setzt er sich in den Zuschauerraum. Und während auf der Bühne ein Statist seine Rolle markiert, erklärt er ausführlich und lautstark, was er über die Inszenierung denkt.

Bing, der Proben-Präzision einzuführen gedenkt, würde sein Gesicht verlieren, wenn er sich ein solches Betragen bieten ließe. Doch es kommt nicht zum großen Drama. Melchior entnimmt den Zeitungen, daß Richard Tucker als erster der Tenöre einen neuen Vertrag hat, und verkündet am 2. Februar 1950 nach einer *Lohengrin*-Vorstellung, daß er seinen »Schwanengesang gesungen« hat. Knappe zwei Monate vor seinem sechzigsten Geburtstag zieht er sich ins *show business* zurück, in dem er all das Vergnügliche treiben kann, was ihm bei Wagner nur hinter den Kulissen möglich war.

Die Eile, mit Tucker ins reine zu kommen, schien Bing geboten – »aus Angst, daß jemand in Europa diese herrliche Stimme hören und mir den Mann wegschnappen könnte«. Bing kennt sich eben in New York nicht aus und weiß nicht, daß ein eingefleischter New Yorker wie Tucker allenfalls einen Trip nach Europa macht. Um so differenzierter gestaltet sich das Gagen-Poker zwischen Old Vienna und Lower Manhattan. Tucker hatte bisher $450 pro Woche. Die $700, die Bing ihm da anbieten will, betrüben seinen Kaufmannssinn. Er verlangt $750. Doch Bing bleibt eisern: »Siebenhundert Dollar pro Vorstellung, Mr. Tucker – und keinen Penny mehr!«

Dieses Angebot hört sich allerdings ganz anders an, aber abgelehnt ist abgelehnt. »Wir schachern um fünfzig Mäuse«, sagt Tukker, »lassen Sie uns eine Münze werfen.« »Wir sollen *was* machen?« fragt Bing ungläubig. Später wird er behaupten, daß er selbst den »albernen Vorschlag« gemacht hat, der ihm viel Geld spart. Denn Bing gewinnt überraschend. Während er auch seine Fassung wiederzugewinnen sucht, schüttelt ihm Tucker eifrig die Hand und macht den Eindruck eines fröhlichen Verlierers. Bing rafft sich zu einem Schlußwort auf: »Lassen Sie es mich so formulieren: Es war die unorthodoxeste Verhandlung, an die ich mich erinnern kann.«

Tucker aber wird ständig schmerzlich an seine Niederlage erinnert: »Allein gerechnet, wie oft ich in der nächsten Spielzeit sang, hat mich diese 25-Cent-Münze gut und gern sechsundzwanzighundert Mäuse gekostet.« Auch als die Stargagen das 1000-Dollar-Limit überschreiten, nagt in ihm noch immer der Frust. Und Bing kriegt seine Klagen zu hören: »Über einen Zeitraum von mehr als zwanzig Jahren hinweg erinnert er mich bei jeder Verhandlung wieder an diese Episode und beschuldigt mich, nicht nur seine Münze benützt, sondern diese auch noch in die eigene Tasche gesteckt zu haben.«

Mit Helen Traubel läßt sich Bing etwas zu viel Zeit, zumal er ankündigt, daß Kirsten Flagstad an die Met zurückkehren wird. Beleidigt schreibt sie ihm einen Brief, in dem sie mitteilt, daß sie wegen anderer Verpflichtungen in der nächsten Spielzeit nicht an der Met auftreten kann – was gleichbedeutend mit ihrem Abschied ist. Eine Kopie geht an die Presse.

Zu ihrer eigenen Überraschung ist das Echo enorm. Die »Fehde« zwischen Traubel und Bing macht Schlagzeilen von Küste zu Küste. Dabei hat sie ihm Unrecht getan. Denn ihr Brief – den er »ziemlich unsportlich« nennt – hat sich mit seinem gekreuzt. Bing teilt entsetzt mit, er habe angenommen, »daß Miss Traubel ständiges Mitglied der Met sei«. Bei einem Essen in einem Restaurant off-Fifth Avenue werden die Unstimmigkeiten ausgeräumt. »Persönlich«, vertraut er ihr an, »mag ich Wagner nicht. Er gibt mir nichts.« Dann wird er noch offener: »Was halten Sie von Flagstad? Ich habe sie selbstverständlich engagiert, aber um die Wahrheit zu sagen – ich habe sie nie singen hören.«

Eine Bankrotterklärung, was Bings Kompetenz betrifft. Denn wenn Wagner ihm »etwas geben würde«, hätte er Kirsten Flagstad oft genug im Covent Garden hören können, wo sie seit Anfang 1948 wieder die Wagner-Tradition hochhält. Andererseits ehrt es ihn, daß er ihr Engagement für absolut notwendig hält, um ein Unrecht wiedergutzumachen – ein Unrecht, das durch Edward Johnsons Magel an Zivilcourage noch verschlimmert wurde.

Daß Kirsten Flagstad 1941 zu ihrer Familie nach Norwegen zurückkehrte, hat ihr 1945 furchtbar geschadet, obwohl sie in diesen Jahren weder in der besetzten Heimat noch in Deutschland aufgetreten ist. Es lag wohl nicht nur daran, daß ihr Mann eine Zeitlang mit der Quisling-Regierung sympathisierte, es liegt möglicherweise auch an einem nationalen norwegischen Zug. Liv Ullmann wird sich Jahrzehnte später beklagen, wie ungesellig ihre Landsleute mit ihr umgehen, weil sie auffälligen internationalen Erfolg für etwas ganz und gar Unnatürliches halten.

Kirsten Flagstads Mann stirbt 1946 im Gefängnis. Sein Vermögen bleibt beschlagnahmt, während ihre Ersparnisse von der Inflation aufgefressen werden. Sie, die nichts anderes mehr als Hausfrau sein wollte, ist mit 51 Jahren gezwungen, wieder ihren Lebensunterhalt zu verdienen. Und das ist nur im Ausland möglich. 1947 kommt sie zum erstenmal in die USA, wo außer Ressentiments nichts gegen sie vorliegt.

In ihrer Lebensbilanz stellt sie bitter fest: »Wenn die Metropolitan mich bei meiner ersten Rückkehr nach Amerika aufgefordert hätte, eine oder zwei Vorstellungen zu singen, hätte ich nicht den geringsten Ärger gehabt. Man wird sich erinnern, daß Edward Johnson auf entsprechende Fragen der Presse deutlich machte, daß er mich nicht zurückhaben wollte. Ich war ebenso verletzt, daß so wenige meiner früheren Kollegen sich mit mir in Verbindung setzten, als ich in New York ankam. Die meisten hielten sich fern, als ob ich etwas Unreines wäre.«

Bei einem ersten Konzert in Philadelphia erlebt sie dann organisierte Proteste: »Bevor ich anfangen konnte, begann es. Ich hatte es nie zuvor gehört, und es traf mich als etwas Befremdendes. Ich meine das Gebuhe. Andererseits konnte ich freundlichen und ermutigenden Applaus hören. Dann hörte das Gebuhe so plötzlich auf, wie es begonnen hatte – hörte auf, bis ich das Lied beendet hatte. Dann brach es wieder aus, mit dem Applaus als Kontrapunkt. Und so ging's weiter. Natürlich wurde ich, je öfter sie zwischen den Nummern buhten, um so sturer, und Sie wissen, wie stur eine Norwegerin sein kann. Nachdem ich die erste Gruppe Lieder beendet hatte, ging ich zurück in die Kulisse. Ein Polizist, der da stand, empfing mich mit den Worten: ›Sie haben ehrlich Mumm, Lady!‹ Worauf ich erwiderte: ›Danke, Officer. Es muß wohl mein Wikingerblut sein.‹«

Eine weitere *Flagstad affair* schlägt Wellen, als sie 1949 von der San Francisco Opera Association für *Tristan* und *Walküre* engagiert wird, ihre ersten Bühnenauftritte in den USA nach dem Krieg. Da das Opernhaus zum Komplex des 1929 erbauten War Memorial Building gehört, protestiert umgehend die Vereinigung der Kriegsveteranen. Die örtliche Vertretung der American Legion präzisiert: »Ihre Auftritte würden das War Memorial und die Ideale, für die es steht, entweihen . . . Es wäre besser für die Opera Association, *zurückzutreten*, als eine Verräterin an ihrer norwegischen Heimat zu engagieren.«

Doch das Direktorium bleibt fest – entweder eine *stagione* mit Flagstad oder ein Herbst ganz ohne Oper. Die Front der Gegner beginnt zu wanken. Der Vorsitzende der kalifornischen American Legion distanziert sich von den Aktivitäten der lokalen Gruppe. Die American Guild of Musical Artists läßt durchblicken, daß die San Francisco Opera von 95 Prozent der größten internationalen Künstler boykottiert werden würde, falls sich die Hexenjagd fortsetzen sollte. Happy-End: Am Abend des 30. September 1949 erhält Kirsten Flagstad als Isolde eine *standing ovation*. Lediglich ein Kolumnist unterstellt, daß sie aus lauter Angst den ganzen ersten Akt mit geschlossenen Augen gesungen habe.

In New York folgen im Winter darauf drei ausverkaufte Konzerte in der Carnegie Hall. Das Risiko wäre für Bing also nicht allzu groß, zumal der Aufsichtsrat der Met Mrs. Flagstads Rückkehr mit einer Gegenstimme ausdrücklich zustimmt. Doch in der Sensationspresse wird der »Deutsche« Bing mit Schlamm beworfen. Besonders Billy Rose tut sich hervor, der die Chance nutzt, mit der Met abzurechnen. In seiner Kolumne schlägt er Bing vor, doch die KZ-Furie Ilse Koch als Garderobiere und Hjalmar Schacht als Chefbuchhalter zu engagieren.

Rudolf Bing ist solchen miesen Schlägen unter die Gürtellinie bislang nicht ausgesetzt gewesen. Und er wäre ihnen wohl psychisch nicht gewachsen, trüge er nicht das Korsett des assimilierten Wiener Juden, verstärkt durch das Fischbein englischen Snobismus. Aus diesen Anfängen resultiert nicht nur sein chronisch schlechtes Verhältnis zur New Yorker Presse. Seine Reserviertheit, hinter der sich Scheu verbirgt, erstarrt zur Überlebenspose, die von dem Regisseur Cyril Richard mit dem Bonmot glossiert wird: »Lassen Sie sich nicht täuschen – hinter dieser kalten, strengen, nüchternen Fassade schlägt ein Herz aus Stein.«

Auch im Kontakt mit den Künstlern hält er meist Distanz. Jan Peerce, der sich notabene in Bings Wertschätzung hinter seinen Schwager Richard Tucker zurückgesetzt fühlt, merkt an: »Er pflegte seine Gunst den Tänzern zu schenken. Sie waren seine Schoßkinder. Er wußte alle ihre Geburtstage. Und manchmal sah ich, wie er die Jungs und Mädels persönlich mit ihrem Geburtstagskuchen fütterte.« Peerce meint es tückisch. Und doch ist es eine rührende Fußnote zur Einsamkeit eines überkorrekten Ehrgeizigen, der sich eines nicht verzeihen könnte – über seine eigene Vertraulichkeit zu straucheln.

So sucht er bereits nach den Anwürfen wegen Kirsten Flagstad keine Hilfe beim Aufsichtsrat. Er teilt den New Yorker Gossenjournalisten und ihrer Klientel lediglich verachtungsvoll seine Maxime mit: »Ich beabsichtige, dieses Haus zu leiten nicht nach Maßgabe von Versprechungen oder Drohungen, sondern einzig und allein nach dem Grundsatz der Qualität.«

Im übrigen wird die große Norwegerin bei ihrem zweiten Met-Debüt als Isolde am 22. Januar 1951 (knapp zehn Jahre nach ihrem Abschied) noch warmherziger als anderswo empfangen. Die Ovationen sind, als der Vorhang sich nach dem Vorspiel zum 1. Akt hebt, so stürmisch, daß Fritz Reiner nichts übrigbleibt als zu warten. Die »Heimgekehrte« selbst, den Kopf in den Armen vergraben, zeigt keine äußere Reaktion. Im Verlauf der Handlung scheint den *Connaisseurs*, daß die aristokratische Reserviertheit von einst zu fraulicher Wärme geschmolzen ist. Bereits nach dem ersten Aktschluß gibt es neunzehn Vorhänge. Und am Ende meinen die Strichlistenführer, so viele Verbeugungen habe es seit Lotte Lehmanns Abschied im Februar 1945 nicht gegeben (worauf Kolodin ihnen unterstellt, daß sie möglicherweise bei Ljuba Welitschs Debüt als Salome im Februar 1949 nicht mitgezählt hätten).

Nach dem miesen Polit-Spektakel herrscht wieder normale Opern-Aufgeregtheit. Auch die Rollenteilung zwischen Flagstad und Traubel macht keine Probleme. Flagstad singt unter Bruno Walter *Fidelio*, Traubel gibt ihr Rollendebüt als Marschallin. Beide singen je einen Zyklus von Lee Simonsons ungeliebtem *Ring*, der erstmals wieder komplett gegeben wird. Und beide haben allenfalls Schwierigkeiten mit Fritz Stiedry, der auf einem Ohr fast ertaubt ist und deshalb meint, daß die Sänger – je nachdem, auf welcher Seite von ihm sie bei den Verständigungsproben am Klavier stehen – entweder zu laut oder zu leise singen.

In der nächsten Spielzeit kommt Kirsten Flagstad noch einmal an die Met zurück, um sich mit Glucks *Alceste* für immer zu verabschieden. Helen Traubels Gedanken beschäftigen sich indessen »mit einer wesentlich größeren Idee für die Zukunft«. Und die beinhaltet, daß sie 1953 nach einer letzten Isolde ein Angebot des »Chez Paree«, eines sehr bekannten Nightclubs in Chicago, annimmt, dort drei Wochen aufzutreten.

Daraufhin teilt ihr Bing brieflich mit, daß ihm ein solches »doppelgänging« (Traubels eigene Wortschöpfung) nicht mit der Würde der Met vereinbar erscheint. Sie schlägt zurück: »Zu behaupten, daß es Kunst nur im Metropolitan Opera House gibt, aber nicht in einem Nightclub, ist übler Snobismus, der sowohl den Geschmack des amerikanischen Publikums unterschätzt als auch das Talent seiner Komponisten.« Mit 55 Jahren, im besten Alter einer Hochdramatischen, scheidet sie von der Met und singt nun vor einem noch dankbareren Publikum, was sie dort nicht singen konnte: George Gershwin, Cole Porter, Jerome Kern, Irving Berlin, Richard Rodgers.

Bing aber kann endlich in Ruhe die Zahl der Wagner-Aufführungen auf das Maß anderer großer Opernhäuser reduzieren. Und das ist – gemessen an seiner Antipathie – gewiß keine Ausmerzung der Wagner-Opern, wie sie ihm unterstellt wird.

Doch zurück zu Bings Beginn, der bei weitem nicht so revolutionär ausfällt, wie er hofft und viele fürchten. Dem »Grundsatz der Qualität« dient die Reduzierung des Repertoires, das in einer Spielzeit gegeben wird. Denn das Gebäude der Met verfügt über keine Lagerräume. Cecil Smith malt in *Musical America* ein hübsches Genrebild: »Für jede Vorstellung müssen die Dekorationen jeder Oper aus dem Hauptmagazin geholt und wieder zurückgebracht werden. Oft liegen sie stundenlang, halb von Zeltplanen zugedeckt und schutzlos dem Regen und Schnee preisgegeben, auf dem Bürgersteig der Seventh Avenue hinter dem Gebäude. Bei den Spaziergängen auf der Seventh Avenue ist es ein beliebter Zeitvertreib, nach den Beschriftungen der Dekorationsstücke zu suchen (*Figaro* oder *Forza* oder *Tristan*), um festzustellen, welche Oper diesmal den Elementen ausgesetzt ist.«

Doch ist die Gesundschrumpfung unter Bing bei weitem kein radikaler Einschnitt. Längst sind die Zeiten vorbei, in denen Gatti-Casazza in einer einzigen Spielzeit 49 verschiedene Opern präsentieren konnte. Bereits Johnson mußte mit Rücksicht auf die mangelnde Erfahrung (oder besser die mangelnde Rampen-Routine) der zahlreichen Nachwuchssänger die Anzahl der Werke immer mehr begrenzen. 1949/50 sind es noch 24 insgesamt. Und so ist es, wie Kolodin vermerkt, »nicht die Schrulle eines einzelnen, sondern die unerbittliche Forderung der Situation«, daß in Bings Anfangsjahren jeweils nur noch rund zwanzig auf dem Spielplan stehen. Das entspricht etwa der damaligen Scala-Planung – und wird in unserer Zeit von den großen mitteleuropäischen Häusern (wenn man die wesentlich längeren Spielzeiten berücksichtigt) nur noch unwesentlich überboten werden – und das mit enormem finanziellen Aufwand.

Bings Pläne müssen sich nach der Decke strecken. Er leidet von Anfang an unter seinem Aufsichtsratsvorsitzenden: »Das Schlimmste war, daß Sloan, dessen Interesse an der Oper hauptsächlich gesellschaftlicher Natur war, kaum einen Grund für kostspielige Neuinszenierungen sah, geschweige denn bereit war, größere Summen für Proben auszugeben.«

Für die Eröffnungsvorstellung seiner ersten Spielzeit 1950/51 – Verdis *Don Carlo* – muß Rudolf Bing allerdings nicht Klinken putzen. Mrs. John Barry Ryan, die Tochter von Otto Kahn, finanziert die 65000 Dollar Produktionskosten, indem sie gemeinsam mit ihrem Bruder einen Rembrandt verkauft. So billig sind damals noch kostspielige Inszenierungen, und so preiswert läßt sich ein Rembrandt erstehen. Eine noch viel schlimmere Inflation als die übliche hat inzwischen beides den Gesetzen der Logik entzogen.

Don Carlo hat Bing mit Bedacht gewählt. Die Oper ist seit 1922 nicht mehr an der Met gespielt worden und hatte damals nur mäßigen Erfolg, obwohl Schaljapin, Martinelli und Rosa Ponselle sangen. Aber die sangen ja häufig, und darum mußte man sie nicht extra in einem unbekannten Verdi aufsuchen. Gemessen an soviel Unverstand haben Dirigenten und Regisseure in Mitteleuropa seit Ende der zwanziger Jahre mit ihrer Verdi-Renaissance Pionierarbeit geleistet. Und auf diesen Verblüffungseffekt einer psychologisch ausgefeilten Inszenierung eines Werks, das außerdem die spektakulären Effekte der *grand-opéra* bietet, setzt der neue General Manager listig.

Er kann die Shakespeare-Regisseurin Margaret Webster zu ihrer ersten Opernarbeit überreden, indem er ihr erklärt, daß a) die Handlung in der elisabethanischen Ära spielt, und b) sowohl Schiller, von dem der Stoff stammt, wie Verdi begeisterte Verehrer Shakespeares waren. Leonard Warren, den er so gerne als zerrissenen Marquis Posa sehen möchte, läßt sich dagegen nichts weismachen. Als er hört, daß drei volle Wochen probiert werden soll, kann ihn selbst die *opening night* der neuen Ära nicht mehr locken.

Für Warren übernimmt der lyrische Robert Merrill. Don Carlo ist Jussi Björling, was in dieser Konstellation verblüfft, denn auch er ist ein notorischer Probenschwänzer. Bing muß wieder einmal korrespondieren: »Lieber Herr Björling, ich kann Ihnen gar nicht sagen, wie beunruhigt und deprimiert ich bin. Sie waren einer der ersten, mit dem ich über meine Hoffnungen auf besseres Teamwork und mehr Probenarbeit sprach, und ich war über Ihre Reaktion glücklich und voller Zuversicht – und was ist daraus geworden.«

Der verzweifelte Brief hilft insofern, als Björling zu den Proben erscheint. Doch er nörgelt ständig und beginnt zu erzählen, daß er es sich »nicht leisten« könne, weiter an der Met zu singen. Bing hätte es wissen müssen: »Er war leider ein sehr verantwortungsloser Künstler. Einer der erstaunlichsten Vorfälle, den ich je auf einer Opernbühne sah, ereignete sich während meines Beobachter-Jahres im letzten Akt von Puccinis *Manon Lescaut*; an jenem Abend hatte Björling Rückenschmerzen und verspürte keine Lust aufzustehen und für die sterbende Manon Wasser zu holen. Die stets hilfsbereite Licia Albanese stand auf seinen Vorschlag hin auf und holte sich das Wasser selbst.«

Soweit Bings Kämpfe mit den Idolen der Met. Doch auch eigene Unzulänglichkeit gefährdet den Fortgang des Projekts. »Die Besetzung der anderen Rollen«, berichtet er in aller Offenheit, »suchte ich mir brieflich und telefonisch im Ausland zusammen.« Und da befindet er sich, was die italienische Oper betrifft, trotz einer Informationsreise im vergangenen Frühjahr, auf dem Wissensstand der Betriebsbüros in Wien, Berlin, Hamburg oder München. Mit dem Unterschied, daß dort ohnehin kein Bedarf an »Exoten« besteht, während er ein Haus übernimmt, dessen Ruhm traditionell auf der intimen Kenntnis der internationalen Opernszene basiert.

Die Probleme werden denn auch gleich zu Beginn »furchterregend«. Boris Christoff, der als König Philipp wohl kalkuliert sein US-Debüt geben sollte, fällt der Politik des kalten Krieges und McCarthys Hexenjagd zum Opfer. In diesem Herbst 1950 hat der amerikanische Kongreß gegen das Veto von Präsident Truman den »McCarran Act« gebilligt, der jedem ein Visum verweigert, der sich jemals einer totalitären Partei angeschlossen hat – seien es die

Nazis, die Faschisten oder die Kommunisten. Christoff, der noch vom bulgarischen König Boris III. zum Lernen nach Italien geschickt wurde, darf gar nicht erst einreisen – nur weil er bulgarischer Staatsangehöriger ist, und Bulgarien inzwischen kommunistisch.

Bing, lange Jahre mit der Planung von Sommerfestivals befaßt, hat – wie die Stadtmaus – für den Winter nicht vorgesorgt. Nun ist er in äußerster Verlegenheit: »In letzter Minute war ich vor die Notwendigkeit gestellt, einen König Philipp zu finden.« Aber welchen? Nicht präsent ist ihm Nicola Rossi-Lemeni, zu diesem Zeitpunkt auf dem Zenit (und in den Abtönungen und der pianissimo-Kultur der großen Philipp-Arie »Ella giammai m'amò«, die sich neben der Kunst eines Pasero, de Angelis und Pinza behaupten kann, seither von niemandem mehr erreicht).

Vergeblich ist der Versuch, den ungarischen Baß Mihaly Szekely zurückzuholen, der 1949 unvorsichtigerweise eine verheißungsvolle Met-Karriere unterbrach, um seine Familie in der Heimat zu besuchen. Ihn hält das kommunistische Regime in Ungarn fest.

Mit der weiteren Suche über den langen Weg wird Alfred Diez betraut, der englische Repräsentant einer Wiener Künstleragentur, den Bing in London kennengelernt hat. Diez schlägt Gottlob Frick vor. »Aber in meinen Augen hatte dieser zu offenkundig mit den Nazis sympathisiert, selbst wenn die Einwanderungsbehörde nicht so streng darüber gedacht hätte (was ich aber bezweifelte). Ich bat Diez, Cesare Siepi ausfindig zu machen, den ich im vergangenen Frühjahr gehört hatte, und stöhnte entsetzt auf, als Diez schrieb, Siepi wohne in der Via Moscova . . .«

Die prekäre Adresse kann kein Hindernis sein. Denn Siepi war 1943 in die Schweiz geflüchtet und wurde dort gewohnheitsmäßig interniert – wie übrigens Giuseppe di Stefano auch. Beide fielen durch ihre schöne Stimme auf und konnten das Internierungscamp zu angenehmeren und nutzbringenderen Beschäftigungen verlassen (während Joseph Schmidt den Schweizer Bewachern weniger förderungswürdig erschien und im Lager Girenbad im Kanton Zürich starb).

Nun ist der erst 27jährige Cesare Siepi trotz seiner Jugend kein Geheimtip oder gar vierte Wahl. Seit 1946 singt er an der Scala im

Pinzas Nachfolger: Cesare Siepi als Don Giovanni

rar gewordenen Fach des *basso cantante* die großen Partien. Auch an der Met wird ihm selbst nach der hohen Erwartung, die in Boris Christoff gesetzt worden ist, wohlwollend bescheinigt, er sei »eher eine Alternative als ein bloßer Ersatzmann«.

Weniger Zufallsglück hat Bing mit den Frauenstimmen, die er ordert. Fedora Barbieri, ein eindrucksvoller Schlagetot-Mezzo in der Verismo-Tradition, ist mit der extremen Höhe der Eboli im Kriegszustand. Die A, B und Ces in »O don fatale« sind Geschosse, die explosiv, aber nicht durchwegs im anvisierten Ziel einschlagen. Doch sie imponiert in dieser Partie auch an der Met durch ihren radikalen Einsatz.

Als Elisabetta debütiert die Argentinierin Delia Rigal – jene Delia Rigal, über deren Aida Maria Callas zwei Jahre vorher in Buenos Aires höhnte. Zum New Yorker Einstand stellt Kolodin lakonisch fest: »Sie sieht besser aus als sie klingt.« Rigals Engagement ist nicht etwa ein ferndiagnostischer Mißgriff, der anschließend korrigiert wird. Sie und ihr Tremolo bleiben der Met sieben Spielzeiten erhalten. Beim Gala Farewell der alten Met 1966 wird sie ein allerletztes Mal straffällig, als Lucine Amara – eine »alte« Kollegin, die gleichzeitig mit Rigal ihr Met-Debüt in *Don Carlo* als unsichtbare Stimme vom Himmel gab – wegen einer Indisposition ihre Mitwirkung im Schluß-Terzett aus *Forza* absagen muß. Kolodin notiert: »Delia Rigal, die als Ehrengast kam, endete an Amaras Stelle als erheblich weniger begrüßter Ersatz.«

Fehlengagements dieser Art sind der unbegreifliche Stolz fast jedes Intendanten und darum Alltag. Um Bings speziellen Hörschaden zu würdigen, müssen wir uns noch einmal sein Urteil über Maria Callas vom Mai 1951 ins Gedächtnis zurückrufen: ». . . sie muß noch eine Menge lernen, bevor sie an der Met ein Star werden kann.« Und das, nachdem er am Ende seiner ersten Saison bereits 30 (!) Abende mit Rigal als Elisabetta, Violetta, Marguerita, Leonora in *Il Trovatore* und Nedda im Ohr hat. Er hat zwar verkündet, daß er »Sterne und keine Kometen« an seinem Haus haben will, aber offenbar ist er nachtblind.

Auch die hochnäsige Einstellung, daß die alten Produktionen mit ihren vorsintflutlichen Ausstattungen so schnell wie möglich auf den Müll gehören, wird nicht immer durch neue Qualitäten untermauert. Bing ist nicht nett zu Mr. Sloan, wenn er ihm vorsätzliche Torpedierung von Neuproduktionen vorwirft. Er liefert selbst Argumente, als zwei der vier Neuinszenierungen seiner ersten Spielzeit nicht angenommen werden.

Bings zweite Premiere, *Der fliegende Holländer*, zuletzt 1940 mit Flagstad und Friedrich Schorr auf dem Spielplan, muß trotz Astrid Varnay und Hans Hotter wegen mangelnder Nachfrage bereits nach acht Vorstellungen wieder abgesetzt werden und wird erst 1959 für Leonie Rysanek und George London wieder aus dem Magazin geholt. Eine teure und für den Augenblick unnütze Investition.

Noch unangenehmer geht es für Bing bei *Cavalleria rusticana* und *I Pagliacci* ab. Die Reste der letzten Produktion stammen aus dem Jahr 1924 und sind durch häufigen Einsatz so verschlissen, daß sie 1948 ein letztes Mal auf die Bühne gehievt werden konnten. Mit einer Neuinszenierung versucht er um die Gunst eines breiten Pu-

Probe für Rudolf Bings Eröffnungs-Produktion *Don Carlo* 1950 an der Met: Delia Rigal, Robert Merrill, Jussi Björling, Dirigent Fritz Stiedry und Fedora Barbieri

blikums zu buhlen, findet aber, daß die Reißer, die ohnehin laufen, möglichst wenig kosten sollten. Der neue Chefausstatter Horace Armistead liefert eine extrem billige Ausstattung mit interessanten Anklängen an den Neoverismo im italienischen Film, die aber nicht honoriert werden. Kolodin spöttelt, daß das sizilianische Dorf der *Cavalleria* »an den Alterssitz eines Mafiabosses im Ruhestand erinnert«, und die kalabresische Kleinstadt in *I Pagliacci* »wüst ist wie nach einem Bombenangriff«.

Noch verheerender aber sind jene Kritiken, die sogar Zweifel an Bings Geschmack und Urteilsvermögen anmelden. Er schlägt über Radio und Presse wütend zurück und bezichtigt seine Verleumder, den »modernen« Zugang zu den Werken boykottieren zu wollen. Eines *seiner* zahlreichen Mißverständnisse – nicht der Stil, sondern die Ausführung wird angeprangert. Und selbst der sanfte Bruno Walter schreibt ihm einen besorgten Brief, in dem er ihn davor warnt, den New Yorkern noch einmal so drittklassigen Schund vorzusetzen.

Bings mutwilligstes Unterfangen zu Beginn wird dagegen zu einem seiner langlebigsten Erfolge. *Die Fledermaus* ist New Yorkern unter 65 allenfalls unter dem Namen *Rosalinda* bekannt. So hieß die gründliche Bearbeitung durch Erich Wolfgang Korngold, die 1942 im 44th Street Theatre gegeben wurde – mit Oscar Karlweis als Orlofsky und einem Striptease- oder besser Negligé-Duett zwischen Rosalinde und Adele im 1. Akt, für das eine Melodie aus dem Ballett von *Ritter Pazman* verwendet wurde, um ein bißchen Pep in Opas Operette hineinzubringen.

An der Met gab es *Die Fledermaus* schon einmal 1904 in einer legendären Vorstellung. Legendär deshalb, weil hier im 2. Akt die einzige Gäste-Gala stattfand, die diesen Namen auf einer Bühne je wirklich verdiente. Heinrich Conried, Vorgänger von Gatti-Casazza, nutzte das Werk für ein Benefiz, das in den damaligen Zeiten der Impresario für sich selbst veranstalten durfte, und packte in den Ballsaal alle seine Stars, die ohne Gage aufzutreten hatten – unter anderen Emma Eames, Olive Fremstad, Louise Homer, Lillian Nordica, Pol Plançon, Antonio Scotti und – Enrico Caruso.

Seit es kein Benefiz zum eigenen Vorteil mehr gibt, kann sich kein Direktor der Welt solchen Luxus leisten, auch nicht zu den Höchstpreisen, die bei Festvorstellungen ohnehin angesetzt werden. Eine ebenso spektakuläre Gästeliste wie Conried wird erst die DECCA 1960 in ihrer Gesamtaufnahme der *Fledermaus* unter Herbert von Karajan bieten. Es treten auf: Renata Tebaldi mit dem Vilja-Lied, Fernando Corena mit »Domino«, Birgit Nilsson mit »I Could Have Danced All Night«, Mario del Monaco mit »Passione«, Teresa Berganza mit dem Lullaby von Lavilla, Joan Sutherland mit »Il bacio«, Leontyne Price mit »Summertime«, Giulietta Simionato und Ettore Bastianini mit »Anything you can do« und – fast wie ein Phantom der Oper – Ljuba Welitsch mit »Wien, Wien nur du allein«.

Die meisten der Stars gastieren während der Karajan-Ära in Wien, Karajans Sekretär André von Mattoni macht auf der Platte zwischen ihren Nummern mit leichtem Hautgout den Zeremonienmeister, Applaus wird wacker getürkt. Also steht dem naiven Käufer die hoffnungsvolle Assoziation frei, daß er sich mit der Kassette eine Art Live-Mitschnitt einer glamourösen, wenn auch in der Zusammenstellung konfusen Gala in der Wiener Staatsoper einhandelt, in der sich einige Weltstars in ein Repertoire verirren, das ihnen erheiternd fremd ist.

Geschicktes Marketing kommt ohne Betrug aus. Deshalb ist auf den Labels der entsprechenden Plattenseiten klein vermerkt: »... mit Instrumentalbegleitung«. Denn nicht etwa Karajan selbst schwingt bei den Einlagen den Stab (wie sollte er auch amerikanische Popmusik dirigieren – er ist ja nicht Bernstein). Die Stars nehmen bei allfälligen Studioterminen in der verbleibenden Restzeit die Nummern auf, ohne daß sich ein gestaltender Wille ihrer erbarmt. Von Jussi Björling, der sich in diesen Monaten beharrlich zu Tode trinkt, ist darüber hinaus eine noch im letzten Moment gesicherte Aufnahme von »Dein ist mein ganzes Herz« eingefügt.

Karajans eigene *Fledermaus*-Galapremiere in der Wiener Staatsoper am 31. Dezember 1960 muß, was die Einlagen betrifft, genügsamer sein, was dem Werk eindeutig zugute kommt. Erich Kunz demonstriert mit dem Fiakerlied, daß er auch als Heurigensänger der Sonderklasse sein Auskommen finden könnte. Giuseppe di Stefano singt seinerseits »Dein ist mein ganzes Herz« und vorher »O sole mio«. Die größte Hetz dabei ist die Ansage »... singt jetzt ein neapolitanisches Volkslied in italienischer Sprache« – in Anspielung auf die Italienisch-Singerei, die unter Karajan eingerissen ist. Das Publikum jubelt hier echt.

Rudolf Bing setzt 1950 im *Fledermaus*-fernen New York tollkühn ebenfalls auf das Original und nicht auf die Zutaten, wenn auch in einer Fassung, die »dem einheimischen Geschmack« entspricht. Als Glücksfall in fast jeder Beziehung erweist sich der Film- und Broadway-Regisseur Garson Kanin (er ist der phantasievolle Ehemann der Schauspielerin Ruth Gordon, die ihre skurrilen Darstellungen komplizierter älterer Damen, beginnend mit der Teufelsanbeterin in *Rosemaries Baby* 1968, noch vor sich hat). Kanin erstellt eine geistreiche englische Neufassung der Dialoge. Auch die Gesangstexte von Howard Dietz haben nichts mehr mit der *Rosalinda*-Version zu tun, in der es für »O je, o je, wie rührt mich dies« hieß: »O jiminy, o jiminy, how sad it is to part like this« – *jimmy* bedeutet sinnigerweise Brecheisen.

Einen Frosch nach Wunsch kann auch Kanin nicht liefern. Bing hat vergeblich von Danny Kaye geträumt. Auch Groucho Marx und Zero Mostel lassen sich auf das Risiko nicht ein. Schließlich entscheidet man sich für den weniger berühmten Nightclub-Komiker Jack Gilford, der den entscheidenden Vorteil hat, daß er immer zur Verfügung steht.

Doch Kanin sorgt dafür, daß Bing nicht die schlimmste Kröte schlucken muß. Denn Fritz Reiner, von Anfang der Planung an als Dirigent vorgesehen, benimmt sich schlecht. Er weiß, daß die Met für ihren Exklusiv-Vertrag mit den amerikanischen Columbia Records endlich etwas liefern muß, nämlich eine verkaufsträchtige Met-*Fledermaus*. Er selbst ist bei RCA Victor unter Vertrag, nimmt für die Firma noch vor Probenbeginn einen Querschnitt auf und läßt es drauf ankommen.

Garson Kanin sorgt mit seinen unkonventionellen Regieeinfällen für die Bereinigung der unsauberen Reiner-Affäre. Der Regisseur möchte, daß Reiner die Ouvertüre mit dem Gesicht zum Publikum dirigiert. Reiner lehnt empört ab, obwohl nicht einmal verlangt wird, daß er dabei auch noch eine Geige in der Hand hält. Kanin wünscht sich als Ballettmusik im 2. Akt den peppigen Akzelerationen-Walzer (aus dem – eine Pointe für sich – in der deutschen Übersetzung der Bing-Memoiren der Minutenwalzer gemacht wird, der wieder eher von Chopin ist), Reiner besteht auf »Rosen aus dem Süden«. Kanin läßt beim Uhren-Duett Rosalinde und Eisenstein auf überdimensionalen Kissen herumalbern. Reiner unterbricht die Probe und fordert brüsk, daß die Sänger, während sie singen, zu stehen und ihn anzuschauen haben.

Als das Maß der Unstimmigkeiten glücklicherweise voll ist, beweist Bing, wie schnell er im Notfall schon gehandelt hat, bevor die Katastrophe ausbricht. Es ist ihm während der Vorphasen gelungen, Eugene Ormandy zur Übernahme zu überreden, den Chefdirigenten des Philadelphia Orchestra, der außer einer *Madama Butterfly* im Freien bislang weder Oper noch Operette dirigiert hat. Ormandys Stand der Unschuld erweist sich als Vorteil. Er demonstriert nicht nur, wie Kolodin feststellt, »daß ein Ungar so geschickt wie ein anderer Ungar mit Wiener Musik umgehen kann«. Er teilt den Protagonisten auch gleich bei der ersten Probe mit: »Wir wollen doch versuchen, der Konzeption des Regisseurs zu folgen. Wenn er möchte, daß Sie singen, während Sie auf dem Kopf stehen, dann sollten wir das auf jeden Fall versuchen.«

Eben diese Lockerkeit bringt in der Premiere am 20. Dezember 1950 den überragenden Erfolg. Das Publikum berauscht sich daran, daß richtige Opernsänger wie Ljuba Welitsch, Set Svanholm und Richard Tucker (der als Alfred seiner Meinung nach zum erstenmal darstellerisch aus sich herausgeht) in blendender Spiellaune agieren.

Ein Kaliber für sich ist der Prinz Orlofsky von Risë Stevens. Ihr sorgfältig geübter Akzent besteht aus einem Viertel Russisch und drei Vierteln Kauderwelsch aus dem multikulturellen Dreieck Budapest-Wien-Prag. Dazu kommen Monokel und *moustache* (ein Attribut, das nicht einmal Marlene Dietrich in ihren provokanten Hosenrollen riskierte) sowie eine sechzig Zentimeter lange Zigarettenspitze, die sie wie ein Florett einsetzt.

An Silvester schlagen die Wogen noch höher. Da hat Orlofsky eine Zusatzstrophe zu Bings Preis bekommen: ». . . if he feels the surge of an urge/To charm the Op'ry house/With Viennesy tunes that emerge/As light as the *Fledermaus*/The spring in Bing can turn off a dirge/And turn on Johann Strauß.« Das ist brillant wie die vertrackten Reime von Noël Coward (und in seiner Leichtigkeit ebenso unübersetzbar).

Im Gefängnis treten dann drei Reinemachefrauen auf und stören den Verlauf der Handlung, bis sie sich ihrer Perücken entledigen – es ist Bing himself mit zwei Assistenten. Und Prinz Orlofsky verkündet: »The operas that must be your choice/If you like plays that sing/Are solely dependent on one voice –/The voice of Rudolf Bing!«

»The voice of Rudolf Bing« – am 6. November hat er seine erste Vorstellung präsentiert, am 31. Dezember bereits bekommt er Vorschußlorbeeren. Denn wer kann ahnen, daß seine Stimme zweiundzwanzig Jahre lang den Ausschlag geben wird. Ein kleiner Irrtum ist ihm bei der *Fledermaus* dennoch unterlaufen. Er will sie in dieser Spielzeit zwanzigmal ansetzen, um Probenzeit für das Repertoire zu gewinnen. Die *Fledermaus*-Proben haben enorm viel Zeit verschlungen, und es werden nur achtzehn Vorstellungen. So viele Aufführungen in einer einzigen Spielzeit hat jedoch in der gesamten

Met-Geschichte seit 1883 noch kein einziges Werk erzielt. Und die bislang ungeliebte *Fledermaus* bleibt für viele Jahre ein Zugstück.

Mit dieser liebenswürdigen Verbeugung vor der Leichten Muse ist nicht nur Bing auch New Yorkern ein Begriff geworden, die mit der Oper sonst nichts am Hut haben – auch die Met selbst hat seit Carusos Zeiten nicht mehr solche Popularität genossen.

Für die aparte Liaison, die hier das »alte« Europa mit dem »jungen« Amerika eingegangen ist, steht die Person von Risë Stevens. Ihr Vater ist norwegischer Abkunft, sie selbst wurde 1913 in der Bronx geboren. Der Titel ihrer Autobiographie – *Subway to the Met* – steht in seinem Doppelsinn für die vielen Stationen auf dem Weg ins Rampenlicht.

Ihre Lehrerin Anna Schoen-René, »ein Feldmarschall von Hindenburg in Miniaturausgabe«, ringt mit deutscher Gründlichkeit um amerikanische Perfektion. 1935 verschafft sie der ungelenken Schönheit ein Stipendium der Juilliard School an das Salzburger Mozarteum zu einem einzigen Zweck – um bei Marie Gutheil-Schoder, Wiens erstem Octavian, das Wunder der Verwandlung zu studieren. Wie die herzkranke 62jährige ihr Kleid bis über die Knie hebt und vor den Augen ihrer Schüler wie ein junger Aristokrat zu schreiten beginnt, prägt sich als unvergeßliches Erlebnis ein.

Ihr erstes Engagement tritt Risë Stevens 1936 am Neuen Deutschen Theater in Prag an, wo sie mit Erfolg als Mignon debütiert und als Amneris einen schauerlichen Einbruch erlebt, der ihr ein für allemal ihre stimmlichen Grenzen bewußt macht. Als dritte Gunst präsentiert das Schicksal den Ersten Liebhaber am Hause, den Ungarn Walter Surovy, der sich nach dem Einmarsch der Nationalsozialisten in die Freiheit retten kann und ihr Mann wird.

Am 17. Dezember 1938 debütiert sie an der Met ebenfalls als Mignon, neben Octavian und Cherubino eine der drei Rollen der nächsten Jahre. Berühmt aber wird sie 1944 durch einen Film: *Going My Way* mit Bing Crosby als jungem Pfarrer, der seine Stelle in den New Yorker Slums antritt, ist eine der ans Gemüt gehenden Priester-Komödien in der Nachfolge von *San Francisco* mit Spencer Tracy als Kirchenmann und Amateurboxer.

Risë Stevens singt darin die Habanera aus *Carmen* mit einer

Marlene Dietrich grüßt Carmen: Risë Stevens mit Bing Crosby in der *Habanera*-Szene des Films »Going My Way«

Rose zwischen den Zähnen (im Kintopp ist alles möglich) und wird für Publikum und Werbebranche zur Inkarnation der Figur. Eine Chesterfield-Reklame zeigt sie im Carmen-Kostüm ohne Rose. Andere Werbeträger wittern die Marktlücke und präsentieren sie im Flamenco-Kostüm *mit* Rose, einen Arm ekstatisch in die Höhe geworfen. Geraldine Farrar stichelt öffentlich: »Zu meiner Zeit wurde man Carmen, indem man Carmen *sang*.« Dieses Bonmot wiederum ist Anlaß für die Columbia Records, umgehend eine *Carmen*-Platte mit Risë Stevens zu produzieren. Sie wird der Schlager des Jahres und läuft jeder anderen Opernplatte den Rang ab.

Ein fernes Echo dieser Lawine erreicht schließlich auch die Met. Und am 28. Dezember 1945, sieben Jahre nach ihrem Met-Debüt und nach dem Umweg über das Kino, singt Risë Stevens ihre erste abend-, aber noch nicht bühnenfüllende Carmen –, ganz abgesehen davon, daß sie den Trick mit der Rose auf der Bühne schuldig bleiben muß. »Ihre vorteilhafte Erscheinung«, schreibt Kolodin, »und die ungebräuchlich überlegte Interpretation der Musik forderten Respekt, aber die Wiederholungen steigerten ihn nicht. Der erste Akt war der erfolgreichste, danach entwickelte sie keinen stimmigen Charakter wie etwa als Octavian.«

Nun ist Carmen eine höchst undankbare Rolle. Denn jeder Beschauer bringt von zu Hause seine private Kompetenz mit, was Sinnlichkeit, Libertinage und die innige Beziehung zwischen Sexualität und Todestrieb betrifft. Dazu kommt an der Met, daß sich auch die Teenager noch an das Rollendebüt der Emma Calvé im Jahre 1893 zu erinnern scheinen. Sie war die Größte, »eine Kreatur von ungezügelter Leidenschaft«. Daß sie klein und dick war, müßte die Leistung postum nicht schmälern; denn jedes Zeitalter hat seine eigenen erotischen Obsessionen.

Doch jede spätere Carmen wird an der Legende Calvé gemessen. Die Mängelliste ist stattlich:

Geraldine Farrar (1914): »Es mangelte ihr an elementarer Gewalt.«

Mary Garden (Chicago Opera, 1920): »Ein kleiner Wildfang.«

Maria Jeritza (1928): »Ein kreischendes, ausrangiertes Fischweib.«

Rosa Ponselle (1935): »Wir haben Miss Ponselle nie so miserabel singen gehört, und wir haben die Rolle selten so künstlich gespielt gesehen. Bei ihrem Tanz muß man sich nicht aufhalten, obwohl sich in der Schenken-Szene die Frage erhob, ob die spanischen Zigeunerinnen zu ihrer Entfaltung Charleston oder Black Bottom bevorzugen.« (Diese Schelte war einer der Gründe für Rosa Ponselles Abschied von der Bühne ein Jahr später.)

Gladys Swarthout (1940): »Zu sehr die perfekte Lady.« Oder: »Ihre Carmen hat nie den Country-Club verlassen.«

Risë Stevens (1945): »Sie zeigt immer die Spuren guter Erziehung eines Mädchens in einer Studentinnenverbindung.«

Dennoch füllt Stevens' *Carmen* die Häuser, bis Rudolf Bing kommt. Er kennt sie von Glyndebourne, wo sie 1939 Cherubino und Dorabella sang. Nun wundert er sich allerdings, daß ein *Mezzo* (er spricht das Wort aus, als ob es nicht salonfähig wäre) in der Liste der Höchstgagen zu finden ist, und teilt ihr mit, daß es in seiner ersten Spielzeit keine *Carmen* geben wird: »Die Ausstattung ist eine Schande. So etwas würde nicht einmal eine Wandertruppe in Albanien akzeptieren.«

Da *Carmen* andererseits für die Finanzen der Met ein zentrales Werk ist, findet eine fällige Neuinszenierung bereits in der nächsten Spielzeit statt – abermals ein Wagnis. Denn der Regisseur ist Tyrone Guthrie, der ehemalige Chef des Londoner Old Vic und – so Bing – »eine Mischung aus Verrücktheit und Mut, die sein Genie ausmacht«.

Dem Opern-Schlendrian begegnet er drastisch. Er trägt eine Trillerpfeife um den Hals, die er gnadenlos benutzt, wenn etwas schiefläuft. Als er 1948 am Covent Garden *La Traviata* mit Elisabeth Schwarzkopf inszenierte, entsprach der Tenor Kenneth Neate nicht seinen Vorstellungen von einem Salonlöwen. »Kenneth«, pfiff er ihn an, »waren Sie jemals auf einer Party?« Neate bejahte entschieden. »Dann ist alles, was ich dazu sagen kann, daß Sie nicht auf die gleiche Art Partys gehen wie ich.«

Von Risë Stevens, die endlich vom Makel einer Carmen aus den besseren Kreisen loskommen will, kann er alles fordern. »Sie ist eine Landstreicherin. Sie ist eine Vagabundin. Spiel sie so.« Zumal Carmens Tod ist revolutionär neu gestaltet – das allerdings aus Kostengründen. Bei Guthries ausufernden Detailwünschen ist entsprechender Aufwand im letzten Bild vor der Arena im Budget nicht mehr drin. Deshalb beobachtet Carmen den Aufmarsch der Stierkämpfer aus dem Fenster von Escamillos Hotelzimmer. Ein gefährlicher Einfall, bei dem wieder, wie bei *Cavalleria* und *I Pagliacci*, Gelächter droht.

Doch diesmal stimmt wütender Regiewille mit dem Dekor überein. Der sensible Ausstatter Rolf Gérard (seine Mutter Mafalda Salvatini war eine große Dramatische im italienischen und französischen Fach) hat mit der Absteige ein Meisterwerk aus falschem Flitter, Angeberei und Verwesung geschaffen, in dem bereits optisch Mord in der Luft liegt. Ein Revolverblatt gibt am Tag nach der Premiere eine präzise Schilderung: »José heftet Carmen an die Wand, eine Messerklinge blitzt auf, sie schreit, das Auditorium erschaudert – und sie kriegt das Ding tatsächlich in den Bauch . . . Als sie stirbt, zieht sie im Fallen eine riesige rote Fenster-Draperie mit sich. Das hatte den spektakulären Effekt, als ob das ganze Theater darunter begraben würde.«

Ein Pandämonium folgt dem Fallen des wirklichen Bühnenvorhangs. Die neue *Carmen* ist gefundenes Fressen für die Zeitungen, die eben nicht grundsätzlich Bings Innovationen im Wege stehen, und wird ein langjähriger Kassenmagnet. Für die Vorstellungen mit Risë Stevens besteht Nachfrage wie für die Hits am Broadway.

Guthries *Carmen* markiert allerdings auch einen Wandel. Bisher fügten sich exzessive Sängerinnen und Sänger ihre stimmlichen Blessuren selber zu. Hier ereignet sich nun erstmals ein prominenter Fall, in dem der Regisseur sein williges Opfer dazu animiert – ein Schauspiel-Regisseur, für den auch eine Gesangsstimme nur Ausdrucksmaterial in einem wichtigeren Zusammenhang ist. Kolodin bescheinigt Risë Stevens »eine Erosion der stimmlichen Reserven unter dem Stress der Wiederholungen«.

Damit nicht genug: 1955 kugelt sie sich im Schmuggler-Akt beim Gerangel mit Giuseppe di Stefano die rechte Schulter aus. Erst in der Pause wird der Arm wieder eingerenkt. Halb betäubt von den wahnsinnigen Schmerzen stürzt sie, unmittelbar bevor sie erstochen wird, noch einmal und kugelt sich die Schulter abermals aus. Zehn Tage in der Klinik und Wochen der Genesung zu Hause sind die Quittung. In ihre Kleider kommt sie seither nur noch mit fremder Hilfe.

Es passiert allerdings auch in der Bing-Ära des öfteren, daß die Regisseure bei ihren Grabungen auf Granit stoßen. Nach dem gelungenen *Don Carlo* findet sich Margaret Webster bereit, für die *opening night* der Spielzeit 1951/52 *Aida* zu inszenieren. Diesmal läßt sich mit dem besten Willen keine Brücke zu Shakespeare schlagen. Doch hält sie es für sinnvoll, wie im Sprechtheater mit einer Leseprobe anzufangen. (Das ist nicht ganz so absurd, wie man meinen möchte – Richard Wagner bestand beim ersten Wiener *Tannhäuser* ebenfalls auf diesem Verfahren, allerdings bei einer Dichtung aus der eigenen Feder. Und Richard Strauss verlangt in seinem

Vorwort zu *Capriccio* diese Vorgehensweise sogar als generelles Arbeitsprinzip.)

Es versammeln sich also Zinka Milanov, Elena Nikolaidi, Mario del Monaco, Jerome Hines und George London, der als Amonasro sein Met-Debüt geben soll. Die tiefen Stimmen finden die Neuerung erfrischend. Mario del Monaco aber leiert seine Texte herunter, um zu demonstrieren, wie bedeutungslos sie ihm ohne Musik erscheinen. Zinka Milanov schließlich macht ein Kabinettstück aus ihrem Part. Sie starrt in den Klavierauszug, hält ihn gegen das Licht, verfällt nach jedem Satz in kleine Trancezustände und stolpert über die Worte von »Ritorna, vincitor«, die sie allein an der Met 23mal gesungen hat. Daraufhin kramt sie in ihrer Handtasche nach der Brille, wuchtet ihr Gewicht auf dem Stuhl in immer neue Positionen, starrt zur Decke und hat immer weniger Schimmer von der Rolle, von Verdi, von Oper generell. Schließlich stellt sie fest: »Leider die falsche Brille.«

Dabei hätte Milanov guten Grund, sich mit dem Text genauer auseinanderzusetzen. Selbst im Studio wartet sie mit Eigenbau auf, wie aus der *Aida*-Gesamtaufnahme der RCA von 1954 zu entnehmen ist. Im *Vivo assai*-Teil des Duetts Aida–Radames im Nil-Akt fühlt sie sich in der drängend aufsteigenden Linie »su noi gli astri brilleranno« durch die Konsonanten gestört und ersetzt den Text durch eine Vokalise. Es liegt nicht an technischen Problemen, sondern an ihrer Bequemlichkeit.

Zinka Milanov, geboren 1906, hat an der Oper ihrer Heimatstadt Zagreb von 1931 bis 1935 bereits über 350 Vorstellungen gesungen. Da läßt sich eine gewisse Indolenz begreifen. Verehrer aus ihrer damaligen Zeit erinnern sich, daß sie in der zweiten Pause von *La Traviata* (eine Partie, die sie später nicht mehr singt) in ihrer Garderobe hofhielt, dabei ein üppiges Backhendl verdrückte und es sich anschließend auf Violettas Sterbelager gemütlich machte. 1937 wird sie von Bruno Walter, mit dem sie *Aida* in Wien singt, an Arturo Toscanini empfohlen, der für Verdis *Requiem* in Salzburg einen Sopran sucht. Im gleichen Jahr debütiert sie an der Met als Leonora in *Il Trovatore*.

Ein Bilderbuch-Start, aber nicht der große Durchbruch, was zum Teil an ihrer unverblümten Art liegt. Toscanini holt sie für seine ersten NBC-Aufnahmen des Verdi-*Requiem* und der *Missa solemnis* sowie 1944 als Gilda in einer konzertanten Aufführung des 4. Akts von *Rigoletto* im Madison Square Garden. Kurz danach kommt es zu einer Kontroverse zweier Patrioten über die Neuverteilung Europas nach dem absehbaren Kriegsende. Zinka Milanov ereifert sich, daß Triest Jugoslawien zugeschlagen gehört. »Madame«, sagt Toscanini bebend, indem er auf ihren Kopf deutet, »wenn Sie da oben das hätten, was Sie hier haben« – und er weist auf ihren überquellenden Busen –, »dann wären Sie der größte Sopran von allen.« Schade. Ohne das dumme Triest wäre Herva Nelli der Schallplattengeschichte in Toscaninis Einspielungen des späten Verdi wahrscheinlich erspart geblieben.

Klugheit in gesanglicher Hinsicht wiederum ist Zinka Milanov an der Met eher hinderlich. Sie verfügt in der Höhe über ein unglaubliches geflutetes *pianissimo* – als da sind das hohe B am Ende des *Andante*-Teils des »Libera me« im Verdi-*Requiem*, das hohe B beim Abgang der Gioconda im 1. Akt oder die überirdisch angesetzten Intervalle am Ende der gefürchteten Arie »D'amor sull' ali rosee« im 4. Akt von *Il Trovatore*. Doch da gibt es auch, wie Kolodin vermerkt, Unebenheiten und Intonationsschwankungen, die er sich in der Rückerinnerung damit erklärt, daß sie die Partien bislang auf kroatisch gesungen hatte und sich anfangs mit dem Italienischen schwer tat.

Die frühen Aufnahmen lassen eher darauf schließen, daß dieses »Wechselbad aus Vergnügen und Schmerz« (Kolodin) ihrer der Zeit fremden Technik entspringt. Auch sie verfügt über keine »spontane« Tiefe und ist glücklicherweise nicht bereit, dieses Manko mit »offenem« Singen in der Bruststimme auszugleichen. »Die Bruststimme ist gefährlich«, wird Zinka Milanov später Bilanz eines langen Sängerlebens ziehen, »die Stimmbänder lassen nach, die Karriere ist kurz.« Und Rasponi sagt sie: »Mein bestes Singen kam nach meinem vierzigsten Geburtstag, und so sollte es auch sein.«

Diese allerbeste Zeit, in der die untere Mittellage auf natürlichem Wege nachdunkelt, aber verbringt sie vorerst nicht auf der Bühne. 1947 verläßt sie die Met anläßlich ihrer zweiten Eheschließung mit dem General Lubomir Ilič, der Jugoslawien nun als Botschafter vertritt – aufatmend wohl, daß sie der Stätte den Rücken kehren kann, an der man der »schönsten Stimme der Welt« (Milanov über Milanov) nicht den gebührenden Respekt zollt.

Es ist eine bemerkenswerte Leistung von Rudolf Bing, daß er sie bei seinem Amtsantritt zurückholt. Glücklicherweise hat sie inzwischen festgestellt, daß sie das Singen doch nicht lassen kann. Bing erlebt sie in einer horriblen Vorstellung von *Un Ballo in maschera* in Hartford, Connecticut: »Die Dekorationen hatte man anscheinend von einer alten Weihnachtsvorstellung von *Hänsel und Gretel* übernommen; Chor und Orchester vermochten sich nur selten über die Tempi zu einigen, die anderen Solisten waren drittklassige Provinz und hatten die Dekorationen offensichtlich nie zuvor gesehen, geschweige denn in ihnen geprobt. Und inmitten dieser lächerlichen Umgebung erklang eine Stimme von solcher Schönheit, wie ich sie nie zuvor gehört hatte.«

Zinka Milanov ist der großen Welt der Oper wiedergewonnen. Einen Schönheitsfehler hat ihre gloriose Rückkehr gleichwohl. Der Status der Diva, der ihr nun zugebilligt wird, läßt die erlittene Unbill nur um so herber erscheinen. Fürderhin ist mit ihr nicht gut Kirschen essen. Bing trägt sein Los in diesem Fall sechzehn Jahre mit bemerkenswerter Gelassenheit. Als er bei einem Spaziergang mit seinem Taschenformat-Hund im Central Park an einem späten Winternachmittag überfallen wird (was wagt er sich auch bei Anbruch der Dunkelheit in die Gefahrenzone), ist ihm nicht um das abgenommene Geld leid, sondern nur um die Uhr – »es war eine Uhr von der britischen Armee, vielleicht 25 Dollar wert, aber ein Andenken an meine Zeit als Luftschutzwart während des Krieges«. Das erzählt er auch den Reportern. Am nächsten Tag wird er im Opernhaus von Zinka Milanov streng zurechtgewiesen: »Der General Manager der Metropolitan Opera trägt keine Uhr, die nur 25 Dollar wert ist.«

Das sind ihre liebenswerten Züge. Unangenehm wird es erst, als ihre bloße Anwesenheit nicht mehr ausreicht, um Konkurrentinnen wegzubeißen, und nachgeholfen werden muß. Doch das ist eine spätere Fußnote. Vorläufig setzt die stimmliche Jugend der 45jährigen die Maßstäbe und fordert zu Vergleichen heraus.

Schon 1950 hat Irving Kolodin bedauert, daß Ljuba Welitsch selbst in ihrer Glanzrolle als Salome nicht mehr über die stimmliche Durchschlagskraft wie bei ihrem Debüt 1949 verfügt. Rudolf Bing erlebt die Enttäuschung in seiner zweiten Spielzeit: »Ljuba hatte an der Metropolitan nicht annähernd soviel Erfolg gehabt, wie ich gehofft und erwartet hatte. Ihre Salome war zwar immer noch beliebt, und sie hatte als Rosalinde in der *Fledermaus* Triumphe gefeiert, aber es gab zu viele Rollen, für die sie einfach nicht so geeignet war wie die umjubelte Zinka Milanov oder die ständig besserwerdende Eleanor Steber. Ich schrieb an Diez: ›Die Grausamkeit und Schnelligkeit, mit der das New Yorker Publikum vergißt, ist außergewöhnlich.‹«

Peinlich ist noch dazu, daß er sich mit »Ljuba« als wohl einziger Sängerin duzt – noch aus Edinburgher Zeiten, als er nicht ahnen konnte, daß er bald der große Einsame im Dschungel von Manhattan sein würde. Welitsch, der Chancen beraubt, die ihr ihrer Ansicht nach zustünden, liegt ihm immer wieder mit der Musetta am Covent Garden in den Ohren, die zu den größten Erfolgen ihrer Karriere zählt.

Es trifft sich, daß eine andere lästige Person zur gleichen Zeit aktiv wird. Die 26jährige Soubrette Patrice Munsel, als entzückende Adele in der *Fledermaus* zu Medienruhm gekommen, droht zum Musical zu wechseln, wenn er sie nicht Mimi singen läßt. Lustvoll zähneknirschend stimmt Bing zu. Es ist nicht wahrscheinlich, daß ihm nichts von dem Londoner *Bohème*-Eklat zu Ohren gekommen ist. Denkbar, daß er beiden ganz bewußt ein Selbstmord-Kommando überträgt.

Als Munsel allerdings erfährt, wer ihre Musetta ist, flieht sie am Nachmittag vor der Vorstellung aus New York. Dorothy Kirsten springt furchtlos für sie ein und läßt sich im Gegensatz zu Elisabeth Schwarzkopf auch nicht durch Welitschs Eskapaden die Butter vom Brot stehlen. Auch »ziss time« ist – Duplizität der Ereignisse – Paolo Silveri in der Rolle des Marcello der Hauptleidtragende.

Bing findet die Zurschaustellung – im Gegensatz zu dem für schrille Travestie empfänglicheren David Webster – degoutant: »Frau Welitsch gab eine Vorstellung, von der man sagen kann, daß sie den Unterschied zwischen einer kecken Kurtisane und einer ordinären Hure deutlich machte. Sie sprang auf Tische und tanzte, zwang ihren Marcello, sie auf den Schultern herumzutragen, schub-

»Der General Manager der Metropolitan Opera trägt keine Uhr, die nur 25 Dollar wert ist«: Zinka Milanov, die »schönste Stimme der Welt« mit der lockersten Zunge

ste alles aus dem Weg und benahm sich schockierend. Allerdings bedauerte ich es nicht allzusehr: Die Aufführung erfüllte ihren Zweck, und die Zuschauer, die anscheinend in gewaltigen Mengen erschienen waren (heute jedenfalls behauptet jeder, daß er dabeigewesen sei), genossen sie sichtlich.«

Die Konsequenz verschweigt er in seinen Memoiren. Die skandalöse Vorstellung findet am 30. Januar 1952 statt. Am 6. Februar hat Ljuba Welitsch in *Salome* ihren letzten Auftritt an der Met als Sängerin. Erst 1972, in seiner letzten Spielzeit, wird Bing sie als Nicht-Sängerin in der Neuinszenierung von *La Figlia del reggimento* mit Joan Sutherland und Luciano Pavarotti in Gnaden wieder aufnehmen.

Einer, der behauptet, ebenfalls bei jener *Bohème* dabeigewesen zu sein, ist übrigens Robert Merrill. Mit ausufernder Phantasie wird er in seiner Autobiographie *Between Acts – Ein respektloser Blick auf die Oper und andere Verrücktheiten* berichten, daß *er* jener Marcello war, der lustvoll die höschenfreie Welitsch schulterte. Er hätte es nicht einmal sein *können*, denn ein knappes Jahr vorher ist er von Bing gefeuert worden – mit dem Verdikt ewiger Verdammnis: »Solange ich Manager bin, wird er nicht mehr hier singen!«

Über den Anlaß kolportiert Jürgen Kesting in *Die großen Sänger* im Abschnitt über Merrill: »Im Juni 1945 erhielt er seinen ersten Vertrag . . ., den er bald, wütend über seinen Einsatz nur in kleinen Rollen, brach, um in einem Film zu singen.« Herr Kesting irrt – wie dort, so hier. Seit seinem Debüt als Giorgio Germont hat Robert Merrill *nur* die großen Rollen seines Fachs gesungen: Enrico in *Lucia*, Escamillo, Valentin, Amonasro, Figaro im *Barbiere*, Conte di Luna, Silvio in *I Pagliacci*, den Oberpriester in *Samson et Dalila* und schließlich den Posa. Dazu kamen im Winter 1946/47 als einzige Abweichung ganze drei Vorstellungen als Schtschelkaloff in *Boris Godunow* – eine Rolle, die in guten Produktionen traditionell mit einem ersten Sänger besetzt wird und ein angenehmer Job ist: im 1. Bild dreiunddreißig Takte am Stück und dann einen freien Abend.

Die Mißlichkeit ergibt sich ganz im Gegenteil, weil Bob Merrill eine Frohnatur ist und ein Einfaltspinsel dazu. Was kann man auch von einem 33jährigen anderes erwarten, der endlich das Stottern und die überflüssigen Pfunde losgeworden ist und sich zu einem ansehnlichen Mannsbild gemausert hat. Die Probeaufnahmen, die er für die Paramount macht, fallen günstig aus. Er wird für den Metfreien Sommer 1951 engagiert, um in dem Film *Anything Can Happen* zu spielen, der auf amüsant sentimentale Weise die Geschicke einer russischen Einwanderer-Familie schildert. Was kann schon viel passieren? Seit Enrico Carusos mißglücktem Ausflug in den Stummfilm haben einige Opernsänger ihren Ruhm durch Hollywood gemehrt.

Es kommt anders. Die Rolle in *Anything Can Happen* geht an José Ferrer. Merrill entnimmt freudig einer Notiz in der *New York Times*, daß er selbst sein Filmdebüt bereits im April 1951 in *Aaron*

Slick from Punkin Crick geben wird. Ein Stoff, der als Bühnenstück alle amerikanischen Rekorde gebrochen hat – vierzigtausendmal ist es schon aufgeführt worden (wie er später erfährt, vor allem in Sommer-Camps von High Schools und kirchlichen Sozialgruppen). Das kleine Problem ist, daß er in diesem Monat April der Met für die Frühjahrs-Tournee zur Verfügung zu stehen hätte.

Unternehmungslustig (und ebenso leichtfertig, wie er sich kurz darauf in die Ehe mit der Koloratursopranistin Roberta Peters stürzt, die volle zehn Wochen hält) meint Robert Merrill, daß schließlich der Zugewinn an Popularität zählt, der über die Umweg-Rentabilität wieder den Kasseneinnahmen der Met zugute kommen wird. Darum erregt er sich über Bings fristlose Kündigung auch nicht sonderlich. Es wird sich finden.

Die Rolle bringt viel Geld, $ 65000 für zehn Wochen sowie $ 13000 extra für eine Szene, in der er vor einem Stier auf einen Baum flüchten soll und die vier Tage gedreht wird. Da er jedoch in einer baumlosen städtischen Gegend aufgewachsen ist, schafft er den Baum nicht und muß gedoubelt werden. Lediglich seine baumelnden Beine sind in einer Nahaufnahme zu sehen. Auch mit den eingestreuten Liedern hat er Pech. Elf bekommt seine Partnerin Dinah Shore, eines er. Als er wenigstens sein »Largo al factotum«, den Renner für alle Gelegenheiten, auch hier unterbringen will, erklärt ihm der Produzent: »Jeder weiß, daß du singen kannst, Bob. Wir besetzen dich *gegen* deinen Typ, das ist das ganze psychologische Geheimnis.«

Allmählich dämmert ihm, daß er nicht unbedingt auf seinem richtigen Platz ist. Als ihm auch noch Clifton Webb, der gepflegte Filmzyniker, ganz unzynisch nachzusteigen beginnt, verliert er die Lust an Hollywood. Es trifft sich, daß er anschließend nach Salzburg zur Truppenbetreuung verpflichtet wird und mit Rudolf Bing, der den Festspielsommer 1951 observiert, im gleichen Hotel wohnt: »Es gelang mir, ihn zum Kaffee zu treffen, ich bekannte meinen Irrtum und entschuldigte mich. ›Niemals‹, beharrte er, ›niemals‹. In seiner Stimme, obwohl sie sehr höflich war, schwang das eisige Verhängnis des Poeschen Raben, der ständig ›Nevermore‹ wiederholt.«

Doch Bob Merrill muß sein Spielzeug, das er achtlos beiseite räumte, in kindlichem Eigensinn wiederhaben. Nachdem George

London an seiner Statt die Spielzeit 1951/52 eröffnet hat, kommt er dreimal pro Woche in der Pause in die Oper und setzt sich in Sherry's Restaurant so nahe wie möglich neben Bing: »Ich starrte ihn an, bis er aufschaute, und unsere Blicke trafen sich. Ich hob eine Augenbraue: ›Ja?‹ Mit seinem legendären Wiener Taktgefühl senkte er den Kopf leicht und wandte sich zögernd, beinahe traurig ab.«

Eines Abends stellt Merrill ihn: »Mr. Bing, wir müssen miteinander sprechen – ich möchte nach Hause kommen.« Nun ist es an Bing, die Braue zu heben: »Vielleicht irgendwann in meinem Büro. Rufen Sie mich an.« Was umgehend geschieht. Sie treffen sich, und Merrill schwört, daß er alles tun will, um sein Exil zu beenden. »Schreiben Sie mir das in einem Brief.« Merrill verfaßt mit seinem Agenten eine Erklärung, in der er sein tiefstes Bedauern äußert und verspricht, nie mehr undankbar zu sein. Der Text erscheint in der *New York Times* und in der *Herald Tribune*. Rudolf Bing akzeptiert die Unterwerfung und honoriert sie mit einem Brief, der auf den Titelseiten beider Blätter erscheint: »Seine Fehler zuzugeben, wie Sie es getan haben, ist ein Zeichen von moralischem Mut und Anstand. Ich bin bereit, das Vergangene zu vergessen.«

Persönlich teilt er Merrill mit: »Sie werden mit *Trovatore* am 11. März wieder anfangen.« »Yes, Sir. Was immer Sie wünschen.« »Willkommen zu Hause.«

Rührender Abschluß einer leicht sadomasochistischen Auseinandersetzung. Doch das Endresultat kann gewiß nicht in Bings Absicht gelegen haben. Robert Merrill, der bisher allzu Unternehmungslustige und Risikofreudige, wagt ab jetzt nichts mehr – auch da, wo er wagen müßte. Er bricht gleichsam seinen natürlichen künstlerischen Reifungsprozeß ab und beschränkt sich auf die Bewahrung dessen, was er erreicht und mühevoll wiedergewonnen hat.

Nicht das zu große Kostüm, in das er als Einspringer für Leonard Warren bei seinem ersten *Rigoletto* schlüpfen muß, ist sein Problem, auch nicht der Buckel, der überall hängt, nur nicht auf dem Rücken. Merrill bleibt in dieser Rolle, was die stimmliche Charakterisierungskunst betrifft, der nette Junge von nebenan, den jedes Mädchen problemlos seiner Mutter vorstellen könnte. Und nicht nur in dieser Partie. Ein Bariton, der in seiner Generation die besten stimmlichen Voraussetzungen mitbrachte, »liefert ab«, seit ihm Bing den Schneid abgekauft hat.

In diesem März 1952 hat Rudolf Bing in einem anderen Poker inzwischen die schlechteren Karten – im Poker um *Parsifal*. Zum Ende seiner ersten Spielzeit hatte er die Unverfrorenheit, statt der obligaten Uralt-Produktion das Verdi-*Requiem* anzusetzen – einer der Gründe, warum er Zinka Milanov unbedingt zurückhaben wollte.

Parsifal aber ist an der Met nicht nur Tradition. New York nimmt in der Wagner-Geschichte einen herausragenden Platz ein. Es begann in jener Zeit, als das Urheberrecht in die Gesetzgebung aufgenommen wurde und Werke dreißig Jahre nach dem Tod ihrer Schöpfer geschützt blieben (inzwischen sind es siebzig). Richard Wagner, der 1883 starb, hatte *Parsifal* für ewige Zeiten Bayreuth vorbehalten wollen. Eine entsprechende *Lex Parsifal* konnte seine Witwe Cosima Wagner nicht durchsetzen. Aber immerhin blieb die frevlerische Entweihung an anderen Bühnen bis 1913 aufgeschoben.

Bis Heinrich Conried 1903, als er die Met übernahm, auf die Idee kam, daß das tabuisierte Werk eine wahre Goldgrube sein könnte (worin er sich im Gegensatz zur *Fledermaus* nicht irrte, die es nach der Gala zu Spitzenpreisen ohne die eingelegten Stars nur noch auf vier mager besuchte Aufführungen brachte). Immerhin bot er Cosima Tantiemen oder eine einmalige Abfindung von $ 20000 an. Die Antwort waren gerichtliche Schritte, die von amerikanischen Gerichten abgewiesen wurden, weil es zwischen den USA und Deutschland noch keine Copyright-Übereinkunft gab.

Dafür traf Cosimas Bannstrahl die Mitwirkenden, darunter den Tenor Alois Burgstaller, der ihr besonderer Augapfel gewesen war. Daß er 1909 dann doch noch einmal in Bayreuth als Siegmund auftreten durfte, belegt lediglich, daß es schon damals auch an der Gralsstätte selbst mit den Heldentenören eng herging. (Felix Mottl, vorsichtiger, besorgte an der Met lediglich klammheimlich die musikalische Einstudierung und überließ den Taktstock dann dem Dirigenten Alfred Hertz.)

Der Streit um das Für und Wieder einer »illegalen« Aufführungsserie sorgte für größte Spannung. Daß Conried die Premiere schlau für den Nachmittag des 24. Dezember 1903 ansetzte, erhitzte die Diskussion noch weiter. Kirchliche Kreise lancierten einen Leserbrief, in dem es hieß, *Parsifal* sei ein »unmoralisches, antireligiöses, fast blasphemisches Werk«. Zum Glück befand der einflußreiche Pfarrer Heber Newton, daß das Abendmahl, um das es in erster Linie ging, gar kein richtiges Abendmahl sei – es käme ja kein Priester vor. Und Conried steuerte in bester Tartuffe-Manier bei: »Die fundamentale Idee des *Parsifal* ist nicht Glorifizierung einer bestimmten Religion, sondern die Proklamation einer höheren Humanität.«

Ihm kommt diese höhere Humanität gewaltig zugute. Mit 45 Aufführungen, die er außerhalb des Abonnements ansetzt, nimmt er $ 200000 ein, von denen die Hälfte ihm zugute kommt. Auch nach seiner Ablösung durch Gatti-Casazza bleibt der eroberte *Parsifal* ein Liebling des Met-Publikums. Seit 1926 schließt er Jahr für Jahr die Spielzeit ab – bis ihm Bing die Gralsbeleuchtung ausknipst. Das wird im Gegensatz zu den anderen Neuerungen nicht hingenommen. Bereits 1952 muß er zur Tradition zurückkehren.

Gleichwohl ist die Zäsur von symbolischer Bedeutung. In den Jahren des Dritten Reichs und erst recht im Zweiten Weltkrieg hat die Met Richard Wagners Werk gegen den Mißbrauch der Nationalsozialisten und vor der internationalen Desavouierung beschützt, war Ziel der emigrierten Wagner-Sänger und derer, die sich und Wagner unter dem Hakenkreuz nicht besudeln wollten. Nun ist die Mission erfüllt.

Am 23. März 1951 beschließt die Met ihre Spielzeit erstmals ohne *Parsifal*. Am 30. Juli 1951 beginnen mit *Parsifal* die ersten Bayreuther Nachkriegs-Festspiele, deren Wiederbelebung von vielen lange für völlig unmöglich gehalten wurde ...

DIE WAGNERIANER WERDEN ENTRÜMPELT

»Klingsor-Girls«: Die Ablehnung Wagners durch die deutsche Intelligenz – Bayreuth im Dritten Reich: Nationalsozialistische Propaganda? – Die Spruchkammer-Verfahren sind verwickelter als die Tetralogie – Wieland Wagners ideologischer »Muttermord« – Hans Knappertsbusch verschafft den »Bayreuther Bub'n« Respekt

Im Bayreuther Festspielhaus hängt im Jahr des Neubeginns 1951 ein Anschlag aus: »Im Interesse einer reibungslosen Durchführung der Festspiele bitten wir, von Gesprächen und Debatten politischer Art auf dem Festspielhügel freundlichst Abstand nehmen zu wollen. Hier gilt's der Kunst.«

Manche mögen sich an eine Mitteilung in Visitenkartenform bei den Festspielen von 1934 erinnern: »*Im Auftrag des Kanzlers!* Der Führer bittet, am Schluß der Vorstellungen von dem Gesang des Deutschland- oder Horst-Wessel-Liedes und ähnlichen Kundgebungen absehen zu wollen. Es gibt keine herrlichere Äußerung des deutschen Geistes als die unsterblichen Werke des Meisters selbst. Gruppenführer Brückner, Adjutant des Führers.«

Zwischen den beiden Botschaften liegen tausendundsechs Jahre.

Die Verstrickung von Kunst, Weihe und Propaganda im »Haus Wahnfried« ist indes noch viel älter. Da wirkte der englische Kulturphilosoph Houston Stewart Chamberlain, Schwiegersohn Richard Wagners, dessen rassentheoretische Dilettantismen in den 1899 erschienenen *Grundlagen des 19. Jahrhunderts* von der Rassenlehre des Nationalsozialismus übernommen wurden.

Und da gab es die von Hans von Wolzogen herausgegebenen *Bayreuther Blätter*, über die Hans Heinz Stuckenschmidt 1933 in einem Bayreuth-Beitrag für die Wiener *Musikblätter des Anbruchs* schrieb: »Diese Blätter ..., in deren alten Jahrgängen wir die Grundbegriffe der modernen nationalsozialistischen Philosophie, Politik und Kulturpolitik finden, nur auf ungleich höherem Niveau der Sprache und der Gedanken ..., haben durch die Einseitigkeit ihrer rassenmythologischen Auslegung des Wagner-Werks dem chauvinistischen Mißbrauch der Wagnerschen Ideen die gedankliche Stütze geliefert. Wenn heute Bayreuth unter dem Zeichen des Hakenkreuzes steht, so haben wir das Hans von Wolzogen und seiner Zeitschrift zu danken.«

Nur noch ein Schnörkel in diesem Geflecht ist, daß Winifred Wagner Hitler als Liebesgabe Papier in die Festung Landsberg schickte, auf dem er den ersten Band von *Mein Kampf* schrieb. Und stimmte nicht 1924 bei den ersten Bayreuther Nachkriegsfestspielen das Publikum am Ende der *Meistersinger von Nürnberg*, kaum daß die letzten Akkorde im tosenden Beifall untergegangen waren, »spontan« das Deutschlandlied an? Zwar reagierte Siegfried Wagner entsetzt: »Nach der *Götterdämmerung* werden sie wohl die ›Wacht am Rhein‹ singen.« Und bei den Festspielen 1925 ließ bereits er im Festspielhaus den Appell anschlagen: »Wir bitten das verehrte Publikum herzlich, nach dem Schluß der *Meistersinger* nicht zu *singen*. Hier gilt's der Kunst!«

Doch alles in allem war das nachwagnersche Bayreuth ein Hort des Nationalismus und ein Born für den Nationalsozialismus. Der Befund ist eindeutig. Ist er es?

Bernhard Diebold (1886–1945), gebürtiger Schweizer und Redakteur bei der *Frankfurter Zeitung*, veröffentlicht 1928 seine Streitschrift *Der Fall Wagner*. Er findet noch andere Schuldige an der Verspießerung der Wagner-Rezeption als das »reaktionäre Bildungsphilisterium«, dem er über Siegmunds Schwert in die Stammrolle schreibt: »Dies Schwert heißt nicht ›Hurra!‹, sondern ›Nothung‹.«

Diebold liegt der Revolutionär von 1848 am Herzen: »... die Linkspresse hat vor dem geistpolitischen Phänomen Wagners eine nicht weniger fatale Gedankenlosigkeit bewiesen. Sie hat in der Verärgerung über die Epigonen von ›Haus Wahnfried‹ und Herrn Chamberlain die Hauptsache selbst aus dem Auge verloren. Sie hat auf den ungeheuren Kulturkredit dieses weltberühmten Namens verzichtet. Sie wollte diesmal ›ohne Meister selig sein‹ – nennt aber bei dem Datum 1848 jederzeit mit Stolz den heute klanglos gewordenen Namen Uhlands und vergißt den mächtigen Propagandawert des größten Kunstrevolutionärs, der zugleich Märtyrer des liberalen Gedankens war.«

Diebolds gutgemeinte Polemik läßt die Rechten aufheulen und die besseren Deutschen kalt. Denn die haben seit 1913 eine Anti-Wagner-Bibel, *Wagner und die Entzauberten* von Emil Ludwig, mit der der Autor seine »Lebensbilder großer Menschen« beginnt (und 1946 wohl in dankbarer Erinnerung an den erfolgreichen Erstling mit *Der entzauberte Freud* beenden wird). Ludwig habe den Kern getroffen, meint Siegfried Jacobsohns *Schaubühne* über das Buch, »das an Entschiedenheit höchstens von Nietzsches beiden herrlichen Pamphleten übertroffen wird und vielen den Mut zur Abkehr von Wagner stärken oder erst machen möge«.

Nun kann man sich fragen, warum denn am Vorabend des Ersten Weltkriegs gerade der Mut zur Abkehr von Wagner eine solch elementare Notwendigkeit sein sollte. Und stößt auf Antworten, die ihren Urhebern keine Ehre machen.

Als *Parsifal* 1913 für andere Bühnen freigegeben werden muß, wohnt Lion Feuchtwanger einer Aufführung in Monte Carlo bei. Weil er dieses »Hohelied üppiger Askese und heiliger Geilheit« zutiefst verabscheut, ist er heilfroh, »... daß das Bühnenweihfestspiel, seiner gewohnten esoterischen Verbrämung beraubt, als eine peinliche, augenverdrehende und letzten Endes langweilige Oper wirkt, als stilisiertes Oberammergau. Die breite Oberflächlichkeit des Textes, sein pathetisches und kitzelndes Bußgetändel, seine in gewundenen Phrasen und spottschlechten Reimen einherstelzende Allerweltsmystik, seine wohlfeilen Hohepriester-Gesten vermögen den Abend dichterisch so wenig auszufüllen, wie musikalisch die siebenunddreißig kargen, endlos wiederkehrenden Motive.«

Woher weiß er? Die »esoterische Verbrämung« ist das, was sich der kleine Moritz unter Bayreuth vorstellt. Womöglich hält er den »mystischen Graben« nicht für eine einmalige akustische Lösung, sondern für eine Ritze, aus welcher der Dirigent seine Eingebungen empfängt wie die delphische Pythia aus einem Felsspalt die ihren.

Es scheint, daß Feuchtwanger den Festspielhügel nur vom Hörensagen kennt. Aber er ist ja erst neunundzwanzig und tritt später auch nicht mehr als Musikanalytiker in Erscheinung. Doch die Häme des Jargons ist keine private, sie ist Programm. Die deutsche Intelligenz verfolgt Wagner mit irrationalem Haß und ignoriert in provinzieller Verbiesterung den unverkrampften Umgang des Auslands mit seinem Werk.

Zwanzig Jahre nach Feuchtwanger kommt Carl von Ossietzky, von dem man solche Töne nicht für möglich hält, triumphierend auf den »beträchtlichen Rückschlag« durch das Ende der *Parsifal*-Sperre zurück: »Das war es also! Ein altes Rezept: Weihrauch mit Erotik, aber ohne den hinreißenden Glauben von Barockmeistern. Die Unschuld siegt am Ende mit viel Orgelton und Glockenklang, aber um ihren Sieg triumphaler zu gestalten, muß inzwischen viel Weiberfleisch enthüllt werden, muß der keusche tumbe Tor mit Mühe Kundrys Bordellatmosphäre und das tingeltangelhafte Nuttenballett der Blumenmädchen absolvieren. Die Klingsor-Girls!«

Um Wagners »abgesackten« Ruhm zu dokumentieren, schreckt Ossietzky vor keinem Zeugen und keiner Platitüde zurück. Mozart (»seine ewige Grazie lächelte die geschwollenen Götterfiguren in die Kulissen zurück«), Beethoven (»seine reine Gewalt siegte über Bayreuths größenwahnsinnigen Theaterplunder«) sind willkommen wie die Moderne (»Wenn Strawinskys Soldatenballade vor ein paar bunten Leinwandfetzen mitreißt und erschüttert – wozu dann der Kolossalpomp?«). Und noch ein letzter vernichtender Beweis: »Plötzlich wurde das Bühnenbild wieder einfach – mit dem Verruf der Guckkastenbühne kam auch die Wagner-Oper in Mißkredit. Der alte Zauberer schien für immer ausgespielt zu haben. Vor zehn Jahren gehörte eine gewisse Courage dazu, sich als perfekter Wagnerianer zu bekennen.«

Und nun gehört nicht nur eine gewisse Courage, sondern Besessenheit dazu, um sich in Wagner zu verrennen. Denn Ossietzkys Artikel erscheint in der *Weltbühne* am 21. Februar 1933, drei Wochen nach der »Machtergreifung«. Es ist die drittletzte Ausgabe der Zeitschrift.

Gibt es selbst diesmal nichts Elementareres zu bedenken? Nein, denn Ossietzky kommt zu einem Umkehrschluß. Fatal ist ihm nicht, daß Wagner eventuell die Nazis möglich gemacht hat, sondern daß die Nazis Wagner innerdeutsch wieder salonfähig gemacht haben: »Eine neu aufstrebende Bewegung hüllte sich in die Klänge einer bankrotten Kunst ... Richard Wagner wirkt fort, ein tönendes Gespenst, zu Zwecken beschworen, die mit Kunst nichts mehr zu tun haben, ein Opiat zur Vernebelung der Geister. Zum zweitenmal soll aus Deutschland eine Wagner-Oper werden ... Die künstlerische Seite dieses Programms billigen wir nicht, denn wir glauben in Wagner nicht die deutsche Musik erschöpft, wir glauben sie bei anderen Meistern echter und tiefer zu finden; wir sehen in Wagners Werk vornehmlich eine künstliche Fontäne in buntem Scheinwerferlicht und keinen reinen natürlichen Quell – aber das ist Sache des Kunstgeschmacks, also Privatsache. Die andere Seite dieses Programms ist es dagegen nicht. Wir werden also etwas unternehmen müssen, da nicht zu erwarten ist, daß eine reine Jungfrau, um uns zu erlösen, ins Wasser springt.«

Ein Humanist starrt haßblind auf das rote Tuch und hat nicht im Blickwinkel, daß ihm gerade der Todesstoß versetzt wird. Ossietzkys Analyse ist zudem weit überzogen. In seinem Bayreuth-Artikel etwa zur gleichen Zeit stellt Stuckenschmidt fest, daß die innerdeutsche Gettoisierung Wagners mehr denn je Wirkung zeigt: »Die Jugend aber, und merkwürdigerweise auch die Hitlerjugend, steht Wagner ferner als je. Sie fühlt sich in seinem Pathos nicht wohl, sie versteht seine Sprache kaum. Wie soll man sie gewinnen?«

Bayreuth 1933 jedenfalls profitiert von den neuen Machthabern nicht, im Gegenteil. Arturo Toscanini sagt in tiefem Bedauern seine Mitwirkung ab – eben weil er gegen den Sinn Ossietzkys ein couragierter perfekter Wagnerianer ist. Und zahllose Kartenbestellungen werden deshalb storniert. Walter Legge berichtet als Musikkritiker für den *Manchester Guardian* vor Ort, »... daß die Abwesenheit von Toscanini die diesjährigen Bayreuther Festspiele praktisch ruiniert hat. Nur die Anwesenheit Hitlers und ein Spezialfonds, aus dem junge Nazis mit Freikarten, Unterkunft- und Reisekosten versorgt wurden, hat es der Wagner-Familie ermöglicht, ihr Festspielhaus bei jeder Aufführung voll zu bekommen.«

Die Hitlerjugend muß also mit Kost und Logis und Freizeit geködert werden, um dem ollen Wagner und seinem verstaubten Bühnengesocks gnädig die Unehre zu erweisen. Auch die 55000 Reichsmark, die Hitler bis 1939 pro Neuinszenierung als kargen Dank für frühere Hilfestellung aus seiner Privatschatulle beisteuern wird, machen aus Bayreuth noch kein pompöses Nazi-Walhall. Die wahre Weihe der NS-Rituale wabert woanders, bei den Reichsparteitagen, bei den Totenehrungen am 9. November.

Die Klageschrift im ersten Spruchkammerverfahren gegen Winifred Wagner vom 16. April 1947, in der der Antrag auf ihre Einstufung als Hauptschuldige begründet wird, trifft schon wegen Mangel an Gelegenheit nicht zu: »Die Betroffene ging in ihrem Fanatismus so weit, daß sie das Erbe Richard Wagners den ideologischen Weltanschauungen des Nationalsozialismus zur propagandistischen Auswertung zur Verfügung stellte.« Sie büßt zumal dafür, daß Hitler im Gegensatz zu den meisten seiner Bonzen und seiner Gefolgschaften ein Wagner-Freak war.

Auch das Bayreuther Sänger-Ensemble ist im Dritten Reich nicht die eingeschworene verbiesterte Gemeinschaft, als die man sie später der Einfachheit halber gerne sehen möchte. Ein Tausendprozentiger ist etwa der Baß Josef von Manowarda, der aus einem alten österreichischen Adelsgeschlecht stammt. Die abtrünnige Wagner-Enkelin Friedelind Wagner gibt in ihrer Enthüllungs-Biographie *Heritage of Fire*, die 1945 in New York erscheint, einige Details zum besten.

Als am 25. Juli 1934 während einer *Rheingold*-Aufführung in Anwesenheit des Führers die Nachricht von der Ermordung des österreichischen Bundeskanzlers Engelbert Dollfuß durchsickert, sieht Fafner Manowarda den »Anschluß« bereits in greifbarer Nähe und sich selbst als Kurier: »Der Führer hat mir versprochen, daß er mich sofort in einem Flugzeug nach Wien schickt, in einer Sondermaschine.« Vermutlich hofft er, daß Hitler dem Riesengeschlecht des Altadels in Österreich wieder aufhelfen wird.

Manowardas Frau, die frühere Sängerin Nelly Pirchhof, trägt auf dem rechten Handrücken ein überdimensionales goldenes Hakenkreuz, gehalten von Kettchen, die an Ringen am Daumen und am kleinen Finger befestigt sind. Der Bariton Herbert Janssen fragt sie nach der Bedeutung.

»Es bedeckt die Stelle, auf die der Führer mich geküßt hat.«

»Schade, daß er Sie nicht auf den Mund geküßt hat«, erwidert der sonst so reservierte und wohlerzogene Janssen.

Da er auch sonst nicht mit seiner Meinung zurückhält, muß Bayreuths nobelster Wolfram 1937 bei Nacht und Nebel nach England fliehen. Manowarda stirbt Ende 1942 in Berlin und kommt so um das Ende einer Götterdämmerung, in der er als Hagen nicht vorgesehen war.

Doch es gibt noch eine, die dem Führer in Treue fest verfallen ist: Maria Müller, die dienstälteste »Internationale« im Ensemble. Von 1925 an hatte sie elf Jahre lang zu den Stars der Metropolitan Opera im deutschen und im italienischen Fach gehört. 1935 war sie von Edward Johnson eingespart worden – zusammen mit weiteren Berühmtheiten wie Maria Olszewska, Tito Schipa und Giuseppe de Luca.

Mag sein, daß sie das verbiestert hat. Jedenfalls beweist sie, daß sich deutsche Innigkeit durchaus mit einem kalten Herzen vereinbaren läßt. Bei einem Gastspiel in Budapest trifft sie auf der Straße einen aus Deutschland vertriebenen Kollegen, den ungarischen Baß Deszö Ernster.

»Grüß Gott, Deszö«, sagt, sie, »wie geht's dir denn?«

»Wie's mir geht? Schlecht. Das weißt du doch genau.«

»Ach ja, du bist ja Jude«, und läßt ihn stehen. Zum Schaden ihres Rufs überlebt Ernster das Dritte Reich.

Mit Kriegsbeginn kompliziert sich die Situation der Bayreuther Festspiele. Hitler besteht auf ihrer weiteren Durchführung, allerdings ausschließlich für Arbeiter und Soldaten, die durch die NS-Gemeinschaft »Kraft durch Freude« organisiert und finanziert werden. (Winifred Wagners entschiedenes Dementi im Gespräch mit Hans-Jürgen Syberberg ist eine Haarspalterei. Natürlich hat KdF nicht die Produktionen, sondern nur das Publikum besorgt.)

In den Geheimen Lageberichten des Sicherheitsdienstes der SS sind die Etappen ausreichend dokumentiert. 1940 melden die Spitzel: »Man habe in der Durchführung der Festspiele während des Krieges wieder ein neues Zeichen der inneren Stärke Deutschlands gesehen, die Anordnung des Führers aber als eine besondere Auszeichnung der handarbeitenden Schichten überall dankbar begrüßt.«

1941 findet sich die Beobachtung: »Überall, vor allem in Künstlerkreisen, sei festgestellt worden, daß durch Bayreuth in allen Fällen erwiesen sei, daß auch der Handarbeiter jederzeit ernster Kunst zugänglich zu machen sei (sic!), wenn dafür die richtigen Methoden angewandt würden . . . Auch habe die reibungslose Lenkung der Teilnehmer, die tadellose Unterbringung und Verpflegung, die innere Bereitschaft zu einer festlichen Grundstimmung gesteigert.« Eine Brechtsche Moral: Erst kommt das Fressen, und dann kommt der *Ring*.

Es gibt jedoch auch Schlaumeier, die sich den *Ring* schenken, weil sie sich nicht auch noch Schwielen auf dem Hintern ersitzen wollen, und ihre Karten um Alkohol und andere Mangelware verhökern. Sie haben mehr von Bayreuth als jene, die »aus Unverständnis oder Interessenlosigkeit« während der Vorstellung einnicken.

Diese Euphorie mit kleinen Einschränkungen schlägt 1943 um, obwohl diesmal die volksverbrüdernden *Meistersinger* gegeben werden: »Die Tatsache, daß bei der Mobilisierung der totalen Volkskraft für den Krieg die Bayreuther Festspiele 1943 trotzdem durchgeführt wurden, hat in der Bevölkerung, soweit es überhaupt bekannt wurde und interessierte, zunächst einiges Erstaunen hervorgerufen. Es sei doch wohl nicht im Sinne einer totalen Kriegsführung, diesen Massentransport von ca. 30000 Menschen der sowieso überlasteten Reichsbahn zuzumuten. Der überwiegende Teil dieser Volksgenossen werde zumindest 5 Tage lang einem Rüstungsbetrieb entzogen; ob man das verantworten könne?«

Die gastgebende Bayreuther Bevölkerung ist sauer. Fünfzehnmaliges Wechseln der Bettwäsche gegen geringen Obolus empfinden viele Zimmervermieter als unzeitgemäße Plage, wo es notabene an Waschmitteln mangelt und kein Ersatz für verschlissene Laken zu beschaffen ist.

Vor allem aber empört die fast friedensmäßige Betreuung der Gäste und vor allem der Mitwirkenden. Fälle, in denen Frontsoldaten Speisen und Genußmittel in Gaststätten verweigert werden, die »gleichzeitig von Theaterangehörigen mit ihren Frauen am Nebentisch verzehrt wurden«, sprechen sich herum und verstärken

In zweifacher Hinsicht Winifred Wagners Sorgenkind: Max Lorenz als Siegmund

den Unwillen. Der *SD-Bericht* zitiert einen Bombengeschädigten: »Dieses Geschmeiß frißt und säuft sich hier toll und voll, während wir, die wir alles verloren haben, keinen Tropfen Wein zu trinken bekommen.«

In direkter Schußlinie stehen Max Lorenz und seine jüdische Frau. Daß sie sich in den Festspielräumen aufhält und im Restaurant mit allen anderen die »Vergünstigungen« genießt, ruft bei allen Festspielteilnehmern, denen es bekannt (gemacht) wird, »ehrliche Entrüstung« hervor.

Mit Max Lorenz hat es Winifred Wagner überhaupt nicht leicht, obwohl sie diesbezügliche Nachsicht schon bei ihrem verstorbenen Mann Siegfried trainieren konnte. Da gab es eine Affäre mit einem Korrepetitor des Festspielhauses, wegen der Lorenz vor Gericht kam. Als Hitler auf Winifreds Intervention barsch entgegnete, der Mann sei unter diesen Umständen wohl untragbar, brachte sie als treffendes Argument: »Dann kann ich Bayreuth zusperren!«

So kommt es, daß dieser mit zwiefachem »Makel« behaftete Inbegriff des deutschen Wagner-Recken Bayreuth erhalten bleibt. (Was allerdings mit dem »widernatürlichen« Korrepetitor geschah, darüber ist der Nachwelt nichts bekannt.) Hitler aber sinnt seither darüber nach, daß an der Wagner-Front Mangel herrscht. So bei einem der von Henry Picker überlieferten *Tischgespräche* auf dem Berghof: »Beim Abendessen beanstandete Hitler die Tatsache, daß wir in Deutschland zur Zeit nur zwei Heldentenöre zur Verfügung hätten, die durch Deutschland hin- und hergejagt würden, um bald hier, bald dort zu singen.«

Zu den *Meistersingern* der Kriegsjahre 1943 und 1944 werden jeweils dreißigtausend Soldaten, Offiziere, Arbeiterinnen und Arbeiter der Rüstungswirtschaft, Verwundete und ihre Pflegerinnen als »Gäste des Führers« nach Bayreuth geschafft. Die Moral der Zuschauer ist bei diesem Werk besser als im *Ring*, was von den SD-Spitzeln in ihrem Funktionärs-Kauderwelsch aufatmend registriert wird: »Wenn man nun die Möglichkeit hat, vergleichsweise die Wirkung der *Meistersinger* auf Menschen ungefähr desselben Geistesniveaus und desselben Bildungsgrades zu beobachten, so springt sofort in die Augen, daß die Leute heuer weit gelöster, innerlich aufgerichteter und sichtlich erfreut das Festspielhaus verlassen.«

Was sie erlebt, was sie gesehen haben, darüber wird später einiges zusammenfabuliert werden. Schon in der *Götterdämmerung*, behaupten Phantomjäger, seien die Schilde mit SS-Runen geschmückt gewesen. (Tatsächlich, so berichtet Winifred Wagner, waren als interner *joke* unter den Mannen im 2. Akt ein Goebbels und ein Göring verborgen – aber das habe kein Außenstehender gemerkt.)

In den *Meistersingern* gar, auf der Festwiese, seien die Fahnen der Zünfte mit Hakenkreuzen geschmückt gewesen. Die Szenenfotos widerlegen diese Mär. Der Einzug der Reichskanzlei in Wagners Opernwelt wird erst das Werk der siebziger Jahre sein.

Daß Wieland Wagner sich während der Aufführungen voll Abscheu in die hinterste Ecke des Orchestergrabens zurückgezogen haben will, um von der Bühne nichts sehen zu müssen, hat einen anderen Grund: Er erinnert sich nicht gern daran, daß er für die Kriegs-*Meistersinger* ein mittelalterliches Nürnberg wie aus dem Bilderbuch schuf.

Noch merkwürdiger sind die Hypothesen über den musikalischen Teil, seit 1976 ein Mitschnitt des Reichsrundfunks von 1943 auf Platte veröffentlicht wurde.

Wilhelm Furtwängler hat in einem Pausengespräch den damaligen »Kunstbetrachtern« seine Interpretation nahegelegt: »Es wäre falsch, wollte man Wagner pathetisch darstellen, er tritt uns in seinen Werken menschlich und schlicht, ja sogar sachlich gegenüber. Das ist das wesentliche Merkmal gegenüber einer zum Teil mißverstandenen Tradition . . . Als ich im Jahr 1912 die *Meistersinger* zum erstenmal in Bayreuth unter Hans Richter hörte, wurde mir diese Beziehung zwischen Wort und Ton besonders klar. Man muß daher Wagners Oper durchaus als Sprechdrama hören. Die Musik muß man ›nicht merken‹, aber sie gibt dem Ganzen die Patina, die Farbe und das Leben.«

So und nicht anders dirigiert er. Würde man das Dokument etwa als Vorkriegs-Mitschnitt aus dem Covent Garden deklarieren, das Lob über die kammermusikalische Durchsichtigkeit, den unprätentiösen Duktus und die lächelnde Menschlichkeit Furtwänglers wäre gewiß überschwenglich.

Weil aber eine solche Demonstration der Milde und Güte zu den Zwangsvorstellungen über Bayreuth und das Dritte Reich nicht paßt, werden vom Hörer als Eigenleistung quasi die Schwänzchen der Achtel- und Sechzehntelnoten mit musikalischen Hakenkreuzen versehen.

Karl Löbl entdeckt in seinem Lexikon *Opern auf Schallplatten*: »Im Gegensatz zu Toscanini zielt Furtwängler viel deutlicher und stärker auf jene ideologische Erhabenheit, auf jene fatale Apotheose deutscher Kunst, welche Wagners *Meistersinger* nach dem Krieg belastet haben.«

Und Jürgen Kesting schildert in *Die großen Sänger* ein bedrükkendes Hörerlebnis: »Bei der Schlußansprache des Sachs ließ Furtwängler die Aufführung für einen Augenblick in einer endlos wirkenden Pause stocken, ja angstvoll erstarren: Und dann sang Jaro Prohaska (1891–1965) sein ›Habt acht! Uns dräuen üble Streiche (sic!), zerfällt erst deutsches Volk und Reich . . .‹, sang es mit einer wahrhaft dräuenden Pose von chauvinistischer Anmaßung, die Angst schwer verbergen kann. Es ist ein ungeheuerlicher Moment.« Das ist in beiden Fällen dichterische Prosa von hoher Einbildungskraft.

Weil aber Verketzerungen faktenresistent sind, schadet den *Meistersingern* nach 1945 ihr Kriegs-Einsatz so sehr, daß sie Jahre auf ihre Entnazifizierung warten müssen. Und auch die anderen Wagner-Opern werden von den Intendanten nur zögerlich auf den Spielplan gesetzt. Die Restriktionen gelten stillschweigend allerdings nur in Deutschland und im befreiten Österreich. In New York und London, in Mailand, Rom und Venedig werden auch *Die Meistersinger* wie eh und je aufgeführt, ohne daß darüber auch nur diskutiert würde. Für die deutsche Vergangenheitsbewältigung aber ist die Konstruktion hilfreich, daß sich ein Werk schuldig gemacht hat und nicht etwa eine Nation. Es dauert lange, bis sich Bayreuth von dieser Stellvertreter-Funktion befreien kann.

Im Mai 1945 besetzen amerikanische Truppen die schwer zerstörte Stadt. Die Villa Wahnfried ist durch Bomben beschädigt, das Festspielhaus aber – obwohl in exponierter Lage – hat nichts abbekommen. Hier zieht der Special Service ein, der für die Truppenbetreuung zuständig ist. Im Angebot sind Gottesdienste für die diversen Glaubensgemeinschaften ebenso wie ein Symphony Band Concert oder ein Bunter Abend unter der Devise »Anything goes«.

Anything goes vor allem hinter der Bühne. Während vorne die Camp-Show *Ten little Indians* läuft, haben nicht nur zehn kleine

Negerlein im Kostümfundus viel mehr Spaß. Die farbigen Truppenteile treiben Verkleidungsscherze als Lohengrin und Evchen, als Wotan und Parsifal und eilen damit der Zeit voraus. (Die erste offizielle schwarze Sängerin auf dem Grünen Hügel wird 1961 Grace Bumbry als Venus sein.)

Größer ist der Schaden an den Scheinwerfern, die beliebte Ziele für Schießübungen sind. Und Wolfgang Wagner, der zur Trümmerbeseitigung eingeteilt ist, wird Zeuge von makabrem Mummenschanz: »Ich mußte erleben, daß eine amerikanische Jazz-Band wild entfesselt auf dem Grabe Richard Wagners im Garten von ›Haus Wahnfried‹ tanzte. Ich habe versucht, aus der Perspektive des Schuttarbeiters nach und nach etwas mehr Einfluß zu bekommen, auch in dem beschlagnahmten Festspielhaus, damit wenigstens eine gewisse Substanz erhalten blieb und nicht auch noch das Letzte irgendwie verschwand.«

Das Schicksal Bayreuths scheint dennoch besiegelt. Generalbevollmächtigter der amerikanischen Besatzungszone ist General Joseph T. McNarney, im Zivilberuf Feuerwehrhauptmann aus Brooklyn und jedenfalls kein Wagner-Fan. Wäre er nur Feuerwehrmann in Manhattan gewesen und regelmäßig zu den Aufführungen der Met abkommandiert worden, wer weiß, was an Schaden hätte abgewendet werden können. So aber muß sogar das Gerüst, das um den unzerstörten Teil der Villa Wahnfried hochgezogen wird, um sie vor weiterem Verfall zu schützen, umgehend wieder abgebaut werden.

Eine merkwürdige Rolle spielt dabei der kommissarische Bayreuther Interims-Oberbürgermeister Dr. Oskar Meyer. Bereits am 6. Juni 1945 erklärt er, das Festspielhaus werde wahrscheinlich verstaatlicht werden, aber Wolfgang Wagner könne noch eine Rolle spielen, wenn er sich von seiner Familie distanziere. Der Wagner-Enkel lehnt ab.

Aber da gibt es neben Wieland und Wolfgang noch einen dritten, nicht anerkannten Enkel, auf dessen Spuren wir uns in die noch nicht durch die Ehe geheiligten Flitterjahre von Cosima und Richard Wagner zurückbegeben müssen. Drei Kinder schenkte sie Wagner, bevor sie 1870 von Hans von Bülow geschieden wurde –

Isolde, Eva und Siegfried. Isolde, die erste, 1865 geboren, wurde aus Gründen der Schicklichkeit noch unter Bülows Namen eingetragen. Sie heiratete 1900 den Kapellmeister Franz Beidler und gebar 1901 einen Sohn, Franz Wilhelm, den ersten Enkel von Richard Wagner.

Damals stand noch in den Sternen, ob Siegfried Wagner sich jemals zur Ehe entschließen würde. Und die Beidlers dürften mit ihrem Trumpf wohl gepokert haben. Um so mehr mußte Siegfried dieser Neffe und potentielle Nachfolger ein Dorn im Auge sein.

Die Fronten wurden so unversöhnlich, daß Isolde Beidler sich 1913 gezwungen sah, ihre Anerkennung als Tochter Richard Wagners gerichtlich zu erkämpfen. »Wagner darf ich nicht heißen; Bülow möcht' ich nicht sein; doch Beidler muß ich mich nennen!« untertitelte Th. Th. Heine eine Karikatur im *Simplicissimus* frei nach Siegmunds Klage im 1. Akt der *Walküre.*

Der Skandal, den der Prozeß auslöste, war ungeheuer. Cosimas »schamlose Gleichzeitigkeit« (Dietrich Mack im Vorwort zu *Cosima Wagner – Das zweite Leben*) in ihrer Beziehung zu Bülow und Wagner, die sie »in Schweignis zu versenken« gehofft hatte, wurde von der ehemaligen Bedienerin Anna Mrazek vor Gericht in allen Details geschildert und von der Presse der Öffentlichkeit genüßlich serviert.

1914 wurde Isoldes Klage überraschend abgewiesen – nach dem damals noch geltenden Bayerischen Landrecht, in welchem »die von der Ehefrau in rechter Zeit geborenen Kinder allemal dem Ehemann beigemessen werden«. Siegfried Wagner hatte, was für die Rechtsfindung nicht unerheblich gewesen sein dürfte, mit Plänen zu einer großangelegten Nationalstiftung gewinkt. Und da war es von allgemeinem Interesse, daß das Bayreuther Erbe nicht verzettelt würde.

Im Juni 1915 wurde Siegfried Wagner von seiner Schwester Eva Chamberlain in einem psychologisch äußerst geschickten Brief beschworen, als Lohengrin in lichter Waffen Scheine gegen die Erzteufelin Ortrud ins alles entscheidende Gefecht zu ziehen: »Mache Loldis (Isoldes) unheimlich triumphierende Worte: ›Fidi (Siegfried) heiratet ja doch nicht!‹ nicht zur Wahrheit. Du leistest damit den

Schlachtern, denen, die wir als ›undeutsche Teufel‹ bezeichnen, einen zu großen Dienst!«

Das »hehre Wunder« ereignete sich. Siegfried verlobte sich als 45jähriger am 6. Juli 1915 mit der 17jährigen Engländerin Winifred Williams, der Adoptivtochter des Liszt-Schülers Karl Klindworth. Am 22. September 1915 fand in Wahnfried die Trauung statt. Am 5. Januar 1917 kam der Stammhalter Wieland zur Welt. Für Isolde Beidler, die der »Vaterraub« bereits im Mark getroffen hatte, war die definitive »Enterbung« ihres Sohnes der letzte Schlag. Sie starb 1919.

Damit wäre eine jener »Giftmischereien« beendet gewesen, die Walter Legge später als intimer Kenner der Wagner-Sippe im Dunstkreis von Wahnfried immer noch förmlich zu riechen glaubt: »Ich sagte Wieland einmal, nachdem ich oft in Wahnfried gewesen war, daß sein Haushalt die Tradition von *Tristan* und dem *Ring* aufrecht erhielte – wann immer Getränke und Speisen angeboten wurden, folgten Verrat oder heimtückische Machenschaften auf dem Fuße.«

Nachdem jedoch am 1. November 1945 die Militärregierung das Festspielhaus der Treuhandstelle der Stadt Bayreuth übergeben hat, scheint für Franz Wilhelm Beidler, der als Sekretär des Schweizerischen Schriftsteller-Vereins in Zürich tätig ist, die späte Stunde gekommen.

Am 16. März 1946 stellt ein Gutachten der Kommission für Kulturschaffende am Kultusministerium in München fest: »In der Schweiz leben Nachkommen des großen Meisters, die Familie Beidler, die würdig und ebenso berechtigt sind, das Werk ihres großen Vorfahren weiterzuführen und aus dem braunen Zirkus des Festspielhauses wieder einen wahren Tempel Wagnerscher Kunst zu machen.«

Der kommissarische Oberbürgermeister Dr. Meyer tut das Seine. Im August 1946, bei einem Konzert zum 70. Jahrestag der Eröffnung der Festspiele, hält er eine Ansprache, in der er (wie Wolfgang Wagner dem älteren Bruder brieflich mitteilt), »behauptete, die letzten 20 Jahre der Bayreuther Geschichte gehörten ausgestrichen und ausgelöscht, und die Familie hätte ihre Aufgabe dahin mißbraucht und das Haus entweiht, da sie ausschließlich auf materielle Vorteile die Sache betrieben hätte ... *Butterfly* und *Tiefland* usw. werden damit gerechtfertigt, daß das Geld für die Unterhaltung des Hauses gebraucht würde und lauter so schöne leicht widerlegbare Ammenmärchen ...«

Während die Treuhandstelle das Festspielhaus an private Veranstalter vermietet (und sogar Pläne bestehen, aus der ehemaligen Kultstätte ein Kino zu machen), entwirft Franz Wilhelm Beidler im Zusammenspiel mit Dr. Meyer zum Jahresende 1946 *Richtlinien für eine Neugestaltung der Festspiele*, deren erste Forderung ist: »Die bisherigen Besitzer sind zu enteignen ...«

Statt dessen soll eine Festspielstiftung mit Sitz in Bayreuth errichtet werden. Als Präsident des Stiftungsrates ist der hilfreiche Bayreuther OB vorgesehen. Außer ihm erhalten Sitz und Stimme »je ein Vertreter der Amerikanischen Militärregierung, des Freistaates Bayern sowie der Schweizerischen Eidgenossenschaft (!)... Den Stiftungsrat bilden im übrigen sach- und kunstverständige Persönlichkeiten ... ohne Rücksicht auf ihre Nationalität, die mit dem Grundgedanken der Werke von Richard Wagner und namentlich mit den kunstpädagogischen und sozialen Absichten des Schöpfers der Festspiele vertraut sind. Reproduktive Künstler können dem Stiftungsrat nicht angehören.«

Sich selbst schlägt Beidler als Ersten Sekretär vor und gibt im Schlußabsatz der *Richtlinien* auch schon eine erste Kostprobe: »Der geistigen Vorbereitung und Sinngebung der Festspiele ist besondere Aufmerksamkeit zuzuwenden. Dabei ist insbesondere an eine Erneuerung der ›Bayreuther Blätter‹ im wahrhaften Geiste Wagners und an ihren Ausbau zu einem maßgebenden Organ für die internationale Volksbildung auf künstlerischem Gebiet zu denken.« Franz Wilhelm Beidler weist sich damit als »echter« Enkel im Geiste des Großvaters aus, der in seinen theoretischen Schriften auch leicht ins Schwafeln kam. (Wolfgang Wagner glossiert später milde: »Aber hier ging es um die Praxis, um die Aufgabe, aus dem Nichts heraus wieder etwas zu schaffen, und das stellt natürlich sehr harte Anforderungen.«)

Das Ehrenpräsidium wird Thomas Mann angetragen, der gerade in Pacific Palisades, Kalifornien, mit dem Kantatenkapitel des

Doktor Faustus jongliert. In der *Entstehungsgeschichte des Doktor Faustus* schildert der Dichter die Wechselbäder seiner Empfindungen zur Jahreswende 1946/47, die gleichnishaft spiegeln, wie entrückt und unwirklich den Emigranten das Nachkriegsdeutschland erscheint.

Kurz vor dem Jahresende, notiert Thomas Mann, kommt Hermann Rauschning mit seiner Frau zum Abendessen (jener Rauschning, der im Danziger Landbund 1926 begeisterter Nationalsozialist wurde, als Vertrauensmann Hitlers galt, 1936 in die Schweiz floh und seither hellsichtiger Ankläger aus dem Kreis der ehemaligen Hitleranhänger ist): »Das Gespräch war politisch: Nach seiner Meinung waren die Deutschen als Volk nicht mehr möglich; was bleibe, sei der Deutsche als Individuum.«

Nicht diese rigorose Vision von der Abschaffung des deutschen Volkes jedoch verstört den Nobelpreisträger, sondern Beidlers Werbebrief, der wenige Tage danach eintrifft: »Es war ein sonderbarer, phantastischer und in gewissem Sinn erschütternder Eindruck. Aus hundert Gründen, geistigen, politischen, materiellen, mußte die ganze Idee mir utopisch, lebensfremd und gefährlich, teils als verfrüht, teils als obsolet, von Zeit und Geschichte überholt erscheinen; ich war nicht imstande, sie ernst zu nehmen.«

Aber es stehen noch genügend weitere Namen auf Beidlers und Dr. Meyers Wunschliste: die Komponisten Arnold Schönberg, Paul Hindemith, Arthur Honegger, Frank Martin und Karl Amadeus Hartmann, der englische Musikwissenschaftler und Wagner-Experte Ernest Newman, der Mozart-Forscher Alfred Einstein, der nach Israel emigrierte Berliner Musikpädagoge Leo Kestenberg und – *last but not least* – der Archivar der Pariser Oper und Übersetzer deutscher Libretti Jacques Prod'homme.

Es gibt noch Zusatz-Modelle, wie sie Dr. Meyer im Mai 1948 bei einer Veranstaltung »Jugend bekennt sich zur Neuen Musik« (schon wieder ein »Bekenntnis«) entwickelt: Bayreuth als internationales Uraufführungstheater zeitgemäßer Opern, als Wiedergutmachungsstätte für NS-verfolgte Komponisten, eine Art »deutsches Salzburg« mit gleichzeitigen Aufführungen im Festspielhaus und im Markgräflichen Opernhaus.

All diese Wolkenkuckucksheime bleiben Papier. Als der Stiftungsgedanke dem Bayerischen Ministerpräsidenten Hans Ehard unterbreitet wird, kommt der als erster auf die nicht unvernünftige Idee, zunächst eine Klärung der Besitzverhältnisse zu verlangen. Und darüber heißt es im »Gemeinschaftlichen Testament« von Siegfried und Winifred Wagner aus dem Jahr 1929 unter Ziffer 1, Absatz 2: »Die Erben erhalten bezüglich des Festspielhauses folgende Auflage: Das Festspielhaus darf nicht veräußert werden. Es soll stets den Zwecken, für die es sein Erbauer bestimmt hat, dienstbar gemacht werden, einzig also den feierlichen Aufführungen der Werke Richard Wagners ... Sollten Vorerben, Nacherben oder gesetzliche Erben durch Verschulden sämtlicher Erben, oder eines von ihnen, die Auflage nicht erfüllen, so soll die Stadt Bayreuth als Vermächtnisnehmerin das Festspielhaus zum Eigentum erhalten.«

In Bayreuth ist man – der Polemiken und Modelle Beidlers und Meyers müde – inzwischen wieder zu der Auffassung gekommen, daß die Festspiele und das Haus Wagner zusammengehören. Mit dieser Parole geht die SPD 1948 in die Kommunalwahlen und gewinnt.

Der neue Oberbürgermeister Hans Rollwagen beruft als Kulturreferenten Dr. Karl Würzburger, der – vom NS-Regime rassisch verfolgt – 1936 in die Schweiz emigrierte, sich nun aber bald mit Feuereifer für die legitimistische Fortführung der Festspiele einsetzt und mit zähem Einsatz die Weichen für das Neue Bayreuth stellt.

Karl Würzburger ist optimistischer als die Familie Wagner. Wolfgang Wagner hat noch ein Jahr vorher die Diskontinuität für die einzige Lösung gehalten. In einem depressiven Brief schrieb er am 5. April 1947 an Wieland: »Auf jeden Fall ist mir ... sehr klar geworden, daß unsere Familie von sich aus nicht mehr in der Lage ist, die Festspiele durchzuführen ... Mir persönlich ist das jetzt auch völlig gleichgültig, in welches Verhältnis unsere Familie dann zu dem Haus da oben dadurch etwa zu stehen kommt, da ich, wie ja schon oben erwähnt, unsere Familie für diese Aufgabe unfähig halte ...« (Unverkennbar die etwas holpernde Diktion, mit der Wolfgang Wagner später auf dem Grünen Hügel seine Anweisungen geben wird – dann allerdings als Ausdruck eines durch nichts und niemanden zu erschütternden Optimismus.)

Wieland Wagner schmiedet in seinem Nachkriegsdomizil am Bodensee seine eigenen Pläne. Ihm schweben Wagner-Festspiele als Gastspielunternehmen im Ausland vor. »Für den Fall, daß die Familie oder Familienmitglieder den Betrieb des Festspielhauses in Bayreuth wieder übernehmen können, wird das neue Auslandsunternehmen im Einklang mit den Bayreuther Interessen durchgeführt . . .« Erste geheime Kontakte hat er bereits geknüpft. Als seine »verfemte« Schwester Friedelind 1946 in New York die Gründung einer eigenen Operntruppe versucht und *Tristan und Isolde* inszeniert, stammen die Bühnenbild-Entwürfe von ihm.

Der Ablösungsprozeß von Bayreuths und der eigenen Vergangenheit, die Beschäftigung mit der Tiefenpsychologie Sigmund Freuds (während gleichzeitig der alte Bayreuth-Entzauberer Emil Ludwig auf der anderen Seite des Bodensees an seinem *Entzauberten Freud* bastelt) und der modernen Symbolforschung im Gefolge von C.G. Jung sind für Wieland Training für bevorstehende Aufgaben – da ist er ähnlich glücklich organisiert wie Karajan, der das Berufsverbot als unverhofftes »Sabbat-Jahr« für das Partituren-Studium nutzt.

Winifred Wagner wird ihren ältesten Sohn dafür als späten Renegaten am gemeinsamen Führerglauben tadeln. Noch im Gespräch mit Syberberg räsoniert sie, ob Wieland denn als UK-Gestellter und Kreiskulturwart kein »Begünstigter« im Sinne der Spruchkammerverfahren gewesen sei. Gnädig geht sie darüber hinweg, daß er auch noch das Monopol auf sämtliche Fotos der Führer-Auftritte in Bayreuth hatte.

Ihre Verbitterung ist, zumal sie sich subjektiv keiner Schuld bewußt ist, menschlich begreiflich. Sie fängt sich in dem vage formulierten Passus über das »Verschulden« im von ihr mitunterfertigten »Gemeinschaftlichen Testament« von 1929, bei dessen Abfassung an alles gedacht wurde, nur nicht an die Möglichkeit politischer Verstrickung.

Das Damen-Opfer muß jedoch gebracht werden, um die »Nacherben« zu Lebzeiten neu zu legitimieren. Am 21. Januar 1949 gibt Winifred Wagner die notwendige Erklärung ab: »Ich verpflichte mich hiermit feierlich, mich jedweder Mitwirkung an der Organisation, Verwaltung und Leitung der Bayreuther Bühnenfestspiele zu enthalten. Einer schon lange gehegten Absicht entsprechend, werde ich meine Söhne Wieland und Wolfgang Wagner mit den bezeichneten Aufgaben betrauen und ihnen die entsprechenden Vollmachten erteilen.«

Es darf unterstellt werden, daß ihr die »lange gehegte Absicht« viel schmerzlicher ist als die überzogene Prozedur der Spruchkammerverfahren, die sie als absurd empfindet. Daß im Leggeschen Sinn vor der Abfassung der Rückrittserklärung ein weiteres Mal »Getränke und Speisen angeboten wurden«, ist allerdings nicht dokumentiert – es ist wohl ein »Verrat« ohne vorherige Konsumation.

Rollwagen und Würzburger aber können auf dieser juristisch abgesicherten Basis als ehrliche Makler nun das Terrain sondieren. Da die Währungsreform das Festspielvermögen liqudiert hat, ist die Finanzierung künftiger Festspiele ein zentrales Problem. Auf völliges Unverständnis bei ihren Bettelfahrten stoßen die beiden Kuriere bei Generalleutnant Lucius D. Clay, dem Nachfolger von General McNarney als Generalbevollmächtigter der amerikanischen Besatzungszone seit März 1947, »der ganz konsterniert darüber war, daß wir uns nicht dazu verstehen konnten, ein paar Operetten aufzuführen, um das Geld für die Bayreuther Festspiele zu bekommen«.

Clay hat zumindest keine grundsätzlichen Einwände. Komplizierter sind die Verhandlungen mit dem Bayerischen Kultusminister Alois Hundhammer, der sich von seinem Ministerpräsidenten übergangen fühlt. Denn Hans Ehard hat in Übereinstimmung mit Rollwagen bereits im Februar 1949 entschieden, »der Familie Wagner in der Person der Söhne Wieland und Wolfgang die Handlungsfreiheit wiederzugeben«.

Hundhammer aber hat über allfällige Zuschüsse zu entscheiden und fordert erst einmal ein Gremium »aus Vertretern des Staates, des Rundfunks, der Industrie, der Stadt Bayreuth und eines Internationalen Freundeskreises«, das den Intendanten der Festspiele wählen soll. Dann wieder wünscht er unbedingt eine Beteiligung der exilierten Schwester Friedelind bei der Reorganisation der

Festspiele. Die Taktik erinnert durchaus an jene der Hofschranzen Ludwigs II., die dem gehaßten Günstling Richard Wagner alle nur möglichen Schikanen in den Weg legten.

Es nützt wenig, daß im März 1949 der Bayreuther Stadtrat einstimmig eine Entschließung billigt, in der er sich »gegen grobe Einmischungsversuche des Kultusministeriums« verwahrt. Karl Würzburger zitiert eine Auseinandersetzung, die er und die Brüder Wagner im April 1949 mit Hundhammer haben: »Das Gespräch ging hin und her, war sehr gespannt, und schließlich sagte Herr Hundhammer: ›Meine Herren Wagner! Bitte denken Sie doch an die Hakenkreuzfahnen auf dem Festspielhügel!‹ Nun saß ich dabei und konnte wirklich nichts anderes sagen als: ›Ich glaube, Herr Minister, wir sollten auch denken an die Hakenkreuzfahnen, die in München wehten.‹ Es wurde sofort das Thema gewechselt.«

Der ursprüngliche Plan, den Neuanfang Bayreuths bereits 1950 zu wagen, scheitert allerdings nicht an Hundhammers variablen Vetos. Festspiele sind »in sichtlichem Gegensatz zur ›sozialen Lage‹« nicht möglich, solange neben dem Festspielhaus Hunderte von Menschen unter primitivsten Verhältnissen in einem Flüchtlingslager untergebracht sind. Ein Argument, dem sich das an der Belebung des Fremdenverkehrs interessierte Wirtschaftsministerium nicht verschließt. Es entwickelt deshalb für Bayreuth ein Sonderwohnungsbauprogramm.

Wolfgang Wagner, dessen eminente Begabung als Organisator rasch zum Vorschein kommt, gelingt im September 1949 ein entscheidender Coup, die Gründung der »Gesellschaft der Freunde Bayreuths«, der Großindustrielle und Finanziers wie Hans Bahlsen, Berthold Beitz, Otto Springorum und der spätere bayerische Finanzminister Konrad Pöhner angehören.

Doch die Maulwurfsarbeit zur Unterminierung des Grünen Hügels geht unverdrossen weiter. Im Juni 1950 lehnen die Intendanten der Westdeutschen Rundfunkanstalten einen Zuschuß für die Festspiele ab – Rudolf von Scholtz, ihr Kollege vom Bayerischen Rundfunk, hat ganze Arbeit geleistet. Wenige Tage darauf folgt die Ständige Konferenz der Kultusminister diesem Beispiel.

Die bayerischen Demokratie-Schranzen haben allerdings nicht mit Würzburgers Hartnäckigkeit gerechnet. Er schreibt einen unverblümten Brief an Dr. Adolf Grimme, den Generaldirektor des Nordwestdeutschen Rundfunks: »Sie wissen, daß ich kein Wagnerianer bin; das dürfte Ihnen aber erleichtern, bei allem, was ich Ihnen jetzt zu sagen bzw. Sie zu fragen habe, was meine Person betrifft, Objektivität vorauszusetzen ... Hat Herr von Scholtz die Kollegen wirklich objektiv unterrichtet? Sie werden mir diese offene Frage hoffentlich nicht verübeln. Aber die Erfahrungen, die wir in Sachen Bayreuth mit dem Bayerischen Rundfunk gemacht haben, berechtigen mich zu dieser direkten Fragestellung.«

Es stellt sich schnell heraus, daß von Objektivität nicht die Rede sein konnte. Grimme (nach dem später ein Preis für couragierte Fernsehbeiträge benannt wird) setzt einen Zuschuß der Arbeitsgemeinschaft der Rundfunkanstalten durch, mit dem die Übertragungsrechte abgegolten werden.

Nun liegt der Schwarze Peter beim Freistaat Bayern. Am 31. August findet in München ein *hearing* statt. Das abschließende Gutachten der Sachverständigen nimmt einen pragmatischen Standpunkt ein: »Der Ausschuß ist ... einstimmig der Meinung, es sei wünschenswert und gerechtfertigt, daß öffentliche Mittel in Form von Subventionen und Rundfunkgeldern für die Wiederaufnahme der Bayreuther Festspiele zur Verfügung stehen ... Erst das Ergebnis der Festspiele 1951 kann darüber entscheiden, ob Bayreuth ... unter den vorgesehenen künstlerischen und organisatorischen Leitern lebensfähig ist oder nicht. Um diese Erfahrung zu machen, müssen die Festspiele zunächst einmal wieder anlaufen.«

Hilfreich bei diesem Richtungswechsel ist, daß Alois Hundhammer in das Amt des Landtagspräsidenten wechselt und damit aus dem kulturellen Verkehr gezogen wird.

Dieses merkwürdige Hin und Her ist nicht nur mit der verworrenen Situation der ersten Nachkriegsjahre zu erklären und auch nicht mit der praktischen Haltet-den-Dieb-Gebärde, die auf Bayreuth zeigend die selbst Betroffenen entlastet. Hinter der scheinheiligen politisch-moralischen Pose schwelt die alte Rivalität München–Bayreuth.

Als 1901 das nach Bayreuther Vorbild erbaute Münchner Prinzregententheater mit Richard-Wagner-Festspielen eröffnet wurde, war die erfolgreiche Kopie Cosima ein Dorn im Auge, weil Bayreuther Künstler ohne ausreichende Proben »mit anderen auf der Bühne zusammengemengt« wurden, wodurch sie die Würde in Frage gestellt sah, welche die Arbeit in Bayreuth immer ausgezeichnet habe.

Nun ist die Lage umgekehrt. In München waren bereits Beidlers hochtrabende Pläne zum Scheitern verurteilt, nicht weil sie praxisfremd waren, sondern weil sie zum Schaden der bayerischen Metropole aus der entlegenen fränkischen Provinzstadt ein europäisches Geisteszentrum machen wollten. Die »Rest-Enkel« meinte man abtun zu können, indem man verächtlich von den »Wagner-Bub'n« sprach.

Aber glücklicherweise – und das ist der letzte Stolperstein – ist ein Bayreuth, das bei Null wiederbeginnen muß, mehr denn je vom *good-will* der deutschen Intendanten abhängig, die nicht nur Sänger, sondern vor allem Musiker für das Festspielorchester zur Verfügung stellen.

Georg Hartmann, der Intendant der Bayerischen Staatsoper im Prinzregententheater, ist an einer solchen Hilfestellung für die Konkurrenz nicht im geringsten interessiert. Denn er präsentiert bereits 1950 die ersten Münchner Nachkriegsfestspiele. Inzwischen hat sich nach viel tröstlichem Puccini auch die Wagner-Pflege wieder interessant entwickelt und ist sogar gut für ein Schlüsselerlebnis.

John Culshaw, frischgebackener Produktionsleiter bei der DECCA in London, ist im Mai 1950 auf Vortragsreise in Deutschland und nutzt die freien Abende für Opernbesuche. Nach dem deprimierenden Erlebnis einer *Tristan*-Aufführung im Admiralspalast in Ost-Berlin (dem Ausweichquartier der Staatsoper) befindet er sich eine Woche später an einem heißen Nachmittag in einem gemieteten Boot auf dem Starnberger See. Wiewohl er keinen der Nachfahren jener Fischer an seiner Seite hat, die einen Fürsten Eulenburg zu Fall brachten, zögert er, ob er sich einen weiteren Katzenjammer mit der *Walküre* unter Georg Solti im Münchner Prinzregententheater holen soll.

Sechs Stunden später verläßt er das Theater »trunken von Enthusiasmus« über den Dirigenten: »Am großartigsten war, wie Solti das E-Dur des Orchesters in der Schlußszene anlegte, wenn Wotan aus einem unerbittlichen Gott zu einem menschlichen Vater wird. Ich weiß, daß das *crescendo* der Blechbläser auf dem Höhepunkt nicht notiert ist. Ich weiß, daß einige Dirigenten wie Erich Leinsdorf sich deshalb weigern, es auszuführen. Und ich habe den Verdacht, daß Georg Solti das von Hans Knappertsbusch gelernt hatte, der mehr über Wagner als theatralisches Ereignis wußte als irgendein anderer in dieser Zeit.«

An diesem Abend hat John Culshaw die fixe Idee, irgendwann einmal in ferner Zukunft den *Ring* auf Schallplatte zu bannen. 1958, mit dem Beginn des Stereozeitalters, wird mit *Rheingold* unter Georg Solti der erste Stein gelegt werden.

Der beste Garant für den Neuanfang in Bayreuth 1951 aber ist Hans Knappertsbusch. Wolfgang Wagner weiß zu schätzen, was die Festspiele dem Dirigenten zu verdanken haben: »Knappertsbusch hat

Kleine Einlage im »mystischen Graben« des Bayreuther Festspielhauses 1951: Herbert von Karajan korrepetiert für Hans Knappertsbusch

durch den Glauben insbesondere an meinen Bruder – später dann auch an mich – wesentlich dazu beigetragen, Kreise, die uns als unbeschriebenen Blättern berechtigtermaßen skeptisch gegenüberstanden, durch seine Autorität positiv zu beeinflussen.«

Der 63jährige Knappertsbusch gibt – man glaubt es kaum – sein Debüt auf dem Grünen Hügel. Als blutjunger Musiker hat er kurz nach der Jahrhundertwende in Bayreuth assistiert und – was wenige seiner Generation von sich behaupten können – mit Hans Richter gearbeitet, dem *Ring*-Dirigenten im ersten Bayreuther Jahr 1876. Doch wurde er später, obwohl gerade als Wagner-Dirigent berühmt, seltsamerweise weder von Siegfried noch von Winifred Wagner eingeladen.

Als er nun am Eröffnungsnachmittag des 20. Juli 1951 seinen Sitz im »mystischen Abgrund« erklommen hat, braucht er, der sonst rigoros seinen Einsatz gibt, in das Orchester »sticht«, eine ganze Weile, bis er den Stab heben kann, um das Vorspiel des *Parsifal* beginnen zu lassen.

Eine Kna-Anekdote behauptet, daß er auf die Frage, wie er Wieland Wagners Inszenierungen finde, brummend geantwortet habe: »Och, ich schau gar nicht hin!« Er schaut sehr wohl hin. Daß es im *Parsifal* auf der »Koch-Platte«, der einheitlichen runden Spielfläche, im 3. Akt keinen Quell und keine Hütte mehr gibt, damit kann er sich, wenn auch nur schwer, abfinden. Daß aber zum Erlösungs-Schluß keine Taube mehr herabschwebt, läßt er sich nicht gefallen. Wieland gibt scheinbar nach. Die Taube wird wie gehabt am »unsichtbaren« Faden herniedergelassen – allerdings nur bis zum oberen Vorhangsaum, so daß nur der Dirigent, nicht aber das Publikum sie sehen kann. Natürlich bleibt der Schwindel einem Knappertsbusch nicht auf Dauer verborgen. Eines Tages legt er Wieland wortlos ein Stück Schnur auf den Schreibtisch. Und die Taube hängt für diese Festspiel-Saison ein Stück tiefer.

Diese *Parsifal*-Gemeinschaft hält bis 1964, ein Jahr vor dem Tod Knappertsbuschs. Lediglich 1953 wendet er Wieland und Bayreuth »für immer und ewig« den Rücken – das ist das Jahr von Clemens Krauss –, um bei den nächsten Festspielen wieder dabei zu sein. Auch zwei kritische Fehleinschätzungen der Zusammenarbeit halten sich konsequent diese dreizehn Jahre und darüber hinaus.

Das sind zum einen Knappertsbuschs gemessene Tempi, dokumentiert auf zwei offiziellen und einer ständig wachsenden Anzahl von Piraten-Mitschnitten, Tempi, die deutsche Denker wegen ihres »weihevoll-pathetischen Charakters« enervieren. Der alte Vorwurf der »esoterischen Verbrämung« also. Zitieren wir dagegen einmal mehr Rodolfo Celletti, der anhand des Mitschnitts von 1951 die für ihn typischen Charakteristika der Interpretation beschreibt: »Eine Schwere, die sich auf die langsamen Tempi stützt, die jedoch getragen werden von den vollen und dichten Bögen der Streicher. Sie sind recht eigentlich die Pfeiler einer Konstruktion, die vielleicht der Monumentalität verhaftet ist, aber durchleuchtet von einer Auffassung, in welcher der Konflikt zwischen dem Guten und Bösen all die qualvolle Bedeutung wiedergewinnt, die ihm die romantische Kunstauffassung zuschreibt.« Celletti braucht sich eben nicht die Sorgen der Deutschen zu machen und neigt offenbar mehr Mario Praz zu als einem gröblich vereinfachten Nietzsche.

Zum anderen gibt man sich baß erstaunt, daß sich der »Revolutionär« Wieland für seine zentrale Arbeit einen Dirigenten holt, der so total im Dienste der »Tradition« steht.

Zu bedenken ist, daß die Radikalität der szenischen Erneuerung von 1951 zumal von den Kosten diktiert wird; daß das meiste Geld und Material für die herkömmliche *Meistersinger*-Inszenierung von Rudolf Hartmann verbraucht wird; daß im Hintergrund Wolfgang Wagner »als der Manager der Revolution, als Chef des Bodenpersonals bei Wielands künstlerischen Höhenflügen« (Karl Schumann) waltet und auch die Ballen von Sackrupfen beschafft, die eingefärbt und für *Parsifal* und den *Ring* zu kratzigen Kostümen verarbeitet werden.

Wie revolutionär ist dann Wielands Konzept, das den einen angesichts der »entrümpelten Bühne« einen Schock versetzt, für die anderen die Befriedigung bringt, daß kein »überflüssiges« Requisit von der Handlung ablenkt (während man bisher annahm, daß Requisiten nur dann stören, wenn die Akteure drüber stolpern)?

In der *Zeit*-Diskussion von 1964 über Wielands neue *Meistersinger* nennt der Kritiker Johannes Jacobi die »Entrümpelung« eine Geschichtsklitterung: »Weil niemand sich die Finger verbrennen wollte, indem er auf großartige, stilistisch wegweisende Kunstleistungen verteidigend hinweisen mochte, die unter (und trotz) dem politischen Patronat Hitlers in Bayreuth vollbracht worden sind, konnten die Enkel so tun, als ob es das zweite Bayreuth gar nicht gegeben hätte. Allmählich wird der Blick der Öffentlichkeit wieder frei.«

Hans Mayer kommt 1976 in *Richard Wagner in Bayreuth* zu einem ähnlichen Befund, der dem verwirrten Zuschauervolk in Deutschlands Mitten notwendigerweise entgehen mußte: »Vergleicht man Wieland Wagners Entwürfe aus der Zeit des Dritten Reiches mit seinen späteren Arbeiten für das Neue Bayreuth, so wird man nicht von schroffer Diskontinuität sprechen können. Der offizielle Monumentalstil des Dritten Reiches wirkt nach. Verbunden ist er freilich schon früh mit einer Farbgebung und architektonischen Strukturierung, die auf den lange Zeit verfemten und als entartet verschrienen Expressionismus zurückgriff. Wielands Lehrzeit am Bodensee – das hat er selbst immer wieder betont – galt dem Bestreben, im Nachholverfahren die ungekannten und damit unbekannten Strömungen und Hauptwerke der Bildenden Kunst im 20. Jahrhundert kennenzulernen. Die Folge dieses individuell und gesellschaftlich notwendigen Wiederholungszwanges aber war, daß in den ersten Jahren nach 1951 eine neue Kunst in Bayreuth gezeigt wurde, die in der Tat ein Neubayreuth zu begründen vermochte, jedoch in der internationalen Kunstentwicklung bereits einigermaßen ›gestrig‹ anmutete.«

Eine ursprüngliche Eigenheit der Bayreuther Bühne läßt sich Wieland übrigens entgehen, und später auch Wolfgang, der ja für die völlige Wiederherstellung des Hauses verantwortlich zeichnet. Bereits im November 1865 hatte Gottfried Semper, der das nicht verwirklichte Wagner-Festspielhaus in München erbauen sollte, Wagner seine Pläne erörtert: »Dann habe ich, gemäß unserer Verabredung, zwei Proszenien hinter einander gestellt, die durch die vertiefte Orchestra getrennt sind. Die Architektur des engeren zweiten Prosceniums ist eine verjüngte Wiederholung der des großen vorderen. So entsteht eine vollständige Verrückung des Maßstabes und in Folge dessen eine scheinbare Vergrößerung alles dessen, was auf der Bühne vorgeht, und die gewünschte Trennung der idealen Bühnenwelt von der realen Welt.«

Dieses doppelte Proscenium ist inzwischen durch einheitlich grauen Anstrich seiner Wirkung beraubt. Wieland hält den optischen Trick wohl für ein überflüssiges Relikt aus den Zeiten der Gasbeleuchtung. Doch auch den Illuminations-Effekten des elektrischen Zeitalters setzt er seine Vision entgegen: »Der ausgeleuchtete Raum ist an Stelle des beleuchteten Bildes getreten.« Und in der Tat gelingt ihm in seiner Lichtregie Licht-Magie. Die Personen wirken zugleich überlebensgroß und entrückt (eine Tortur nur für die Sänger, die die Scheinwerfer in Augenhöhe ertragen müssen).

In der Monumentalität wie im *espressivo* treffen sich in Wieland Wagner und Knappertsbusch also geradezu ideale Partner. Daß das übersehen wird, daß im Gegenteil beide gern dialektisch gegeneinander ausgespielt werden, beweist lediglich, daß die »Entrümpelung« der Bayreuther Szene wesentlich einfacher ist als die Entrümpelung der Wagnerianer (unter denen die alten Parteigenossen übrigens eine verschwindende Rolle spielen) – eine Sisyphus-Arbeit, die darum auch bis heute immer wieder von vorne beginnt.

Daß nach dem *Parsifal* eine »Vereinigung für die werktreue Wiedergabe der Dramen Wagners« gegründet wird, ist nur ein erster putziger Versuch, gegen die »Willkür« von Spielleitern zu protestieren, »die sich um die Vorschriften Wagners nicht kümmern und ohne jegliche Ehrfurcht nur den Ehrgeiz haben, ihr eigenes Licht leuchten zu lassen«. Es geht dabei um rein ästhetische Kriterien, um das vermeintlich verlorene Paradies der Romantik. Auch bei dem Gezeter um Wielands erste *Meistersinger* 1956 und seinen radikalen Verzicht auf Nürnbergs enge Gäßchen handelt es sich um die Enttäuschung großer Kinder über die Vertreibung aus dem Bilderbuchland. Wieland habe ihnen ihren »kulturellen Teddybär« weggenommen, wird seine Tochter Nike das Gejammer deuten.

Wielands Dramaturgie wird weitgehend von den Vorstellungen des Bühnenbildners beherrscht. Erst als am Beginn der siebziger Jahre Regisseure über den philosophischen und sozialgeschichtlichen Wandel nachzudenken beginnen, der sich in den knapp hundert Jahren seit der Gründung der Festspiele vollzogen hat, politisiert und ideologisiert sich auch die Reaktion großer Teile des Premierenpublikums.

Götz Friedrichs *Tannhäuser* provoziert 1972 Haßausbrüche, die infarktverdächtig sind. Letzter Auslöser ist, daß der Regisseur (der notabene kurz vorher aus der DDR in den Westen gewechselt ist) im Finale nicht sehr plausibel den Chor die Fäuste in eine Zukunft recken läßt, die viele für die des real existierenden Arbeiter- und Bauernstaates halten. Die eigentliche Wut aber kocht bereits seit dem Wartburg-Akt, in dem die Wachmannschaften beabsichtigte Assoziationen zu totalitären Regimen wecken.

Für die Massen-Proteste, die ab nun eigentlich zur Grundausstattung einer gelungenen Bayreuther Neuproduktion gehören, finden sich wechselnde Koalitionen von manchmal groteskem Zuschnitt. Eines der absurdesten Spektakel wird beim ersten Chéreau-*Ring* 1976 die Kampagne eines jungen jüdischen Anwalts aus New York sein, der Wagners Germanentum gegen die frechen Franzosen verteidigt, indem er alle Trillerpfeifen aus Bayreuth und Umgebung ersteht und verteilt, und dessen bohrend fanatischer Blick von ganz bösen Menschen mit dem eines gewesenen Propagandaministers verglichen wird.

NEU-BAYREUTH UND DAS »DREIDIMENSIONALE« SINGEN

Die Debütanten auf dem Grünen Hügel sind keine Neulinge: Martha Mödl, Astrid Varnay, Hans Hotter, George London, Wolfgang Windgassen – Leonie Rysanek ist Wieland Wagners erste und letzte Sieglinde – Anja Silja schlägt Wolfgang Sawallisch ein Schnippchen – Birgit Nilsson: Jahrhundertstimme mit entsprechender Anlaufzeit

Mag auch die Kritik über szenische Lösungen und »Irrwege« nicht ruhen, über die neue Garde der Sänger auf dem Grünen Hügel herrscht bereits im ersten Jahr Einigkeit.

Ein bedeutsamer Zufall setzt mit dem 31jährigen George London als Amfortas im Eröffnungs-*Parsifal* 1951 die unterbrochene Tradition der jüdischen Sänger bei den Bayreuther Festspielen wieder in ihr Recht. Der »alte Bayreuther Hase« Rudolf Bockelmann notiert den feinen Unterschied mit leicht völkischem Unterton in sein Tagebuch:

»Dieser London ist eine so unbezahlbare Kapazität, da er etwas Ostisches mitbringt, was der Musik im allgemeinen zugute kommt; eine Mischung aus synagogaler Kantilenik, Süße, Belcanto und Innigkeit, was die meisten deutschen Sänger vermissen lassen ... Einen solchen Amfortas hat Bayreuth seit vielen Jahren (wenn ich die Zwangspause seit 44 auslasse) nicht gehabt.« Und damit meint er in der Reihenfolge seit 1933 Heinrich Schlusnus, Herbert Janssen, Jaro Prohaska und Hans Reinmar ...

Das Risiko, das Wieland Wagner und Knappertsbusch im *Parsifal* mit einer – bis auf den Gurnemanz von Ludwig Weber – »jungen« Besetzung eingehen, ist allerdings längst nicht so groß, wie die Legende es will.

Der 37jährige Hermann Uhde, besessener Gestalter dämonischer und schuldbeladener Charaktere, der als Klingsor – wie London als Amfortas – dem Konflikt zwischen dem Guten und Bösen die »qualvolle Bedeutung« zurückgewinnt, hat mit zweiundzwanzig sein Debüt am Bremer Stadttheater als Titurel gegeben.

Der gleichaltrige Wolfgang Windgassen ist nicht nur Lohengrin und Walther von Stolzing gewesen. Im letzten halben Jahr hat er in Stuttgart ein Debüt-Marathon hinter sich gebracht – Ende Dezember 1950 Tannhäuser, im Februar 1951 Siegfried und zu Ostern, sozusagen als Einstimmung auf Bayreuth, den Parsifal. Im November 1951 folgt der erste Tristan. (Als Wieland sich ihn in Stuttgart anhörte, war er allerdings der Paris in der *Schönen Helena.*)

Auch die 39jährige Martha Mödl ist beileibe nicht eine »im wahrsten Sinne des Wortes unbeschriebene Kundry«, wie sie Wieland gefunden zu haben glaubt. Sie hat die Partie 1949 für den NWDR gesungen, am 7. April 1950 gab sie ihr Rollendebüt auf der Bühne in der *Parsifal*-Neuinszenierung der Deutschen Staatsoper im Ost-Berliner Admiralspalast unter Joseph Keilberth, und im März und April 1951 war sie Kundry in den fünf Vorstellungen einer *Parsifal*-Produktion an der Scala unter Wilhelm Furtwängler.

Neu-Bayreuth aber schmückt sich mit dem Mythos, Sänger zu »entdecken«, wenn schon die Größten der alten Garde nicht mehr zu gewinnen sind. Als Brünnhilde wollten die Wagners eigentlich Kirsten Flagstad haben, die ihre letzten Brünnhilden und die Isolde eben noch in der vergangenen Spielzeit in London gesungen hat. Sie lehnt ab und empfiehlt ihre junge Kollegin, die »unbekannte« Astrid Varnay – unbekannt in Oberfranken und Umgebung.

Es wird von den Bayreuther Chronisten hartnäckig unterschlagen, daß die 33jährige bereits alt an Erfahrung ist, auch wenn sie wegen ihrer schlanken Figur am Anfang auf dem Grünen Hügel »Siebenmonats-Walküre« genannt wird. Bis auf die Brünnhilde in der *Götterdämmerung* hat sie an der Met seit 1941 alle Wagner-Partien gesungen, Isolde und Kundry und selbst Evchen und – je nach Bedarf – parallel Elsa und Ortrud. Dieser zehnjährige Raubbau hat seine Spuren hinterlassen. Auch für Astrid Varnays Organ kann gelten, was Brünnhilde über Siegfrieds Schwert zu singen weiß: »Wohl kenn ich seine Schärfe . . .«

Da Wieland aber die meisten seiner Inszenierungen von Jahr zu

»Wozu brauche ich einen Baum auf der Bühne, wenn ich eine Varnay habe?«: Astrid Varnay als Ortrud in *Lohengrin*

Jahr rastlos ändert, aus der Walstatt eine Werkstatt macht, setzt sich der Eindruck fest, daß auch die Sänger in Entsprechung zu ihren Bayreuther »Dienst«-Jahren der Sonne ihrer Vollendung entgegenschreiten.

So kommt 1976 ein Beitrag im Sonderheft der *Opernwelt* zum 100jährigen *Ring*-Jubiläum zu der staunenswerten Erkenntnis: »Auch Varnays Brünnhilde in dem von Karajan dirigierten Bayreuther Mitschnitt des 3. *Walküre*-Aufzuges aus dem Jahre 1951 . . . erreicht sowohl ausdrucksmäßig wie auch rein gesanglich noch nicht den Vollkommenheitsanspruch ›ihrer‹ Bayreuther Brünnhilden 1955 unter Keilberth und – vor allem – 1957 unter Knappertsbusch.«

Gewiß steht außer Zweifel, daß Astrid Varnay eine bedeutende

Darstellerin ist, so daß Wieland Wagner sich pointiert rühmen kann: »Wozu brauche ich einen Baum auf der Bühne, wenn ich eine Varnay habe.« Wie aber kann eine Sängerin, die bereits vor den Bayreuther Anfängen ihre vokale Flexibilität eingebüßt hat, im Laufe weiterer sieben Jahre des *wear and tear* »rein gesanglich« Nuancen entwickeln, die solche Flexibilität ja voraussetzen würden? Wie also kann sich in einer Stimme, welche die Töne aus dem Notenbild mehr und mehr förmlich ausstanzen muß, ein Vollkommenheitsanspruch erfüllen? Er kann es natürlich nicht, und erst recht nicht auf den unbarmherzig registrierenden Mitschnitten.

Doch wird der *Opernwelt*-Beitrag, der stellvertretend für den besonders parteiischen Sängerkult der »Bayreuthianer« der fünfziger Jahre steht, noch massiver: »Zumindest aus ›heutiger‹ Sicht haftet den Interpretationen einer Flagstad, Frida Leider oder Helen Traubel, die sich ganz offensichtlich in erster Linie auf das rein Gesangliche konzentriert haben, im Vergleich mit den sängerdarstellerischen Auffassungen einer Mödl oder Varnay etwas Eindimensionales an.«

Was die geringere Vergeistigung von Helen Traubel betrifft, ist dem nicht gänzlich zu widersprechen, obwohl selbst sie anläßlich eines Gastspiels in Buenos Aires eine Zeitungsnotiz zitieren kann, die ihr die Verzauberung ihres Publikums bestätigt: »Der künstlerische Haupttreffer der Saison im Colón war Helen Traubels aus St. Louis gebürtige Isolde. ›Sie sieht aus wie eine Kuh‹, kommentierte ein aficionado, ›aber ihr Liebestod läßt uns paralysiert zurück.‹«

Aber es geht ja nicht um einen ehrlichen Vergleich, sondern um ein Vexierspiel mehr oder weniger geschickter Verdrehungen. Wenn ein geradegewachsener Mensch in ein Land der Buckligen kommt, wird er als häßlich gelten. Cosima Wagner, die Gralshüterin des deklamatorischen Tonfalls und dezidierte Gegnerin des »Schönsingens«, hätte ihre Freude an der Entwicklung gehabt.

Aber gemeint ist ja, obwohl sich das auf Tonträgern eigentlich weniger vermittelt, die Durchdringung von Gesang und Gestaltung. Es wird pauschal unterstellt, daß vor der Bayreuther Revolution von 1951 die Wagner-Sänger auf der ganzen Welt wild herumgefuchtelt und auch sonst lächerliche Figur gemacht haben. Und aus den Memoiren von Helen Traubel haben wir zu diesem Thema einige hübsche Details erfahren können. Doch war das »wandelnde rote Plüschsofa« Lauritz Melchior, das Rudolf Bing an der Met erstmals 1939 erblickte, eher die Ausnahme.

Die Rollen-Analysen, die etwa Lotte Lehmann in ihrem Buch *My Many Lives* liefert, wären für heutige Regisseure ein hilfreiches Regulativ ihrer eigenen Phantasie. Die inzwischen zahlreicheren Ton-Dokumente von Frida Leider belegen, wie sublim sie zu nuancieren wußte. Und Lanfranco Rasponi legt in seiner Würdigung von Kirsten Flagstad besonderen Wert auch auf ihre Bühnenpräsenz: »Für mich war sie auch eine außergewöhnliche Darstellerin: noch mehr, die größte überhaupt. Mit wenigen Gesten und der Würde einer königlichen Gestalt aus alten Zeiten beherrschte sie die Bühne und machte alle um sich verschwinden. Wie sie mir sagte: ›Ich denke nicht über Schauspielern nach; ich denke nur daran, den Worten des Textes ihren Sinn zu geben.‹« Nichts anderes fordert auch Wieland Wagner seinen Heroinen ab.

Die Legenden werden von Bayreuth und den Bayreuthianern hausgemacht, die Dauerschäden holen sich die Stimmen mit großem Fleiß außerhalb.

Martha Mödl ist ein überlebensgroßes Beispiel dafür, daß der unfaßbar rasche Verschleiß von Stimmen keineswegs ein typisches Symptom unserer ahnungs- und gewissenlosen Zeit ist, sondern schon immer zum Risiko gehörte, wenn denn nicht der Sänger selbst auf vernünftige und maßvolle Einteilung seiner Mittel achtete.

Eigentlich brächte sie nach landläufiger Meinung gediegene Voraussetzungen für eine Hochdramatische mit. Mit 28 erst hat sie ihr Gesangsstudium begonnen, zehn Jahre später wechselt sie von den Mezzo- und Alt-Partien auf den Rat von Joseph Keilberth in das schwere Wagner-Fach – in einem Alter also, in dem auch die langlebigsten Heroinen der Vergangenheit ihre Reife erlangten. Von Vorteil ist das sämige Timbre und die satte Mittellage, auf der anfangs noch eine sichere Höhe aufbauen kann.

Um zu verstehen, was bei Martha Mödl den vorzeitigen stimmlichen Verfall herbeiführt, müssen wir uns mit einem Parallelfall beschäftigen, bei dem das vokale »Extremklettern« gutgeht. Christa Ludwig beginnt ebenfalls mit Wonne in den frühen sechziger Jahren ihre Ausflüge ins dramatische Sopranfach. Aber es sind eben immer nur Ausflüge. Beraten von ihrer Mutter, der Altistin Eugenie Ludwig-Besalla, weiß sie: »Diese Sachen gehen natürlich immer nur einige Jahre gut und nicht das ganze Leben. Meine Stimmbänder sind eben Mezzosopran-Stimmbänder, und ich kann nur mit meinem Impetus, meiner Intensität und mit meiner Kalkulation der Technik Verschiedenes machen, was mir nicht in die Wiege gelegt wurde.«

Doch auch eine Christa Ludwig hat für den Genuß der an sich verbotenen Früchte bar zu bezahlen. Obwohl Karl Böhm die Partie der Färberin in der *Frau ohne Schatten* speziell für sie im 2. Akt radikal einstreicht, muß sie nach den Produktionen in Paris und bei den Salzburger Festspielen jeweils mehrere Monate pausieren.

Den seligsten aller Träume, Isolde, erfüllt sie sich jedoch nicht. Als erster Verführer tritt Karajan an sie heran. Das erzählt sie Karl Böhm. Böhm sagt: »Na, dieser Karajan ist ein Verbrecher!« Und dann nach einem Schweigen von mehreren Minuten: »Obwohl ... mit mir könntest du's singen.« Als letzter Versucher erscheint Leonard Bernstein. Diesmal erbittet sie nicht Bedenkzeit, sondern besteht auf einem »Vorsingen«. Es wird im Wiener Musikverein anberaumt. Auf dem Weg dorthin macht sie kehrt und sagt vorsichtshalber telefonisch ab. »Es hätte sicher meine Karriere um zehn oder fünfzehn Jahre verkürzt.«

Zurück zu Martha Mödl. Nach der ersten Bayreuther Kundry singt sie am 6. Dezember 1951 in Florenz ihre erste Isolde, abermals unter Joseph Keilberth. In Wielands Bayreuther *Tristan* von 1952 – vor dem noch im März und April die ersten Brünnhilden (alle drei) unter Knappertsbusch in Neapel liegen – sind sie und Ramon Vinay unter Karajans befeuernder Stabführung ein von Energie berstendes Paar. Die auch von authentischen Sopranen gefürchteten hohen C am Anfang des Liebesduetts gelingen ihr ebenso wie die heiklen chromatischen Passagen des Rausches vor Markes Auftritt. Daß im Liebestod einiges zu tief gerät, kann anderen auch passieren.

Am 5., 6. und 7. Juni 1953 bringt Karajan im Rahmen seines Beet-

»Der Sackrupfen kratzt«: Wieland Wagner, Martha Mödl und Wolfgang Windgassen bei einer Regie-Besprechung zum Bayreuther *Parsifal* 1951

hoven-Zyklus mit den Wiener Symphonikern im Musikverein einen konzertanten *Fidelio*. Und hier fällt wachen Ohren zum erstenmal auf, daß die Künstlerin im *adagio*-Teil ihrer Arie – ». . . die Liebe wird's erreichen« – bei aller Liebe weder das hohe H noch das H zwei Oktaven tiefer erreicht. Ein Mitschnitt vom 12. Oktober 1953 aus dem Theater an der Wien unter Wilhelm Furtwängler (wenige Wochen vor dem gemeinsamen RAI-*Ring* in Rom) bestätigt den ersten Befund.

Nun ist dieses hohe H – eine frühe Entsprechung zum hohen C der Nilarie – nach dem Aufstieg und als Übergangsnote weit unangenehmer als die angerissenen hohen C in Brünnhildes Walkürenruf. Da kann man sich über gesangliche Unzulänglichkeit auch nicht durch Gestaltung hinwegretten. Und wie in *Aida* macht auch im *Fidelio* Erfahrung nicht geschickter, sondern furchtsamer. Klugheit würde also gebieten, die Zitterpartie nicht zu wiederholen.

Doch ganz im Gegenteil wird Martha Mödl gewissermaßen *die* Leonore jener Jahre – auch im *Fidelio* zur Wiedereröffnung der

Wiener Staatsoper am 5. November 1955 unter Karl Böhm. Was da nun zu hören ist, erklärt sich nicht mit der emotionalen Beladenheit dieses Ereignisses, nicht damit, daß alle Ausführenden gleichsam unter Strom stehen. Martha Mödl ringt um ihre stimmliche Existenz, versucht vergeblich, sich den Aufstieg des »sie wird's errei---chen« mit dem Jodler-Ansatz »sie wird's er-, ja-a-a« zu erleichtern. Am Ende klafft in der »Gat-tenliebe« zwischen dem hohen H und dem Dis darunter eine Lücke, die eher auf ewige Trennung denn auf verzweifelte Wiedervereinigungssehnsucht deutet.

Ein solches Unterfangen ist purer Aberwitz, auch vom Dirigenten. Lotte Lehmann, die unter den Ehrengästen ist, könnte Böhm erzählen, daß Arturo Toscanini ihr 1936 in Salzburg konzedierte, die Arie von E nach Es zu transponieren, weil ihm so sehr an der Allgewalt ihres Ausdrucks lag, daß er für dieses Mal auf die Papiertreue der Noten verzichten zu können glaubte.

Eben dieses Beseeltsein ist es, das selbst kritische Kommentatoren auch an Martha Mödl rühmen und mit einigen Verrenkungen als Begründung für den gesanglichen Wildwuchs anführen. Hier werden Ursache und Wirkung vertauscht. Sie verzehrt sich nicht um den Preis vokaler Korrektheit, sondern weil sie je länger, je vehementer gegen die Zerklüftung der Stimme anzukämpfen hat, wirkt ihre Intensität so aufregend. Bei Wagner funktioniert dieser Totaleinsatz noch einige Jahre an den großen Bühnen der Welt, obwohl sie seit 1957 konsequent alles einen Viertelton zu tief singt, ohne das Orchester zu benachrichtigen.

Das Ende mit Schrecken, was das hochdramatische Sopranfach angeht, kommt im Februar 1962, als sie in Stuttgart mit Wieland Wagner und Ferdinand Leitner die Elektra riskiert – ein Amoklauf, obwohl die Partie im Laufe der Aufführungspraxis, teils noch mit dem Einverständnis des Komponisten, ausgehöhlt worden ist wie ein mykenischer Kürbis.

Obligatorisch ist ein Strich von 93 Takten in Elektras Rache-Ausbruch kurz vor Ende der Klytämnestra-Szene. Ein weiterer Strich von 75 Takten in der nächsten Szene, der Elektras Lobpreis auf die starken Arme der Schwester um die Hälfte verkürzt, entlastet bereits Anny Konetzni in der *Elektra*-Produktion von 1951 in Florenz unter Mitropoulos. Astrid Varnay und Karajan wird es 1964 in Salzburg vorbehalten bleiben, die Passage in voller Länge zu streichen bis »Von jetzt an will ich deine Schwester sein«, von wo ab wieder gesungen werden muß, weil die Stelle ziemlich bekannt ist.

Martha Mödl aber übernimmt sich auch mit der gekürzten Fassung. Als sie in der Hauptprobe zum erstenmal aussingt, stellt sich heraus, daß sie die Partie mit der größten Willensanstrengung nicht durchstehen kann. Das lange lyrische Solo »Traumbild, mir geschenktes Traumbild« in der Erkennungsszene mit Orest, das nach den ersten Takten bereits mit einem innigen hohen B aufwartet, muß geopfert werden.

Als die Tragödin das Ende der auf diese Weise recht kurz gewordenen Premiere erreicht hat, ist sie von tiefer Scham erfüllt und meint, sich vor den – je nach Temperament – höhnischen, strafenden oder mitleidigen Blicken der Menschheit verkriechen zu müssen. Doch ganz im Gegenteil wird sie vom Publikum so stürmisch gefeiert, daß sie den Mut faßt, auch noch die weiteren bereits geplanten Vorstellungen zu exekutieren – als prolongierten Abschied von der ersehnten Rolle und vom Fach.

Auch die örtliche Kritik geht auf die Verstümmelung nicht ein. Kurt Honolka hält sich in den *Stuttgarter Nachrichten* maßvoll bedeckt: »Bei aller Bewunderung für die große Künstlerin Martha Mödl: die Stimmbesitzerin hat den jahrelangen hochdramatischen Strapazen ihren Tribut zollen müssen. Ihr Sopran hat nicht mehr die Kraft und Fülle für die Elektra . . . Es spricht für Martha Mödls Persönlichkeit, wenn sie dennoch ein imponierendes Charakterporträt wenigstens andeuten konnte.«

Carl Dahlhaus aber, Musikwissenschaftler von Rang, dreht in der *Stuttgarter Zeitung*, statt einen würdigen Nekrolog zu verfassen, den Spieß um: »Martha Mödl singt nicht Töne, die man sich, wie bei nicht wenigen Sängern, auch von anderen gesungen vorstellen könnte, sondern ihr Gesang ist unwillkürlicher Ausdruck: so zwingend, daß man geringfügige Schwächen der Stimme nicht bemerkt – Schwächen, die Martha Mödl nicht zu fürchten braucht, weil sie bei ihr bedeutungslos sind. Um es unmißverständlich zu sagen: Der erste Monolog der Elektra . . . war einer der großen Augenblicke musikalischen Theaters, die den Atem stocken lassen und aus denen die Einsicht zu gewinnen wäre, daß das Entzücken über

Töne, an denen nichts zu rühmen ist, als daß ihre Lautstärke proportional zu ihrer Höhe wächst, ein Fetischismus musikalischer Analphabeten ist.«

(Zu diesen »musikalischen Analphabeten« wird Carlos Kleiber zählen, der 1971 darauf besteht, daß seine Stuttgarter *Elektra* strichlos gesungen wird.)

Der Dritte im Neuen Bayreuther Bund, Wolfgang Windgassen, braucht lange, bevor er mehr als nur wohlwollend beurteilt wird. Irgendwie hat sich in den Köpfen der mitteleuropäischen Menschheit die irrige Meinung festgesetzt, daß vor seiner Zeit lauter geklonte Doubles von Lauritz Melchior oder Max Lorenz die Bühnen bevölkert haben, und daß die »Entspeckungskur« des Heldentenor-Fachs, wie sie Wieland Wagner verordnet, der Not gehorcht und nicht dem Zeitgeist.

Melchior und Lorenz aber waren auch zu ihrer Zeit Ausnahmen, und Windgassen seinerseits ist inmitten des ihn umgebenden Raubbaus schon dafür zu bewundern, wie ökonomisch er mit seinem Material umzugehen versteht. J.B. Steane meint in *The Grand Tradition* über ihn: »Wenn er in den fünfziger und sechziger Jahren ziemlich hoch über jedem anderen Heldentenor stand, dann nicht, weil er die lauteste oder robusteste Stimme unter seinen Zeitgenossen hatte, sondern weil er das angenehmste Timbre und die biegsamste Tongebung sein eigen nannte.«

Steane verdrängt dabei nicht »die am wenigsten erfreuliche Erinnerung, daß es ihm für Siegfrieds Schmiede-Lied am letzten Biß und Gewicht fehlte«, rühmt hingegen besonders seine Waldvogel-Erzählung im 3. Akt der *Götterdämmerung*, bei der den meisten todgeweihten Recken vor dem Blick bereits die Stimme bricht. Die schnellen, wendigen Triolen der Waldvogel-Zitate verlangen erstmals in der Partie unabdingbar einen schlanken, geschmeidigen Ton. Und wenn es dann immer wieder auf das A hinaufgeht, ist der Kickser meist vorprogrammiert.

Zu Windgassens gesangstechnischer Klugheit gesellt sich eine natürliche Liebenswürdigkeit des Ausdrucks, die zumal dem jungen Siegfried zugute kommt. Als er – nach dem Vorlauf in Neapel mit Martha Mödl – 1953 die Partie mit Astrid Varnay erstmals in

Bayreuth singt, ergibt sich dabei ein seltsamer Kontrast. Obwohl er vier Jahre älter ist als seine Partnerin, ist diese Brünnhilde nicht nur der *Ring*-Genealogie nach, sondern auch stimmlich als seine Tante ausgewiesen. Der mit den blühenden blutschänderischen Banden in der *Walküre* sonst genügend ausgelastete Zuhörer wird auf den zweiten Inzest der Tetralogie nachdrücklich aufmerksam gemacht.

Im Lauf der Jahre erhält sich Wolfgang Windgassen zwar die Verbindlichkeit der Diktion, nicht aber die Frische. Ist am Anfang die Stimme hell und gut fokussiert, so setzt er später den Ton gleichsam um den Kern herum an, was einerseits in dramatischen Ausbrüchen gequetscht wirkt, andererseits auf Platte die Stimme breiter und größer erscheinen läßt, als sie in Wirklichkeit ist.

Der Wagner-Sänger Windgassen ist nach dem Maß der Bayreuther Akustik geformt. Hinter offenem Orchester, in größeren Häusern ist er, wie er selbst witzelt, nur »ökonomisch gut«. Für den 2. Akt *Tristan* hat er ein höchst intelligentes Konzept: »Es wäre unökonomisch und würde mich, wäre ich Zuhörer, langweilen, wenn Tristan neben Isolde sitzt, Kopf an Kopf, und sie anbrüllt, als gelte es, die Mauern von Jericho zum Einstürzen zu bringen. Das ist ausgeschlossen! Man kann kein Liebesduett brüllen, sondern man muß es so formen, wie es auch im Leben geschehen würde.«

Es kann allerdings auf Bühnen außerhalb Bayreuths passieren, zumal wenn der Dirigent seinem Temperament die Zügel schießen läßt, daß dieses »Leben« ein so privates ist, daß aus den Zuhörern Voyeure werden. Denn Windgassen hält sich eisern an seine Regel: »Wenn da unten am Pult jemand steht, der dreinhaut, daß sich die Leut' in den letzten Reihen noch die Ohren zuhalten müssen, dann werde ich nicht etwa auch laut. Im Gegenteil: Ich bleibe bei meiner Ökonomie, und der Herr Stabwalter muß schon leiser werden, wenn man etwas von der ganzen Sache haben soll.« Dann kann die Zeit bis zum 3. Akt, in dem der Sänger das Einbehaltene verausgabt, allerdings lang werden …

Hans Hotter, der vierte »Eckpfeiler« des Bayreuther Ensembles der fünfziger Jahre, ist im ersten Jahr noch nicht dabei, obwohl sein

Wotan bereits internationales Ereignis ist und sogar auf Leben oder Tod erprobt.

Als David Webster nämlich im Covent Garden im März 1948 die Vorkriegsproduktion der *Walküre* wieder aufnimmt, ist auch hier sein Bestreben, erstmals die Landessprache einzuführen. Dafür arbeitet er mit einem kleinen Trick. Zu Hotter sagt er: »Es macht Ihnen doch sicherlich nichts aus, den Wotan auch auf englisch zu lernen, da Frau Flagstad die Brünnhilde hier so gern auf englisch singen möchte.« Hotter bleibt nichts übrig, als einverstanden zu sein. Während der Proben fragt ihn Kirsten Flagstad: »Warum wollten Sie denn unbedingt ein englischer Wotan sein? Mr. Webster hat mich gebeten, Ihnen zuliebe auf englisch zu singen!«

Das Ergebnis ist zwiespältig. Harold Rosenthal berichtet: »Beide wurden so tapfer, wie es ihnen möglich war, mit den englischen Worten von Wotan und Brünnhilde fertig.« Komischer allerdings ist die Diskrepanz zwischen der alten Dekoration und der neuen Beleuchtungstechnik, über die sich Ernest Newman lustig macht: »Die bluthundartige Gewandtheit, mit der die Verfolger eine Hauptfigur schnappen und nicht mehr auslassen, brachte vergnügliche Erinnerungen an die Suchscheinwerfer-Übungen während des Krieges zurück.«

Auf dem Walkürenfelsen aber wird die Lichtspielerei Hotter beinahe zum Verhängnis: »Zur Schlußszene mußten wir beide, Frau Flagstad und ich, von hinten über eine Leiter hinaufsteigen. Ihr fiel das nicht leicht und oben war gerade so viel Platz, daß ich sie auf den Boden betten und neben ihr stehenbleiben konnte.«

Bei den Proben geht das recht gut, aber in der Premiere erstrahlt ein Scheinwerfer direkt über ihren Köpfen. Die Konturen des Plateaus sind nicht mehr zu erkennen. Als Hotter sich in Brünne und langem Umhang, mit Adlerflügelhelm und Speer nach der Leiter tastet, um unten seinen Feuerbann zu singen, tritt er ins Leere und stürzt zwei Meter ab.

»Zum Glück fiel ich vorne über den Felsen hinunter, nach hinten wäre es dreimal so tief gewesen. Bis auf eine kleine Schramme am kleinen Finger blieb ich unverletzt, aber als ich mit Getöse aufprallte, ging ein hörbares Ächzen des Erschreckens durchs Publikum. Ich erhob mich, reckte die Arme zu einer erhabenen, weit ausholen-

Sturzflug mit Adlerschwingen: Hans Hotter als Wotan mit Anny Konetzni als Brünnhilde 1948 in Wien

den Gebärde und schritt von hinnen. Es gab donnernden Schlußapplaus und am nächsten Tag berichteten alle Zeitungen in Balkenlettern über den Zwischenfall. Einige Kollegen meinten, ich hätte das absichtlich getan, um Schlagzeilen zu machen!«

David Webster nutzt den Vorfall, um einem ihm nicht sehr lieben Mitglied des Aufsichtsrats eins auszuwischen. Der Gentleman, so verbreitet er unter der Hand, habe gesagt: »Sind Sie sicher, daß Hotter sich nicht doch ernstlich verletzt hat? Ich habe ihn in einer späteren Vorstellung gesehen, und da trug er als Wotan so eine Art Pflaster über dem linken Auge . . .«

Die abgeschwächte Version, die Rosenthal in seiner Chronik zitiert, daß nämlich zwei junge Damen über die Reihenfolge von *Walküre* und *Siegfried* mit eben diesem Argument streiten, ist nachlässig erfunden, denn in dieser Spielzeit gibt es noch keinen *Siegfried.* Er verrät überdies, wie wenig sich selbst Experten in der *Ring*-Handlung auskennen. Wotan hat ja sein Auge bereits vor Beginn der Tetralogie geopfert und trägt die verdeckende Strähne bereits in *Rheingold.*

(Wofür das Opfer des Auges eigentlich gut war, weiß allerdings nicht einmal Richard Wagner selbst. In *Rheingold* macht Wotan

Fricka weis: »Um dich zum Weib zu gewinnen, mein eines Auge setzt' ich werbend daran.« Da Wotans Gemahlin dem Dichter im Laufe des Werks doch etwas zänkisch geraten ist und zudem eigener Nachkommenschaft enträt, liefern im Vorspiel der *Götterdämmerung* die Nornen die Version nach, daß er es tat, um aus dem Stamm der Weltesche einen Ast brechen zu können, den Macht und Verträge bindenden Speer: »Seiner Augen eines zahlt' er als ewigen Zoll.« So lange, bis Wieland Wagner auch dieses liebgewordene Detail abschafft und dem Sänger damit ungehinderten Blickkontakt mit dem Dirigenten ermöglicht.)

Nach dem Londoner Abenteuer-Wotan reist auch Hans Hotter mit seiner Frau und dem 11jährigen Sohn zu einem viermonatigen Gastspiel nach Buenos Aires. In jener Sekunde der Weltgeschichte scheint es sogar, als ob der Wanderer den Weg zum Grünen Hügel niemals mehr suchen würde.

1948 geht mit der Berlin-Blockade der kalte Krieg zwischen Ost und West in seine erste heiße Phase. Den Deutschen und Österreichern erscheint Argentinien auch aus diesem Grund ein Paradies. Anton Dermota, der gemeinsam mit Hotter am Teatro Colón gastiert, wird von Freunden geraten, sich eine Daueraufenthaltsgenehmigung zu verschaffen: »Sie werden sehen, es kommt zu einem dritten Weltkrieg. Hier aber sind Sie sicher. Weder die Amerikaner noch die Russen sind an Südamerika interessiert.«

Clemens Krauss unternimmt nach Dermotas Zeugnis bereits weiterführende praktische Schritte: »Er sah auf die Uhr: ›Ich muß jetzt gehen, ich habe Spanischstunde!‹ Er vertrat die Ansicht, daß man sich angesichts der weltpolitischen Lage entweder für Spanisch oder für Russisch entscheiden müsse: ›Ich habe mich entschieden, hier ist es sicherer, darum bleibe ich hier!‹«

Auch Hotter spielt ernstlich mit dem Gedanken, sich in Argentinien niederzulassen. Als er nach Europa zurückreist, um seine Verpflichtungen in Wien und London zu erfüllen, läßt er Frau und Sohn in Buenos Aires zurück. (Erst ein Jahr später, nach dem zweiten Argentinien-Gastspiel, kehrt die Familie heim nach München.)

In Wien, bei der ersten Nachkriegsproduktion des *Palestrina* im Februar 1949 – gerade noch rechtzeitig vor Hans Pfitzners Ableben –, ereignet sich eine Geschichte mit Fortsetzungen, die nicht minder typisch für Hans Hotter ist wie die erhabene, weit ausholende Gebärde, nachdem er vom Walküren-Felsen gefallen war. Wer ihn jemals als Kardinal Borromeo erlebt hat, dem wird vor allem unvergeßlich bleiben, wie sich im 3. Akt nach dem Wunder der eben uraufgeführten Papst-Messe der Renaissance-Kirchenfürst dem Komponisten in heftiger Erschütterung zu Füßen wirft, reuig ob seiner Kleingläubigkeit, weniger, weil er ihn hat foltern lassen: »Aus dir spricht Gott – und ich erkannt' es nicht!«

Bei den Proben, die Josef Witt leitet, mischt sich jedoch der nicht ausgelastete Direktor Salmhofer ein: »Des machst ma net, da krieg ich die katholische Kirche aufn Hals – tu nicht knien.« Es nützt nichts, daß der Sänger sich auf Pfitzners Regieanweisung beruft. Salmhofer hat ein noch trefflicheres Argument: »Ein Hotter kniet nicht vor einem Tenor, merk dir des!« Hilfe von Pfitzner kommt ebenfalls nicht. »Ach lieber Freund«, sagt der schon sehr jenseitige Meister, »stehen Sie, sitzen Sie, liegen Sie, machen Sie, was Sie wollen, aber singen Sie schön!«

Hotter kniet also nicht während der weiteren Proben oder kniet, je nachdem, ob Salmhofer im Zuschauerraum weilt oder in seiner fünf Stock hohen inneren Emigration. Bei der Aufführung aber verzichtet er natürlich nicht auf den von höchster Ergriffenheit motivierten Kniefall.

Nachher sagt der Garderobier: »Herr Kammersänger, bleiben Sie noch im Ornat, Sie kriegen einen hohen Besuch!« Es handelt sich um den Erzbischof-Coadjutor Franz Jachym, der das Gespräch mit den Worten einleitet: »Ich möchte Ihnen sagen, Sie sind eine äußerst gefährliche Konkurrenz!« In diesem Augenblick wieselt auch Salmhofer herein und sinkt in Ehrfurcht zusammen. Hotter packt die Gelegenheit beim Schopf: »Sagen Sie, Exzellenz, hat Sie das eigentlich gestört, daß dieser Kardinal vor dem Palestrina kniet?« »Im Gegenteil«, sagt Jachym, »er kniet ja nicht vor dem Menschen, sondern vor der Göttlichkeit.« Worauf Salmhofer prompt fistelt: »Siehst du, mein Freund, ich hab dir allweil gsagt: knie-en, knie-en mußt du!«

Hans Hotter ist vierzig, im besten Mannesalter, seit fast zwanzig Jahren auf der Bühne, ein Hüne an Wuchs, Stimme und Gestaltung – und doch fällt ihn beinahe eine Stimmkrise, die im Frühsommer

1949 einsetzt. Es ist eine Pollenallergie, die nach den nervlichen Anspannungen der Kriegs- und Nachkriegsjahre von verminderten Abwehrkräften ungehemmt ihr Opfer quälen kann – eine teuflische Bürde zumal für einen Sänger. (Elisabeth Schwarzkopf meint aufgrund ihrer pädagogischen Erfahrungen sogar, daß es für einen Allergiker völlig sinnlos sei, diesen Beruf ergreifen zu wollen.)

Im Sommer 1950, bei den ersten Münchner Nachkriegs-Festspielen, erleidet Hotter als Hans Sachs während einer *Meistersinger*- Aufführung einen Schwächeanfall. Gefährdet ist er nun nicht mehr nur in den kritischen Monaten Mai und Juni. Die Willensstärke, mit der er Jahrzehnte gegen sein Handicap ankämpfen wird, ist enorm. Doch leidet die Stetigkeit der Stimme, und es bildet sich, was die Engländer *wobble* nennen, eine flatternde, flackrige Tongebung.

J.B. Steane nennt das Problem beim Namen: »Nun ist ›wobble‹ ein unfreundliches Wort, und meistens akzeptieren Kritiker das Phänomen stillschweigend wie ein unheilbares Leiden (man weiß Bescheid, doch man spricht nicht darüber), oder sie finden feine Umschreibungen und vermeiden das ängstigende Wort. Doch wird das Vorhandensein von Hotters ›wobble‹ allgemein zugegeben, so daß man in netter Form darüber diskutieren kann . . . Es war nicht nur an einem ›schlechten Tag‹, daß Hotters Stimme unstet wurde. Ich muß daran erinnern, daß ich selbst ihn viele Male im Covent Garden gehört habe und ebenso außerordentlich beeindruckt war, doch meist waren es in dieser Hinsicht ›schlechte Tage‹.«

Steane beschreibt hier die Faszination des »und dennoch«, die Nachgeborenen über die Tondokumente nicht ohne weiteres zu vermitteln ist – es sei denn, sie machen sich die Mühe, etwa die visionäre Kraft und das elementare Leidenspathos einer der zahlreichen Aufnahmen Hans Hotters von Wotans Monolog im 2. Akt *Walküre* zu studieren und als Ereignis zu begreifen, das bis heute keine Entsprechung gefunden hat. Für die Zeitzeugen aber sind auch seine »schlechten Tage« Sternstunden. Mit einer Ausnahme – Rudolf Bing.

Vier Spielzeiten singt Hans Hotter an der Met, neben den Heldenbariton-Partien auch den Großinquisitor in *Don Carlo*, Veit Pogner und König Marke. 1954 wird er zum »besten Schauspieler des Jahres« an der Met gewählt. Bing nutzt die Gelegenheit und schlägt ihm bei den nächsten Vertragsverhandlungen vor, sich auf das Zweite Fach zu konzentrieren: »Darin könnten Sie Ihre Begabung viel besser zur Geltung bringen als in den großen Rollen.« Hotter singt nie wieder an der Met.

Im Bayreuther Ensemble aber ist er seit 1952 für viele Jahre ein Monolith. Hier erst freundet er sich auch mit der Tatsache an, daß er *der* Wotan seiner Ära ist, ein Schicksal, das ihm bisher gar nicht so lieb war: »Eine Erkenntnis, die ich Wielands Streben nach Vereinfachung verdanke, besteht darin, daß beim Singen die sprachliche Diktion ein stärkeres Ausdrucksmittel ist als das visuell erfaßbare Agieren. Wenn Gestik und Bewegung sparsam eingesetzt werden, kann das Wort viel klarer zur Geltung kommen. Das war für mich eine neue Dimension.« Und das, obwohl ihm die verspäteten Pollenflüge im August die Wortgewalt oft genug wieder nehmen.

Bis hierher könnten wir den Eindruck mitnehmen, daß Wieland Wagner wie seine Vorfahren bei den Sängern auf Kontinuität setzt, ja daß er sogar auf eine gewisse Ausschließlichkeit fixiert ist. Doch trifft das selbst auf Astrid Varnay und Martha Mödl nicht generell zu. 1958 singt Régine Crespin die Kundry – genau zwanzig Jahre nach Germaine Lubin. Nicht der denkwürdige Jahrestag hat Wieland Wagner zu dem Engagement bewogen. »Ich habe die ›schwarzen‹ Kundrys satt«, sagt er ihr, »ich möchte eine sonnige, mediterrane Stimme wie die Ihre, so hell wie Ihre Haare.« (Sie ist zu dieser Zeit platinblond.)

Régine Crespin überliefert in ihren Memoiren plastisch auch ihre erste Reaktion: »Wenn mich meine gute Erziehung nicht aufrecht gehalten hätte, ich glaube, ich hätte mich auf den Hintern gesetzt! *Parsifal*! Kundry! Mit neunundzwanzig Jahren! Es war verrückt von Wieland. Ich kam wieder zu mir und pokerte schüchtern mit Elsa . . . oder vielleicht Sieglinde? Wielands kategorische Antwort: ›Diese dummen Gänse sind uninteressant!‹«

Das meint er natürlich nur in diesem Augenblick. Diese kreative Unrast aber scheint Karl Würzburger mehr Fluch als Segen: »Wieland konnte es doch nicht ertragen, eine Sache ein zweites Jahr zu machen. Er war insofern eben doch viel mehr als ein Regisseur. Er war so etwas wie ein bildender Künstler mit lebendigem Material. Ich habe es allerdings schon im ersten Jahr gespürt, daß darin auch die große Gefahr für ihn und Neubayreuth lag ... Man kann ein solches Werk nicht hundert Jahre lang variieren, wie das Wieland gemacht hat; das mußte sich erschöpfen. Das ist die große Gefahr gewesen, die ihn vielleicht auch innerlich verbrannt hat.«

Die erste Leidtragende ist Leonie Rysanek, als Sieglinde im ersten Jahr die einzige »echte« Debütantin. Kurt Honolka notiert in seinem *Bayreuther Tagebuch* unter dem 2. August 1951: »Geradezu eine Entdeckung kann man die 24jährige, bisher unbekannte Wienerin Leonie Rysanek (jetzt in Saarbrücken) nennen. Ihre Sieglinde ergriff durch die Wärme und Leidenschaftlichkeit des Spiels, ihre Kopftöne leuchteten berückend, und sie ist so jung, eine große Hoffnung!«

Auch der 22jährige Joachim Kaiser, der für die *Frankfurter Hefte* berichtet und recht vorlaut eben noch *Rheingold* abkanzelte (»das Werk ist auffallend arm an menschlichen und musikalischen Höhepunkten, es exponiert zur Hauptsache Handlungsfäden und Leitmotive, so daß Wagner es mit Bedacht nur ›Vorspiel‹ genannt hat«), taut in der *Walküre* auf und bescheinigt der Nachwuchssängerin neben Astrid Varnay eine gesangliche Leistung »ganz großen Formats«: »Die glutheiße Atmosphäre des wunderbaren ersten Aktes, in dem Wotan, unsichtbar anwesend, das Schicksal der armen, unseligen Geschwister lenkt, erschütterte, wie nur selten ein Theatererlebnis.«

Leonie Rysanek ist 1926 als fünftes von sechs Kindern in Wien geboren, hineingeboren in eine Zeit, in der Österreich, ohnehin das »Armenhaus Europas«, durch Bürgerkrieg und Weltwirtschaftskrise noch empfindlicher getroffen wurde. Der Vater war arbeitslos und »ausgesteuert«, die Mutter arbeitete in einem Molkereibetrieb und versuchte die Familie über Wasser zu halten. Bitter war für das Kind nicht die Armut, sondern die demütigende Geringschätzung, die damit verbunden war. Das erzeugte trotzigen Gerechtigkeitssinn und das unbeirrbare Wissen, daß sie es »denen« schon noch zeigen würde.

»Theater« war Zuflucht – eine Pawlatschenbühne im Gasthausgarten gegenüber oder das Varieté Süßmayer in der Nähe, eine

Stegreifbühne, in der für *Der Müller und sein Kind* geisternde Statisten gebraucht wurden. Mit zehn sieht sie ihre erste Oper, *Fidelio* mit Hilde Konetzni, und verliert nach der Leonoren-Arie die Besinnung. »Warum bin ich ohnmächtig geworden? Ich weiß es nicht mehr genau. Ich hatte den ganzen Tag vor Aufregung nichts gegessen, der Stehplatz war übervoll, und es war sehr heiß. Plötzlich wurde mir schwarz vor den Augen, und ich fiel hin. Man trug mich hinaus, aber ich war natürlich gleich wieder auf den Beinen. Seither wollte ich zum Theater. Es war ein Muß, es war mir ganz gleich, als was, ob als Varieté-Künstlerin oder als Bauchtänzerin, ich mußte auf die Bühne.«

Als der Zweite Weltkrieg beginnt, ist Leonie Rysanek noch zwölf, als er zu Ende geht, bereits achtzehn. Sie war bisher Postbotin und Verkäuferin und zuletzt in einer Munitionsfabrik. Ihr einziges Kapital ist eine außergewöhnlich schöne Stimme mit natürlichem Sitz, mit müheloser und blühender Extremhöhe und ebenso mühelosem *piano*. Das allerdings paßt gar nicht in die aktuellen Wiener Vorstellungen von instrumentaler »Engführung« (wofür auch die »abgezwickten« Spitzentöne in Kauf genommen werden).

Die gutherzige erste Gesangslehrerin drückt ihr bei den Vokalisen-Übungen die Zunge mit einem Holzspachtel herunter, um die überbordende Stimme schmaler zu machen. Bald merkt die Schülerin, daß die Töne nicht mehr selbstverständlich kommen, und entwickelt zu Hause ihre eigene Methode. Im September 1947 erhält sie ein Stipendium am Konservatorium, wo Alfred Jerger, der große Charakterbariton der zwanziger und dreißiger Jahre, dramatischen Unterricht gibt. Nachdem sie ihm ungestüm die Gioconda-Arie vorgetragen hat, sagt er: »Mädchen, du hast den Marschallstab im Tornister, jetzt müssen wir ihn zum Glänzen bringen! Zunächst lernen wir gehen und stehen und uns zu bewegen.« Er lehrt sie, »mit dem Kopf zu gehen und nicht mit den Beinen«.

Ihre Ausnahmebegabung ist bald Anlaß zu einer Kontroverse. Eine Zeitungsnotiz meldet 1948: »Eine ausgezeichnete Sängerin namens Leonie Rysanek, die wegen einer stimmlichen Indisposition beim österreichischen Musikwettbewerb keinen Preis erhalten konnte, wurde nachträglich von der Gesellschaft der Musikfreunde mit einem Trostpreis von 1000 Schilling bedacht und wird ebenfalls im Schlußwettbewerb im Großen Musikvereinssaal mitwirken.« Indisponiert war in Wirklichkeit die Jury, die von der Gesellschaft der Musikfreunde auf diesem Wege eine Rüge erteilt bekommt.

Die nächste Chance kommt im Juni 1949, als das Landestheater Innsbruck zum Ende der Spielzeit für eine Neuinszenierung des *Freischütz* eine Agathe sucht. Bei den Orchesterproben wird die Debütantin mit ihrem wirklichen Handicap konfrontiert. Ihre Brille hat dreizehn Dioptrien, und ohne die Sehhilfe ist der Orchestergraben lediglich schwarz. (Maria Callas ist zwar noch kurzsichtiger, aber in diesem Bereich spielen ein paar Dioptrien hin oder her keine Rolle mehr.) Die heiklen 6/8-Takt-Einsätze im Duett mit Ännchen klappen nicht – »gewiß, gewiß, das war nicht recht«. Der musikalische Direktor Siegfried Nessler korrepetiert die Partie wiederholt mit ihr, wird zusehends ungeduldiger und findet auch nach der relativ geglückten Premiere, daß sie musikalisch nicht sicher genug ist.

Dennoch wird Leonie Rysanek für die nächste Spielzeit für 750 Schilling Monatsgage engagiert, darf aber die erste Premiere, die Elisabeth im *Tannhäuser*, lediglich mitstudieren. Bald nach der Premiere hat sie jedoch Gelegenheit einzuspringen – ohne Orchesterprobe und sehr zum Unwillen von Nessler. In der ersten Pause, als sie in der Kulisse ihrem Auftritt entgegenfiebert, summt jemand »Nach Rom, nach Rom«, die letzten Worte des 2. Akts. Der Dirigent, der in der Nähe steht, tönt laut vernehmlich auf sie gemünzt: »Na hoffentlich. Es wär' schön, wenn wir schon dort wären.«

In der Zwischenzeit hat sie sich Haftschalen anpassen lassen, die damals noch über den ganzen Augapfel gehen und nur mit schmerzlindernden Tropfen auszuhalten sind. Doch Nesslers hämische Bemerkung gibt ihrem Auftritt noch größeren Elan. Ernst Gutstein, der den Wolfram singt, erinnert sich: »Sie hatte noch keinen Ton gesungen, und schon hat ihr die Bühne gehört. Dann jubelte sie die Hallenarie, und das Publikum hat nur so getobt.«

Der Kritiker der *Tiroler Tageszeitung* ist hin- und hergerissen: »Die junge Künstlerin vermochte der anspruchsvollen Partie in jeder Hinsicht gerecht zu werden und durfte den wesentlichen Applaus des Abends mit Recht für sich in Anspruch nehmen.« Die Spontaneität der Begeisterungsstürme jedoch mißfällt ihm gründlich: »Das Publikum schien die Operndarbietung zeitweilig mit einer Operettenaufführung zu verwechseln. Seit wann ist es Sitte, den Fluß der Handlung durch Applaus nach einzelnen Arien bei offener Szene zu stören?«

Provinztheater sind für einen Anfänger entweder tödlich wegen Nichtbeschäftigung oder lebensgefährlich wegen des Gegenteils. Letzteres widerfährt nun Leonie Rysanek. Als nächste Rolle kommt Tatjana, dann ohne Probe innerhalb von 24 Stunden Giuditta, darauf Brünnhilde in der *Walküre* – die einzige ihres Lebens – und anschließend Gilda. Selbst in einem vergleichsweise intimen Haus mit kleinem Orchester sind das weniger Chancen als Attentate, auch wenn die Unersättliche es mit Shakespeares Weber Zettel hält: »Laßt mich den Löwen auch spielen!«

Doch mit derselben nachtwandlerischen Sicherheit, mit der Leonie Rysanek von der Bühne Besitz ergreift, fängt sie sich auch ihren persönlichen Schutzengel ein. Bereits nach der ersten beunruhigenden Orchesterprobe des *Freischütz* stellt sie den graumelierten Herrn, der den Kaspar singt: »Haben Sie mir nichts zu sagen?«

Es ist Rudolf Großmann, als Pädagoge von Rang bereits in diesen Jahren in Mitteleuropa eine Ausnahmeerscheinung: »So aufgefordert, kritisierte ich ihr *pianissimo*, das sie ein bißchen im Hals eingeengt hatte, so daß es kein schwebendes *piano* war und damit an Qualität verlor. Später wurde es dann ihre Stärke, als das *piano* dieselbe Qualität wie das ›aufgemachte‹ *fortissimo* bekam. Doch damals sah sie mich sehr indigniert an und ging ab. Nachmittags klopfte meine Wirtin an meine Tür und sagte: ›Draußen ist ein Fräulein Rysanek, die möchte Sie gern sprechen.‹ Und da war sie, um mich zu fragen, was sie falsch mache.«

Großmann ist sechsundzwanzig Jahre älter als seine neue Schülerin, hat selbst als Sänger die besten Jahre bereits hinter sich und ist darum etwas irritiert, als sie ihm an einem Spätsommertag auf der Innbrücke unvermittelt sagt: »Ich möchte Sie heiraten.« Doch sie glaubt an ihn, wie er an sie: »Der Unterricht, wenn man es überhaupt so nennen kann, ging eigentlich nur so vor sich: Ich tippte ihr auf den Bauch und sagte: ›Da wird geatmet.‹ Dann hat sie überlegt, ist hinausgegangen – sie ist fast immer hinausgegangen und hat allein probiert –, und dann kam sie wieder: ›Ist es so?‹ – ›So ist es.‹ Das war im Grunde der Unterricht. Für diese Atemübungen brauchte ich bei manchen Schülern, wenn sie begabt waren, drei Monate.«

In diesem Innsbrucker Jahr stabilisierte sich das Singen *sul fiato*, auf der Atemsäule, auf der die Töne erotisierend gleichsam *ex utero* nach oben aufblühen, mühelose *legato*-Bögen bilden und sich in der Extremhöhe noch einmal wie eine Lotosblüte öffnen, ohne aus der »Fassung« zu geraten. Große Kämpfe gibt es um die Schwachstelle der unteren Bruchlage, in der die Stimme – je nach körperlicher Verfassung – leicht verhaucht ist oder zum Schwimmen tendiert. Großmann gestattet nicht einmal die »Gurkenglastechnik« der Brustresonanz, wiederholt nur wie ein Perpetuum mobile: »Du wirst sehen, auch das wird eines Tages kommen.«

Wie wir nach über vierzig Jahren und spätestens seit Leonie Rysaneks gesungener, nicht bloß deklamatorisch gestalteter Klytämnestra wissen, hat er recht behalten. Lange Jahre aber leidet sie unter der weisen Beschränkung, welche die Stimmsubstanz erhält, und kann sich erst 1955 nach der Aida des Eröffnungsprogramms der Wiener Staatsoper mit einem Befund trösten, der nicht tüftlerisch beckmessert, sondern einen großzügigen Vergleich anbietet. Joseph Wechsberg bezeugt die »unbeschreibliche Schönheit« des Materials und schränkt ein: »Es ist nur eigenartig: Wenn sie in die Mittellage kommt, klingt sie wie ein Flugzeug, das in den Wolken verschwindet.« Damit läßt es sich leben.

Im September 1950 tritt das Ehepaar ein Engagement am Saarlandtheater Saarbrücken an, weil der Innsbrucker Intendant Leonie Rysanek eine Aufstockung der Gage um fünfzig Schilling verweigerte. Sie beginnt als Donna Anna, für Großmann ist der *Holländer* angesetzt. Als sie in die Inszenierung einsteigen soll, sträubt sie sich. Die Senta erscheint ihr zu schwer, und überhaupt ist ihr Wagner zu monumental. »Aber in Saarbrücken erwachte meine große Liebe zu Wagner. Auf der Probebühne habe ich mich so vollkommen in die Rolle hineingeworfen und hineingesteigert, daß mir schwarz vor den Augen wurde und ich in Ohnmacht fiel.«

Ist es eine Überresonanz ihrer besonders obertonreichen Höhe, die das Schwindelgefühl verursachte – oder ist es bereits die »visionäre Besessenheit, die einer aus dem Unbewußten kommenden Stimme zu gehorchen schien«, wie wenige Jahre später eine Berliner Kritik die Identität zwischen Rolle und Interpretion beschreibt?

Die Kunde von ihrer Senta dürfte die Wagner-Enkel aufmerksam gemacht haben. Leonie Rysanek wird zum Vorsingen eingeladen und rechnet sich Woglinde oder eine der Walküren aus, eine schöne Aufgabe für eine Anfängerin im zweiten Jahr. Sie trägt eine Dreiviertelstunde aus ihrem Repertoire vor, von der Giuditta bis zur Senta: »Zuletzt ließ mich Wieland – heute weiß ich natürlich, warum – diese mörderisch schwere Passage singen, wo es im Duett mit dem Holländer bis aufs H hinaufgeht, und ausgerechnet da hatte ich keinen Ton mehr. Das war mir bis dahin noch nie passiert. Und ich dachte: Oje, jetzt ist's aus. Dann kam das übliche Dankeschön und ›Wir melden uns‹. Aber große Hoffnungen hatte ich nicht mehr. Ich war schon dabei zu packen, als Wieland anrief und mich zum Abendessen in die berühmte ›Eule‹ einlud. Wieland und seine Frau sprachen den ganzen Abend von allem möglichen. Ich war damals eine starke Raucherin, und vor Nervosität zündete ich mir eine Zigarette nach der anderen an. Schließlich nahm sie mir Wieland aus der Hand und sagte: ›Meine Sieglinde raucht nicht.‹«

Der Schrei, den sie ausstößt, bleibt in der Künstlerkneipe in Erinnerung und wird später als Vorbote ihres berühmten Sieglinden-Schreis beim Anblick des aus dem Stamm gezogenen Schwerts gedeutet, den sie 1965 in Bayreuth in das Werk einführen wird.

Daß da eine ganz außergewöhnliche Nachwuchssängerin ist, bleibt auf dem Grünen Hügel nicht lange verborgen. Martha Mödl erinnert sich 1989: »Ich lief am Festspielhaus entlang spazieren, und plötzlich ertönte von oben eine Stimme. Eine Stimme, die mich sofort veranlaßte, stehenzubleiben und den Atem anzuhalten. Das war die Leonie, die Probe hatte. Eigentlich kann ich das gar nicht richtig beschreiben, es lief mir – wie man so schön sagt – eiskalt über den Rücken: eine Stimme mit einem sinnlichen Timbre und einer jubelnden Höhe. So etwas von Höhe habe ich überhaupt nicht mehr gehört, auch nicht von anderen großen Sängern! Bei denen war es brillant, ja, aber es war nicht dieser Jubel darin. Ich war sprachlos. Es war nicht die Lautstärke, sondern die Breite der Basis, auf der sich die Stimme zu einem großen runden Ton entwikkeln und wie zum Dach eines Doms aufsteigen konnte. Wenn ich an das ›hehrste Wunder‹ denke! Mein Gott im Himmel, ich habe mich richtig auf diesen Moment gefreut, wenn ich als Brünnhilde mit ihr auf der Bühne gestanden habe.«

Warum Leonie Rysanek, über deren Sieglinde sich alle bereits im ersten Bayreuther Sommer so einig sind, dennoch für das nächste Jahr nicht wieder verpflichtet wird, ist eine etwas rätselhafte Geschichte. Sie selbst meint: »Das Überweibliche in meiner Interpretation war etwas, was Wieland angezogen und abgestoßen hat. Er hatte Mühe, mich zu zähmen, denn eigentlich war zuviel Gefühl nie das, was er wollte. Manchmal wurde er ironisch und sagte: ›Heut haben wir's wieder. Heut drücken wir wieder drauf!‹«

Es ist aber auch denkbar, daß im noch entwicklungsbedürftigen Konzept des *Rings* eine im Kern bereits fertige Gestalt seine Phantasie nicht mehr beflügelt. Jedenfalls sagt er ihr gegen Ende der Festspiele: »Wir haben eine gute Idee für das nächste Jahr. Wir hätten Sie gerne als Brangäne engagiert.« Sie ist erstaunt: »Das ist nicht meine Stimme. Und Brangäne neben Sieglinde?« Es wird plötzlich still. »Ich fragte verstört: ›Ich singe doch im nächsten Jahr die Sieglinde?‹ Er antwortete, daß nach seiner Meinung die Brangäne für mich besser geeignet wäre. Zum ersten Mal in meiner Karriere verlor ich die Beherrschung. Ich schrie und weinte. Ich haßte es, meine Schwäche zu zeigen. Wir hatten einen richtigen Kampf, und bevor ich ging, sagte er: ›Ich bin sicher, eines Tages kommen Sie nach Bayreuth zurück.‹«

Nun wird selbst die bedauernswerte Joan Sutherland 1953 bei einem Covent-Garden-Gastspiel in Manchester unter John Barbirolli genötigt, die Brangäne zu übernehmen und übersteht den Unfug ohne Schaden. Wieland Wagner kümmern überdies nicht die Stimmfächer, sondern das Konzept. Und möglicherweise stellt er sich neben der dunkel getönten Isolde von Martha Mödl eine hell lodernde Brangäne besonders aufregend vor.

Auf jeden Fall ist Wieland nun frei für weitere Experimente mit Sieglinde, frei in seiner Lust am Verschwenden »lebenden Materials«, frei auch für die Arbeit mit Inge Borkh, die er ursprünglich schon im ersten Jahr für die Partie haben wollte. Es ist der Beginn einer Überprüfung der Rolle, die insgesamt wenig Sinn macht und wenig einbringt.

Inge Borkh markiert 1952 den Unterschied zwischen ekstatischem und neurotischem Temperament, mit welch letzterem sie aus Salome und Elektra Funken schlägt. Ihre Sieglinde bringt die jahrelange Verbitterung an der Seite Hundings zu Gehör. Die blutschänderische Tat geschieht nicht im Rausch, sondern gleichsam zur Bestrafung des Finsterlings. Das ist »interessant«, wird aber von der Musik nicht beglaubigt.

Merkwürdig ist in diesem Zusammenhang das Votum, das die so grandios exhibitionistische und exaltierte Strauss-Heroine bürgerlich prüde gegen Wagner abgibt: »Ich hatte immer ein bißchen Schwierigkeiten mit der Person von Richard Wagner und fand dieses Leben so schrecklich und so anders als seine Musik, und das hat mir die Freude an Wagner verdorben. Ich meinte auch, daß ich mich als Persönlichkeit für diese Art Frauen nicht eigne.«

Im nächsten Jahr ist Regina Resnik dran. Sie hat die satte Mittellage für den ersten Akt so sehr, daß Clemens Krauss ihr sagt: »Sie verfügen zwar über die Höhe, aber in Wirklichkeit sind Sie ein Mezzosopran.« Worauf sie sich für zwei Jahre zu erneutem Studium zurückzieht und danach als Mezzo größere Erfolge hat als vorher.

Wieland gibt die Suche nach der »neuen Lotte Lehmann«, die er gefunden hatte und wieder wegwarf, erst einmal auf. 1954 und 1955 alternieren Astrid Varnay und Martha Mödl als Brünnhilde und Sieglinde. Für die Mödl zumindest ein Versuch am untauglichen Objekt: »Aber ich war keine Sieglinde, und die Astrid war auch mehr eine Brünnhilde, gelt? Es klappte nicht.«

Leonie Rysanek erobert sich inzwischen alle großen Bühnen Europas, ist 1954 in der EMI-*Walküre* eine Sieglinde, von der Wilhelm Furtwängler sagt: »Wer hat mir diese Stimme bisher vorenthalten?«, und beginnt 1956 als Senta und Sieglinde in San Francisco auch ihre amerikanische Karriere: »Auf Bayreuth jedoch wartete ich vergebens. Jedes Jahr, bevor die Festspiele eröffnet wurden, schaute ich zuerst: Wer singt denn die Sieglinde in Bayreuth?

Selbst die größten Erfolge zählten für mich wenig, ich habe immer nur auf eine Nachricht von Wieland gewartet.«

Eines Tages sagt der väterliche Stuttgarter Generalintendant Walter Erich Schäfer zu ihr: »Leonie, seien Sie vernünftig. Ich weiß, daß Wieland Sie wieder haben will, aber er bringt es nicht über sich, von sich aus zu Ihnen zu kommen. Singen Sie doch hier die Sieglinde, in seiner Inszenierung.«

Es geht um nicht weniger als Wieland Wagners zweite szenische Auseinandersetzung mit dem *Ring*, die er in seinem »Winter-Bayreuth« im November 1955 mit *Rheingold* begonnen hat. Im Oktober und November 1956 kommen in eigenwilliger Reihenfolge *Götterdämmerung* und *Siegfried* heraus. Nun fehlt noch der Schlußstein *Walküre*.

Den 1. Akt in der Premiere am 31. März 1957 zählt Schäfer zu seinen größten Theatererlebnissen: »Keine Hütte, keine Tür, die sich öffnet. Zwei Balken, die senkrecht zueinander stehen, sind von verglimmendem Feuer angeleuchtet. Das ist die Hütte. Das Dunkel dahinter, das ist die Tür. Und wenn vor den ›Winterstürmen‹ die Tür sich öffnen soll, so leuchtet die Landschaft dahinter plötzlich in einem unsicheren Mondlicht, das eine Zeitlang auf und ab flirrt. Bei der Stuttgarter Premiere sangen Leonie Rysanek und Wolfgang Windgassen das Wälsungenpaar. Hunding war Otto von Rohr, Ferdinand Leitner dirigierte. Wir standen nach diesem ersten Akt auf der Bühne, Wieland Wagner und ich, durch den Vorhang von einem Beifall getrennt, der die ganze lange Pause durch andauerte. Wieland hatte einen roten Kopf und sagte: ›Besser geht's nimmer.‹«

Der Bund mit Bayreuth ist so erneut besiegelt. Wieland tut im übrigen so, als ob zwischen ihm und der Rysanek nie etwas vorgefallen wäre. 1958 ist sie wieder Sieglinde im achten und letzten Jahr seiner ersten Bayreuther *Ring*-Produktion und Elsa in seinem ersten Bayreuther *Lohengrin*, in einer Rolle, über die er ihr schreibt: »Ich habe etwas Besonderes mit Ihnen vor.« Tatsächlich stellt er Elsas Vision in den Mittelpunkt seines Regiekonzepts.

Es sind übrigens jene beiden Partien, über die er ein Jahr vorher gegenüber Régine Crespin bemerkte: »Diese dummen Gänse sind uninteressant.« Ist es »der Blick der blühenden Frau«, der ihn wieder entgegengesetzter Meinung sein läßt? Oder sind die zynischen

Bemerkungen notwendig, um ihm das Joch des »Nachschaffenden« zu erleichtern?

Als Wieland 1959 seinen ersten Bayreuther *Holländer* inszeniert, hat Leonie Rysanek bereits ihr spektakuläres Met-Debüt in *Macbeth* hinter sich und eine Abmagerungskur, deren Resultat ihrem Ehrgeiz ebenfalls voll entspricht. Bei der ersten Besprechung konstatiert er verärgert: »Die Rysanek ist schon so berühmt, daß sie nicht mehr zu den Proben kommt.« Aus dem Hintergrund meldet sich bescheiden eine Stimme: »Herr Wagner, ich bin hier, aber Sie haben mich nicht wiedererkannt.«

Nun ist die Senta eine jener Rollen, mit denen sie sich besonders zu identifizieren vermag, die in der Anlage »stimmt« seit der Ohnmacht in Saarbrücken. So zittert sie vor der ersten Probe der Ballade, was er ihr nun wieder antun wird. »Er hat eigentlich nie nachgegeben. Niemals. Er konnte ein Satan sein. Er hat dich bis aufs Blut gequält, daß du tust, was er will.« Doch diesmal, obwohl er nun gerade Gelegenheit hätte, ihre Auffassung zu brechen, ist alles anders. »Ich sang also die Ballade. Er hat nicht ein einziges Mal unterbrochen. Die Ballade ist aus. Stille. Er steht auf, kommt zu mir und sagt: ›Frau Rysanek, so und nicht einen Deut anders.‹«

Über seine Senta und George Londons Holländer teilt er öffentlich mit: »Seit 1951 habe ich zum ersten Mal Weltklasse« – ein Ausspruch, der begreiflicherweise einige Aufregung verursacht. Es wäre also anzunehmen, daß zumindest mit diesem Wurf »dem bleichen Manne Erlösung« geworden ist, zumindest für die nächsten Festspiele.

Doch Leonie Rysanek möchte, daß er seine Wertschätzung im kommenden Jahr auch mit einer geringfügigen Erhöhung der Gage ausdrückt – ein Akt von eher symbolischer Bedeutung, da die Gagen der Sänger in Bayreuth weit unter ihrem Marktwert liegen. Das scheint auch kein Problem. Bis sie einen Vertrag zu den gleichen Bedingungen zugeschickt bekommt, den sie wieder retourniert, weil sie immer noch an ein Versehen glaubt. Das nächste, was sie zu Gesicht bekommt, sind Zeitungsausschnitte über die »dollargierige Rysanek«, garniert mit Wielands Ausspruch: »Callas-Allüren werden in Bayreuth nicht eingeführt.« Dazu ein schlau ausgewähltes temperamentvolles Probenfoto (wie ja auch die Artikel über Maria Callas, wenn sie wieder etwas »ausgefressen« hat, immer mit dem nämlichen Medea-Foto bebildert werden, das sie hart und gierig mit aufgerissenem Mund wie eine griechische Maske zeigt).

Einer der Kommentatoren liegt gar nicht so falsch, als er formuliert: »Ehre, wem Honorar gebührt.« Johannes Jacobi macht daraus in der *Zeit*: »Leonie Rysanek hielt dennoch mehr von einer amerikanischen Gage als von der Bayreuther Ehre.« Woher sollte der gute Mann auch wissen, daß die Saison in San Francisco erst Mitte September beginnt und die an der Met Ende Oktober, und daß das eine mit dem anderen rein gar nichts zu tun hat.

Das Band ist abermals zerschnitten. Die Beklagte weiß nicht warum. »Wir haben viele Kämpfe miteinander ausgetragen. Ich werde nie ganz verstehen, was zwischen ihm und mir gewesen ist, es war Liebe und Haß zugleich.«

Die *azione teatrale* aber löst unversehens einen *coup de foudre* aus, einen elementaren Donnerschlag, der das Leben des 43jährigen Wagner-Enkels grundlegend verändert: Er begegnet der 20jährigen Anja Silja. Sie hat als Koloratur-Wunderkind begonnen, ist in Frankfurt engagiert und wird vom *Holländer*-Dirigenten Wolfgang Sawallisch empfohlen: »Wieland schien vom ersten Augenblick an von ihr begeistert zu sein, auch als Regisseur. Und ich teilte seine Begeisterung. Tatsächlich hätte Anja Silja damals auch auf dem Kopf stehend oder an den Beinen aufgehängt gesungen, sie war ein Theatervollblut. Wieland engagierte sie sofort. Und ihre Senta war dann 1960 auch ein sensationelles Debüt. Dank ihrer Stimmintensität und Spielbegabung entwickelte sich Anja Silja immer mehr zur Idealfigur Wieland Wagners.«

Idealfigur oder *idée fixe*? Winifred Wagner schaudert vor Sybergs Kamera noch zehn Jahre nach Wielands Tod, daß diese »Sängerin« beinahe Herrin von Bayreuth geworden wäre. Und für Wielands Frau Gertrud dürfte es auch nicht die Erfüllung sein, als sie – nach wie vor für ihn als Choreographin tätig – in seiner Stuttgarter *Salome*-Inszenierung von 1962 Anja Silja den Tanz einstudiert.

Doch handelt es sich um eine Passion mit »Überbau«. Denn Wieland ist von einer Idee besessen, die er nun endlich verwirklichen zu können glaubt und die er Sawallisch mit Zitaten seines Großvaters belegt: »Senta, Elisabeth, Elsa, Isolde, Kundry und Brünnhilde als letztlich eine Frauengestalt, die eines seelischen Todes stirbt, eng mit dem Erlösungsmotiv verknüpft ist und ›entseelt zu Boden sinkt‹, wie es so schön bei manchen Partien steht. Diese eine Frauenfigur sah Wieland Wagner in Anja Silja verkörpert.«

Was Brünnhilde in diesem Reigen zu suchen hat, die nach Richard Wagners Willen in Siegfrieds Scheiterhaufen reitet und nicht einen seelischen, sondern einen reinigenden Feuertod stirbt (wenn sie denn überhaupt stirbt, was nicht ganz heraus ist), bleibt im Dunkel und deutet auf die Schwäche der Konstruktion und auf die Manie, mit welcher der Gedanke konstruiert ist.

Um die folgende Kontroverse besser verstehen zu können, müssen wir uns ein wenig mit den stimmlichen Möglichkeiten von Anja Silja beschäftigen, die zwar erstaunlich sind, aber anders als ihre darstellerische Intensität doch an Grenzen stoßen. 1960 wagt sie in Bayreuth den unmittelbaren Übergang von der Königin der Nacht zur Senta, was an sich schon eine Sensation ist, aber ziemlich verrückt.

Die »Kindertrompete«, wie ihre etwas spröde, trotz (oder wegen?) der antrainierten Koloraturtechnik steife, wenig timbrierte Stimme liebevoll genannt wird, wird zwar größer, aber nicht voller im Klang, schwingt sich etwa am Anfang der Hallen-Arie im *Tannhäuser* zu einem G auf, das klingt, als ob der große Tusch für das Sängerfest geprobt würde. Daß dieses im Grunde teenagerhaft blecherne Material allerdings den von Wieland verordneten gemeinsamen Amoklauf durchsteht und übersteht, ist das eigentlich Verblüffende.

Zum Ausprobieren präsentiert Anja Silja ihre erste Isolde im Januar 1962 in Bologna in der Inszenierung des Bayreuther Regieassistenten Peter Lehmann. Bis 1965 folgen allein in Italien drei weitere Produktionen in Neapel, Turin und Rom, zwei davon unter Wielands Regie. In Bayreuth selbst wird die Eroberung des Terrains vorsichtiger fortgesetzt. Bei den Festspielen 1962 singt sie Elsa und – neben Victoria de los Angeles – Elisabeth, beide wieder unter der Stabführung von Sawallisch.

Für das nächste Jahr plant Wieland Wagner neue *Meistersinger*.

Seine Vorstellung von der Besetzung führt erstmals zu heftigen Diskussionen mit Sawallisch, der von der Doppelbesetzung des Sachs mit Otto Wiener und Josef Greindl, einem ausgesprochenen Bariton und einem ausgesprochenen Baß, nichts hält. Der entscheidende Streitpunkt aber ist Anja Silja, welcher der Dirigent das Evchen nicht zutraut: »... von ihr werden musikalisch spezielle Dinge gefordert – das Quintett, das Duett mit Stolzing, das ›Sachs, mein Freund‹. Da erwarte ich mir Gesang und nicht so sehr hervorragende Gestik; da muß man Farbe bekennen; da muß man ganz ehrlich *singen* ...«

»Ich bestehe auf Anja Silja!« ist Wieland Wagners stereotyper Kommentar.

Nach Beendigung der Festspiele trennt man sich ohne Ergebnis. Wenige Wochen später teilt Wieland brieflich mit, daß es bei der Besetzung bleibt. Sawallisch zieht die Konsequenzen: »Der Tatsache, daß Sie trotz meiner vielstündigen Reden bei Ihnen in Bayreuth ohne ein weiteres Wort Ihrerseits mir wieder Fräulein Silja als Vertreterin einer der liebenswertesten und weiblichsten Figuren, die Ihr verehrter Großvater auf die Bühne gestellt hat, anbieten, und ich möchte schon sagen: zumuten, entnehme ich, daß Sie – und das selbstverständlich von Ihnen aus gesehen mit Recht – auf meine ehrliche und aufrichtige Mitarbeit nicht den Wert legen, den ich mir einmal in kühnen Träumen erhofft hatte. Die Konsequenz daraus liegt auf meiner Seite.«

Die Wunderwaffe, die Sawallisch selbst auf dem Grünen Hügel einführte, hat ihn hinauskatapultiert. Er wird nie mehr in Bayreuth dirigieren. Doch er behält recht. Heinz Joachim stört sich 1963 in seiner Premieren-Kritik nicht nur an der Inszenierung, die als Schauplatz eine Shakespeare-Bühne hat: »Wir wollen den Sonderfall dieser *Meistersinger* nicht verallgemeinern, aber es wäre bedenklich, wenn es in Bayreuth auch zum Prinzip würde, die singenden Darsteller, so wie in diesem Falle, eher nach ihren schauspielerischen als nach ihren stimmlichen Qualitäten auszuwählen. Das stimmlich spröde Evchen von Anja Silja, der auch darstellerisch Charme und persönliche Ausstrahlung fehlten, war in jedem Betracht eine Fehlbesetzung.«

Trotzdem steht Anja Silja 1964 noch einmal ihre acht Evchen

Gegen Wolfgang Sawallisch gesiegt: Anja Siljas Evchen nach einer *Meistersinger*-Vorstellung 1963 in Bayreuth

durch. Elisabeth in *Tannhäuser* aber ist, als ob nie etwas vorgefallen wäre, Leonie Rysanek. Und es beginnt wieder »der alte Sturm, die alte Müh'«. Wieland zwingt sie, bei der Hallenarie regungslos im Zentrum der Bühne zu verharren: »Ich stand dort aufgestellt wie eine Riemenschneider-Madonna; ich durfte nicht einmal eine Handbewegung machen. Das waren für mich Qualen. Ich hab ihm gesagt: ›Ich bin halt eine Barockfigur, keine gotische.‹ Da hat er bloß dreckig gelacht.«

Doch der Gewinn ist für beide groß. Der Zwang zur Verinnerlichung vermittelt zugleich elementare Kraft der Empfindung und inspiriert Karl Heinz Ruppel zu einer Paraphrase über das hohe H des »Haltet ein«, wenn Elisabeth sich zwischen Tannhäuser und die gegen ihn anstürmenden Ritter wirft. Diesen Ton, meint er, wird man nie vergessen: ». . . nicht nur, weil er wie aus himmlischen Höhen strahlt, sondern auch weil sich in dieser einen Silbe eine ganze Liebe mit all ihrem Überschwang, ihrer Angst und ihrem Rettungswillen überwältigend offenbart.«

1965 unternimmt Wieland den dritten und letzten *Ring* seines Lebens. Und zum drittenmal ist Leonie Rysanek seine Sieglinde. Mit ihr und Birgit Nilssons Brünnhilde realisiert er eine Wunschvorstellung: »Für mich ist die Sieglinde eine Schwester der Isolde. Ich möchte sie strahlend haben, aber sehr fraulich, sehr warm, erdverbunden und erotisch. Meine Brünnhilde soll dagegen heller und klarer sein.«

Das Vergnügen hätte er früher haben können. Die Paarung Nilsson/Rysanek gab es bereits 1956 in San Francisco, 1957 in Rom und Wien, 1958 in Mailand und – mit einiger Verspätung – Anfang 1965 an der Met. Doch ist Wielands zögerliche Annäherung an das schwedische Stimmwunder nur eine weitere Merkwürdigkeit in seinem rätselhaften Bayreuther Weltenplan.

Birgit Nilsson, Jahrgang 1918, hat 1946 an der Königlichen Oper Stockholm unter Leo Blech als Agathe debütiert und »geschmissen«. Und wie Leonie Rysanek wurde sie gefragt: »Sind Sie unmusikalisch?« und fürs erste nicht mehr eingesetzt. »Nach der Agathe hatte ich schon beschlossen, nicht Opernsängerin zu werden, weil ich dachte, es ist zu schwer für mich.« Doch dann kommt Fritz Busch und gibt ihr die Lady Macbeth – der erste große Erfolg.

Busch holt sie 1951 auch nach Glyndebourne, wo sie Elettra im *Idomeneo* singt.

Drei weitere Jahre dauert es, bis sie 36jährig den Kontinent zu erobern beginnt. 1954 gibt sie als Elsa ihr Bayreuth-Debüt in der *Lohengrin*-Inszenierung von Wolfgang Wagner und erregt Aufmerksamkeit wie der andere Debütant Dietrich Fischer-Dieskau als Wolfram in Wielands erstem *Tannhäuser*, obgleich sie in der Premiere über Elsas Maß hinaus abwesend ist: »Ich kam im ersten Akt auf die Bühne und sah Eugen Jochum nur im Hemd. Ich dachte nicht daran, daß man den Dirigenten vom Zuschauerraum nicht sehen kann. Es hat mich so beschäftigt, daß er in einer Festvorstellung in Hemd und Hosen dastand, daß ich mich nicht konzentrieren konnte.« (Noch legerer wird bei den *Meistersingern* von 1963 Thomas Schippers sein, der die Vorstellung in Shorts dirigiert, worauf ihm die Musiker das nächste Mal einen Tennisschläger aufs Pult legen.)

Der Ruhm verbreitet sich rasch, es folgen Gastspiele in Wien und München – lediglich Bayreuth zeigt sich nicht mehr interessiert. Das ist um so merkwürdiger, als von Anfang an klar sein müßte, daß sie unter den Hochdramatischen eine Ausnahmeerscheinung ist, wie sie die Welt seit Kirsten Flagstad nicht erlebt hat.

Der Münchner Intendant Rudolf Hartmann macht die Probe aufs Exempel. Im Prinzregententheater hat sich der *Ring* 1952 geschlossen, seither gibt es regelmäßige zyklische Aufführungen (während Wien sich bis zum Karajan-*Ring*, der zwischen 1957 und 1960 entsteht, auf die *Walküre* beschränkt). 1955 wird mit drei Zyklen das Fünf-Wotans-Jahr. Im Januar 1955 gibt es den ersten unter Knappertsbusch mit Hans Hotter als Wotan und Wanderer. Brünnhilde ist Helena Braun, eine souveräne Sängerin, aber figürlich und darstellerisch alles andere als eine »reisige Maid«.

Als Ende April im zweiten Zyklus unter Robert Heger im 2. Akt der *Walküre* Birgit Nilsson als wirkliches Wotanskind auf die Bühne stürmt und mit ungehörtem metallischen Klang die *Hojotoho*-Rufe beginnt, ist die Wirkung um so größer. Ich erinnere mich, daß mein unbekannter Nachbar mir das Opernglas aus den Händen wand, um seinerseits auf dieses Wunder stieren zu können.

Die folgenden beiden Abende lösen das Versprechen nicht ganz ein. Die hohe *tessitura* der Brünnhilde in *Siegfried* liegt ihr weniger gut in der Stimme. Für die Brünnhilde in *Götterdämmerung* mußte sie den deutschen Text des Schlußgesangs noch im Flugzeug lernen. Doch ist es nicht Unsicherheit, die Wünsche offen läßt, denn Birgit Nilsson verfügt über ein fotografisches Gedächtnis, das sie nur verläßt, wenn sie mit einem Klavierauszug arbeiten muß, in dem die Seiteneinteilung anders ist. Paradoxerweise irritiert die stimmliche Bravour, die das natürliche »Verfallsdatum« am Ende der Tetralogie ignoriert. Noch 1965 merkt Joachim Kaiser »die geradezu absurd frische Stimmkraft« an, die ihm besser in die *Walküre* zu passen scheint als in die *Götterdämmerung*, »wo man ja nicht die Vitalität der Brünnhilde bewundern, sondern sich von ihrem elenden Betrugsschicksal rühren lassen soll«.

Trotz dieser Einschränkungen ist der Eindruck so gewaltig, daß Birgit Nilsson auch der *Ring*-Zyklus unter Knappertsbusch in den Münchner Opernfestspielen Ende August übertragen wird. Das gibt böses Blut, denn Helena Braun fühlt sich zu Recht übergangen. Ihrem Mann Ferdinand Frantz, Furtwänglers Lieblings-Wotan und Birgit Nilssons Partner im vergangenen April, schlägt sich der Ärger auf die Stimme. Er sagt kurz vor Beginn des Zyklus ab.

Nun ist guter Rat nicht nur teuer, sondern eigentlich nicht zu kriegen. Hans Hotter ist in Bayreuth unabkömmlich. Er singt dort Holländer, Amfortas, Wotan, Wanderer und sogar Gunther. Und so gerät die Münchner Festspiel-Tetralogie etwas durcheinander. Der jugendliche Wotan in *Rheingold* ist am 27. August 1955 der 60jährige Hans-Hermann Nissen. Am 28. folgt *Siegfried* mit Paul Schöffler als Wanderer. Schöffler aber ist in Salzburg als Borromeo, Sprecher in der *Zauberflöte* und Musikmeister in *Ariadne* ebenfalls vollbeschäftigt. So muß für den Wotan in der *Walküre* am 30. August Sigurd Björling geholt werden.

Birgit Nilsson fechten solche kleinen Hemnisse nicht an. Sie ist auf einem Bauernhof aufgewachsen und an harte körperliche Arbeit gewöhnt. Das Singen, so behauptet sie wenigstens, kommt ihr im Vergleich dazu wie ein Spaziergang vor. Dazu kommt ein Sturschädel, den sie von ihrem Vater geerbt hat. Von ihm wird überliefert, daß er im Königlichen Opernhaus in Stockholm (dem einzigen Theater, in dem er seine Tochter anzuhören geruht) in der Pause das Foyer durchforstet, fremde Leute am Knopf festhält und fragt: »Was ist Ihre ehrliche Meinung? Ich finde, sie war zu laut. Finden Sie nicht?« Die meisten widersprechen ihm. Doch im Verlauf der

Nicht Realismus im Stereo-Zeitalter, sondern nur ein Scherz: Bei den Aufnahmen zu Georg Soltis *Ring* in den Wiener Sofiensälen grüßt Birgit Nilsson das Pferd Grane

negativen Auslese kommt er endlich an einen, der ihm beipflichtet. Dann ist er im höchsten Maße befriedigt und begrüßt seine Tochter nach der Vorstellung mit der triumphierenden Feststellung: »Alle finden, daß du zu laut warst!« Trotzdem verstehen sich die beiden prächtig.

Auch der Besuch einer Landwirtschaftsschule schlägt zu Buche. Birgit Nilsson führt ihre Verhandlungen selbst und mit lächelnder Unerbittlichkeit. Rudolf Bing kann ihr lange nichts abgewinnen. Als sie an der Met am 18. Dezember 1959 als Isolde ihr triumphales Debüt gibt und Schlagzeilen macht, wird sie gefragt, was sie von Bings langem Abwarten hält. »Ich war nicht böse«, antwortet sie.

»Ich entwickle mich langsam. Und ich bin froh, daß ich erst an die Metropolitan gekommen bin, nachdem meine Stimme besser geworden ist. Aber wenn Mr. Bing mich früher engagiert hätte, wäre ich vermutlich nicht so teuer gewesen.«

Auch die Sache in Bayreuth entwickelt sich langsam. Erst drei Jahre nach der Elsa holt sie Wolfgang Wagner 1957 für seine Neuinszenierung von *Tristan und Isolde* zurück. Daß Wieland sie auf seiner ruhelosen Suche nebenbei als Sieglinde einsetzt, scheint eine einmalige Episode zu bleiben. Denn es besteht ein stillschweigendes Abkommen zwischen den Brüdern, daß jeder seine »eigenen« Sänger hat. Das läßt sich natürlich nicht durchhalten, allenfalls auf bestimmte Rollen begrenzen. So singt auch Wolfgang Windgassen unter Wolfgang Wagner seinen ersten Bayreuther Tristan.

Nun ist der jüngere Wagner-Enkel für den Festspielbetrieb ein vortrefflicher Hausvater und ein immens begabter Organisator. Doch sein Talent als szenischer Gestalter überschreitet selten handwerkliche Fertigkeit. Seine Inszenierungen stehen immer im Schatten des großen Bruders und bleiben auch in der psychologischen Zeichnung »eindimensional«. Das gilt auch für den *Ring*, den er 1960 zum erstenmal angeht und in dem Birgit Nilsson ihre ersten Bayreuther Brünnhilden singt. Sie wird als Stimmbesitzerin mehr geschätzt denn als Gestalterin.

Die Wende tritt erst ein, als Wieland 1962 im Gegenzug einen neuen *Tristan* herausbringt, in dem der 68jährige Karl Böhm sein Bayreuth-Debüt gibt und wohl seinerseits auf einer Isolde besteht, die nicht nur stimmgewaltig ist, sondern ihre Stimme auch in der Gewalt hat. Birgit Nilssons Devise »Isolde ist nicht schwierig, wenn man bequeme Schuhe an hat«, wird auf die Probe gestellt. Doch auch Wieland Wagner hat eine Schwellenangst zu überwinden und geht diesmal vorsichtiger zu Werk.

»Er bediente sich all *meiner* Empfindung«, erinnert sie sich, »*meiner* natürlichen Bewegungen, so daß es *meine* Isolde wurde. Das war wunderbar, viel schöner als bei einem Regisseur, der immer schon mit dem perfekten Konzept ankommt.« Am besten aber gefällt ihr, wie er Lichtregie führt: »Er brachte es fertig, daß die Leute wie sechzehn oder siebzehn aussahen, nur indem er die Beleuchtung änderte.« Und er sagt: »Astrid Varnay war die rachedurstige Isolde, Martha Mödl war die vom Schicksal Getroffene, und Birgit Nilsson ist die liebende Isolde.«

Sie muß in der Tat viel lieben, mit Tristan im 2. Akt nicht nur ein Herz und eine Seele sein, sondern darauf achten, daß sie Windgassen mit ihrem Volumen nicht erschlägt. Wieland Wagners Bühne hilft da sehr. Die Liebenden sitzen vor einem hoch aufragenden totemistischen Zeichen, das in der Höhe zwei runde Öffnungen hat. Von Henry Moore inspirierte Grabstele oder gar phallisches Symbol? Publikum und Kritiker rätseln. Das eigentliche Geheimnis aber ist akustischer Natur. Die Stele hilft, daß der Schall sich nicht in der Hinterbühne verkrümelt, sondern ins Publikum projiziert wird.

Und wo nicht nur die psychologische, sondern auch die gesangliche Balance stimmt, läßt es sich trefflich deuten und deuteln. Karl Heinz Ruppel sieht Anlaß für einen existenzphilosophischen Exkurs: »... wenn irgendwo, so ist hier Verschweigen die größere Kunst, ist es näher an der inneren Wahrheit als Enthüllen. Das muß freilich auch den Sängern bewußt sein, die in dem Nachtgesang keine Individuen mehr sein dürfen, sondern nur noch ›Stimmen‹, Artikulationen der ›Weltennacht‹, der Tristan und Isolde von allem Anfang an angehören. Bei Wolfgang Windgassen und Birgit Nilsson, scheint mir, ist dies vollkommen erreicht: Ent-körperung als Höhepunkt der Ver-körperung ... Was liegt näher, als im Tristan in dieser Darstellung ein Musterbeispiel für die ›Faktizität des Daseins‹ zu sehen, für die ›Geworfenheit‹ im Sinne Heideggers.«

Das klingt wohl aufgedonnert, doch in dieser Zeit »heideggert« es aus allen Ecken. Man muß noch dankbar sein, daß Ruppel ohne das besonders beliebte »nichtende Nichts« auskommt, mit dem sich der *Tristan* ebenfalls hübsch garnieren ließe. Als Zeugnis für Wieland Wagners beharrliche Image-Aufbesserung des Großvaters ist seine Analyse jedoch ein Dokument von Bedeutung. Wir erinnern uns an die vernichtenden Urteile der deutschen Intelligenz über Richard Wagner im ersten Drittel des Jahrhunderts und fügen noch an, was Edmund Nick bei der ersten Münchner Nachkriegs-*Walküre* im Mai 1947 empfand: »Indem man der Faszination seiner Musik erliegt, muß man sich eingestehen, daß so vieles an diesem Gesamtkunstwerk schwer erträglich, einfach schrecklich, nicht etwa nur schrecklich schön ist. Man kann keine Helden mehr sehen, man ist ihrer endlosen Suada müde.«

Wieland Wagner hat die »Geworfenheit« der Kritik in Bahnen gelenkt, in denen sie dem Werk an sich nicht mehr abträglich sein kann ...

DIE AVANTGARDE ÜBERHEBT SICH

Theodor W. Adorno spielt Schönberg gegen Strawinsky aus – Fanatischer Neubeginn: »Die Städte sind radiert« – Carl Orff will Stimmbänder reißen hören – Deutsche Intendanten: Uraufführungen um jeden Preis – Der dornige Weg von »Moses und Aron« – Warum Korngolds »Tote Stadt« den Fortschritt behindert

»Die Provokation haut sich mit der Machete einen Weg durch das lianengleiche Gestrüpp der abendländischen Opernlandschaft. Man haut nach vorn – und hinten wächst alles wieder zu. Und mancher stürzt über die Schlingen der Lianen. Die Oper hat ihr eigenes Gesetz, das ebenso zur Rückschau wie zur Schau in die Zukunft zwingt.«

Diese pragmatische Erkenntnis stammt von Arturo Toscanini aus dem Jahr 1932, als er vom regulären Opernbetrieb Abschied genommen hatte und eine stattliche Anzahl Uraufführungen Revue passieren lassen konnte, deren Geburtshelfer er selbst gewesen war.

Nirgendwo ist in den folgenden zwölf Jahren gründlicher alles wieder zugewachsen als im Dritten Reich, wo sogar eine so erntefreundliche Sichel wie die von Paul Hindemith von den Dorfrichtern des Flurschadens verdächtigt und von einer Armee von Mistgabeln vertrieben wurde.

Als sich der Nebel nach 1945 hebt, hofft oder bangt – je nach Einstellung – die musikalische Welt, daß die, welche in der »inneren Emigration« lebten, zwar im Lande blieben, sich jedoch verweigerten oder schlicht nicht aufgeführt wurden, nun ihre Vorratskammern öffnen und kühn Entworfenes aus dem Verborgenen zum Vorschein bringen. Doch die Komponisten teilen das Los der Schriftsteller. Nicht nur die Regale in den Geschäften sind leer, auch die

Schubladen der »inneren Emigranten« sind es. Hamstern diente dem körperlichen, nicht dem künstlerischen Überleben.

Die Enttäuschung hält sich in Grenzen. In Wien etwa meint man fürs erste, mit der Wiener Schule um Arnold Schönberg und ihrer anschließenden Beseitigung bereits genug für die Musik des 20. Jahrhunderts geleistet zu haben, und bescheidet sich mit Reprisen von Salmhofers *Werbekleid* und *Iwan Tarassenko.* In Salzburg aber macht sich Oscar Fritz Schuh bereits 1946 Gedanken über die Berechtigung von Nachkriegs-Festspielen, die zurückblicken und als einzige Botschaft verkünden: »Wir sind noch da; wir leben noch.«

Es trifft sich, daß sein junger Freund Gottfried von Einem, Jahrgang 1918, zurückschauend und vorwärtsblickend über den Zusammenbruch hinweg eine Oper komponiert hat, die Aktualitätswert besitzt – *Dantons Tod.* Das Sujet, eine geraffte Fassung von Büchners Drama, ist für ihn »die Tragödie der Freiheit und des freien Menschen unter der Diktatur, die Tragödie der Wissenden in einer Umwelt, die dadurch politisch beherrscht wird, daß die Massen in Unwissenheit gehalten und entmenscht werden«.

Das klingt nach Aussage und beeindruckt selbst das konservative Direktorium. So findet die Uraufführung 1947 in Salzburg statt, ein Novum in der Geschichte der Festspiele. Bislang war der Mitbegründer Richard Strauss der einzige lebende Komponist im Opern-Programm, wenn man von dem Kuriosum absieht, daß 1928 das Leningrader Opernstudio als erstes Gast-Ensemble Bernhard Paumgartners Einakter *Die Höhle von Salamanca* in russischer Sprache vorstellte, was den Durchfall des gesamten Gastspiels allerdings nicht mildern konnte.

Der 29jährige Gottfried von Einem aber ist vif im Erkennen des Zeitgeistes und ein effektsicherer Musikdramatiker dazu. Allzu effektvoll wohl für Otto Klemperer, der nach zwei Orchesterproben erkrankt, was ihn nicht hindert, ein Konzert im Rahmen der Festspiele zu dirigieren. Für ihn springt der 33jährige Ungar Ferenc Fricsay ein, der an der Wiener Oper nur Repertoirevorstellungen von *Rigoletto* oder *La Bohème* zu dirigieren bekommt und nun danach lechzt, endlich sein eminentes Können unter Beweis zu stellen.

Die Schwierigkeiten, die sich für die Einstudierung stellen, sind beträchtlich, zumal die Zeit knapp ist. Da es sich ja um die Vertonung eines – wenn auch radikal bearbeiteten – Sprechstücks handelt, wechselt der Komponist die Notation bisweilen von Takt zu Takt. Wie schlägt man eine Chorstelle, die innerhalb von fünf Takten von $3/4$ über $2/8$, $5/8$, $2/8$ auf $13/8$ springt?

Es gibt in diesem Zusammenhang eine erhellende, von Marcel Prawy überlieferte Anekdote über Richard Strauss, der 1930 im Büro von Clemens Krauss kurz vor der Wiener Erstaufführung die Partitur von Alban Bergs *Wozzeck* liegen sieht. Er blättert darin und beginnt lesend mit seinen knappen Bewegungen zu dirigieren, mit den gleichen rhythmischen Bewegungen des Ellbogens, wie er es auch sonst tut. Nach einer Weile sagt Krauss konsterniert: »Aber ich bitte Sie, diese wahnsinnig komplizierten Taktformen, wie das ununterbrochen wechselt, schaun Sie nur, wie kompliziert das alles ist!« Strauss jedoch schlägt seelenruhig und durchaus konservativrhythmisch weiter den Takt und sagt nur: »Na ja, wenn er's so aufschreibt?«

Ferenc Fricsay läßt sich ebenfalls nicht beeindrucken und setzt mit seiner mutigen Übernahme den Anfang einer Weltkarriere. Die Uraufführung von *Dantons Tod* ist ein sensationeller Erfolg und macht auch den Komponisten schlagartig bekannt, was wohl nicht am aufwühlenden Thema, sondern an seiner attraktiven Abhandlung liegt. Es ist traditionelle Oper im modernen Gewand, kantig, dissonanzengeschärft, aber auf dem Boden der Tonalität. Das sichert die Annahme an weiteren großen Bühnen. Die Hamburgische Staatsoper unter ihrem Novitäten-freudigen Intendanten Günther Rennert präsentiert bereits im März 1948 die deutsche Erstaufführung.

In Wien bringt es die Übernahme der Salzburger Produktion trotz weiterer Kürzungen nur auf vier Aufführungen, was möglicherweise nicht am Publikum, sondern an der Disponierung des Spielplans liegt. Gottfried von Einem ist ein bißchen rasch groß geworden und außerdem auch noch in das Direktorium der Salzburger Festspiele berufen. Das macht manche maliziös. »Die Musik ist nicht von Einem, sondern von mehreren«, wird gekalauert.

Daß sich da einer aus dem Erbe der Vorfahren und dem musikalischen Material der Zeitgenossen recht unbekümmert bedient, wird allerdings bald zum Gegenstand auch der offiziellen Kritik. Als der inzwischen 35jährige – auf Anraten seines Mentors Oscar Fritz Schuh – Kafkas Roman *Der Prozeß* veropert, schreibt Hans Heinz Stuckenschmidt über die Salzburger Uraufführung 1953: »Wenn man bei dem gesammelten, grausam klaren Stil Kafkas von einem dichterischen Purismus reden kann, so drängt sich für Einems Musik eher das Wort Potpourrismus auf . . . Puccini und psychologische Literatur, das verträgt sich nicht. So war dieser ›Prozeß‹ nicht zu gewinnen. Mit Bedauern und mit Sympathie für Gottfried von Einem sei es gesagt.«

Es ist, was die Kämpfe um die »richtige« und richtungweisende musikalische Sprache betrifft, überhaupt eine unleidlich zänkische Zeit. Die Ächtung und die Vertreibung durch das Dritte Reich haben die Parteien nicht besonnener gemacht, sondern angstbeißerhaft noch mehr gegeneinander eingenommen.

Einer besonderen Form von Emigranten-Paranoia ist Arnold Schönberg verfallen. In seinem Haus in Brentwood Park, einem Vorort von Los Angeles, fühlt er sich von einer internationalen Verschwörung von Autographenjägern umzingelt, von denen er sicher ist, daß sie die Dienstmädchen bestechen, in den Häusern der größten Denker die Manuskripte zu stehlen. Sein Schüler Hanns Eisler wird eingeweiht, bleibt allerdings skeptisch: »(Schönberg) behauptet, das wäre ein internationaler Ring, so wie ein Opiumring, oder ein Mädchenhandel . . . Und ich dachte mir: wenn es nur schon so weit wäre, daß sich ein Ring von Gaunern zusammenfinden würde, um dem Schönberg durch Tricks die Manuskripte zu stehlen.«

Unter diesem Aspekt wird auch die berühmte Kontroverse mit Thomas Mann verständlicher, der in seinem Roman *Doktor Faustus*, der fiktiven Biographie des deutschen Tonsetzers Adrian Leverkühn, Elemente von Schönbergs Reihentechnik benutzt hat. Pflichtschuldigst übersendet der 72jährige Dichter denn auch am 15. Januar 1948 ein Widmungsexemplar: »Arnold Schönberg, dem Eigentlichen, mit ergebenem Gruß.«

Der 73jährige Schönberg, der wegen eines sich verschlechternden Augenleidens den Roman nicht lesen kann, erfährt aus seiner

Umgebung, daß Mann darin die Zwölftontechnik beschrieben hat, und fühlt sich seines geistigen Eigentums beraubt. Alma Mahler-Werfel, nie abgeneigt, Unruhe zu stiften, ermuntert ihn, Thomas Mann öffentlich anzugreifen. Schönberg verfaßt einen satirischen Beitrag zu einer wie Manns Roman fiktiven *Encyclopedia Americana* für das Jahr 1988, der die Erfindung des Zwölftonsystems Thomas Mann zuschreibt und den Anspruch eines »Niemands« namens Schönberg darauf zurückweist.

Thomas Mann ist der Streit peinlich. Bereitwillig fügt er dem Roman in den nächsten Auflagen »als Avis für Uninformierte« ein Postskriptum an: »Es scheint nicht überflüssig, den Leser zu verständigen, daß die im XII. Kapitel dargestellte Kompositionsart, Zwölfton- oder Reihentechnik genannt, in Wahrheit das geistige Eigentum eines zeitgenössischen Komponisten und Theoretikers, Arnold Schönbergs, ist und von mir in bestimmten ideellen Zusammenhang auf eine frei erfundene Musikerpersönlichkeit, den tragischen Helden meines Romans, übertragen wurde. Überhaupt sind die musiktheoretischen Teile des Buches in manchen Einzelheiten der Schönbergschen Harmonielehre verpflichtet.«

Der »zeitgenössische Komponist« macht alles noch ärger. Hatte Schönberg einen zum 70. Geburtstag von Thomas Mann komponierten Doppelkanon für Streichquartett noch mit der Widmung versehen: »Es ist nicht ohne ›ehrlichen‹ Egoismus, daß ich mir wünsche, wir mögen noch viele Jahre einander gute Zeitgenossen sein«, so wird er nun in einem Brief, der in der *Saturday Review Literature* am 1. Januar 1949 veröffentlicht wird, höhnisch: »In zwei oder drei Jahrzehnten wird man wohl sehen, wer von uns beiden des anderen Zeitgenosse war.«

Der eigentliche *diabolos*, der Zwietrachtstifter, der alles durcheinandergeworfen hat, ist der Frankfurter Theodor W. Adorno, Jahrgang 1903, Schüler von Alban Berg. In erster Linie aber ist Adorno Philosoph und Soziologe. Unter diesen Aspekten ist in der Emigration am Institut für Sozialforschung in New York 1940/41 ein Essay, *Schönberg und der Fortschritt*, entstanden, der vorerst unveröffentlicht blieb, Thomas Mann jedoch die theoretische Grundlage für seinen Roman lieferte.

Schönberg mißtraut Adorno, dem Theoretiker seiner Theoretik, zumal er von dessen hochfahrender Art abgestoßen ist. Als 1949 Adornos *Philosophie der neuen Musik* erscheint, die den Schönberg-Essay mit einem zweiten Teil, *Strawinsky und die Reaktion*, ergänzt, ist er empört. Einerseits bezeichnet er Adorno im Zusammenhang mit Thomas Mann als *informer*, was man frei mit »Spitzel« übersetzen darf, gleichzeitig – dahinter wohl auch seine Unzufriedenheit über das eigene Porträt verbergend – erbittert ihn die Demontage Strawinskys.

Er hat sich 1924 zwar selbst im Vorwort zu seinen drei Chorsatiren über Strawinskys revisionistischen Neoklassizismus lustig gemacht: »Ja, wer tommerlt denn da?/Das ist ja der kleine Modernsky!/Hat sich ein' Bubizopf schneiden lassen;/Sieht ganz gut aus!/Wie echt falsch Haar!/Wie eine Perücke!/Ganz (wie ihn sich der kleine Modernsky vorstellt)/,Ganz der Papa Bach!«

Adornos Polemik aber schlägt die Töne anders an: »In Strawinsky bleibt hartnäckig der Wunsch des Halbwüchsigen am Werk, ein geltender, bewahrter Klassiker zu werden, kein bloßer Moderner, dessen Substanz in der Kontroverse der Richtungen sich verzehrt und der bald vergessen wird.«

Nun ist Adorno überhaupt nicht skrupulös. Bereits in der Einleitung, in der er gegen die »privat-zufälligen« Texte Schönbergs stichelt, zieht er den Analogie-Schluß: »Nie war die musikalische Qualität indifferent gegen die des Vorwurfs: Werke wie *Così fan tutte* . . . laborieren auch musikalisch an ihren Büchern und sind durch keine literarische und szenische Hilfsoperation zu retten.«

Wenn die Größe eines Denkers, wie manche meinen, sich auch an der Größe seiner Irrtümer erweist, dann zweifellos kommt ihm die eminente Bedeutung zu, die ihm bald beigemessen wird. 1950 kehrt er als Professor und stellvertretender Direktor an das Institut für Sozialforschung an der Universität Frankfurt zurück, das er 1937 als Privatdozent verlassen hatte, und wird zum Guru einer Aufbruchsbewegung, die in der abendländischen Musikgeschichte nicht ihresgleichen hat.

Der 25jährige Karlheinz Stockhausen verkündet 1953: »Vergesse man aber nicht, daß selten eine Komponistengeneration so viele Chancen hatte und zu solch glücklichem Augenblick geboren wurde wie die jetzige: ›Die Städte sind radiert‹, und man kann von

Grund auf neu anfangen ohne Rücksicht auf Ruinen und ›geschmacklose‹ Überreste.« Gegen den »pompösen Ahnenkult«, der vorläufig noch die offiziellen Musikprogramme beherrscht, erklärt er, »daß die erste wirklich Neue Musik diejenige sein wird, die den existierenden neuen soziologischen Bedingungen funktionell entspricht«.

Adorno wird sich dafür in seinen Vorlesungen zur *Einleitung in die Musiksoziologie* bedanken: »Zwar gibt es kein biologisches Generationsproblem, wohl aber eines der kollektiven Erfahrung; denkbar, daß, was alles vergessen ward, Raum schafft fürs noch nicht Gewesene. Freilich erleichtert gerade, was der Neuen Musik mangelt, ihre Rezeption. Die (Musik) Schönbergs, Bergs, Weberns wurde erschwert vom Übermaß der Spannung in ihren Werken ... Weil die Musik, die jetzt entsteht, jene Spannung kaum mehr kennt, oder zumindest kaum enthüllt, provoziert sie weniger ...«

Es handelt sich um die sogenannte Serielle Musik, die nicht freien, zu Formen verbundenen Einfällen folgt, wie es den schöpferischen Zwölftönern unterlief, sondern sich einer Konstruktion nach dem Prinzip der Serie vorbehaltlos unterwirft. »Wir haben uns von der Diktatur der Inspiration befreit«, stellt der immer noch neugierige Altmeister Ernst Krenek fest. Und so spannungslos, wie Adorno meint, ist diese kompositorische Tätigkeit gar nicht. Auf Stockhausen macht sie nicht selten »den Eindruck von nicht-isolierten Geflechten elektrischer Drähte, an denen man jeden Augenblick einen gewischt kriegen könnte«.

Es ist für die Beteiligten eine herrliche Zeit der Verheißung. Sie sind erfüllt und intolerant wie die ersten Christen und in Erwartung der »Parusie« der Musik, des unmittelbar bevorstehenden Jüngsten Gerichts über die Tonalität und der endgültigen Aufrichtung der Herrschaft der »Dritten Epoche der Musik«. Wobei als letzte Frage offen ist, ob Stockhausen zur Rechten Adornos sitzen wird oder umgekehrt.

Indes gibt es selbst unter den Jüngern noch Verstockte. Als 1954 Hermann Scherchen bei den Internationalen Darmstädter Musiktagen (die mit ihren Kranichsteiner Ferienkursen für Neue Musik die Funktion des Weltenrichters bereits saisonal übernommen haben) Schönbergs Orchesterbearbeitung von Bachs Orgel-Präludium und Fuge Es-Dur aufführt, mokiert sich Heinz Joachim: »Peinlich ist, wenn man erfährt, daß den Kursteilnehmern vorher suggeriert worden war, diese Schönbergsche Bearbeitung sei die einzig mögliche Form, Bach heute lebendig zu machen.«

Ein Jahr später wird Joachim Chefredakteur der 1854 von Robert Schumann gegründeten und 1955 vom Verlag Schott's Söhne in Mainz aufgekauften *Neuen Zeitschrift für Musik* und dadurch friedfertiger. Der Verlag betreibt seit kurzem auch die Auslieferung der Werke von Arnold Schönberg ...

Doch halt! Wir haben da einiges übersprungen, uns zu sehr von den »nicht-isolierten Geflechten elektrischer Drähte« im kompositorischen Schaffen faszinieren lassen und beinahe die exzellente Ab-Isolierung der Geflechte, die Ab*schott*ung innerhalb des kaufmännischen Bereichs, übersehen. Und da hat sich ebenfalls einiges zusammengetan.

Kurz nach dem Krieg gibt es im Bereich der zeitgenössischen Musik noch verlegerische Fronten. Die Wiener Universal-Edition widmet sich wieder der Pflege der experimentellen Komponisten der Wiener Schule. Der Verlag Schott's Söhne läßt in Wahrung der Sorgfaltspflicht gegenüber seinen Autoren Paul Hindemith und Joseph Haas, Carl Orff und Werner Egk seine einflußreichen Publikationen, zumal die Zeitschrift *Melos*, gegen die Zwölftonmusik polemisieren.

Deren Chefredakteur ist Heinrich Strobel, Jahrgang 1898, seit den zwanziger Jahren engagierter Kritiker und durch seine Unbestechlichkeit auch im Dritten Reich im Jahr 1939 zur Emigration gezwungen. Nach 1945 hat er das von ihm 1933 gegründete *Melos* zu neuer Blüte geführt, ist gleichzeitig Leiter der Musik-Abteilung beim Südwestfunk Baden-Baden und Weltpräsident der »Internationalen Gesellschaft für neue Musik«. Ein mächtiger Mann, dem eine Revision seiner Urteile um so höher anzurechnen ist.

Im Januarheft 1952 des *Melos* beklagt er noch in einer geschliffenen Besprechung der Strawinsky-Oper *The Rake's Progress*, die am 11. September 1951 im La Fenice in Venedig uraufgeführt wurde: »Auch viele Fachleute und Kenner sind dem äußerlichen Fortschrittswahn bereits so weit verfallen, daß sie große Mühe haben, den zarten und hohen Reiz einer Musik zu empfinden, die in jedem Takt die altgewohnte Tonalität neu schichtet.«

Und unerschrocken nennt er das Übel beim Namen: »Wir leben in einer Epoche der künstlerischen Verwirrung. In einer Epoche, die dank der Befreiung vom Denken in Tonarten und Harmonien der *atonalen Willkür alle Schleusen öffnete* ... Wenn ich solche Dinge ausspreche, werden manche sagen: Jetzt ist auch er ins reaktionäre Lager eingeschwenkt (obwohl sie genau wissen, daß dies nicht der Fall ist). Wie viele Schlagworte von gestern hat auch das Wort ›reaktionär‹ seinen Sinn verloren. Man ist noch lange nicht ein Reaktionär, wenn man nicht *jedes atonale Kinderlallen für Siegesfanfaren der Zukunft hält.«*

Zum 25. Geburtstag von *Melos* läßt er 1958 die alten Kämpfe Revue passieren: »Wo finde ich eine Schwäche? Da ist sie. Ganz selten war im alten Melos von der Zwölftonmusik die Rede. Schönberg kommt zwar gelegentlich vor, der ›Fall Wozzeck‹ wird natürlich behandelt. Aber Webern – nicht einmal eine Randfigur. Wie schön sind solche Fehlsichten. Sie sichern dem alten Melos die menschliche Nachsicht der Späteren. Inzwischen haben wir versucht, unsere damalige ›Rückständigkeit‹ einzuholen!«

Es wäre nun sehr töricht zu unterstellen, daß Strobel sich seinen Reim auf die inzwischen stattgehabte verlegerische »Umarmung« zwischen Schott und Universal-Edition machen muß. Das ist kein Canossa-Gang, sondern ein Damaskus-Erlebnis – und mindestens so pointiert formuliert wie Strobels Libretti für die drei Opern *Leonore 40/45, Penelope* und *Schule der Frauen* von Rolf Liebermann zwischen 1952 und 1955, die zweifellos zum großen, wenn auch zeitlich begrenzten, Erfolg dieser Werke beigetragen haben (die Libretti wohlgemerkt, nicht der Name oder etwa gar der Einfluß des Librettisten, was für Skeptiker anhand der Texte jederzeit zu überprüfen ist).

Werner Egk jedoch ist der Meinung, daß die »folgenschwere Parteiung« nicht mehr zu kitten ist: »Strawinsky und Schönberg helfen euch nicht mehr. Sie sind von euch selbst entlarvt, Schönberg als Propellerflugzeug mit einem Kapotthütchen über dem Motor, Strawinsky als Sansculotte, der mit einer Gräfin verheiratet war. Und wer kann sagen, was mit Webern wird? Vielleicht findet er sich schon morgen wieder als alte Lokomotive auf dem Darmstädter Abstellgleis und rostet still vor sich hin. Die Idole fallen heutzutage reihenweise von den Altären, wie die Köpfe der Französischen Revolution von den Schultern fielen, die der Opfer und die der Henker. Jeder avancierte Ferienkurs bringt neue Verurteilungen und neue Direktiven.«

Er selbst braucht sich über seine Zukunft allerdings relativ wenig Sorgen zu machen, denn des Geschickes Mächte haben für ihn im Bayerischen Kultusministerium den Schlüssel zu einer Schatztruhe deponiert. Anlaß dazu war die sogenannte *Abraxas*-Affäre, einer der absurdesten Fälle im skandalgewohnten Musiktheater des 20. Jahrhunderts.

Werner Egk hat das Ballett *Abraxas* nach Heinrich Heines Entwurf *Der Doktor Faust – ein Tanzpoem* von 1847 konzipiert und reduziert. Weggelassen ist nicht nur »der ganze Requisitenkram« wie eine prachtvoll ausgedachte rächende, riesengroße schwarze Hand, die im letzten Bild vor der Kathedrale aus dem Boden nach dem Verdammten greift. Die Schwarze Messe findet nicht auf dem Blocksberg statt, sondern in einem Saal »im Stil des Fin de siècle«, in dem auf einer erhöhten Spielfläche ein recht müder Satanas liegt, »blasiert, rotäugig und bleich«. Gestrichen sind auch die vielen Mönche und Nonnen, denen Heine im Rahmen der Orgie »extravagante Polkasprünge« zugedacht hatte.

Trotz dieser Verzichtpolitik ist *Abraxas* bei seiner Uraufführung am 6. Juni 1948 im Münchner Prinzregententheater ein eminenter Premierenerfolg. Die weiteren fünf *en suite*-Aufführungen zum Ende der Spielzeit werden zu Schwarzmarktpreisen gehandelt. Im dritten Nachkriegsjahr ist man auch mit ein wenig Sünde zufrieden. Das Attraktivste ist der abrakadabraverrätselte Titel.

Um so erstaunter ist der Komponist im Herbst des Jahres, als er feststellen muß, daß für die neue Spielzeit keine Reprisen mehr geplant sind. Ganz allmählich schält sich heraus, daß der uns bereits nicht allzu rühmlich bekannte Kultusminister Alois Hundhammer weitere Aufführungen verboten hat und sogar geäußert haben soll: »Wer die Schweinereien sehen will, soll ihnen nachlaufen.«

Der Komponist setzt sich im Januar 1949 in einem Protestbrief an zweihundertfünfzig Zeitungen zur Wehr: »Ich als Autor beziehe mich vor allem auf Artikel 108 der Bayerischen Verfassung, durch den die Freiheit der Kunst gewährleistet ist. Außerdem stehe ich auf dem Standpunkt, daß es dem Kultusministerium zwar freisteht, den Staatsintendanten gegebenenfalls zur Verantwortung zu ziehen, daß es aber in keinem Fall befugt ist, einen zwischen der Intendanz und einem Autor abgeschlossenen Vertrag oder bindende Abmachungen zu annullieren.«

Das bringt gepfefferte Kommentare und Karikaturen und internationales Gespött, aber keine Konsequenzen. Der Faust-Stoff hat es in Bayern schließlich immer schon schwer gehabt. Im Augsburg des 18. Jahrhunderts gab es eine Kriminaluntersuchung wegen Hexerei gegen einen Schausteller, der seine Faust-Pantomime mit Hilfe dressierter Hunde darstellte, was nach Meinung der Obrigkeit nur durch teuflische Mitwirkung geschehen sein konnte.

Doch tut die Fama dem Werk auswärts gut. Die Städtische Oper Berlin bereitet eine eigene Produktion für Oktober 1949 vor. Kurz zuvor sickert durch, daß Bayern zur Bestrafung der Frevler in Bonn gegen die Berlinhilfe angehen will. Zur Sicherheit gibt es deshalb eine Voraufführung für das Berliner Domkapitel. Die geistlichen Herren sind danach fast ein wenig enttäuscht. Die Darstellung der traditionellen »Schwarzen Messe« sei doch sehr dezent gewesen. Von der zeremoniellen Vereinigung des Teufels mit seiner Erzbuhlin habe man überhaupt nichts gesehen, und die übliche Adoration des Bockes durch den ehrfürchtigen Kuß auf seinen Hintern habe man vermißt, weil das doch eigentlich auch zur Sache gehöre. Berlin bringt es trotzdem auf 116 Aufführungen – absoluter Ballettrekord an einer Opernbühne.

Je weiter sich der Aufführungsradius vom Anti-Satanisten-Zentrum München entfernt, desto unbegreiflicher wird, daß es sich um Bigotterie, nicht Prüderie handelt. Das Programmheft des Staatstheaters von Helsinki schmückt 1950 ein Beitrag mit der Überschrift: »Was verstehen die Deutschen unter dem Wort ›Liebe‹?« Der Autor hat keinen blassen Schimmer, wie sehr das bayerische Blut außerhalb des Theaters auch ohne das Hilfsmittel der finnischen Sauna und der anschließenden Selbstflagellation mit Birkenzweigen in Wallung geraten kann.

Hundhammer scheint seinem unbeabsichtigten Propaganda-

Feldzug Genüge getan zu haben. Beim Deutschen Katholikentag in Passau aber überspannt er am 3. September 1950 den Bogen. In seiner Rede, deren Thema »Das Allerheiligste Sakrament des Altares« ist, kommt er zwanghaft noch einmal auf *Abraxas* zurück. Die besondere Pikanterie an der Situation ist, daß auch der Bundeskanzler unter den Anwesenden weilt. Im November 1926 wurde nämlich Béla Bartóks Ballett *Der wunderbare Mandarin* gleich nach der Kölner Uraufführung auf Veranlassung des damaligen Oberbürgermeisters Konrad Adenauer wegen seiner Anstößigkeit abgesetzt.

Hundhammer also wird zum Savonarola: »Aus der Größe des Sakraments wird der Haß verständlich, mit dem dagegen angegangen wird. Welch satanische Bosheit liegt zum Beispiel darin, daß in einem Theaterstück, wie wir es erlebt haben, der Teufel auf den Altar an die Stelle des Tabernakels gesetzt und ihm eine Hure als Opfer dargebracht wird. Das dürfen Katholiken nicht mitmachen, das dürfen katholische Abgeordnete nicht unterstützen, und das können katholische Männer in der Regierung nicht dulden.«

Nun reicht es dem Komponisten. Er will gegen den bayerischen Kultusminister wegen Beleidigung und Verleumdung vorgehen. Der Oberstaatsanwalt, wer hätte es anders erwartet, verneint jedoch ein öffentliches Interesse. Darauf kommt Egk auf eine viel schlauere Idee und verklagt den Bayerischen Staat wegen der entgangenen Vorstellungen auf Schadensersatz. Und das ist nun *sein* Interesse, das auch der schwärzeste Staatsanwalt nicht im Vorfeld abwürgen kann.

Die Hauptverhandlung am 19. April 1951 bringt so verheerende Zeugenaussagen, daß der Anwalt des Freistaats Egk in der Verhandlungspause einen Vergleich proponiert. Es trifft sich, daß Hundhammer inzwischen auf den Posten des Landtagspräsidenten weggelobt wurde. Egk resümiert in seinen Erinnerungen ziemlich wortkarg: »Der Vergleich wurde unter dem neuen Kultusminister Schwalber sehr fair ausgehandelt und zur Zufriedenheit beider Teile abgeschlossen.«

Dezent ausgedrückt hat das *appeasement* zur Folge, daß das gesamte Bühnenwerk Werner Egks im Prinzregententheater eine Heimstätte findet. In der Praxis sieht es so aus, daß er über die Entscheidung aller künftigen Intendanten hinweg Hausrecht hat – auch im 1963 wiedereröffneten Nationaltheater. Dort gibt es bereits in der Eröffnungswoche die Uraufführung der *Verlobung in San Domingo* als vierte Premiere. 1969 wird hier auch noch sein letztes Bühnenwerk, das Ballett *Casanova in London*, uraufgeführt, weil sich der amtierende Intendant Günther Rennert der auch ihn knebelnden Verträge nicht erwehren konnte.

Das Publikum der Bayerischen Staatsoper hat also zwischen 1952 und 1969 Gelegenheit, Egks gesamtes Bühnen-Œuvre zu erleben – bis auf ein Stück. Warum München die 1966 in Stuttgart uraufgeführten *17 Tage und 4 Minuten* (eine Neufassung seiner Oper *Circe*) erspart bleiben, ist die geheimnisvolle Ausnahme von der Regel.

Werner Egk ist die Umkehrung seines Protests von 1949 gelungen. Das Kultusministerium, wie der Vergleich von 1951 erwies, ist zwar in keinem Fall befugt, einen »zwischen der Intendanz und einem Autor abgeschlossenen Vertrag zu annullieren«, aber es ist in der Lage, auf einem Vertrag zu beharren, den der Intendant mit dem Autor so wohl niemals geschlossen hätte. Was Hundhammer also mit bestem Wissen und Gewissen (auch Bigotterie darf wohl ein Recht auf Ehrlichkeit beanspruchen) an Schaden vom bayerischen Volk abwenden wollte, verkehrte sich in das Gegenteil.

Wenn es nicht gerade um vermeintliche Blasphemie geht, ist man auch im Nachkriegs-Bayern nicht prüder als anderswo. Bereits am 6. Juli 1947, drei Wochen nach der Stuttgarter Uraufführung, hat München Carl Orffs »bayrisches Stück« *Die Bernauerin* herausgebracht. Hier entfesselt sich zum erstenmal Orffs blühende Sprach-Phantasie in ihrer ganzen Deftigkeit, die zumal, wenn er selbst sie in sich überstürzenden Wort-Kaskaden vorträgt, Opium für die Intelligenz ist.

Nicht genug, daß im ersten Bild in einer Augsburger Badstube Weiblein und Männlein in den Zubern ihr Spiel treiben – ein welscher Spielmann (man fragt sich, wo er so perfekt altdeutsch gelernt hat) animiert sie mit einem eindeutigen Lied, das der Dichter-Komponist in einer Anthologie aus dem 15. Jahrhundert gefunden hat. Es handelt sich bei der Vorlage um das *Liederbuch der*

Clara Hätzlerin, einer Augsburger Nonne, die in ihrer Sammlung um 1470 das sexuelle Begehren ihrer Zeit erschöpfend ausbreitete und auch einen Katalog über wünschenswerte weibliche Vorzüge lieferte. Der Vergleich zwischen Original und Nachschöpfung ist erhellend:

Ain haubt von Behmer land,
zway weiße ärmlin von Prafand,
Ain Brust vm Schwaben her,
Von Kernten zway tüttlin, ragend als ain sper,
Ain pauch von Österreich,
Der wär schlecht vnd geleich,
Vnd ain Ars von pollandt,
Auch ein Bayrisch f daran,
Vnd zway fuszlen vm den Rein:
Das möcht ain schöne fraw gesein.

Ein Haupt vom Böhmerland,
Zwo weiche Ärmlin von Brabant,
Ein Brust von Polland her,
Von Kernten zwo Tittlin ragend als ein Speer.
Ein Bauch von Österreich,
Gar artig mollet unde weich,
Zwo weiße Füßlin von dem Rhein,
Von Baiern soll die Fud sein,
Und ein dicker Arsch aus Schwaben!
Ein Ei, ein Mund voll!
Ein Dutt, ein Hand voll!
Ein Arsch, ein Schoß voll!
Ein Fud, ein Nimmervoll!

Es bleibe dahingestellt, ob Carl Orff mit der Vertauschung der vorderen oberen und der unteren hinteren sekundären Geschlechtsmerkmale seinen Uraufführungs-Schwäbinnen gegenüber den Polinnen (die ohnehin bereits in Millöckers *Bettelstudent* mit »Der Polin Reiz bleibt unerreicht« über Gebühr gepriesen wurden) den Vorzug geben will. Auch daß er mit seiner Hinzufügung der letzten Zeilen den Mund ganz schön voll nimmt, mag nach dem Prinzip »Auf einen Schelmen anderthalb« geschehen sein.

Irritierend ist jedoch etwa die Änderung von »fuszlen« in »Füßlin« in Analogie zu »Ärmlin« und »Tittlin«. Orff übersetzt also die alte Sprache und macht sie dann wieder künstlich alt – vergleichbar den Antiquitätenherstellern, die ihren Schränken und Truhen mit der Schrotflinte zu Wurmstichigkeit verhelfen. Das wird von respektlosen Zeitgenossen nicht so ohne weiteres hingenommen. Der Münchner Satiriker Siegfried Sommer nennt das Ergebnis ohne jede Ehrfurcht »Kunstdünger-Bayrisch«.

Doch ist *Die Bernauerin*, die Carl Orff in aller Bescheidenheit seine »bayrische Antigonae« nennt, nur eine Vorstufe zum Eigentlichen, zur *Antigone* von Sophokles in der freien dichterischen Übertragung von Hölderlin. Bereits 1914 war der 19jährige nach einem Besuch von *Elektra* unter der Leitung von Richard Strauss im damaligen Münchner Hoftheater bei einem stundenlangen ziellosen Spaziergang durch den Englischen Garten mit sich ins reine gekommen: »Elektra stellte für mich einen Höhepunkt, der nicht mehr übergipfelt werden konnte, gleichzeitig aber auch einen Endpunkt dar. Ich wußte, hier führt mich kein Weg mehr weiter. Ich mußte neuen Boden finden, neu beginnen.«

Drei Jahre später fällt ihm Hölderlins Nachdichtung der sophokleischen Tragödie in die Hände: »Ich las die ganze Nacht. Noch nie war ich einer Dichtung von solcher Sprachgewalt begegnet. ›Gemeinsamschwesterliches, o Ismenes Haupt!‹ – gleich diese ersten Worte Antigonaes, die das Werk so lapidar eröffnen, überwältigten mich. Ich empfand sie sofort als eine überlebensgroße Initiale. Dieser Anfang, der sich mir aufdrängte und den ich noch in derselben Nacht aufzeichnete, wurde für meine ganze spätere Arbeit weg- und richtungweisend.«

Derart atemlos geht es allerdings nicht weiter. Die Initiale ist so überlebensgroß, daß sie als Monolith bis 1941 herumsteht. Dann erst bildet sich das Prinzip heraus, »eine affektive, eine ›gesteigerte‹ Sprechweise, die sich bis zum ariosen Gesang erheben kann, also zu einem neuen Deklamations- und Gesangsstil«.

Als die Salzburger Festspiele, animiert durch den Erfolg von *Dantons Tod*, sich 1949 an die Uraufführung der *Antigonae* machen, gibt das Besetzungsprobleme. Für den blinden Seher Tiresias verlangt Orff eine hohe, »hellseherische« Stimme. Der schon recht geisterhafte Klang der Stimme des 73jährigen Karl Erb scheint ihm ideal. Doch wegen eines schweren Unfalls muß Erb seine Mitwirkung absagen und schickt seinen Schüler Ernst Haefliger, der hier erstmals eine Bühne betritt und all seine musikalisch etwas anämischen Opern-Figuren in dieser ersten vorwegnimmt.

Nicht die Partie des Tiresias, der sich zur Not in eine *voix mixte* oder wie der gebratene Schwan der *Carmina burana* in ein ehrliches Falsett flüchten kann, ist jedoch die pure Heimtücke, sondern die Partie des Kreon, für die ein Heldenbariton herhalten muß. Hier manifestiert sich Klangvorstellung als Perversion. Über den realen spanischen Infanten Don Carlos wird überliefert, daß er mit Vorliebe Fliegen fing und ihnen die Flügel ausriß. Sadistische orientalische Despoten ließen ihre Opfer auf Bänken festbinden, ihre Fußsohlen mit Salz einreiben und von Ziegen belecken. Carl Orff hat offenbar die unbezähmbare Sucht, Stimmbänder reißen zu hören.

Anhand einer konzertanten Reprise vierzig Jahre später bei den Salzburger Festspielen 1989 läßt sich an Roland Hermanns Kreon trefflich studieren, wie man Sänger foltert. Schon in seiner zweiten Szene mit dem Grabwächter ereilt ihn das Schicksal. Da hat er ab Ziffer 66 mit der passenden Anweisung *ff, brutale* innerhalb von vier Takten 32mal das hohe E zu skandieren, dann geht es höher hinauf mit *gruppetti* um das hohe F und Appoggiaturen von G auf F. Im zehnten Takt folgen noch einmal zwölf E. Hermann hält durch. Es klingt zwar abscheulich, aber er hält durch. Doch dann am Ende dieses zehnten Taktes ist im *piano* ein hohes A vorgeschrieben. Und da, man kann es schon kaum mehr erwarten, da endlich reißt die Stimme des Baritons in einem einzigen Schmerz.

Das aber ist erst der Anfang. In Kreons Klage ab Ziffer 337, in der er die berechtigte Frage stellt: »Was ist denn schlimmer noch als das, was schlimm ist?«, ist die häufigste Bezeichnung *gridando*, »schreiend«. Eine Forderung, die kaum noch zu erfüllen ist, weil dem Hörer inzwischen die Stimmbänder des Sängers um die Ohren fliegen. Doch es liegt nicht daran, daß Roland Hermann etwa sängerisch nicht ausreichend wäre. Eine solche *tessitura* kann niemand bewältigen, ohne Schaden zu nehmen. Wenn gerne behauptet wird, daß die sogenannte moderne Musik generell der Stimme schade (was oft genug bloß an mangelhafter Stimmtechnik liegt) – hier ist der Fall, der diese These evident belegt. Und es ist sehr wahrscheinlich, daß Hermann Uhde, der suggestive Kreon der Uraufführung und vieler weiterer *Antigonae*-Produktionen, sich damit vor der Zeit verschlissen hat, statt sein Material zu einer Wotans-Stimme reifen zu lassen.

Die Vermessenheit, die Versündigung gegen die »göttliche Gabe« der menschlichen Stimme, beschäftigt Orffs Anhänger und Gegner bezeichnenderweise nicht. Es geht ihnen um die Alternative Größe oder Großmannssucht. Alfred Baumgartner konstatiert in seinem Komponisten-Lexikon in der bearbeiteten Ausgabe von 1989 die »Einmaligkeit seiner Tonsprache, die eine Urmusik in völlig unbegrenztem Raum darstellt«.

Hans Heinz Stuckenschmidt ist nach der Dresdener Erstaufführung 1950 völlig anderer Meinung: »Es wird Leute geben, die Carl Orffs *Antigonae* als zu modern ablehnen und meinen, sie sei repräsentativ für das zeitgenössische Opernschaffen. Mit ihnen wünschen wir durchaus nicht verwechselt zu werden. Wir lehnen das Stück ab, weil es musikalisch eine Rückkehr zu Formen von infantiler Einfachheit darstellt; ... weil dieses ganze Genre die tödlichste Form der Langeweile verkörpert: die hieratische ... Da ist ein Orchester ohne Streicher und mit wenigen Bläsern, dominiert von Schlag- und Zupfton: Klaviere, Xylophon, Glockenspiel, Harfen. (Das Vorbild, wie für alle wirklich musikalischen Ideen Orffs, ist bei Strawinsky, namentlich in den *Noces* zu finden; aber wieviel tausendmal phantasievoller!).«

Und da sind wir bei dem allergischen Punkt, das heißt, bei jenem Griff in die Wunde, auf den Orff allergisch reagiert. Da Strawinskys *Les noces* mit ihrer schlagzeughaften Behandlung der im Instrumentarium dominierenden Klaviere bereits 1923 vorhanden waren, hätte er weiß Gott mit der Weiterführung seiner »überlebensgroßen Initiale« nicht so lang warten müssen. Doch zumal mit diesem Werk wird er immer wieder aufgezogen.

Als der 38jährige Bayerische Generalmusikdirektor Georg Solti die *Antigonae* in München einstudiert (Premiere ist am 10. Januar 1951), beteiligt sich Carl Orff wie bei den meisten Einstudierungen seiner Werke hinter dem Dirigenten sitzend lebhaft an der Probenarbeit. Solti, jung, dynamisch und frech, kann es nicht lassen und teilt dem Komponisten mit listigem Lächeln immer wieder mit, wodurch er sich jeweils inspirieren ließ. Orff amüsiert sich köstlich über die eminente Beschlagenheit des Dirigenten. Was den Vorwitzigen wiederum animiert, sich noch tiefer in die Details der nachweislichen Anregungen zu verstricken.

Rudolf Hartmann berichtet über seinen Start als Intendant der Bayerischen Staatsoper in der Spielzeit 1952/53 lakonisch: »Georg Solti, mit dem ich schon damals gerne gearbeitet hätte, schied wegen Meinungsverschiedenheiten mit dem Ministerium kurz vor meinem Beginn aus und ging nach Frankfurt.« Solti seinerseits, für den nach Meinung der Fachwelt Frankfurt einen Abstieg bedeutet, wird nie vergessen, wer ihm diese Meinungsverschiedenheiten beschert hat. Und wie wir den Bayerischen Kultusminister Josef Schwalber inzwischen kennengelernt haben, kann uns Soltis begründeter Verdacht auch nicht allzusehr verwundern. Ein geflügeltes Wort der Zeit behauptet zwar: »Ein Schwalber macht noch keinen kulturpolitischen Sommer.« Doch ist der gelernte Rechtsanwalt in seiner kooperativen Haltung gegenüber Egk und Orff sogar eine bayerische Ausgabe der germanischen Frühlingsgöttin Ostara – inklusive Füllhorn.

Die Hysterie, was Carl Orffs Einflußnahme betrifft, greift um sich. Am 24. Februar 1954, ein Dreivierteljahr vor seinem Tod, gibt Wilhelm Furtwängler brieflich die Auskunft: »Dr. Ruppel in München ist von Orff dahingesetzt und ist einer der unmusikalischsten Musikkritiker, die es gibt!« Furtwänglers Adressat ist Alois Melichar, Jahrgang 1896, Komponist gehobener Film- und Unterhaltungsmusik und als Musikschriftsteller mit vier Pamphleten in Buchform einer der militantesten Gegner der zeitgenössischen Musik und ihrer Apologeten. In seiner Streitschrift *Musik in der Zwangsjacke* geht er mit besonderem Genuß gegen Karl Heinz Ruppel an, den renommierten Kritiker der *Süddeutschen Zeitung*, ». . . dessen Namen man in Münchner Theaterkreisen scherzhafterweise ein Ko voranhängt, wahrscheinlich wegen des Kritikers bekannter Koordinationsneigung!«

Alois Melichar meint einer veritablen Verschwörung auf der

Spur zu sein, deren Haupt Heinrich Strobel die namhaftesten Kritiker der Nation »kauft«, mit dem Ergebnis, daß sie in ihren jeweiligen Heimatzeitungen und im *Melos* die Produkte des Verlages Schott's Söhne anpreisen und die anderer Verlage madig machen.

Vollends albern wird er, wenn er auch noch draufsetzt, daß Ruppel »zur Belohnung« für seine Dienste mit dem Libretto zu dem Einakter *Die Heimkehr* nach Maupassant mit der Musik des in Frankreich lebenden Rumänen Marcel Mihalovici betraut wurde. Es handelt sich, wenn überhaupt, eher um eine unbeabsichtigte Bestrafung, denn die Arbeit zeigt die Grenzen des brillanten Publizisten. Ich kann mich an die allgemeine Betretenheit des Publikums erinnern, als am Ende der Münchner Premiere am 11. Juni 1955 aus dem Schnürboden eine Tafel herabschwebte, auf welcher die *message* in all ihrer von Musik unbeschützten Nacktheit zu lesen war: »Lasset, auch wenn es euch in schwierigen Lagen schwer fällt, nie ab in dem Bemühen, einander die Schädel nicht einzuschlagen.«

Daß Karl Heinz Ruppel sich selbst bisweilen nicht an diese Devise hält, liegt allerdings an der Unbestechlichkeit, mit der er seine Überzeugungen durchficht, und seinem Engagement, was die Entwicklung und Zukunft der Musik betrifft. Gian-Carlo Menotti etwa verabscheut er zutiefst, und dessen Erfolgs-Oper *Der Konsul* ist für ihn ein »Kintopp-Produkt aus zweiter und dritter Hand«.

Daß diese Idiosynkrasie wirklich nichts damit zu tun hat, daß Menotti kein Schott-Autor ist, wird evident, als das italoamerikanische Multitalent 1972 in der Ära Kurt Pscherer am Münchner Staatstheater am Gärtnerplatz Donizettis *Don Pasquale* inszeniert. Menotti verlegt die Handlung durchwegs stimmig in die zwanziger Jahre unseres Jahrhunderts (nicht anders, als es 1985 Graham Vick mit der vielbewunderten Inszenierung von *L'Elisir d'amore* in Brüssel in der Ära Gérard Mortier tun wird – sogar das Auto kommt bereits im Vorbild von 1972 vor). Keiner versteht, warum Ruppel, der abgeklärte Kritiker-Doyen, Menottis geistvolles und vitales Konzept so unbarmherzig zerlegt. Dabei ist es nur der Pawlowsche Reflex auf alles, was unter dem Namen Gian-Carlo Menotti läuft.

Den Schöpfern und ihren Schöpfungen aber, denen sein Vertrauen und seine Zuneigung gilt, steht Karl Heinz Ruppel unerschrocken bei. Rolf Liebermann berichtet, wie seine und Heinrich Strobels erste Oper *Leonore 40/45* (uraufgeführt 1952 in Zürich) am 30. Dezember 1953 an der Scala einbricht, und wie siebzehn aus Zürich importierte Freunde am Ende als einzige in eisiges Schweigen hineinklatschen, so daß am nächsten Morgen im *Corriere della Sera* der für Mailand höchst ungewöhnliche Befund steht: »Die Claque war aus der Schweiz importiert!«

»Es ist nicht abzustreiten«, schildert Liebermann die Enttäuschung nach der Premiere, »daß wir ein bißchen deprimiert waren. Karl Heinz Ruppel hatte getreulich an unserer Seite ausgeharrt, und zu seiner und unserer Aufmunterung schleppten Strobel und ich ihn in mehrere Tavernen, wo wir uns alle drei betranken. Gegen zwei Uhr früh kehrten wir vor die Scala zurück, deren Fassade mit drei Riesenportalen prunkt, die immer geschlossen bleiben, vielleicht mit Ausnahme von Staatsempfängen und Gala-Abenden. Jeder von uns pflanzte sich nun vor einem dieser Portale auf, und dann pißten wir einmütig auf die Scala . . .«

Das beschreibt sehr deutlich den fast kindlichen Eifer, mit dem Fanale für den Fortschritt gesetzt werden, ist jedoch nicht nur ungezogen, sondern auch ungerecht. *Leonore 40/45* bringt es an der Scala auf immerhin vier Aufführungen. Ebenso viele erlebten vorher Strawinskys *Oedipus Rex*, Menottis *Konsul*, Alban Bergs *Wozzeck* und die szenische Uraufführung der mit *Trionfo di Aphrodite* abgerundeten Trilogie *Trionfi* von Carl Orff unter der Leitung von Herbert von Karajan. Lediglich Strawinskys *The Rake's Progress*, der am 11. September 1951 Premiere hat, drei Tage nach der Uraufführung in Venedig, erzielt sieben, ebenso wie die Reprise von Honeggers *Johanna auf dem Scheiterhaufen* im April 1954, diese allerdings nur, weil Ingrid Bergman in der Regie von Roberto Rossellini die Titelrolle verkörpert.

Wir können aus dieser (unvollständigen) Aufstellung zweierlei ersehen: daß die Scala nicht auf Uraufführungen versessen ist, daß sie aber neue oder neuentdeckte Werke rasch vorstellt. Um ihre Verbreitung und Absicherung für das Repertoire müßten sich andere Häuser kümmern. Darum aber steht es zumal in der Bundesrepublik mit ihren viel umfänglicheren Möglichkeiten des Abonnement-Systems und des Repertoire-Gewahrsams für einmal produzierte Werke schlecht.

In diesem einen Punkt greift Melichars Polemik über die »Verstopfung des modernen Opernrepertoires«: »Da einerseits viel zu viele ... Opernnovitäten zur Aufführung kommen, andererseits aber jeder Intendant aus Prestige- und Propagandagründen nur Uraufführungen bringen will, ergibt sich das heillose Phänomen einer hysterischen Novitätenjagd, welche die bei einigen wenigen zeitgenössischen Opernkomponisten vorhandene *Repertoirefähigkeit* verhängnisvoll unterbindet.«

Rolf Liebermann, von 1959 bis 1973 Intendant der Hamburgischen Staatsoper (eine Zeit, in der er das Komponisten-Metier an den Nagel hängt und Auftragskompositionen an andere vergibt), bestätigt 1976 in seiner Bilanz *Opernjahre* den Befund. Inzwischen leitet er die Pariser Oper und knüpft im Kapitel »Der Schöpfer-Komplex« naheliegend an glorreiche Pariser Zeiten an:

»Wer außer Diaghilew hätte um 1906 geahnt, daß Strawinskys *Feuerwerk* schon den Keim von *Petruschka* und *Le Sacre du Printemps* in sich trug ... Aber bei unsterblichen Leistungen, wie sie an den Namen Diaghilew gebunden bleiben, habe ich leider nicht Pate gestanden. Damit jemand in die Kunstgeschichte eingeht, muß er mit der Geburt eines Meisterwerks, sei es als Interpret oder Impresario, zumindest verbunden sein. So ist es auch mit meinen oft genannten dreiundzwanzig Uraufführungen (in Hamburg): Gewiß haben sie eine neue Art des Theaters angeregt und die Hamburger Oper mit einem Schlag ins internationale Blickfeld gerückt, aber ihr zuweilen grelles Funkensprühen ist rasch erloschen. Ich glaube selbst nicht, daß irgendeines dieser Werke etwas Entscheidendes und Dauerndes bewirkt hat.«

Und das, obwohl zu jeder Uraufführung eine internationale Kritikerschar eingeflogen wird, die den meisten Novitäten mit äußerstem Wohlwollen gegenübersteht. Doch selbst die spektakulärsten, mit enormem Publicity-Aufwand propagierten Werke haben ein trostlos geringes Publikums-Echo. Krysztof Pendereckis *Teufel von Loudun* bringen es unfaßbarerweise auf nur vier Aufführungen, Mauricio Kagels *Staatstheater* auf ganze sieben. Doch weder Penderecki noch Kagel pinkeln deswegen an die Hamburgische Staatsoper.

Rolf Liebermann hat auf der Jagd nach dem Nachruhm Wesentliches unterschlagen. Eines der zentralen Werke der Moderne, Arnold Schönbergs *Moses und Aron*, bringt 1974 erst sein Nachfolger August Everding heraus, fünfzehn Jahre nach der Städtischen Oper Berlin, ein Jahr nach der besonders traditionsorientierten Wiener Staatsoper. Dabei hat die leidens- und dornenreiche Suche nach dem Zugang zu diesem lange für uneinstudierbar gehaltenen Koloß der Zwölftonmusik 1954 in Hamburg ihren Anfang genommen.

Moses und Aron ist Fragment geblieben. Schönberg hat den ersten und zweiten Akt zwischen 1930 und 1932 komponiert, der dritte blieb trotz immer wieder erneuter Versuche bis zu seinem Tod 1951 Textfragment. 1954 wagt sich die Musikabteilung des NWDR Hamburg an eine vollständige konzertante Aufführung der fertigen Teile. Von wegen fertig! Aus Schönbergs Particell, einer vereinfachten Partitur, in der jede Note jedoch genau fixiert ist, muß Hermann Scherchen erst die Normalpartitur dechiffrieren. Mit dem sukzessive entstehenden Material sind die Chöre des Hamburger und Kölner Rundfunks und der Chor der Staatlichen Hochschule Hamburg monatelang beschäftigt. Die Produktionskosten belaufen sich schließlich auf 200000 DM, für die Zeit eine horrende Summe. Doch der NWDR ist ein besonders potenter Sender.

Der Dirigent Hans Rosbaud, der die Aufführung zu einem nachdrücklichen Erfolg führt, ist offenbar auch der einzige, der an eine szenische Realisierung glaubt. Denn kein Theater traut seinem Chor zu, dieses irrwitzig komplizierte Ineinander von Gesangsphrasen und skandiertem Sprechen, das auf den Kombinationen einer einzigen Zwölftonreihe basiert, jemals auswendig lernen zu können.

Um die Schwierigkeiten ein wenig zu verstehen, müssen wir kurz vorgreifen. Vereinfachend gesagt, kann auch der musikalischste Mensch sich die endlosen Variablen einer Zwölftonreihe nicht »merken« – es sei denn, er ist ein Rechen-Genie mit abnormem Zahlenvorstellungs-Vermögen, wie wir sie in Abnormitäten-Shows im Fernsehen vorgeführt bekommen.

Im Laufe der Jahrzehnte werden sich zwar die Einstudierungszeiten verkürzen. Doch da der tonale Boden fehlt, müssen nach wie vor viele Probenwochen erlitten werden, in denen sich nichts weiter zu entwickeln scheint. Die Sänger (doch auch die Orchestermusiker, die ihre Tonhöhen ja greifen können) hängen gleichsam über einem Abgrund der Bodenlosigkeit und verfallen in einen Zustand nervöser Erschöpfung. Schwere Depressionen, die ärztlich behandelt werden müssen, sind keine Ausnahme. Bis sich endlich, wie in der Nacht geträumt, die vertikale und horizontale Struktur im inneren Ohr abgebildet hat.

Rosbaud also ist als erster der Meinung, daß dies zu schaffen sei, nervöse Zustände inbegriffen. Wohl nur, weil sich die vage Chance bietet, *Moses und Aron* endlich szenisch verwirklichen zu können, läßt er sich neben seinen zahlreichen anderen Verpflichtungen als musikalischer Oberleiter an das Zürcher Stadttheater bestellen.

Das Haus ist so bitterlich arm, daß es nicht einmal Wagner und Strauss in der vollen Orchesterbesetzung bringen kann. Und die Posse um einen Zuschuß der öffentlichen Hand könnte Gottfried Kellers *Die Leute von Seldwyla* entstammen. Da es jedoch gilt, Zürichs »Internationale Juni-Festwochen« endlich einer wie auch immer gearteten Weltöffentlichkeit ins Bewußtsein zu rufen, ist der Gemeinderat nicht abgeneigt, ausnahmsweise einmal va banque zu spielen.

Doch erst einmal will man Expertisen. Mit dem Gutachten wird Prof. Dr. Antoine-Elisée Cherbuliez, Ordinarius für Musikwissenschaft an der Universität Zürich, beauftragt. Das Fachchinesisch, das er vorträgt, sagt den Gemeinderäten allerdings nichts, ebensowenig eine Schallplatte, die er ihnen vorspielt. In der anschließenden Debatte meint einer der Stadtparlamentarier, »da das Werk den Tanz um das Goldene Kalb zum Inhalt habe, sei Zürich für die Uraufführung sozusagen prädestiniert«, während einem anderen Schönbergs Musik »wie die Venus von Milo aus Draht« vorkommt.

Der Stadtpräsident Dr. Emil Landolt rettet die Situation, als er aus einem Lexikon über Schönbergs Zwölftontechnik vorliest und den Rat auffordert: »Jetzt lueged Sie emal, ob Sie das kapiered!« In das allgemeine Gelächter wirft er noch den Satz: »Da dörf me sich würkli fröge, öb mir das nöd emal wänd lose (ob wir das nicht einmal herauskriegen werden)!« Der Zuschuß in der enormen Höhe von 54000 Fränkli wird bewilligt.

Die Zürcher Opernbesucher müssen daraufhin noch mehr darben. Chor-Opern sind so gut wie vom Spielplan verschwunden. Das Orchester von 98 Mann braucht nur 34 Proben (für *Tristan* benötigte man an der Wiener Hofoper Ende des vorigen Jahrhunderts noch 70), der Chor aber hat insgesamt 350 nötig, was das Datum der Aufführung entsprechend verschleppt. Kein Wunder, daß Zürcher Zeitungen gegen das wahnsinnige Unternehmen polemisieren und der Auffassung sind, daß der Gemeinderat »mit Gaukeleien überwältigt« wurde.

Das führt schließlich zu einer wirklich prekären Situation. Als sich herausstellt, wie viele internationale Größen sich in der Tat für die »Sternstunde« der szenischen Welturaufführung am 6. Juni 1957 angemeldet haben, wird man sich erst bewußt, daß man die Prominenz anschließend auch bewirten muß. Dafür aber steht kein Rappen mehr zur Verfügung.

»Man entschloß sich zu einer Lösung entsprechend dem Stand der Theaterkasse«, schreibt Hans Erismann, der Chronist des Zürcher Stadttheaters, »lud die Gäste und Interpreten in den ›Königsstuhl‹ ein und servierte ihnen ein Pärli Emmentalerli (ein Paar Würstel) mit Brot und Rotwein aus der Literflasche! Pardon: Senf war auch noch dabei! Es war eine mehr komische als peinliche Situation. Peinlich wurde es erst, als Frau Schönberg ziemlich energisch mit der Gabel in eine Wurst stach . . . und eine Fettblase traf! Da kam Bewegung in die illustre Gesellschaft, selbst Prof. Rosbaud bemühte sich mit Wasser und Seife um das lädierte Kleid!« Premiere *à la zurichoise.*

Soweit der gesellschaftliche Aspekt. Was künstlerisch offenbart wurde, darüber sind die Meinungen dreigeteilt. Lassen wir die Verdammungsurteile der Verächter beiseite. Interessant ist die Spaltung der Jünger in Fundamentalisten und Spontis.

Hans Heinz Stuckenschmidt hat bereits 1954 in Hamburg richtig hingehört: »Was Schönberg an glühender, orgiastischer Farbe aus dem Orchester destilliert, geht über alles hinaus, was man selbst aus seinen frühen Bühnenwerken . . . kennt.« Darum erinnern ihn auch die Schönberg-Analysen der Kranichsteiner Ferienkurse »an das Vorgehen eines Anatomen im Seziersaal, an die Obduktion eines Leichnams mit dem Ziel des Gerichtsprotokolls, während doch eine fruchtbare Analyse sich dem Kunstwerk wie einem lebenden Organismus zu nähern hat«.

Auch für *Moses und Aron* gilt Anton von Weberns Formel von 1912: »Schönbergs Verhältnis zur Kunst wurzelt ausschließlich im Ausdrucksbedürfnis.« Und diese Ausdrucksgewalt, die von der Zwölftontechnik nicht gefesselt, sondern re-animiert wurde, klagte Schönberg auch ein, als er sich über die von Adorno angezettelten Hirn-Kompositionen im *Doktor Faustus* als »Leverkühns 12-Ton-Gulasch« mokierte: »Leverkühn ist einer von diesen Amateuren, die glauben, das Komponieren mit zwölf Tönen bedeute nichts weiter als die fortgesetzte Anwendung der Grundreihe oder ihrer Umkehrungen.«

Schönberg ist ein Revolutionär in der kompositorischen Technik und in der radikalen Beseitigung der Tonalität, im Ergebnis aber, in der Ausformung der musikalischen Gebärde, der Koloristik und der rhythmischen Finesse, ist er Expressionist. Von Klytämnestras Auftritt in der *Elektra* von Richard Strauss etwa führt die Spur zum Zug der Opfertiere in *Moses und Aron.* Der un-befangene Hörer also wird im Gegensatz zu den Ausübenden nicht über die Grenzen seines Aufnahmevermögens gefordert.

Szenisch jedoch hat Schönberg offenbar Unlösbares ersonnen. Das rituelle Opfer der vier nackten Jungfrauen (Regieanweisung: »Nackt, insoweit es die Gesetze und Notwendigkeiten der Bühne erlauben und erfordern«) verkümmert in Zürich zu vagen Andeutungen. Doch auch bei künftigen Produktionen, ob nun Schamhaar-Toupets wie in Malapartes *La Pelle* zur Schau getragen werden oder echte Nacktheit, versagt die Bühnen-Wirklichkeit vor der apokalyptischen Vision: »Die Priester stürzen auf die Jungfrauen zu, umarmen und küssen sie lange . . . die Priester fassen die Mädchen an der Gurgel und stoßen ihnen das Messer ins Herz . . . – Todesseufzer der Jungfrauen.« Komponiert ist das in »großartiger Indifferenz des Ästhetischen, wie in der Bibel«, wie Stuckenschmidt meint. Doch die Bühne vermag diesem Gesetz nicht zu folgen.

Theodor W. Adorno übrigens auch nicht. Das Jungfrauen-Opfer, »das antihumanistische Opfer ans Kollektiv«, ist für ihn das Gegenteil der Indifferenz des Ästhetischen. Er unterstellt vielmehr: »Die ästhetischen Nerven zittern danach, in die Steinzeit zu regredieren.« Doch diese Stichelei stammt aus seiner Strawinsky-Polemik von 1949 und richtet sich gegen *Le Sacre du Printemps*, als ihm Schönbergs Oper noch nicht zugänglich war. Nicht bekannt ist seine Reaktion, als er feststellen mußte, daß sein großer Schützling nicht nur eine, sondern vier Jungfrauen schlachten ließ.

Doch kehren wir zur Zürcher Produktion zurück. Alois Melichar ist, was ihm als notorischen Stänkerer recht geschieht, nicht unter den Adepten der Premiere. Seine Meinung über Helmut Melchert, den Sänger des Aron, ist um so aufschlußreicher: »Die heutige Opernvorstellung war die zweite – und der arme, beklagenswerte Sänger war denn auch von den ewig fortissimo zu singenden, sinnlos geführten, stimmörderischen Melodiefetzen mit der Stimme fast völlig fertig, seine Stimmbänder waren sozusagen von den zakkigen Melodiescherben wundgekratzt, von den physiologisch so unnatürlichen intervallischen Bocksprüngen gezerrt, überdehnt und verrissen. Es gibt nämlich keine Menschenstimme, die diese schlecht gesetzte, unnatürliche *Instrumentalpartie* ohne schweren physischen Schaden ›singen‹ könnte.«

Das deutet auf noch bösartigere Vergewaltigung der Stimme als jene, die Carl Orff seinem Kreon antat. Doch Melichar irrt, was die Ursache betrifft. Nicht der Komponist, sondern der Sänger hat den Schaden in seiner Kehle angerichtet. 1954 in Hamburg war Helmut Krebs für Stuckenschmidt ein »eminent musikalischer, schön singender Aron«. Doch der ist ein lyrischer Tenor. Und für dergleichen Metzeleien ist traditionell das Charakterfach zuständig, ein zumal gestalterisch eindrucksvoller Kamikaze-Kämpfer wie Helmut Melchert, als dessen charakteristischste Eigenschaften Stuckenschmidt »Ergriffenheit und Intensität« nennt, dessen Singen er hingegen als »trompetig-hell« erwähnt, also als eben nicht eminent musikalisch geführte Stimme.

Es ist gewiß unbestreitbar, daß ungewöhnliche Intonations-Sicherheit und ein intaktes Nervenkostüm Voraussetzung dafür sind, eine solche Partie zu erarbeiten. Doch liegt sie, wenn sie denn endlich erarbeitet ist, gut in der Stimme und kann, wie es offenbar Helmut Krebs gelang, »schön« gesungen werden. Das »ewige Fortissimo«, die »stimmörderischen Melodie-Fetzen«, die »physiologisch so unnatürlichen intervallischen Bocksprünge« – das alles ist so nicht komponiert, sondern wird von sich selbst rücksichtslos opfernden Interpreten irreführend vermittelt.

Adorno, den man gewiß nicht für einen kulinarischen Schöngeist halten wird, führt uns zum Ursprung dieser Praxis: »Zwischen den beiden Kriegen wurden die schönen Stimmen und die souveränen Sänger vom offiziellen Musikleben und dessen stationären Programmen beschlagnahmt, während die exponierte Moderne Interpreten ohne Stimme, oder ausgesungenen, reserviert blieb, die, stolz auf ihre meist nicht vorhandene musikalische Intelligenz, dort die Chance witterten, ihren Namen unter die Leute zu bringen, durch ihr Geheul aber der Sache, für die sie angeblich heroisch eintraten, schadeten.«

Diese »Tradition« hat sich erhalten. Fast gleichnishaft dafür steht eine Episode am Rande der späten Münchner Erstaufführung des *Wozzeck* durch Ferenc Fricsay am 29. Mai 1957. Er begreift die von ihren Trieben verführte Marie als frühe Vorfahrin der Lulu, nicht als dampfendes Schlachtroß mit stößigem dramatischen Gewieher. Seine Interpretin ist die 33jährige Elisabeth Lindermeier. Nach der Generalprobe sagt ihr Alban Bergs vielgereiste Witwe: »So schön habe ich die Marie noch nie singen hören.« Und die Sängerin weiß nicht, ob das als Lob gemeint ist oder als Tadel.

Zweierlei bringt Elisabeth Lindermeier in den *Wozzeck* ein. Sie besitzt eine Mozart-Stimme von betörendem Timbre. Ihre Rosen-Arie säuselt nicht, sondern erfüllt den 4. Akt des *Figaro* gleichsam mit dem intensiven Duft des nächtlichen Parks (und ruft damit in Erinnerung, daß Mozart die Preziose ursprünglich nicht der Susanna, sondern der üblicherweise stimmlich reicheren Contessa zugedacht hatte). Ihre darstellerischen Facetten geben ebenfalls Rätsel auf. Am Ende der Rätselszene in der *Klugen* von Orff, als der König sie zur Frau nimmt, erfüllt sie durch Intensität die anspruchsvolle szenische Bemerkung: »Die Kluge steht mit ›gesträubtem Haar‹ in höchster Spannung zwischen Entsetzen und Triumph.« Sie steht dem Publikum halb abgewandt, doch man spürt, daß sich ihr »das Haar sträubt«.

Ihre Marie profitiert von diesen Gaben, strahlt unbewußte Wollust aus, die von einem Klang beglaubigt wird, bei dem keiner mehr über das Unbehagen an der Atonalität nachdenkt, und hat in der Bibelszene den Ernst einer »Primitiven«, die ohne Melodramatik zu erschüttern vermag. Das ist seither in dieser Weise nicht wieder versucht worden.

Daß viele wesentliche Werke der Moderne als »unsingbar« gelten, liegt also nicht daran, daß sie a priori der Stimme schaden würden – vielmehr schaden schadhafte oder beschädigte Stimmen diesen Werken, lassen sie sperrig, ja als »Bestrafung« des Ohrs klingen – was allerdings durchaus im Sinne vieler Feuerköpfe und Heißsporne ist, die meinen, angesichts des Unbehagens am 20. Jahrhundert im allgemeinen und der jeweiligen Weltlage im besonderen dürfe Gesang nur noch die musikalische Entsprechung zu den Bildern von George Grosz oder von Picassos »Guernica« sein.

Ebenso schädlich für die Rezeption der Neuen Musik ist die »Verstopfung des Repertoires«, verursacht von Verlagen, die mehr denn je meinen, in der Masse des Auswurfs auf ihre Kosten kommen zu müssen, vor allem aber von Theaterleuten, die sich ihrerseits mit Novitäten eine goldene Nase für die Ewigkeit verdienen wollen. Der natürliche Ausleseprozeß, in dem selbst noch in Weimarer Zeiten ein Werk an vielen Bühnen auch in der Provinz zum Leben oder Sterben gebracht wurde, ist damit erstmals abgebrochen.

Am verhängnisvollsten aber wirkt sich die negative Auslese aus, der die Werke der Zwischenkriegszeit zum Opfer fallen. Nicht das Dritte Reich hat ihnen den Todesstoß versetzen können, das bewerkstelligt erst mit bemerkenswerter Gründlichkeit die »Dritte Epoche der Musik«. Nun gilt: »Die Städte sind radiert.« Und über die »›geschmacklosen‹ Überreste« referiert Adorno in seinen Frankfurter Vorlesungen über Musiksoziologie im Wintersemester 1961/62 : »Was vor dreißig Jahren zum Urteil bewog, die Oper sei passé, war nicht bloß der Überdruß an ihrer Formenwelt, auch an musikdramatischen Spätprodukten wie den Schrekerschen, die angesichts der musikalischen Entwicklungen bereits zur Zeit ihrer Vogue antiquiert klangen.«

Der »Überdruß« an Franz Schreker ist noch älter und hatte gewiß auch mit seinem außergewöhnlichen Erfolg zu tun. Seine populärste Oper *Der Schatzgräber*, 1920 in Frankfurt uraufgeführt, wurde von fünfzig weiteren Bühnen nachgespielt – ein Rekord, den auch Richard Strauss nicht erreichte. So einer mußte verfolgt werden. 1921 zog Schreker 43jährig in seiner Kurz-Biographie *Mein Charakterbild* ein ironisches Resümee über die vielfältigen Taktiken einer Kritik, die mit Unterstellungen arbeitete:

»Ich bin Impressionist, Expressionist, Internationalist, Futurist, musikalischer Verist; Jude und durch die Macht des Judentums emporgekommen, Christ und von einer katholischen Clique unter Patronanz einer erzkatholischen Wiener Fürstin ›gemacht‹ worden... Ich bin (leider) Erotomane und wirke verderblich auf das deutsche Publikum... Meine Musik ist rein und echt, erklügelt, ergrübelt, gesucht, ein Meer voll Wohllaut, eine gräuliche Häufung von Kakophonien...; ich bin auf jeden Fall ein ›Fall‹ (einige werden behaupten, ein böser, andere, ein ›Reinfall‹), ferner bin ich ein schlechter Dichter, aber ein guter Musiker, meine dichterische Begabung ist allerdings weitaus bedeutender als meine musikalische... Ich schmeichle dem Publikum, schreibe nur, um alle Leute zu ärgern...«

In den fünfziger Jahren ist er den Meinungsmachern nur noch eine Fußnote wert. Das hat Folgen. Wagen wir die These, daß auf dem Sektor der Oper, also eines audiovisuellen Erlebnisses, die Begriffe Spätromantik, Expressionismus, Antonalität, Zwölftonsystem nicht den musikalischen Stellenwert haben, der ihnen beigemessen wird – daß es also nicht der »Hör-Schock« ist, der die Opernhäuser bei Werken der (ja durchaus vielgestaltigen) Neuen Musik leerfegt.

Viel eher scheint die Entfremdung aus der mutwilligen Unterschlagung der stattgehabten Entwicklung zu resultieren, aus einem »Erfahrungs-Loch«, das aufgerissen wird. Die Ausrottung einer ganzen Komponisten-Generation hat das Publikum um die *missing links* betrogen, die sehr wohl eine Brücke zum Verständnis schlagen könnten. Gemeinsam ist den »Spätprodukten« und der Avantgarde von gestern eine neurotische Welt-Sicht, wie sie sich zumal in der Endzeitstimmung vom Wien der späten Kaiserzeit bis in die dreißiger Jahre ausbreitete und von den Erkenntnissen Sigmund Freuds zumindest unbewußt beeinflußt wurde. Auch Berg und Schönberg wären als Geschöpfe ihrer Zeit viel eher vermittelbar durch die Beschäftigung mit ihren gleichzeitigen »Vorfahren«.

In den fünfziger Jahren aber wird dieser Ast, auf dem sich die allerneueste Avantgarde breitmacht, wissentlich und willentlich abgesägt. Da läßt sich in der Tat eine *connection* ausmachen aus Wir-sind-die-Zukunft-Komponisten, ihren evolutionsgläubigen Propheten und einer trägen und ebenso vorurteilsbehafteten Schar von Intendanten, die das gängige Repertoire bedienen und ansonsten nur am Allerneuesten vom Tage interessiert sind.

Bloße Hypothese? Einer wie Schreker, der vor der Zeit beseitigt wurde durch das Dritte Reich und dann durch die Dritte Periode der Musik, also keines »natürlichen« Todes gestorben ist, kommt heute um die Wende der neunziger Jahre als Wiedergänger. Die Deutsche Oper am Rhein, die 1988 mit ihrer Produktion der *Gezeichneten* bei den Wiener Festwochen großes Aufsehen erregt, behauptet in ihrem Programmheft sogar, daß es wenige Wiederentdeckungen fast vergessener Opern gibt, »die gerade für unsere eigene Zeit so kennzeichnend und so wichtig sind« wie die Werke Franz Schrekers. Adorno rotiert im Grab.

1975 wagt sich Erich Leinsdorf an der New York City Opera an Erich Wolfgang Korngolds Oper *Die tote Stadt*, die das ehemalige Wunderkind mit neunzehn Jahren komponierte. Dieses sein erfolgreichstes Werk war nach der Hamburger Uraufführung von 1920 (sechs Jahre vor Puccinis nachgelassener *Turandot*, der wohl niemand ernsthaft Repertoire-Berechtigung absprechen kann) eine der letzten Opern mit wirklich großem Echo und wurde durch den Super-Star Maria Jeritza auch an der Met ein Erfolg. Nun werden via New York und durch Leinsdorfs anschließende erste Schallplatten-Gesamtaufnahme auch deutsche Bühnen wieder aufmerksam. Götz Friedrichs Inszenierung für die Deutsche Oper Berlin 1983 wird von der ARD aufgezeichnet und gilt seither in den sogenannten Insider-Kreisen als ebenfalls sogenannte Kultoper.

Der Versuch einer Wiederbelebung ist indes erstmals an der Bayerischen Staatsoper unternommen worden. 1955 möchte Rudolf Hartmann dem 58jährigen Komponisten, der in der Emigration in Hollywood beispielgebende, aber ihn selbst wohl nicht ganz befriedigende Filmmusiken komponiert hat, eine Freude bereiten und dem Haus einen Erfolg auf lange nicht mehr betretenem Terrain verschaffen.

Die Doppelrolle der verstorbenen jungen Gattin des Helden und der Tänzerin, die ihr äußerlich gleicht, stellt stimmlich und darstellerisch hohe Anforderungen. Christel Goltz und Birgit Nilsson lehnen die Partie ab, die darauf höchst ungeschickt mit Marianne Schech besetzt wird. Ihr schlanker jugendlich-dramatischer Sopran kontrastiert mit einer stattlichen Leibesfülle, die sie in anderen Rollen imponierend einzusetzen weiß, die aber dem Flittergeschöpf bei aller Leichtfüßigkeit nicht gerecht werden kann. Trotz dieses »Schönheitsfehlers« und einer im Stil der Zeit nur quasi-surrealen Inszenierung, über die der Komponist sehr unglücklich ist, wird die Produktion ein Publikums-Erfolg.

Noch unglücklicher aber machen Korngold die Kritiker, die als Killer-Körperchen in der Blutbahn der Neuen Musik reagieren und den Eindringling eliminieren (er stirbt zwei Jahre später mit sechzig, ohne die Enttäuschung verwunden zu haben). Stellvertretend sei die Besprechung von Johannes Graf Kalckreuth in der *Süddeutschen Zeitung* vom 14./15. Mai 1955 zitiert:

»Franz Schreker klopft ihm aufmunternd auf die Schultern, Puccini lächelt ihm zu, und selbst Lehár nickt beifällig. Aber Wesentlicheres als die erstaunliche Machart eines Frühreifen darin zu erkennen, etwa Tiefe und persönliches Profil, ist uns leider versagt...

In das eigene Talent verliebt, mit dem einen Ohr schon dem Erfolg lauschend, vermag er letzthin nur eines: rauschhaft schön zu deklamieren. Und bekümmerten Herzens kommen wir zu der Feststellung: Es gibt Schönheit, die wesenlos, gibt entweste Schönheit...

Untrügliches Zeichen für die Schwächen einer Oper: Man interessiert sich übergebührlich für das ›Wie‹ des Singens, für Regie und Bühnenbild ...«

Und für das »Wie« des Singens, das der »Kehlgoldgräber« Korngold ermöglicht, interessiert sich Kalckreuth in der Tat übergebührlich: »Hans Hopf, keine Spur Trauerweide und schon gar nicht hysterisch, ließ an Caruso denken ...«

Tote Stadt, tote Hose, tote Ohren. Und keiner hört, wie die Säge am Ast der Avantgarde unbarmherzig ihr Ritsche-Ratsche vollzieht...

»WAS IST DAS FÜR EIN UNHEIMLICHES WEIB?«

Salome und Elektra als »Grand Guignol« – Kaiserin aller Kontinente: Leonie Rysanek und die »Frau ohne Schatten« – Gemeinsamer »Overdrive«: Hilde Güden und Fritz Wunderlich in »Die schweigsame Frau« – »Das ist ein Engel, der vom Himmel niedersteigt«: Lisa Della Casa als Arabella – Im Salzburger »Rosenkavalier« sind nicht Annina und Valzacchi die Intriganten

Ein einziger profitiert von der schiefgelaufenen Ausdünnung des Repertoires des 20. Jahrhunderts. Es ist Richard Strauss, der in den Wirren einer für ihn undurchsichtigen neuen Zeit am meisten um den Bestand seines Werks bangt. Silvester 1945 fragt er seinen Londoner Verleger, der ihn in seinem Nachkriegs-Exil in Baden bei Zürich besucht: »Glauben Sie wirklich, daß ich noch im Geschäft bin?« Im Oktober 1947, als Thomas Beecham in London mit dem Royal Philharmonic Orchestra im Anschluß an das Gastspiel der Wiener Staatsoper ein dreiwöchiges Strauss-Fest veranstaltet, hat er seinen trockenen Humor wiedergewonnen: »Bin ja sowieso der einzige lebende Komponist, der heute schlechte Presse hat, dafür ist meine Musik desto besser.«

Und was wird nicht alles unternommen, um ihn zurückzustufen. Die Abkanzelung reicht vom »ewigen Gymnasiasten« (Alfred Einstein) bis zum »begabten Kegelbruder«, als den ihn Thomas Mann in seinem *Doktor Faustus* verewigt. Selbst seine Getreuen würden für die Haltbarkeit auch der populären Werke die Hand nicht ins Feuer legen. Anfang der siebziger Jahre – rückblickend auf seine intensive Beschäftigung mit dem Strauss'schen Gesamtwerk – riskiert Rudolf Hartmann die Prognose, daß *Salome* wohl in absehbarer Zeit von den Bühnen verschwinden werde. Inzwischen haben wir erleben können, daß gerade diese Oper über die Unverwüstlichkeit verfügt, welche Robert Stolz am Ende seines Lebens an seiner Schlager-»Salome« rühmte: »Die alte Hur is net umzubringen!«

Dafür bringt sie gelegentlich Sängerinnen um, die sich allzu leichtfertig mit ihr einlassen. Ihr prominentes Nachkriegsopfer ist Ljuba Welitsch. Im Februar 1953 schreibt der Earl of Harewood in *Opera*: »(Sie) ist eine der bemerkenswertesten zeitgenössischen Sängerinnen – ich glaube nicht, daß darüber irgendein Zweifel bestehen kann, selbst wenn sie plötzlich gezwungen wäre, morgen mit dem Singen aufzuhören.« Das ist zu diesem Zeitpunkt keine allzu gewagte Prophetie mehr. Seither sind viele schöne Worte für das Mysterium dieser in ihrer Intensität verglühenden oder sich verzehrenden Stimme gefunden worden. Aber – sagt Celletti – die Regeln des Gesangs sind keine Kabbala. Und manche Exegeten richten sich sogar nach dieser Maxime.

Über den Mitschnitt der *Salome* vom 12. März 1949 (der fünften und letzten Vorstellung jener Serie, mit der die »bulgarian bombshell« die Met aus den Angeln hebt) ist J.B. Steane etwas enttäuscht: »Ziemlich viel ist nicht so ausdrucksvoll, wie man es sich wünschen würde, und ein gewisser Prozentsatz musikalischer Details fällt unter den Tisch. Bei ›Er ist wirklich schrecklich‹ hört oder spürt man nicht den inneren Schauer, noch ist es *pianissimo* gesungen wie angegeben. Es gibt, wo es nun wirklich drauf ankommen würde, kein weich angesetztes hohes As in der denkwürdigen Phrase ›Gewiß ist er keusch wie der Mond‹, und kein *pianissimo*, ebenfalls wesentlich, am Ende der Passage ›Dein Haar ist gräßlich‹ (›laß mich ihn küssen, deinen Mund‹).«

Steane verweist auf die Aufnahme von 1944 mit dem Orchester des Österreichischen Rundfunks unter Lovro von Matačič als das erregendste Dokument ihrer Interpretation. Doch als die EMI diese Jahrhundert-Aufnahme 1972 in ihrer *dacapo*-Serie veröffentlicht, kommt auch Sigurd Schimpf in seinem Cover-Text nicht um eine Beschreibung *ex negativo* herum: »Das heftige Vibrato, in mancher anderen Partie wäre es Zeichen von Angestrengtheit, hier aber vermittelt es die bebende Erregung, die flackernde Hysterie, die die ganze Szene durchpulst.«

Es schmälert nicht die Faszination dieses Dokuments, wenn

man das unvergleichlich Flirrende, Irisierende des Klangs nicht nur der hypnotischen Selbstversenkung der Künstlerin zuschreibt. Sie ist recht eigentlich ein lyrischer Sopran mit silbriger Höhe, den überbordendes Temperament und unersättlicher Lebens- und Gestaltungshunger über die Grenzen getrieben haben.

Das »heftige Vibrato« unter Studio-Bedingungen mag noch als beabsichtigter Ausdruck gelten. Doch bereits in dieser ersten Aufnahme wird evident, daß die Stimme in der grandiosen Überforderung, die ihr abverlangt wird, nicht zu tragendem *piano*, geschweige denn zu geflutetem *pianissimo* fähig ist. Sie wird lediglich leiser. Die halluzinogenen Effekte werden durch das betörende Parfum des Timbres, durch wollüstige Verfärbungen der Vokale erzielt, nicht durch fundierte Technik. Diese Schlußszene der Salome – und das macht wohl ihren besonderen Reiz aus – ist ein raffiniert koloriertes Chanson in Opern-Dimensionen.

Auf die Dimensionen eines großen Opernhauses aber läßt sich, wie Steanes Bedauern belegt, ein solches Verfahren nur mit zusätzlicher Anstrengung übertragen. Ein Met-Mitschnitt von 1952 (wie 1949 von Fritz Reiner dirigiert) kündigt bereits an, was eine letzte Funk-Aufnahme 1955 unter Hans Müller-Kray geradezu pathologisch festhält. Durch den Zwang zu forcieren hat sich die Stimme im oberen *passaggio*-Bereich (zu deutsch sehr unschön, aber wie hier oft genug treffend, auch *Bruch*lage genannt) gespalten, Höhe und Mitte driften auseinander wie geborstene Eisschollen. Die Höhe hat noch kühlen Glanz, was darunter ist, schmuddelt vor sich hin, wird grau und unansehnlich und versickert im Brackwasser.

Ljuba Welitsch wird diesen unaufhaltsamen Verfallsprozeß in einem Werkstatt-Gespräch der Freunde der Wiener Staatsoper 1983 in rührend naiver Weise schildern: »Die Mittellage war nicht mehr so schön und nicht mehr so kräftig, würd' ich sagen. Die Höhe war noch immer da und die Tiefe – aber die Mittellage. Und die Sopranrolle ist aufgebaut auf einer gesunden, starken Mittellage.«

Recht hat sie! Und nicht nur die Sopranstimme.

Wenn sich ein so jäher Absturz ereignet, sprechen die Leute von einer Tragödie. Das wäre im klassischen Sinne der »unvermeidliche und unausgleichbare Gegensatz«, der zum Untergang des Helden führt. Musikalisch macht die ursprüngliche Bedeutung des

Wortes *tragodia* mehr Sinn – »Bocksgesang« beim Opfern eines Bockes am Dionysosfest. Ljuba Welitschs Jungfer Marianne Leitmetzerin in Karajans EMI-*Rosenkavalier* von 1956 fällt bereits unter diese tragische Kategorie.

Zwei Jahre später gelingt der erst 45jährigen fast nahtlos der Übergang vom Vamp zur Komischen Alten. In dem Film *Helden* nach George Bernard Shaws Komödie ist sie neben O.W. Fischer und Liselotte Pulver die bulgarische Majorin und darf den drolligen, geliebten Satz sagen: »Hab ich gehört heut nacht Geräusche!«

Der Fach- und Metierwechsel vollzieht sich in aller Dignität. Opernfans, die in ihrer Mitwirkung an einem deutschen Filmlustspiel ein »Sakrileg« wittern (und das ist, wenn man nur einen der noch heute real existierenden Welitsch-Fans kennt, wohl keine Übertreibung), beruhigt sie noch vor den Dreharbeiten mit der Versicherung, Karajan habe persönlich seine Einwilligung gegeben. Er wird es wohl mit Erleichterung getan haben.

Es gibt da allerdings eine seltsame Duplizität. 1972 wird im Theater an der Wien Udo Jürgens' erstes und einziges Musical *Helden, Helden* uraufgeführt. In die nach amerikanischem Zuschnitt geführte Werbekampagne, die den Sänger-Komponisten fast zu einem zweiten Mozart hochstilisiert, wird auch die Wiener Staatsoper involviert: Irmgard Seefried (die in Wirklichkeit dem »Blauen Brief« des neuen Staatsopern-Direktors Rudolf Gamsjäger zuvorkam) habe sich extra von ihrem Stammhaus getrennt, um Udo Jürgens als Geburtshelferin in der Rolle der bulgarischen Majorin beizustehen.

Zurück zu Salome. Ljuba Welitsch hat sich bis zum Ruin in einer gesanglichen Interpretation erschöpft. Ihre Kolleginnen finden in dieser Partie wie in der Elektra ein gefundenes Fressen für gestalterische Exzesse im Stil des *Grand Guignol.*

Das kann sich auf Tradition berufen. 1935 schreibt Alexander Berrsche (1883–1940), einer der letzten deutschen Opernkritiker, die sich noch für Stimmen interessieren, über die Salome der Hildegarde Ranczak im Münchner Nationaltheater: »Den Höhepunkt ihrer Leistung erreicht sie aber doch während des großen Zwischenspiels, das nach dem Abgang des Jochanaan einsetzt und die große dramatische Wendung, die Peripetie, ausmalt. Wie sie da in Miene, Haltung und Geste mit sprechendem Ausdruck und in fließenden Übergängen vom verzweifelten Flehen zu hoffnungsloser Enttäuschung gleitet und von da zum tobenden Haß, um sich schließlich mit beengender Allmählichkeit in ein stilles, kaltes, gnadenloses Racheverlangen hineinzufinden, das ist glühend spontan erfunden und mit den einfachsten Mitteln gestaltet.« Und das alles, ohne einen Ton zu singen, 140 Takte pure Pantomime – ein stummer Höhepunkt eben.

Es gibt nach ihr jedoch Interpretinnen, die auch diese stumme Szene verbalisieren. Inge Borkh stimuliert sich geradezu schulmäßig nach Stanislawskij. Als Hans Hotter ihr als Jochanaan sein letztes »Du bist verflucht!« entgegengedonnert hat und in die Zisterne hinuntersteigt, keucht sie ihm, wie er schmunzelnd überliefert, wollüstig nach: »Ach, ach, bleib doch! Ich will dich, ich muß dich haben!« Doch Hotter verweigert sich ihr noch schroffer als in der vorangegangenen Szene: »Nix da! Ich geh jetzt in die Kantine!«

Solcher doppelter Frust könnte erklären, warum sie im Schlußgesang – wie auf dem Mitschnitt vom 21. Juli 1951 aus dem Münchner Prinzregententheater zu hören – das hilflose abgehackte Haupt des Propheten ankeift wie eine Neurotikerin, der ein tölpelhafter Domestik mit dem Servierwagen gegen das Schienbein gefahren ist.

Als 1955 am gleichen Haus eine Neuinszenierung der *Salome* herauskommt, wartet Christel Goltz in einer der Reprisen mit einem noch kühneren Kontakt-Versuch mit ihrem Jochanaan auf. Erregte sie früher schon Schauer um Schauer, wenn sie auf dem Deckel der Zisterne ihr Becken kreisen ließ, so hat sie nun im Tanz der sieben Schleier dem neuen Gitter, das aus gewölbten, überkreuzten Bügeln mit Bronzeanstrich besteht, eine härtere Belastungsprobe zugedacht.

Mit einem Hechtsprung wirft sie sich auf das gut kaschierte, aber nicht tragfähige Sperrholz, das in sich zusammenkracht. Die Soldaten haben bei der Öffnung und Schließung der Zisterne eben nur so getan, als ob das Gitter besonders schwer wäre. Die effektsicher exaltierte Künstlerin ist kurz von einer Wolke aus Holzmehl verhüllt und wird dann im Gewirr strampelnd wieder sichtbar. Immerhin – und das stimuliert die Nerven des Publikums noch mehr – gelingt es ihr *peu à peu*, den rettenden Rand zu erreichen und Tanz und Gesang in gewohnter Verve zu Ende zu führen. Das Haus rast.

Die Münchner Premiere am 29. Juni 1955 hat der Intendant Rudolf Hartmann allerdings an Birgit Nilsson gegeben – unter dem Eindruck ihres sensationellen Erfolgs als Brünnhilde im *Ring* zwei Monate vorher. Mit ihr, die alles andere als tanzwütig ist, konnte er ein Konzept verwirklichen, das ihm ideal erscheint – den Tanz absolviert Natascha Trofimowa, die Charakter-Ballerina des Hauses. Es wirkt wie die obligate Ballett-Einlage der *grand-opéra*.

Was ist über Birgit Nilssons erste Salome noch zu vermelden? Auch in Rudolf Hartmanns sorgfältiger Inszenierung behält sie ihre typische Armhaltung bei, die angewinkelten Ellbogen leicht nach hinten gezogen. Und das kennt man ja schon von ihrer Brünnhilde. Daß sie die Partie gesanglich souverän beherrscht, ist eher noch irritierender. Man will Blut schmecken. Eine dieser *Salome*-Vorstellungen ist auch für Rudolf Bing Gelegenheit, einmal mehr festzustellen, daß diese Frau für die Met nicht ausreicht.

P.S.: Am 3. Februar 1965 gibt es an der Met eine Neuproduktion der *Salome* mit Birgit Nilsson unter Karl Böhm in der Inszenierung von Günther Rennert. Kolodin bescheinigt ihr »the finest singing of the music since Welitch's«. Selbst der von Alicia Markova exekutierte Tanz stört nicht wesentlich. Tosender Applaus fordert sechsundzwanzig Vorhänge. Bing hat mehr Glück als Verstand. Denn wie viele Salomes sind so freundlich, sich ihre Strahlkraft unvermindert zehn Jahre zu erhalten, bis ein Direktor endlich überzeugt ist?

Zu spät ist es für die offizielle Uraufführung der *Liebe der Danae* am 14. August 1952 bei den Salzburger Festspielen unter Clemens Krauss, acht Jahre nach der öffentlichen Generalprobe – nicht nur, weil der milde Glanz der Spätreife inzwischen Stockflecken bekommen hat wie Rudolf Hartmanns Regie-Konzept. Vor allem aber stehen die Sänger, für die Strauss die Partien komponiert hat, nicht oder nicht mehr zur Verfügung. Und so kommt Heinz Joachim in seiner Premieren-Kritik zu dem lakonischen Schlußsatz: »Die tragenden Partien waren . . . so gut besetzt, wie es im Notstandsgebiet der deutschen Opernkultur eben möglich ist.«

Jupiter, den 1944 der 35jährige Hans Hotter sang, ist nun mit dem gerade 55jährigen Paul Schöffler besetzt. Die Partie ist für einen Helden-Bariton mit »italienischer« Vollhöhe komponiert, die *tessitura* liegt noch höher als beim Jochanaan, und bei den Spitzentönen werden einige mächtige Fis und G verlangt. Das liegt außerhalb Schöfflers Reichweite.

Danae, für die ausladende Höhe von Viorica Ursuleac geschrieben, ist bei Annelies Kupper gut aufgehoben, was die Treffbereitschaft angeht. Das hohe Des im Goldregen-Duett mit der Dienerin kommt sicher, und das Cis am Schluß der Oper klingt nur durch die drei Akte vorher überanstrengt. Doch die Opulenz des Klangs, die dem altersmüden Werk einen hormonalen Schub geben könnte, fehlt auch ihr.

Die Sängerin verfügt über ein sogenanntes *vibrato stretto*, ein kurzes *vibrato*, das von italienischen Sängern der dreißiger Jahre eingesetzt wurde, jedoch nur als Ausdruck seelischer Erregung – etwa von Tancredi Pasero in »O tu Palermo«, oder von Magda Olivero in den Arien der Liù. Zu deutsch heißt es »Bibberer« und bekommt Richard Strauss nicht, zumal wenn es zum Prinzip gemacht wird. Durch diese erzeugte Intensität vermittelt Annelies Kupper ihren Zeitgenossen jedoch besondere Glaubwürdigkeit (so wird an ihrem Evchen in den *Meistersingern* gerühmt, daß keine wie sie so innig das »Keiner wie du so hold zu werben weiß« bringt, vielleicht, weil sie am Ende nicht den Triller exekutiert, sondern ihren ergriffenen und ergreifenden »Bibberer«).

Diese Protagonistin also hilft, die vergeblichen Belebungsversuche an der *Liebe der Danae* zu verkürzen. Sie singt die Partie in einer Übernahme der Salzburger Produktion ab Herbst 1952 in Wien und bei einem Pariser Gastspiel. Mit insgesamt neun Vorstellungen befreit sich die Wiener Staatsoper – wohl für alle Zeiten – von der Erblast. Bei den Münchner Festspielen 1953, in denen Annelies Kupper drei der vier Neuinszenierungen bestreitet (eine besonders konzentrierte Form des Ensemble-Gedankens), gibt es als Eröffnungsvorstellung ebenfalls die *Danae*, wieder in Hartmanns Inszenierung.

Diese Produktion nimmt die Bayerische Staatsoper zu ihrem Strauss-Gastspiel im September 1953 im Covent Garden mit und nimmt auch den Strauss-begeisterten Londonern die Lust an weiterer Beschäftigung. Der *Observer* schreibt, daß das Werk »sheer rank decay« sei, ein Produkt »völliger ranziger Verwesung«. Harold Rosenthal notiert in seiner Chronik: »Die Titelrolle wurde lyrisch von (Annelies) Kupper gesungen, deren Stimme eher ein Leichtgewicht war; in der zweiten und vierten Vorstellung wurde sie durch Leonie Rysanek ersetzt, deren opulente Stimme sie als einen der schönsten lyrisch-dramatischen Soprane der Nachkriegszeit auswies.«

Rosenthal berührt damit die Frage nach den besonderen Qualitäten einer »Strauss-Stimme« im jugendlich-dramatischen Fach. Ein extremes Noten-Beispiel hilft hier weiter, der Schluß der Brautnacht-Arie am Anfang des zweiten Akts der *Ägyptischen Helena*, eines weiteren hellenischen »Schinkens« von 1928, an dem sich noch Hofmannsthal mitschuldig machte:

Verlangt wird hier ein *legato*-Bogen über dreizehn Takte in einer für den Stimm-Typus schwindelerregend hohen *tessitura*, in der – schließlich handelt es sich um die Inkarnation erotischer und sexueller Erfüllung, und nicht um ein nur hübsch bemaltes »Trojanisches Pferd« der *ars amatoria* – die Kurve des weiblichen Orgasmus ihre vokale Entsprechung erfährt. Hier genügt es nicht durchzuhalten, die Ekstase muß sich in blühender Pracht entfalten und ausklingen (das hohe H, das Gwyneth Jones 1970 in Wien, nachdem sie sich durch die Vokalisen geschummelt hat, auf dem letzten Ton eine Oktave höher als notiert hinauspfeffert, ist allein schon aus diesem Grund ein Irrläufer).

Als Hartmann im Rahmen seines langfristig angelegten Richard-Strauss-Zyklus als erster die *Helena* bei den Münchner Festspielen am 10. August 1956 ausgräbt, ist Leonie Rysanek die Protagonistin und erfüllt mit ihrer jubelnden Höhe, was dem Ekstatiker Strauss als Verheißung vorschwebte. Nur eine solche Ausnahme-Stimme kann auch eine schwächere Strauss-Oper zu einem aufregenden Ereignis machen – und nicht, wie es meist der Fall ist, der Rausch, den sich der Kapellmeister mit seinem Orchester anzüchtet, während hinter den instrumentalen Klang-Orgien der stimmliche Schrecken regiert. (Weil die charakteristischen Strauss-Stimmen so selten sind, hat sich die unsinnige Behauptung eingebürgert, Strauss habe das Singen »instrumentalisiert« und zumal die hohen Frauenstimmen nur als weitere Orchesterstimmen behandelt.)

Bedeutsamer für die Operngeschichte der nächsten Jahrzehnte ist der Stellenwert, den die junge Rysanek zwei Strauss-Partien gibt, die von ihren Interpretinnen bisher meist für undankbar gehalten wurden. Die erste – Chrysothemis – bekommt sie als Nachwuchs-Sängerin im Münchner Ensemble wohl nur, weil Annelies Kupper die Rolle als unergiebig abgelegt hat, nachdem sie in London im Mai 1953 damit ohne Erfolg debütierte. (»Sie war eine lyrische und zeitweise unhörbare Chrysothemis«, vermerkt Harold Rosenthal.)

Maria Caniglia hatte gar das Pech, als Elektras kleine Schwester 1930 in Turin ihr Bühnendebüt geben zu müssen. »Die Rolle«, erinnert sie sich Jahrzehnte später im Gespräch mit Lanfranco Rasponi, »war unglücklicherweise sehr undankbar. Trotz der gewaltigen Anstrengung, die sie bereitet, geht der Beifall immer an die Heldin und Klytämnestra.« Und Lisa Della Casa verwünscht Dimitri Mitropoulos, weil er sie 1957 in Salzburg zur Chrysothemis überredete: »Ich haßte die Partie vom allerersten Tag an. Mein Instinkt war richtig, denn sie ist ein Killer und die verrückte Schwester und die neurotische Mutter kassieren ab.«

Leonie Rysanek ändert das Geschick der Geschmähten, deren Name »goldene Ordnung« bedeutet, bewirkt mit ihrer goldenen Höhe eine Neu-Ordnung der Spannungs-Verhältnisse im Drama. Ihre Chrysothemis ist ein Killer, was Elektra angeht. Von einer Münchner Festspiel-Aufführung unter Karl Böhm am 26. August 1955 ist ein Mitschnitt der Schlußszene veröffentlicht worden, der die Umkehrung drastisch ins Gedächtnis zurückruft.

»Tausend Fackeln sind angezündet. Hörst du nicht?« singt die 28jährige Rysanek. Christel Goltz hört sie sehr wohl und hat der Glut dieses Gesangs nur noch ihre Tanz-Pantomime entgegenzusetzen. Ihr Spiel vor dem Vorhang, mit dem sie ihre Rollen fortzusetzen pflegt, solange der Applaus reicht, gewinnt damit an Realismus: Diese Elektra ist am Ende fix und fertig, erschlagen von den Tönen der geliebten Schwester, der Schatten eines Schattens. Und hat den Jubel mit der triumphalen Konkurrentin zu teilen.

Das überraschende Mißverhältnis in der Balance der Stimmen macht ein weiteres Mal deutlich, daß die Strauss-Heroinen der Nachkriegszeit stimmlich unterversorgt sind und das Defizit mit darstellerischen Mitteln ausgleichen müssen. Diese musikalisch unbefriedigende Situation ändert sich erst, als Birgit Nilsson sich nach langem Zögern entschließt, die mörderische Mänade zu ihrer Rolle zu machen. Am 16. Dezember 1965, in einer Wiener Neuinszenierung der *Elektra* von Wieland Wagner unter Karl Böhm, vereinen sich die beiden »Komplementär«-Stimmen, die nun fünfzehn Jahre lang rund um die Welt verkünden werden, wie diese Oper klingen kann.

Die ideale Partnerschaft, das lustvolle Um-die-Wette-Singen, ist einer der Gründe, warum Leonie Rysanek die Titelrolle auf der Bühne nie verkörpern wird. Und als sie Elektra im Frühjahr 1981 unter Böhm für den von Götz Friedrich inszenierten Film aufnimmt, beginnt das Elend wieder am anderen Ende. Für Catarina Ligendza ist die Chrysothemis auch unter Studio-Bedingungen ein Killer ...

Für das Gespann Nilsson/Rysanek gäbe es im Strauss-Repertoire eine Entsprechung – *Die Frau ohne Schatten*. Doch diese Kombination kommt erst 1977 zustande, weil Birgit Nilsson unter dem Eindruck von Leonie Rysaneks Kaiserin meint, daß die Färberin die undankbarere Rolle ist. Denn diese Kaiserin hat nicht unwesentlich dazu beigetragen, daß sich das Lieblings-Werk des Komponisten (das er selbst flapsig unter »Fr. o. Sch.« führte) vom Schmerzenskind zu einer Festival-Attraktion ersten Ranges entwickelte.

Das philosophische Zaubermärchen hatte es nach der Wiener Uraufführung von 1919 nicht allzuweit gebracht. In der *Weltbühne* meinte 1920 Fritz Jacobsohn, der kesse Bruder des Herausgebers: »Da, wo die Unterstreichung des Gefühls, der Unwirklichkeit und der Übersinnlichkeit alles bedeuten mußte, hat Strauss seine alte, abgedroschene leitmotivische Untermalung, Durchdringung und Verquickung angewandt, hat er, auf überaus schwankem motivischen Grund, eine Musik geschrieben, die berechnet, reflektierend, prustend und schwitzend ist, und der (bis auf wenige Stellen) die Hauptsache fehlt: die Inspiration.« Fritz Jacobsohn wird drei Jahre später Werbe-Chef der Haller-Revuen.

Doch ist die Abkanzelung durchaus nicht untypisch für das Urteil der Zeitgenossen. In seinen *Betrachtungen und Erinnerungen* schreibt Strauss: ». . . nach dem ersten großen Erfolg trat die Oper einen Leidensweg über die deutschen Bühnen an. In Wien selbst wegen der anstrengenden Rollen und Dekorationsschwierigkeiten öfter abgesagt als gegeben, strauchelte sie schon auf der zweiten Bühne, Dresden, wo sie szenisch so unvollkommen vorbereitet war . . . Es war ein schwerer Fehler, dieses schwer zu besetzende und szenisch so anspruchsvolle Werk unmittelbar nach dem Krieg mittleren und kleineren Theatern anzuvertrauen. Als ich später einmal die Stuttgarter Nachkriegsausstattung (›auf billig . . .‹) sah, begriff ich, daß das Werk nur wenig Erfolg haben konnte . . .«

Wenn überhaupt jemand abräumte, dann die Färberin. Das bescheinigte Fritz Jacobsohn auch der Berliner Erstinterpretin Barbara Kemp: »Ihrer Darstellung der Färbersfrau dankt Strauss den Publikumserfolg. Teufelinne im zweiten Akt, gerüttelt und durchschauert von Lüsten und Brünsten, aufkreischend vor Wut und Schmerz, ist sie späterhin ganz reine, büßende Magdalena, geläutert und gehoben durch Liebe, Schuldbekenntnis und Muttersehnsucht.«

Was kann dem schon die Kaiserin entgegensetzen, die aus einer allzu fernen Welt kommt? »Warum singen Sie diese uninteressante Partie?« wird Maria Jeritza, die Kaiserin der Uraufführung, Leonie Rysanek später zu deren großem Erstaunen fragen. Der Unmut der Diva, die sonst alles in den Griff bekam (und stolz von sich behaupten konnte: »Kein Mann hat je gewagt, mir Blumen zu schenken!«), wird ihrer Nachfolgerin erst deutlich, als Karl Böhm ihr im Notenarchiv der Wiener Staatsoper die Einrichtung der Partie für die Jeritza zeigt – Striche und Punktierungen, wo es heikel wird.

Von all dem weiß die junge höhenhungrige Rysanek nichts, ja, sie hat von dieser Oper noch nicht einmal gehört, als sie 1954 am Schwarzen Brett im Münchner Prinzregententheater die Besetzungsliste der *Frau ohne Schatten* für die kommenden Festspiele liest und ihren Namen neben der Rolle der Färberin entdeckt. Sie besorgt sich umgehend den Klavierauszug, informiert sich, indem sie die hohen Noten zählt, marschiert dann zum Intendanten und fordert die Kaiserin. Hartmann versucht abzuwiegeln – die Kaiserin sei schwer und undankbar. Doch sie ertrotzt sich die Rolle.

Es ist Leonie Rysaneks erste Premiere, die sie in München bekommt. Und die Färberin wäre eine erstklassige Aufgabe gewesen. Doch sind Hartmanns Bedenken wohl anderer Art, als die, welche er vorschützt. Die Kaiserin ist für ihn »gläsern«, eine Art Schneekönigin, bis in der Prüfungs-Szene ihr Herz aus Kristall zerbricht. Also durchaus die Auffassung, die bisher den geringeren Erfolg der Partie ausmachte. Und diese kühle, unirdische Gestalt soll er nun der impulsiven, eruptiven Sängerin nahebringen? Doch der Strauss-Fachmann Hartmann irrt sich. Bereits in dieser Produktion unter Rudolf Kempe (es ist die erste der zweiten Nachkriegszeit) wächst aus der gesanglichen Linie intuitiv ein unverwechselbarer Charakter.

Aufschlußreich ist ein Vergleich dieses Mitschnitts vom 31. August 1954 mit der Aufzeichnung der Neuinszenierung am 21. November 1963 zur Wiedereröffnung des Münchner Nationaltheaters. Auch Ingrid Bjoner, die Kaiserin von 1963, verzaubert bei dem »gläsern« verliebten, von Flageolett-Tönen umspielten ersten Auftritt durch die vogelhafte Leichtigkeit des *piano*. Doch als das Talisman-Motiv, ein geheimnisvolles Konglomerat aus Dreiklangstrukturierung und pentatonischen Anklängen, zum zweitenmal aufsteigt – »Dem Talisman, den ich verlor in der Trunkenheit der ersten Stunde, ihm war ein Fluch eingegraben« –, die Ahnung der magischen Schrecken aufdämmert, bleibt die Sängerin unberührt, trifft nur eine Feststellung.

Noch tiefer in den Zwiespalt des Feenwesens führt der zweifache Intervallsprung, der für Baraks Güte und die Schuldgefühle der Kaiserin steht und in der Traumszene seine Kulmination erfährt. Die verminderte None vom mittleren C zum hohen Des und die verminderte Septime hinunter zum E – »dem Andern Verderben« – ist bei Leonie Rysanek *sul fiato* ein Aufschrei, der aus dem Innersten kommt, und dem unvermittelt der seelische Absturz folgt. Bei den prominentesten anderen Interpretinnen, bei Ingrid Bjoner, Hildegard Behrens und Cheryl Studer, bleiben es zwei Intervallsprünge, die nicht einmal sonderlich auffallen.

Diese durch Klang bewirkte Magie verleiht der Kaiserin der Rysanek die andere Dimension. Auf der Schwelle des Tempels wird der Sprung über zwei Oktaven – »Zur Schwelle des Todes« – zur apokalyptischen Vision. In die Prüfungsszene danach wird sie von einem Violin-Solo begleitet, dessen letzter Ton, das Es auf der unteren Notenlinie, mit ihrem schwebend angesetzten (und gleichwohl das ganze Haus füllenden) ersten Ton eine Oktave höher zu vollkommener Harmonie verschmilzt. Hartmanns herkömmliche »Schneekönigin« ist vom besonderen Timbre einer Stimme aufgetaut worden und von ihrer Fähigkeit, Ausbrüche aus der Stille aufzubauen und in diese Stille wieder zurückzukehren.

Mit dem unerwartet großen Münchner Erfolg beginnt die eigentliche Rezeptionsgeschichte der *Frau ohne Schatten*. Karl Böhm setzt das Werk 1955 als dritte Premiere bei der Wiedereröffnung der Wiener Staatsoper an und übernimmt von München den Regisseur Hartmann und den Bühnenbildner Emil Preetorius (der einmal mehr demonstrieren kann, wie anregend sich seine Asiatica-Sammlung auf seine szenische Gestaltung auswirkt) sowie neben Leonie Rysanek auch Hans Hopf, der den Kaiser singt.

Das Ereignis ist unter Böhms Stabführung noch eindrucksvoller, wiewohl Christel Goltz sich mehr als die biegsame jugendlich-dramatische Stimme von Marianne Schech dem keifenden Vorbild der Färberin annähert (die Autoren hatten Pauline Strauss, die streitbare Gattin des Komponisten, in Aug und Ohr).

Die DECCA bringt mit der Wiener Besetzung eine Gesamtaufnahme heraus, in der nur der Barak der Premiere durch Paul Schöffler ersetzt werden muß, weil Ludwig Weber bei Walter Legge und der EMI unter Exklusiv-Vertrag ist. Es ist für diese Firma nach Erich Kleibers *Rosenkavalier* und der *Salome* unter Clemens Krauss die dritte Gesamtaufnahme einer Strauss-Oper überhaupt und trägt international zur Wertschätzung des eben noch so gut wie unbekannten Werks erheblich bei.

Es ist kein Widerspruch, daß gerade der pedantische Karl Böhm als Klangzauberer in den exotischen Strauss-Opern unerreicht ist. Er läßt nichts »unter den Tisch fallen«, ziseliert jede Feinheit heraus, ohne detail-verliebt zu schleppen oder die Motive über Gebühr zu betonen. Vom Dirigenten Strauss hat er den Begriff der »referierenden Themen« übernommen – daß etwa das Siegfried-Motiv, wenn es erstmals in der *Walküre* erklingt, hervorzuheben, in späteren Wiederholungen aber *en passant* zu behandeln ist.

Auf die *Elektra* übertragen bedeutet das für ihn, daß beim Aufgehen des Vorhangs die Personen der Handlung ihre Motive bereits lange Jahre mit sich geschleppt haben, daß es also nur Erinnerungen sind, die anklingen. Das fingerzeigende »Ausstellen« dieser Motive hält Böhm für den größten Fehler, den seine Dirigenten-Kollegen bei diesem Werk begehen. Auch bei der *Frau ohne Schatten* versagt er sich und seinen Musikern das gleißnerische Gaukelspiel einer bombastischen Klang-Architektur. Darum klingt bei ihm die Musik so erregend.

Nach dem Wiener Erfolg wäre das Werk unter Böhm eine Bereicherung der Salzburger Festspiele, die damit auch gleich einen Akt der Wiedergutmachung leisten könnten. 1932 war die *Frau ohne Schatten* trotz glänzender Besetzung und opulenter Ausstattung von der Kritik zerfetzt worden. Auf die zwei Vorstellungen jenes Jahres folgte 1933 nur noch eine Reprise.

Inzwischen gibt es jedoch wieder einen Hinderungsgrund. Als Herbert von Karajan nach Furtwänglers Tod und dem entsprechenden Vorlauf (er ist nie »durch Zufall frei«) 1957 sein Imperium auch auf Salzburg ausdehnt, sichert er sich auch die Programm-Kompetenz und gönnt Karl Böhm keinen »großen Brocken«. Böhm ist sich zwar bewußt, daß Karajans Erfolg der Lebensnerv der Festspiele ist, und akzeptiert ihn – abgesehen von kleinen Tobsuchtsanfällen vor dem hilflosen Direktorium – als *primus inter pares*. Aber er würde Salzburg, wie er öfter androht, wirklich verlassen, wenn Karajan ihm sein Lieblingswerk wegnehmen würde. Karajan weiß ebensogut, daß er auf Böhm nicht verzichten kann. Also taktieren sich beide aus, und die *Frau ohne Schatten* bleibt Salzburg weiterhin fern.

An der Wiener Staatsoper, an der Karajan seit 1957 in der Nachfolge Böhms künstlerischer Leiter ist, muß er keine psychologischen Rücksichten nehmen und bringt am 11. und 17. Juni 1964 die Oper in seiner eigenen Inszenierung als Doppel-Premiere heraus. Als Kaiserin alternieren Leonie Rysanek und Gundula Janowitz, der Färber des ersten Abends ist Walter Berry, die Färberin seine Frau Christa Ludwig, deren Timbre und Höhenspannung auch die Momente äußerster Erregung in Klang und nicht in Gekeife umsetzen.

Es sind Karajans letzte Premieren, bevor er sich von Wien trennt. Zwei weitere Vorstellungen dirigiert Christof Prick. Danach findet sich niemand mehr, der diese Produktion nachdirigieren will. Ob Karajan – wissend, daß er in Wien demissionieren würde – das Werk mit seiner Fassung so verstümmelte, um vor dem Zugriff Böhms sicher sein zu können? Es ist möglicherweise nur ein Nebeneffekt. In Salzburg bevorzugt er schon länger »Society«-Fassungen, die der Crème eine raschere Einkehr im »Goldenen Hirschen« ermöglichen und seiner eigenen Ungeduld gegenüber langen Werken entgegenkommen.

Seine Kürzungen und Umstellungen in der *Frau ohne Schatten* aber sind einem Säure-Attentat auf ein Gemälde ähnlich. Der zweite Akt hat fünf Bilder; drei im Färberhaus, wo sich die Krise allmählich zuspitzt, werden jeweils durch den Auftritt des Kaisers vor dem Falknerhaus und die Traumszene der Kaiserin unterbrochen. Karajan montiert diese beiden visionären Bilder hintereinander, planiert damit die komponierten Kontraste und zieht danach das ursprüngliche dritte Bild im Färberhaus mit dem fünften durch einen

Strich zusammen (von Ziffer 141 bis vier Takte vor Ziffer 203). Damit spart er 208 Takte am Stück ein.

Dem Werk der Verwüstung fallen Feinheiten zum Opfer. Gestrichen das Ende des dritten Bildes, wo der von Weib und Amme verlassene Färber fragt: »Wer da?« und die Kaiserin antwortet: »Ich, mein Gebieter, deine Dienerin!« Eine Demutsgeste, die den Schreckensvisionen der (bei Karajan bereits stattgehabten) Traumszene erst die Begründung liefern würde. Ohne die brütende Spannung am Beginn des fünften Bildes, aus der sich die Färberin in einem klimaktischen Ausbruch zu befreien sucht, wirkt ihr provozierend vorgetragener Entschluß, ihren Schatten zu verhandeln, abrupt wie die Mitteilung: »Und außerdem laß ich mich scheiden!«

Doch auch in den kleinen Strichen, die mit mehr oder weniger Talent in jeder Fassung gemacht werden, erweist sich Karajan als Meister des Absurden. Die Formel, mit der die Amme beim ersten Mal die Erscheinung des Jünglings herbeizaubert – »Du Besen, leih mir die Gestalt! Und Kessel du, leih mir deine Stimme!« –, fällt dem Rotstift zum Opfer. Beim zweiten Ruf der Wächter am Ende des ersten Akts, der ganze dreiundzwanzig Takte dauert, spart Karajan zehn ein, indem er die zentrale Aussage eliminiert: »Ihr seid die Brücke, überm Abgrund ausgespannt, auf der die Toten wiederum ins Leben gehn!« Bei ihm singen sie nur noch: »Ihr Gatten, die ihr liebend euch in Armen liegt, geheiligt sei eurer Liebe Werk!«

Da Karajans Inszenierung nicht ohne seine Zustimmung verändert werden darf (da hat er sich im Gegensatz zu anderen Regisseuren, die ihre Arbeit oft schon in der zweiten Wiederaufnahme nicht wiedererkennen, abgesichert), dämmert die Ausstattung des Mach-Werks zwangsläufig in den Magazinen vor sich hin. Doch Karl Böhm hat den längeren Atem.

In der alten Met kann sich Rudolf Bing auf die mangelnden technischen Möglichkeiten der Bühne herausreden, die den Aufwand einer solchen Oper nicht verkraften würden. Bei der Eröffnung des neuen Hauses im Lincoln Center 1966 aber, das all diese Möglichkeiten bietet, wird er von Böhm, der für ihn nach dem Tod von Mitropoulos der wichtigste Dirigent von internationalem Ansehen geworden ist, weichgeklopft. Widerstrebend setzt er die *Frau ohne Schatten* als vierte Eröffnungs-Premiere an.

»Have you seen the ›Frau‹?« Walter Berry, Christa Ludwig, Karl Böhm und Leonie Rysanek nach der Premiere der *Frau ohne Schatten* in der Neuen Met 1966

Die neue Met ist damit nach der Wiener Staatsoper und dem Münchner Nationaltheater das dritte Haus, dem diese Festspieloper zur Einweihung Glück bringt. Denn zu Bings Überraschung wird nicht die Uraufführung von Samuel Barbers *Antony and Cleopatra* mit Leontyne Price und Justino Diaz Stadtgespräch, auch nicht *La Traviata* mit Anna Moffo oder *La Gioconda* mit Renata Tebaldi und Franco Corelli, sondern der vermeintliche Außenseiter mit Rysanek, Ludwig und Berry. »Have you seen the ›Frau‹?« wird zur stehenden Begrüßung unter den Opernfans. Vor ausverkauftem Haus gibt es fünfundzwanzig Vorstellungen – fast so viele wie bei der *Fledermaus.* Erst 1969 gelingt es Bing, der bei dieser Produktion zu saumselig geplant hat, die Sänger für eine Reprise wieder zusammenzubekommen.

Die gleiche frenetische Reaktion gibt es am 11. Oktober 1972 für das inzwischen eingeschworene »Fr. o. Sch.«-Team in der Pariser

Oper – nicht zur reinen Freude von Rolf Liebermann, dem designierten Intendanten von der nächsten Spielzeit an, der die Premiere in Begleitung von Eliette von Karajan in der ersten Pause verläßt.

Neu ist Wieland Wagners ehemaliger Assistent Nikolaus Lehnhoff, an dessen Regie-Begabung Böhm fest glaubt, der aber dem erarbeiteten Konzept weitgehend treu zu bleiben hat. Erst 1980, bei der Wiederaufnahme unter Christoph von Dohnányi, kann Lehnhoff einen Wunschtraum realisieren und die Erscheinung des Jünglings nackt präsentieren. Die Amme – es ist die couragierte Mignon Dunn – reißt dem Phantom Georges Gautier die mit Klettverschlüssen befestigten Kleidungsteile stückweise von einem Körper, bei dessen Erstellung sie offenbar die Formel durcheinandergebracht hat: »Du Kessel, leih mir die Gestalt! Und Besen du, leih mir deine Stimme.« Zum Vorschein kommt unter den besorgten krankenschwesterlichen Blicken von Hildegard Behrens und Gwyneth Jones schließlich etwas, das die Amme definitiv als nicht allzu dolle Zauberin ausweist.

Das authentische »Fr. o. Sch.«-Team aber hat in der Zwischenzeit auch die letzten Hürden genommen. 1974, zu Karl Böhms 80. Geburtstag, kann ihm Karajan in Salzburg nicht mehr verweigern, was ihm nach Rang und Alter zusteht. *Die Frau ohne Schatten* kehrt nach vierzig Jahren an die Salzach zurück, diesmal gebührlich gefeiert. Das Große Festspielhaus erlebt in der Inszenierung von Günther Rennert und in den Bühnenbildern von Günther Schneider-Siemssen eine Produktion, die wie nur wenige die breitgezogene Bühne wirklich sinnvoll erscheinen läßt. Bedauerlich ist nur, daß Christa Ludwig sich mit dem allzu häufigen Einsatz als Färberin übernommen hat und in den letzten der fünf Vorstellungen von Ursula Schröder-Feinen ersetzt wird (die, wiewohl ein dramatischer Sopran, kurz darauf ihre Stimme verliert, während Christa Ludwig, nach längerem Schweigen, in ihrem eigentlichen Fach bis heute präsent ist).

Drei Jahre später schließt sich der Kreis. Böhms »Fr. o. Sch.«-Team kehrt nach einem Ausflug nach San Francisco (wo die Oper bereits 1959/60 akklamiert worden war) 1977 heim in die Wiener

Staatsoper – diesmal mit Birgit Nilsson als Färberin, ihrem letzten Rollen-Debüt. Dem Verhandlungsgeschick des amtierenden Opernchefs Egon Seefehlner ist es zu danken, daß die Bühnenbilder der Karajan-Inszenierung nach 13jährigem Dämmerschlaf wieder aus dem Fundus geholt werden dürfen. Helge Thoma erledigt »szenisch taktvoll« die notwendigen Umstellungen. 1978 bringt die Deutsche Grammophon eine zweite Gesamtaufnahme als Live-Mitschnitt heraus – ein Dokument in vielfacher Hinsicht, denn der 84jährige Böhm ist ab nun nur noch den kürzeren Strauss-Opern physisch gewachsen.

Leonie Rysanek aber bleibt in der internationalen Rezeption der Oper immer noch die Konstante. Die Produktion der Hamburgischen Staatsoper von 1979 in der Inszenierung von Kurt Horres unter Christoph von Dohnányi wird 1982 am Bolshoi-Theater in Moskau gezeigt und 1984 in Tokio. Am 18. November 1984 singt die erste Nachkriegs-Kaiserin in Wien die Partie zum letztenmal mit Gwyneth Jones als Färberin – es ist ihre 118. Vorstellung der Oper auf drei Kontinenten innerhalb von dreißig Jahren.

Es wäre also nicht übertrieben, wenn man Rudolf Hartmann als Initiator dieser Renaissance, Karl Böhm als geradezu missionarischen internationalen Botschafter und die Rysanek als gesangliche und gestalterische Inkarnation der mythisch-magischen Titelheldin bezeichnen würde.

Wolfgang Sawallisch indes teilt in seiner Autobiographie *Im Interesse der Deutlichkeit* von 1988 auch in diesem Punkt mit, was Sache ist: »Interessant ist, daß die *Frau ohne Schatten* in der Zeit ihrer Entstehung kaum auf Verständnis stieß, selten aufgeführt wurde und relativ geringen Erfolg zu verzeichnen hatte. Oscar Fritz Schuh war Anfang der sechziger Jahre der erste, der sich wieder an dieses Stück heranwagte. Unsere Kölner Aufführung zog eine Flut von Folge-Inszenierungen nach sich, und heute gehört die *Frau ohne Schatten* auf der ganzen Welt zu *den* Strauss-Opern.«

Es gibt wohl keine rationale Erklärung, warum ein weltweit angesehener Dirigent auch rückblickend nicht in der Lage ist, über den Rand seines jeweiligen Futternapfes zu blicken. Es ist ihm einfach nicht aufgefallen, daß die Karawane (angesichts des orientalischen Charakters des Werks ist das Bild wohl erlaubt) weiterzog, ohne auch nur aus der Ferne zu vernehmen, daß er in Köln Laut gab.

Die Kölner »Erst-Entdeckung« hat allerdings für Sawallisch sehr wohl Konsequenzen: »Mit einer kleinen Geste versuchte ich später meine unendliche Dankbarkeit Oscar Fritz Schuh gegenüber ein wenig abzutragen – als ich Rennert bat, mit Oscar Fritz Schuh 1972 in München die *Frau ohne Schatten* herausbringen zu können. Es wurde eine Inszenierung, die heute noch standhält.«

Es ist kein Geheimnis, daß der alte Herr während der Proben immer wieder einnickt. Das wäre bei einem eingespielten Ensemble nicht weiter tragisch. Doch Astrid Varnay hat die Amme als Rollen-Debüt übernommen. Und sie, für die nach den *monstres sacrés* Herodias und Klytämnestra das dämonische Zwitter-Geschöpf eine weitere Wonne sein müßte, ist zum erstenmal als Darstellerin ohne Profil. (Darüber hinaus zeigt Günther Rennert zwei Jahre später seine eigene fulminante Inszenierung in Salzburg, doch das wird seinem Münchner Generalmusikdirektor, weil es sich an einem Nebenschauplatz abspielt, wohl ebenfalls entgangen sein.)

Ein Verdienst aber erwirbt sich Sawallisch um die *Frau ohne Schatten*. 1988 bringt die EMI seine Gesamtaufnahme heraus, die erste ohne Striche. Da gibt es erstmals auch das bis auf zwei Halbsätze komplette Melodram der Kaiserin im Prüfungsbild, eines der merkwürdigsten Elaborate aus der Werkstatt Hofmannsthal/Strauss.

Strauss hat der in der späten Kaiserzeit besonders beliebten Form des Melodrams bereits 1897 Tribut gezollt, als er sich in seiner zweiten Münchner Galeerenzeit den Generalintendanten Ernst Ritter von Possart geneigter machen wollte. Possarts Eitelkeit und donnerndem Pathos (eine Fliege setzte sich auf seine Nase, er scheuchte sie weg und tönte: »Wohl wahnsinnig geworden!«) kam diese Kunstform besonders entgegen. Für ihn also vertonte Strauss das sentimentale Idyll *Enoch Arden* von Alfred Lord Tennyson, das Hohelied vom Heldentum eines Verschollenen, der bei der Heimkehr seine Frau neuvermählt findet, unerkannt bleibt und auf sie verzichtet. Strauss bezeichnete seine Komposition als »Gelegenheitsschund übelster Sorte« und widmete sie Possart. Doch damit war es nicht getan. Während Possart ergriffen und mit rollendem »R« rezitierte, untermalte der Meister selbst auf den Tasten und tingelte mit dem Intendanten-Mimen auch in anderen Städten. Und weil diese Auftritte Popularität brachten, verfertigte er 1899 in vier Tagen noch die Untermalung zu Uhlands *Schloß am Meer*.

In diese Jugend-Torheiten fiel er zurück, weil ihm Hofmannsthal die Schöpferlaune für die Szene vermieste, in der die Kaiserin ihren versteinerten Gatten erblickt. Im Juli 1916 schrieb ihm der Dichter: »Der Erinnerung an die Szenen des III. Aktes (mit Ausnahme der *ersten*) haftet, ich kann mir nicht helfen, lieber Dr. Strauss, etwas Beschwerendes und Trübes an ... Daß Sie den letzten Teil dieses schweren, dumpfen Werkes im Sprechrezitativ auflösen wollen, ist mir eine wahre Erleichterung!«

Hofmannsthal konnte in diesem Punkt weder sich noch dem Komponisten helfen, obwohl er sich bei kreativen Machtkämpfen gern auf sein untrügliches Stilgefühl berief. Es sind ganz merkwürdige Sätze, die man ihm nicht unterstellen würde, wie: »Ungelöst meiner Seele Knoten von Menschenhand, starr nun die Hand, die ihn nicht löste, versteinert sein Herz von meiner Härte!« Ein Jahr später bereits reibt ihm Strauss das auch unter die Nase: »Habe ich nicht im III. Akt der *Frau ohne Schatten*, sobald Sie nur mit der Wimper zuckten, die größten Stücke Fleisch herausgerissen und die Hauptszene der Kaiserin zum – Melodram gemacht?«

Der lange Sermon, vom Orchester »ziemlich rasch (doch frei im Zeitmaß, den Worten folgend)« begleitet, wird bereits 1954 radikal zusammengestrichen und reduziert sich im Laufe der Erfahrung auf die praktikable Formel: »Weh mir! Meine Schuld an ihm gestraft! Mit dir sterben!«

Sawallisch meint jedoch, daß auch dieser Fremdkörper nicht unter das Aufnahme-Pult fallen dürfte. Er hat dafür Cheryl Studer, die von der Elsa bis zur Königin der Nacht alles kann (oder es sich zutraut). Das aber kann sie natürlich nicht. Ihr amerikanischer Akzent beim Sprechen ist ganz reizend – wie in einer besonders bemühten College-Aufführung. Immerhin ist damit der Beweis erbracht, daß die Streichung der Passage dem Werk einen außerordentlichen Dienst erweist.

Das Pochen auf die erste wirklich ungekürzte Gesamtaufnahme

scheint außerdem ein geschicktes Ablenkungsmanöver zu sein. Denn in zeitlicher Koinzidenz gräbt Sawallisch in seinem Strauss-Zyklus zu den Münchner Festspielen von 1988 die *Liebe der Danae* aus, in der die Kürzungen gegenüber der Salzburger Aufführung von 1952 beachtlich sind. Die Partie des Midas weist mehr Striche als Gesang auf, weil Paul Frey sonst wohl bereits nach dem ersten Akt nach Hause gegangen wäre. Der Jupiter von Roger Roloff erlaubt sich Punktierungen, die das göttliche Pathos irgendwo zwischen den Orchesterfluten versickern und die ursprüngliche Melodie bisweilen nicht mehr ahnen lassen (man zieht den Hut vor Paul Schöffler, der die Extremhöhe wenigstens vorgaukelte).

Gestrichen ist auch die Coda des Goldregen-Duettes (vom neunten Takt nach Ziffer 42 bis Ziffer 45) – nicht etwa, weil die 42 Takte (»a tempo, sehr schnell«) allzusehr aufhalten würden, sondern weil hier das hohe Des der Danae vorkommt. Und diesen Ton hat Sabine Hass nicht, wie man am Ende der Oper beim Cis in ihrer letzten Phrase hören kann, das beim besten Willen nicht zu streichen ist.

Das Werk stößt abermals auf breitestes Desinteresse. Aber diesmal ist es nicht das Werk, sondern ein Torso, dessen Konturenreste auch noch verzeichnet sind. So wird sich nie herausfinden lassen, ob die *Liebe der Danae* bei einer neuen Generation, die im Gegensatz zur puritanischen Zwischengeneration rauschhaften Klangbädern durchaus nicht abhold ist, nicht doch eine gewisse Chance hätte.

Wir haben inzwischen die Erfahrung machen können, daß es bei Strauss-Opern ausgesprochen frustrierend ist, in den Noten mitzulesen oder vielmehr »mitzuspringen« (eine leidige Aufgabe, der sich die Kritiker darum auch beharrlich entziehen, denn wie anders könnten die Freveltaten ungesühnt und meist auch so gut wie unbemerkt über die Bühne gehen?). Manchmal aber fällt doch – wie man in Bayern sagt – »der Watschenbaum um«.

Eine Philippika, die Ludwig Kusche 1964 in seinem Buch *Richard Strauss im Kulturkarussell der Zeit* zum 100. Geburtstag des Komponisten hält, gilt auch den Verstümmelungen an der *Schweigsamen Frau*: »In dieser Partitur hat bis heute der Rotstift so gewütet, daß man bei ihrem Anblick glauben könnte, es habe eher ein Schweineschlachtfest stattgefunden als eine Operninterpretation.«

Er rechnet vor, daß durch rund sechzig Striche von 460 Seiten Klavierauszug 161 Seiten wegfallen, also mehr als ein Drittel der Oper, und folgert: »Es gibt viele künstlerische Menschen, die sagen, daß die *Schweigsame Frau* eine schwache Oper von Strauss sei. Sie ist es zweifellos, wenn sie so dargeboten wird, wie wir sie heute zu hören bekommen. Man nehme ein schönes Kind, schneide ihm die Ohren, einige Finger, ein Bein und sonst noch einiges ab, womit man seine Proportionen endgültig zerstört hat, und es wird kein schönes Kind mehr sein können.«

Natürlich stellt Kusche, indem er die Seiten und nicht die Takte zählt, ganz bewußt eine Milchmädchenrechnung auf. Denn auch im Klavierauszug verschiebt die Notierung der großräumigen Ensembles die Proportionen. Gleichwohl ist gerade in diesem Werk (wie später in *Capriccio*) das souveräne Spiel mit der Form ein Hauptspaß. Strauss hat sich hier die altitalienische Oper und die englische Musik des 17. Jahrhunderts vorgenommen und in seiner eigenen verwoben und variiert. So läßt er etwa beim Finale des ersten Aktes der traditionellen Stretta zwei weitere folgen, deren jede durch Takt- und Harmoniewechsel und kontrapunktische Finessen neue Überraschungen zu bieten hat. Wenn das wüst zusammengestrichen ist, läßt sich keine Anspielung mehr nachvollziehen.

Als Hauptverantwortlichen an dem Massaker können wir diesmal zu unserer großen Verblüffung Karl Böhm ausmachen, der 1935 die wegen des Librettisten Stefan Zweig politisch so prekäre Uraufführung in Dresden leitete und das in der Nachkriegszeit immer noch »stigmatisierte« Werk gemeinsam mit Günther Rennert bei den Salzburger Festspielen 1959 in einer Modellaufführung herausbringt. Eine Modellaufführung ist es in der Tat, denn es kümmert sich ja keiner darum, daß das Modell musikalisch windschief gebaut ist.

Böhm selbst ist zu sehr Theaterpraktiker, um seinem Regisseur nicht entgegenzukommen. Denn Rennert ist unermüdlich auf der Suche nach der *Opera buffa* mit Tiefgang. Und den bringt ihm Zweigs Libretto. Ben Jonsons Komödie *Epicoene or The silent woman* aus dem Jahr 1609 wurde in Italien des öfteren vertont – die berühmteste Version ist Donizettis *Don Pasquale* geblieben. Doch Zweig bringt nicht nur eine fröhliche Theatertruppe ins Spiel, er hat die Figuren vermenschlicht. Sir Morosus, wie der heiratslustige Hagestolz hier heißt, gewinnt im zweiten Akt nach der Demaskierung seines vermeintlichen Heimchens am Herd fast tragische Züge, während sein Quälgeist Aminta unter ihrer Verstellung nicht minder leidet.

Rennert nutzt also das Libretto. Er ist ein Meister komischer Effekte und Situationen, weil er mit unerbittlicher Präzision auf dem uhrwerkhaften Ablauf der Bewegung besteht. Wie es für unkonzentrierte Darsteller moralische Senge gibt, welche die Übeltäter in tiefe Zerknirschung stürzen, duldet er auch nicht, daß ihm der Komponist in seine bis ins kleinste Detail ausgetüftelte Choreographie durch himmlische Längen oder kompositorische Winkelzüge hineinpfuscht. Die Partitur wird auf die Erfordernisse der Inszenierung zurechtgestutzt. Das szenische Ergebnis ist virtuos und läßt sich auf andere Bühnen übertragen.

Gesanglich aber wird diese erste Produktion von keiner späteren erreicht werden. Denn Karl Böhm verfügt über Solisten, die in den verbliebenen kantablen Passagen die Fülle des Wohllauts zum eigentlichen Faszinosum machen.

Die Titelrolle singt Hilde Güden, eine Strauss-Stimme von besonderen Gnaden. Ihre Sophie bereits, dokumentiert in Erich Kleibers *Rosenkavalier*-Aufnahme von 1953, verfügt über unverwechselbaren sinnlichen Klangzauber. In der Szene der Rosenüberreichung – »Wie himmlische, nicht irdische, wie Rosen vom hochheiligen Paradies« – vermittelt ihre Stimme jenen »Tropfen persischen Rosenöls«, an dem ihre Nase gerade eben geschnuppert hat. (In der Karajan-Einspielung von 1956 mit Teresa Stich-Randall klingt die Stelle dagegen verblüffend wie die vokale Imitation einer »singenden Säge«, die ja im Gegensatz zu ihrer nicht verheißungsvollen Bezeichnung ganz exquisite, aber eben unwirkliche Töne erzeugt.)

In *Ariadne auf Naxos* bei den Salzburger Festspielen 1954 wagt Karl Böhm das Experiment, die Zerbinetta mit Hilde Güden zu besetzen – mit einem sehr hohen lyrischen Sopran also, der über eine äußerst »geläufige Gurgel« verfügt, aber nicht das automatenhafte Präzisionsinstrument ist, welches für das vermeintliche Kunstge-

Zerbinetta als Schwester der fidelen Fiaker-Milli: Hilde Güden in *Ariadne auf Naxos* in Salzburg 1954

schöpf Zerbinetta üblicherweise eingesetzt wird. Wobei »Präzision« allerdings ein sehr relativer Begriff ist.

Es besteht zwar kaum Uneinigkeit, daß Rita Streich in Karajans *Ariadne*-Einspielung die personifizierte Perfektion ist. Auf der Bühne hört es sich anders an, wie Willy Werner Göttig anläßlich eines der turnusmäßigen Gastspiele der Wiener Staatsoper 1956 in Wiesbaden anmerkt: »... wie unerfüllt blieb diese Zerbinetta durch Rita Streich. Ein kleines, dünnes Stimmchen, das trotz des Kammerorchesters des Meisters schon in der dritten Reihe kaum noch zu hören ist, müht sich ab, den unheimlichen Schwierigkeiten der großen Arie gerecht zu werden, was nur sehr bedingt zustande kommt.«

Hilde Güden bleibt bei ihrem Höhenflug dagegen ein »letzter Erdenrest«, wie ein Kritiker ihren ersten Auftritt in dieser Partie in Wien skizziert. Beim vorletzten hohen D kurz vor Ende der Arie etwa, das über dreieinhalb Takte gehalten werden soll, muß Karl Böhm das Tempo drastisch beschleunigen. Aber diese Zerbinetta erfüllt auch die virtuosesten Fiorituren mit erotischem Flair: »Jedoch, sind wir nicht Frauen unter uns, und schlägt denn nicht in jeder Brust ein unbegreiflich Herz?« Zerbinetta als Schwester der fidelen Fiaker-Milli in der *Arabella*, als Genuß-Geschöpf mit leichtem Hautgout. Das bringt Leben und nicht bloß Abwechslung auf die wüste Insel. (Auch unter diesem Aspekt wird die Zerbinetta eine der vollendetsten Rollen der Edita Gruberova werden.)

All ihre besonderen Fähigkeiten bringt Hilde Güden als Aminta in der Salzburger Wiederentdeckung der *Schweigsamen Frau* 1959 ein. Die Partie verlangt die Höhe und die Brillanz eines Koloratursoprans und zugleich warmes *legato* – also im Grunde eine Zerbinetta mit der Verletzlichkeit der Sophie.

Entscheidend zum glücklichen Gelingen dieser Produktion trägt auch der 29jährige Fritz Wunderlich bei, der als Neffe Henry Morosus mit seinem Salzburg-Debüt den internationalen Durchbruch schafft. Und das heißt viel. Denn angeblich hat Richard Strauss die Tenorpartien in seinen Opern meist nur sehr karg bedacht. Bei einer solchen Stimme aber stellt sich die Frage, ob nicht umgekehrt die meisten anderen Tenöre Strauss sehr karg bedenken. Doch Wunderlichs Begeisterungsfähigkeit, die ihn intuitiv auch den jeweils adäquaten Stil erfassen läßt, ist ebenso ein »Gottesgeschenk« wie der betörende, ganz »natürlich« klingende Schmelz.

Es ist eine Fähigkeit, die Katharina von Mikulicz, eine Kommilitonin aus Studienzeiten an der Freiburger Musikhochschule, so beschreibt: »Wenn man in einem Konzert neben Fritz auf dem Podium stand, merkte man sofort, daß da etwas Außergewöhnliches vor sich geht. Daß da bei ihm in der Tiefe Dinge sind, an die wir nicht rankommen. Wenn wir andern uns total verausgabt hatten, dann merkten wir: Fritz hat das gleichsam nur von der Oberfläche genommen; er hatte stets noch viele Reserven.«

Mit dem »Aufmachen« in der Höhe, einem gemeinsamen *overdrive*, gewinnen die Liebesduette mit Hilde Güden – wohl nicht ganz im Sinne des Regisseurs – einen Stellenwert, der die Meinung widerlegt, daß der 70jährige Richard Strauss erotisches und erotisierendes Melos nur noch auf Sparflamme komponierte.

Dazu kommt als weiterer Salzburg-Debütant der 30jährige Hermann Prey in der Rolle des gewitzten Barbiers, ein lyrischer Bariton, der aus Freude am Singen geradezu vergnügte Pausbäckchen auf den Stimmbändern trägt. Und Hans Hotter gibt dem Morosus – wie der Mitschnitt vom 8. August 1959 belegt – die Fülle eines *basso cantante* und die Melancholie eines Hans Sachs, der für Evchen-Aminta inzwischen noch weitere zwanzig Jahre zu alt geworden ist.

Bei der Dresdner Uraufführung ist Aminta von Maria Cebotari gesungen worden, ihre schnatternde Kollegin Isotta von der »deutschen Nachtigall« Erna Sack. Auch in Salzburg ist die Partie mit Pierette Alarie hoch besetzt. Es bleibt deutlich, wie sehr Strauss die beiden Charaktere geschieden haben wollte.

Während Hilde Güdens Stimme noch reift und 1964 bei den Wiener Festwochen unter Karl Böhm die sich in einen Baum verwandelnde Daphne herrlich ersprießen läßt, wird die Aminta in den späteren Produktionen der *Schweigsamen Frau* sinnwidrig mit

Pure Freude am Singen: Anneliese Rothenberger (Pamina), Fritz Wunderlich (Tamino), Hermann Prey (Papageno) und Regisseur Rudolf Hartmann nach einer *Zauberflöte* im Münchner Cuvilliéstheater 1966

zwitschernden Koloratur-Soubretten besetzt, die alle eine ausgezeichnete Isotta abgeben würden. Die Gewichtungen verschieben sich, das Werk gilt in dieser Form ohne die Eindringlichkeit der Liebes-Melodien zu Recht als formalistische Fingerübung eines alten Meisters, welche die Sinne kalt läßt und im Grunde nur als Vorlage für eine Fülle virtuoser Regie-Einfälle ihre sporadische Bühnenberechtigung hat.

»Kostüm und Frisur müssen die Figur unterstützen«: Lisa Della Casa als »Arabellissima«

Eine Strauss-Oper aber macht Furore, obwohl die Titelgestalt, was die stimmlichen Ressourcen der Interpretin betrifft, unterbesetzt ist. Es handelt sich um *Arabella* und Lisa Della Casa, die als »Arabellissima« ihre Epoche prägt.

Die Schweizerin debütierte nach einigen Schauspielrollen 1941 mit 22 Jahren am Städtebundtheater Solothurn-Biel als Butterfly. 1943 beginnt sie ihr Engagement in Zürich als Annina im *Rosenkavalier*, weil sie mit ihrem pechschwarzen Haar das richtige Aussehen für die Mezzo-Partie der italienischen Intrigantin hat. Es folgen Mimi, Königin der Nacht und Gilda. In der letzteren Partie hat sie im Herbst 1947 in Wien einen Sensations-Erfolg, als sie am Ende des »Caro nome« das hohe E interpoliert, was zu der Zeit in Wien nicht üblich ist. »Ihre Nerven möchte ich haben!« sagt der Tenor, von dem sie nicht mehr weiß, ob es Rosvaenge, Walther Ludwig oder Patzak war: »Erstens trillern Sie hinauf, und dann laufen Sie noch trillernd die Stiegen hinauf.«

Lisa Della Casa verfügt also über einen hohen lyrischen Sopran, der sehr strapazierfähig und vielfältig einzusetzen ist. Und sie ist eine Schönheit, begabt mit einer Würde, die von innen zu leuchten scheint und gleichzeitig auf Distanz hält (was von manchen als Kühle ausgelegt wird). Für Rudolf Hartmann, der in jenen Jahren viel in Zürich inszeniert, sind damit die idealen Voraussetzungen gegeben, die jugendlichen Strauss-Heldinnen aus dem Stützkorsett der doch allzu »madamigen« Interpretinnen der vierziger Jahre zu befreien. 1950 macht er mit ihr *Ariadne auf Naxos* und *Arabella* in Zürich und *Capriccio* bei den Salzburger Festspielen.

Arabella wird ihre Schicksalspartie, die ihr selbst gegen widrige Umstände immer wieder zufällt. Als Wien beschließt, sich dem beginnenden *Arabella*-Boom zu beugen, hat Egon Hilbert eine seiner metierfernen Ideen und drückt durch, daß die Titelrolle mit Irmgard Seefried besetzt wird, die sie jedoch nach einigem Ringen zurückgibt.

Am 10. Juni 1952 findet die Wiener Premiere mit Lisa Della Casa statt. Alexander Witeschnik schreibt in der *Neuen Wiener Zeitung*: »Diese tiefe, satte, glockenreine Stimme, die, in wundervoll einheitlicher Linie geführt, bis in die höchste Höhe ihren ruhigen Glanz bewahrt, kommt direkt aus dem Herzen oder aus dem Himmel, was in diesem Fall dasselbe ist. Es fällt schwer, hier nicht ins Schwärmen zu geraten. Jedes Wort ist verständlich, jede Gebärde empfunden, jede ihrer Arien ein Liebesbekenntnis. Dazu kommt die gelassene Anmut der Erscheinung, die in einer sicheren Beseeltheit ruht.«

Wer diese Künstlerin als Arabella in den fünfziger Jahren auf der Bühne heißen Herzens immer wieder erlebt hat, wird bezeugen, daß kein Wort an dieser Beschreibung übertrieben ist. Wenn sie im zweiten Akt im Vorraum des Ballsaals herunterschreitet, drückt Mandryka nur die Gefühle ihrer Bewunderer aus: »Das ist ein Engel, der vom Himmel niedersteigt!« Und ihr kurzes Zögern mit einem winzigen Kloß der Beklemmung in der Stimme – »Mama – das ist jetzt wirklich die Entscheidung!« – ist nur eine der zahllosen *parlando*-Nuancen, die unvergeßlich haften bleiben.

Lisa Della Casa ist die Figur, wie sie ein Hollywood-Film nicht anrührender besetzen könnte. Das geht bis in die kleinsten Details der Kleidung. Noch im Elternhaus durfte sie sich die kostbarsten französischen Stoffe aussuchen, aber die Bedingung war, daß sie sich die Kleider selbst nähte. Sie nahm einen Nähkurs, entwarf Modelle und fertigte sie eigenhändig an. Dieses Wissen bringt sie auf der Bühne mit ein: »Wie soll ich mich als jungmädchenhafte Arabella grazil bewegen und Walzer tanzen, wenn mich eine bleierne Krinoline zu Boden zieht oder den Schritten entgegenschwingt? Kostüm und Frisur müssen die Figur unterstützen.«

Es ist Witeschniks Bemerkung über die »glockenreine Stimme«, die »sich bis in die höchste Höhe ihren ruhigen Glanz bewahrt«, die, nachträglich überprüft, die feurigen Eindrücke aus der Jugendzeit etwas dämpft. Im Sinne der Strauss'schen Stimmführung hat die Arabella keine »höchste Höhe«. Und der »ruhige Glanz« umschreibt fromm, daß etwa die strahlende Kantilene »Alles hell und offen, wie ein lichter Fluß, auf den die Sonne blitzt!« bereits in der Aufnahme des Duetts mit Paul Schöffler 1954 darunter leidet, daß die Höhe nicht aufblüht, sondern eng wird.

Man könnte unter diesem Aspekt, der ihre Bühnenpräsenz nicht schmälern soll, über Lisa Della Casas Arabella beinahe überspitzt sagen: Sie ist die Richtige nicht für sie – auch wenn wir alle der entgegengesetzten Meinung waren. Es kommt nicht von ungefähr, daß Hilde Güden, die Zdenka im ersten Plattenausschnitt von 1953 und in der Gesamtaufnahme von 1957, von den Exegeten als eigentlich zu weiblich kritisiert wird. Es ist nicht die Weiblichkeit, es ist das satte Timbre im Duett »Aber der Richtige«, in dem die Zdenka zwar die höheren Noten zu singen hat, aber gewiß nicht über eine vollere Höhe verfügen dürfte als die Protagonistin.

Hier hat Walter Legge in dem bemerkenswerten Querschnitt von 1954, den Elisabeth Schwarzkopf zur Interpretation der Arabella beiträgt, gewiß das Richtigere getan, als er die kleine Schwester mit dem fast kindlichen Sopran von Anny Felbermayer besetzt. Und auch Lisa Della Casa findet ihre adäquate Partnerin erst in Anneliese Rothenberger, die mit einer leicht hauchigen Süße des Tons keinen Anspruch auf Dominanz im Wettstreit der Stimmen erhebt.

Vollends problematisch, wenn auch durch die zusätzliche prominente Besetzung noch spektakulärer, wird die *Arabella*, als sich der 34jährige Dietrich Fischer-Dieskau 1959 einseitig in den Mandryka verliebt. Der Wanderer zwischen den Welten des Liedgesanges und ausgewählter Opernpartien ist kein ungarischer Edelmann aus dem Bilderbuch, kein »halber Bauer, aber stark«, eher ein Träumer, der mehrere Fernkurse belegt hat und nun das wirkliche Leben in Gestalt des schönsten Weibes heimholen wird.

Doch auch diese Deutung liegt durchaus im Spektrum der Hofmannsthalschen Psychologie. Glaubhaft wird der Mandryka nicht durch seine blumige Ausdrucksweise, sondern durch das musikalische Rückgrat, das Strauss dem Charakter einzieht. Schon in seinem ersten Bekenntnis »Wer das Gesicht gesehen hat, und tritt nicht als Bewerber auf«, das sich in mächtigen Bögen bis zum hohen Ges aufschwingt, entpuppt er sich als »italienischer« Bariton, der über den *squillo*, den Strahl in der Höhe, verfügen sollte.

Nun hat Dietrich Fischer-Dieskau eine Eigenart, auf die Rodolfo Celletti in seinem Buch *Il Canto* hinweist: »Fischer-Dieskau hat eine Stimme von begrenztem Volumen und weichem, hellem Timbre – mehr die eines *baritenore* als die eines Baritons . . . Leider hat er nie gewußt, was ein Registerwechsel ist, und das kompromittiert die gesamte Höhe und erklärt, warum die Bühnenkarriere eines derartigen Interpreten sich überwiegend in Deutschland abgespielt und nie italienische Bühnen kennengelernt hat. Fischer-Dieskau ignoriert bereits die Vorbereitung des *passaggio*. Die Phrase ›Desso in mia mano‹ etwa (im Rezitativ des Carlo in *La Forza del destino*) präsentiert auf dem hohen D einen völlig ›offenen‹ Klang . . . Doch auch die wirklichen und eigentlichen *acuti* sind ›offen‹ oder aus dem Gefüge . . . Die Vokale ›E‹ und ›I‹ haben noch einen gewissen Anschein von Klangfarbe, die ›A‹ und ›O‹ sind häufig so ausgebleicht, daß sie an einen Tenor erinnern, der aus dem Hals singt. Dennoch halten die angeborene *morbidezza* und seine Musikalität Fischer-Dieskau fast immer davon zurück, Schreie statt Töne zu produzieren.«

Die Vollhöhe vom F bis zum Gis, die sich ein Bariton durch »gedecktes« Singen im *passaggio*-Bereich erarbeiten muß und die dadurch im Idealfall die entsprechende *power* bekommt, ist für

Fischer-Dieskaus Stimme immer noch Übergangszone, welche den vom Komponisten angestrebten Effekt neutralisiert. Das verhindert bei seiner Lied-Gestaltung von vornherein jede auch noch so ferne Assoziation an einen Opernsänger, der sich als Lied-Sänger verkleidet, nimmt seinen Opernpartien jedoch oft die musikalische Durchschlagskraft.

Zwei Gegenmittel setzt er ein. Da ist zum einen die vielbewunderte und vielgeschmähte gestochene Konsonanten-Technik, mit der er das von Celletti angesprochene »Gefüge« fixiert. Zum zweiten ist es die *azione teatrale* der Bewegung. Requisiteure, die ihn als Wolfram im *Tannhäuser* zu betreuen haben, treibt er im Lauf einer Serie an den Rand des Nervenzusammenbruchs. »Zogst du denn nicht nach Rom?« erkundigt sich Wolfram im dritten Akt. Tannhäuser: »Schweig mir von Rom!« Wolfram: »Warst nicht beim heil'gen Feste?« Tannhäuser: »Schweig mir von ihm!« Wolfram: »So warst du nicht? Sag! Ich beschwöre dich!« Und da, auf das Cis von »schwö-«, da passiert es wieder, der Hüne schleudert mit mächtiger Pranke die Leier hinter sich. Und das gute Stück geht abermals in die Brüche.

Dieses Ausagieren von Gesang und Mimik bringt den dritten Akt der *Arabella* zum Kippen. Die Bezichtigungen, die Mandryka gegen die unschuldige Verlobte zwischen den Zähnen hervorstößt, sind ohnehin schon peinlich genug. Doch statt mit einem gewissen Rest von Noblesse zu »vertuschen diese häßliche Komödie«, nimmt Dietrich Fischer-Dieskau seine Arabella inquisitorisch ins Kreuzverhör. Eine derart Desavouierte würde ihrem Ex-Bräutigam am Ende nicht über die Hoteltreppe das symbolische Glas Wasser herunterbringen, sondern ihm allenfalls vom ersten Stock aus das allergräflichste Nachtgeschirr über den in Verzweiflung zerrauften Schädel schütten.

Hatten wir in der *Arabella* im Laufe der fünfziger Jahre nur einen gewissen Niedergang der aristokratischen Manieren zu verzeichnen, was allerdings bedauerlich ist, weil ja die gesanglichen Aufgabenstellungen zum Teil durch eben diese Manieren ersetzt worden waren, so ist die Ariadne für Lisa Della Casa von Anfang an eine wüste Insel.

In ihrem Interview mit Lanfranco Rasponi äußert die Künstlerin eine merkwürdige Meinung über Strauss-Gesang, die das Mißverständnis jedoch ein wenig erhellt: »Dafür braucht man keine fabelhafte Technik. Für Elektra, Salome und die Kaiserin ist das Wesentliche eine schneidende Intensität in der Kehle (*a cutting edge in the throat*).« Sie hat bei dieser Aufzählung die Ariadne wohl bewußt weggelassen.

In einer Wiederveröffentlichung ihrer Strauss-Einzelaufnahmen, welche die DECCA 1990 vorlegt, reicht Gerd Uekermann zum Ariadne-Monolog »Es gibt ein Reich« von 1954 die Begründung nach: »Wie sie hier beweist, konnte sie die Rolle sich ... mit ihren Mitteln ohne weiteres zu eigen machen und sie dabei von der vokalen Heroinenpose befreien, wobei ihr mädchenhaft-junges Timbre der Ariadne eine Dimension seelisch unberührter Reinheit gab, ein wesentliches Merkmal dieser echt Hofmannsthalschen Frauenfigur in ihrer unbewußten ›Präexistenz‹ vor der geheimnisvollen ›Verwandlung‹ durch die Liebe. Den Monolog ›Es gibt ein Reich‹ singt sie denn auch nicht als hysterische Vision einer antiken Senta oder Elsa, sondern mit einer innigen, kindlich-gläubigen Zuversicht.«

Der *lapsus linguae* »seelisch unberührter Reinheit« (gemeint ist ja wohl »unberührter seelischer Reinheit«) hilft uns weiter. Die Künstlerin ist hier seelisch unberührt. Und das hat nichts mit »kindlich-gläubiger Zuversicht« zu tun, sondern ganz konkret mit Fachüberschreitung. Das *andante mosso* des Beginns mit dem prekären tiefen As im »Totenreich« kann auch von einer Stimme, die nicht reich ist an Fülle, durchaus mit Färbungen und Schwingungen angereichert werden, wie es Elisabeth Schwarzkopf in der EMI-Aufnahme von 1954 mit raffinierter Koloristik vorführt. Lisa Della Casa bleibt klangarm monoton.

Am Ende des Monologs »Dies lastende Leben, du nimm es von mir« aber treffen sich die beiden Sängerinnen. Die Vorschrift »mit großer Steigerung« können sie beide nicht bedienen. Sie haben bereits alles gegeben. Unter diesem Aspekt ist auch Walter Legges Anmerkung zu verstehen: »(Elisabeth Schwarzkopf) lechzte nach ... Strauss' Ariadne, doch konnte ihr kein Theater drei Wochen Proben und den Dirigenten unserer Wahl bieten, wenn sie gerade einmal Zeit hatte.« Wie es der gütige Zufall will, ist sie nie frei.

Die Bühnenlorbeeren teilen sich die beiden Kontrahentinnen hingegen in der Rolle der Gräfin in *Capriccio*. Das »Konversationsstück für Musik« hat Richard Strauss, obwohl er wußte, daß Viorica Ursuleac die Uraufführung singen würde, ganz eindeutig nicht für ihre nur in der Vollhöhe effektvolle Stimme komponiert. Die Schlußszene geht nicht über das hohe B hinaus, und in den im Uraufführungsjahr 1942 aufgenommenen Ausschnitten führt sie die Konversation mit den beiden Verehrern und mit sich selbst eher matronenhaft als inspiriert.

Sowohl Elisabeth Schwarzkopf als auch Lisa Della Casa sind mit ihren schlanken Stimmen in dieser moderaten Lage und dank ihrer gestalterischen Möglichkeiten vollkommen. Welcher von beiden die Palme für die sublimere Interpretation gebührt, ist eine Entscheidung, wie sie die Gräfin selbst nicht zu treffen vermag.

Unterlief da eben das Wort »Kontrahentinnen?« Es herrscht in der Tat eine kleine Rivalität. Ihre Wege kreuzen sich nicht nur bei Strauss, sondern auch bei Mozart in den Spezial-Partien der Donna Elvira und der *Figaro*-Gräfin.

1950, bei Karajans *Tannhäuser*-Produktion an der Scala, hätte Elisabeth Schwarzkopf als Elisabeth den Abend beinahe mit Lisa Della Casas Venus geteilt. Zwei Jahre vorher singt die schöne Lisa in Salzburg unter dem Maestro die Marzelline im *Fidelio*. »Ob Sie es glauben oder nicht«, erzählt sie Rasponi, »Karajan wollte mich sofort als Venus. Er sagte mir, ich hätte genau die richtige erotische Ausstrahlung, um eine fabelhafte Liebesgöttin abzugeben. ›Aber wie ist es mit der Stimme?‹ fragte ich ihn. ›Das werden wir schon hinkriegen‹, sagte er ohne die geringsten Skrupel.« Auch Elisabeth Schwarzkopf redet ihr zu: »Frau Della Casa, mit Herbert könnten Sie eine Isolde singen!« Sie ist klug genug, trotzdem zu verzichten.

Dafür gibt es am 26. Januar 1952 ein Wiedersehen an der Scala im *Rosenkavalier* unter Karajans Stabführung. Die Schwarzkopf singt ihre erste Marschallin, Sena Jurinac den Octavian, Lisa Della Casa die Sophie. Die Kritiken berichten in Superlativen, allein *Il Tempo di Milano* macht die kleine Einschränkung, daß die drei Protagonistinnen zu ähnliche Stimmen hätten, um sich deutlich voneinander zu unterscheiden. Nicht nur das ist ein Problem, wie

Dragan Debeljevic, der Ehemann von Lisa Della Casa, sich erinnert: »Ich wußte nicht mehr, ob meine Frau um eine Spur zu dramatisch für die Sophie oder die Schwarzkopf zu lyrisch für die Marschallin war. Dasselbe schien offenbar auch ... Walter Legge zu beschäftigen ... Er kam nach der Generalprobe auf die Bühne und wandte sich an die Jurinac und meine Frau: ›Kinder, ihr wart im Terzett absolut zu laut!‹ Bevor ich etwas sagen konnte, hörte ich Sena antworten: ›Wir haben eher mit halber Stimme gesungen!‹«

Dieses Intermezzo bringt Debeljevic auf die Idee, daß auch im Repertoire seiner Frau die Marschallin besser zu einer Arabella, Ariadne, *Capriccio*-Gräfin passen würde als die Sophie. Doch bei den Salzburger Festspielen 1953 wechselt Lisa Della Casa erst einmal zum Octavian. Und erst im Dezember 1955 singt sie mit einer knappen Probe die Marschallin an der Wiener Staatsoper – ihre vierte Partie im *Rosenkavalier*.

Doch ist es ein Tausch, der sie nicht glücklich macht, der sie in ihrer Blüte mit dem Problem des Alterns konfrontiert. »Die Sophie war bei weitem meine Lieblingsrolle«, erzählt sie im Rückblick Lanfranco Rasponi. »Und bestimmt hat es mir weit mehr Freude gemacht, den Octavian zu singen als die Marschallin, denn er gab mir das Gefühl, jung und stürmisch zu sein, und es war jedesmal eine Herausforderung, als Frau einen Mann zu spielen, der sich als Frau verkleidet. Die Marschallin ist meiner Meinung nach bis auf einige schöne Stellen und eine interessante Charakterisierung deprimierend und – ganz unter uns – beinahe eine langweilige Person.«

Immerhin singt sie die Marschallin allein in Wien 43mal und 17mal an der Met. Und die ungeliebte Partie ist Anlaß für eine Intrige, wegen der sie Salzburg 1960 für immer verläßt.

Ursprünglich will Herbert von Karajan das Große Festspielhaus mit *Don Giovanni* eröffnen, in dem unter anderem Elisabeth Schwarzkopf die Donna Elvira singen soll. Lisa Della Casa wird als zweite Produktion im neuen Haus *Rosenkavalier* unter Joseph Keilberth und Rudolf Hartmann angeboten, außerdem die Contessa im *Figaro*. Im Sommer 1959 teilt Tassilo Nekola, der Generalsekretär der Festspiele, Dragan Debeljevic mit, daß aus technischen Gründen doch mit *Rosenkavalier* eröffnet werden müsse, dessen musikalische Leitung natürlich Karajan selbst übernimmt: »Herr von Karajan läßt nun Ihre Frau fragen, ob sie trotzdem die Marschallin singen möchte.«

Eine merkwürdige Frage und eine klare Antwort. Lisa Della Casa möchte, sie besteht darauf. Denn inzwischen ist ihr zu Ohren gekommen, daß Elisabeth Schwarzkopf einen Vertrag in erster Linie für die Eröffnungsvorstellung und nicht für die Rolle gewünscht habe. Als nächstes wird ihr darauf eine Doppelbesetzung »aus Sicherheitsgründen« proponiert – das heißt eine der *Rosenkavalier*-Vorstellungen für Schwarzkopf, einmal *Don Giovanni* für sie. Sie lehnt ab.

Im Januar 1960 legt Baron Puthon, der Vorsitzende des Direktoriums, jedoch fest, daß ein zusätzlicher sechster *Rosenkavalier* mit der »Sicherheits-Besetzung« eingeschoben wird, um Lisa Della Casa die Haupt- und Generalprobe des *Figaro* zu erleichtern. Dagegen ist nichts zu machen, obwohl unerfindlich bleibt, was die Schwarzkopf damit gewinnen kann, da es sich ja nicht um die Eröffnung handelt.

Im März 1960 meldet sich Baron Puthon abermals und teilt dem Ehepaar Debeljevic mit, daß der Film-Regisseur und -Produzent Paul Czinner den *Rosenkavalier* als Farbfilm aufnehmen will. Lisa Della Casa freut sich sehr. Hat sie doch die besten Erinnerungen an seine Verfilmung des Salzburger *Don Giovanni* von 1954 und an die guten Ratschläge, die ihr seine Frau Elisabeth Bergner während der Dreharbeiten für die Interpretation der Donna Elvira gab.

Eigentlich war sie ja nur im letzten Moment eingesprungen, denn Elisabeth Schwarzkopf (oder wohl Walter Legge) hatte sich mit der Filmfirma nicht einigen können. Nun war das also ein Dokumentarfilm, der eine Bühnenaufführung nachstellte, die in dieser Besetzung nicht stattgefunden hatte. Aber wen kümmerte das außer der Ausgestiegenen, denn gegen alle Prognosen wurde der Film ein Welterfolg und füllte noch viele Jahre die Sonntags-Matineen der Kinos.

Auch Czinner freut sich über die erneute gemeinsame Arbeit mit Lisa Della Casa und kabelt im April 1960: »Ihre Teilnahme als Marschallin meine und Elisabeths besondere Freude.« Wobei mit Elisabeth natürlich die Bergner gemeint ist. Dragan Debeljevic ist darum etwas erstaunt, als ihm am ersten Probentag in Salzburg Christa Ludwig bei einer zufälligen Begegnung spontan sagt: »Ich habe mich wegen Elisabeth so geärgert.« »Welche Elisabeth?« fragt er. »Die Schwarzkopf«, antwortet sie erstaunt, »ich finde es unerhört, daß sie nun den Film macht.«

Czinner bestätigt dem Ehepaar Della Casa-Debeljevic mit eingezogenem Kopf die Hiobs-Botschaft: »Es war offenbar Ihr Fehler, daß Sie nur eine prinzipielle Zusage geschickt haben. Schwarzkopf und ihr Mann haben daraufhin den Vertrag direkt mit der Filmgesellschaft in London abgeschlossen. Das war ein schrecklicher Schlag für Elisabeth und mich, Liebste, Sie wissen doch, wie sehr wir Sie lieben.«

Die Katze ist aus dem Sack. Lange bevor das Film-Projekt an Lisa Della Casa herangetragen wurde, war die Sache bereits abgemacht. Da sie sich von der Rolle nicht trennen wollte, mußte erst die eingeschobene Vorstellung perfekt gemacht werden. Denn die Vorhänge werden live vor Publikum gedreht, und es wäre nicht angebracht, wenn die »falsche« Marschallin die Ovationen entgegennehmen würde.

Nun ist – ganz abgesehen von dem häßlichen Spiel – Elisabeth Schwarzkopf in dieser Partie die prägende Interpretin ihrer Zeit, so wie Lisa Della Casa die prägende Arabella ist. Die Suggestion beruht zumal auf der Gesamtaufnahme unter Karajan aus dem Jahr 1956. In der wurde übrigens die ursprünglich als Octavian besetzte Irmgard Seefried von Walter Legge gegen Christa Ludwig ausgetauscht, die viel besser mit der Stimme der Schwarzkopf kontrastiert. Und unter diesem Aspekt versteht sich auch die »Singende Säge« der Teresa Stich-Randall, deren lineares Singen die unglaublichen Facetten dieser Marschallin nicht trüben kann.

Elisabeth Schwarzkopf braucht die Bestätigung durch den Film außerdem als Balsam für die Wunden, die sie eben in London davongetragen hat. Im Dezember 1959 hat Georg Solti mit dem *Rosenkavalier* sein Debüt am Covent Garden gegeben. Der Abend wurde für ihn ein persönlicher Triumph, nicht jedoch für seine Marschallin, wie Lord Drogheda in seinen Memoiren mitteilt: »Sie sang wundervoll wie immer. Aber sie war zu schelmisch und kokett. Und einer der Kritiker fand, sie sei ›eine große Soubrette, zu wenig große

Dame‹. Um sie zu trösten, erklärte ihr ihr Mann, daß die Kritiker eben auf die Marschallin als mütterlichen Typ fixiert wären. Aber das Leid war ihr nun einmal zugefügt worden. Sie schwor, daß sie in London nie mehr die Opernbühne betreten werde, ein Schwur, den sie gehalten hat.«

Als nun die Salzburger Produktion verfilmt wird, bekommt ihr bewundernswerter Manierismus – und das ist eine Art ausgleichende Gerechtigkeit – einen weiteren Kick zuviel. Es liegt wohl an Elisabeth Bergner, die trotz des »schrecklichen Schlags« bei den einzelnen *takes* der Dreharbeiten mit Ratschlägen nicht geizt. Die Bergner hatte auch in ihren jungen Jahren, wie ihre Filme bis zur Penetranz belegen, eine ganz und gar künstliche, aufgesetzte Jugendlichkeit. Und die gibt sie nun weiter.

Bereits der Anfang ist auch von der Kamera nicht sehr glücklich eingefangen. Die Marschallin liegt in ihrem duftigen Negligé wie aufgebahrt, darüber der Octavian von Sena Jurinac, die keine ausgesprochen schlanke Phase hat und ihre Form erst gewinnt, als sie in Rock und hohen Stiefeln »in Mannskleidern durch die Vordertür« kommt. Die Szenen der Verliebtheit, des Scherzens und des Doppelspiels werden dann von Elisabeth Schwarzkopf »bergnerhaft« überdreht. Das ist keine Unterstellung – sie selbst bestätigt, wie viel an Gestaltungs-Nuancen sie dem »ewigen Kind« zu verdanken hat. Erst bei dem Seufzer über den Friseur »Mein lieber Hippolyte, heut haben Sie ein altes Weib aus mir gemacht«, gewinnt sie ihre Würde wieder, die sie jugendlich genug aussehen läßt.

Im dritten Akt gibt es noch eine Merkwürdigkeit, die für alle Ewigkeit festgehalten ist (denn daß dieser *Rosenkavalier*-Film seit Jahren blockiert ist, weil der Fernseh-Mitschnitt von Karajans Salzburger Produktion des Jahres 1983 die jüngeren Rechte hat, ist ja wohl nur eine Übergangsphase). Die Marschallin, wie wir der Handlung entnehmen können, war gerade im Ausgehen begriffen, als der Bote des Baron Ochs sie zu Hilfe rief. In der Inszenierungs-Tradition hat sie sich bereits ihren Ausgeh-Dreispitz aufgesetzt, in dem wir sie dann bei ihrem außerplanmäßigen Erscheinen erblikken.

Elisabeth Schwarzkopf jedoch erscheint im Beisel mit nichts als einer aufragenden Reiherfeder auf der Perücke. Wohin wollte eine

Fürstin-Feldmarschallin mit einem so kecken Kopfputz gehen, in einer Epoche, in der trotz (oder wegen) der »Sittenkommission« der Kaiserin Maria Theresia die Sittenlosigkeit besonders blüht, wie es auch das Libretto erzählt? Auf einen Nackt-Ball – nach dem Ablegen der ansonsten standesgemäßen Garderobe ohne Kostüm, mit Maske?

Lotte Lehmann schildert in ihren Rollen-Analysen in *My Many Lives* sehr scharfsinnig, daß die Marschallin in ihrem Liebesleben über Standesunterschiede großzügig hinwegsieht. Daß sie den Vorstadts-Unterkommissarius (der grundverkehrt stets mit einem nicht nur ausgesungenen, sondern auch unansehnlichen Sänger besetzt wird) auf Anhieb erkennt – »Dem Herrn Feldmarschall sein' brave Ordonnanz gewest?« –, läßt nach Lehmann eindeutig darauf schließen, daß vor nicht allzu langer Zeit zumindest ihr Auge wohlwollend auf ihm geruht hat. Aber nun die Feder. Die paßt auch in die reiche Biographie einer Liebesheldin des Rokoko nicht ...

CALLAS EST OMNIS DIVISA IN PARTES TRES

Karajan darf seine erste italienische Oper an der Scala dirigieren – Maria Callas wird von Walter Legge im Studio dreigeteilt – »Malcantismo maschile«: Giuseppe di Stefano und Tito Gobbi – »Goldene Schenkel«: Franco Corelli – Viscontis Traviata muß mit Hütchen sterben – Renata Scotto: Fräulein Kürbisblüte – Onassis: »Wie buchstabiert man ›Casta diva‹?« – »Sie hat meine Arbeit um ein Jahrhundert zurückgeworfen«: Joan Sutherland

Die Kämpfe, Zurücksetzungen und Versagungen, denen auch eine Künstlerin wie Elisabeth Schwarzkopf ausgesetzt ist, selbst wenn sie von einem so einflußreichen Mann wie Walter Legge beschirmt wird, sind für den Verlauf einer künstlerischen Entwicklung nicht gering zu achten.

Im Dezember 1948 gibt sie im Rahmen des *Figaro*-Gastspiels der Salzburger Festspiele unter Karajan als Contessa ihr Debüt an der Scala und singt, wie Legge ausführt, »von da an bis 1963 in jeder Spielzeit zwei oder drei Rollen an der Scala – wahrscheinlich die längste und erfolgreichste Karriere eines deutschen Sängers an diesem italienischen Theater«. Er mogelt allerdings ein bißchen: Zwischen 1950/51 und 1962/63 erscheint sie in neun von dreizehn Spielzeiten, doch ist auch diese Bilanz noch außerordentlich.

Aber sie erscheint nicht im italienischen Repertoire, in dem an der Scala wie an den übrigen italienischen Häusern die eigentliche Rangordnung ausgemacht wird. Über die unausstehliche Verwendung eines solchen »aber« weiß Legge übrigens eine besonders launige Anekdote zu berichten: »Rudolf Bockelmann, der kein Wort Englisch lesen konnte, suchte die Spalten der Londoner Rezensenten immer nach dem Wörtchen ›but‹ durch. Fand er eines, murmelte er: ›Sowieso alles Scheiße.‹«

Elisabeth Schwarzkopf also singt an der Scala neben ihren Mozart-Partien und der Marschallin ihre einzigen Bühnenvorstellungen als Elisabeth in *Tannhäuser*, als Elsa, als Mélisande und als Marguerite in *Faust*, einer Produktion laut Legge, »in der sie – und Goethe! – untergingen, ohne eine Spur zu hinterlassen«. Daneben die Weltpremiere von Orffs *Trionfo di Afrodite* und nach der Uraufführung in Venedig auch hier die Anne Truelove in Strawinskys *The Rake's Progress.*

Unter diesem Aspekt erscheint die freiwillige Repertoire-Begrenzung als höhere Diplomatie. Das erste Damaskus-Erlebnis findet am 1. März 1950 statt, als Victoria de los Angeles in London als Mimi debütiert: »Ich erinnere mich ... an ihren ersten Auftritt in dieser Rolle am Covent Garden; ich war zu Tränen gerührt – teilweie sogar Tränen des Neids; ich entdeckte, daß hier die ideale Interpretin der Rolle gefunden war, deren überwältigende Verkörperung ich nie erreichen würde.« Elisabeth Schwarzkopf singt die Mimi nur noch in der nächsten Spielzeit.

Das zweite Damaskus ereignet sich am 29. Dezember 1951 im Teatro Regio in Parma, dessen Publikum als »die Jakobiner der Oper« berüchtigt ist. Maria Callas siegt an diesem Abend in *La Traviata.* »Walter und ich gingen hinter die Bühne; ich reagierte spontan: ›Es hat keinen Sinn, daß ich diese Rolle je wieder singe‹, – und sagte ihr dies auch. Ich habe die Traviata nie wieder gesungen.« *La Bohème* und *La Traviata* sind die beiden italienischen Opern, die sie – im Gegensatz zur Butterfly – mit Legges Segen sang.

Nun provoziert solche Bescheidung, freiwillig oder nicht, jedoch Expansionsgelüste in andere Zonen. Gingen die beiden Wagner-Partien bereits über die Fachgrenzen, so ist das Abenteuer *Fidelio* absurd. Im Juni 1953 ist sie in Karajans konzertanten Aufführungen im Wiener Musikverein noch die Marzelline, der sie schon unter Furtwängler in Salzburg das nötige Gewicht gegeben hat (nur in den Dialogszenen erwartet man von ihr eigentlich ständig den Satz: »Wir werden die Schokolade hier im Salon einnehmen.«).

Beim Schweizer Gastspiel mit diesem *Fidelio* vom 28. bis 30. Oktober 1953 in Basel, Genf und Zürich aber übernimmt sie sich auf Karajans Wunsch und zu ihrer eigenen Lust mit der Leonore. (Eine Londoner Studioaufnahme der Arie »Abscheulicher, wo eilst du hin« ebenfalls unter Karajan vom 20. September 1954, die erst nach Legges Tod veröffentlicht wird, bestätigt die bangsten Befürchtungen, hört sich zumal im künstlich abgedunkelten, dramatisch wild forcierten Rezitativ wie eine beabsichtigte Parodie an.) Die Schweizer Parforcetour rächt sich im übrigen umgehend. Als die Künstlerin nach ihrer anschließenden ersten US-Tournee in Wien wieder einen Liederabend gibt, hat sie zum erstenmal mit Intonations-Trübungen zu kämpfen.

Doch auch auf dem Schallplattensektor bleibt ihr in einer italienischen Partie die allgemeine Anerkennung versagt. Ihre Liù neben der Turandot von Maria Callas von 1956 übernimmt die *messa di voce-* und *fil di voce*-Effekte von Magda Oliveros Einzelaufnahmen der Arien aus den Jahren 1939/40, ja übertrifft das Vorbild fast im feingesponnenen Ton. Doch zumal die Italiener nehmen ihr das Modell nicht ab und meinen, sie sei »nicht auf ihrem Terrain«.

Erst am 11. März 1957 hat Elisabeth Schwarzkopf Gelegenheit, an der Scala ihre köstlich pointierte Alice Ford in *Falstaff* unter Karajan zu präsentieren, eine Rolle, mit der sie identifiziert wird, aber eben eine Spezialpartie.

Die Spartentrennung an der Scala erlaubt nur zwei Ausnahmen aus dem österreichischen Bereich – Sena Jurinac, die 1958 nach Gigliola Frazzoni die Butterfly singt und 1959 in Puccinis *Trittico* die Suor Angelica, und Leonie Rysanek, die mit Mario del Monaco in *Otello* die Saison 1959/60 eröffnet.

Gleichwohl ist Walter Legges Einfluß an der Scala bedeutend. Seine EMI-Serie der Gesamtaufnahmen »in collaboratione con l'ente autonomo del Teatro alla Scala« profitiert von dem Etikett, obwohl sein häufigster Dirigent, Tullio Serafin, am Haus selbst von jeder Kollaboration ausgeschlossen ist.

Wie perfekt bereits Anfang der fünfziger Jahre die ja nicht immer unheilige Allianz zwischen Schallplattenindustrie und Opernintendanzen funktionieren kann, belegt der Fall Nicolai Gedda.

1952 schickt sich der 27jährige Student des Stockholmer Konservatoriums gerade an, am Opernhaus der schwedischen Hauptstadt sein Bühnendebüt im *Postillon de Lonjumeau* zu geben. Zur gleichen Zeit steht auf Elisabeth Schwarzkopfs *schedule* ein Liederabend in Stockholm. Legge begleitet sie, weil er dort mit dem Dirigenten Issay Dobrowen eine Besprechung über die geplante Gesamtaufnahme des *Boris Godunow* mit Boris Christoff hat.

Nun weiß man auch in Schweden, wer Walter Legge ist. Noch auf dem Flugplatz wird er gefragt, ob er ein Vorsingen veranstalten wolle. Er ist überrascht, als sich am nächsten Vormittag achtzig Bewerber einfinden. Unter den ersten ist Nicolai Gedda. Noch am gleichen Abend schickt der Produzent zwei Telegramme ab, eines an Karajan, eines an Ghiringhelli: »Hörte gerade den größten Mozart-Sänger meines Lebens.« Da Geddas Russisch perfekt ist (sein Vater Michail Ustinow war Bassist im Donkosakenchor), wird er erst einmal als Dimitri im *Boris* eingesetzt. Er bleibt der beste der Schallplattengeschichte.

Sein Anfang bereits, als die helle, lebenshungrige Stimme aus dem akustischen Dunkel der Klosterzelle dringt, setzt Maßstäbe der Interpretation. Selbst der meist öde Polen-Akt wird durch seine bestrickende Werbung um Marina Mnischek zum Faszinosum. Irving Kolodin schreibt beim Erscheinen der Aufnahme, Geddas Stimme sei »buchstäblich auf dem Gipfel der Reinheit, süß und doch prägnant, voll ausgeformt, aber auf einem Luftstrom gleitend, der scheinbar nie versiegt, und genau auf den russischen Text abgestimmt, den Gedda vielleicht besser ausspricht als irgend jemand sonst auf dieser Platte«.

Es folgt die Tenor-Partie in Karajans Aufnahme der h-Moll-Messe von Bach. Im Februar 1953 debütiert Gedda als Don Ottavio an der Scala und singt außerdem den Bräutigam in der Uraufführung von Orffs *Trionfo di Aphrodite*, beides wieder unter Karajan. In wenigen Monaten macht er eine internationale Karriere, die auch für einen außergewöhnlich begabten Anfänger erstaunlich ist.

Karajan selbst ist an der Scala in einer ähnlichen Situation wie Elisabeth Schwarzkopf. Er kann sich als Dirigent italienischer Opern keinen Namen machen, weil Victor de Sabata dafür sorgt, daß er keine Gelegenheit dazu bekommt. Karajan bleibt nichts übrig, als auch in diesem Fall auf günstigere Zeiten zu warten, denn er ist in diesen Jahren, was seine Präsenz an einem Opernhaus der ersten Kategorie betrifft, auf die Scala beschränkt.

An der Wiener Staatsoper sorgt der Ensemble-Vater Egon Hilbert dafür, daß ihm so ein vaterlandsloser Weltenbummler nicht ins Haus kommt. Die Met ist ihm wie die ganzen USA vorläufig wegen seiner künstlerischen Aktivitäten im Dritten Reich versperrt. Covent Garden ist wie die übrigen europäischen Opernhäuser eine Nummer zu klein. Über Salzburg wacht Fafner Furtwängler. Und aus Bayreuth nimmt er nach zwei Jahren wohl nicht Abschied, weil ihm Wieland Wagners Stil widerstrebt. Das wäre schon deshalb merkwürdig, weil er selbst sich in seinen Wagner-Inszenierungen durchaus an diesem Stil orientieren wird. Doch ein Pultstar wie er kann sich nicht im mystischen Graben, wo ihn keiner sieht, verstekken lassen (ein boshaftes Gerücht will sogar wissen, daß er vorschlägt, für den Dirigenten eine Sichtschneise zu schaffen, was aus akustischen Gründen blanker Unsinn ist).

Doch auch im deutschen Repertoire hat Karajan an der Scala seinen Hauptkontrahenten zu erdulden. Als er im Dezember 1950 mit *Tannhäuser* seine erste Scala-Produktion macht, ist die Erinnerung an Furtwänglers überwältigenden *Ring* im vergangenen Frühjahr noch frisch. Als er im Januar 1951 *Don Giovanni* dirigiert hat, kommt im März Furtwängler mit *Parsifal.* Und nach Karajans *Rosenkavalier* im Januar 1952 ist Furtwängler im Februar mit den *Meistersingern* dran.

Das Jahr 1953 bringt *Lohengrin*, wieder *Don Giovanni* und *Trionfi.* Im Mittelpunkt des Interesses aber stehen die Produktionen mit Maria Callas, die von de Sabata, Antonino Votto und Leonard Bernstein dirigiert werden. Es ist also eher zähneknirschendes Kalkül, als Karajan sich von Walter Legge überreden läßt, mit der Callas *Lucia di Lammermoor* aufzuführen.

Später wird er seine Motivation rationalisieren und gern über seine erste Begegnung mit dieser Oper erzählen: »Wie ich 19 Jahre war, kam zum erstenmal Toscanini mit der Scala nach Wien. Und da war *Lucia.* Das war für uns eine unbekannte Oper. Ich bin in eine Leihbibliothek gegangen, hab mir das mit Freunden gespielt. Und nach einer halben Stunde ham wir gsagt: Was kann der Mann da dran finden, an dieser Leierkastenmusik, uns das vorzusetzen? Es hat keine vier Minuten gedauert, wie es losgegangen ist, war man verzaubert.«

Diese Jugenderinnerung kommt ihm nicht in den Sinn, als Legge ihn auffordert, sich einen Ausschnitt aus der Studioaufnahme unter Tullio Serafin anzuhören. Doch Legge ist schlau, wählt die kurze Stretta nach dem Sextett, die aufregend genug ist, um einen Dirigenten zu reizen, doch nicht so aufregend, daß Karajan nicht auf die Idee käme, daß er das erheblich besser könnte: »Ich steckte eine kleine Bandspule in die Tasche – die letzten drei Minuten des zweiten Aktes der *Lucia*. Widerwillig hörte der Maestro sie an, bat dann aber die Scala telefonisch, man möge ihm die Partitur von *Lucia* ins Hotel schicken. ›Ich werde selbst inszenieren. Szenerie und schottische Kostüme werfen Probleme auf.‹ ›Keine Kilts und Felltaschen für die Callas‹, warnte ich ihn. ›Selbst die Tetrazzini, die vierzig Zentimeter kleiner war als die Callas und immer zu Scherzen aufgelegt, weigerte sich, die Felltasche an der traditionellen Stelle zu tragen, da es ihrer Meinung nach unanständig aussah. Rückwärts hätte sie nichts dagegen, weil das Publikum dann annehmen würde, es sei ihr Sitzkissen.‹«

Lucia also wird die erste italienische Oper, die Karajan an der Scala dirigiert. Und Legge kann nach der Premiere am 18. Januar 1954 befriedigt feststellen: »Alle Befürchtungen, die man vor Karajans Debüt als Dirigent italienischer Opern an der Scala gehegt hatte, waren grundlos! *Lucia* brachte für ihn und die Callas einen Triumph, wie ihn Mailand seit Jahren nicht mehr erlebt hat.«

Es bleibt gleichwohl bei insgesamt sieben Vorstellungen an der Scala und bei zwei Vorzeige-Gastspielen in Berlin und Wien. Erst genau ein Jahr später, am 18. Januar 1955, erhält Karajan eine weitere Gelegenheit außerhalb des deutschen Repertoires – *Carmen* mit Giulietta Simionato.

Meneghini berichtet über eine Probe, bei der sich im Zuschauerraum seine Frau und Toscanini ein letztes Mal begegnen: »Toscanini schaute finster und war nervös. Er wechselte wenige Worte mit Maria. Er folgte in tiefer Konzentration der Probe, die nicht sein Wohlgefallen zu finden schien. Vielmehr fuhr er fort zu brummen und zu fluchen. Es gelang ihm nicht, seine Unzufriedenheit zu verhehlen. An einem bestimmten Punkt stand er auf und machte sich murrend aus dem Staub. Zu Hause tobte er sich in einem seiner legendären Wutausbrüche aus und schmiß Teller und Gläser gegen die Tapeten.«

Nachdem Karajan als designierter künstlerischer Leiter der Wiener Staatsoper den Austausch von Produktionen mit der Scala ausgehandelt hat, dirigiert und inszeniert er im März 1957 mit *Falstaff* seine zweite italienische Oper in Mailand, die im August des gleichen Jahres bei den Salzburger Festspielen gezeigt und im September für acht Vorstellungen von Wien übernommen wird.

Das dritte italienische Werk seiner Wahl an der Scala ist erst im Januar 1963 die legendäre *Bohème* in der Inszenierung und Ausstattung von Franco Zeffirelli mit Mirella Freni, eine Produktion, die vom Moskauer Bolshoi-Theater bis zur Weltausstellung in Montreal 1967 Furore macht.

Karajans vierter Anlauf mit *La Traviata*, an der Scala mustergültige und gleichzeitig spektakuläre italienische Oper vorzuführen, abermals mit Zeffirelli und Freni, scheitert jedoch bei der Premiere am 17. Dezember 1964. Obwohl auch Mirella Freni den zweiten Teil der großen Arie einen halben Ton tiefer singt, mißlingt das C beim »gioir« zweimal. Das Publikum, bereits enerviert durch Karajans langsame *tempi*, protestiert. Ob es nur die »vedovi della Callas«, die »Witwer der Callas« sind, kann nicht geklärt werden. Denn die Leidenschaften eskalieren wie bei einem Lokalderby Milan–Inter, als die resolute Freni vor dem Vorhang mit in die Hüfte gestützten Händen ihrerseits ihre Verachtung kundtut.

Sie selbst holt sich am 5. Februar 1965 am Teatro Communale in Modena die Bestätigung, daß sie auch in dieser Partie sehr wohl in der Lage ist, das C zu treffen, und nicht nur das. An der Scala aber gibt es nur noch zwei Vorstellungen mit der eilig einspringenden Anna Moffo, die ebenfalls von Karajan dirigiert werden. Danach wird *La Traviata* nicht mehr aufgeführt – bis Riccardo Muti im Frühjahr 1990 mit der Nachwuchssängerin Tiziana Fabbricini den Bann bricht.

Aus den bisherigen Ausführungen darf also der Schluß gezogen werden, daß Herbert von Karajan auf dem Gebiet der von ihm so besonders gepflegten italienischen Oper an ihrer zentralen Kultstätte eine eher periphere Rolle gespielt hat und daß er in der »Ära der Callas« an der Scala von der Stellung eines *primus inter pares* noch weit entfernt war.

Bevor wir uns jedoch dem Phänomen zuwenden, daß eine Primadonna am Anfang der zweiten Hälfte des 20. Jahrhunderts für fast ein Jahrzehnt den Spielplan und die Legende eines der zentralen Opernhäuser der Welt so prägt, wie es Primadonnen des 19. Jahrhunderts auch nur in Sonderfällen vermochten, müssen wir uns noch ausführlicher mit dem *joint-venture* beschäftigen, welches in dieser Zeit die Scala mit der EMI und Walter Legge verbindet.

Nie wieder Traviata an der Scala: Mirella Freni zeigt dem Publikum am 17. Dezember 1964, was sie von ihm hält

»Offiziell« ist Italien nicht Legges Gebiet: »Doch hatte ich 1947 dort den damals unbekannten Boris Christoff gefunden und unter Vertrag genommen, außerdem viel Zeit mit Karajan an der Scala verbracht.« Erst Ende 1951, also reichlich spät für seine sonst so untrügliche Nase, tritt er in Gespräche mit Maria Callas ein, die noch einen Cetra-Vertrag hat. Doch daran liegt es nicht, daß sich die Verhandlungen zäh über eineinhalb Jahre hinziehen: »Bei jedem Treffen erwartete sie angemessenen Tribut, und schon bei der Erinnerung an die Töpfe voll blühenden Buschwerks und Bäumchen, die Dario und ich in ihr Appartement in Verona schleppten, tun mir heut noch die Arme weh.«

Dario ist Dario Soria, bislang Präsident der Cetra-Soria, der 1953 im Auftrag der EMI zum Callas-Einstand eine neue Marke für den nordamerikanischen Vertrieb gründet, die »Angel Records«, deren künstlerischer Leiter und Programmdirektor wiederum Legge ist. Die Subfirma bringt die ersten fabrikversiegelten Platten auf den Markt. Legge telegrafiert: »Vorschlage Werbeslogan: Jeder Engel eine Jungfrau!«

Jungfrau, wenn auch kein Engel, ist vor allem Legge selbst auf diesem Terrain.

Die EMI, die ihr italienisches Repertoire in der Schellack-Zeit auf Gesamtaufnahmen mit Benjamino Gigli und Maria Caniglia konzentrierte, hatte die Serie mit *Aida* 1946 beendet.

Die DECCA baut dagegen seit 1951 systematisch ihre italienischen Nachwuchs-Stars auf: Renata Tebaldi, Giulietta Simionato, Giuseppe Campora, der 1952 Mario del Monaco weichen muß, und Aldo Protti, der 1955 von Ettore Bastianini abgelöst wird. Diese Politik, die sich an Namen orientiert und nicht an der Qualifikation der Sänger für bestimmte Partien, nimmt von Anfang an auch besonders disharmonische Ergebnisse in Kauf, so in der *Rigoletto*-Einspielung von 1954, in der Hilde Güdens Gilda erst von del Monaco und dann von Protti niedergebrüllt wird, als ob sie silberne Löffel gestohlen hätte.

Walter Legge hat also das doppelte Problem, ein Repertoire zu finden, das den Namen seines neuen Stars in der Welt verbreitet, und um Maria Callas Partner zu gruppieren, die dem DECCA-Effekt einen EMI-Effekt entgegensetzen. Was den ersten Punkt betrifft, bringt er als Produzent – im Gegensatz etwa zu seiner profunden Kenntnis der Hugo-Wolf-Literatur – für die speziellen Fähigkeiten der Callas nicht allzuviel Verständnis mit.

Er ist geprägt von dem englischen Musikschriftsteller Edwin Evans (1874–1945), der 1922 die Internationale Gesellschaft für Neue Musik mitbegründete, eine vierbändige Untersuchung über sämtliche Werke von Brahms veröffentlichte und im übrigen die interessante These über das »Aussterben des hohen Es« aufstellte. Auf diese These stützte sich der 29jährige Legge in einer Kritik über ein Konzert von Toti dal Monte in London im Februar 1936:

»Eine Mode stirbt aus, und bald werden die Koloratursoprane aus unseren Konzertsälen verschwunden sein ... Augenblicklich läßt es sich unmöglich feststellen, ob dieser Mangel an Interesse auf das sinkende Gesangsniveau zurückzuführen ist, oder ob das Publikum aus der Kinderei dieses Genres herausgewachsen ist. Was immer die Ursache sein mag, eines ist gewiß: das Verschwinden des Koloratursoprans aus den Konzertsälen wird sein Verschwinden aus den Opernhäusern zur Folge haben. Und wenn der Koloratursopran geht, dann gehen mit ihm Bellini, Donizetti, Rossini und alle Verdi-Opern vor *Aida*. Das Repertoire und die Besucherzahlen in Covent Garden in den letzten zehn Jahren haben – mit Ausnahme eines kurzen Hochkonjunktürchens von Rossini – bereits unter Beweis gestellt, daß sich der Geschmack des Publikums in diese Richtung bewegt.«

Siebzehn Jahre später hat er den Salat und registriert zwar, daß sich das Genre durch Maria Callas von den Kindereien zu erholen beginnt, die mit ihm getrieben wurden. Doch er trägt zu dieser Erholung nichts bei. Die erste Produktion, *I Puritani*, knüpft 1953 an das vermeintliche »Wunder« von Venedig im Jahr 1949 an, das eine Brünnhilde in ein verzaubertes Bellini-Geschöpf verwandelte. Die Auswahl der Partner jedoch, die Legge und Tullio Serafin ja wohl gemeinsam betreiben, ruiniert die virtuose Poesie des *buon canto*, soweit sie nicht schon von Serafin selbst durch grobe Striche und schematische *tempi* ausgetrieben wird.

Unglücklich die Besetzung des Arturo mit Giuseppe di Stefano, dessen einzige Qualifikation ist, daß er die Partie mit Maria Callas 1952 in Mexico City gesungen hat. Dabei ist Walter Legge in puncto Kenntnis der »romantischen« Tenöre ja kein heuriger Hase.

Wir erinnern uns, daß er in den Farben- und Nuancen-Cocktail für Elisabeth Schwarzkopf auch den »unglaublichen« Oktavsprung von John McCormack in der Arie »Care selve« aus Händels *Atalanta* gemischt hat, in dem der irische Tenor das hohe A in makellosem *mezzavoce* ansetzt.

In Legges Schellack-Sammlung fehlt wohl auch Tito Schipa nicht, dessen von der Natur nicht sehr generös ausgestattete Stimme im unteren Register praktisch nicht vorhanden war und nur vom mittleren C bis zum hohen B Qualität hatte, dessen Fähigkeit zu Differenzierung jedoch ein schier unerschöpfliches Spiel mit dynamischen und Ausdrucks-Nuancen erlaubte.

Wieder einmal beim Pokern verloren? Giuseppe di Stefano in nachdenklicher Pose

Bei Giuseppe di Stefano liegt der Fall umgekehrt. Als er am 25. Februar 1948 an der Met in *Rigoletto* debütiert hat, gratulierte Irving Kolodin anschließend Edward Johnson zu diesem »so temperamentvollen Talent, obwohl es noch nicht ganz zugeritten ist«. Johnson meinte: »Was dieser junge Mann braucht, sind zwei Jahre von der Sorte musikalischer Disziplin, die wir an diesem Theater haben.«

Was di Stefano jedoch braucht, sind nächtelange Pokerpartien, die er draufgängerisch mit seinem sängerischen Durchhaltevermögen vereinbaren zu können glaubt. Es reißen sich ja alle um ihn, auch der legendäre Agent Sol Hurok, der bereits Schaljapin und die Pawlowa in den USA vertrat und seine Schützlinge zu fragen pflegt, ob sie eine schnelle oder eine langsame Karriere wünschen. Jan Peerce meint etwas spitz, di Stefanos Antwort habe wohl gelautet, er wünsche »a quick killing«, was sowohl einen schnellen finanziellen Volltreffer bedeutet wie rasche Vernichtung. Beides trifft ein, beide Sorten von Kapital sind wie gewonnen, so zerronnen – die eine am Spieltisch, die andere durch den Raubbau, den er mit seiner Stimme betreibt.

Frühschäden sind bereits in diesen *Puritani* von 1953 zu hören, einer Oper, in der sich der Tenor extrem zu exponieren hat. Im Duett »Vieni, vieni fra queste braccia« im dritten Akt wird zweimal ein F über dem hohen C gefordert, von dem manche Exegeten behaupten, es sei durch den Fehler eines Kopisten in die Partitur geraten. Dagegen steht die völlig andere Gesangstechnik der Tenöre vor der Einführung des *Do di petto*, des hohen C mit der Brustresonanz, das Rossini so anwiderte. Daß es auch heutigen Tenören gelingt, den wahnwitzigen Ton mit einem *falsettone corposo*, einem Falsett mit »Körper«, auszuführen, demonstriert Luciano Pavarotti in der Einspielung von 1975 mit Joan Sutherland unter Richard Bonynge.

Für Giuseppe di Stefano wird das Duett einen Halbton transponiert, so daß ein E gefordert wäre. Heraus kommt jedoch ein schwer zu ortender Quetschton, der kein isolierter Unfall ist, sondern sich in die »offenen« und halsig angesetzten Spitzentöne einreiht. Zu einem *mezzavoce* ist er nicht mehr in der Lage und weicht in glanzloses Falsett aus. Und selbst die verführerische Herzlichkeit des Ausdrucks speist sich aus der Unbekümmertheit des Verismo. Genau diese Mischung aber sichert seinen langjährigen Erfolg, weil sie für typisch italienisch, ja für *belcanto* gehalten wird. Celletti nennt am Beispiel dieser *Puritani* seinen und Rolando Panerais Zugang zu Bellini hingegen »paradilettantisch«.

Nicht minder allein ist Maria Callas in stilistischer und gesangstechnischer Hinsicht bei Legges und Serafins zweitem Anlauf mit *Lucia di Lammermoor*. Diesmal kommen zu di Stefanos Verismo-Unarten die von Tito Gobbi in der Partie des Enrico, der zwar ein Finsterling zu sein hat, aber einer im frühromantischen Sinn. Gobbi fehlt, meint Celletti, nicht die Tugend des Nachdrucks und des *espressivo*, doch er hat bereits hier gesangliche Lücken, stumpfe und steife Spitzentöne und Schwierigkeiten, den gesanglichen Ausdruck zu modulieren, die Defekte eben aus der *scuola del muggito*.

Dem Zeitgeschmack erscheint diese Aufnahme als rundherum gelungen, ebenso wie die Scala-Produktion mit di Stefano und Rolando Panerai unter Herbert von Karajan. Lediglich der Stimm- und Stil-Experte Eugenio Gara definiert als einsamer Rufer in der Wüste nach der Scala-Premiere das Gefälle zwischen Maria Callas und dem Rest der Besetzung: »Gewiß ist es sehr schwierig, an ihrer Seite zu singen und sich zu bewegen. Lassen wir uns darum nicht die Freude verderben mit detaillierten Bemerkungen über den Tenor di Stefano, den Bariton Panerai und den Baß Modesti. Sie haben sich ehrenhaft geschlagen, und das ist schon ziemlich viel. Man begreift allerdings, wenn man vergleicht und sich erinnert, warum Toscanini zu seiner Zeit neben Toti (dal Monte) auf drei weiteren Giganten bestand: Pertile, Stracciari und Pinza.«

Walter Legge ist mit den beiden fertigen Produkten allerdings doch nicht ganz zufrieden, was aus einem Memorandum vom 11. September 1953 über die dritte Gesamtaufnahme hervorgeht: »*Tosca* war eine schwere Geburt. De Sabata ›reduzierte‹ den ganzen Aufnahmestab zu Tränen (wörtlich); man heulte entweder aus Wut, Verzweiflung oder einfach aus nervöser Erschöpfung. Ich allein blieb unberührt und behielt einen kühlen Kopf, was hauptsächlich einem Tageskonsum von sechs großen Flaschen Mineralwasser zu verdanken ist. Das Resultat stellt alle früheren Versuche, italienische Opern aufzunehmen, in den tiefsten Schatten – sowohl künstlerisch als auch technisch. Diese Aufnahme ist den *Puritanern* wie der *Lucia* derart überlegen, daß ich Euch in Eurem eigenen Interesse bitten muß, die anderen italienischen Opern so lange zurückzuhalten, bis *Tosca* veröffentlicht ist. Wenn wir mit ihr beginnen, werden wir die übrigen allein schon durch das Renommee verkaufen, das wir mit *Tosca* erworben haben.«

Diese *Tosca* wird eine sogenannte Referenz-Aufnahme, ein Modell, an dem alle früheren und späteren Aufnahmen gemessen werden. Diese Manie der Schallplatten-Kritik erinnert zwar ein wenig an die Gepflogenheiten des altgriechischen Unholds Prokrustes, der bei ihm einkehrende Wanderer auf ein Bett legte und sie je nach Größe entweder streckte oder ihnen die Füße abschlug. Und manche Referenz-Aufnahme kommt zu ihrem Ruhm wie eine unüberprüfte gefälschte Reliquie, an der nur das Zertifikat echt ist. Die Legende wird weitergegeben wie früher die Taschenuhren vom Großvater an den Enkel.

Keine Platten-Einspielung aber wird so häufig als die beste aller nur denkbaren Interpretationen zitiert wie diese *Tosca* von 1953. Und man möchte wetten, daß die Lobredner und Schönschreiber aus der Erinnerung zitieren und die Aufnahme vor zehn oder fünfzehn Jahren zum letzten Mal aus dem Plattenschrank geholt haben. Wir wenden uns also wieder Rodolfo Celletti zu, der von den 1244 Seiten seines Standardwerks *Il Teatro d'opera in disco* vier Seiten nur dieser einen Aufnahme widmet.

Celletti beschäftigt sich 82 Zeilen lang mit der exemplarischen Realisierung der Partitur durch Victor de Sabata und erörtert auch die Balance der instrumentalen Einleitung des dritten Akts, welche die Melancholie der Morgendämmerung über der römischen Campagna schildert, wobei der Dirigent jedoch beachten muß, daß der Himmel rein und klar ist und nicht neblig oder wolkenverhangen (dieses Hörbild findet er in Karajans Aufnahme von 1962 noch besser gelungen). 33 Zeilen sind Maria Callas gewidmet und der technischen Bravour, mit der sie sich eine Partie zu eigen macht, für die sie seiner ausführlich begründeten Meinung nach nicht das richtige Timbre und auch nicht die genuine Hingabe hat.

Gegen Giuseppe di Stefano richten sich 45 Zeilen – mit dem Ersuchen an die Kritiker, die gegenteiliger Meinung sind, wenigstens einmal den Klavierauszug zur Hand zu nehmen und darauf zu achten, daß der Sänger unter anderem fast keine der von Puccini vorgesehenen *sfumature* zur Kenntnis nimmt. Die restlichen 25 Zeilen wägen Gobbis bereits erörterte stimmliche Mängel gegen gelegentlich grandiose Phrasierung ab und halten gegen seine Charakterisierung der Rolle, daß Scarpia ein sizilianischer Baron ist, spitzfindig, sardonisch, von der Vernunft gesteuert, honigsüß, amüsant, geistreich, elegant, ein »Herr« eben – und nicht durchgehend grausam, feuerspeiend und auf pöbelhafte Weise laut.

Nun macht sich Tito Gobbi über die Figur des Barons ganz tiefschürfende Gedanken, die weit über das Markenzeichen der rechtwinkligen Hakennase hinausgehen, welche er den Porträts des mailändischen Herzogsgeschlechts Sforza entlehnt hat. Als er im Januar 1956 an der Met als Scarpia debütiert, stellt er bei den Proben ungläubig fest, daß keiner auf der Bühne auch nur die leiseste Furcht vor ihm oder seinen Sbirren zeigt. Im zweiten Akt geht

Giuseppe di Stefanos Cavaradossi – gemäß dem Regiebuch, das der übliche armselige Regieassistent verwaltet – mit einem Stuhl auf ihn los und schwenkt ihn über seinem Kopf, während Scarpias bewaffnete Bodyguard ungerührt daneben steht. Gobbi paralysiert di Stefano mit einem so furchtbaren Blick, daß der aus der Rolle fällt, unterbricht und sagt: »Scusi, Commendatore.«

Mag die Met-Inszenierung der *Tosca* auch noch so ahnungslos sein, was die Sitten und Gebräuche im Rom zu Beginn des 19. Jahrhunderts betrifft, gesanglich halten die Haus-Stars allemal stand. Empfehlenswert ist ein Vergleich der EMI-*Tosca* mit einem Met-

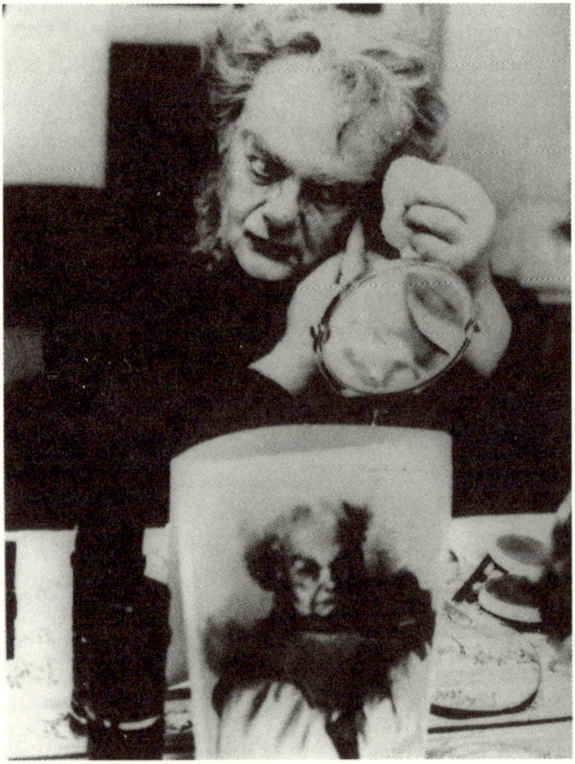

Meister der Maske: Tito Gobbi schminkt sich für den Falstaff

Mitschnitt vom 8. Dezember 1955 unter Dimitri Mitropoulos, einem Dirigenten also, der Victor de Sabata im Rang ebenbürtig ist, mit Leonard Warren als Scarpia.

Beschränken wir uns auf eine Stelle im zweiten Akt, neun Takte nach Ziffer 48. Tosca hat von Scarpia eben gehört, daß sie frei ist, und will zur Königin eilen. Da trifft sie sein Nachsatz: »Ma è fallace speranza; la regina farebbe grazia ad un cadavere – doch betrügt dich die Hoffnung, die Königin wird einen Leichnam begnadigen.« Warren nimmt die sich von der Terz zur Oktave vergrößernden Intervalle, als ob eine Spinne Gavotte tanzen würde. Um so wirkungsvoller ist das folgende leidenschaftliche »Come tu m'odi – wie du mich hassest!« Gobbi singt die Perfidie bereits so brunnenvergiftend, daß das anschließende wollüstige Baden in Toscas Haß keinen Effekt mehr macht.

Tosca an diesem Met-Abend ist Renata Tebaldi und erstaunt den Akt durch, wie sehr ihre Stimme gesanglich Erregung mitzuteilen vermag, wenngleich die Tosca der Callas ohne Frage das dünnere Nervenkostüm trägt. Dann kommt »Vissi d'arte« und Tebaldis tragendes, blühendes *legato* – und dem hat Maria Callas mit ihren unsteten Bögen nur dramatischen, nicht gesanglich erfüllten Ausdruck entgegenzusetzen.

Es ist darum irritierend, daß Walter Legge zu der Auffassung kommt: »Ihre Legato-Linie war besser als bei irgendeinem anderen Sänger, da sie wußte, daß ein Legato wie ein Telegrafen- oder Telefondraht sein muß, bei dem man die Linie wahrnimmt, während die Konsonanten wie Spatzenfüße darauf sitzen.«

Das Mißverhältnis klärt sich auf, wenn man seine Feststellung auf Maria Callas im Fach des dramatischen *soprano d'agilità* bezieht. Doch will er nicht einsehen, daß sie kein *spinto* im Sinne des späteren Verdi ist, und hält die Probleme, die sich bei den weiten Bögen durch den Stimm-Typus ergeben, für rein technische, die sich unter Kontrolle bringen lassen. Allergisch ist er zumal gegen den *wobble*, den »Schlag« in einer Stimme, der jedesmal ein Erdbeben bei ihm auslöst, wie Elisabeth Schwarzkopf berichtet:

»Ein Wackeln konnte alles sein: vom stimmlichen Flackern über ein weites Vibrato bis hin zum – Wackeln! Wie immer man es nennen mag, es war unverzeihlich, verdammenswürdig, der böse Feind, ein Verbrechen! Kurzum: das rote Tuch. Wie bei so vielen anderen Dingen, ist auch bezüglich des Wackelns seine Meinung gleich geblieben. Wenn er später auf einen Wackler stieß, besänftigten sich die früheren Ausbrüche in ein Auf- und Abwinken seines rechten Arms (man mußte sich einen Isolde-Schal dazudenken), und er stöhnte: ›Und sieh Isolde, wie sie winkt!!‹«

Und nun hat er den *wobble* bei Maria Callas: »Schon 1954 geriet sie in eine Strähne stimmlicher Schwierigkeiten. Während der *Forza*-Aufnahmen hatte sich ihr Wackeln derart verstärkt, daß ich ihr sagte, Angel und EMI würden bei einer Veröffentlichung der Platten kaum umhinkommen, mit jeder Seite eine Tablette gegen Seekrankheit mitzuliefern, was wiederum die Kalkulation sprengen würde.« Er sagt auch noch: »Maria, da kann man ja heute wieder mit einem Lastwagen durchfahren!«

Maria Callas, einerseits wie ihr Produzent verblendet von der Vision, auch und erst recht im Plattenstudio die *primadonna assoluta* herauszukehren, also alle Fächer zu singen, ist andererseits eine zu gewissenhafte Arbeiterin, um den Defekt nicht selbst zu hören. Eine bizarre Szene im Ristorante Biffi-Scala gibt davon Zeugnis.

Die Callas betritt das Restaurant, kommt an den Tisch der Legges und sagt, ohne sich gesetzt zu haben, zur Schwarzkopf: »Zeig mir, wie du die hohen A und B singst und dann ein *diminuendo* machst. Walter sagt, meine machen ihn seekrank.« Legge fungiert dabei als stiller Genießer: »Als Schwarzkopf etwas einwenden wollte, sang die Callas – alle anderen Gäste vollständig ingnorierend – mit voller Stimme die Töne, bei denen sie Schwierigkeiten hatte, während Schwarzkopf ihr die Zwerchfellgegend, Unterkiefer, Kehle und Rippen befühlte. Die Kellner erstarrten förmlich, doch die anderen Speisenden drehten sich um, weil sie der Komödie zusehen und zuhören wollten. (Darauf) sang Schwarzkopf die fraglichen Töne, während die Callas nun ihrerseits dieselben Stellen bei ihr abtastete, um herauszufinden, wie sie die Töne so ruhig halten konnte. Nach ungefähr zwanzig Minuten sagte sie: ›Ich glaub', ich hab's. Ich werde dich morgen anrufen, wenn ich es ausprobiert habe‹ – und setzte sich zum Essen. Tatsächlich rief sie am nächsten Tag an, um uns mitzuteilen, daß es funktionierte, aber die Aufnahmen zeigen, daß die Kur nicht vollständig gewirkt hatte.«

Am bizarrsten daran ist, daß zwei bedeutende Sängerinnen, die vom Stimm-Typus für die Leonora in *La Forza del destino* nicht geeignet sind (die Schwarzkopf bei aller ruhigen *pianissimo*-Kultur schon gar nicht), aus Äpfeln partout Birnen machen wollen. Die Methodik ist dabei nicht wesentlich sinnvoller als die jener Gesangspädagogen, die kleine Stimmen größer zu machen versuchen, indem sie den Sänger, während er einen gestützten Ton singt, das hintere Ende des Flügels hochheben lassen. Elisabeth Schwarzkopf ist sich über die Vergeblichkeit solchen Bemühens allerdings noch mehr im klaren als Walter Legge: »Aber es ist dann eben doch nicht geglückt, trotz Biffi-Scala. Es hat nichts genutzt.«

Der Don Alvaro dieser *Forza*-Aufnahme ist Richard Tucker, der unter etwas komplizierten Umständen engagiert wurde. Als er 1953 von der EMI unter Vertrag genommen wird, findet er heraus, daß als Dirigent Herbert von Karajan vorgesehen ist. Darauf teilt er der Firma mit, daß sie entweder einen neuen Dirigenten oder einen neuen Tenor finden müssen. Nicht weil er persönlich etwas gegen Karajan hätte, aber »meine Leute würden mir das nie verzeihen«. Zwei Wochen später ruft ihn Dario Soria an: »Ich komme gerade aus Mailand, und sie wollen dich noch mehr als Karajan. Ich kann dir mitteilen, daß Tullio Serafin *Forza* und *Aida* dirigieren wird.«

In *Forza*, in der Sopran und Tenor einander nur im Duett des ersten Akts und im Schluß-Terzett in die Quere kommen, ist das Klima neutral. Bei den *Aida*-Aufnahmen von 1955 aber gibt es Reibereien. Maria Callas beschwert sich bei Meneghini und Soria, daß Tucker sie »Mary« nennt.

Als das Nil-Duett aufgenommen wird und Tucker mit »Pur ti riveggo« beginnt, läuft sie hinter ihm nervös hin und her, bis die Tontechniker unterbrechen, weil das Geräusch ihrer Absätze zu hören ist. Mit dem Finale des Nil-Akts, den Radames mit »Sacerdote, io resto a te!« und drei felsenfesten hohen A zu beschließen hat, ist sie völlig unzufrieden, weil sie findet, daß die Stimmen sich nicht gut mischen, und erzwingt zwölf Wiederholungen.

Im Hotel fragt Tucker Serafin, was das soll.

»Sie müssen bedenken«, sagt der Maestro, »daß Sie eine perfekte Technik haben, und sie weiß, daß es bei ihr nicht so ist. Auf dem Band klingen Sie besser als sie, und das macht sie eifersüchtig. Warum glauben Sie, daß sie darauf bestand, den Schluß zwölfmal zu wiederholen? Weil sie gehofft hat, daß Sie müde werden, so daß Sie beide ähnlich klingen.«

»Dafür muß sie sich einen Dümmeren holen«, schimpft Tucker, »ich werde diese verdammte Phrase bis sechs Uhr früh singen, und beim letzten Mal wird es genauso gut sein wie beim ersten Mal.«

Beide Gesamtaufnahmen verkaufen sich nicht übermäßig. Die EMI läßt Tucker fallen, obwohl es nicht an ihm liegt, daß sie nicht aufregend ausgefallen sind. Doch bekommt er eine kleine Genugtuung. Als Maria Callas 1958 an der Met mit ihm zweimal *Tosca* singt, gibt es bereits nach dem Duett »O dolci mani« tumultuösen Applaus. Während sie immer noch an ihn geschmiegt ist, flüstert sie ihm zu: »Woher kommt es, Richard, daß ich mich jedes Mal so wohl fühle, wenn ich mit Ihnen singe?« »Ganz einfach, Mary«, antwortet er mit aufrichtiger Miene, »wenn Sie mit mir singen, sind Sie in der Oberliga.«

Auf der Bühne werden die Ausflüge der Callas ins *spinto*-Fach seltener. Als sie sich im Januar 1955 an der Scala als Madeleine in *Andrea Chénier* versucht, wird es ein Reinfall. Im Studio aber zerlegt Legge ihre Stimme fein säuberlich in drei Teile, in den dramatischen *soprano d'agilità*, den lyrischen Sopran und den *spinto*. Sie nimmt *Cavalleria rusticana* ebenso auf wie *Rigoletto* und *La Bohème* (die Mimi singt sie nie auf der Bühne) – ein Repertoire, das nicht nur ihre »Universalität« dokumentieren soll, sondern das gängig ist und sich vorderhand gut verkauft.

Dieses Gemischtwaren-Angebot ist der Grund, warum die Studio-Aufnahmen heute an Gewicht verloren haben, seit die *live*-Mitschnitte zugänglich sind und im CD-Zeitalter teilweise in guter Qualität vorliegen. Darunter vor allem die Opern, auf die Legge aus Marketing-Gründen verzichtet wie *I Vespri siciliani* und vor allem *Macbeth*, die Scala-Eröffnung in der Saison 1952/53. Die Rolle der Lady wollte – laut Meneghini – bereits Arturo Toscanini unbedingt mit ihr besetzen, und zwar aufgrund einiger mißverständlicher Zeilen des Komponisten.

Der Stil, den Verdi für *Macbeth* wollte, wich von allem Bisherigen ab. Seinem Librettisten Francesco Maria Piave hämmert er ein, daß er es mit einem Meisterwerk Shakespeares zu tun habe, und fordert von ihm ein kurzgefaßtes Libretto sowie Verse von gleicher Prägnanz wie die eines Vittorio Alfieri, des größten italienischen

Tragödiendichters des 18. Jahrhunderts. Dem Bariton Felice Varesi, der bei der Uraufführung 1847 in Florenz die Titelrolle singt, schreibt er: »Sieh Dir die Cabaletta gut an: sie hat nicht die gewöhnliche Form . . . Mir ist es lieber, wenn Du den *Dichter* besser als den *Maestro* bedienst.«

Die Lady wird bei der Uraufführung in Florenz am 14. März 1847 von der 27jährigen Marianna Barbieri-Nini gesungen, die ebenso bekannt für ihre Intelligenz wie für ihre Häßlichkeit ist. Sie ist für den Zeitgeschmack sogar so häßlich, daß sie 1840 bei ihrem Debüt an der Scala in Donizettis *Belisario* einen niederschmetternden Mißerfolg erleben muß, weil ihr Aussehen das Publikum von der Kraft ihres dramatischen Soprans und der Dramatik des Vortrags ablenkt. Ein Jahr später gelingt ihr in Florenz als Donizettis Lucrezia Borgia der Durchbruch, weil sie im ersten Akt mit der wundervollen Romanze »Tranquillo ei posa«, einem Juwel des *buon canto*, der Rolle entsprechend eine Maske trägt. Als sie danach demaskiert erscheint, hat die Stimme bereits den Sieg davongetragen.

Verdi schätzt sie ungemein, überträgt ihr bereits 1844 bei der Uraufführung von *I due Foscari* die Lucrezia und nach der Lady 1848 die Gulnara in *Il Corsaro* – drei Rollen also, die späte Nachfahrinnen des dramatischen Koloratursoprans des 18. Jahrhunderts sind. Als 1848 *Macbeth* in Neapel aufgeführt werden soll, erklärt Verdi sich mit der Protagonistin des San Carlo nicht einverstanden und verfaßt eine grundsätzliche Erklärung, die bis zum heutigen Tag viel Verwirrung gestiftet hat: »Die Tadolini hat eine schöne und gute Figur. Aber ich möchte eine Lady Macbeth, die häßlich und böse ist. Die Tadolini singt ausgezeichnet; und ich möchte eine *Lady*, die nicht singt. Die Tadolini hat eine großartige, klare, reine und kräftige Stimme; und ich möchte für die *Lady* eine rauhe, erstickte, dumpfe Stimme. Die Tadolini hat in ihrer Stimme etwas Engelhaftes; ich möchte aber, daß die Stimme der *Lady* etwas Teuflisches hat.«

Bemerkenswert ist, daß von diesem Zitat immer die ersten beiden Sätze weggelassen werden, die sich mit der wohlgefälligen Physis der Sängerin auseinandersetzen. Julian Budden hat in seiner dreibändigen Verdi-Studie die Forderungen des Komponisten denn auch als *argumentum ad feminam* gedeutet. Unter diesem Aspekt wird das weitere deutlich. Verdi möchte nicht, daß seine Lady bloß *singt*, er verlangt einen Charakter. Die *voce soffocata* schreibt er später für den Anfang von Otellos Monolog im 3. Akt vor. Doch ein Otello mit durchwegs rauher, erstickter, dumpfer Stimme ist – wie wir aus leidvoller Erfahrung wissen – nicht zu ertragen.

Verdi konnte nicht ahnen, welche nicht etwa ausgesungenen, sondern von Beginn an schrillen, harten, krächzenden, durch und durch scheußlichen Stimmen im 20. Jahrhundert im Zuge eines falsch verstandenen Verismo auf die Bühne losgelassen würden. Wir können seine Gedanken dennoch sehr wohl auf unsere Zeit übertragen. Man muß sich nur vorstellen, wie eine Montserrat Caballé der Rolle nicht gerecht würde – oder noch deutlicher eine Joan Sutherland. Daß Tullio Serafin ihr und Bonynge diese Partie besonders ans Herz legt, beweist einmal mehr, daß er, wie Toscanini meinte, ein tüchtiger Kapellmeister ist, aber leider mit dem Kopf seiner Frau denkt.

Dessen unbeschadet ist das Verzücken doch befremdlich, mit dem Meneghini das Treffen in Toscaninis Haus in Mailand im September 1950 beschreibt. Nachdem der Maestro und die Sängerin die Partie am Flügel durchgegangen sind, sagt er ihr, daß sie genau die »donna brutta e cattiva, dalla voce aspra, soffocata, cupa« sei, wie Verdi sie gewünscht und wie er selbst sie sein Leben lang gesucht habe. Ein Kompliment ist das ohne Interpretationshilfe nicht.

Der Plan, diesen *Macbeth* in Verdis Gedenkjahr in Busseto aufzuführen, zerschlägt sich aus mysteriösen Gründen ebenso wie Toscaninis anderer Herzenswunsch, dort *Falstaff* mit Giuseppe Valdengo zu geben. Vielleicht weht Verdis Geist noch immer um das Theater in Busseto, das zwar seinen Namen trägt, das er aber aus Trotz gegen die Stadtväter nie betrat.

Der Mitschnitt der Scala-Premiere vom 7. Dezember 1952 belegt im übrigen ganz eindeutig, daß die Stimme von Maria Callas keine der von Verdi vermeintlich eingeforderten und von Toscanini angeblich entdeckten Eigenschaften hat. Sie ist im Gegenteil in besonders guter Verfassung und nimmt dem *canto fiorito*, mit dem die Lady noch reich bedacht ist, jene Schärfe und Härte, die den Interpretinnen aus dem Mezzo-Fach meist so leidig unterlaufen.

Die Krise setzt erst mit Cherubinis *Medea* ein, die Maria Callas beim *Maggio Musicale Fiorentino* 1953 wieder zum Leben erweckt, noch immer im Körper der *popolana*, der korpulenten, im Aussehen etwas vulgären »Frau aus dem Volke«. Bisher hat ihr Übergewicht sie bei der Rollengestaltung nicht irritiert, nicht einmal bei der Violetta. Nun aber erwacht ihre Graekophilie, ein Heimweh nach den Wurzeln der griechischen Kultur, das zur fixen Idee wird.

Die Gestalt der antiken Zauberin und Rächerin kann sie in ihrem Spiegelbild nicht erkennen: »Ich schminkte mich dunkler und was nicht noch. Aber das half wenig . . . ich war es leid, solche Spielchen zu spielen. Zum Beispiel, eine schöne junge Frau darzustellen – wo es mir mit meinem Gewicht schon schwerfiel, mich auch nur einigermaßen ungezwungen zu bewegen . . .«

Die Produktion ist trotzdem ein weiterer Triumph, so daß sich die Medea-Pionierin Ester Mazzoleni noch Jahre später aufregen kann: »Ich finde es unfaßbar, daß diese Oper ad acta gelegt wurde, bis sie 1953 als Vehikel für Callas wiederkam. Da mußte ich – bei allem gebührenden Respekt für die griechische Künstlerin – darüber lachen, daß unsere elf Vorstellungen an der Scala in der Saison 1909–10 vergessen waren und die Geschichte so hingedreht wurde, als ob dies nun die italienische Erstaufführung gewesen sei!«

Maria Callas aber beschließt, nun auch figürlich das Medea-Ideal zu erreichen. 95 Kilo wog sie im Dezember 1951 bei der Scala-Eröffnung mit *I Vespri siciliani*, 65 Kilo wird sie bei der Gala-Premiere am 7. Dezember 1954 in Spontinis *La Vestale* auf die Bühne bringen. Eine der Stationen dieser Verwandlung ist am 10. Dezember 1953 *Medea* an der Scala. Noch hat sie die Idealmaße nicht erreicht, aber – und das ist wohl verhängnisvoll – sie *denkt* die Partie schlank.

In der *Medea* in Florenz unter Vittorio Gui, wo sie nach der Definition Cellettis »ihre endgültige Weihe als große tragische Gesangs-Darstellerin« empfängt, ist die Tongebung bei allem Raffinement der Akzentuierung auch in den Ausbrüchen des Schmerzes und des Hasses ausgeglichen. Im Scala-Mitschnitt ist immer wieder eine künstliche Aufhellung der Mittellage zu hören, die »mit dem Munde gemaltes« Theater ist und vor allem den Sitz der Stimme beeinträchtigt. Denn dieses »Umfärben« bedeutet in einer dramatischen

Partie ja keine leichtere Tongebung, sondern vielmehr ein grelles Einschärfen der Gesangslinie. Die Stimm-Maskerade je nach Rolle und Befindlichkeit wird von nun an Prinzip.

Gleichwohl ist der Scala-Mitschnitt noch »spannender«. Gui hat in Florenz ein wenig behäbig den Takt zwischen Klassik und Romantik geschlagen. Leonard Bernstein holt aus den eigentlich nicht sehr ergiebigen Orchesterstimmen pure Nervenmusik.

Wie übrigens Bernstein an die Scala und zur *Medea* kommt, ist nicht ganz klar. Als die Oper statt Scarlattis *Il Mitridate Eupatore* kurzfristig angesetzt wird, stehen weder Gui noch de Sabata zur Verfügung. Bernstein befindet sich gerade auf einer Tournee, die ihn von Argentinien über Israel nach Italien geführt hat. Er hat an der Scala bereits 1950 einige Konzerte dirigiert, ist also kein ganz Unbekannter. Doch als Opern-Dirigent hat er bislang nur Erfahrungen mit Brittens *Peter Grimes* und Poulencs *Les Mamelles de Tirésias* gesammelt. Es ist also nicht anzunehmen, daß Ghiringhelli der »erlösende Gedanke« kommt, ihn als Retter zu engagieren.

Auch Bernsteins Biographin Joan Peyser übernimmt Meneghinis Version, daß Maria Callas im Radio eine Konzert-Übertragung hört, die sie elektrisiert, und ihrerseits Ghiringhelli überredet, den ihr unbekannten Dirigenten zu engagieren. Bernstein hat von Cherubinis Oper noch nie gehört und läßt sich erst bei einem Telefongespräch mit der Diva überreden.

Zehn Tage nur bleiben ihm, qualvoll erschwert durch den Zustand der aus dem Jahre 1797 stammenden Partitur, aus der aus jeder Seite Staub aufwirbelt, der bei ihm eine akute Bronchitis auslöst. Er hustet und schneuzt sich durch alle Proben, wie die Regisseurin Margherita Wallmann berichtet. Doch er ist eine »alte Seele«, erfaßt die Musik mit einer Geschwindigkeit, als ob er mit ihr aufgewachsen wäre.

Seine magische Macht geht angeblich sogar so weit, daß die Callas widerspruchslos einverstanden ist, als er ihre Arie im zweiten Akt streicht. Dieses Detail paßt zur unbekümmerten Kolportage von Arianna Stasinopoulos, wird aber auch von Joan Peyser und in Jürgen Kestings Callas-Biographie von 1990 angeführt. Medea hat jedoch im zweiten Akt gar keine Arie, sondern ein *concertato* mit Kreon und der Amme Neris, ein Duett mit Jason und kommentierende Einwürfe zur Hochzeitsszene, die hinter der Bühne stattfindet und von Bernstein weniger gekürzt wird als von Gui.

Gestrichen sind hingegen im dritten Akt die 86 Takte des *allegro*-Schlusses der Arie »Del fiero duol« ab Ziffer 144, wohl, um die elegische Stimmung nicht durch eine eher formalistische Caballetta zu zerstören. Und dieser Teil war bereits in Florenz um zwanzig Takte gekürzt. Daß um 66 Takte soviel Aufhebens gemacht wird, liegt offensichtlich an »Lennies« Mythos, denn sie sind nicht zu vergleichen mit den radikalen Eingriffen etwa in die *Vespri siciliani* von 1951 oder die *Anna Bolena* von 1957.

Das Ereignis *Medea* überschattet die Saison-Eröffnung am 7. Dezember 1953, die mit Catalanis *La Wally* um der Gerechtigkeit willen wieder an Renata Tebaldi gegangen ist. Zum hochdramatischen Schluß hoch droben auf dem Berg, als eine Lawine Mario del Monaco unter sich begräbt und die Geierwally ihm nachspringt, läuft nicht alles nach Plan. Eine Wolke Streupulver geht über einem Teil des Orchesters nieder und weht bis in die ersten Parkettreihen. Ein schnelles Witzwort behauptet, daß das Echo auf *La Wally* von *Medea* ebenso zugedeckt wurde wie die Vorstellung von der Lawine.

Die Lawine Callas rollt die ganze Spielzeit weiter. Callas als Lucia unter Karajan, Callas als Alceste, Callas als Elisabetta in *Don Carlo*, keine Primadonnenrolle zwar, aber die Galavorstellung zur Eröffnung der Mailänder Messe. Renata Tebaldi singt noch Desdemona und Tosca und wirft dann das Handtuch. »Die Atmosphäre in der Scala«, wird sie die langjährige Trennung von ihrem einstigen Stammhaus erklären, »hatte sich so verändert, daß ich nicht mehr atmen konnte. Es gibt keinen Zweifel, daß alle leitenden Personen für Maria waren. Ich aber beschloß, daß ich nicht leiden wollte, und nahm Bings Angebot an, der mich schon seit Jahren bat, an die Metropolitan Opera zu kommen.«

Maria Callas steht nun unmittelbar vor dem Gipfel ihres Ruhms an der Scala. Denn Luchino Visconti hat beschlossen, Opern-Regie zu führen – mit ihr und an der Scala. Das Haus ist eine Zeitlang das Theater der Viscontis gewesen. Sein Großvater hat es um die Jahrhundertwende vor dem finanziellen Zusammenbruch gerettet und ist ein exzellenter *sovrintendente* gewesen, der Toscanini als künstlerischen Leiter verpflichtete. Doch ist es wohl nicht Nostalgie und auch nicht nur das Bedürfnis, dem Phänomen Callas nach der physischen Verwandlung nun auch gestalterische Glanzlichter aufzusetzen.

Visconti gefällt es offenbar nicht, daß sein Assistent, Ausstatter und früherer Begleiter Franco Zeffirelli mit seiner ersten Regie-Arbeit an der Scala – *La Cenerentola* mit Giulietta Simionato im März 1954 – großen Erfolg auch bei der Kritik gehabt hat.

Zeffirelli hat sich diesen Erfolg sauer erarbeitet. »Am ersten Morgen stand ich vor dem Chor der Scala – schon immer eine furchteinflößende Gesellschaft; für die Proben hatten sie graue Kittel angezogen, die Damen umklammerten ihre Handtaschen wie Waffen, und jetzt warteten sie ab, was ich tun würde. Ich hatte mich verspätet, und sie gaben mir sogleich zu verstehen, daß in genau fünfzig Minuten ihre erste Pause fällig wäre. Giulini versuchte zu vermitteln, die Simionato schaltete sich ein, aber ich war nach wie vor mit gelangweilten ältlichen Herren und furchteinflößenden vollbusigen Damen konfrontiert – und diese Leute wollte ich in den eleganten Hofstaat Cinderellas verwandeln!«

Nach dieser Probe möchte er sofort aussteigen, doch Giulietta Simionato gibt ihm den weisen Rat, die Widerspenstigen nicht als »graue Mauer« zu betrachten, sondern als Individuen zu behandeln. Zeffirelli besorgt sich im Personalbüro die Namensliste mit den dazugehörigen Fotografien und verbringt das Wochenende damit, sich Namen und Gesichter einzuprägen. Die Methode wirkt Wunder. Die »graue Mauer« teilt sich in Einzelpersönlichkeiten, die lebendig werden und interessiert sind. Den Kritikern fällt besonders auf, daß das ganze Ensemble mitspielt und nicht wie üblich herumsteht, während die Protagonisten singen.

Zur öffentlichen Generalprobe hat die Neugier auch Luchino Visconti getrieben. Als auch Zeffirelli nach der überwältigenden Reaktion des Publikums seine Verbeugungen absolviert hat und sich zu seinen Freunden auf dem ersten Rang aufmacht, öffnet sich eine Logentür, und er wird stürmisch umarmt. »Als ich mich soweit erholt hatte, daß ich sehen konnte, was los war, stellte ich fest, daß es

Luchino war . . . Wie ein Verrückter schrie und brüllte er: ›Zurück! Zurück! Er gehört mir. Mir ganz allein. Er ist mein Geschöpf. Haut ab, ihr habt kein Recht, ihm zu gratulieren. Er gehört mir.‹ . . . Zu meiner Verwirrung entdeckte ich den ehrwürdigen de Sabata, der neben der Callas stand. Beide starrten verwundert Luchino an, der wie seine mittelalterlichen Vorfahren ein imaginäres Schwert gegen alle Welt schwang. Unsere Freunde brachen in Beifallsrufe aus – sie hielten das Ganze wohl für eine Fortsetzung der Vorstellung. Da war der Bann gebrochen, und Luchino ließ mich los. Die Leute drängten sich um uns, und plötzlich war er verschwunden.«

Zeffirelli wird zu Ghiringhelli beordert, der ihn ebenfalls beglückwünscht und ihm für die nächste Saison zwei Inszenierungen anbietet, *L'Elisir d'amore* mit Rosanna Carteri und di Stefano und – was ihn besonders begeistert – *Il Turco in Italia* mit Maria Callas, die es leid ist, immer nur die großen, tragischen Rollen zu singen (oder eben nur gerade festgestellt hat, wie man mit einem heiteren Rossini Furore machen kann). Als er Ghiringhellis Büro verläßt, läuft er abermals Visconti in die Arme, der ihm den Eindruck macht, als ob er sehr zufrieden mit sich sei, und ihm mitteilt: »Ich bin zu dem Schluß gekommen, daß es an der Zeit ist, nach Hause zu gehen, an die Scala nämlich. Es ist doch lächerlich, daß ich noch nie hier inszeniert habe. Ich werde drei Inszenierungen mit Maria machen. *La Vestale* ist die erste. Damit wird die Saison eröffnet. Und dann kommst du mit *L'Elisir*, wie ich gehört habe . . .«

Auf diese Weise hat die Scala plötzlich zwei innovative Regisseure, allerdings erst einmal zu Zeffirellis Schaden. Am 7. Dezember 1954, am Tag der Eröffnungs-Premiere mit Viscontis Inszenierung von *La Vestale*, hat er nur zwei Stunden für seine einzige Beleuchtungsprobe, denn sein Mentor hat den ganzen Stab und die gesamte Maschinerie für seine Mammutproduktion mit Beschlag belegt.

Dabei hat Zeffirelli einen besonders hübschen Einfall, dessen Gelingen von der Präzision der Technik abhängt. Nemorino schläft vor dem Gasthaus kurz vor der Morgendämmerung ein. Als er erwacht und die zentrale Arie »Una furtiva lacrima« beginnt, bricht allmählich der Tag an. Die Beleuchtung geht von einem warmen Licht, das aus der Tür des Gasthofs dringt, in das kalte Licht des Morgens und schließlich in das strahlende Sonnenlicht des Tages über.

Während er nicht nur diese heikle Szene, sondern die Ausleuchtung der ganzen Oper in kürzester Zeit durchziehen muß, scheinen sämtliche Blumenhändler Mailands im Parkett mit Blumengebinden und Sträußen für den festlichen Schmuck der Gala-Vorstellung ihre Aufwartung zu machen. Plötzlich geht im ganzen Haus das Licht an: »Durch den Mittelgang nahte eine bemerkenswerte Prozession: Ghiringhelli, de Sabata und alle wichtigen Leute des Hauses, angeführt von dem großen alten Herrn der italienischen Oper, Arturo Toscanini. Damit hatte ich nun wirklich nicht gerechnet.«

Toscanini redet eine halbe Stunde über die akustischen Probleme des Hauses. Als Zeffirelli die Techniker schließlich zwingt, die Hauptbeleuchtung wieder auszuschalten und mit der Arbeit weiterzumachen, hört der Maestro auf zu reden, aber nur für einen Augenblick. »Was soll denn das?« will er wissen. Man erklärt es ihm. »Was?« brüllt er. »Im *Elisir* gibt es keine düsteren Szenen. Alles spielt sich bei Licht ab, bei strahlendem Sonnenlicht.« Ghiringhelli, Opportunist von Beruf, bedrängt den Jungregisseur: »Haben Sie gehört, was der Maestro gesagt hat?« »Das interessiert mich nicht«, sagt Zeffirelli ebenfalls ziemlich laut. »Er ist vierzig Jahre hinten dran, und das ist meine Inszenierung. Er ist ein großer Dirigent, aber er sollte nicht herkommen, um mir zu sagen, was ich zu tun habe.«

Stille im Auditorium. Toscanini steht auf und verläßt schweigend den Saal, gefolgt von den anderen. Der Auftritt hat kein Nachspiel, weil Wally Toscanini vermittelt und Zeffirelli in ihrem Haus sogar mit ihrem Vater zusammenführt. »Ihr Naturell kann Ihnen sehr weiterhelfen oder aber ein großes Hindernis sein«, sagt der greise Dirigent geheimnisvoll. »Aber genau das gleiche hat man mir auch erzählt, als ich in Ihrem Alter war.«

Zeffirelli kann sich zwar im Lauf seiner Karriere brüsten, daß Dirigenten, die anderer Meinung sind als er, ihm erklären: »Ich sollte mich lieber in acht nehmen; Sie sind es doch, der Toscanini hinausgeworfen hat« – doch trotz der spektakulären Mutprobe wird seine Inszenierung von Viscontis antikem Rom der *Vestale* überschattet.

Die Gala-Premiere kann mit dem 33jährigen Franco Corelli auch noch einen höchst ansehnlichen Debütanten aufbieten. Geboren 1921 in Ancona als Sohn eines Schiffsbauingenieurs bei der örtlichen Werft, sollte er ursprünglich den Beruf des Vaters ergreifen. In seiner Freizeit boxte er und war einmal Sieger bei der italienischen Juniorenmeisterschaft im Rudern.

Als Sänger ist er weitgehend Autodidakt und hängt 1950 seine Beamtenlaufbahn an den Nagel, als er in Florenz bei einem Gesangswettbewerb den ersten Preis gewinnt. Aus diesem eher ungewöhnlichen Studiengang erklärt sich möglicherweise eine Eigenart, die seine Biographin Joan Downs als »den Hauch eines Lispelns« definiert, »resultierend aus einer Abneigung gegen deutliche Aussprache, was darauf hinausläuft, daß die Wortendungen schwach artikuliert werden«. Es handelt sich dabei um einen ausgemachten »Zuzler«, der in einer selbst gefundenen Bildung der Töne bestimmte Konsonanten deformiert. Daß es sich um individuelle »Technik« und nicht um einen angeborenen Sprachfehler handelt, beweist seine Sprechstimme, die ohne diese Eigenart auskommt.

Noch ein zweites Handicap macht Corelli zu schaffen, das er sich ebenfalls im Eigenbau erworben hat, während andere dafür manch inkompetenten Lehrer strapazieren müssen. Es ist die mangelnde Kontrolle im *passaggio*-Bereich (noch kurz vor dem Ende seiner Karriere wird er Joan Downs sagen: »Den Bereich um das E und F zu bewältigen, ist für mich schwierig geblieben«).

Als er am 10. Januar 1957 seinen ersten Canio an der Scala singt, ist er kurz vor dem *show-down* in so desolater stimmlicher Verfassung, daß der entnervte Dirigent Nino Sanzogno seinen Taktstock von sich schleudert, den Kopf in der Partitur vergräbt und den Rollen-Debütanten seinem Schicksal überläßt. Bei Canios abschließenden tragischen Worten »La commedia è finita« senkt sich der Vorhang in einem Orkan wüster Proteste. Am nächsten Morgen will der am Boden Zerstörte alle weiteren Vorstellungen quittieren. Doch ausnahmsweise ist Ghiringhelli einmal nicht feige und hält seinen »Sputnik-Tenor«, so genannt nach dem ersten russischen Satelliten, der seinen Raketen-Aufstieg allerdings erst am 4. Oktober 1957 antritt. Boshafter ersonnen ist der Spitzname »Pecorelli«. Pecora heißt Schaf. Gemeint ist also ein gewisses »Blöken« im *passaggio*-Bereich.

Dennoch hat seine Stimme etwas Besonderes, wie auch Celletti meint: »Corelli ist ein echtes Stimmphänomen dank seiner großzügigen und kräftigen Phrasierung und des Schwungs seiner übermächtigen Höhe; er ist auch ein differenzierter Interpret, den die außergewöhnliche Fülle des Tons nicht hindert, die Stimme auf lyrisches Maß zurückzunehmen.«

Diese Erotik des Timbres, an der gemessen das »Lispeln« so störend ist wie die Fußfesseln am Körper eines Herkules aus den italienischen »Sandalen«-Filmen der Zeit, paart sich mit unverschämt gutem Aussehen. Antonietta Stella, für gewöhnlich eine nicht sehr variable und phantasievolle Sängerin, seufzt noch in der Erinnerung: »Wenn ich einen fetten kleinen Tenor an meiner Seite habe, kann ich klarerweise nicht inspiriert werden. Wenn ich aber in *Trovatore* mit Franco singe ›Sei tu dal ciel disceso‹, dann kann man wirklich spüren, daß er vom Himmel gestiegen ist. Die meisten anderen Tenöre könnten von irgendwo heruntergefallen sein.«

Die Probe aufs Exempel kann gemacht werden. 1962 nimmt sie für die Deutsche Grammophon Leonora in *Il Trovatore* mit Carlo Bergonzi als Partner unter Serafin auf. Sie ist für Celletti »abgesehen vom schönen Timbre wenig überzeugend, vielmehr überzeugt sie überhaupt nicht«. In der Eröffnungs-Vorstellung der Scala am 7. Dezember 1962 unter Gavazzeni, von der es einen Mitschnitt gibt, ist sie in der gleichen Partie mit Franco Corelli an ihrer Seite wie ausgewechselt.

Da dieser Apoll unter den Tenören von seiner Frau bewacht wird wie die Prinzessin vom Drachen, stellt er seine Vorzüge in Ermangelung anderer Möglichkeiten auf der Bühne aus, präsentiert je nach historischer Vorgabe der Rolle seine wohlgestalteten Beine in hautengen Samthosen oder unbekleidet. Von den Mailänder Fans erhält er dafür den Beinamen »Coscie d'oro«, »Goldschenkel«.

Bei seinem Bühnen-Debüt 1951 in Spoleto als Don José in *Carmen* konnte er diesen zusätzlichen Effekt noch nicht einsetzen. In Riccardo Zandonais *Giulietta e Romeo* war die Bekleidungslage schon erheblich günstiger. Und nun in *La Vestale* hat er als junger römischer Feldherr alle Chancen, einen kompletten Sieg zu erringen. Naiv meint er: »Die Callas hat meine Karriere gemacht. Sie erwartete vielerlei von einem Partner – für den Licinio wollte sie den entsprechenden Körperbau eines römischen Centurios.«

»Vom Himmel gestiegen und nicht von irgendwo heruntergefallen«: Franco Corelli

Davon abgesehen, daß es ihr nicht unangenehm sein kann, einen Partner zu haben, den sie nicht überragt, sagt sie ihm gleich unverblümt, daß seine Statur ein wesentliches Argument für seine Verpflichtung war, ein *type-casting* also, für einen Sänger nicht unbedingt ein Kompliment.

Richtiger liegt er in seiner Einschätzung des Interesses, das ihm Visconti entgegenbringt: »Als ich das erste Mal mit ihm arbeitete, probten wir siebenundzwanzig Tage. Ich war sehr jung und unerfahren, und Visconti erschuf mich. Er entdeckte in mir eine Persönlichkeit, von der ich nicht gewußt hatte, daß ich sie besaß.«

Ein Ästhet wie Visconti muß in einer so pompösen und feierlichen Oper auf den Aspekt der Schönheit besonderen Wert legen. Geht es doch um die Leidenschaft einer Vestalin, die – statt das heilige Feuer im Vesta-Tempel auf dem Forum zu hüten – im Rausch ihrer verbotenen Liebe die Flamme verlöschen läßt. Darauf steht lebendig begraben werden, und nur ein Blitz, mit dem die Göttin das Feuer wieder entzündet, verhindert im letzten Moment das Schlimmste.

Visconti verlangt Gebärden wie auf den Gemälden von Ingres und David oder wie von Canova gemeißelt, dazu Farben »zwischen Feuer und Kälte, wie weißer in Mondlicht getauchter Marmor«. Doch selbst die gigantischen Säulen und Bögen, aus denen sein Rom besteht, und die durch hundert echte Fackeln beleuchtet werden, können ihm seine dritte Protagonistin Ebe Stignani nicht erträglicher machen: »Mit den zwei oder drei unglücklichen Gesten, die sie konnte, war sie in der Rolle der Hohepriesterin wirklich zum Verzweifeln; sie war auf der Bühne schlechter als eine Putzfrau; sie war unausstehlich, das schiere Gegenteil von Maria, die täglich dazulernte und immer besser wurde.«

Nun hat die 51jährige, matronenhaft gedrungene Stignani hier eine Mutter Oberin darzustellen. Prekärer ist ihr Anblick als Adalgisa, Normas jüngere und begehrenswertere Rivalin. Wenn sie neben Maria Callas im gallischen Druidenhaus auftaucht, ist allemal Putztag. Die beiden singen 21 Vorstellungen von *Norma* miteinander. Was bedeutet, daß die Callas sich um die *physique du rôle* ihrer Partnerinnen und Partner normalerweise wenig kümmert.

Was der Strategin Callas allerdings nicht entgeht, sind die Manöver Viscontis außerhalb der Probenzeiten. Der 48jährige Star-Regisseur ist als Bezugsperson in dieser Phase ihrer Karriere so eminent wichtig, daß sie von ihm Besitz ergreifen möchte. Es stört sie, wenn er mit anderen zusammen ist oder auch nur ißt. Mittags erscheint sie im Biffi und dreht sich auf dem Absatz um, wenn sie ausgemacht hat, daß er nicht dort speist.

Erschwerend sind in diesem speziellen Fall ihre strengen Moralbegriffe. Mit Ehepaaren, die sich scheiden lassen, bricht sie den Verkehr ab. Und Viscontis ungetarnte Homosexualität ist ihr erst recht ein Dorn im Auge. Mißfiel ihr bei der Vorbereitung von *La Vestale* schon das wohl hoffnungslose Interesse, das er an Franco Corelli zeigte, so wird die Situation kritisch, als im Februar 1955 abermals Leonard Bernstein auf der Bildfläche erscheint, um mit ihr und Visconti *La Sonnambula* zu machen.

Joan Peyser überliefert eine peinliche Episode aus heiterem Himmel. »Wie kommt es, daß alle attraktiven Männer homosexuell sind?« fragt Maria Callas unvermittelt. Weder Visconti noch Bernstein, die an entgegengesetzten Enden des Raumes stehen, fühlen sich angesprochen. Darauf wendet sie sich herausfordernd an Bernstein: »Ich möchte die Wahrheit wissen, die volle Wahrheit: Sind Sie homosexuell?« Bernstein schweigt sich aus.

Diese in der Theaterwelt in solcher Direktheit durchaus ungewöhnliche Provokation ist künstlerisch bedauerlich. *La Sonnambula* wird für Callas und Bernstein die letzte gemeinsame Arbeit. Und obwohl, wie Celletti anmerkt, der Mitschnitt vom 5. März 1955 von der Cetra einen halben Ton höher überspielt wird, so daß sowohl die Tempi wie die Klangfarben verfälscht werden, unterstreicht noch dieses Falsifikat »Bernsteins genaue Wahrnehmung des ›naiven‹ Charakters des Werkes und den Stellenwert, den Bellinis Koloratur-Stil durch die elastischen Zeitmaße erhält, die sich gleichwohl in einen großen Zusammenhang fügen«.

Bernstein ist also ein besonders glücklicher Partner für Viscontis Generalplan, diese Opern des 19. Jahrhunderts, welche über Jahrzehnte ihre stilistische Klarheit eingebüßt haben, in ihre ursprüngliche Form zu bringen: »Man muß das, was man sieht, glauben können, aber die Wahrheit und die Realität muß durch das Sieb der Kunst gefiltert sein.«

Diese Entrückung in eine »göttliche, melancholische Zeit«, in der eine Nachtwandlerin wie eine Sylphide erscheint, gewandet in eine weißseidene Robe, die von einer Girlande aus rosa, lila und malvenfarbenen Blumen gekrönt wird, bereitet der Diva Kopfzerbrechen. »Aber Luchino, ich spiele eine Dorfbewohnerin! Warum bestehst du darauf, daß ich eines meiner Opalkolliers trage?« »Nein, du bist keine Bäuerin, du bist Maria Callas, die diese Rolle spielt, vergiß das nicht!«

Es ist die Wiederauferstehung der großen Primadonnen des 19. Jahrhunderts, die auch in den Rollen der Unschuld mit all ihrem Schmuck behangen auftraten und damit keinen Stilbruch begingen, sondern dem Funkeln der Melodien das Funkeln ihrer Geschmeide hinzufügten. Visconti läßt also gleichsam den Fleischwolf des Verismo, durch den diese bedauernswerten Geschöpfe später gedreht wurden, rückwärts laufen und oben wieder das vollendete ursprüngliche Geschöpf herauskommen.

Einen Trick allerdings hat die Callas nicht von ihrem Regisseur, sondern aus eigener Erfindung. Wenn sie kurz vor dem Finale ihren somnambulen Ausflug auf dem morschen Steg hoch über dem Mühlbach macht und beinahe in die Tiefe stürzt, versetzt sie jedesmal alle Beteiligten in Angst und Schrecken, so real erscheint ihnen die Gefahr. Viscontis Kostümbildner Piero Tosi kommt hinter das Geheimnis, als er sich die Szene von hinten anschaut. Bevor sie den Steg betritt und dem Publikum sichtbar wird, saugt sie den Brustkorb mit Luft voll und atmet in der Mitte über dem Abgrund aus. Das erzeugt den Eindruck des Taumelns und Sinkens – eine genial ausgedachte und dabei höchst einfache Illusion.

Die dritte Callas-Visconti-Produktion dieser aufregenden Saison ist am 28. Mai 1955 *La Traviata.* »Wir haben die Geschichte in die Zeit des ausklingenden Jahrhunderts, so um das Jahr 1875, verlegt«, verkündet Visconti. »Warum? Weil Maria in den Kostümen dieser Epoche wunderbar aussehen wird. Sie ist hochgewachsen und schlank, und in einer Robe mit engem Mieder, einer Turnüre und einer langen Schleppe wird sie eine wunderbare Erscheinung sein.«

Zum erstenmal, da es sich nicht um eine entrückte Zeit oder eine

Phantasiewelt handelt, kann er mit ihr arbeiten, wie er mit einer Schauspielerin arbeiten würde. Er gestaltet ein Drama der Belle Epoque mit einer singenden Duse. Als die Gäste im ersten Akt den Salon verlassen haben, der mit Spiegeln, Lampen aus Opalglas und japanischen Porzellanvasen voll rosafarbener Chrysanthemen überladen ist, legt Violetta den Schmuck ab, löst ihre Haare und schleudert zum *allegro* des »Follia, follia!« ihre Stiefeletten von sich.

Das gibt Proteste. Daß Visconti Violetta im letzten Bild voll bekleidet mit einem kleinen Hut auf dem Kopf sterben läßt – sie ist ja im Glauben, daß sie Paris verlassen wird –, regt einen Chronisten zu der Schlagzeile an: »Scala. Violetta stirbt in Hut und Mantel«. Die Urteile über diese *Traviata* reichen von »doppelköpfiges Monster« bis »eher von Visconti als von Verdi«.

Die Nachfrage aber ist enorm. Für Giuseppe di Stefano, der aussteigt, weil der Dirigent Carlo Maria Giulini die Callas zu einem Solovorhang hinausschickt, übernimmt noch im Juni 1955 Giacinto Prandelli. In der nächsten Saison, die es auf 17 Vorstellungen bringt, singt Gianni Raimondi den Alfredo, und vier Väter Germont wechseln sich ab.

Es hat lange gedauert, bis Maria Callas ihre Traviata an der Scala bekommen hat, aber das Warten hat sich gelohnt. Sie ist auf dem Höhepunkt ihrer Darstellungskunst, getragen von Viscontis äußerster Sorgfalt in der psychologischen Zeichnung und einer Ausstattung, von der Giulini sagt: »Die Dekoration war so beeindruckend, daß sie wohl das Beste war, was ich in meinem Leben je gesehen hatte. Jedes Detail gab mir das Gefühl, buchstäblich in eine andere Welt versetzt worden zu sein, in eine unglaublich lebendige Welt... Und jedes Mal, wenn ich eine Aufführung dirigierte, und das war mehr als zwanzigmal innerhalb zweier Spielzeiten, erlebte ich dasselbe.«

Er läßt sich von den Bühnen-Details offenbar zu sehr gefangennehmen. Die Leute beklagen sich, daß er das Tempo für Violettas *lamento* »Addio del passato« im letzten Bild zu langsam nimmt. In Wahrheit schleppt Giulini aber schon am Anfang so sehr, daß der Puls der Musik stehen bleibt. Das Duett »Un di felice« im ersten Akt, ein Drittel langsamer als die Metronom-Angabe, ist weniger eine Liebeserklärung Alfredos als vielmehr sein erster Kondolenz-Besuch. Das nämliche Zeitlupen-Tempo gibt Giulini für »È strano« vor. Und im Duett mit dem Vater Germont kann sich kein *diminuendo allargando* einstellen, wenn das vorhergehende *andantino* »Dite alla giovine« bereits *larghissimo* genommen wird.

Es ist bewundernswert, wie Maria Callas in diesen *tempi* sublimste Seelenregungen in allen Details ausziseliert und dennoch in der Lage ist, die Spannung zu halten (bei einem Ausbruch wie »Amami, Alfredo« hat sie gleichwohl die frühere Kraft eingebüßt). Doch ist die Meinung, daß auch dieser Mitschnitt vom 29. Mai 1955 eine Referenz-Aufnahme sei, nicht aufrechtzuerhalten. Das Gesamtkunstwerk fand auf der Bühne statt, der Soundtrack ist lediglich ein Teilaspekt mit einem eher problematischen Dirigenten.

Es ist also um so beklagenswerter, daß Visconti sich beharrlich weigerte, eine seiner Scala-Inszenierungen für das Fernsehen aufzuzeichnen, weil er sie nicht in ein »Aquarium« sperren wollte. Denn die Callas-Visconti-Produktionen heben die Scala für kurze Zeit hoch über die Inszenierungs-Bemühungen vergleichbarer Opernhäuser hinaus.

Als Maria Callas am 29. Oktober 1956 endlich als Norma ihr Debüt an der Met gibt, muß ihr darum die Szene, die sie hier umgibt, noch mehr wie ein Rückfall in die Zeit der Provinz-Gastspiele erscheinen. Als sie sich 1946 vergeblich um ein Engagement bemühte, vollzog zwischen diesen Hängern bereits Zinka Milanov ihr Mistelzweig-Ritual. Die von Gobbi kritisierte *Tosca*-Produktion diente schon Grace Moore als Folie. Für Lily Pons gab es eine schäbige *Lucia*-Ausstattung. Und die drei waren beileibe nicht die ersten, die in vom Regen ausgelaugten und mit schmutzigem Schnee bekleckerten Hainen und Hallen wandelten. Die immer wieder notdürftig überpinselten Dekorationen sind so alt, daß die Met-Chronisten sich auf kein Ursprungs-Datum festlegen wollen.

Nach *Norma* und *Tosca*, bei denen die Rezensenten weniger um das Phänomen Callas als um die Beurteilung ihrer stimmlichen Verfassung wie die Katze um den heißen Brei schleichen, fällt nach der ersten *Lucia* am 3. Dezember 1956 der Putz von den Wänden. Die 73jährige Klatschkolumnistin Elsa Maxwell (»ich sehe wie eine

Bulldogge aus und ich bin auch genauso zäh«), glühende Anhängerin von Renata Tebaldi, schreibt in ihrer Kolumne: »Ich muß gestehen, daß mich die Schauspielerei der großen Callas in der Wahnsinnsszene völlig ungerührt ließ ... Was mich faszinierte, war die rote Perücke, die sie während der ersten beiden Akte trug. In der Wahnsinnsszene erschien sie dann plötzlich als Platinblonde. Aus welchem Grund dieser plötzliche Farbwechsel? Was bedeutet es für diese egozentrische Extrovertierte?«

Maria Callas, die ihre Kritiker und Störenfriede jenseits der Rampenlichter in gesundem Selbstschutz für Stinker hält, denen sie es zeigen möchte, begibt sich diesmal auf die Ebene der höheren Diplomatie. Gelegenheit ist bei einem Dinner Dance im Waldorf Astoria, den Spyros Skouras gibt, der Präsident der 20th Century Fox. (Billy Wilder meint über den Tycoon: »Die einzige griechische Tragödie, die ich kenne, ist Spyros Skouras.«)

Zwei Schlangen treffen hier aufeinander und testen, wie weit die andere Kaninchen ist. Elsa Maxwell: »Madame Callas, ich könnte mir vorstellen, daß ich die letzte Person auf Erden bin, der Sie hier begegnen wollten.« Maria Callas: »Ganz im Gegenteil, Sie sind die Erste, der ich begegnen wollte, weil ich Sie, abgesehen von Ihrem Urteil über meine Stimme, als eine Dame von Ehre ansehe, der es um die Wahrheit geht.«

Das zitiert die alte Kröte in ihrer nächsten Kolumne und fügt an: »Als ich in ihre ausnehmend schönen, glänzenden, funkelnden, hypnotischen Augen schaute, habe ich begriffen, daß sie eine außergewöhnliche Person ist.«

Und nicht nur die Augen haben es ihr angetan. Elsa Maxwell macht aus ihren Passionen, wie Visconti, kein Hehl: »Mit sechzehn entdeckte ich, daß es mir unmöglich war, mich von einem Mann küssen zu lassen. Mag sein, daß es Egoismus oder falscher Idealismus war, was mich davon abhielt, irgendeinem Mann eine solche Intimität zu gönnen.«

Es ist jedoch merkwürdig, daß sich Maria Callas bei ihrem Widerwillen gegen solche »Abweichungen der Natur« abermals in den Dunstkreis des für sie Abwegigen begibt. Und diesmal muß sie – *parole d'honneur*! – auch noch die verteidigenden Erfahrungen besitzen.

Denn Miss Maxwell macht ihr rund um die Uhr den Hof, ruft sie mitten in der Nacht an und schreibt ihr kompromittierende Briefe: »Ich muß dir schreiben, um dir dafür zu danken, daß du das unschuldige Opfer der größten Liebe geworden bist, die ein menschliches Wesen für ein anderes unter Beweis stellen kann ... Ich glaube, daß ich dein Herz berührt habe, ein- oder zweimal. Aber nun bin ich geheilt. Ich befreie mich aus einer Klammer von Wahnsinn und Verderbtheit, die mich mit Widerwillen erfüllt. Ich gebe dir nicht die geringste Schuld, außer dafür, daß du dieses Gefühl hättest abblocken können, bevor es dafür zu spät war. Doch nun ist alles vergessen ... Ich habe das Versprechen gehalten, das ich dir gegeben habe: ich bin deine beredsamste Verteidigerin und werde es bleiben. Ich habe mich mit deinen Feinden geschlagen. Und wie viele du hast, Maria!«

Miss Maxwell, diese Mischung aus Hofnarr, brünstiger Mänade und bösem Geist, betreibt raffinierte Gehirnwäsche. Und es liegt wohl weniger am grundsätzlichen Bedürfnis der Callas, das Dolce vita endlich nachzuholen, als an diesem Wechselbad von leidenschaftlicher Abbitte und kaum verhohlener Drohung, daß sie immer häufiger im Kielwasser der alten Fregatte mitsegelt.

An der Scala entstehen in rascher Folge die beiden letzten Produktionen mit Visconti. Am 14. April 1957 kommt *Anna Bolena* heraus. Vor dem monochromen Hintergrund des Palastes in Weiß, Grau und Schwarz hebt sich gegen das Nachtblau des Kleides der Anna grell die scharlachrote Robe ihrer Rivalin ab, die von Giulietta Simionato gesungen wird. Die Aufführung gilt als die eindrucksvollste in der gemeinsamen Arbeit, obwohl Donizettis Werk durch die rigorosen Striche seine Proportionen eingebüßt hat.

Bei Glucks *Iphigénie en Tauride*, die am 1. Juni 1957 Premiere hat, gibt es grundlegende Meinungsverschiedenheiten zwischen dem Regisseur und seiner Primadonna. Bei Maria Callas ist der Drang zu den alten Griechen noch heftiger geworden. Visconti aber inspiriert sich an der barocken Kulissen-Architektur von Francesco Galli da Bibiena, die sich gegen einen stürmischen, gewitterschweren Himmel abzeichnet.

Für ihren ersten Auftritt schmückt er seine Artemis-Priesterin in der Art der Fresken Tiepolos im Palazzo Labia in Venedig: »Sie trug eine königliche Robe aus heller Seide mit reichem Faltenwurf aus Seidenbrokat, eine riesige Schleppe und darüber einen weiten dunkelroten Mantel. Ihre Frisur war mit riesigen Perlen geschmückt und um ihren Hals trug sie eine Kaskade von Perlen, die auch noch ihre Brust bedeckten. Nachdem sie die große Treppe hinaufgeschritten war und danach die steilen Stufen wieder hinuntereilte, bauschte sich ihr weiter Mantel im Luftzug um sie. Jeden Abend sang sie ihre höchste Note genau auf der achten Stufe, so minuziös exakt war ihr Spiel mit der Musik koordiniert! Es war wie bei einem Zirkuspferd, das darauf dressiert ist, gleich welche publikumswirksame Leistung zu vollbringen, die man ihm beigebracht hatte. Was immer auch sie selbst von unserer *Iphigénie* gehalten haben mochte, diese Oper war das Schönste, was wir zusammen gemacht haben.«

Das Zirkuspferd aber will nicht mehr so, wie die anderen wollen. In der zweiten Augusthälfte gastiert die Scala bei den Festspielen in Edinburgh mit *La Sonnambula.* Noch in Mailand konstatiert ihr Arzt, daß Maria Callas »Anzeichen einer ernsten nervösen Erschöpfung zeigt, verursacht durch Überarbeitung und Übermüdung«. Trotzdem erklärt sie sich bereit, die abgemachten vier Vorstellungen zu singen. Und Luigi Oldani, der Generalsekretär der Scala, findet dafür überschwengliche Worte: »Die Scala wird dir ewig dankbar sein.«

Während der Mitschnitt vom Scala-Gastspiel mit dem nämlichen Werk im Rahmen der Eröffnung der Oper der Stadt Köln anderthalb Monate vorher belegt, daß Maria Callas in glänzender Verfassung ist und nach wie vor die interpolierten Bravour-Passagen meistert, sind die Abende in Edinburgh nach Meinung der Chronisten »durchwachsen«. Mit ein Grund, daß sie eine fünfte Vorstellung, von der sie nichts wußte, kategorisch absagt und abreist.

Es wird der große Abend der 24jährigen Renata Scotto, die ihr Scala-Debüt 1953 in *La Wally* in der Hosenrolle des Walter (einer zitherspielenden italienischen Variante des Geißen-Peter) gegeben hat und für die Sonnambula *stand-by* ist. Daß es allerdings zu diesem Glücksfall kommt, hat eine Vorgeschichte, die romantischer ist als die Handlung der Oper.

Noch um einiges jünger, hat sie aus Jux und Dollerei an einer Séance teilgenommen, in der sich über das Medium eine Stimme aus der anderen Welt direkt an sie wendet: »Du mußt singen, was ich singe. Du mußt meine Rollen singen.« Die Geisterstimme erzählt, daß sie jung gestorben sei und ewig singen wolle. Eine Feder, die dem Medium in die Hand gedrückt wird, kritzelt einige unleserliche Blätter voll, bis schließlich ein Name leserlich wird: Maria Malibran. Jahre später bekommt Renata Scotto einen Brief von der Malibran in die Hände und vergleicht die Schrift mit den Blättern, die sie bewahrt hat – sie ist identisch.

Damit hat es aber nicht sein Bewenden. Als sie nun in *Sonnambula* einspringen muß, erscheint ihr die ruhelose Seele im Traum. Lächelnd beruhigt sie das dem Erfolg entgegenbibbernde Geschöpf und meint, sie müsse nur der Musik vertrauen, denn aus Renata Scottos Membran würde Malibran ertönen. Kein Wunder also, daß die bislang Unterschätzte aus diesem Himmelfahrtskommando einen Triumph macht.

Doch selbst wenn wir gerne an so angenehme und sogar eintreffende Botschaften aus dem Jenseits glauben möchten, sind doch einige Zweifel angebracht.

Die Spanierin Maria Malibran, die 1836 mit 28 Jahren an den Folgen eines Reitunfalls starb, hat offenbar jede Menge Karma zu löschen. Denn sie war eine rassige Schönheit mit »Gazellenaugen« und einer schlanken, biegsamen Gestalt, die sie für Hosenrollen wie den Arsace in Rossinis *Semiramide* prädestinierten. Renata Scotto hingegen, kleinwüchsig und 1957 noch von zierlicher Figur, hat einen beeindruckend voluminösen Kopf, in dem alle nur erdenklichen Resonanzen für ihren wundervollen Gesang in Schwingung geraten können. Sie ist keine Gazelle, sondern ein Fräulein Kürbisblüte.

Eine weitere Bedenklichkeit ist, daß die Malibran ein Koloratur-Alt mit zusätzlichem Sopran-Register war, die nach den Urteilen der Zeitgenossen nicht korrekt miteinander verblendet waren. Die Töne, die an diesem Abend aus Renata Scottos Kehle strömen, können also definitiv nicht die von Maria Malibran sein. Denn diese Beschädigung zieht sie sich erst viel später zu, als sie sich mit Todesverachtung durch das *spinto*-Fach brüllt.

Wiedergeburt von Maria Malibran? Renata Scotto mit Walter Alberti in *Don Pasquale* in Florenz 1967

Während die kleine Scotto einen großen Schritt auf dem Weg ihrer Karriere macht, überschlägt sich die Weltpresse über die neuesten Capricen der Callas. Denn statt ihre nervöse Erschöpfung in ihrem Mailänder Heim mit Wadenwickeln und Kräutertees zu bekämpfen, fliegt sie weiter nach Venedig, wo Elsa Maxwell am 3. September 1957 eine Party in den Sälen des »Danielino« gibt, dem neuen Trakt des »Danieli« mit Terrassenblick auf die Lagune und San Giorgio Maggiore, zu der hundertsechzig illustre Gäste geladen sind.

Die *paparazzi* drehen durch: Maria Callas amüsiert sich; Maria Callas harrt aus bis in den frühen Morgen; Maria Callas singt »Stormy Weather«, begleitet von Elsa Maxwell am Klavier. Um das Faß ganz zum Überlaufen zu bringen, verkündet die Maxwell: »Ich habe mich in meinem Leben schon so mancher Aufmerksamkeit erfreuen können ... doch nie zuvor ist es geschehen, daß ein Opernstar eine Vorstellung sausen ließ, um nicht das einer Freundin gegebene Wort zu brechen.« Die Festspiele von Edinburgh, deren Existenz den Klatsch-Reportern und ihren Lesern bislang kein müdes Lächeln entlockt hätte, so sie überhaupt von deren Existenz gewußt haben, werden zum Menetekel am Frühstückstisch: Maria Callas hat ihre Kunst verraten. Das begreifen auch die Hausfrauen in Lockenwicklern und Morgenmantel.

Wir müssen dabei in Betracht ziehen, daß wir uns auf dem Höhepunkt der *boring fifties* befinden, deren Tristesse Federico Fellini 1960 in *La dolce vita* abbilden wird. Daß sich die *Casta diva* der Oper mit einer Gesellschaftshyäne zusammentut, zumal mit der einflußreichsten der Welt, ist in dieser nach Skandalen ausgehungerten Zeit ein gefundenes Fressen für alle. Und obwohl bei der Glamour-Party auch durchaus seriöse Leute wie Henry Fonda und Arthur Rubinstein zugegen waren, gilt nun für Maria Callas: Wer sich unter die Kleie mischt, den fressen die Schweine.

Antonio Ghiringhelli könnte den wahren Sachverhalt aufklären. Doch er kneift, weil er unter der Lawine der Pressekampagne nicht mit begraben werden will. Freunde wie Wally Toscanini sind über ihr Verhalten empört und ziehen sich für Monate von ihr zurück. Dies alles bessert das Nervenkostüm der Callas natürlich überhaupt nicht. Sie sagt die Herbst-Saison in San Francisco ab, was ihr weitere miserable Publicity in den USA einbringt und eine Überprüfung durch die American Guild of Musical Artists. Daß sie wirklich schwer angeschlagen ist, glaubt ihr, der Party-Süchtigen, keiner mehr.

Die Scala-Eröffnung rückt bedenklich näher. Die Planung wird, wie Meneghini berichtet, dadurch erschwert, daß drei Tenöre sich weigern, mit ihr zu singen. Endlich entschließt man sich für *Un Ballo in maschera*, den Maria Callas 1956 mit Giuseppe di Stefano aufgenommen hat. Die häufige gemeinsame Präsenz auf Platte gaukelt vor, daß sie ein Traumpaar sind. Zur Zeit ist das Gegenteil der Fall. Und an der Scala ist di Stefano neben ihr lediglich in *La Gioconda* und *Lucia* aufgetreten und zuletzt aus *La Traviata* ausgestiegen, weil er sich durch sie zurückgesetzt fühlte.

Das Verhältnis ist darum nicht besonders herzlich. Bei der Probe am 5. Dezember 1957 versucht die Callas, ihren muffigen Partner im Liebesduett zum Mitmachen zu animieren. Er würdigt sie keines Blickes. Zur Generalprobe am 6. Dezember erscheint er überhaupt nicht, worauf sie ebenfalls nach Hause geht, und Gavazzeni die Oper durchlaufen läßt, indem er die beiden Partien markiert. Zur Eröffnung am 7. Dezember sind also alle Beteiligten entsprechend »angefressen«. Die Aufführung bebt vor Spannung, die auch ein Mitschnitt vermittelt.

Gavazzeni stürzt sich in die Dramatik, setzt düstere Farben und brutale Akzente, die kolossalen Effekt machen und bis heute den Hörer verleiten, Dirigenten, die einen differenzierteren Umgang mit der Partitur pflegen, für Langweiler zu halten. Gewiß ist es auch »einer von Marias erregendsten Verdi-Abenden«, wie Frau Stassinopoulos rekonstruiert. Doch müssen wir auch hier wieder den Spielverderber Celletti zu Wort kommen lassen: »Die Callas . . . ist hervorragend in den Rezitativen; doch wir sind bei einem Verdi, der ihr aus Gründen der *tessitura* und der Melodieführung nicht lag. Die Stimme ist außerdem deutlich im Abstieg, es gibt viele flakkernde und schrille hohe Töne, und auch der Einsatz des *piano* und *pianissimo* wirkt reduziert und bisweilen beschwerlich.«

Es wäre unter diesem Aspekt nur allzu begreiflich, daß die nun folgende Katastrophe rein stimmlicher Natur ist. Als »Vorbereitung« für die *Norma* an der Oper in Rom am 2. Januar 1958 feiert

Maria Callas in einem römischen Nachtclub ins Neue Jahr. Beim Erwachen am Morgen, sechsunddreißig Stunden vor der *prima*, ist die Stimme weg. Eine Absage ist jedoch unmöglich. Italiens Staatspräsident Giovanni Gronchi hat sich samt der Signora angesagt.

Elsa Maxwell bezieht in der Suite der Callas Stellung und gibt »Bulletins« heraus. Am nächsten Abend wird das Opfer wider alles bessere Wissen zur Schlachtbank geführt, pöbelhafte Zwischenrufe begleiten bereits die »Casta Diva«-Arie, nur mit äußerster Mühe erreicht die Callas das Ende des ersten Akts, um dann durch den Abbruch der Vorstellung den größten Opern-Skandal des 20. Jahrhunderts zu provozieren.

Soweit die überlieferte Version, die sich mit kleinen Abweichungen durch die gesamte Literatur verfolgen läßt. Der Mitschnitt dieses ersten Aktes jedoch erzählt etwas anderes. Absagen hätte eher Franco Corelli müssen, der einen besonders unaufgeräumten Abend hat und sich in seiner Auftritts-Arie »Meco all'altar di Venere« bei der Stelle ». . . eran rapiti i sensi – da schwanden meine Sinne« zu einem ungeheuren hohen C aufplustert und dann doch nur ein schwaches A abliefert. Dann tritt Maria Callas auf, demonstriert ein weiteres Mal, wieviel besser ihr immer noch Bellini in der Stimme liegt als der spätere Verdi. Lediglich in den Anfangstakten der zweiten Strophe – »Tempra o Diva« – wird die Stimme so leise, als ob (wie bei Toscaninis letzter NBC-Übertragung) der Herzschlag aussetzen würde. Da aber auch das Orchester mit dahinschwindet, wird es sich wohl eher um eine atmosphärische Störung bei der Rundfunk-Übertragung handeln.

Falls es während der Arie wirklich Zwischenrufe gäbe, müßte das bei Bellinis sparsamer Orchestrierung auch im Radio zu hören sein. Im Gegenteil sind die »Brava«-Rufe danach für eine Gala-Vorstellung höchst ansehnlich. Die anschließende Caballetta »Ah! bello a me ritorna« läßt keine Schwächen hören, die nicht auch auf anderen Mitschnitten und Studioaufnahmen dieser Periode dokumentiert wären.

Am verwunderlichsten aber ist die dramatische Schilderung der späten Chronisten, daß Maria Callas nur mit Müh und Not das Ende des ersten Akts erreicht. Denn die in dieser Vorstellung exakt 15 Minuten und 39 Sekunden dauernde fragliche Szene machen

Adalgisa und Pollione unter sich aus, in diesem Fall Miriam Pirazzini und Franco Corelli, und Norma sitzt längst in der Garderobe.

Was hier vorgeht, ist ungewiß. Doch berichtet Meneghini, »la voce aveva ceduto improvvisamente«, daß die Stimme also von einem Augenblick auf den anderen weggeblieben sei, auf dem Weg in die Garderobe oder vor dem Spiegel. Ein solches nervlich gesteuertes Versagen widerfährt auch anderen Sängerinnen – und insbesondere in *Norma.*

1973 läßt Montserrat Caballé an der Pariser Oper vor Vorstellungsbeginn ansagen, daß sie etwas indisponiert sei, jedoch bereit, trotzdem zu singen. Der erste Akt läßt keine merkliche Indisposition erkennen. Im zweiten jedoch drückt Fiorenza Cossotto, als Adalgisa eine berüchtigte Norma-Killerin, die auch schon die Callas auf ihrer Strichliste hat, derart auf die Tube, daß die weinende Caballé anschließend vor dem Vorhang nur noch der Absage der restlichen Vorstellung beiwohnen kann.

Bei einer Callas aber wird ein solcher Vorgang zur Staatsaffäre. Der Abbruch der Vorstellung an diesem 2. Januar 1958 trifft das Publikum ebenso unvorbereitet wie Gabriele Santini, der das Dirigentenpult nicht sofort verläßt. Die Rundfunk-Kommentatoren heizen die Hörer an, indem sie in ihrem improvisierten Kommentar als Schuldige sofort Elsa Maxwell ausmachen, der diese Aufführung nicht ins Programm gepaßt hat: »La Maxwell war ohne allen Zweifel in diesem Fall wirklich nicht nötig.« Erst dieses Einpeitschen über den Äther treibt eine aufs höchste aufgebrachte Meute auf die Straße und vor die Oper, so daß die Diva und ihre verhaßte Freundin sich nur durch einen Verbindungsgang ins Hotel Quirinale retten können.

Auch die Zeitungen überschlagen sich. Eine katastrophale Niederlage der Fußball-Nationalmannschaft könnte die Nation nicht mehr demütigen und lauter nach Rache schreien lassen. Beleidigung des Staatspräsidenten durch die »Mailänderin«, obwohl sie gleichzeitig nur eine »zweitklassige griechische Künstlerin« ist – alle nur möglichen Ressentiments werden hochgespült.

Auf der Walstatt bleiben auch noch andere Opfer. Gronchis Chauffeur hatte sich nach dem ungefähren Ende der Vorstellung erkundigt und ist dann ins Kino gegangen. Der Staatspräsident muß ohne seine Staatslimousine den Heimweg antreten, und der Chauffeur wird gefeuert. Ehemänner wiederum kommen verfrüht nach Hause und finden überraschende Konstellationen vor, andere finden sich zu spät ein, tief beeindruckt von einem Abend, von dem die Gattin bereits aus dem Radio weiß, was die Stunde geschlagen hat.

Zwischen dem 6. Februar und dem 5. März 1958 ist Maria Callas wieder in der Lage, sieben Vorstellungen von *La Traviata, Lucia* und *Tosca* an der Met nicht abzusagen, wobei Irving Kolodin besonders von ihrer totalen Versenkung in die Rolle der Violetta beeindruckt ist und im übrigen feststellt, daß sie entgegen den Prognosen ihre ganze Kraft aufbietet, in ständig sich steigernder dramatischer Bemühung Vorstellungen auf der Höhe ihrer Kunst zu bieten (»she mustered her strength to perform pridefully and with steadily cumulative dramatic effort«). Es geht also hauptsächlich um den Nachweis, daß sie entgegen den Schauerberichten der Skandalpresse auch weiterhin brav ihre Pflicht tut.

Die Mailänder aber haben sich inzwischen der nationalen Fronde gegen die Callas angeschlossen und wollen Blut sehen. Als sie am 9. April an der Scala in *Anna Bolena* erstmals nach dem römischen Skandal wieder eine italienische Bühne betritt, müssen ihr Polizisten den Weg sichern. Der Beifall in der ersten Hälfte der Oper gilt gezielt ihren Partnern Giulietta Simionato, Gianni Raimondi und Cesare Siepi.

Doch Maria Callas zeigt es »den Stinkern«, wie sie ihr Publikum im Zorn zu bezeichnen pflegt. Anna Bolena, im Finale des ersten Aktes unter Arrest genommen, setzt den Kreaturen des Königs hoheitsvoll die Worte entgegen: »Giudici! Ad Anna! Giudici!«, was soviel heißt wie »Ihr wagt es, euch als meine Richter aufzuspielen!« Diesen Ausbruch des Abscheus vor der Niedertracht schleudert sie nun an der Rampe ins feindselige Publikum, das sich dadurch für besiegt erklärt und ihr für ihren Mut und ihre Schlagfertigkeit zujubelt wie einem Gladiator.

Doch ist es nur ein Sieg für den Abend. Am Anfang jeder Vorstellung gibt es Zwischenrufe. Und zu den Radieschen, Tomaten und anderen Gemüsen, die mit den Blumen heruntergeworfen werden und an die sie schon gewöhnt ist, gesellt sich eines Abends ein Hausschuh. Die Mauer ihres Hauses wird mit obszönen Parolen versehen, Schreier stören die Nachtruhe, und einmal ist die Gittertür sogar mit Kot beschmiert.

Antonio Ghiringhelli könnte durch couragiertes Verhalten die Lage entschärfen, aber er läßt sich nicht einmal bei den Vorstellungen in ihrer Garderobe sehen. *Anna Bolena* ist ursprünglich auch für den 12. April vorgesehen, die Gala-Eröffnung der *fiera*, an der auch Staatspräsident Gronchi teilnimmt – Gelegenheit also, die leidige Affäre ein für allemal aus der Welt zu schaffen. Doch Ghiringhelli setzt statt dessen *Assassinio nella Cattedrale* an, Ildebrando Pizzettis Vertonung von T.S. Eliots Erfolgsstück *Mord im Dom*, die am 3. März uraufgeführt worden ist.

Maria Callas ist sich darüber im klaren, daß ihre nächste Premiere, Bellinis *Il Pirata*, die letzte an der Scala auf absehbare Zeit ist. Für die letzte Vorstellung am 31. Mai 1957 hat sie darum noch eine Extra-Einlage parat.

Glücklicherweise lassen die pathosgetränkten italienischen Libretti Umdeutungen zu, wie sie sich in der deutschen Oper kaum anbieten. Man stelle sich vor, eine Leonore würde in *Fidelio* einem Intendanten, mit dem sie im Clinch liegt und der sich eben aus dem Zuschauerraum wegstiehlt, in lodernder Empörung nachrufen: »Abscheulicher, wo eilst du hin?« Es wäre wohl ein Lacher oder bloß peinlich. Auf italienisch jedoch verfehlt eine solche Attacke ihre Wirkung nicht.

In der Schlußszene des *Pirata* ist die Heldin Imogene wahnsinnig geworden, nachdem sie erfahren hat, daß ihr Geliebter zum Tod verurteilt ist, und sieht vor ihrem inneren Auge die Hinrichtungsstätte: »La ... vedete ... il palco funesto!« Palco jedoch bedeutet sowohl Richtplatz als auch Loge. Und so erhebt Maria Callas an dieser Stelle drohend den Arm gegen Ghiringhellis Loge: »Da ... seht ... das schreckliche Blutgerüst!« Ein starker Abgang, den das Publikum nun, da es zu spät ist, mit einer halbstündigen Ovation würdigt – vor dem Theater allerdings, denn Ghiringhelli hat den Eisernen Vorhang heruntergehen lassen: »Die Primadonnen gehen – die Scala bleibt.«

Weniger stark ist der Abgang von der Met, obwohl er ungeheuren Wirbel verursacht. Abgesprochen ist für die Spielzeit 1958/59 – es wäre für Maria Callas die dritte – eine Neuinszenierung von *Macbeth* mit Leonard Warren in der Titelrolle und daneben weitere Vorstellungen von *La Traviata* und *Tosca*. Doch die Verhandlungen über die Details dauern noch an, als die Spielzeit am 27. Oktober 1958 mit Renata Tebaldi als Tosca beginnt. Am 6. November 1958 schickt Rudolf Bing ein telegrafisches Ultimatum nach Dallas, wo Maria Callas als Medea auftritt und die passende Optik liefert, als sie das Ultimatum zurückweist. Am 7. November prangen in allen Zeitungen die Schlagzeilen: *Bing feuert die Callas!*

Der Hergang der Handlung, der sich im Laufe der Zeit in Darstellungen, Dementis, Gegen-Dementis, in Interviews und zwischen Buchdeckeln ansammelt, ist ein Verwirrspiel, das vom eigentlichen Kern ablenkt. Vordergründig geht es um den zeitlichen Abstand zwischen der Lady Macbeth und der Violetta, den Maria Callas benötigt, um sich jeweils von dem einen Stimmfach auf das andere umzustellen.

Zwei Jahre vorher gab es dieses Problem noch nicht. Da hat sie am 10. November Norma gesungen, am 15. und 19. Tosca und am 22. November wieder Norma – eine viel problematischere Kombination als die von Violetta und Lady Macbeth, die ursprünglich zwei Seiten einer Medaille waren, bis sie in einer verdorbenen Aufführungspraxis von konträren Fächern usurpiert wurden.

Maria Callas hat die Lady Macbeth allerdings nur in fünf Vorstellungen an der Scala im Dezember 1952 gesungen. Seither hat sie ihrer Stimme dreifachen Schaden zugefügt – die hartnäckige Abnutzung in den *spinto*-Partien vom späten Verdi bis zum Verismo, die das Flackern verstärkte, den viel zu rasch erzwungenen Gewichtsverlust, der die Resonanz»dämmung« veränderte, und das »Umfärben« je nach Rollen-Charakter. Für die Lady fehlt ihr auf ihrer Rollen-Palette nun die Farbe, die sie in dieser Partie einmal so unvergleichlich besaß.

Der Beleg dafür findet sich in den Plattenaufnahmen der drei Arien, die – als ob sie sich beweisen wollte, daß sie sehr wohl in der Lage wäre, die Partie zu singen – vom 19. bis 21. November 1958 in den Abbey Road Studios in London entstehen, bezeichnenderweise rund zwei Wochen nach dem Krach mit Bing. Die Stimme ist unter Kontrolle, auch das hohe Des am Ende der »Gran Scena del Sonnambulismo« gelingt. Und dennoch ist in der Gestaltung von der erregenden Unruhe der Scala-Produktion wenig übriggeblieben.

Das liegt nicht an der mangelnden Inspiration im Studio, sondern an den *tempi*, die ja wohl nicht der Dirigent Nicola Rescigno vorgibt, sondern sie selbst. Das *andante assai sostenuto* der Schlafwandelszene wird von ♩ = 50 auf ♩ = 40 gedrosselt. Es sind die gemessenen *tempi* der Medea. Lady Macbeth ist in Cherubinis klassizistisches Hellas »verschleppt« worden. Maria Callas hat sich der Rolle entfremdet.

Der Bruch zwischen Bing und Callas verschafft Leonie Rysanek ein vorgezogenes Debüt an der Met, das im Februar 1959 mit Aida stattfinden sollte, nun allerdings unter den belastenden Begleiterscheinungen einer Pressekampagne, die drei Monate vor der *Macbeth*-Premiere beginnt. Gleichwohl ist Bings Risiko nicht allzu groß. Sie hat die Lady bereits im Oktober 1957 in San Francisco übernommen, als Maria Callas schon dort absagte – und unter härteren Bedingungen, weil sie die Partie (zwischen Turandot und Ariadne und einer deutsch gesungenen Amelia für die ebenfalls erkrankte Antonietta Stella) in zehn Tagen in italienischer Sprache umstudieren mußte.

Der Erfolg war so eindrucksvoll, daß ihr Agent im März 1958 in New York zwei konzertante Aufführungen in der Academy of Music in Brooklyn und in der Carnegie Hall organisiert. Howard Taubman schreibt in der *New York Times* vom 27. März 1958: »Ihre Lady Macbeth im Abendkleid auf einem Konzertpodium, im Grunde aus dem Nichts gestaltet, nur eine Suggestion, das Stenogramm einer Darstellung, war ein dramatisches Meisterstück. Die Stimme ist von Natur aus zwar nicht die eines ›Teufels‹, wie Verdi es ... wünschte, Frau Rysanek weiß jedoch zu schattieren und so das Gefühl finsteren Schreckens zu erzeugen.«

Taubman beschreibt präzise eine wesentliche Voraussetzung für die Partie, das von Verdi häufig vorgeschriebene *sotto voce*, die Heimlichkeit, in der das Mordkomplott auch musikalisch betrieben wird, und die vollkommene *mezzavoce*-Technik verlangt. Die Lady ist ja keine Furie, die lauthals verkünden würde, was sie vorhat. Selbst in der Bankett-Szene, in der Macbeth der blutige Leichnam Bancos erscheint, steht gegen seine Ausbrüche ihre unterdrückte Erregung, ihre gedämpfte Verachtung: »Voi siete demente ... vergogna, signor (Ihr seid nicht bei Sinnen ... O Schmach über Euch)!« Es sind Farben, über die Leonie Rysanek eindringlich verfügt.

Die Premiere von *Macbeth* am 5. Februar 1959, die erste Aufführung dieser Oper an der Met, hält Bing in seinen Memoiren dennoch für »eine unmögliche Aufgabe, selbst für eine große Künstlerin«. Er behauptet, daß er zum ersten und einzigen Mal in seiner Laufbahn einen Claqueur angeheuert habe, der bei Leonie Rysaneks Auftritt »Brava, Callas!« zu rufen hat, um den Sinn des amerikanischen Publikums für *fair play* zu stimulieren. Das wäre zumindest sehr riskant. Doch als der wie immer motivierte Ruf erschallt, steigert sich der übliche Auftritts-Applaus in der Tat enorm.

Am Ende steht ein Sieg, über den Irving Kolodin schreibt: »Bei weitem die stärkste Leistung wurde von Leonie Rysanek geboten ... die Schlafwandelszene hatte im Spiel und in der gesanglichen Gestaltung einen Grad von traumatischer Macht, der offenbar machte, daß die Rysanek eben jene seltene Bühnenpersönlichkeit ist. Sie machte sogar die noble Geste, den *fil di voce*-Effekt zu liefern, den Verdi für das hohe Des vorschreibt ... Ihr Erfolg mit dem hohen Register der Partie ließ die Schwäche in der unteren Oktave minimal erscheinen und verhehlte die dicke Tongebung in der Mitte.«

Wir haben mit dem »dicken Ton« eine neue Variante in der kritischen Auseinandersetzung mit dieser Stimme. Doch könnte es sich dabei um die Stelle handeln: »Chi poteva in quel vegliardo tanto sangue immaginar ... immaginar? (Doch wer ahnte bei dem Alten eine solche Menge Blut ... noch so viel Blut?)«, die lautmalerisch in der Tat sehr viel Blut imaginiert. Im übrigen ist der Mitschnitt der dritten Vorstellung am 21. Februar 1959 in seiner erregenden Lebendigkeit der anschließenden Studio-Aufnahme von RCA vorzuziehen, nicht nur, weil die Sänger in der Kinderzeit des Stereotons vom Produzenten veranlaßt wurden, auf Filzlatschen durch das

Studio zu flitzen und akustisch irritierend oft die Position zu wechseln.

Die Begebenheiten rund um diesen *Macbeth* an der Met verstellen den Blick auf ein Ereignis, das nur zwölf Tage später am 17. Februar 1959 am Covent Garden stattfindet und Maria Callas einen weiteren Solitär aus der Krone bricht. Es ist Joan Sutherlands erstes Auftreten als Lucia.

Der Weg dahin war lang und steinig. Joan Sutherland, drei Jahre jünger als Maria Callas, einen Monat älter als Leonie Rysanek, hat ihr Debüt am Covent Garden mit sechsundzwanzig als Erste Dame in der *Zauberflöte* am 28. Oktober 1952 gegeben. Am 8. November 1952 hatte sie ihre erste Begegnung mit *Norma*, mit der Norma der Callas – sie selbst sang die winzige Rolle der Clotilde. Daß hier eine *virtuosa* heranwächst, hätte deutlich werden müssen, als sie der lyrischen Antonia in *Les contes d'Hoffmann* die Koloratur-Brillanz der Olympia hinzufügte. Doch Koloratur-Soprane sind vorrätig, und von der Statur scheint sie mehr für Handfesteres bestimmt. Einige Repertoire-Vorstellungen als Agathe und Aida sind das Ergebnis.

Am 27. Januar 1955 bei der Uraufführung von *A Midsummer Marriage* von Michael Tippett fällt sie in der Rolle der Jenifer zum erstenmal auf, wie Harold Rosenthal berichtet: »(Sie) verblüffte alle Zuhörer durch die Schönheit ihres Gesangs und die Technik, mit der sie die hohe *tessitura* ebenso bewältigte wie die schwierige Textur.« Die Qualität von Tippetts Musik wird allerdings durch ein von ihm selbst gezimmertes esoterisches Libretto vernebelt, »so mit Symbolismus überladen und so obskur in der Aussage, daß kaum einer von hundert überhaupt anfing etwas zu begreifen«.

Mysterium und Naturmagie verquasen sich ineinander: »There is no union but in full communion/Man with beast and All in one – Nur in Gemeinsamkeit ist Einigkeit/Mensch und Tier ist alles eins.« Nicht nur »the birds and the bees« werden vom Royal Ballett verkörpert, auch Hund und hakenschlagender Hase sowie Fisch und Otter in einem Wasser, dessen Wirbel die Form von Nymphen haben. Tippett schreckt nicht einmal davor zurück, die Tänzer ein Feld mit Frühjahrsgetreide säen zu lassen – und alles nur, um ein störrisches Brautpaar den Weg in sich selbst und zueinander finden zu lassen.

Die Koloraturen der grobknochigen und breitflächigen Sutherland dienen dazu, die ranken Ballettgeschöpfe in flinke Bewegung zu bringen. Doch obwohl die rituellen Tänze von dem 27jährigen John Cranko choreographiert werden, gibt es bereits beim Ballett-Finale Buhs und »Schrott«-Rufe von der Galerie. Nach dem Fallen des Vorhangs tröpfelt fünf Minuten Applaus, durchmischt mit vereinzelten Protesten.

Es ist also wieder nichts mit dem Durchbruch. Die erste ungetrübte Anerkennung gibt es nach Rosenthals Chronik erst am 8. Mai 1957, als sie zum erstenmal die Gilda singt »und sich als beste Sängerin dieser Rolle am Covent Garden seit Lina Paliughi erwies«. Und Paliughi ist hier 1938 aufgetreten.

Seit 1956 spielt David Webster bereits mit dem Gedanken, mit Joan Sutherland *Lucia* zu produzieren. Aber der Aufsichtsrat ist strikt dagegen, gegen das Werk überhaupt, und dann auch noch bloß mit Sutherland. Die alten Herren haben noch die letzte *Lucia* im Jahr 1925 in fürchterlicher Erinnerung, in der Toti dal Monte in der Wahnsinnsszene an der Rampe dem Dirigenten Antonino Votto mit einem Fächer die Zeitmaße vorgab. Es blieb bei dieser einen Vorstellung.

In diesem Mai 1957 jedoch gibt es im Stoll Theatre ein italienisches Operngastspiel mit Virginia Zeani als Lucia, das großen Erfolg hat. Der Aufsichtsrat kann zwar feststellen, daß es nicht immer Callas sein muß, doch die Diskussion wird bis April 1958 verschoben – es würde sonst ja so aussehen, als ob man es am Covent Garden nötig hätte, sich an den Erfolg einer Wandertruppe anzuhängen.

Nunmehr stellt sich die Frage nach einem geeigneten Dirigenten, der außerdem die neue Übersetzung akzeptieren müßte, die extra in Auftrag gegeben wurde. Carlo Maria Giulini lehnt prinzipiell ab, Tullio Serafin erst, als er zu seinem Entsetzen erfährt, daß er *Lucia* in englischer Version dirigieren soll. Die Beratungen sind an einem toten Punkt angelangt.

Es scheint, daß Walter Legge, der für kurze Zeit in das mehr Verwirrung stiftende als beratende Gremium aufgenommen wurde (weil er angeblich Schwarzkopf und Klemperer abhält, am Haus zu arbeiten), den entscheidenden Köder auswirft. Er überzeugt den Aufsichtsrat, der nach wie vor von Zweifeln geschüttelt ist, ob diese Sutherland denn das überhaupt kann, daß ein definitives Urteil nur von Serafin zu erwarten ist, und daß Serafin seine Expertise nur geben wird, wenn er die Produktion auch leitet.

Also wird schwersten Herzens die wunderhübsche Übersetzung beerdigt und Joan Sutherland zum Studium und End-Examen nach Venedig geschickt. Es erweist sich, daß ihr Ehemann Richard Bonynge sie nicht nur all die langen Jahre auf dem Weg zum dramatischen Koloratur-Sopran ermutigt, sondern auch diese Partie mit ihr bereits aufs sorgfältigste studiert hat. Serafin ahnt gottlob nicht, daß hinter dem Ergebnis ein künftiger Dirigent steht, der ihm auf dem Sektor der romantischen Oper stilistisch bereits jetzt überlegen ist. Darum zeigt er sich über den Stand der Entwicklung erfreut und meint lediglich, daß sie noch einen letzten Schliff brauche. Den erhält sie an den Vormittagen, die Nachmittage sind frei.

Nicht zu unterschätzen ist hingegen Serafins Anteil an der Wahl des Regisseurs. Als sein Vorschlag, Franco Zeffirelli zu engagieren, akzeptiert wird, ruft er bei ihm an. Zeffirelli freut sich sehr, weil er annimmt, daß es selbstverständlich eine Produktion mit Maria Callas ist. »Es ist nicht Maria«, sagt Serafin, »es ist jemand anders; vielleicht genauso begabt wie Maria. Aber es gibt da Probleme. Sie werden schon sehen. Machen Sie sich keine Sorgen, ich weiß, Sie können Wunder wirken. Kommen Sie so bald wie möglich.«

Zeffirelli macht sich keine Gedanken, er ist begeistert. Denn es ist London, wo er sein internationales Regie-Debüt geben wird, die Stadt der berühmten Theater, von denen er als junger Schauspieler so viel gehört hat. »Erst als wir den Probenraum der Oper betraten, sah ich, was Serafin gemeint hatte. Vor uns stand eine stämmige, linkische, unvorteilhaft gekleidete Frau mit einer Erkältung. Mir rutschte das Herz in die Kniekehlen. ›Franco‹, sagte Serafin, ›das ist Joan Sutherland.‹ Als er mein bestürztes Gesicht sah, forderte er sie eilends auf, zu ihm ans Klavier zu kommen. Zu meiner Überraschung war es Serafin und Maria in Neuauflage. Nicht die gleiche Stimme, nein, aber das gleiche Wunder geschah – die linkische Person und der göttliche Gesang.«

Zeffirelli kreiert einen Star, wie Bonynge eine Stimme kreiert hat: »Wir entwarfen ein Kleid mit hoch angesetzter Taille, das ihrer Figur schmeichelte, und spannten einen Gazevorhang über das Proszenium, so daß alles wie von einem romantischen Nebel verklärt schien. Ich hatte die Stoffmuster und den Schmuck der schottischen Romantik eingehend studiert und fühlte, daß sie sehr gut zur italienischen romantischen Oper paßten. Ich entschied mich für eine sehr direkte Interpretation, in der jedes emotionale und dramatische Moment voll ausgespielt wurde; Lucias Gewand in der Wahnsinnsszene wurde für die gespenstischen Blutflecken berühmt.«

Montague Haltrecht fügt in seiner David-Webster-Biographie noch eine weitere Facette hinzu: »Es ist etwas in Joans eigener Persönlichkeit, das an der Rolle des Opfers Gefallen findet, und das wiederum ist auffallend, weil die Natur sie nicht für die Rolle des Opfers erschaffen hat. Es war, als ob sie sich um so stärker in die Rolle des Opfers versetzte, weil es die andere Seite ihres zur Schau getragenen Wesens darstellte. Webster wußte, als er die Rolle für sie wählte, daß sie ihr wunderbar stehen würde, und nicht nur, weil sie mit den verzierten Passagen gut zurechtkam.« Wer Joan Sutherland auf der Bühne als Lucia erlebt hat, wird ihm beipflichten.

Der härteste Test findet bereits in der Generalprobe statt. Es hat sich herumgesprochen, daß sich etwas Außergewöhnliches ereignen würde und so sitzen in einer Loge verborgen im trauten Verein Elisabeth Schwarzkopf und – Maria Callas. Als Joan Sutherland nach der Wahnsinnsszene davon erfährt, wird sie beinahe ohnmächtig. Doch sie erhält den Ritterschlag. Der bewundernde Wortlaut der Schwarzkopf ist nicht überliefert.

Zeffirelli, noch in seiner Autobiographie von 1986 jünglingshaft schwärmerisch, berichtet jedoch über die heroische Selbstüberwindung der Callas: »Gott weiß, was sie empfand, als sie Joan Sutherlands wirklich erstaunliche Stimme hörte, die sich noch weiterentwickeln ließ, während ihre eigene – und das wußte Maria sehr wohl – allmählich nachließ. Sie konnte sich ausrechnen, daß die meisten großen Opernhäuser, einschließlich der Scala, in ständigem telefonischen Kontakt mit Webster, Serafin und mir standen, ob Joan wirklich so gut wäre, wie das Gerücht es wissen wollte. Nach der Probe kam Maria hinter die Bühne und bewies, daß der Vorwurf, sie sei eine Kanaille, nie zutraf, wenn sie es mit einer wirklichen Begabung zu tun hatte. ›Sie sind eine große Künstlerin‹, sagte sie zu Joan Sutherland. ›Wenn eine andere so gut gesungen hätte wie Sie, wäre ich eifersüchtig geworden, aber nicht bei Ihnen.‹ Dann lachte sie und nahm damit der Situation die Steifheit. ›Natürlich verdanken Sie eine ganze Menge anderen Leuten, zu denen wahrscheinlich auch ich gehöre, aber wir alle verdanken irgend jemandem irgend etwas.‹ Und das alles sagte sie sehr freundlich.«

Freundlich ist gut. Daß die Tigerin auf jede andere eifersüchtig wäre, nur nicht auf das im Vergleich zu ihr »vierschrötige Katerlieschen«, ist ein sehr zweischneidiges Kompliment. Wie es der Teufel will, nimmt Maria Callas wenige Wochen später, im März 1959, für EMI ihre zweite *Lucia* im Studio auf, die den Vorzug und gleichzeitig den Nachteil der Stereophonie hat, weil sie den Befund noch deutlicher macht – eine Ruine in Raumton. In diesem Zusammenhang soll sie über Joan Sutherland geklagt haben: »Sie hat meine Arbeit um ein Jahrhundert zurückgeworfen.« Und das dürfte wohl die echte Meinung sein.

Merkwürdig ist jedoch, daß Walter Legge, der doch von sich behauptet: »Weder Liebe, Freundschaft, Geld, Ehrgeiz, Feindschaft oder Haß können meine künstlerischen Werturteile beeinflussen«, es der Callas nicht antun will, auch Joan Sutherland in den EMI-Stall zu holen. Damit trifft er nicht nur künstlerisch, sondern auch finanziell eine gigantische Fehlentscheidung, die ihm aber nachträglich nicht allzu peinlich gewesen sein dürfte, da er 1963 ohnehin im Groll ausscheidet. Die DECCA aber hat den Gewinn und mit Sutherland und Bonynge ein Team, das noch über ein Vierteljahrhundert aktiv bleiben wird.

Als Maria Callas am 23. Juli 1959 in Monte Carlo zu einer dreiwöchigen Kreuzfahrt an Bord der Onassis-Jacht »Christina« geht, ist es, was die Folgen für die Sängerin betrifft, nur noch ein letztes Straucheln. Die *chronique scandaleuse* soll uns hier nicht beschäftigen, sie ist erschütternd in Meneghinis Memoiren niedergelegt. Doch gibt es auch einen verborgenen musikalischen Aspekt.

Aristoteles Onassis hat vorgesorgt. So wie er Sir Winston Churchill gemietet hat (angeblich kostet das Vergnügen seiner Anwesenheit auf dem Schiff dreißigtausend englische Pfund), hat er sich über eine New Yorker Kanzlei einen Opernkenner besorgt, den 25jährigen William Aguiar Jr., Student der Musik und Psychologie an der Columbia University in New York. Der Job ist leicht, verlangt jedoch Einfühlungsvermögen in den jeweiligen Stand der Entwicklung. »Kid, was ist Norma?« fragt Onassis. »*Norma* ist eine Oper von Bellini.« »Ist es o.k., wenn ich sage: Norma ist gut?» »Ja, aber es wäre besser, wenn Sie eine Begründung hätten, warum *Norma* gut ist. Sie könnten sagen: *Norma* ist eine wundervolle Oper. Und keine singt ›Casta Diva‹ wie Sie!« »Perfekt. Wie buchstabiert man ›Casta Diva‹?«

Einen kleinen Aufenthalt gibt es bei der nächsten Lektion. »Was ist das für eine Arie, die so ähnlich wie ›fuckin' Pa‹ heißt?« Erst nach einiger Überlegung kommt der Tutor darauf, daß es sich wohl um Rosinas Arie »Una voce poco fa« handelt, die Maria Callas zuletzt auf ihrer Deutschland-Tournee im Mai 1959 gesungen hat.

Nach der Eroberung der Festung bekommt Onassis noch den Tip, im passenden Moment den Anfang von Toscas Gebet zu deklamieren: »Vissi d'arte, vissi d'amore«, was mit entsprechender Betonung auch heißen kann: »Du lebtest der Kunst, ich lebte der Liebe.« Nun fehlt nur noch der letzte Bluff auf dem Berg Athos, wo der wohl ebenfalls gut geschmierte Patriarch seinen Segen speziell dem neuen Paar erteilt: »Die größte Sängerin der Welt und der größte Seemann der modernen Welt, der neue Odysseus.« Kunst, Religion und nationaler Mythos scheinen eins geworden.

Ihre Freunde sehen es anders und reagieren empfindlich wie Franco Zeffirelli: »Ich fand das alles abscheulich. Für mich bedeutete Maria Oper, und die Oper hatte mir meine Chance gegeben ... Als ich nun mit ansehen mußte, wie Maria in eine Rolle schlüpfte, die nicht zu unserer Welt paßte, fühlte ich mich genauso betrogen wie der arme alte Meneghini. Es war die Callas-Ära gewesen, davon war ich überzeugt, und ich sagte ihr zusammen mit Maria und *Lucia di Lammermoor* in Dallas das letzte Lebewohl.«

Diese *Lucia* in Dallas Anfang November 1959 ist eine Austausch-Produktion mit London, Zeffirellis Inszenierung vom Februar, in der er für Maria Callas nun einiges ändern und das Gewand mit weniger Blutflecken versehen muß. »Als wir anschließend zusammensaßen und über das Leben und unsere Arbeit philosophierten, erklärte sie, sie werde einen glänzenden Abgang von der Opernbühne haben. Dann werde sie Onassis heiraten und eine Familie gründen.«

Der »Abgang« in der ersten Vorstellung am 6. November unter der musikalischen Leitung von Nicola Rescigno ist weniger glänzend als geistesgegenwärtig. In der Wahnsinnsszene ist eines der Mädchen von der örtlichen Chorschule, die für die Hofdamen eingeteilt sind, wild entschlossen, ihr Idol in Aktion zu knipsen, und hat eine Kamera unter dem Reifrock verborgen. Als Maria Callas die Treppe herunterirrt, hört sie das Klicken der Kamera. »Hör auf, hör auf zu knipsen. Hör auf, kapiert!« zischt sie in den Gesangspausen.

Die Beobachter in der Kulisse finden das Geschehen amüsant, bis am Ende aus Lucias Kehle statt dem hohen Es nur ein fürchterliches Krächzen kommt. Sie verwandelt dieses Kreischen in einen Todesschrei, während dem sie zusammenbricht. Das Publikum von Dallas hält den Effekt für gewollt und bricht in tosenden Beifall aus.

In der Garderobe erklärt Maria Callas: »Ich treffe den Ton. Ich weiß, was heute abend passiert ist. Diese verdammten Presseleute, die mich nicht in Ruhe lassen. Sie machen mich derart nervös, ich bring' sie noch um! Ich treffe den Ton.«

Die nun folgende Szene ist von Franco Zeffirelli behutsam überliefert: »Sie ging zum Klavier, schlug ein paar Akkorde an, sang die ganze Arie und dann, als sie zu dem hohen Es kam, traf sie es zu unserem Entsetzen wieder nicht. Sie probierte es noch einmal – wieder nichts. Langes Schweigen. Schließlich schloß Maria sanft den Deckel des Klaviers. Zuerst Rescigno, dann auch die anderen, einer nach dem anderen drehte sich um und ging hinaus. Ich war so aufgewühlt, daß ich auf sie zuging und versuchte, sie auf die Augenbraue zu küssen. Sie schüttelte jedoch nur den Kopf, auf eine Weise, die mir bedeutete, sie wisse, was ich damit ausdrücken wollte, aber sie wolle kein Mitleid. Da verließ auch ich den Raum.«

Es bedeutet noch nicht den Weltuntergang, wenn ein Extremton nicht mehr kommt. Doch dieses hohe Es war ihr letzter sicherer Besitz. Und Maria Callas ist noch nicht sechsunddreißig Jahre alt.

DIE ITALIENISCHE OPER UND DER »DEUTSCHE VORBEHALT«

E. Th. A. Hoffmann und Rossinis »entartete Musik« – Franz Werfel: Die Erneuerung Verdis aus dem deutschen Geist – Das unidiomatische Singen bricht dem Ensemble das Genick – Die Wiener Staatsoper unter Karajan: Eine Dependance der Scala? – Der Kulturschock der deutschen Kritik – Leontyne Price: Von Bess zu Leonora – Der Salzburger »Trovatore«: Eine Erfindung der Met – Lehren werden nicht gezogen . . .

In der *Süddeutschen Zeitung* vom 7./8. Juli 1990 schreibt Thomas Thieringer über eine Freiluft-Aufführung der »reißerischen« *Lucia di Lammermoor* in Heidenheim: ». . . ein herrlicher Schmachtfetzen . . . zu einer eingängig virtuoselnden Musik mit einigen bravourösen Gesangsnummern. In Heidenheim hat man sich kaum um eine Inszenierung dieser schröcklich romantischen Oper bemüht. Michael Herzberg, der im Programmheft als ›Regisseur‹ genannt wird . . . hat wohl noch nie etwas von Musiktheater gehört. Er huldigt dem hierzulande längst vergessenen Stagione-Theater, bei dem jeder Regieehrgeiz verpönt ist. Die Organisation der Auftritte, die Überlegungen, wie man die Solisten zu den Duetten zusammen, zu ihren Soli an die Rampe . . . bringt, darin erschöpfen sich hier die Regie-Intentionen.«

Nehmen wir als gegeben, daß die Bemühungen von Maria Callas oder Joan Sutherland, dem »reißerischen Schmachtfetzen« die Glaubwürdigkeit wiederzugeben, sich weitgehend außerhalb der deutschen Grenzen ereigneten – der Rezensent verwechselt in seinem Trachten nach Distanzierung außerdem *stagione*-Theater mit der Schlamperei des sogenannten Rampen- oder Steh-Theaters.

Das *stagione*-Prinzip ist auch in Deutschland weder längst vergessen noch – wie derlei arteigene Siege einmal genannt wurden – »aufs glänzendste widerlegt«. Theodor W. Adorno stellt in seiner *Einleitung in die Musiksoziologie* bereits 1961, wenn auch sprachlich etwas ungelenk, fest: »Während die Organisationsform der Oper aus dem 19. Jahrhundert, die des Repertoiretheaters, in den deutschsprachigen Ländern zäh festgehalten wird, gravitiert der künstlerischen Möglichkeit nach die Operndarbietung zur Stagione; kein Zufall, daß die großen Festspielveranstaltungen von Bayreuth, Salzburg oder Wien nachgerade zu den einzigen Gelegenheiten werden, wo man überhaupt noch menschenwürdige Aufführungen zu hören bekommt.«

Inzwischen muß jedes große Haus im Interesse der Qualität mit dem sogenannten Block-System arbeiten, also Neuinszenierungen und Wiederaufnahmen in möglichst der gleichen Besetzung möglichst oft innerhalb weniger Wochen auf den Spielplan bringen.

Warum das gerade auch aus der Sicht eines verantwortungsbewußten Regisseurs notwendig ist, darüber hat sich Jean-Pierre Ponnelle 1983 mit Imre Fabian unterhalten: »Ich habe einen Vertrag, mir steht eine bestimmte Zeit zur Verfügung, eine Besetzung, die ich akzeptiert habe. Das Stück gelangt zur Premiere, und ich reise ab. Was ich jetzt sagen will, hat mit meiner Abreise nichts zu tun, denn wenn ich fest engagiert wäre, würde es mir auch nicht anders ergehen . . . Ich habe keinen juristischen Schutz. Von dem Moment an, da ich meine Inszenierung herausgebracht habe, ist sie Eigentum des Theaters. Der letzte Schwachkopf in einem Betriebsbüro kann Umbesetzungen anordnen . . . Ich möchte jedem jüngeren Kollegen, der aus meinen Erfahrungen vielleicht profitieren kann, raten, Verträge auf eine bestimmte Zeit und für gleichbleibende Besetzungen zu schließen.«

Das also ist *stagione*. Doch handelt es sich in der zitierten Besprechung wohl nicht um eine zufällige Begriffsverwirrung, sondern um einen typischen Ausfluß von Italianophobie, um den unausrottbaren »deutschen Vorbehalt«, der eine lange Tradition hat. Ein Vorbehalt allerdings, dem sich einige der bedeutendsten deutschen Denker nicht anschließen mochten.

Im Herbst 1824 wird Georg Wilhelm Friedrich Hegel in Wien von einer italienischen Operntruppe in höchstes Entzücken versetzt.

Er schreibt an seine Frau nach Berlin: »... welche Männerstimmen! Zwei Tenore, Rubini und Donzelli, welche Manier, Lieblichkeit, Volubilität, Stärke, Klang, das muß man hören! – ein Duett derselben von der höchsten Force ... So lange das Geld, die italienische Oper und die Heimreise zu bezahlen, reicht, – bleibe ich in Wien!« Das sind nicht etwa Jugendtorheiten – Hegel ist vierundfünfzig.

Auch Arthur Schopenhauer ist unvermutet »anfällig«. Er entscheidet das Geplänkel, ob die (deutsche) Harmonie oder die (italienische) Melodie den höheren Wert hat, in *Parerga und Paralipomena* dahingehend, daß die Harmonie sich zur Melodie verhalte wie die Sauce zum Braten.

Auf Giovanni Battista Rubini (1794–1854), den »Tenor Bellinis«, läßt selbst Richard Wagner nichts kommen. In ihrem Tagebuch vermerkt Cosima unter dem 3. August 1872: »R(ichard) singt eine Kantilene aus den *Puritanern*, dabei bemerkend, daß Bellini solche Melodien gehabt, wie sie schöner nicht geträumt werden können. Dabei gedenkt er Rubinis, wie wundervoll er dies gesungen, und meint: ›Auf ganz andre Wege müssen unsere deutschen Sänger sich begeben, diese Begabung haben sie nicht; durch das, was ihnen versagt ist, müssen sie sich zu Unerhörtem aufschwingen, wie Wieland durch die fehlenden Füße zum Fliegen gebracht wurde.‹«

Sie selbst ist hingegen in ihrer Verachtung der Italiener rigoros bis zur Hysterie. Wie es bei Wagners auf dem Sofa in Triebschen zugeht, schildert ihre Tagebucheintragung vom 12. Februar 1871: »Abends bringt (Hans Richter) das Gespräch auf Gounod, welches (uns) denn eine fürchterliche Musikliteratur durchwandern läßt, *Faust, Prophet, Hugenotten*, Bellini, Donizetti, Rossini, Verdi, alles hintereinander, mir wird physisch übel, ich nehme einen Band Goethe (Paralipomena zu *Faust*) und suche Rettung. Doch nichts hilft, ich leide und leide. R(ichard) wird es auch zu arg und bittet Richter aufzuhören, nachdem dieser ihm zu beweisen gesucht, daß Verdi nicht schlechter als Donizetti war.« Ihr Exgatte benimmt sich nicht weniger albern. Zum Zeitpunkt der Uraufführung von Verdis *Messa da requiem* am 22. Mai 1874 weilt Hans von Bülow zufällig in Mailand und läßt eine Annonce in die Zeitung setzen, er sei keineswegs in der Stadt, um sich Verdis Komposition anzuhören.

Verdi ist also für seine Einschätzung der Deutschen nicht allzusehr zu tadeln, wenn er nach der Kapitulation von Paris am 28. Januar 1871 schreibt: »Mögen unsere Literaten und Politiker nur das Wissen und sogar (Gott möge ihnen verzeihen) die Künste dieser Sieger besingen; sähen sie etwas genauer hin, würden sie gewahr werden, daß in deren Adern immer noch das alte Gotenblut fließt; daß sie maßlos in ihrem Stolz sind, hart und intolerant, alles verachten, was nicht germanisch ist . . . Menschen mit Kopf, aber ohne Herz; eine starke Rasse, doch ohne Kultur.«

Hans von Bülow besinnt sich nach dem Studium der Partituren von *Aida, Otello* und der *Messa da requiem* zwar 1892 eines Besseren und schreibt an Verdi: »Der Fanatismus hat sich gereinigt, ist zu Begeisterung geworden. Fanatismus – Petroleum; Begeisterung – elektrisches Licht . . .« Oder ein verbaler Kurzschluß.

Die Abwehrmechanismen gegen die artfremden Einflüsse sind offenbar in tiefsten Vorzeiten verwurzelt, wie Helmut Schmidt-Garre in einem Artikel, *Der rassische Stil der nordischen Musik*, im Oktober 1934 nachweist: »Die Musik, welche die christliche Kirche einzuführen bestrebt war, bestand vornehmlich aus dem Choral, der ursprünglich aus dem jüdischen Tempelgesang herausgewachsen war. Für diesen ist, wie für alle vorderasiatische Musik, die einseitige Ausbildung linearmelodischer Prinzipien charakteristisch. Dies tritt äußerlich insbesondere durch die fast ausschließliche Verwendung kleiner Melodieschritte in Erscheinung. Zahlreiche Berichte überliefern nun, daß die Einführung dieses Gesanges in den germanischen Ländern auf die größten Schwierigkeiten stieß, daß das Volk diese Gesänge nicht zu singen verstand und sie in seinem Sinne abzuändern versuchte. Es mußten daher immer wieder Lehrmeister aus dem Süden angefordert werden, welche den Choral in seiner reinen Form herstellen und eingetretene Entstellungen ausmerzen sollten.«

Im 19. Jahrhundert war man dann schon weiter. Nun galt es, die Musik der Palestrina-Zeit gegen die Verirrungen des neueren »welschen Gezüchts« zu verteidigen. Der Königsberger Johann Friedrich Reichardt fordert bereits 1782 gegen die »komischen Opernkomponisten«, welche die Chöre verderben, eine neue systematische Chorerziehung in Deutschland: ». . . bitte nur um langsamen, gehaltenen und andächtigen Vortrag.«

Mit diesen »Andachts«-Tempi aber hat es seine besondere Bewandtnis, wie Peter Schleuning in seiner Geschichte der Musik des 18. Jahrhunderts nicht ohne Schadenfreude feststellt: »Die alten Chorwerke wurden oft teilweise doppelt so langsam gesungen, wie sie gesungen werden müssen. Denn man wußte nicht, daß die ganze Note des 16. Jahrhunderts mindestens genau so schnell gesungen werden muß wie die halbe Note des 18. Jahrhunderts, daß also kein Tempo-, sondern nur ein Schreibunterschied besteht. Dieser historische Fehler war der goldene Boden für die Reinheitsideologie des musikalischen Historismus. Denn die Chöre, die auf diese Weise die schleppend vorgetragenen Klangfolgen genossen, faßten die altitalienische Kunst als Paradies des edlen, reinen Dreiklangs auf, konnten aber nicht die Künste der kontrapunktischen Stimmführung erkennen und deutlich machen, da diese nur bei einem munteren Tempo zu hören sind.«

Über die Enttarnung der »kleinen Melodieschritte«, die sich von den vorderasiatischen Tempelbergen via Italien in die keuschen Ohren der Germanen hineinschlängeln wollten, liefert Fred K. Prieberg einen weiteren Beitrag in einer Diskussion anläßlich der Ausstellung »Entartete Musik« am 1. Januar 1990 in Nürnberg: »Der Ausdruck ›Entartete Musik‹ ist ja nicht neu. Und die Nazis haben ihn nicht erfunden, sie haben ihn sich nur sehr schnell zu eigen gemacht. Zum Beispiel ist der bekannte deutsche Dichter Ernst Theodor Amadeus Hoffmann 1826 eine glühende Attacke gegen die entartete Musik geritten. Und der Mann, den er meinte, hieß Rossini. Er kritisierte an Rossini die leichte Gefälligkeit in Verbindung mit der Verkäuflichkeit dieser Art Musik. Das heißt, entartet ist, was zu leicht ist für die schwierige, schwere deutsche Seele, und sich dabei so gut verkauft, daß die deutschen Seelenkomponisten dagegen ganz arme Leute sind. Also ein sehr handfestes Neidproblem sitzt da mit drin.«

Solcher Neid kann sich auch gegen die Österreicher richten, denen ebenfalls nicht über den Weg zu trauen ist. So gründet der Oberpfälzer Kirchenkomponist Franz Xaver Witt 1867 den Allgemeinen deutschen Caecilienverein, der sich gegen die Verweltlichung der Kirchenmusik wendet und die Rückkehr zu Palestrina fordert, also diesmal mit allen Konsequenzen einen Machtkampf wie beim Trientiner Konzil anzetteln will, nur unter umgekehrten Vorzeichen. Von den fröhlichen Kirchenstücken Haydns sagt er, sie verhielten sich zu wahrer Kirchenmusik »wie die Hure zur Königin«, »wie ein Walzer zum Tode Christi« und stellt bei Papst Leo XIII. den Antrag, die Aufführung von Haydns Werken in der Kirche zu verbieten – glücklicherweise erfolglos.

Es braucht uns also nicht zu verwundern, daß auch die deutsche Opernkritik in dieser Tradition bis zum heutigen Tag einem großen Teil des italienischen Opernschaffens mit Mißtrauen und Mißbehagen begegnet, daß man sich als kultivierter Mensch bei gewissen Werken allenfalls »unter Niveau« unterhalten fühlt.

Daß dies seine Ursache auch in der Aufführungspraxis hat, belegt sehr eindringlich eine Anekdote, die Elisabeth Lindermeier zu dem Erinnerungsband *Das Prinzregententheater in München* über die Rituale der ersten Nachkriegsjahre beigetragen hat: »Mithalten konnte ich im ersten Akt *Bohème* eigentlich recht selten; denn meine beiden Rudolfs, Lorenz Fehenberger und Hans Hopf, waren todsichere Ritter des Hohen C. Ihren Ehrgeiz gegeneinander auszuspielen, war mir ein Genuß, den ich mir nicht verkneifen konnte. Meist sah das so aus: ›Mei, Hansl! Der Lenz hat am letzt'n Freitag ein Hohes C in seiner Arie g'sungen, das steht heut noch drauss'n!‹ Hans, mit zugekniffenen Augen: ›Sooo! Na, dann paß' auf, was du heut hören wirst!‹ Und als er dann zur alleinseligmachenden C-Phrase der Arie kam, ließ er seine arme, todkranke Angebetete schnöde im Stich, marschierte an die Rampe und stellte ein Helden-C ins Parkett, das den Ausgang nicht zu finden schien. Das Publikum raste und ich hatte meine Freude dran, – obwohl die stiefmütterlich ins Abseits gedrängte Mimi daraufhin nur mehr mit Charme kontern konnte.«

Das hohe C, das da also bisweilen noch eine ganze Woche lang erigiert herumsteht, ist für das Publikum ebenso Stimulans wie die deutsche Sprache. Als Hans Swarowsky 1952 für eine Neuinszenierung in Wien eine neue Übersetzung liefert und statt dem vertrauten »Wie eiskalt ist dies Händchen« kühn »Wie kalt ist dieses

Händchen« dichtet, ist einiges los. Denn mit dem »eiskalten Händchen« im Ohr sucht die Bevölkerung ihre traditionell ungeheizten Schlafzimmer auf, um den Freuden der Liebe und Zeugung nachzukommen.

Nicht nur die Zuhörer, auch die Sänger hängen zumal, seit die Käseglocke des Dritten Reiches über sie gestülpt wurde, an der Eindeutschung. Ein durchaus weltläufiger Mann wie der langjährige Stuttgarter Generalintendant Walter Erich Schäfer findet dafür rationale Argumente: »Im Gegensatz zum heutigen Trend, im Gegensatz auch zu Karajan, war ich nicht von der Originalsprache einer Oper als dem Allheilmittel überzeugt . . . ich dachte an einen Ausspruch unserer Res Fischer: ›Sie glauben nicht, wieviel darstellerische Energie durch die Anpassung an die fremde Sprache verlorengeht.‹«

Res Fischer, geboren 1896 und bis 1961 eine erratische Gestalt im Stuttgarter Ensemble, meint sogar, daß neun Zehntel des Ausdrucks verlorengehen. Da überrascht es dann doch, wie etwa Astrid Varnay, Ungarin mit schwedischem und amerikanischem Hintergrund, oder die griechische New Yorkerin Maria Callas in ursprünglich fremden Sprachen mit ihrem verbliebenen Zehntel wuchern. Und wie – um ein allerneuestes Phänomen zu benennen – schaffen es die farbigen Brüder Eugene und Herbert Perry, die in der *Don Giovanni*-Produktion von Peter Sellars als Don Giovanni und Leporello alternieren, *a fior di labbra* in den Rezitativen ein akzentfreies *prestissimo* abzuschießen, daß auch zungenflinken Italienern der Atem wegbleibt?

Es hat mit Klang-Phantasie zu tun, mit der Bereitschaft, die Ohren aufzusperren. Und die ist bei sehr vielen deutschen und österreichischen Sängern durch die historischen Gegebenheiten unterentwickelt. Es ist ja nicht einmal wahr, daß »deutsch« gesungen wird, wenn deutsch gesungen wird. Da kommt Radames hörbar aus Nürnberg, König Philipp aus dem Schwäbischen und Don Pasquale aus Dresden.

Noch weniger sind solche Vertreter ihrer regionalen Idiome allerdings anzuhören, wenn sie zähneknirschend in das italienische Idiom wechseln. Sie unterscheiden sich im *accento tedesco* oft kaum von den harthörigen Touristen, die in Italien die »Wurstel con Krauti«-Kultur stimulieren und bei der Abreise ihre Flasche »Dschianti« im Kofferraum haben.

Doch dieses unidiomatische Singen beruht nicht nur auf einem Mangel an Sprachgefühl. Es gibt auch eine deutliche »Wasserscheide« im Bereich der technischen Unarten. Eine hübsche Definition liefert uns Marcel Prawy ausgerechnet über Helge Rosvaenge, der unter seinen nördlichen Zeitgenossen als der am meisten »italienische« Tenor gilt: »Seine glanzvolle Stimme mit der strahlenden Höhe ließ ihn bald zum erklärten Publikumsliebling werden. Er hatte eine ganz merkwürdige Technik: zwischen jedem Ton war immer so etwas wie ein hörbares Atemholen, nicht gerade ein ›Huster‹, nicht gerade ein ›Beller‹, aber doch eben eine Brücke von Ton zu Ton. Da er von Beruf ausgebildeter Ingenieur war, nannte man ihn einen ›Tonbauingenieur‹.«

Es handelt sich dabei um das sogenannte *aspirierte* Singen, um den Konsonanten »h«, der zwischen Vokalen oder in einer Koloratur eingefügt wird und die Tonproduktion bequemer und für deutsche Stimmbänder auch eloquenter macht: »Ich seh dich wieder, meine Ha-hi-hi-hi-da!« Elisabeth Schwarzkopf meint dazu: »Das ist wirklich eine der schwersten Sachen, die man unter Selbstkontrolle kriegen muß. Ich bin ja selbst oft in die Abgründe von diesem ›h‹-Singen gefallen.«

In drastischen Fällen wird das »Behauchen« der Vokale durch das Rachen-»r« der deutschen Sprechbühne ergänzt, das im Gegensatz zum rollenden Burgtheater-»r« aus einem Zungenbrecher einen »Zungenbchecher« macht. Meister in dieser Kunst ist der Bariton Marcel Cordes, der in den fünfziger und frühen sechziger Jahren in Deutschland als besonders »italienischer« Bariton gilt. Ihm gelingt im Duett Norina–Malatesta in *Don Pasquale* das ungewöhnliche Kunststück, aus jedem »Bravo!« ein »B-ch-ravo!« zu formen.

Bei den italienischen Sängern, vor allem bei den Tenören, ist das Verfahren indes genau umgekehrt. Da werden die Stellen, an denen zwei leidige Konsonanten aufeinandertreffen, mit Vokalen »aufgefüllt«, was wiederum in der deutschen Schule verpönt ist: »Essa mussa wassa Wunderbares sein . . .« Luciano Pavarotti macht davon häufigen Gebrauch, am Ende der »Celeste Aida« (»Un-a trono vicino al-a sol!«) ebenso wie in »A-ridi Pagliaccio«.

Dienen die Übersetzungen der Tradition und dem Schlendrian, die Neufassungen der Übersetzungen und die Bearbeitungen der Neufassungen meist nur der Bereicherung ihrer Verfasser, die am Tantiemensegen partizipieren möchten, so gibt es auch auf diesem Gebiet hochgepriesene Ausnahmen. Vor allem Franz Werfel wird von Marcel Prawy, der bis heute erinnerungsselig mit seinen Stehplatzjahren kokettiert, in den Olymp gehoben. Eine Neuübersetzung der *Forza del destino*, die erstmals 1926 in Wien benutzt wurde, kommentiert er in seinem Buch über die Wiener Oper: »Franz Werfel, damals bereits vom Nimbus des großen Dichters umgeben, hatte das Libretto gedichtet, es übertraf das italienische Original an Poesie und Schönheit bei weitem.«

Werfels Libretto ist in der Tat eine Fundgrube beredten Ausdrucks zumal in der Rassenfrage. Don Alvaro, der unglückliche Held, hat ja nicht nur das Pech, daß ihn der Marchese di Calatrava ertappt, als er mit dessen Tochter Leonora fliehen will, und daß die von ihm freiwillig weggeworfene Pistole den alten Herrn tötet, worauf sich Don Carlo, der Bruder Leonoras, auf seine Spur setzt. Er ist außerdem das Kind eines nicht näher definierten Vaters mit der letzten Inka-Prinzessin, dessen Freiheitskampf auf dem Schafott endete.

Daß er nicht von schlechten Eltern ist, versucht er seinem Verfolger jedoch vergeblich klarzumachen: »Ich bin von hohem Stamme, Kind einer Freiheitsflamme bin ich, bin eines Helden Sohn.« Darauf Don Carlo: »Blöder Schwätzer, willst du mit schönen Worten feige mich umgleißen? Wie kann ich je, wie kann ich Bruder heißen den Schänder meines Bluts! Nenn du dich Heldensprosse, du stammst doch aus der Gosse.« Und einen Akt weiter höhnt er: »Mann! Den Makel deiner Rasse zeigt die weichliche Gebärde!« Darauf Alvaro: »Reiner strahlt kein Blut der Erde.« Und Carlo: »Auswurf der Mulattengasse.«

Das geht freilich weit über das Original von Francesco Maria Piave hinaus, bei dem im ersten Zitat Don Carlo lediglich feststellt, es sei egal, ob sein Todfeind von edlem oder niedrigem Stamm sei, hinmachen müsse er ihn so und so: »D'eccelsa o vile origine, è d'uopo ch'io vi spegna ...« Und statt dem »Auswurf der Mulattengasse« wählt Don Carlo im Italienischen die feinere Form der tödlichen

Beleidigung, indem er höhnt, Alvaros edles Wappen sei mit Mulattenblut besudelt (»Sangue il tinge di mulatto«). Denn er ist Edelmann und kein Müllkutscher. Doch läßt uns Marcel Prawy noch Hoffnung: »Werfel ... dichtete nun auch die Libretti für *Don Carlo* und *Simon Boccanegra* neu, und auch diese übertrafen das Original an Tiefe und Schönheit bei weitem.«

Am Beispiel von *Simon Boccanegra* wollen wir auch dieser Feststellung nachgehen. Im *concertato* des 1. Aktes von *Simon Boccanegra* appelliert der Titelheld verzweifelt an die feindlichen Fronten: »E vo gridando: pace! e vo gridando: amor!« In Hans Swarowskys von Ricordi 1968 autorisierter Fassung ist das recht genau übersetzt: »Und rufe flehend: Frieden! und ruf euch: Liebe! zu.« Während Sänger wie Tito Gobbi das hohe Fis auf dem Vokal ›a‹ des zweiten »gridando« leider wirklich *gridando*, nämlich schreiend singen, ist der deutsch singende Interpret durch den Vokal ›i‹ in »Liebe« von vornherein zu einem spitzeren Ton genötigt, es sei denn, er »färbt« ihn sich zurecht.

Was aber tat Franz Werfel, ebenfalls von Ricordi autorisiert, in seinem Trachten nach Poesie und Schönheit? Er fand die mehr dichterischen Worte: »Liebe ist Sinn der Welten, und nur der Mensch bleibt kalt!« Zwischen dem hohen Fis von »Mensch« und dem darunterliegenden Dis von »bleibt« hat der Sänger nun ein kleines Problem – er muß die stattliche Konsonantentraube »nschbl« unterbringen, was in einer so kantablen Phrase nicht einfach ist. Entweder mogelt er sie weg, was der dichterischen Aussage Abbruch tut, oder er artikuliert sie präzise, was ein »Määän-« mit einem nachgereichten »-sch« ergibt und beim Umstieg auf »bleibt« aus dem »b« unweigerlich ein »p« macht, welches zu den Verschlußlauten gehört und ein Geräusch wie ein Knallbonbon verursacht. Der nächste Knaller folgt bei »kalt« auf den Verschlußlaut »t«, weil der Mensch sonst ja kahl bliebe.

Mit seiner Konsonanten-Seligkeit hätte es Werfel trotz seiner größeren Tiefe bei einem lebenden Komponisten also nicht weit gebracht. Noch verwerflicher als diese Ungeschicktheiten sind jedoch seine Eingriffe ins Geschehen, das er wie *La Forza del destino* »frei nachgedichtet und für die deutsche Opernbühne bearbeitet« hat.

Am Ende des ersten Aktes von *Simon Boccanegra* steht eine der packendsten Szenen der Opernliteratur. Simons Tochter, die er an diesem Vormittag nach fünfundzwanzig Jahren wiedergefunden hat, ist anschließend von Paolo Albiani in Unkenntnis der Familienverhältnisse entführt worden, hat sich jedoch befreien können. Der Doge zwingt nun seinen schurkischen Kanzler, vor dem Senat und dem Volk von Genua den allen anderen unbekannten Frevler, also sich selbst, zu verfluchen: »Sul manigoldo impuro piombi il tuon del mio detto: Sia maledetto! E tu ripeti il giuro! – Auf des Verworfnen Stirne fall die Last meiner Worte: Er soll verflucht sein! Und du wiederhol den Schwur!« Und Paolo wiederholt zitternd und niedergeschmettert: »Sia maledetto! Orrore! Orror! – Er soll verflucht sein! Entsetzlich! Mir graut!«

Werfel ändert diese fast alttestamentarische Unerbittlichkeit: »Über das Haupt des Schurken schmett're ich diesen Blitzstrahl: Verbannt für ewig! Und du wiederhol den Bannspruch!« Es macht aber sehr wohl einen Unterschied, ob es um ewige Verbannung geht, die im Genua jener Tage zum guten Ton gehört, oder um die Gewißheit ewiger Verdammnis, die auch den verstocktesten Bösewicht in seinem mittelalterlichen Weltbild in tiefstes Grauen stürzen muß.

Werfels Neuschöpfung der Schlußszene schließlich mündet in eine blauäugige Sozial-Utopie. Boccanegra, der Doge aus dem Volk, übergibt vor seinem Tod die Macht nicht an seinen designierten Schwiegersohn Gabriele Adorno, von dem zu hoffen wäre, daß er die zerstrittenen Patrizier und Plebejer einigermaßen in die Reihe bringt, sondern er gibt sie an das Volk zurück – obwohl dieses Volk im Lauf der Handlung als besonders wankelmütig und gängelbar gezeigt wird. Trotzdem emigriert Werfel später nicht in die UdSSR, sondern in die USA.

Verwunderlich ist indes nicht Prawys unbeirrbarer Glaube an die Unvergleichlichkeit dieser Nachdichtungen. Der Opernfreund an sich, und speziell der deutsche und österreichische, legt mehr als jeder andere Kunstbegeisterte ein typisches Graugans-Verhalten an den Tag. Die ersten Eindrücke prägen ihn ein für allemal.

Ärgerlich ist vielmehr die Anmaßung, mit der Giuseppe Verdi nachgebessert wird, so daß man seine »Banalitäten« auch den gebildeten Ständen vorführen kann. Richard Strauss ist in seinem drastischen Urteil, das er Karl Böhm in seinem Musikalischen Testament am 27. April 1945 übermittelt, wenigstens aufrichtig borniert: »Othello verurteile ich im ganzen, wie alle zu Operntexten *verunstalteten* Libretti nach klassischen Dramen wie z. B. Gounods Margarete, Rossinis Tell, Verdis Don Carlos! Sie gehören nicht auf die deutsche Bühne.« (Mit den »klassischen« Dramen sichert er sich schlau ab – Oscar Wildes *Salome* und Hofmannsthals *Elektra* fallen nicht unter diese Kategorie und sind überdies nach dem ursprünglichen Wortlaut vertont.)

Gerade in den Opern nach Shakespeare aber wird im Zuge der deutsch-österreichischen Verdi-Renaissance eine besondere Qualität entdeckt. Der Gesangsstil ist unwesentlich, entscheidend sind die Charaktere. Man gibt Shakespeare gesungen. Unter diesem Aspekt schreibt Karl Böhm 1943 über Elisabeth Höngen als Lady Macbeth in sein Tagebuch: »Die größte Tragödin der Welt!« Unter diesem Aspekt ist Paul Schöffler als Jago »der Werner Krauß der Opernbühne« (so wie Irmgard Seefried »die Paula Wessely der Oper« ist). Bei solchen überlebensgroßen Leistungen kann Verdi in Kauf genommen werden.

Diese Überheblichkeit steigert sich, wenn es um die italienische Oper vor Verdi geht. Im Mai 1956 erobert der designierte Bayerische Generalmusikdirektor Ferenc Fricsay München mit seiner *Otello*-Einstudierung im Sturm. Im Frühsommer kündigt er *Lucia di Lammermoor* als Weihnachts-Premiere an. Als der Kritiker Walter Panofsky, der Fricsays Vorgänger Rudolf Kempe zu seinen Trophäen zählt, den Grund für diese unzeitgemäße Ausgrabung wissen will, sagt Fricsay: »Weil ich eine Köth habe.«

Erika Köth, Jahrgang 1925, zählt zur ersten Kategorie der leichten deutschen Koloratur-Soprane. Der Münchner *Rosenkavalier* weist mit Marianne Schech, Hertha Töpper und ihr eine Besetzung auf, vor der Hans Knappertsbusch am Ende des Terzetts vom Dirigentenpult aus zu salutieren pflegt. Die Kühnheit, mit der sie die Koloraturen der Zerbinetta angeht, ist ein Bühnen-Ereignis. Und als Königin der Nacht gastiert sie im Dezember 1955 auch an der Scala, wo ihr Maria Callas mitteilt, daß ihr die Partie zu klein gewesen sei, was sich ja von selbst versteht.

Doch hat die »geläufige Gurgel« ihre Grenzen. Erika Köth ist (wie Anneliese Rothenberger in der etwas tieferen Stimmlage) im Grunde der Sonderfall einer »innigen« Soubrette. Ein solcher Stimm-Typus wird ja nicht durch seine *agilità* gefordert, durch das flinke Klettern zwischen den Oktaven, sondern durch eine *tessitura*, die sich – ursprünglich für den dramatischen Koloratursopran geschrieben – in manchen Partien beharrlich und mit langen Noten in der Mittellage aufhält.

In der Martern-Arie der Konstanze etwa ist Erika Köth nicht erst in der zwiespältigen Gesamtaufnahme unter Eugen Jochum von 1962 beim *allegro assai* »Doch du bist entschlossen« mit flackriger Stimmgebung am Ende ihrer Ressourcen. Bereits in der Einzelaufnahme unter Wilhelm Schüchter aus dem Jahr 1955 verstört sie bei den abschließenden Läufen des »Zuletzt befreit mich doch der Tod« durch heftiges Aspirieren, das die Abwicklung zwar erleichtert, aber einem Gackern nicht unähnlich ist.

In der Partie der Lucia wird diese Überforderung zumal in der Wahnsinnsszene noch deutlicher. Gewiß sind die zwar von Donizetti nicht ausgeschriebenen, aber als Selbstverständlichkeit vorgegebenen *abbellimenti* eine *conditio sine qua non* (als Katia Ricciarelli sie 1982 in Bregenz wegläßt, macht sie sich lächerlich), weil sie in der Verkleidung einer Bravour-Arie den verzweifelten Frohsinn des Irrsinns beschreiben. Eines Irrsinns, dessen nicht nur der Komponist, sondern auch seine ganze Theater-Umwelt, in der die Syphilis im Kreis weitergegeben wurde, ständig gewärtig war und in dem Donizetti 50jährig starb.

Das wahre Ausmaß des Unglücks aber, das auch die Umnachtung nicht verhüllen kann, drückt sich im schmerzerfüllten *mezza-voce* der Mittellage aus: »Al fin son tua, al fin sei mio – ich bin die deine, du bist der meine.« Und in diesen Passagen verfügt Erika Köth nur über ein eher ratloses dünnes Stimmchen. Andererseits erschwert dieses Verweilen in einem Bereich, der die Stimme anstrengt, das Abheben in die Stratosphäre der Koloratur. Und so setzt sie die Vokalisen mit »ja-a-a« an wie die Adele in der *Fledermaus*.

Es ist also in diesem Fall nicht patriarchalisches Intendanten-Verhalten, wenn Rudolf Hartmann in seinen Memoiren karg anmerkt: »Erika Köth hatte mit der berühmten Virtuosinnen-Rolle einen verdienten Sonder-Erfolg.« Dieser Sonder-Erfolg wäre in unserem Zusammenhang auch nicht zu untersuchen (auch nicht das Martyrium, dem sich Erika Köth in hundert Vorstellungen unterzieht), wenn da nicht die Deutungen wären, die abermals aus einer sogenannten verdienten Leistung einen Sieg der deutschen Seele über die glatte Routine italienischer Komponisten und italienischen Primadonnentums zu zimmern versuchen.

Karl Schumann meint in der Münchner *Abendzeitung*: »Eine ähnliche Perfektion von Bravour und Lyrik, Intensität und virtuosem Glanz wird heute wohl kaum von einer zweiten Koloratursopranistin Deutschlands, ja Europas, geboten.« Karl Heinz Ruppel präzisiert in der *Süddeutschen Zeitung*: »Lucias tragisches Schicksal – wer dachte auch nur einen Augenblick daran, wenn die Primadonna in den Trillern und Fiorituren der berühmten Wahnsinnsszene exzellierte? Von der Patti bis zu Toti dal Monte und Maria Meneghini-Callas gab und gibt es dabei nur Beifallsstürme; erschüttert ist niemand.«

Bei Adelina Patti, wenn es sich nicht um bloßes *name-dropping* handelt, wäre der Beweis nur sehr mühsam anzutreten. Denn die hat als 16jährige in dieser Partie 1859 in New York debütiert und ist 1919 mit 76 Jahren gestorben. Daß er jedoch Toti dal Monte und Maria Callas in einen Topf wirft, beweist lediglich, daß deutschen Kritikern die Spesen einer Reise nach Mailand ersetzt werden, wenn es sich um die Aufführung einer Liebermann-Oper handelt, nicht aber bei Donizetti.

Erika Köth erschüttert ihn: »Da steht plötzlich eine Ophelia auf der Bühne, ein zerbrochenes Geschöpf, eine hilflose, verlöschende Kreatur – das Urbild der ›rührenden Gestalt‹ aus der Empfindsamkeitspoesie, aber mit einem Schicksal von shakespearscher Unerbittlichkeit.« Ganz nahe ist Ruppel also an Rodolfo Cellettis Definition der »Vollwaise aus dem Fortsetzungs-Roman«, des falsch überlieferten Rollen-Bilds, um im nächsten Halbsatz die Blöße des Lolita-Syndroms mit dem Feigenblatt Shakespeare zu bedecken.

Was nun die gesangliche Innovation betrifft, gebührt für ihn nicht Maria Callas, sondern Erika Köth die Urheberschaft: »Sie beherrscht alle Finessen des großen italienischen Ziergesangs, ohne im geringsten in seine Manieriertheit zu verfallen. Der ›Effetto‹ ist bei ihr niemals Selbstzweck, sondern blüht aus dem *espressivo* der melodischen Phrase hervor. Wo die Italienerinnen rapid auf die Triumphe der Bravour zusteuern, stößt sie ins Zentrum des Affekts vor. Ihre Lucia ist die vollkommene Verwandlung der Primadonna in den Menschen.«

Das Beispiel zeigt, wie abgeschnitten Deutschland doch noch immer ist. Das Sammeln von Informationen ist schwierig und kostspielig. Bis zur Mitte der fünfziger Jahre kosten Langspielplatten 32 DM, Semmeln, Brötchen oder Schrippen 5 Pfennige (heute ist eine entgegengesetzte Entwicklung zu beobachten).

Die Rundfunkanstalten machen sich ihr Opernprogramm selbst, holen die Sänger am Ort für magere Honorare ins Studio, wo neben Gesamtaufnahmen Ausschnitte aller Art aufgenommen werden. So entstehen Schallarchive, deren Material zu einem großen Teil in der Speicherung »krimineller Energie« durchaus einer Kartei mit Fingerabdrücken zu vergleichen ist.

Neben den *live*-Mitschnitten der Opernhäuser sind es gerade diese meist flüchtig erstellten und aus Kostengründen nicht manipulierten Spontan-Aufnahmen, die den wahren stilistischen und technischen Stand der legendären Ensembles der fünfziger Jahre dokumentieren. Sendungen wie »Schöne Stimmen«, »Unvergängliche Stimmen« oder »Opernstars von gestern« bringen sie aus nostalgischen Gründen wieder zu Gehör – und kaum einer der Programmgestalter macht sich Gedanken, daß solche Beweismittel niemals verjähren.

Es ist gerade die Autarkie und die Abschottung nach »außen«, die das Ensemble-Theater immer weniger wettbewerbsfähig macht. Und abermals ist es die Wiener Staatsoper, die als bedeutendstes Haus des mitteleuropäischen Raums diesen Prozeß im Zeitraffer durchmacht.

Bereits im Januar 1952 stellt sich bei der Premiere von *La Forza del destino* unter Karl Böhm und in der Regie von Josef Gielen heraus, daß der »deutsche« Verdi-Stil Schnee von gestern ist. Einzig Carla Martinis als Leonora entspricht den Anforderungen ihrer Partie. Dem feindlichen Paar Lorenz Fehenberger und Hans Braun widmet Karl Löbl, der junge und aggressive Kulturredakteur des *Bildtelegraph*, die Zeilen: »›Die Macht des Schicksals‹ möge der Wiener Staatsoper zu zwei waschechten italienischen Sängern mittlerer Qualität verhelfen – und das Wiener Publikum würde staunen, wieviel dramatisches Leben in diesem Werk steckt.«

Das sind Worte, die in die Zukunft weisen. Im Unterrichtsministerium herrscht hingegen die Meinung, daß lediglich Egon Hilberts Gastierwut an der Verschlampung des Spielplans schuld ist. Der »Kulturbotschafter« Österreichs übertreibt seinen Wandertrieb, rühmt das jährliche Gastspiel in Wiesbaden als »die Maiheimat der Wiener Staatsoper« (während in Wien der Opernalltag noch trostloser ist) und sorgt dafür, daß Dekorationen nach ihrer »Reisefähigkeit« gebaut werden, also noch windiger sind, als es dem Budget und den Dimensionen des Theaters an der Wien ohnehin entspräche.

Weil auch die Wiener Zeitungen der häufigen – und aus Wiener Sicht immer sinnloseren – Gastspiele müde sind, lädt er 1953 vier Journalisten nach Wiesbaden, Brüssel und Berlin ein. Über diese Spesen-Abrechnung läßt ihn Unterrichtsminister Ernst Kolb stolpern. In der Meinung, daß man seitens der Regierung seinen Sturz nicht verkraften könne, reicht Hilbert dem geschäftsführenden Minister eines bereits zurückgetretenen Kabinetts am 28. Oktober 1953 seine Demission ein. Unter diesen Umständen kann man. Bereits am 31. Oktober wird Ernst Marboe, der Leiter der Kulturabteilung des Bundespressedienstes, zu seinem Nachfolger ernannt.

Viel ist zu tun und zu verhindern. Der Wiederaufbau der Staatsoper am Ring hat sich zwar viel langsamer als erhofft entwickelt, doch ein Ende ist allmählich abzusehen. Es gilt, einen Staatsopern-Direktor zu finden, der das Zeug hat, dem eingerissenen Schlendrian zu begegnen. Kolb setzt Anfang 1953 auf Clemens Krauss, der wieder regelmäßig am Pult der Staatsoper erscheint und nun sein Ziel erreicht glaubt. In München hat er in der auto- und benzinlosen Zeit kurz vor Kriegsende seinem Adlatus Rudolf Hartmann angekündigt: »Sie werden sehen, eines Tages fahren wir sechsspännig vor der Wiener Oper vor.«

In der parteiunabhängigen *Presse* wird diese Entscheidung begrüßt. Am 11. Januar 1953 wird unter der Überschrift »Gegen das

Gastiertheater« ein Katalog von Ideal-Forderungen aufgestellt: »Professor Krauss ist ... berufen, bis zur Fertigstellung des Opernbaues alle nötigen Vorbereitungen für den Aufbau des Spielplans und für die Zusammenfassung des künstlerischen und sonstigen Personals für das große Haus durchzuführen, ein Ensemble heranzuziehen und die Oper vom heutigen Stand eines Gastiertheaters wieder zu einem Ensembletheater zurückzuführen. Ferner ist es nicht gut, allein große Namen zu gewinnen. Man muß aus Österreich heraus neue große Namen schaffen und auch aus den mit Sorgfalt gepflegten, schöpferisch dichterischen und musikalischen Kräften der eigensten, der österreichischen Substanz heraus die künstlerische Zukunft unserer Oper sichern.«

Nichts von dieser patriotischen Wunschliste wird in Erfüllung gehen. (Es sei denn, Eberhard Waechter, Wiener Staatsoperndirektor ab der Spielzeit 1991/92, wird dieser im Lauf von fast vierzig Jahren gut abgelegenen Forderung seinem Programm gemäß wenigstens zum Teil nachkommen.)

Clemens Krauss bekommt keine Chance zu beweisen, ob sich ein atavistisches Modell wiederbeleben läßt. Denn Anfang 1954 wird ihm Karl Böhm vorgezogen. Victor Reimann versucht in seinem Buch *Dirigenten, Stars und Bürokraten* aus dem Jahr 1961, das Beziehungsgeflecht, das zu dieser Rochade führt, zu entwirren: »Man darf auch nicht vergessen, daß Böhms Berufung zum Operndirektor eine Verlegenheitslösung war. Sie sollte das Comeback von Clemens Krauss verhindern. In dieser Abwehrstellung waren sich alle Gruppen einig: die Konzerthaus-Gesellschaft mit (dem Großindustriellen Manfred) Mautner-Markhof und (Egon) Seefehlner als Böhm-Anhänger, die Gesellschaft der Musikfreunde mit (Rudolf) Gamsjäger als Karajan-Anhänger, die Bundestheaterverwaltung unter Marboe mit einem noch nicht klar gefaßten Konzept und schließlich die Anhänger Hilberts ... Dazu kam die Wiener Gesellschaft, die ihre Urteile sehr oberflächlich fällt und gewisse Voreingenommenheiten nicht abzulegen pflegt, auch wenn sie längst durch die Tatsachen widerlegt sind.«

Clemens Krauss entzieht sich der Schmach durch raschen Tod. Obwohl ihm die Ärzte wegen seines Herzleidens strikt untersagt haben, ein Gastspiel in Mexico City anzutreten, begibt er sich nun auf die Reise und stirbt, wie beabsichtigt, am 16. Mai 1954 mit 61 Jahren in der mexikanischen Metropole.

Karl Böhm aber plant munter die Eröffnung. Schon im März 1954 verkündet er in einem Rundfunk-Interview, daß das neue Haus mit *Don Giovanni* eröffnet wird und man anläßlich der Wiedereröffnung Furtwängler, Karajan und de Sabata am Pult erleben werde. Einige Wochen später haben Journalisten herausgefunden, daß Furtwängler noch einen Vertrag von Hilbert in der Tasche hat, in dem steht, daß er die Eröffnungsvorstellung dirigieren soll, daß de Sabata schwer erkrankt ist und nichts von seinem Glück weiß, und daß es keine Kontakte mit Karajan gegeben hat.

»Wann kommt Karajan an die Oper?« fragen die Zeitungen beharrlich. In Abwesenheit Böhms, der in Neapel *Parsifal* dirigiert, teilt Marboe im Februar 1955 endlich mit, daß Böhm am 12. April, am 20. Mai und am 20. Juni 1954 drei Briefe an Karajan geschrieben hat – und übersieht dabei, daß der bereits einen Monat vor dem ersten Brief im Rundfunk Karajans Engagement verkündet hat. Karajan läßt seinerseits Marboe wissen, daß mit ihm vor 1956 nicht zu rechnen ist.

Es überrascht im Rückblick, daß in einer derart wichtigen Angelegenheit so unprofessionell vorgegangen wird. Ein weiteres Versäumnis, das Unordnung und frühes Leid vorprogrammiert, betrifft die Neuinszenierungen im Theater an der Wien. Böhm will sich nicht mit der ausklingenden Ära Salmhofer identifizieren und infizieren. Außerdem hat er eine persönliche Abneigung gegen dieses Haus, dessen Aufstieg zu einem Operntheater von internationalem Ansehen in die Zeit seiner tiefsten Demütigung gefallen ist. Es wird also nicht einmal der Ansatz gemacht, einen Vorrat für den langen Winter nach den Eröffnungs-Zeremonien anzulegen.

Doch alles blickt wie verzaubert in die Zukunft, die unversehens Gegenwart wird. Am 15. Mai 1955 wird mit der feierlichen Unterzeichnung des Staatsvertrages in Schloß Belvedere Österreich die Unabhängigkeit wiedergeben. Am 15. Oktober wird das Burgtheater nach zehnjährigem Wiederaufbau mit Grillparzers *König Ottokars Glück und Ende* wiedereröffnet. Am 5. November folgt die neu erstandene Staatsoper mit *Fidelio* in bewußter Anspielung auf die wiedergewonnene Freiheit.

Auch die symbolische Bedeutung dieser Ereignisse, der emotionale Schub, dem ganz Wien erliegt, können indes nicht darüber hinwegtäuschen, daß Karl Böhm bei der endgültigen Planung der Eröffnungs-Premieren künstlerisch wie organisatorisch kein Meisterstück geliefert hat.

Selbst beim Einsatz der Sänger fällt er merkwürdige Entscheidungen. Anton Dermota singt nicht nur den Florestan, eine Partie, die etwas jenseits seiner Fachgrenzen liegt und die er mit kluger Ökonomie bewältigt. Wenige Tage vor der Eröffnung wird ihm mitgeteilt, daß Böhm für die zweite Premiere mit *Don Giovanni* mit einem »jungen Kollegen aus dem Ensemble« nicht einverstanden ist (es dürfte sich um Waldemar Kmentt handeln), daß er also auch den Don Ottavio übernehmen muß.

Das bedeutet nicht nur fünf Vorstellungen in der ersten Woche – zwei öffentliche Generalproben, zwei Premieren und eine *Fidelio*-Reprise –, von dem Sänger wird gegen jede Vernunft verlangt, daß er nach dem Florestan am nächsten Abend die weiche Mozart-Kantilene wiederfindet. Und das auch noch unter der unerhörten Nervenanspannung, die das Ereignis an sich mit sich bringt. Dermota ist am Ende der Woche so erschöpft, daß er seine Mitwirkung bei der Festaufführung der *Neunten* von Beethoven unter Bruno Walter absagen muß.

Donna Anna in *Don Giovanni* ist Lisa Della Casa – ein RollenDebüt für Wien. Ursprünglich wollte Böhm sie als Aida, was abermals darauf hinweist, daß er in dieser Zeit seinen Stimmen-Verstand irgendwo verlegt hat. Dieses kühne Unterfangen, so mutmaßt Dragan Debeljevic, ist am Einspruch von Carla Martinis gescheitert, die – wenn es denn schon um Ensemble geht – für die Partie zuständig ist. Donna Anna im Austausch führt wiederum dazu, daß Elisabeth Grümmer ihren Vertrag mit der Wiener Staatsoper löst. Egon Seefehlner, der von der Konzerthaus-Gesellschaft als Böhms Stellvertreter in die Staatsoper gewechselt ist, hat ihr in seiner Not mitgeteilt, daß die Direktion leider dem »äußersten Druck« von Lisa Della Casa habe nachgeben müssen.

Aida ist dann doch nicht Carla Martinis, die in einer irreparablen Krise steckt. Die Partie geht an Leonie Rysanek, die seit 1954 Mitglied der Wiener Staatsoper ist. Für den Eröffnungs-Zyklus war sie bereits als Kaiserin vorgesehen. Auch hier gerät der Fahrplan in Bedrängnis. Nach der *Frau ohne Schatten* am 9. November folgt bereits zwei Tage später *Aida*. Leonie Rysanek markiert beide Generalproben. Der Ehrengast Dimitrij Schostakowitsch, der die Strauss-Oper noch nie gehört und sich auf die erste Begegnung besonders gefreut hat, ist so ungehalten, daß er die Generalprobe nach dem ersten Akt verläßt.

Der Mitschnitt der *Aida*, der einzigen italienischen Oper, die für würdig befunden wird, das Haus am Ring mit zu eröffnen, dokumentiert sehr deutlich den Bankrott, den die Erneuerung Verdis durch den deutschen Geist erlitten hat. Leonie Rysanek, George London und – mit einigen Einschränkungen – Jean Madeira singen »italienisch«, obwohl es ihnen die Übersetzung so schwer wie möglich zu machen versucht. Londons Amonasro hat Aussagen wie »Diese Sippschaft ist abscheulich, ist für uns tödlich«, was im originalen »Razza infame, aborrita e a noi fatale« doch eher wie eine abfällige Bemerkung über einen feindlichen Souverän klingt.

Hans Hopf aber nutzt seine Fähigkeit, ein hohes C vor der Tür zu deponieren, gar nichts. Sein Radames stammt aus dem Fundus des Stadttheaters. Es gibt in dieser Partie eine Stelle, die eindeutiger als die Arie »Celeste Aida« die Kultur und die Gewissenhaftigkeit des Sängers zum Vorschein bringt. Es ist die Reaktion auf Amonasros Erscheinen am Ende des Nil-Akts, als Radames erkennt, daß er eben aus Liebe und Dummheit sein Vaterland verraten hat – ein stockend sich vom mittleren C hochschraubendes Entsetzen »no, non è ver, no«, das beim hohen A nicht »aufschreiend« (wie die deutschen Klavierauszüge vermerken), sondern *tronco*, abgeschnitten, endet und nach einer Pause in der unteren Oktave in ein halb gemurmeltes »sogno, delirio è questo« übergeht. Hopf verändert als geübter deutscher Verist die Gewichtung. Den gesangs-technisch lästigen ersten Teil schludert er achtlos weg, um sich anschließend um so mehr in »Fieba und Wahnsinn ist alles« hineinzuschmieren.

Das Maß macht Rafael Kubelik voll, der als Verdi-Dirigent nicht einmal im diesbezüglich wenig verwöhnten Wien von 1955 akzeptiert wird. Es rächt sich sehr schnell, daß Karl Böhm nach Reimanns Definition »allein in der Sonne stehen wollte«. Auch Fritz Reiner als Dirigent der *Meistersinger* enttäuscht. Hans Knappertsbusch, der für diese Oper prädestiniert wäre, dirigiert nur zwei Vorstellungen des *Rosenkavalier.* Er wird demonstrativ gefeiert.

Auch was die Regisseure und Bühnenbildner betrifft, ist Böhm kein umsichtiger Hausherr. *Don Giovanni* wird in einer Einheits-Dekoration abgespult, gegen die Alfred Rollers seitliche Begrenzung der Bühne durch »Türme« in der Ära von Gustav Mahler sich wie ein Akt avantgardistischer Kühnheit ausnehmen würde. Nicht einmal in einer Zauberoper wie der *Frau ohne Schatten* werden die Möglichkeiten der Bühne vorgeführt, deren technische Wunder vorher als einzigartig in der Welt angepriesen worden sind.

So ergibt sich das Paradox, daß *Wozzeck* als einzige szenisch rundum gelungene Produktion am Ende der Serie zur Krönung des Opernfestes wird und mit 28 Vorhängen den längsten Zuspruch erhält. Das verbessert die Bilanz dennoch nicht wesentlich. Denn mit den Inszenierungen der Repertoire-Opern muß über Jahre gelebt werden.

Die Versäumnisse aber gehen weiter. Da Böhm es sich nicht nehmen ließ, vier Premieren selbst zu dirigieren, hat er als Direktor nicht die Zeit gefunden, für die nächste Zukunft zu disponieren. Gleich nach der von ihm verzettelten »Austrian Coronation« fordert die Überanstrengung ihren Tribut. Er wird krank und macht kurz nach seiner Genesung von der vertraglichen Abmachung, daß er dem Haus nur sieben Monate pro Jahr zur Verfügung zu stehen hat, psychologisch unklugen Gebrauch und verläßt Wien Ende Januar 1956 für einen Monat in Richtung Chicago.

Die Stars des »Ensembles«, das allen Beteuerungen zum Trotz nur noch zwischen Anführungszeichen besteht, zerstreuen sich ebenfalls in alle Winde. Dafür kommen Stück für Stück die Übernahmen aus dem Theater an der Wien, zum Großteil ohne Proben in den Dimensionen der größeren Bühne. Sie unterscheiden sich in ihrer Dürftigkeit nicht allzusehr von den Neuinszenierungen. Doch nun, da die letzte Euphorie verflogen ist, wird man sich in Wien bewußt, daß man zwar das geliebte Opernhaus wieder hat, aber weniger Glanz darin als in der kleinsten Hütte.

Als der Weltreisende Karl Böhm am 28. Februar 1956 auf dem Wiener Flugplatz Schwechat landet, läuft er Karl Löbl ins offene Messer. Auf die bohrenden Fragen des Kulturredakteurs antwortet er schroff: »Ich denke nicht daran, meine internationale Karriere der Wiener Staatsoper zu opfern. Ich bin gewohnt, meine Verträge zu halten, und deshalb muß ich den Auslandsverpflichtungen nachkommen. Ich werde auch weiterhin Auslandsangebote annehmen, wenn sie mir bedeutsam genug erscheinen.«

Das gibt eine Schlagzeile und eine Reportage, die sich gewaschen haben. Böhms lahmes Dementi, er sei übermüdet gewesen und außerdem mißverstanden worden, kommt zu spät. Als er am Abend des 1. März zum erstenmal nach fünf Wochen den Orchestergraben betritt, um *Fidelio* zu dirigieren, wird er mit Pfiffen und Pfui-Rufen empfangen. Statt mit den *forte*-Schlägen am Anfang der Ouvertüre den Protest zu übertönen, steht er für Minuten ungläubig und fassungslos. Am nächsten Tag gibt er der Associated Press ein Interview über die »gelenkte Aktion«, inszeniert vom »Pöbel der Straße, der in der Oper die Oberhand gewonnen hat«. Das ist der letzte Fehler: »Böhm beleidigt ganz Wien«, lauten die Schlagzeilen der Boulevardpresse.

Am 6. März 1956 wird Böhms Demission als Operndirektor bekanntgegeben. Seine eigene Erklärung richtet sich auch gegen Egon Seefehlner: »Ich konnte nicht erwarten, daß mein Stellvertreter nicht in der Lage sein würde, während meiner Abwesenheit für den reibungslosen Ablauf des Repertoires Sorge zu tragen.« Daraufhin verfaßt Hofrat Hermann Ulrich, der Doyen der Wiener Kritik und pensionierter Senatspräsident, im *Neuen Österreich* einen Leitartikel, der in dem niederschmetternden Grillparzer-Zitat gipfelt: »Ihr habt euch schlecht benommen, Herr von Böhmen.« Die kürzeste Amtszeit eines Direktors in der Geschichte der Wiener Oper ist zu Ende.

Mit einer Schuldzuweisung zumal liegt das Opfer durchaus nicht ganz falsch. Die für den Publikums-Nachwuchs ungewohnte Dimension eines großen Hauses, in dessen Dunkel es sich gut munkeln läßt, mobilisiert auch in Wien einen neuen Interessentenkreis, der es fesch findet, Zustimmung wie Ablehnung in Randale umzufunktionieren.

Dieser Hordentrieb führt am 19. Oktober 1956 bei der Premiere des *Tannhäuser* zu einer Eskalation, die in die Historie eingeht. Dem Heldentenor Rudolf Lustig, der am Ostersonntag 1956 neben

Martha Mödl einen stattlichen Tristan gesungen hat, liegt der »kleine Tristan« weniger. Auch an einem guten Abend gibt er an exponierten Stellen ganz abenteuerliche Würgelaute von sich, wie im *Tannhäuser*-Mitschnitt vom 17. März 1956 aus Neapel unter Karl Böhm zu verfolgen ist. Bei der Wiener Premiere ist er außerdem indisponiert, singt aber von Akt zu Akt weniger schlecht. Dennoch wird daraus, wie Herbert Schneiber seine Kritik im *Neuen Kurier* untertitelt, »ein großer Abend vor allem für Cliquen und Claquen«.

»Die Machtergreifung der vierten Galerie«, der traditionellen Heimat künftiger Sänger und Dirigenten, untersucht Otto Fritz Beer noch genauer: »Es ist . . . nicht zu bestreiten, daß die Qualität der ›Vierten‹ neuerdings stark abgesunken ist. Unter die Studenten mischten sich zahlreiche, aber wenig sachkundige Fans, die irgendwelche Sängerlieblinge wild beklatschten, mögen sie nun gerade gut oder schlecht sein. Und an jenem *Tannhäuser*-Abend scheint eine bestimmte Clique, die schon seinerzeit die Skandale gegen Böhm veranstaltet hat, so etwas wie eine Machtergreifung versucht zu haben. Man versuchte, einen unliebsamen Sänger niederzupfeifen, ja, man erwartete ihn hinterher ›am Bühnentürl‹, nicht um ihn, wie üblich, zu feiern, sondern um hier das Gejohle fortzusetzen. Der Tenor, von den Aufregungen des Abends bereits völlig gebrochen, wurde in einer Art Halbstarkenmanier regelrecht durch die Operngasse verfolgt, bis Freunde ihn im Schutz seines Wagens den Rowdies entzogen.«

Die Verantwortung für diese Eskalation der Gewalt aber trifft Herbert von Karajan, der als designierter künstlerischer Leiter per Fernverordnung verboten hat, Lustig durch Max Lorenz zu ersetzen. Die eigene »Machtübernahme« ist für ihn durch Karl Böhms Ungeschicklichkeit zu früh gekommen. Die Wiener wollten keinen Direktor, der ab und zu ins Ausland verschwindet, nun haben sie einen künstlerischen Leiter, der überhaupt noch nicht da ist.

Als Karajan nach dem *Tannhäuser*-Debakel wenigstens als Beobachter anreist und seine Stellvertreter ihm Glanzbesetzungen zu präsentieren versuchen (ihm, nicht dem Publikum), schämt sich Herbert Schneiber bereits vorauseilend für die Schäbigkeit der Inszenierung der *Tosca*, vor allem aber für Wolfgang Windgassens Mario: »Alles an ihm war, wie die Saar, deutsch immerdar: im Timbre, im (fehlenden) Ausdruck, im Spieltemperament. Cavaradossis Romanze ›Und es blitzten die Sterne ...‹ wirkte trotz brav imitierten Schluchzern mehr wie Marios Lied an den Abendstern. Es schien, der Junker war hier fehl am Ort.«

Daß in Wien allein auf Karajans Verheißungen der deutsche Keil, der in die italienische Oper getrieben wurde, so eilfertig als solcher erkannt wird, wirkt denn doch wie Treulosigkeit. Doch hat Victor Reimann dafür eine plausible Erklärung: »Es hieße die Wahrheit verschleiern, stellte man nicht fest, daß Wiens ruhmreiches Ensemble aus der Zeit des Theaters an der Wien zum Teil zerfallen war, als Karajan als Herrscher in die Oper einzog. Die Lieblinge der Wiener befanden sich in einer stimmlichen Krise oder hatten ihren künstlerischen Höhepunkt überschritten ... Das Wiener Ensemble war in Liquidation. Nur dadurch konnte es geschehen, daß der Einbruch der italienischen Gesangsstars so gewaltig wirkte. Einer Welitsch, Martinis, Seefried, einem Schöffler und Kunz in Hochform hätten auch die italienischen Spitzensänger nichts anhaben können.«

Bevor wir uns damit beschäftigen, ob die Wiener Oper in der Ära Karajan wirklich zur Nobel-Dependance der Scala wird und ihr eigenes (bereits welkes) Gesicht verliert, müssen wir untersuchen, mit welcher Weitsicht und Geschicklichkeit der 46jährige Maestro sich nach langen Jahren der Zurücksetzung in kürzester Zeit ein einzigartiges Imperium schuf, in dem das Haus am Ring nur einer von drei Fixpunkten ist. Karajans, von Walter Legge zitierter, Leitsatz: »Wir haben Zeit, wir können warten!« ist kein leerer Wahn gewesen.

Die Wende vollzieht sich, wenn man der überlieferten Version trauen darf, unter melodramatischen Umständen. Am 1. Dezember 1954 sitzt Herbert von Karajan mit seinem Sekretär André von Mattoni in einem römischen Hotel beim Frühstück. Auf einem Silbertablett wird ein Telegramm gebracht. Kein Absender, nur sieben Worte: »Le roi est mort, vive le roi!« Mattoni besorgt eine Zeitung. Auf der ersten Seite steht: »Wilhelm Furtwängler gestorben.«

Die Wiener Philharmoniker reagieren rasch, aber viel zu spät. Furtwängler hat sie zwar oft genug versetzt (im Theater an der

Wien hat er überhaupt nur fünf Opernvorstellungen dirigiert), aber man war entweder für Furtwängler oder für Karajan. Diese konsequente Bescheidung müssen sie nun büßen. Denn Gerhard von Westermann, der Intendant der Berliner Philharmoniker, hat noch zu Lebzeiten Furtwänglers mit Karajan über eine Amerikatournee verhandelt. Karajan fordert nun alles – auch er will wie sein feindlicher Vorgänger zuerst einmal Chefdirigent der Berliner auf Lebenszeit werden.

Dafür muß der 42jährige Sergiu Celibidache, Furtwänglers ständiger Stellvertreter und so gut wie sicherer Nachfolger, in die Wüste geschickt werden. Über das Prozedere gibt es verschiedene Versionen. So soll der wilde, damals noch mit paganinihafter Dämonie ausgestattete Rumäne beim Begräbnis seines Übervaters in Heidelberg geäußert haben, er sei im rechten Moment gestorben, da er praktisch taub gewesen sei. Furtwänglers alarmierend fortschreitende Schwerhörigkeit ist kein Geheimnis gewesen, schon gar nicht für seine Musiker. Und außerdem sind gerade Orchestermusiker nicht für besonders pietätvolles Verhalten bekannt.

Der Schweizer Flötist Aurèle Nicolet, in dieser Zeit noch bei den Berliner Philharmonikern, gibt eine glaubhaftere Darstellung, wie Karajan seinen gefährlichen Konkurrenten ausschaltet: »Das Orchester war etwa in zwei Gruppen geteilt, die einen waren für Karajan, die anderen für Celibidache. Karajan kam für sein erstes Konzert. Bei der ersten Probe habe ich sofort begriffen, daß sich das Orchester für ihn entscheiden wird. Denn er konnte – und das war seine Stärke – mit großer Ökonomie probieren. Deswegen warnte ich Celibidache: ›Karajan probt viel besser als Sie.‹ Es gab einen riesigen Krach, aber mein Gedanke war an sich, Celi zu helfen. Karajan hatte die große Gabe und die enorme Intelligenz, das zu übernehmen, was von Furtwängler noch da war. Er dirigierte die Erste von Brahms mit so ambivalenter Gestik, daß sich das Orchester nicht gezwungen fühlte – er hat nicht versucht, es zu brechen. Erst allmählich in den nächsten Jahren hat er sie dazu gebracht, so zu spielen, wie er es eigentlich wollte.«

Noch während der Amerikatournee wird Karajan am 3. März 1955 in Pittsburgh, Pennsylvania, von den Musikern zu ihrem künstlerischen Leiter gewählt und am 5. April 1955, seinem 47. Geburtstag, in diesem Amt auch vom Berliner Senat bestätigt. Sergiu Celibidache wird diesen Absturz, den er möglicherweise hätte verhindern können, wenn er auf Nicolets Rat gehört hätte, nie verwinden.

Dieses war der erste und wichtigste Streich Karajans in memoriam Wilhelm Furtwängler. Der zweite erfordert noch ein Jahr des Taktierens, was sich aber aus seiner neuen Position in aller Gemächlichkeit abwarten läßt. Im März 1956 sind die Salzburger Respektabilitäten endlich gar gekocht und ernennen Karajan zum künstlerischen Direktor – ohne es zu ahnen, ebenfalls »auf Lebenszeit«.

Zur gleichen Zeit ereignet sich in Wien die Panne mit Böhm. Und Karajan wird erstmals von seinem Zeitplan überholt. Denn »nachweisbar«, wie Victor Reimann behauptet, hat Ernst Marboe schon neun Monate vor der Eröffnung der Wiener Staatsoper, also im Frühjahr 1955, darüber nachzudenken begonnen, wie er Karajan als Direktor gewinnen könnte. Die Verbindung stellt er über einen Wiener Herzspezialisten her, der auch den Maestro abhorcht.

Doch der Sturz Karl Böhms folgt zu abrupt und gehorcht nicht den Regeln der Geheimdiplomatie. Marboe gerät in Zugzwang. Der marode Riese Staatsoper kann nur noch durch großzügigere Gagenpolitik hochgebracht werden. Der Finanzminister Reinhard Kamitz, ein großer Verehrer Karajans, aber macht eine Erhöhung der Zuschüsse von dessen Berufung abhängig.

Der Umworbene, meint Reimann, ist von dem Übermaß an Entgegenkommen selbst überrascht: »Als Karajan, so sagte einer seiner früheren Freunde, bei seinen Verhandlungen mit Marboe nach alter armenischer Manier 100 Prozent forderte, in der Erwartung, 50 Prozent zu erhalten, drängte ihm Marboe 200 Prozent auf.«

Die Öffentlichkeit erlebt die Tage rund um die offizielle Ernennung als grandioses, die Sinne vernebelndes Opern-Spektakel. In der Staatsoper gastiert die Scala mit *Lucia di Lammermoor*, flankiert von einer italienischen *stagione* der Piccola Scala in der Volksoper. Wie ausgehungert die Wiener Opernfreunde gewesen sein dürften, mag daraus ersehen werden, daß von den zehn Wiederaufnahmen zwischen Januar und Mai 1956 Hilde Zadek in vier die Premieren bestreiten mußte – *Tosca, Il Trovatore, Ariadne auf Naxos* und *Alceste*.

Als am 12. Juni die erste *Lucia* stattfindet, entgehen dem Publikum dennoch die stimmlichen Schärfen der Callas nicht, an die es sich im Laufe des Abends erst gewöhnen muß. Der Schluß der Vorstellung aber wird zur Apotheose. »Die Callas«, notiert Victor Reimann, »spielt vor dem Vorhang fast noch aufregender als auf der Bühne. Als sie schließlich Karajan die Hand küßt, erzittert das Haus vom Jubel des Publikums. Eine solche Geste, in jeder anderen Situation als peinlich empfunden, wurde hier eine symbolische Handlung. Die Diva beugt sich vor dem Divus.«

Die Pressekonferenz am 13. Juni mit hundert Journalisten des In- und Auslands steht noch ganz unter dem Eindruck dieser Vorstellung. Auch hier wird mit verdeckten Karten gespielt. Man habe sich zwar grundsätzlich geeinigt, heißt es, aber vor der Unterzeichnung müsse der Plan noch öffentlich diskutiert werden.

Das erhoffte günstige Presseecho ist indes öffentliche Diskussion genug. Am 15. Juni unterschreiben Karajan und Marboe im Beisein des Finanzministers einen Vertrag auf drei Jahre (und nicht auf ein Jahr, wie zwei Tage vorher angekündigt). Punkt 1 des Vertrags besagt, daß Karajan ab 1. September 1956 die gesamte Verantwortung für die künstlerische Entwicklung der Wiener Oper übernimmt. Da keine zeitlich festgelegte Anwesenheitspflicht bestimmt wird, gilt die Verantwortung auch in Abwesenheit des Dirigenten. Die Anweisungen werden dann entweder telefonisch oder durch den Mund des Privatsekretärs André von Mattoni gegeben.

In Punkt 2 wird verabredet, daß Karajan zwei bis drei Neuinszenierungen übernimmt, doch besteht keine Verpflichtung für eine Mindestanzahl. Punkt 4 bezieht sich auf Karajans Aufgabe, vor allem das italienische Fach in der Wiener Oper auf internationalen Stand zu bringen. Bei diesem Vorhaben soll ihn in erster Linie eine Vereinbarung mit der Scala unterstützen. Wirklich bindende Verpflichtungen werden nicht fixiert. Einen solchen Vertrag hat die Welt noch nicht gesehen – und bekommt ihn in den wesentlichen Punkten auch nicht zur Kenntnis.

Am 16. Juli wird der Kooperationsvertrag mit der Scala von Karajan, Marboe und Antonio Ghiringhelli unterzeichnet. Er sieht in ebenso vagen Formulierungen eine gemeinsame, aufeinander abgestimmte Gestaltung des klassischen und modernen Opernprogramms vor sowie den Austausch von Dirigenten, Sängern, Regisseuren und Bühnenbildern und endet mit einem Aufruf an andere Operninstitute von internationalem Rang, bei dieser Zusammenarbeit mitzutun.

Der Coup kommt trotz monatelanger Vorbereitung so überraschend, daß Presse und Publikum fast gelähmt vor Erstaunen sind. Die finanzielle Frage gerät in den Hintergrund, obwohl hier die einzigen konkreten Ergebnisse eingefahren werden. Der staatliche Zuschuß steigt von 38 Millionen Schilling im Jahr 1955 auf 66 Millionen Schilling im Jahr 1957, die Einnahmen in diesem Zeitraum bei rund 300 Vorstellungen pro Jahr immerhin von 19 Millionen auf 25,6 Millionen – Tendenz in beiden Fällen weiter steigend.

Die Scala wirtschaftet überraschenderweise sparsamer. Im Jahr des Abkommens, also in der Spielzeit 1955/56, betragen ihre Einnahmen bei 250 Vorstellungen umgerechnet 40 Millionen Schilling, die Subventionen nur 36 Millionen.

Mit diesem Millionenpoker endet erst einmal Karajans leibliche Präsenz in Wien. Er ist zwar ab September 1956 »verantwortlich« (was bedeutet, daß alle in der Oper ihm verantwortlich sind, er jedoch nur sich selbst), seine künstlerische Arbeit aber beginnt erst im April 1957. Die Rechnung, daß in der Zwischenzeit nochmals der Unterschied zu Karajans kommenden eigenen Premieren und zur »Morgengabe« der Scala deutlich gemacht wird, geht indes nicht auf.

Zumal nach dem *Tannhäuser*-Debakel wird dem fernen Hausherrn am Zeug geflickt. Die Bezeichnung »Karajanserei« zählt zu den freundlicheren Wortschöpfungen. Der Maestro, der seiner Meinung nach »unter persönlichen Opfern« den »abgewirtschafteten Laden« übernommen hat, fühlt sich brüskiert. Der Anfang der Ära Karajan gleicht eher einer Endzeit.

Dann aber erscheint er endlich doch und beginnt mit einer *Walküre* in Starbesetzung am 2. April 1957 den längst überfälligen ersten *Ring*-Zyklus seit Kriegsende (und den einzigen bis heute). Doch erst die Premiere von *Otello* am 15. April, die erste hauseigene Opernaufführung in italienischer Sprache, bringt dann den richtigen Opernwirbel. Die Kartenanwärter übernachten trotz der kalten Witterung vor dem Haus. Mit sechzig Stunden Wartezeit für einen Stehplatz stellt ein Gymnasiast den Rekord auf.

Zwei Ereignisse, die in guter alter Tradition ganz Wien aufwühlen (auch die Mehrzahl der Bürger, die nie in der Oper war), prägen diesen *Otello*. Zum einen ereignet sich das »Wunder«, daß die Wienerin Leonie Rysanek sich neben Mario del Monaco nicht nur behaupten kann, sondern daß sie die Sensation des Abends ist. Ihre Befähigung, Verdi authentisch zu singen, wäre trotz der deutschen Sprache bereits in *Aida* und anderen Verdi-Opern festzustellen gewesen. Aber da wären ja keine echten Italiener dabei. Wien wird durch diesen Abend also – wenn auch nur vorübergehend – von einem Minderwertigkeitskomplex befreit, der den Stolz auf die »Erneuerung Verdis durch den deutschen Geist« als Schutzbehauptung einer ehemals autarken Regionalkultur bloßstellt.

Daß es außerdem auch italienische Sänger gibt, die gar nicht so gut sind, wie man immer befürchtet hat, würzt zum zweiten die Freude mit Schadenfreude. Tito Gobbi war als Jago nicht verfügbar. Den hätte man statt Paul Schöffler noch gelten lassen. Karajan engagiert statt dessen aber Anselmo Colzani, einen, wie Victor Reimann entrüstet feststellt, »außerhalb Italiens völlig Unbekannten«. Das stimmt zwar nicht, Colzani hat 1956 in San Francisco unter anderem bereits den Conte di Luna neben Jussi Björling und den Amonasro mit Leonie Rysanek gesungen.

Doch Karajan hat den Bogen mit dem Engagement eines »mehr als drittklassigen Italieners« überspannt. Als Schöffler am 5. Juni 1957 die Partie übernimmt, ist eine Abreibung fällig. Unter der Überschrift »Der Abend gehörte Paul Schöfflers genialem Jago«, kommentiert Karl Löbl: »Daß Karajan nach dem hinreißend realisierten Credo trotz dem Orkan, der Schöffler dankte, weiterzudirigieren versuchte und nur sichtlich unwillig abklopfte, war hoffentlich kein Symptom; für die Lenkung des Beifalls ist der Dirigent (auch der Opernchef) nicht zuständig.«

Daß der fast 60jährige Schöffler das Credo hinreißend »realisiert«, verweist abermals auf den »Werner Krauß der Opernbühne«. Wo alte Liebe waltet, ist der Sinn für idiomatisches Singen ausgeschaltet. Schöffler hat sich der zwangvollen Plage, der Jago auf italienisch umzustudieren, immerhin schon 1951 unter Furtwängler unterzogen. Für andere aber ist es Müh' ohne Zweck, daß das italienische Repertoire nun Schritt für Schritt auf Originalsprache umgestellt wird.

Der gleichaltrige Helge Rosvaenge empfindet das Ansinnen als Zumutung und tritt nur noch im Konzert auf, wo ihm schließlich vom Galerie-Nachwuchs der Staatsoper in nostalgischer Erinnerung an die wundervollen Zeiten des »eiskalten Händchens« der eigens für ihn geschaffene »Ehrenring der Galerie« überreicht wird.

Ein wirklicher Unfug in Karajans Weltenplan ist allerdings das Gagen-Gefälle zwischen den Scala-Importen und den vertraglich an die Wiener Oper gebundenen Sängern. Als Leonie Rysanek dahinterkommt, daß Anna Maria Canali, die in *Otello* die Emilia singt, eine dreimal höhere Abendgage als sie selbst erhält, explodiert sie. Als Karajan sich weigert, das krasse Mißverhältnis zu beseitigen, löst sie ihren Vertrag – und ist damit unter anderem auch frei, um für Maria Callas an der Met die Lady Macbeth zu übernehmen.

Der symbolträchtige Handkuß der Callas nach der ersten Wiener *Lucia* war übrigens auch ihr letzter direkter Kontakt mit Karajan. Sie läßt er bewußt über Gagen-Forderungen stolpern. In den Aufbaujahren hat er sie als »Visitenkarte« genutzt. Nun herrscht er selbst über ein italienisches Repertoire, das er nach Belieben selbst dirigieren oder anderen überlassen kann. Auf keinen Fall aber kann er eine Diva brauchen, die den Divus durch den Rummel, der inzwischen um sie gemacht wird, überstrahlt.

Es ist Meneghini durchaus zu glauben, daß Maria Callas für *La Traviata*, die am 7. Juni 1957 in Wien Premiere hat, mündlich eine Gage zugesichert wurde, die im schriftlichen Vertrag nicht mehr auftaucht. Derlei Fallen sind die einfachste Möglichkeit, sich eines unerwünschten Stars zu entledigen. Und das auch noch unter dem Beifall der Presse und des Publikums, denen vorgeführt wird, wie sehr doch gespart wird, und daß der Herr der Wiener Staatsoper sich nicht von einer geldgierigen Diva erpressen läßt.

Diese *Traviata* ist die erste Austausch-Produktion der Scala und für Karajan ein erster Reinfall. Nicht nur, daß Virginia Zeani in der Premiere indisponiert ist – statt Luchino Visconti, der seine Modell-Inszenierung um Maria Callas gebaut hat, arrangiert nun

Mario Frigerio die Gänge und Gesten. Victor Reimann kommt dadurch zu dem Fehlschluß: »Die Aufführung ... war ein Exportartikel der Mailänder Scala und machte deutlich, daß moderne Opernprobleme dem Mailänder Opernhaus kein allzu starkes Kopfzerbrechen bereiten. Lila de Nobili schuf Bühnenbilder mit der muffigen Luft des Salons der Dumas-Gesellschaft.« Es ist jene Ausstattung, die in Verbindung mit Viscontis Regie an der Scala als allzu kühner Eingriff in das Werk empfunden wurde.

Das Verhalten der Wiener gegenüber der Scala bleibt komplexbeladen. Der Jubel um eine Tebaldi oder Simionato, um einen di Stefano oder Bastianini wird von dem schwarzen Verdacht getrübt, daß die Mailänder versuchen, dem Haus am Ring auch ihren Sänger-Schrott anzudrehen. Beim Studium der Besetzungs-Statistiken stellt sich allerdings heraus, daß die »mehr als drittklassigen Sänger« überwiegend aus anderen Gegenden Europas geholt werden.

Auch die Meinung, daß an der Scala »moderne Opernprobleme« ignoriert werden, ist angesichts des bisherigen Wiener Regiestils absurd. Gefördert wird dieser Eindruck allerdings durch Karajans Favoriten wie Margherita Wallmann, die ursprünglich Choreographin war und als Regisseurin dekorative Arrangements bevorzugt, die wiederum Karajans eigenem Inszenierungs-Geschmack entgegenkommen.

Besonders rührend ist die Trauer über den »Wortbruch« der Scala im Austausch des Repertoires. Die italienischen Opern machen vierzig Prozent des Wiener Spielplans aus. Im Gegenzug, so meinen auch Beobachter, von denen man Repertoire-Kundigkeit erwarten könnte, wäre für Mailand der gleiche Proporz an deutscher Oper fällig.

Die Allianz ist also mangels Masse einseitig. Und im großen und ganzen ist mit über neunzigjähriger Verspätung das eingetroffen, was Richard Wagner bereits 1863 in seiner Schrift *Das Wiener Hofoperntheater* vorgezeichnet hat: »Schon im Sinne des guten Geschmacks muß den Freunden der italienischen Oper höchlich empfohlen werden, die Werke derselben sich lediglich durch italienische Sänger und in italienischer Sprache vorführen zu lassen.«

Wobei zu differenzieren ist, daß die des Italienischen und des italienischen Gesangsstils mächtigen Sänger durchaus nicht einen italienischen Paß haben müssen. Die Premiere von *Madama Butterfly* am 19. September 1957 unter Dimitri Mitropoulos wird zum Triumph für Sena Jurinac, die diese Partie in Wien vierzigmal singt und damit auch an die Scala eingeladen wird. Die Wiener Staatsoper erreicht also – mit Gästen wie mit hauseigenen Sängern – wieder internationalen Standard. Daß viele dennoch den heimeligen Zeiten des Ensembles nachweinen und meinen, daß das Haus am Ring nun auch nichts anderes sei als die Scala oder die Met, ist in diesem Zusammenhang eher ein Heurigen-Thema.

In Salzburg muß Karajan vorsichtiger taktieren. Mozart ist ihm als Opernkomponist mit Ausnahme des *Don Giovanni* verleidet, seit er an der Scala auf dieses Gebiet abonniert war, während andere und weit unbedeutendere Dirigenten mit den italienischen Opern »abräumten«. Doch erscheint es als großzügige Geste, daß er hier dem kompetenten Karl Böhm das Feld überläßt.

Der Einbau der italienischen Oper in den Rahmen der Festspiel-Tradition aber kann nicht von heute auf morgen geschehen. Ein erstes Konzept, das er vorgelegt hat, wird nicht realisiert. Da war für 1958 *La Traviata* vorgesehen, für 1959 *Lucia di Lammermoor* und für 1960 »eine italienische Oper, entweder von Rossini oder Bellini«. Etwas merkwürdige Vorschläge, auch wenn man bedenkt, daß Salzburg eine verschüttete Affinität zur italienischen Oper der ersten Stunde hat, daß es in Schloß Hellbrunn zu Beginn des 17. Jahrhunderts Aufführungen der ersten Florentiner Opern gab.

Statt dessen präsentiert sich Karajan als Salzburg-Heimkehrer 1957 sehr vorteilhaft als eine Synthese von Furtwängler und Toscanini. Er beginnt mit *Fidelio*, in den er bereits ein wenig *italianità* hineinmogelt. Giuseppe Zampieri, kein Star, aber ein vorzüglicher Ensemble-Sänger, revanchiert sich als Florestan im Gegenzug zur deutschen Barbarei an der italienischen Oper mit einem besonders entzückenden Akzent: »Und ist nicht mein Grab mir er'ellet!«

Falstaff knüpft dann an Toscaninis Salzburger Produktion aus dem Jahr 1935 an. Daß Karajan auch hier sehr pauschal Regie führt, verblaßt in der Erinnerung an die Lebendigkeit der Aktion, die von den Sängern selbst getragen wird. Tito Gobbi, Elisabeth

Schwarzkopf, die 25jährige Italoamerikanerin Anna Moffo mit ihrem noch ätherischen lyrischen Sopran und Giulietta Simionato sorgen für Turbulenz, der auch sorgfältigst zubereitete deutsche Hausmannskost nichts entgegenzusetzen hat.

Als dritte Verdi-Oper nach *Falstaff* und *Otello* gibt es 1958 dann erstmals *Don Carlo*, ein Werk wie geschaffen für Salzburg. Geht es doch um die Habsburger, die Macht des Klerus und um die Strenge des spanischen Hofzeremoniells, das am Wiener Hof bis zur Auflösung der Monarchie verbindlich geblieben ist. Und außerdem um eine Festspiel-Oper *par excellence.*

Der Naturraum der Felsenreitschule verbindet sich ideal mit Caspar Nehers spanisch-barocker Architektur. Wenn der Regisseur Gustaf Gründgens etwa den Schatten des Großinquisitors riesig auf die Felswand des Mönchsbergs fallen läßt, versinnbildlicht sich der doppelte Terror von Zeremoniell und Inquisition.

Hier bereits zeigt sich allerdings Karajans nervöse Ungeduld im Umgang mit etwas längeren Opern. Auf den Fontainebleau-Akt hat schon Verdi meist verzichtet. Von den sieben vom Komponisten autorisierten Fassungen gab es dieses Bild nur bei der Pariser Uraufführung 1867 und in der letzten Fassung 1886 in Modena. Doch Karajan schnipselt auch innerhalb des Gesamtgefüges, streicht etwa die zweite Strophe der »Canzone del velo« und wütet in den Duetten zwischen Elisabetta und Don Carlo. »Tagli scellerati«, ruchlose Schnitte, nennt Rodolfo Celletti dieses Verfahren.

Die Kritiker der führenden deutschen Zeitungen befassen sich mit diesem Problem nicht, obwohl *Don Carlo* auch auf deutschen Bühnen beheimatet ist. Zu sehr fasziniert doch die Authentizität dieser Aufführung, die Eleganz und Grandeur in der Orchester-Behandlung, Karajans besondere Fähigkeit in jenen Jahren, die Sänger zu »begleiten«, mit ihnen zu atmen. Auch der Besetzung mit Sena Jurinac, Giulietta Simionato, Eugenio Fernandi, Ettore Bastianini und Cesare Siepi ist nichts Vergleichbares entgegenzusetzen.

So wird Bastianini von Helmut Schmidt-Garre in der *Welt* »eine kostbar weiche und mühelos quellende Stimme« attestiert, während Celletti das eigentliche Manko dieses resonanzreichen Organs beschreibt: »Er tritt aus vollem Halse singend auf (gemäß dem ›Un tal baccano in chiesa – Ein Tollhaus in der Kirche!‹ der Routine-Scarpias) und fährt über einen großen Teil der Oper so fort. Also werden die Vorzüge des Timbres von der Monotonie der Phrasierung neutralisiert.«

Der Begriff der (wohl nicht immer ganz richtig verstandenen) *italianità* taucht nun immer häufiger im deutschen Blätterwald auf. Da kann es nicht ausbleiben, daß in den eigenen Reihen Rebellion ihr Haupt erhebt. *Simon Boccanegra* im Salzburg von 1961 scheint dem inzwischen 32jährigen Joachim Kaiser das geeignete Objekt:

»In der deutschen Verdi-Verehrung steckt neben aufrichtiger, unantastbarer Liebe auch ein gutes Stück sentimentalisch-intellektuellen Hochmuts. Gleichsam aufatmend begibt man sich aus dem reinen Bezirk Mozartscher Spiritualität oder gar aus den metaphysischen Erlösungsspannungen des Wagnerschen Gesamtkunstwerks hinüber zu Verdis fröhlichem Belcanto-Wettstreit. Man nimmt die oft haarsträubend verworrenen Libretti (weil es angeblich nicht darauf ankommt) mit der gleichen gönnerhaften Großzügigkeit in Schutz, mit der feinsinnige Literaten heutzutage durchblicken zu lassen pflegen, daß sie am liebsten Kriminalromane lesen, und läßt sich vom abgeschmackten szenischen Unfug nicht schrecken. Man feiert sozusagen Problem-Ferien . . . Da zählt nur die Stimme, die Höhe, die Kraft, und kein Feinsinn, keine verlegene Seelenmalerei, kein kultivierter Sprechgesang gilt. Kehlkopf, im animalischen Kampf ums Dasein.«

Das ist nun bei Verdis düsterstem, depressivstem und verhaltenstem Werk – und in Gianandrea Gavazzenis »ungeschönter« Interpretation – eine etwas kühne Behauptung. Der Rezensent wird noch deutlicher. Nachdem er das Seine beigetragen hat, die Handlung zu verunklären oder vielmehr ins Lächerliche zu ziehen, teilt er am Ende des diesbezüglichen Absatzes über die Figur des Gabriele Adorno mit: »Der Adorno hatte schon gar nichts mit dem Frankfurter Professor zu tun, sondern war Tenor.« Prosa eines Soziologie-Yuppie.

Daß an dem Eindruck eines animalischen Kampfes ums Dasein Tito Gobbis strangulierte, erstickte Höhe schuld sein könnte, wird indes in das pure Gegenteil verkehrt. Da kommt denn doch Stimmkult auf. Kaiser lobt: »Gobbi traf zudem mit selbstverständlicher

Souveränität jene Mischung aus dramatischem Parlando und großem Belcanto, die Nordländern so schwer wird. Sein Rezitativ-Ton war nie trocken, sein Arioso nie selbstgefällig verspielt.« Ernst Thomas sekundiert für die *Frankfurter Allgemeine Zeitung*: »Volumen und Schönheit seiner Stimme, die in allen Lagen ihr bestechendes Timbre behält, stempeln ihn zu einem der wenigen, die heute ein vollendetes Belcanto beherrschen.«

Uneinigkeit herrscht lediglich über die Amelia, »nicht italienisch«,wie Thomas hervorhebt, »sondern mit der Türkin Leyla Gencer besetzt«. Was also an sich schon nichts Ordentliches sein kann. Im Detail moniert er: »Auch in ihren Soli vermochte sie – nicht zuletzt wegen ihrer abrupten Übergänge zum *mezzavoce* – kaum zu überzeugen.« Während Kaiser findet: »Das hohe H schafft sie nicht nur mühelos, sondern sie vermag da von *forte* gleich in ein gehauchtes, geschluchztes *pianissimo* überzugehen.«

Des Rätsels Lösung findet sich im Mitschnitt vom 9. August 1961. Leyla Gencer, Spezialistin für perfektes *mezzavoce* und ein geflutetes *pianissimo*, hat einen rabenschwarzen Abend. Die heikle Auftritts-Arie »Come in quest'ora bruna« kriegt sie nur mit knappster Not über die Runden. Um das hohe B (nicht H) sicher zu erreichen – sonst ein mühelos *dolcissimo* angesetzter Ton –, gibt sie der Atemsäule einen kräftigeren Schub und nimmt den Ton dann vom *mezzoforte* in ein *mezzavoce* zurück.

Ist es also bei den kritischen Geistern gegen den *italianità*-Fimmel mit der Werkkenntnis und der gesanglichen Einordnung nicht weit her, so droht Karajan selbst weit größere Gefahr, als er 1962 in Salzburg *Il Trovatore* herausbringt, des deutschen Bildungsbürgertums liebstes Gespött.

Dieser »Troubadour« mit Betonung auf der ersten Silbe gilt als der Prototyp eines konfusen Librettos, über dessen Schwachsinn unter Aussparung einer wirklichen Beschreibung der Handlung ganze Pamphlete verfaßt werden. Das wäre in den sechziger Jahren, in denen die Liebe zu den *gothic novels*, den Abenteuer-Romanen aus dem Beginn des 19. Jahrhunderts neu entdeckt wird, eigentlich nicht mehr zeitgemäß. Denn die Qualität dieser Romane macht all das aus, was die Oper so lächerlich macht – der wild geschürzte Schicksals-Knoten wie die Rückblenden-Technik.

Die Vorgeschichte des *Trovatore* ist allerdings nicht nur im Vergleich mit den Verflechtungen, welche sich epische Prosa leisten kann, unkompliziert. Azucenas Mutter wird als Zigeunerin verbrannt, was nicht nur im Spanien des 15. Jahrhunderts üblich ist. Azucena, um sich zu rächen, stiehlt den jüngeren Sohn des verantwortlichen Conte di Luna, übt also eine Betätigung aus, die ebenfalls nicht nur im 15. Jahrhundert Zigeunerinnen unterstellt wird. Als sie am Scheiterhaufen mit ihrem eigenen und dem geraubten Kind ankommt und die verkohlten Reste der Mutter erblickt, erleidet sie höchst plausibel einen *blackout* und wirft statt des fremden das eigene Bündel in die noch züngelnden Flammen. Diese drei traumatischen Erfahrungen erlebt sie, dramaturgisch geschickt plaziert und variantenreich komponiert, im Verlauf der Oper in Visionen wieder und wieder.

Auch daß Manrico in Personalunion (Zieh-)Sohn der Zigeunerin, Troubadour und Anführer einer Heerschar ist, kann der Vorlage, dem Schauerdrama des mit Verdi fast gleichaltrigen spanischen Romantikers Antonio Garcia-Gutierrez, nicht zum Vorwurf gemacht werden. 1961 erscheint im Insel Verlag der zu Beginn des 19. Jahrhunderts entstandene Roman *Die Handschrift von Saragossa* des Polen Jan Potocki erstmals in vollständiger Ausgabe und wird als literarische Entdeckung ersten Ranges, als Offenbarung und Sensation gepriesen. Und dort gibt es den Zigeuner-Häuptling Pandesowna, der in Wahrheit Sohn des Adeligen Don Felipe d'Avadoro ist und viel krausere Abenteuer als Manrico zu bestehen hat.

Schließlich ist *Il Trovatore* Prototyp für eine Ästhetik, die von der amerikanischen Avantgarde-Kritikerin Susan Sontag Anfang der sechziger Jahre unter dem Begriff »Camp« definiert wird. Zum Wesen des »Camp« gehört die Liebe zum Unnatürlichen, zum Trick und zur Übertreibung.

In ihren *Anmerkungen zu »Camp«* von 1964 geht Susan Sontag unter Punkt 33 auf das Musiktheater ein: »Der Camp-Geschmack ist für den ›momentanen Charakter‹ empfänglich (und steht damit natürlich ganz in der Tradition des 18. Jahrhunderts), nicht dagegen für die Entwicklung des Charakters. Charakter wird verstanden als ein Zustand kontinuierlicher Intensität. Dieses Verhältnis zum Charakter erklärt die Theatralisierung des Erfahrenen, die der Erlebnisweise des Camp eigen ist. Es trägt gleichermaßen zum Verständnis der Tatsache bei, daß Oper und Ballett als ein so reicher Hort des Camp erfahren werden. Wo es Entwicklung des Charakters gibt, treten die Elemente des Camp zurück. Unter den Opern zum Beispiel ist *La Traviata* (in der es Ansätze einer Charakterentwicklung gibt) weniger ›campy‹ als *Il Trovatore* (in dem es solche Ansätze nicht gibt).«

Karajan liefert 1962 mit seiner Salzburger Produktion also den letzten Schrei für die Intellektuellen. Und während es im Direktorium bei diesem Plan befremdetes Kopfschütteln gegeben hat, rühmt Karl Heinz Ruppel, der gegenüber geistigen Strömungen nicht unempfindlich ist, an Verdi, daß »er es wagte, in den vier Hauptgestalten . . . viel weniger individuell profilierte Personen als Inkarnationen menschlicher Urtriebe und Leidenschaften in musikalischer ›Gebärdung‹ auf die Bühne zu stellen«.

Diese »Ehrenrettung des *Troubadour*«, wie Ruppel seine Kritik in der *Süddeutschen Zeitung* vom 2. August 1962 übertitelt, wird für deutsche Ohren möglich durch ein die Sinne überrumpelndes Hörerlebnis, an dem neben den Italienern Simionato, Corelli und Bastianini Leontyne Price beteiligt ist, die in Salzburg unter Karajan 1960 und 1961 bereits Donna Anna gesungen hat.

Leontyne Price, 1927 in Laurel, Mississippi, geboren und an der New Yorker Juillard School ausgebildet, faßte den Entschluß, Opernsängerin zu werden, als sie Ljuba Welitsch als Salome an der Met erlebte. Für eine Schwarze ist dieser Plan in den USA um 1950 ein aussichtsloses Unterfangen. Zwischen 1952 und 1954 ist sie mit einer amerikanischen Truppe in Europa mit *Porgy and Bess* auf Tournee. Auch in London und Paris, Berlin und Moskau kommt niemand auf die Idee, daß das stimmliche Material dieser Bess ebenso für Mozart und Verdi geeignet wäre.

1954 gibt sie ein aufsehenerregendes Konzert in der New Yorker Town Hall. Doch auf der Opernbühne kommt der Durchbruch erst 1957, als sie bereits dreißig ist. In San Francisco ist sie für die Rolle der neuen Priorin bei der amerikanischen Erstaufführung von Francis Poulencs *Les Dialogues des Carmélites* vorgesehen. Noch in der Vorbereitungszeit sagt Antonietta Stella wegen Krankheit ab, und Leontyne Price übernimmt ihre Aida.

Eine solche »deckende« Besetzung liegt außerhalb des Vorstellungsbereichs der Leiterin der Kostümabteilung. Es gibt eine kleine Diskussion am Telefon, weil die Schneiderin darauf beharrt, daß das Kostüm in Erdtönen gehalten sein müsse, um es nach jeder Vorstellung leichter von der dunklen Körperschminke zu reinigen. Bis Leontyne Price sagt: »Ich habe diese dunkle Farbe bereits eingebaut.«

In der Premiere kann Robert Merrill dafür seine Erfahrung mit Not-Inszenierungen der *Aida* nutzbringend weitergeben: »Es war eine sparsame Produktion, nicht sehr hilfreich, um einen Anfänger von seiner Anspannung zu befreien. Bei meinem Auftritt bestand meine Armee aus fünf schwarz bemalten Schuljungen. Leontyne lief mir entgegen, sichtlich nervös, und so improvisierte ich: ›Kein Wunder, daß ich die Schlacht verloren habe – schau dir meine Krieger an!‹ Sie erstickte ihr Lachen, aber es half, um sie locker zu machen, und der Abend wurde ihr persönlicher Triumph.«

Mit Aida debütiert Leontyne Price 1958 auch in der Arena von Verona, darauf in Wien und Covent Garden und 1960 an der Scala als Alternativ-Besetzung zu Birgit Nilsson. Als Rudolf Bing findet, daß sie »reif« für die Met ist, schlägt er ihr für den Anfang ebenfalls Aida vor. Doch gerade an der Met will sie kein *black token* sein, kein Vorzeige-Objekt für eine kaum begonnene Assimilierung der Schwarzen.

Nun ist Bing diesbezüglich von keinerlei Vorurteilen belastet. Am 7. Januar 1955 hat er mit Marian Anderson als Ulrica die erste farbige Sängerin auf die Bühne der Met gebracht. Es ist eine Tat, zu der er sarkastisch anmerkt: »Der Aufsichtsrat der Metropolitan gehörte nicht zu den vielen Organisationen, die mir gratulierten, als diese Nachricht bekannt wurde.«

Doch das Tabu ist gebrochen. 1956 folgt der Koloratursopran Mattiwilda Dobbs als Gilda. 1958 debütiert Gloria Davy als Aida, wird aber auch als Pamina eingesetzt, was denn doch etwas verwirrend ist, wenn Papageno sich erst vor dem (geschminkten) Mohren Monostatos erschreckt. Ebenfalls 1958 gibt Martina Arroyo ihr Debüt dafür unsichtbar als Stimme vom Himmel in der Autodafé-Szene in *Don Carlo.*

Leontyne Price aber wird die erste schwarze Primadonna in der Geschichte des Hauses – ein Anspruch, den sie bereits bei ihrem Debüt als Leonora in *Il Trovatore* am 27. Januar 1961 anmeldet. Für den spektakulären Start bricht sie sogar mit der Kardinalregel, daß man das erste Auftreten nie mit einem zweiten Debütanten teilen soll. Dieser andere ist Franco Corelli.

»Es war gewiß nicht die kultivierteste Vorstellung«, notiert Irving Kolodin. »Corellis Klüngel brach bei der ersten Explosion eines lauten Tons, den er in der Kulisse von sich gab, bereits in Frohlocken aus, und Price wurde von ihren Freunden und Däumchendrückern entsprechend bedient – aber es endete besser, als es begann. Nach einigen anfänglichen Unsicherheiten (hauptsächlich durch Kurzatmigkeit verursacht) demonstrierte Price ihre gesangliche Beherrschung der Linie und des Ausdrucks der Partie, und Corelli überlebte ein ungeschlachtes ›Ah sì, ben mio‹ und ein gebrülltes ›Di quella pira‹, um dann stimmliche Qualitäten zu zeigen, die es mit seinem außergewöhnlich guten Aussehen aufnehmen konnten.«

Die Presse aber beschäftigt sich am nächsten Tag hauptsächlich mit Leontyne Price. Und Bing hat mit seinem über die Maßen empfindlichen neuen Tenor den ersten psychologischen Härtetest zu bestehen: »Ich kann die Kombination aus Schmeichelei und Drohung nicht beschreiben, mit der ich Franco Corelli nach seinem Debüt behandeln mußte.« Doch Corelli bleibt eisern: »Ich bin nicht gewillt, jemals wieder mit dieser Sopranistin zu singen!«

Bis zum Ende der Spielzeit steht er mit ihr noch fünfmal in *Il Trovatore* auf der Bühne der Met und einmal in *Turandot*, als sie Liù singt. Die Krönung des gemeinsamen Wirkens aber ist zweifellos *Trovatore* unter Herbert von Karajan 1962 in Salzburg.

Die Vorstellung läuft allerdings nicht »unter« dem Maestro, sondern über ihn hinweg. Seine Hingabe kommt bisweilen einer Selbstaufgabe gleich. »Es ist seltsam«, wundert sich Rodolfo Celletti, »einem Karajan zuzuhören, der nicht die entsprechende interpretatorische Vision den Sängern aufzwingt, sondern sie sich aufzwingen läßt.«

Was also zeichnet diese Produktion aus, die durch die CD-Veröffentlichung des Mitschnitts vom 31. Juli 1962 wieder besondere

Popularität gewonnen hat? »Power, das ist es. Es muß was Riesiges rauskommen aus der Tüte, nur dann verstehe ich darunter Musik.«

Wenn wir diese Definition eines 15jährigen bei einer Umfrage über »gute« Musik im März 1991 als Kriterium gelten lassen, dann können wir uns auch Karl Löbls Kurzwertung im Handlexikon *Opern auf Schallplatten* anschließen: »Karajans Salzburger Festspiel-*Troubadour* war höchster stimmlicher und musikalischer Luxus. Ein solches Ensemble, eine derart vollkommene Durchdringung der musikalischen Struktur, ein solch versengendes Feuer gab es später nie mehr. Als Live-Mitschnitt vermutlich unübertrefflich.«

Es ist unbestreitbar, daß hier herrliches Stimm-Material vereinigt ist. Unbestreitbar aber auch, daß alle Unarten und Untugenden zumal des *malcantismo maschile* des vorhergegangenen Vierteljahrhunderts in Digest-Form geboten werden.

Ettore Bastianini mobilisiert als Conte di Luna sämtliche Nebenresonanzen zu einem voluminösen Breitband-Klang, in dem die Intonation ins Schwimmen gerät, der den Strahl der Vollhöhe eindickt und die Noten der verzierten Passagen nur durch heftiges Aspirieren und mit einiger Verzögerung auf den Weg bringt. Die Arie »Il balen del suo sorriso« entbehrt nicht nur der verzehrenden Sehnsucht, Bastianini orgelt auch über Bezeichnungen wie *ppp, dolcissimo, con espressione* indifferent hinweg.

Franco Corellis weiträumige und lebhafte Phrasierung wird durch schamlosen Einsatz von *portamenti*, das Anschleifen hoher Töne und ein geradezu »nasses« Lispeln verzerrt. Die Arie »Ah sì, ben mio« ist ein Kampfgefild für veristische Drücker. Und bei der Stretta »Di quella pira«, die um einen halben Ton transponiert ist, kommt was Riesiges raus aus der Tüte, aber nichts Schönes.

Auch Giulietta Simionato beteiligt sich am Gebrüll, hält sich im Zigeunerlager an keine einzige von Verdis Weg-Markierungen von *forte* zu *piano*, erliegt, wie Celletti bekümmert feststellt, »den Versuchungen veristischer Pöbelhaftigkeit, was bei einer so eleganten Sängerin doch eher verwunderlich ist«. Leontyne Price schließlich ist unbeholfen im verzierten Gesang, bleibt selbst bei den *gruppetti* ihrer Auftritts-Cavatine »hängen«. Wenn für Jürgen Kesting ihre Mozart-Aufnahmen »kaum mehr als Skizzen« sind, so trifft das noch mehr auf diese Anfangs-Szene zu.

Leontyne Price liefert nicht nur »Skizzen«, sondern auch musikalische Gemälde

Die »wirkliche Präsenz« Karajans, die Celletti an den Fingern abzählt, ist zumindest im Finale des zweiten Akts nur relativ: Im *pezzo concertato*, bei dem *leggerissimo e brillantissimo* angegeben ist, schreien alle so, daß die Klanggebärde doch wieder nur an ein Orchestrion erinnert, an dem sich geschnitzte Figuren rhythmisch abgehackt bewegen.

Diese *power* also ist drei Akte lang geboten. Im vierten schwillt der Bizeps angenehm ab, und hier endlich kommt auch Karajans Orchesterführung zu Wort, an der Karl Heinz Ruppel rühmt: »Kein falsches Brio, keine von außen aufgesetzte *rubato*-Unruhe, keine den Zuhörer anfallenden Temperaments-Explosionen als Surrogat südländischer Leidenschaft.«

In Leonoras Arie »D'amor sull'ali rosee« findet Leontyne Price zu einer wunderbar verklärten Ruhe. Und hier beweist sich Cellettis Definition ihrer Besonderheit als Verdi-Sängerin: »Sie offenbart ... mit gleichermaßen leidenschaftlichem wie edlem Ausdruck, daß die Keuschheit Leonoras und anderer Heroinen nicht eine Wollüstigkeit ausschließt, die auch noch im herzzerreißendsten Schmerz tief verwurzelt erscheint.« Purer Ausdruck werden auch ihre virtuos interpolierten hohen C im »Miserere«.

Im Kerker nimmt auch Giulietta Simionato *mezzavoce* Abschied von der Barbarei ihres bisherigen Singens. Weil ein solcher Ausgang zu schön traurig wäre, übernimmt nun Karajan selbst die Rolle des Barbaren und fügt seinen Strich-Delikten eines der bösartigsten hinzu. Leonoras inbrünstig aufsteigende Linie »Prima che d'altri vivere, io volli tua morir – statt mit dem anderen zu leben, wollte ich als die deine sterben« setzt erst in der Wiederholung ein. Es sind nur elf Takte, die damit eingespart werden. Daß sie fehlen, tut weh.

Karajans Etablierung der italienischen Oper an so exponierter Stelle wie den Salzburger Festspielen, die auf den gesamten deutschsprachigen Raum ausstrahlen, hat also stilistisch nicht Anspruch auf Vollkommenheit. Doch kann er weder befruchten noch Schaden stiften, denn der Nachahmungstrieb an deutschen Opernhäusern liegt noch immer wie tiefgefroren in der Samenbank.

Während die Met 1964/65 ihre Saison der sechs Toscas erlebt –

Leonie Rysanek, Dorothy Kirsten, Renata Tebaldi, Gabriella Tucci, Régine Crespin und Maria Callas bei ihrem letzten Auftreten auf einer amerikanischen Bühne –, berichtet Joachim Kaiser in der *Süddeutschen Zeitung* vom 26. Februar 1965, daß Hildegard Hillebrecht, Jahrgang 1927, im Münchner Nationaltheater in einer notorisch deutsch gesungenen Neuproduktion einen Triumph erlebt hat. Und meldet's nicht mit Worten bloß, nein, mit leibhaftigen Zeichen: »Hildegard Hillebrecht, der ja zwischen Mozart und Strauss nichts Gesangliches mehr fremd ist, eroberte sich mit erstaunlicher Kraft ihr eigentliches, dramatisches Fach. Selbst das zweigestrichene C bereitete ihr keine hörbare Mühe.«

Es ist das dreigestrichene C, das hohe C des Soprans, und in einer Partie, die diesen Ton im zweiten Akt viermal und im dritten Akt einmal verlangt, wohl zu erwarten. Auch daß sich die Sängerin nun erst ihr eigentliches, dramatisches Fach erobert, trifft nicht zu, denn über die Premiere von *I Vespri siciliani* an der Städtischen Oper Berlin klagt Hans Heinz Stuckenschmidt bereits am 6. Mai 1960: »Hätte man wenigstens für alle Hauptrollen kompetente Sänger! Hildegard Hillebrecht ist der Starpartie der Elena heute weder stimmlich noch in der Koloraturtechnik gewachsen. Es fehlt an Glanz der Höhe wie an Tragkraft der Tiefe, und alle tapfere Bemühung eines zweifellos dramatischen Temperaments fördert doch nur ein paar Lichter im Terzett des fünften Aktes zutage.«

Mit Jess Thomas kommt Kaiser nicht klar: »Thomas war kein typisch italienischer Cavaradossi – woraus man ihm noch keinen Vorwurf machen kann –, sondern geradezu das Gegenteil davon: freilich nur im Hinblick auf den Gesang. Darstellerisch fehlte nichts.« Auch Hans Günter Nöcker nicht, der »den Scarpia nicht auf Tiefengewalt anlegte, wie etwa ein Tito Gobbi, sondern . . . ihn eher zum Verwandten des Grafen Almavia machte, den ja schon Fischer-Dieskau mit einer Reitpeitsche ausgestattet hat«. Daß Nöcker in dieser Deutung als eleganter, intelligenter und zynischer Kavalier bösester Schule »nicht einmal bis an die Grenze seines Stimmvolumens« zu gehen braucht, dürfte zumindest beim *Te deum* doch etwas untertrieben sein.

Nicht ganz in seinem Element ist Joseph Keilberth: ». . . im ein wenig schwächer komponierten dritten Akt, wo Keilberth das reine

Blitzen der Sterne recht passiv dirigierte, schienen die Celli beim *dolcissimo espressivo* völlig die Nerven verloren zu haben. Selbst phantastische Unsauberkeiten täuschten nicht hinreichend darüber hinweg, wie schmalzig die Melodietöne hätten dargeboten werden sollen, wenn sie getroffen worden wären. Doch kein ›richtiges‹ Opernpublikum hat ein Ohr für derartige *Nebensächlichkeiten.*« Und so meint der Referent abschließend, »daß der enthusiastische, frenetische Beifall möglicherweise zur Stunde noch andauert«. Es handelt sich nicht um eine Aufführung am Stadttheater von Posemuckel, sondern um eine Neuinszenierung im Münchner Nationaltheater im Jahr 1965, vierzehn Monate nach der Wiedereröffnung des Hauses.

Wir haben wie unter dem Brennglas die Faktoren versammelt, die zum Nieder- und Untergang des Ensembles deutscher Prägung führen: eine Intendanz, die sich bewußt vom internationalen »Trubel« abschottet; einen Generalmusikdirektor, der sich beim Erwachen Roms zu Beginn des dritten Aktes im Nebel verirrt, weil ihm italienische Oper und zumal Puccini Hekuba sind; Sänger, denen die deutsche Sprache beim unidiomatischen Singen zu Hilfe kommt – als da sind eine Tosca, deren *fortissimo* hinreißt, ein Cavaradossi, dem nur darstellerisch nichts fehlt, und ein Scarpia, der das Stimmvolumen eines Grafen Almaviva hat; ein »richtiges« Opernpublikum, das, seit es wieder eine Galerie gibt, »wenig sachkundig irgendwelche Sängerlieblinge wild beklatscht« (Otto Fritz Beer über die Wiener Verhältnisse) und sich nicht für Nebensächlichkeiten interessiert; und *last not least* eine Kritiker-Kaste, die nicht gewillt oder in der Lage ist, zwischen »rein und unrein« zu unterscheiden und das neu-gierige Publikum zu größerer Sachkundigkeit zu erziehen.

Die Folgen solcher residenzhafter, biedermeierlicher Selbstzufriedenheit sind katastrophal. Die deutschen oder *alla moda tedesca* geschulten Sänger sind im Gegensatz zu den ersten Jahrzehnten des Jahrhunderts im italienischen und bald auch im Mozart-Fach bis auf wenige Ausnahmen nicht mehr »exportfähig«. Im Gegenzug erobern Stars und Anti-Stars aus aller Herren Ländern auch die deutschen Häuser und unterwerfen sich die entsprechenden Fach-Partien.

Auf *Tosca* bezogen bedeutet das etwa, daß es schicker wäre, auch einen »italienischen« Mesner in der Crew zu haben. Falls dieses Exempel zu drastisch erscheint: In München wird im Jahr 1990 ein komplettes Publikum nach Hause geschickt, weil in *Aida* die Partie des Ramphis nach der Erkrankung eines italienischen Sängers nicht der künstlerischen Verantwortung des Hauses entsprechend umbesetzt werden kann. Nun ist der Ramphis eine zwar wichtige, aber doch relativ kurze Partie, und ihr ursprünglich vorgesehener Interpret Francesco Ellero d'Artegna gewiß nicht unersetzlich.

Doch manifestieren sich gerade in den vokalen Berserkern und Schwächlingen die stammesgeschichtlichen Unterschiede besonders drastisch. Italien etwa hat während der Perioden des *belcanto* und des *buon canto* über Jahrhunderte der widerborstigen menschlichen Kehle den Wohllaut des Kunstgesangs abgezwungen. Durch den *verismo* und die teils erst nach Jahrzehnten erkennbaren Spätschäden ist als Atavismus das kriegerische Gebrüll wieder durchgebrochen. Doch handelt es sich dabei wenigstens um das authentische Gebrüll römischer Legionäre. Der phylogenetische Rückfall der deutschen Stimmen hingegen orientiert sich am Echo des Teutoburger Waldes, wie Richard Wagner im Gedenken an Giovanni Battista Rubinis Stimme klagte.

Ist es – zumal ja auch kaum Wagner-Sänger nachwachsen – in unseren Breiten wirklich bald aus mit den ewigen Göttern? Außergewöhnlich schöne, also auch richtig geführte Stimmen waren zu allen Zeiten nicht wohlfeil auf dem Markt zu haben. Es könnte ja auch sein, daß sich die deutschen Sprachrohre im weitesten Sinn irgendwann von dem Schock wieder erholen, den ihnen nicht nur die Italiener, sondern in noch größerer Zahl die Amerikaner, Briten, Skandinavier, Slawen, Magyaren, Australier und Neuseeländer versetzt haben ...

EIN VORLÄUFIGER EPILOG

In ihrer Besprechung des *Siegfried* bei den Salzburger Osterfestspielen 1969 schrieb die im April 1991 verstorbene Hildegard Weber in der *Frankfurter Allgemeinen*: »Der Name Karajan ist nun für diese Stadt an Publicitywert dem Mozarts gleich.«

Wie wir inzwischen wissen, hat Herbert von Karajan, was seine Präsenz in Salzburg betrifft, im Gegensatz zu Mozart Unsterblichkeit jedoch nicht erlangt. Vielmehr ist ihm, der de facto seit 1957 Alleinherrscher des Festspiel-Imperiums war, schon sehr rasch nach seinem Tod das Vertrauen gleichsam nachträglich entzogen worden. Beschworen wird eine Rückbesinnung auf den »Salzburger Stil«, dem Karajan sich im Schulterschluß mit den Platten-Multis immer mehr entfremdete, eine Erneuerung des Festspielgedankens aus dem Geiste Mozarts, dem Karajan zuletzt noch ausgerechnet mit Puccini und *Tosca* schwere Kränkung zufügte.

Nun sind die Verstöße gegen die »moralische Sendung« Salzburgs so alt wie die Festspiele selbst, und die Rückbesinnungen noch um einiges älter. Die erste stellte Lilli Lehmann an, die »Cosima von Salzburg« und eine der vielen Gründerinnen der Festspiele, auf deren Anregung von 1901 bis 1910 Mozart-Feste veranstaltet wurden, bei denen sie als Sängerin auftrat und Regie führte. Als 1916 wieder einmal der Plan auftauchte, ein eigenes Festspielhaus zu erbauen, widersetzte sie sich erbittert, weil ihr zu Ohren gekommen war, daß Max Reinhardt daran beteiligt sein sollte. Sie fürchtete in weiser Voraussicht, daß eine solche Veranstaltung zu einem rein geschäftlichen Unternehmen werden würde – in ihren Augen eine »nicht wieder gutzumachende Katastrophe«.

Die »Katastrophe« tritt mit der Gründung der Salzburger Festspielhausgemeinde 1917 jedoch postwendend ein, was allerdings noch nicht gleich offenbar wird, weil erst einmal mit dem Ende des Ersten Weltkriegs die Monarchie zerbricht, und Österreich am Boden liegt. Aus dieser realen Katastrophe indes schöpft der sehr idealistische Hugo von Hofmannsthal 1919 seinen programmatischen Festspiel-Entwurf: »Oper und Schauspiel, und von beiden das Höchste . . . Salzburg will dem klassischen Besitz der Welt dienen. Der Glaube an Europa ist das Fundament unseres geistigen Daseins . . . die Freuden Mozartscher Reinheit und Schönheit suchen wir, edelsten Genuß wollen wir bieten. Geistigen Frieden wollen wir bringen.«

Bereits im ersten Jahrzehnt der Festspiele erweist sich das Programm als Utopie. Die Opern sind in Inszenierung, Bühnenbild und Besetzung meist mit den Wiener Aufführungen identisch, was zwar für Qualität bürgt, aber an zusätzlichem Reiz nur die Stadt- und Natur-Kulisse liefert. Auf Salzburg zugeschnitten sind dafür Reinhardts aufwendige Schauspiel-Produktionen, szenische Spektakel, die mit ihrem Schau-Effekt das internationale Publikum und zumal die Amerikaner von der unverständlichen Sprache ablenken sollen – und den Etat in die roten Zahlen bringen.

Die erste Krise gibt es bereits 1928, worauf 1929 eine Rückbesinnung folgt. Eigentlich sind es drei, wovon ein anonymes (also freimütigeres) Gutachten unser besonderes Interesse verdient. Da heißt es unter Punkt 4: »Abstellen der Unsitte, daß die Dirigenten ihre Lieblingswerke auswählen. Vielmehr ist eine konsequente künstlerische Linie zu erarbeiten, der die Dirigenten zu folgen haben.«

Die Frevler, die Mozarts Frieden stören, sind namhaft zu machen. Bruno Walter hat 1925 *Don Pasquale* und 1926 *Die Fledermaus* dirigiert, Clemens Krauss und Richard Strauss dank Hugo von Hofmannsthals Hartnäckigkeit 1926 *Ariadne auf Naxos,* Franz Schalk ebenfalls 1926 *La Serva padrona* sowie 1927 und 1928 *Fidelio.* Wenn man von der *Fledermaus* absieht, die mit Richard Tauber als Eisenstein und Fritzi Massary als Adele eine »Mordshetz« gewesen sein muß, keine programmatischen Sündenfälle.

Doch der von Hofmannsthal beschworene »Glaube an Europa« ist eher die Freiheit, die sich Krähwinkel herausnimmt, indem es sich nicht nur zum geographischen Zentrum Europas erklärt, sondern auch das kulturelle Monopol beansprucht.

Seit Mitte der zwanziger Jahre lebt die Marquise de Peyrebere in Salzburg, eine weltläufige Dame, die sich als kulturelle Vermittlerin zwischen Österreich und Frankreich betätigt und das Ausmaß an französischer Teilnahme an den Salzburger Festspielen auch ein wenig auf die Programmgestaltung ausgedehnt sehen möchte. Sie versucht Reinhardt zu überreden, Paul Claudels *Verkündigung* als Mysterienspiel aufzuführen, und Bruno Walter, *Pélleas et Mélisande* zu dirigieren.

Doch die Salzburger denken nicht daran, französisches Schauspiel und französische Oper in ihre Planung einzubeziehen. Es muß genügen, daß sie das Interesse Frankreichs begrüßen, zumal ab 1933, als nach der Abschottung der deutschen Grenzen dessen kulturelle Präsenz in Form von Festspielgästen große symbolische Bedeutung hat.

Erst Arturo Toscanini bringt ihnen 1935 bei, daß es auch für Salzburg nicht möglich ist, mit Europa nur ein bißchen schwanger zu gehen. Erwin Kerber, der verdienstvolle Generalsekretär der Festspiele und seit 1929 inoffizieller künstlerischer Leiter, ist zutiefst bestürzt, als der Maestro darauf besteht, *Falstaff* in italienischer Sprache zu bringen. Er hat schon schwer daran geschluckt, daß Bruno Walter sich in den Kopf gesetzt hat, *Tristan* zu dirigieren. Immerhin tröstete ihn, daß es sich dabei wenigstens um das Werk eines deutschen Komponisten handelt. Dem Gedankengang ist schwer zu folgen, doch Kerber vollzieht ihn.

An Toscaninis Wünschen aber führt erst recht kein Weg vorbei, denn er ist der dringend benötigte und ersehnte Kassenmagnet für das internationale, devisenbringende Publikum. Der Maestro seinerseits betrachtet Salzburg als sein antifaschistisches und antinationalsozialistisches Schaufenster in Europa. Die buchstäblich »Eingesessenen« stellen bekümmert fest, daß Mozart und der bislang so gern geschmähte Reinhardt rein publicitymäßig an die zweite Stelle gerückt sind, obwohl Toscaninis als bedrohlich empfundene »Umformung« der Festspiele lediglich darin besteht, daß er *Fidelio, Meistersinger* und *Zauberflöte* dirigiert, die letztere Oper allerdings etwas zügig.

Nach dem »Anschluß« 1938, als Toscanini seine Beziehungen zu Salzburg abbricht und die Festspielstadt wieder richtig »deutsch« geworden ist, steigert sich die Konfusion. Da gibt es erstmals *Tannhäuser* unter Knappertsbusch, der dem Kompetenzen-Gerangel unter der Feste Hohensalzburg den Sängerkrieg auf der Wartburg beifügt, aber bereits im vierten Jahr den volksfremden *Falstaff*, diesmal unter Vittorio Gui.

Ein Prinzip – außer dem der Gewöhnung – ist also nicht auszumachen. Die nächste Rückbesinnung, die durch den Zweiten Weltkrieg verhindert wird und dafür anschließend um so heftiger einsetzt, zeitigt als erstes Resultat, daß Esther Réthy am Eröffnungsabend des 12. August 1945 im Stadtsaal des Festspielhauses »Liebe, du Himmel auf Erden« aus Lehárs *Paganini* zu Gehör bringt.

Das Ringen um ein Konzept, das nach dem auch moralischen Zusammenbruch die »moralische Sendung« Salzburgs einer Weltöffentlichkeit aufs neue ins Bewußtsein rufen soll, führt schließlich dazu, daß nunmehr Wilhelm Furtwängler das tut, was ihm gut dünkt. 1951 dünkt ihm *Otello* das Richtige, der ja auch irgendwie mit Salzburg zu tun hat, weil Venedig im 19. Jahrhundert über fünfzig Jahre unfreiwillig zur k.u.k.-Monarchie gehörte.

Mit dem eigenen österreichischen Erbe aber gibt es Schwierigkeiten. Daß im gleichen Jahr auch Alban Bergs *Wozzeck* unter Karl Böhm aufs Programm gesetzt wird, 26 Jahre nach der Berliner Uraufführung, provoziert Aufruhr. In einer erbitterten Debatte im Landtag bezeichnet ein Abgeordneter Georg Büchner, der mehr als 120 Jahre tot ist, als »Kulturbolschewiken«, ein anderer stellt kompetent fest, daß das Werk in die Rubrik »Schmutz und Schund« gehört.

Trotz unglaublichem politischen Druck gibt das Direktorium ausnahmsweise nicht nach. Doch was ist damit gewonnen? Für die vier Aufführungen werden nur 40 Prozent der Karten verkauft. Wie der Landeshauptmann Josef Klaus weitblickend vorausgesehen hat, ist das Unternehmen eine finanzielle Katastrophe. *Quod erat demonstrandum.*

Erfolg und damit die Erhaltung des gehobenen Fremdenverkehrs aber sind für den von Hofmannsthal einst postulierten »geistigen Frieden« die wichtigste Voraussetzung. In diesem Sinne ist Herbert von Karajan ab 1957 der erfolgreichste aller Renegaten der Festspiel-Idee. Denn er zieht eine *clientèle* in Mengen an, von denen ein Max Reinhardt nicht einmal geträumt hätte.

Was die Konzeption betrifft, ist Karajan nicht mehr vorzuwerfen

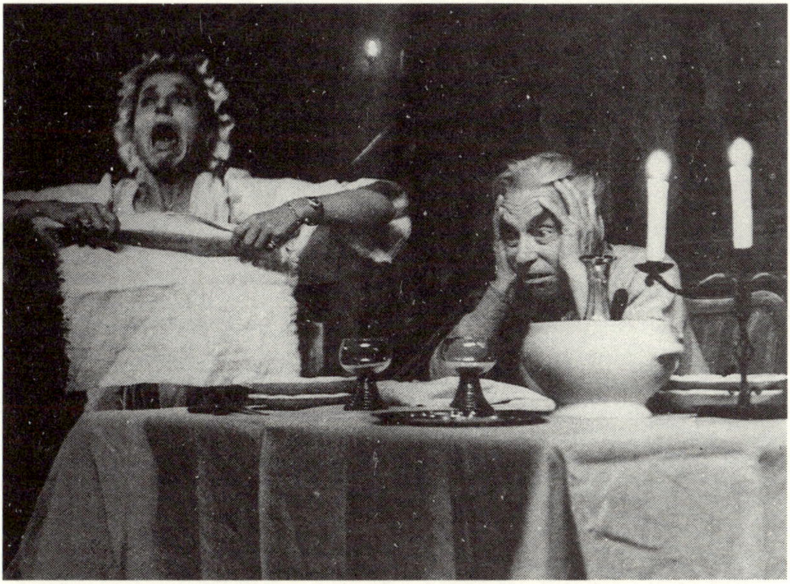

Herbert von Karajan und Agnes Baltsa: Kein Haare-Raufen über die Zukunft der Salzburger Festspiele, nur eine Probe für den 3. Akt *Rosenkavalier*

als seinen Vorgängern. Problematisch ist hingegen die Länge seiner Regierung. Er, der so lange auf sein legitimes Erbe warten mußte, herrscht über dreißig Jahre in Salzburg. Das hat außer ihm weltweit in unserem Jahrhundert kein anderer geschafft. Es kann nicht ausbleiben, daß im Laufe der Jahrzehnte mit ihm auch die Festspiele verkrusten, verknöchern und versintern.

Insofern ist es keine völlig absurde Idee, daß sein designierter Nachfolger, der 47jährige Flame Gérard Mortier, 1992 mit Janáceks *Aus einem Totenhaus* beginnen will. Es stellt sich sogar eine Parallele zu Max Reinhardt her, der seinen ersten Langzeit-Erfolg 1903 in Berlin mit Maxim Gorkis *Nachtasyl* hatte. Die Produktion brachte es innerhalb von zweieinhalb Jahren auf 516 Vorstellungen, getragen von der Mitleidensfähigkeit wohlversorgter Voyeure, die sich das Elend der Welt lieber in künstlerischer Form anschauten als in den Mietskasernen des Scheunenviertels.

Diese Voraussetzungen wären auch in Salzburg gegeben, nur ist das Publikum über diesen Aspekt noch nicht genügend informiert. Doch ist Mortier entsprechende Beeinflussung durchaus zuzutrauen, denn er hat Kommunikationswissenschaften studiert. Ihn wegen dieses Projekts und in Anspielung auf seinen Namen als *Monsieur la Mort* der Salzburger Festspiele zu sehen, ist darum abwegig. Eher erinnern seine beharrlichen *statements* an die Mortier-Orgeln, die großen Orchestrions in Flandern und Brabant, die ihren Vorrat auf gelochten Pappbändern gespeichert haben.

Dieser Hang zum Perpetuieren eines Themas zeitigt entsprechende Reaktionen. Als 1989 im Theater an der Wien als Co-Produktion der Wiener Festwochen und Mortiers Brüsseler Théâtre de la Monnaie *Die Entführung aus dem Serail* herauskommt, begnügt er sich im österreichischen Hörfunk nicht mit der geschickten Kommentierung des Warum und Wie dieser Produktion, sondern reitet auf seinem Steckenpferd Attacke gegen den Spielplan der Wiener Staatsoper:

»Ich bin gegen diese Form von Oper. Ich liebe sowieso nicht Puccini, ich finde das sowieso total veraltet und unmöglich. Und wer sitzt schon in *Tosca*, nicht? Es sind die japanischen Touristen, wenn man es einmal ehrlich sagen will. Und die gehen vielleicht, wenn Domingo oder Pavarotti singt ... Das ist vielleicht sehr scharf gestellt, aber für mich ist diese Form von Oper zum Tode aufgeschrieben.«

Es mag vielleicht Zufall und nicht Bosheit sein, daß sein Interview-Partner anschließend Osmins Arie »Solche hergelaufne Laffen« einspielt. Eindeutig ist allerdings Giuseppe Sinopolis Reaktion auf Mortiers Mitteilung, daß ihn »glättere Künstler« wie Sinopoli, Levine und Chailly »nicht anziehen«.

»Vielleicht wissen Sie«, stellt der Dirigent klar, »daß ich auch ein Doktorat in Medizin habe. Als Arzt und kultivierter Mann habe ich nach den Äußerungen dieses ungebildeten Menschen ein ganz bestimmtes Bild von ihm gewonnen. Er beschimpft ja nicht nur Pavarotti und mich, sondern auch Puccini. Solch ein Mann ist eine Beleidigung für die Kultur. Es handelt sich um eine neurotische und exhibitionistische Mentalität. Der Patient identifiziert sich zu stark mit einer autoritären Art von Denken, verliert den Realitätsbezug und bezieht die Bedürfnisse der Gesellschaft nur mehr auf sich selbst. Wir finden diese Mentalität bei stark neurotischen Charakteren.«

Sinopoli weiß nicht zu schätzen, was ihm erspart geblieben ist. Denn Gérard Mortier sieht sich selbst und die Seinen in der Nachfolge der Truppen von Shakespeare und Molière: »Wenn man mich heute fragt: Wer wird dies und das inszenieren?« verkündet er im August 1990 im *fonoforum*, »dann muß ich sagen: Ich kann so etwas nicht wie am Computer buchen. Bei mir erwächst eine Interpretation aus langem Kontakt, aus Gesprächen auch über das, was hier und heute passiert ... Ich liebe es, Künstler zu entdecken und zu fordern.«

Bei einem Arbeits-Urlaub in der Toscana entsteht in derlei Gesprächen gemeinsam mit dem Regisseur-Ehepaar Ursel und Karl-Ernst Herrmann das Konzept für Mozarts Jugendoper *La finta giardiniera*, eine Produktion, die seit 1986 weit über Brüssel hinaus als besonders gelungene szenische Lösung gefeiert wird. Eigenwillig ist die Ansiedlung der semi-naiven Handlung in einem Tschechow-Ambiente, was durch die Dominanz slawischer Sänger noch zusätzlich unterstrichen wird; bemerkenswert die Ökonomie, bei der strikt darauf geachtet wird, daß keiner im Ensemble die anderen gesanglich übertrifft. Nun ist die Aufwertung eines bislang stiefmütterlich behandelten Werkes ein verdienstvolles Unternehmen, das jedoch auch vom Unbekanntheitsgrad der Oper profitiert. Wie also halten es die Herrmanns im Einklang mit Mortier in Brüssel und anderswo mit dem »bekannten« Mozart?

Im ersten Bild des *Don Giovanni*, nachdem der Komtur getötet wurde und Giovanni und Leporello abgegangen sind, beginnt die dritte Szene mit vier Takten *recitativo secco*. Donna Anna mußte Don Ottavio holen lassen, es ist inzwischen wertvolle Zeit vergangen, so daß sie drängt: »Ah! Del padre in periglio in soccorso voliam! – Schnell, dem Vater zu helfen, laß uns eilen, o Freund!« Don Ottavio bekräftigt seinen entschlossenen Mut. Da stoßen sie auf den Leichnam, es beginnt das dramatische *recitativo accompagnato*: »Ma qual mai s'offre, oh Dei, spettacolo funesto agli occhi miei! – Welch ein grauenvolles Bild enthüllt sich meinen Augen! Gerechter Himmel!«

Dem Ehepaar Herrmann erscheint in seiner Brüsseler Inszenierung von 1984 die Suche als überflüssiges Blinde-Kuh-Spiel, sie korrigieren Da Ponte und Mozart und streichen die vier *secco*-Takte. Donna Anna stürzt aus der gleichen Tür, durch die sie Don Giovanni verfolgte und durch die der Komtur ihr zu Hilfe eilte, *directement* auf den Toten zu, hinter ihr Don Ottavio sowie einige ängstliche, wie eben erst aus dem Schlaf geschreckte Diener.

Für einen veristischen Effekt, auf den selbst die früheren Mozart-Verstümmler nicht gekommen sind, wird auch noch das moralische Gefüge geopfert. Don Ottavio hat im Haus des Komturs genächtigt (!) und das unheilvolle Geschehen lediglich verpennt, was dem Interpreten Stuart Burrows nicht einmal aus Altersgründen zuzubilligen wäre. Dies also der Einfall – der Rest ist erstaunlich konventionelles Arrangement.

Das ist um so peinlicher, als die Wiener Volksoper in der Ägide von Eberhard Waechter, dem kommenden Direktor der Wiener Staatsoper, dem Mortier trotz häufiger Wien-Präsenz nicht den Rang ablaufen konnte, mit einem von Marco Arturo Marelli virtuos und auch noch plausibel inszenierten *Don Giovanni* Maßstäbe setzt, an denen sich auch das künftige Salzburg messen lassen muß.

In der *Entführung* zu den Wiener Festwochen 1989 greifen die Herrmanns noch drastischer in die vorgegebene Dramaturgie ein. Im zweiten Akt wird Konstanze unter Umgehung der Schonfrist in ein Hausball-Haremskostüm gesteckt und in diesem Zustand vom Bassa halb vergewaltigt. Konstanzes vorläufige Freiheit reduziert sich auf die bauchfreie Bekleidung, die der stimmlich hoffnungsvollen Polin Aga Winska zudem übel mitspielt. Die junge Sängerin scheint im Harem bereits prophylaktisch gemästet worden zu sein.

Und wenn schon ignoriert wird, daß der Bassa Selim ein zum Islam übergetretener Christ ist, der zumindest die europäischen Schönheitsvorstellungen nicht über Bord werfen konnte, so müßte doch Belmonte beim Anblick seiner völlig aus der Fasson geratenen, Wulstwellen werfenden Verlobten schreiend davonlaufen. Derlei Einfälle, bei denen sich die Grenzen zwischen gewollter Mißdeutung und privater Obsession der Regisseure verwischen, unterstellen Mozart etwas Pathologisches, das in der Musik durch keinen Ton beglaubigt wird.

Die bislang letzte Arbeit aus der Werkstatt Mortier, die *Zauberflöte*, präsentiert sich im Januar 1991 im Salzburger Landestheater als Co-Produktion mit Brüssel und dem Mozarteum anläßlich der Mozart-Woche zu skandalösen Preisen bis zu 400 DM. Ursprünglich allerdings war diese Inszenierung – vor Mortiers Ernennung zum künstlerischen Leiter der Salzburger Festspiele – als Gegenmodell zum »Jet-Set«-Mozart der Sommerwochen geplant, was der künftige Festspiel-Chef nun natürlich bestreiten muß: »Das Einzige, was gedacht war, war, eine gute *Zauberflöte* zu machen.«

Beginnen wir bei Sylvain Cambreling, dem Brüsseler Chef-Dirigenten, der über Mozart ebenfalls seine eigene Meinung hat und etwa das Tempo von Don Giovannis »Finch' han dal vino« nicht – wie angegeben – *presto* nimmt, sondern zwischen Polka und Galopp ansiedelt.

In der *Zauberflöte* nun prunkt er mit einer *trouvaille*, die selbst der so ausgrabungsfreudige Nikolaus Harnoncourt verschmähte. Im Terzett der drei Damen über dem ohnmächtigen Tamino hat er nach der Wiederholung von »Du Jüngling, schön und liebevoll« noch ein paar Takte vokalisierenden Gesangs gefunden, denen wohl die Orchesterstimme fehlt, denn die Streicher machen nur einmal »schrumm«. Das ist zwar wissenswert, zerstört jedoch die Form und wäre besser in einer einführenden Matinee untergebracht worden.

Gegenüber dem Werk in der überlieferten Form indes verhält er sich indifferent. Im Finale des ersten Akts ist beim Auftritt Paminas und Papagenos »Schnelle Füße, rascher Mut« *andante* vorgegeben, denn sie gehen gleichsam auf Zehenspitzen, behaupten den Mut nur. Das *allegro* stellt sich erst beim Nachäffen des Monostatos ein: »Nur geschwinde! Ha! Hab ich euch noch erwischt!« Cambreling nimmt von Anfang an das schnelle Tempo, ignoriert nicht nur die Dynamik der Zeitmaße, sondern auch die Dynamik des Geschehens.

Umsonst hat auch Karl Böhm wieder und wieder gepredigt, daß das *alla breve* im Quintett des zweiten Aktes sich nach der schwierigsten Stelle der drei Damen zu richten habe, nach »Man zischelt viel sich in die Ohren von dieser Priester falschem Sinn«. Cambreling beginnt forsch, und prompt »verunglücken« die Sängerinnen.

Fügen wir noch den Schluß der Besprechung von Wolfgang Schreiber in der *Süddeutschen Zeitung* vom 28. Januar 1991 hinzu: »Cambreling atmete zu wenig liebevoll mit den Sängern, trieb sie meist über Gebühr an und verpatzte dabei nervös (und Sänger nervös machend) manches der herrlichen Ensembles. Aber bei Mozart sind gerade ›die kleinen Noten‹ von größter Wichtigkeit. Wie man etwa ›Bald prangt, den Morgen zu verkünden‹ zu so wenig beseelter Kantilene führen kann, bleibt eine offene Frage.« Keine offene Frage ist, daß ein »glätterer« Dirigent wie James Levine für die *Zauberflöte* in Salzburg doch einige Voraussetzungen mehr mitgebracht hat.

Dafür beschäftigt sich Sylvain Cambreling um so gründlicher mit der Handlung. Für ihn, so teilt er mit, sei das Problem, daß Sarastro kein sympathischer Mensch sei, daß ihn jedoch viele als Sympathischen spielen wollen. »Ich glaube«, sekundiert Reinhard Hagen, der jugendliche Sarastro der Produktion, »generell mal sagen zu können, daß die sogenannte sympathische Erscheinung des Sarastro schon seit geraumer Zeit nicht mehr existiert. Ich glaub', seit einiger Zeit ist der Sarastro einfach ein Mensch, der auffällt vor allen Dingen eigentlich durch Brutalität, und der an und für sich durch raffinierte Politik die Leute für sich gewinnt.«

Das hieße ja wohl auch, daß die Prüfungen, denen sich Tamino und Pamina unterziehen, für die Katz' sind und der zweite Akt im Lichte der neuen Erkenntnis ein einziger Betrug. Genau diese Deutung aber möchte Gérard Mortier im Busen gern bewahren, denn er braucht einen unramponierten Sarastro, um sein Großprojekt für 1993, Olivier Messiaens *Saint François d'Assise*, thematisch verknüpfen zu können. Für ihn ist Messiaens Oper »ein Stück wie die *Zauberflöte* über die Vergeistigung des Menschen, also über die verschiedenen Stufen des Menschen, über die Prüfung zu der Transfiguration«.

Das ist schlau ausgeheckt, aber nicht schlau genug. Denn in beiden Werken geht es auch um Vögel. Messiaen hat den Stoff gewählt, weil ihn der Heilige am meisten an Christus erinnert, und aus dem persönlicheren Grund, daß er selbst Ornithologe ist. Im sechsten Bild seines Werks, der »Vogelpredigt«, die alleine fast dreiviertel Stunden dauert und bei der das Publikum bei der Uraufführrung am 28. November 1983 in der Pariser Grand Opéra zu randalieren begann, rezitiert Franziskus aufs ausführlichste Vogelnamen: »Unsere Schwester, die Turteltaube ... unser Bruder, der Troglodyt ... unsere Schwester, die Schwarzkopfgrasmücke ...«

Papageno hingegen fängt Vögel, deren Namen er nicht einmal kennt, und verkauft sie täglich für Wein und Zuckerbrot. Was aber macht die Königin der Nacht mit so viel Flatterzeug? Es steht zu befürchten, daß sie mit ihnen verfährt, wie es Papageno im ersten Schrecken der unverhofften Begegnung Tamino androht, daß sie sie sieden und braten läßt. Und das will man denn auch, wenn es schon Sarastro an den Kragen geht, ebenfalls erklärt bekommen.

Saint François d'Assise hat eine Spieldauer von über vier Stunden ohne Pausen. Bei der Salzburger *Zauberflöte* ist es dem Ehepaar Herrmann gelungen, die Aufführung auf vier Stunden inklusive Pause zu dehnen, indem sie die sogenannten originalen Dialoge »aufgemacht« haben. Das bedeutet gegenüber der üblichen Fassung eine Verlängerung um eine Stunde gesprochenen Text und die Pausen, die für Gänge und Reaktionen benötigt werden.

Dieser Purismus geht von der Einheit des Librettos aus, feiert das komplementäre »Genie« Emanuel Schikaneder und unterschlägt, was die Mozart-Forschung außerhalb Österreichs als gesichert betrachtet: daß nämlich die freimaurerischen, die trocken belehrenden und die misogynen Passagen von dem zweiten Librettisten Karl Ludwig Giesecke stammen, der bei der Uraufführung nur als subalterner Mohr zu Beginn des zweiten Bildes beschäftigt war, dafür aber um so häufiger zur Feder griff.

Wenn auch die Herrmanns in ihrer Inszenierung mit einer Fülle szenischer Einfälle und überraschender Deutungen brillieren, wird man über der lähmenden Länge der Dialoge doch an Wolfgang Hildesheimers bösartige Bemerkung erinnert: »Und welcher Zuschauer zuckt nicht zusammen bei dieser Überakzentuierung der Rede, dieser Weihnachtsspiel-Emphase, dem angestrengten hohlen Lachen der Herren oder dem silberhellen der Damen und ihrem neckischen Soubrettengehabe? (Rhetorische Frage. Antwort: Leider kaum einer.)« Hier nun hätte Hildesheimer seine Freude, weil die Frage nicht mehr rhetorisch ist.

Besonders unsinnig ist diese »Vollständigkeit« bei einem Ensemble, das sich, wie stolz verkündet wird, aus zehn europäischen Nationen zusammensetzt. Stolz wäre angebracht, wenn es sich bei einer solchen völkerübergreifenden Truppe um Freiwillige zur Säuberung der Salzburger Hausberge handeln würde, aber doch nicht bei der Aufführung eines österreichischen Singspiels in Österreich.

Zwar ist hart gearbeitet worden. Vor dem Probenbeginn in Brüssel standen zwei Monate Drill in der Villa Schmederer in Salzburg. Nicht nur gesanglich unter der Aufsicht von Sena Jurinac, Edith Mathis, Ernst Haefliger und Eric Tappy – es gab »sogar« Sprechunterricht bei Annemarie Düringer.

Denn Mortier, der unterstellt, daß sich bei anderen Produktionen der *Zauberflöte* etwa die drei Damen vor der Premiere frühestens in der Garderobe kennenlernen, meint, daß Ensemble-Bildung nur dadurch entstehen kann, »daß Sänger zusammengebracht werden, die zusammenarbeiten wollen und die Zeit genug haben, zueinander zu finden«. (Wobei nicht einkalkuliert ist, daß dabei unter Umständen auch noch »viele Papapapapapageno der Eltern Segen werden sein«.)

Das Ergebnis ist, gemessen am Aufwand, gleichwohl dürftig. Das Reich der Sternflammenden Königin liegt ganz eindeutig in Osteuropa, und Pamina wurde von Sarastro zu einem Zeitpunkt entführt, zu dem sprachlich nichts mehr zu machen war. Doch auch die Präzision, die man nach so gründlicher Schulung erwarten darf, stellt sich nicht einmal bei der in Mortiers Werkstatt ausprobierten Polin Elzbieta Szmytka in der Partie der Königin der Nacht ein.

Frau Szmytka hat als Blondchen bereits in der Wiener *Entführung* mitgewirkt. Wenn nach der Meinung von Rodolfo Celletti Kathleen Battle in Georg Soltis Studioaufnahme von 1986 mit dem hohen E der Arie »Durch Zärtlichkeit und Schmeicheln« einen der häßlichsten Töne der Plattengeschichte abliefert, so ist die Polin bereits in der Unsauberkeit der vorausgehenden Skalen unerreicht.

Gleiches widerfährt ihr in der *Zauberflöte* bei »Der Hölle Rache«, in der sie ebenso konsequent detoniert. Im vorausgehenden Dialog mit Pamina hält sie in der Diktion die Mitte zwischen der Gräfin Palmatica aus dem *Bettelstudent* und der Anhilte, Fürstin von und zu Lippert-Weylersheim alias Kupfer-Hilda aus der *Csárdásfürstin*, wie sie in der Silbernen Ära der Operette etwa in Czernowitz geklungen haben dürfte. Das ist um so verwunderlicher, als Ursel und Karl-Ernst Herrmann unterstreichen, daß sie am liebsten mit jungen Sängern arbeiten, die noch nicht »verdorben« sind.

Mortier gibt sich bescheidener: »Ich finde, wenn in einer solchen *Zauberflöte* fünf bis sechs neue Mozart-Sänger nach vorne treten, dann kann man sehr glücklich sein.« Er sagt nicht, welche er meint.

Wobei wir beim grundlegenden Problem des Gérard Mortier wären. Obwohl er in den siebziger Jahren in Deutschland tätig war, nicht als Künstler, dem man sein Radebrechen vergeben kann, sondern als Direktions-Assistent erst bei Grischa Barfuss in Düsseldorf, dann bei Christoph von Dohnányi in Frankfurt am Main und Hamburg, hat er kein Ohr für die deutsche Sprache und ihre Struktur entwickelt.

Während Peter Jonas, Leiter der English National Opera und ab 1993 Intendant der Bayerischen Staatsoper, anläßlich seiner Vorstellung in München am 1. April 1991 als erste Aufgabe nennt, sein »Deutsch zu pflegen«, begeistert sich Mortier über Mozart folgendermaßen: »Mozart war avant la lettre ein echter Europäer in dem Sinn, daß dem, was Nietzsche so den Drang nach dem Süden nennt und was Goethe auch so gut kapiert hat, er wirklich die beide Kulturen verstanden hat. Er hat das italienische Geist kapiert und das lateinische in der europäischen Mensch und das germanische. Also es gibt kein Mensch, der das so verstehen hat.«

Gérard Mortier hingegen verhält sich gegenüber der deutsch-österreichischen Kultur nicht als echter Europäer. Wenn auch ein vergangenes Debakel sich nie ganz so bedrückend ausnimmt wie ein bevorstehendes, bleibt doch inständig zu hoffen, daß nach den Zeitaltern der Primadonnen, der Dirigenten, der Regisseure und der Bühnenbildner nun nicht das blecherne Zeitalter der Kommunikations-Experten kommt, die in aberwitzig verdorbener Sprache wortreich erklären, was nach ihrem Willen die Zuschauer und Zuhörer im Theater zu erleben haben . . .

FACHBEGRIFFE

abbellimento	»Verschönerung«, Verzierung einer Melodie
aficionado	(span.) international gebräuchliche Bezeichnung für den typischen Opern-Freak
agilità	Geläufigkeit im verzierten Gesang
Agogik	Beschleunigung und Verlangsamung des Zeitmaßes innerhalb eines vorgegebenen Tempos, die sich aus dem Spannungsverlauf der Musik ergibt (siehe *rubato*)
allargando	verlangsamend, breiter werdend
appoggiatura	Vorhalt und Vorschlag, Verzögerung eines Melodie- oder Akkordtones durch eine eingeschobene Zwischennote meist von oben (in der Musik vor Wagner und Verdi selten ausgeschrieben, sondern von den Sängern selbstverständlich ausgeführt)
Aspirierung	Behauchung des Vokals beim Ansatz eines Tons oder zwischen den Vokalen einer Kadenz. Das eingeschobene »h« verhindert korrekte Bindung der Gesangslinie
assoluta	Fachbezeichnung für eine Sängerin, die dramatische, lyrische und verzierte Partien singen kann
attore-cantante	Sänger-Schauspieler – keine Errungenschaft des modernen Regietheaters, sondern aus der Tradition der *commedia dell'arte* stammend (Stendhal führt als Beispiel den Baß-Buffo Luigi Pacini an, der 1814 an der Scala bei der Uraufführung von Rossinis *Il Turco in Italia* als betrogener Ehemann Don Geronio die Gesten und Tics eines Aristokraten imitierte, der gerade in aller Munde war, weil er in ehelichen Schwierigkeiten steckte)

basso cantante	Der »singend sich verströmende« Baß im Gegensatz zum Charakter-Baß. Typische Partien: Philipp II., Pater Guardian, aber auch Don Basilio in *Il Barbiere di Siviglia* (hier *buffo cantante* genannt)
belcanto	»Schöner Gesang«, Gesangsstil und -technik von der Kunst der Kastraten bis Rossini
buon canto	»Guter Gesang«, Gesangsstil und -technik von Bellini und Donizetti bis zum mittleren Verdi
cabaletta	Der rasche zweite Teil einer Arie (bisweilen, wie Manricos »Di quella pira«, als *stretta* bezeichnet)
canto fiorito	Verzierter Gesang
canto in maschera	Singen »in die Maske« – der Eindruck, daß sich der Ton in den Resonanzräumen der oberen Hälfte des Gesichts bildet (nur in Verbindung mit dem *canto sul fiato* zu erzielen)
canto sul fiato	Singen »auf dem Atem«, bei dem der Ton allein mit der ganz bewußt beim Singen aus der Lunge entlassenen Luftmenge gebildet, ausgehalten, verstärkt und abgeschwächt wird (vergleichbar etwa dem Schweben eines Balls auf einem Wasserstrahl)
commedia musicale	»Musikalische Komödie« in Abgrenzung zur älteren *opera buffa (Falstaff, Gianni Schicchi)*
comprimario	Sänger, der auf Nebenrollen spezialisiert ist
concertato	Die »reflektierenden« Ensemble-Passagen in der italienischen Oper des 19. Jahrhunderts (Sextett mit Chor in Donizettis *Lucia di Lammermoor)*
corona	Fermate als Zeilenendzeichen, um dem Sänger Raum für eine Kadenz zu geben
Dynamik	Abstufung der Tonstärke
espressivo	ausdrucksvoll
evirato	der »Entmannte«, Synonym für den Kastraten

Falsett	»Fistel«, das höchste Register der Männerstimme, bei dem nur die inneren Ränder der Stimmlippen schwingen
falsettone corposo	Falsett mit »Körper«, bei dem zusätzliche Resonanzen eingesetzt werden, so daß der Ton nicht mehr steif und schwingungsarm klingt
fil di voce	Fadenfein auf dem Atem ausgesponnener Ton
a fior di labbra	»Obenhin«, speziell die Eloquenz im *recitativo secco*
fioritura	Verzierung, Ausschmückung einer Tonlinie
gruppetto	Doppelschlag, bei dem die Hauptnote mit Ober- und Untersekunde umspielt wird, eines der wichtigsten Ornamente der Musik des 18. und 19. Jahrhunderts (von Richard Wagner noch im *Ring* ausgiebig in der Stimmenführung des Orchesters eingesetzt)
Kadenz	Eingeschobene virtuose Schlußpassage am Ende einer Arie
Kantilene	Melodie, die besonders gesanglich empfunden ist
Koloratur	Das »Färben« der Melodie durch Verzierungen (die Verwendung des Begriffs für ein Spezialfach ist neueren Datums, denn eigentlich müßte jeder Sänger und Stimmtyp koloraturfähig sein)
lamento	Klagegesang, Element der Operndramaturgie vor dem Finale des letzten Aktes seit Monteverdi
legato	Gebundene Tonlinie, in der sich die Töne lückenlos aneinander anschließen oder sogar ein wenig ineinander überfließen
lirico spinto	Lyrisch-dramatischer Sopran oder Tenor analog zum deutschen Begriff »Zwischenfach« (typische Partien: Desdemona, Mimi, Don Carlo, Cavaradossi)

Maestro suggeritore	Der Souffleur an italienischen Opernhäusern, der den Sängern die exakten Einsätze gibt oder auch vorsingt, während der Dirigent sich nur auf das Orchester konzentriert
melodramma	Im Italienischen allgemeine Bezeichnung für Oper
messa di voce	An- und Abschwellen der Stimme auf einem Ton, sicheres Anzeichen für richtige Tonbildung
mezzavoce	»Mit halber Stimme«, nicht gedämpftes *forte*, sondern schwingendes, klangvolles *piano*
morendo	»Ersterbend«, der mit feinem Hauch ausklingende Ton
passaggio	»Durchgang«, das »Schalten« der Stimme von einem Register zum anderen ohne hörbare Klangveränderung (die deutsche Bezeichnung »Bruchlage« signalisiert das unerwünschte Gegenteil)
portamento	Ursprünglich das Tragen der Stimme auf dem Atem, später die gleitende Verbindung zwischen zwei Tönen, die als wirkungsvolles Mittel des Ausdrucks ein wenig alle Zwischenstufen eines Intervalls hören läßt (über den übertriebenen Einsatz siehe *scooping)*
punktieren	Einlegen einer hohen Note, aber auch Transponieren eines Spitzentons in eine bequemere Lage (letzteres zerstört fast immer den Fluß der Melodie)
Register	Gleichsam die »Etagen der Stimme« (Jürgen Kesting), deren unterschiedliche Klangfärbungen aneinander angeglichen und die sauber miteinander verblendet werden müssen (siehe *passaggio)*
ritardando	Allmählich langsamer werdend
rubato	(*tempo rubato*) »gestohlene Zeit«, feine Abweichungen im zeitlichen Ablauf, Mittel zur Span-

nung und Lösung im Ausdruck, seit Toscaninis »Versachlichung« des Vortragsstils von dessen Epigonen oft zum Schaden der Nuancierung abgelehnt

scooping	Vulgäres Anschleifen eines hohen Tons (siehe *portamento)*
scuola del muggito	»Schule des Gebrülls«, undifferenziertes Lautsingen im Gefolge eines falsch verstandenen, »Ausdruck schindenden« *verismo*
sfumato	»Schattieren« eines Tons oder einer Tonfolge (ursprünglich maltechnische Bezeichnung für den Dunstschleier auf Landschaftsbildern)
soffocato	Mit »erstickter« Stimme
soprano d'agilità	Sopran mit »geläufiger Gurgel« vom dramatischen Koloratursopran bis zur Koloratur-Soubrette
sotto voce	»Unter der Stimme«, gedämpft, mit halber, unterdrückter Stimme
spinto	»Vorwärts gestoßen«, italienische Entsprechung zum jugendlich-dramatischen Sopran oder Tenor (typische Partien: Aida, Tosca, Radames, Turiddu)
squillo	Metallischer »Strahl« in der Höhe vor allem bei *spinto*-Partien
stagione	Spielzeit an italienischen Opernhäusern, etwa von November bis Ostern, in der im Gegensatz zum deutschen Repertoire-Theater die Produktionen im Block-System über maximal zwei Monate gegeben werden
tenore di grazia	Der leichte lyrische Tenor für verzierte und elegante Partien (Almaviva in *Il Barbiere di Siviglia*, Elvino in *La Sonnambula)*
tenorismo	Der Kult, den Tenöre nicht nur mit ihrer Stimme treiben

tessitura — »Gewebe«, die Lage, in der sich eine Partie hauptsächlich bewegt (siehe *Umfang)*

Timbre — Persönliche, unverwechselbare Klangfarbe einer Stimme

Tremolo — Unbeherrschtes Flackern der Stimme, in extremen Fällen im Deutschen auch als »Quintenschaukel« bezeichnet

Umfang — Im Gegensatz zur *tessitura* die Skala einer Stimme oder Partie vom tiefsten zum höchsten Ton

verismo — Opernrichtung seit Ende des 19. Jahrhunderts, die von der »Wahrheit und Wirklichkeit« ausgeht, übertragen die (allzu) realistische Gestaltung ohne Rücksicht auf die Gesangslinie

vibrato — Das natürliche Schwingen der Stimme, ohne die der Ton unlebendig ist (Stimmen ohne *vibrato* werden auch als »weiß« bezeichnet)

vibrato stretto — Schnelles Vibrato, von italienischen Sängern in der ersten Hälfte unseres Jahrhunderts als Ausdrucksmittel für innere Erregung eingesetzt (übermäßig gebraucht wird daraus ein »Bibberer«)

voix mixte — Mischung von normaler Stimme und Falsett bei Spitzentönen

Volumen — Fülle und Rundung der Stimme

wear and tear — »Verschleiß«, Abnutzung einer Stimme durch übermäßigen Einsatz und in unangemessenen Partien

wobble — »Wackler« in der Stimme (siehe *Tremolo)*

LITERATUR

ADAMS, BRIAN: *La Stupenda – a biography of Joan Sutherland.* Richmond, Victoria (Hutchinson of Australia) 1980

ADORNO, THEODOR W.: *Einleitung in die Musiksoziologie.* Frankfurt/M. (Suhrkamp) 1975

ders.: *Philosophie der neuen Musik.* Frankfurt/M. (Suhrkamp) 1976

ALLEGRI, RENZO: *Il prezzo del successo – Trenta cantanti lirici raccontano la loro storia.* Milano (Rusconi) 1983

BARTH, HERBERT (Hg.): *Der Festspielhügel – Richard Wagners Werk in Bayreuth 1876–1976.* München (dtv) 1976

BERNSTEIN, BURTON: *Die Bernsteins.* München-Hamburg (Albrecht Knaus) 1987

BIANCOLLI, LOUIS: *The Flagstad Manuscript.* New York (G.P. Putnam's Sons) 1952

BING, RUDOLF: *5000 Abende in der Oper – Die Sir Rudolf Bing Memoiren.* München (Kindler) 1973

BLAUKOPF, HERTA und KURT: *Die Wiener Philharmoniker – Wesen–Werden–Wirken eines großen Orchesters.* Wien-Hamburg (Paul Zsolnay) 1986

BLOOMFIELD, ARTHUR: *50 Years of the San Francisco Opera.* San Francisco (San Francisco Book Company) 1972

BÖHM, KARL: *Ich erinnere mich ganz genau – Autobiographie.* Wien-München-Zürich (Fritz Molden) 1974

BRESLIN, HERBERT H.: *The Tenors.* New York (MacMillan) 1974

CASANOVA, CARLAMARIA: *Renata Tebaldi – la voce d'angelo,* Milano (Electa) 1981

CASINI, CLAUDIO: *Verdi.* Königstein/Ts. (Athenäum) 1985

CELLETTI, RODOLFO: *Il Canto – Storia e tecnica, stile e interpretatione dal »recitar cantando« a oggi.* Roma (A. Vallardi) 1989

ders: *Storia del belcanto.* Firenze (La Nuova Italia) 1986 (dt. Ausgabe: *Geschichte des Belcanto.* Kassel (Bärenreiter) 1989 – Anmerkung des Autors: Die Zitate im vorliegenden Buch sind aus der Original-Ausgabe übersetzt

ders: *Il Teatro d'opera in disco 1950–1987.* Milano (Rizzoli) 1988

CHRISTIAN, HANS: *Paul Schöffler – Versuch einer Würdigung.* Wien (Österreichischer Bundesverlag) 1967

ders./ HOYER, HARALD: *Die Wiener Staatsoper 1945–1980 – Werkestatistik, Register.* Wien o.J.

CRESPIN, RÉGINE: *La vie et l'amour d'une femme.* Paris (Fayard) 1982

CRICHTON, KYLE: *Subway to the Met: Risë Stevens' Story.* New York (Doubleday) 1959
CSAMPAI, ATTILA/HOLLAND, DIETMAR: *Opernführer.* Hamburg (Hoffmann und Campe) 1990
CULSHAW, JOHN: *Putting the Record Straight – The Autobiography.* New York (The Viking Press) 1981
ders: *Reflections on Wagner's Ring.* London (Secker & Warburg) 1976
ders.: *Ring Resounding – The stirring account of how Wagners Der Ring des Nibelungen was recorded for the first time.* New York (The Viking Press) 1967
DAHLHAUS, CARL (Hg.): *Festschrift für einen Verleger – Ludwig Strecker zum 90. Geburtstag.* Mainz (Schott's Söhne) 1973
DEBELJEVIC, DRAGAN: *Ein Leben mit Lisa Della Casa oder »In dem Schatten ihrer Locken«.* Zürich-Freiburg i. Br. (Atlantis) 1975
DEPPISCH, WALTER: *Richard Strauss.* Reinbek (Rowohlt) 1968
DERMOTA, ANTON: *Tausendundein Abend – mein Sängerleben.* Wien-Berlin (Paul Neff) 1978
DRAKE, JAMES A.: *Richard Tucker – A Biography.* New York (E.P. Dutton) 1984
DREWNIAK, BOGUSLAW: *Das Theater im NS-Staat – Szenarium deutscher Zeitgeschichte 1933–1945.* Düsseldorf (Droste) 1983
DROGHEDA, GARRETT, Earl of: *Double Harness – Memoirs by Lord Drogheda,* London (Weidenfeld and Nicolson) 1978
DÜMLING, ALBRECHT/GIRTH, PETER (Hg.): *Entartete Musik – Eine kommentierte Rekonstruktion. Zur Düsseldorfer Ausstellung von 1938.* Düsseldorf 1988
DUSEK, PETER/SCHMIDT, PETER: *Leonie Rysanek – 40 Jahre Operngeschichte.* Hamburg (Hoffmann und Campe) 1990
DUSEK, PETER u.a. (Hg.): *Nicht nur Tenöre – Das Beste aus der Opernwerkstatt.* Bd. 1–3, Wien (Jugend und Volk) 1986–88
EGK, WERNER: *Die Zeit wartet nicht.* Percha (R.S. Schulz) 1973
ENDLER, FRANZ: *Herbert von Karajan, mein Lebensbericht.* Wien (Edition Wien) 1988
ERISMANN, HANS: *Das fing ja gut an . . . Geschichten und Geschichte des Opernhauses Zürich.* Zürich (Verlag Neue Zürcher Zeitung) 1984
ERMEN, REINHARD (Hg.): *Von Schütz bis Schönberg – Autobiographische Skizzen europäischer Musiker.* Kassel-Basel (Bärenreiter) 1988
EVANS, GERAINT: *A Knight at the Opera.* London (Michael Joseph) 1984
FABIAN, IMRE: *Imre Fabian im Gespräch mit Jean-Pierre Ponnelle.* Zürich (Orell Füssli) 1983
ders.: *Imre Fabian im Gespräch mit René Kollo.* Zürich (Orell Füssli) 1982
FASSBIND, FRANZ: *Wolfgang Schneiderhan – Irmgard Seefried – Eine Künstler- und Lebensgemeinschaft.* Bern-Stuttgart-Wien (Alfred Scherz) 1960
FISCHER-KARWIN, HEINZ: *Das teuerste Vergnügen der Welt – Die Wiener Staatsoper seit 1945.* Salzburg (Das Bergland-Buch) 1979
FREITAG, EBERHARD: *Arnold Schönberg.* Reinbek (Rowohlt) 1988

GALLUP, STEPHEN: *Die Geschichte der Salzburger Festspiele.* Wien (Orac) 1989
GERSDORF, LILO: *Carl Orff.* Reinbek (Rowohlt) 1981
GOBBI, TITO: *My Life.* London (Macdonald and Jane's) 1979
ders.: *Tito Gobbi on His World of Italian Opera.* London (Hamish Hamilton) 1984
GOERTZ, HARALD: *Mozarts Dichter Lorenzo Da Ponte – Genie und Abenteurer.* Wien (Österreichischer Bundesverlag) 1985
GROOVER, DAVID L./CONNER, CECIL C. Jr.: *Skeletons from the Opera Closet.* New York (St. Martin's Press) 1986
GUALERZI, GIORGIO: *Wagner in Italia.* Roma 1972
GUTMAN, ROBERT: *Richard Wagner – Der Mensch, sein Werk, seine Zeit.* München (Heyne) 1970
HAAS, WALTER: *Geliebte Primadonna – Das Leben großer Sängerinnen.* Frankfurt/M.-Berlin (Ullstein) 1986
HAEUSSERMAN, ERNST: *Herbert von Karajan – eine Biographie.* Wien-München-Zürich-Innsbruck (Fritz Molden) 1978
HALTRECHT, MONTAGUE: *The Quiet Showman – Sir David Webster and the Royal Opera House.* London (Collins) 1975
HARTMANN, RUDOLF: *Das geliebte Haus – Mein Leben mit der Oper.* München-Zürich (Piper) 1975
HEILBUTT, ANTHONY: *Kultur ohne Heimat – Deutsche Emigranten in den USA nach 1930.* Weinheim-Berlin (Quadriga) 1987
HILDESHEIMER, WOLFGANG: *Mozart.* Frankfurt/M. (Suhrkamp) 1977
HILLER, CARL H.: *100 Jahre Met – Oper in der Neuen Welt.* München (Noack-Hübner) 1983
HINES, JEROME: *Great Singers on Great Singing.* New York (Doubleday) 1982
HONOLKA, KURT: *3000 mal Musik – Stars und Premieren in Stuttgart und anderswo.* Stuttgart-Aalen (Konrad Theiss) 1977
ders.: *Die Oper ist tot – die Oper lebt. Kritische Bilanz des deutschen Musiktheaters.* Stuttgart (DVA) 1986
HUGHES, SPIKE: *Great Opera Houses – A Traveller's Guide to Their History and Traditions.* London (Weidenfeld and Nicolson) 1957
JÄGGI, WILLY/OESCH, HANS (Hg.): *Der Fall Bayreuth.* Basel-Stuttgart (Basilius Presse) 1962
KAISER, JOACHIM: *Leben mit Wagner.* München (Albrecht Knaus) 1990
ders.: *Mein Name ist Sarastro – Die Gestalten in Mozarts Meisteropern von Alfonso bis Zerlina.* München (Piper) 1984
KAUT, JOSEF: *Festspiele in Salzburg – Eine Dokumentation.* München (dtv) 1970
KESTING, JÜRGEN: *Maria Callas.* Düsseldorf (Claassen) 1990
ders.: *Die großen Sänger.* Düsseldorf (Claassen) 1986
KOLODIN, IRVING: *The Metropolitan Opera 1883–1966 – A Candid History.* New York (Alfred A. Knopf) 1967
KRAUSE, ERNST: *Puccini – Beschreibung eines Welterfolges.* Berlin (Siedler) 1984

KRÖBER, HANSJAKOB: *Herbert von Karajan - Der Magier mit dem Taktstock.* München (Droemer-Knaur) 1986
KRÜGER, WALTER: *Allmacht und Ohnmacht in der Neuesten Musik - Karlheinz Stockhausen.* Wilhelmshaven (Heinrichshofen's Verlag) 1974
KUSCHE, LUDWIG: *Richard Strauss im Kulturkarussell der Zeit 1864–1964.* München (Süddeutscher Verlag) 1964
KNUTSCH, K.J./RIEMERS, LEO: *Großes Sängerlexikon.* Bern-Stuttgart (Francke) 1987
LAURI-VOLPI, GIACOMO: *Voci parallele.* Bologna (Garzanti) 1955
ders.: *Incontri e scontri.* Roma (Bonavita) 1971
LEGGE, WALTER/SCHWARZKOPF, ELISABETH: *Gehörtes - Ungehörtes - Memoiren.* München (Noak-Hübner) 1982
LEHMANN, LOTTE: *My Many Lives.* New York (Boosey & Hawkes) 1948
LEIDER, FRIDA: *Das war mein Teil - Erinnerungen einer Opernsängerin.* Berlin (Henschel) 1981
LEVY, ALAN: *The Bluebird of Happiness - The Memoirs of Jan Peerce.* New York (Harper & Row) 1976
LIEBERMANN, ROLF: *Opernjahre - Erlebnisse und Erfahrungen vor, auf und hinter der Bühne großer Musiktheater.* Bern-München (Scherz) 1976
LÖBL, KARL/WERBA, ROBERT: *Opern auf Schallplatten - Ein Katalog der Gesamtaufnahmen. Ausgewählt und kritisch kommentiert.* Düsseldorf (Econ) 1983
MATHEOPOULOS, HELENA: *Bravo - Berühmte Sänger über ihre großen Rollen.* München (Kindler) 1988
MAYER, HANS: *Richard Wagner in Bayreuth - 1876–1976.* Stuttgart-Zürich, (Belser) 1976
MAYER, MARTIN: *Die Met - 100 Jahre Metropolitan Opera New York.* Braunschweig (Westermann) 1984
MELICHAR, ALOIS: *Musik in der Zwangsjacke - die deutsche Musik zwischen Orff und Schönberg.* Wien (Eduard Wancura) 1958
MENEGHINI, GIOVANNI BATTISTA (a cura di Renzo Allegri): *Maria Callas mia moglie - Passioni successi e drammi di una protagonista della scena e della vita dei nostri anni.* Milano (Rusconi) 1981
MERRILL, ROBERT: *Between Acts - An Irreverent Look at Opera and Other Madness.* New York (McGraw-Hill) 1976
MERZ, CARL: *Der Opernnarr.* Wien (Amalthea) 1970
MINGOTTI, ANTONIO: *Maria Cebotari - Das Leben einer Sängerin.* Salzburg (Hellbrunn-Verlag) 1950
MORDDEN, ETHAN: *Demented - The World of the Opera Diva.* New York-Toronto (Franklin Watts) 1984
ders.: *Opera Andecdotes.* New York-Oxford (Oxford University Press) 1985
NICK, EDMUND: *Münchner Musikberichte - Kritiken und Essays.* Tutzing (Hans Schneider) 1971
NÖSSELT, HANS-JOACHIM: *Ein ältest Orchester 1530–1980 - 450 Jahre Bayerisches Hof- und Staatsorchester.* München (Bruckmann) 1980

OTTO, WERNER: *Die Lindenoper – Ein Streifzug durch ihre Geschichte.* Berlin (Henschel) 1985
PACHL, PETER P.: *Siegfried Wagner – Genie im Schatten.* München (Nymphenburger) 1988
PAHLEN, KURT: *Oper der Welt.* Zürich (SV International/Schweizer Verlagshaus) 1987
PAOLETTI, PIER MARIA: *Quella sera alla Scala.* Milano (Rusconi) 1983
PEYSER, JOAN: *Leonard Bernstein – eine Biographie.* Hamburg (Hoffmann und Campe) 1988
PICKER, HENRY: *Hitlers Tischgespräche im Führerhauptquartier.* München (Herbig) 1983
PFISTER, WERNER: *Fritz Wunderlich – Biographie.* Zürich (Schweizer Verlagshaus) 1990
PLEASANTS, HENRY: *The Great Singers – From Jenny Lind to Callas and Pavarotti.* New York (Simon and Schuster) 1981
PRAWY, MARCEL: *»Nun sei bedankt . . .« – Mein Richard-Wagner-Buch.* München (Goldmann) 1982
ders.: *Johann Strauß – Weltgeschichte im Walzertakt.* Wien-München-Zürich (Fritz Molden) 1975
ders.: *Die Wiener Oper – Geschichte und Geschichten.* Wien-München-Zürich (Fritz Molden) 1969
PRIEBERG, FRED K.: *Kraftprobe – Wilhelm Furtwängler im Dritten Reich.* Wiesbaden (Brockhaus) 1986
ders.: *Musik im NS-Staat.* Frankfurt/M. (Fischer) 1982
QUATTROCCHI, VINCENZO: *Magda Olivero – Una voce per tre generazioni,* Milano (Azzali) 1984
RASPONI, LANFRANCO: *The Last Primadonnas.* New York (Limelight) 1985
REIMANN, VICTOR: *Dirigenten, Stars und Bürokraten – Glanz und Abstieg des Wiener Opernensembles.* Wien-Stuttgart-Basel (Hans Deutsch) 1961
RICCI, WALTER: *I casti divi – tutto il mondo dell'opera.* Milano (Gammalibri) o.J.
ROBINSON, FRANCIS: *Celebration – The Metropolitan Opera.* New York (Doubleday) 1979
ROSENTHAL, HAROLD: *Two Centuries of Opera at Covent Garden.* London (Putnam) 1958
ROSVAENGE, HELGE: *Mach es besser, mein Sohn – Ein Tenor erzählt aus seinem Leben.* Leipzig (Koehler & Amelang) 1962
SARGEANT, WINTHROP: *Divas.* New York (Coward, McCann & Geoghegan) 1973
SAWALLISCH, WOLFGANG: *Im Interesse der Deutlichkeit – Mein Leben mit der Musik.* Hamburg (Hoffmann und Campe) 1988
SCHÄFER, WALTER ERICH: *Bühne eines Lebens – Erinnerungen.* Stuttgart (DVA) 1975
SCHIFANO, LAURENCE: *Luchino Visconti – Fürst des Films.* Gernsbach (Casimir Katz) 1988

SCHLEUNING, PETER: *Das 18. Jahrhundert: Der Bürger erhebt sich* (Geschichte der Musik in Deutschland). Reinbek (Rowohlt) 1984
SCHONBERG, HARALD C.: *Die großen Dirigenten – Eine Geschichte des Orchesters und der berühmtesten Dirigenten von den Anfängen bis zur Gegenwart.* Bern-München-Wien (Scherz) 1970
SCOTTO, RENATA/ROCA, OCTAVIO: *Scotto – More Than a Diva.* New York (Doubleday) 1984
SEEFEHLNER, EGON: *Die Musik meines Lebens – Vom Rechtspraktikanten zum Opernchef in Berlin und Wien.* Wien (Paul Neff) 1983
SEGOND, ANDRÉ /SEBILLE, DANIEL: *Mario del Monaco – ou un ténor de légende.* Lyon (Laffont) 1981
SHAW, BERNARD: *Ein Wagner-Brevier – Kommentar zum Ring des Nibelungen.* Frankfurt/M. (Suhrkamp) 1973
SEIDEL, KLAUS JÜRGEN (Hg.): *Das Prinzregenten-Theater in München.* München-Nürnberg (Drei W Druck und Verlag J. Schoierer) 1984
SEIFERT, WOLFGANG: *Die Stunde Null von Neubayreuth.* Mainz (Schott's Söhne) 1970
SELTSAM, WILLIAM H.: *Metropolitan Opera Annals – A Chronicle of Artists and Performances.* New York (H.W. Wilson) 1947–68
SONTAG, SUSAN: *Kunst und Antikunst – 24 literarische Analysen.* Reinbek (Rowohlt) 1968
STADER, MARIA: *Nehmt meinen Dank – Erinnerungen.* München (Kindler) 1979
STASSINOPOULOS, ARIANNA: *Die Callas.* Hamburg (Hoffmann und Campe) 1981
STEANE, J.B.: *The Grand Tradition – Seventy Years of Singing on Record.* London (Duckworth) 1974
STECHER-KONSALIK, DAGMAR/TURNITZ, GEORG von (Hg.): *Bühne der Welt – Glanzvolles Salzburg – Eine Festspiel-Hommage.* Bayreuth (Hestia) 1985
STEINER-ISENMANN, ROBERT: *Gaetano Donizetti – Sein Leben und seine Opern.* Bern (Hallwag) 1982
STENDHAL: *Rossini.* Frankfurt/M. (Athenäum) 1988
STRASSER, OTTO: *Und dafür wird man noch bezahlt – Mein Leben mit den Wiener Philharmonikern.* Wien-Berlin (Paul Neff) 1974
STRAUSS, RICHARD/HOFMANNSTHAL, HUGO von: *Briefwechsel.* München (Piper) 1990
STUCKENSCHMIDT, H.H.: *Oper in dieser Zeit – Europäische Opernereignisse aus vier Jahrzehnten.* Velber (Friedrich) 1964
ders.: *Schöpfer der Neuen Musik.* München (dtv) 1962
TAMUSSINO, URSULA: *Sena Jurinac.* Augsburg (Schroff-Druck) 1971
TASSIÉ, FRANZ: *Helge Rosvaenge.* Augsburg (Schroff-Druck) 1975
TINTORI, GIAMPIETRO: *Cronologia (Teatro alla Scala) – opere-balletti-concerti 1778–1977.* Milano (Grafica Gutenberg) 1978
TORBERG, FRIEDRICH: *Wo der Barthel die Milch holt – Parodien, Post Scripta.* München (dtv) 1981

TRAUBEL, HELEN: *St. Louis Woman.* New York (Duell, Sloan and Pearce) 1959
TSCHULIK, NORBERT: *Musiktheater in Deutschland – Die Oper im 20. Jahrhundert.* Wien (Österreichischer Bundesverlag) 1987
ders.: *Musiktheater in Österreich – Die Oper im 20. Jahrhundert.* Wien (Österreichischer Bundesverlag) 1984
TURING, PENELOPE: *Hans Hotter – Ein Sängerporträt.* Wien (Paul Neff) 1984
VALDENGO, GIUSEPPE: *Ho cantato con Toscanini.* Como (Pietro Cairoli) 1963
VAUGHAN, ROGER: *Karajan – Ein biographisches Porträt.* Frankfurt/M.-Berlin (Ullstein) 1986
Wagners Werk und Wirkung. Bayreuther Festspielnachrichten. Beiträge 1957–1982
WAGNER, COSIMA: *Die Tagebücher 1869–1877.* München-Zürich (Piper) 1976
WAGNER, FRIEDELIND: *Heritage of Fire – The Story of Richard Wagner's Granddaughter.* New York-London (Harper & Brothers) 1945
WAGNER, RICHARD: *Mein Leben.* München (List) 1976
WEINSTOCK, HERBERT: *Vincenzo Bellini – Sein Leben und seine Opern.* Adliswil (Edition Kunzelmann) 1985
WENZEL, JOACHIM E.: *Geschichte der Hamburger Oper 1678–1978.* Hamburg 1980
WESSLING, BERNDT W.: *Furtwängler – Eine kritische Biographie.* München (Heyne) 1987
ders.: *Lotte Lehmann ... mehr als eine Sängerin.* Salzburg (Residenz) 1969
ders.: *Toscanini in Bayreuth.* München (Desch) 1976
ders.: *Astrid Varnay.* Bremen (Carl Schünemann) 1965
ders.: *Wolfgang Windgassen.* Bremen (Carl Schünemann) 1967
WIEDMANN, FRANZ: *Georg Wilhelm Friedrich Hegel.* Reinbek (Rowohlt) 1965
WILHELM, KURT: *Richard Strauss persönlich – Eine Bildbiographie.* München (Kindler) 1984
WITESCHNIK, ALEXANDER: *Musizieren geht übers Probieren – Die Geschichte der Wiener Philharmoniker in Anekdoten und Geschichten.* München (dtv) 1969
WULF, JOSEPH: *Musik im Dritten Reich – Eine Dokumentation.* Frankfurt/M.-Berlin (Ullstein) 1989
ZEFFIRELLI, FRANCO: *Zeffirelli – Autobiographie.* München (Piper) 1987

Fotonachweis

Archiv Ellinger/Madner, Salzburg (S. 23, 169). EMI-Servicio Missionary Coop., Bologna (S. 28, 37, 128, 131, 236, 291). The Royal Opera House Archives, London (S. 40). Archiv der Salzburger Festspiele, Salzburg (S. 43). E.P. Dutton, New York (S. 53). Roslyn Targ, New York (S. 62). Österreichischer Bundesverlag, Wien (S. 82). Metropolitan Opera Archives, New York (S. 95, 249, 263, 277). Noack-Hübner Verlag (S. 124, entnommen dem Werk »Walter Legge · Elisabeth Schwarzkopf, Gehörtes · Ungehörtes · Memoiren«, München 1982). Hutchinson of Australia, Victoria (S. 137). Archiv Kurt Pahlen, Männedorf (S. 177). Editore Azzali (S. 190). Béla Mezey, Budapest (S. 194, links). Jess Thomas, New York (S. 194, rechts). Jon Vickers, New York (S. 195). Paul Huf, Amsterdam/Philips Classics Productions, Baarn (S. 199). Privatarchiv G.B. Meneghini, Mailand (S. 219). Teatro alla Scala, Fotoarchiv, Mailand (S. 229, 427). Archiv des Autors (S. 241, 261). Bayreuther Festspiele GmbH, Bayreuth (S. 306). Berndt W. Wessling, Hamburg (S. 314, 318). Bruno Völkel, Wien (S. 324). Bernd Mayer, Bayreuth (S. 342). Hans Wild, New York (S. 346). © Beth Bergman 1991, New York (S. 397). Melodram (S. 405, 430). Felicitas Timpe, München (S. 407). Sabine Toepffer, München (S. 408). Macdonald and Jane's Publishers, London (S. 434). Macmillan Publishing Company, New York (S. 449). G.O.P. Dischi, Crema (S. 459). Coward McCann, New York (S. 516). Roger Vaughan (S. 525).

Die Anschriften einiger der hier aufgeführten Bildrechte-Inhaber konnten nicht ermittelt werden. Berechtigte Honoraransprüche werden selbstverständlich abgegolten.

Das Notenbeispiel auf S. 227 zeichnete Erika Baßler.
Der Abdruck der Noten von Strauss: »Die Ägyptische Helena« auf S. 388 erfolgte mit freundlicher Genehmigung des Fürstner Verlages, Mainz.

REGISTER